牟宗三先生全集⑪

邏輯典範

牟宗三　著

《邏輯典範》全集本編校說明

黃慶明

　　《邏輯典範》一書係牟宗三先生於 1938 及 1939 年因抗戰而流寓於雲南、重慶、大理等地時所撰，1941 年 9 月由香港商務印書館出版，迄今未再重印。

　　本書的若干章節曾以論文形式刊載於報刊，其篇目及出處如下：

〈邏輯當以命題表達理則為對象〉，《民國日報・哲學週刊》第 17 期（1935 年 12 月 25 日）

〈論邏輯中的二分法〉，《民國日報・哲學週刊》第 19 期（1939 年 1 月 8 日）

〈論函蘊〉，《民國日報・哲學週刊》第 23–25 期（1936 年 2 月 5/12/19 日）；亦刊於《文哲月刊》第 1 卷第 9 期（1936 年 6 月）

〈命題之內的意義與外的意義〉，《民國日報・哲學週刊》第 36/37 期（1936 年 5 月 6/13 日）；亦刊於《北平晨報・思辨》第 46/47 期（1936 年 7 月 31 日 /8 月 7 日）

〈命題之內的意義與外的意義〉，《北平晨報・思辨》第 46/47 期（1936 年 7 月 31 日 /8 月 7 日）

(2) ⊙ 邏輯典範

　　此外，牟先生曾將〈邏輯當以命題表達理則為對象〉與〈論邏輯中的二分法〉二文與〈朱王對話〉一文（原刊於《民國日報・哲學週刊》第 18 期，1936 年 1 月1 日）合為一文，以〈關於邏輯的幾個問題〉的標題刊於《文哲月刊》第 1 卷第 6 期（1936 年3 月20 日）。

前 序

出體徵數

本書分四卷。第一卷為邏輯哲學。哲學者釐清底活動之謂，是對於一個對象的說明。邏輯哲學是對於邏輯所加的一種說明。說明是說明其本性，釐清其範圍。所以不名曰邏輯原理，或邏輯基礎，而名曰邏輯哲學。原理者是此物所據以推出者之謂；基礎者是此物所根以成立者之謂。有原理有基礎，必是此物可以化歸於某物。但邏輯實不可化歸於某物。否則，邏輯就會不是邏輯。故邏輯不能有基礎。

第二卷為邏輯正文之一，名曰真妄值系統。此為現代邏輯之真精神，即現代邏輯界所貢獻的，只此一點是新的。其餘不無新貢獻，但祇是支節；或其表面是新，而其實並不新。此卷分兩部分：一為橫的系統，講真妄值之間的關係；一為縱的系統，講真妄值之推演。

第三卷為邏輯正文之二，名曰質量系統，或推概命題之推演系統。此為傳統邏輯之新解析。所謂新只是解析的新，並非本質的新。

現代邏輯中有一種「命題函值」的符號，傳統邏輯的命題式，可利用之而作解。這種「命題函值」的發見，雖是新的，卻是支節。故不能說這是現代邏輯的真精神。本卷分三分：一為推概命題之組織與推演；二為推概命題之主謂式系統Ⅰ，此即傳統邏輯之直接推理；三為推概命題之主謂式系統Ⅱ，此即傳統邏輯之間接推理。質量系統是從命題之質（肯定或否定）與量（全稱或偏稱）看命題之間的關係；真妄值系統是從命題之真假值看命題之間的關係。前者從外範說，後者從內容說。兩者實是同一關係之兩面觀。這個消息，我得之於 AEIO 的對待關係中。如是，古今邏輯，表面之不同，可以恰合而無間。

第四卷為純理之批導（或知識論之前引）。本卷分三分：一為數學基礎之批評，所批評者為羅素與懷悌海所表現於《算理》中的數學思想；二為數學基礎之建立，即本書所主張的數學之純理學的基礎；三為超越辯證與內在矛盾的評判，在此我評判出一個哲學的路數。此卷所論雖不是邏輯，但直接間接都與邏輯有密切的關係。非於「邏輯之理」有確切的認識，不能解決之或說明之。邏輯是解決此等問題的鑰匙，猶如拱石之於拱門。

理性的指出

本書的中心思想是想表現出一個普遍而公共的邏輯之理。普通常說任何思維必須是邏輯的。此即是說，不管你所講的合事實否，有價值否，但表現你的說統必須是前後一致，不相矛盾。這即是所謂邏輯的。此種「邏輯的」特性，不限於某一定之人，某一定之思

想；乃是任何人，任何思想所必遵守的。這即表示說，我們人類思想中必須有一個公共的標準；也即表示說，此公共的標準就是人類的理性，人之所以為理性動物者在此。但是說到理性的動物，我們對於「理性」一詞，能形容為合理的，或形容為知善惡、別是非。在前者，全理可以解為合情理、合事實：這是從行為或評判行為而為言，是有所對、有內容的。在後者，知善惡、別是非，是從內從主方面而為言，言吾人先驗地有此能力，即所謂良知良能是也。由善惡進到如何成善去惡，這是實踐理性的表現；由是非進到據推理以顯思想中之理則，這是純粹理性的表現。實踐理性一層且不論。純粹理性即是邏輯之理。這是無所對、無內容的。邏輯之理只限別是非。所謂別者非別所是所非者，乃別「本是非以推理」所顯之推理過程中之對或不對者。別所是所非者，須靠經驗，結果有真有假。這是有所對、有內容的。別推理過程中之對或不對，無須經驗，乃純理之呈現。這是無所對、無內容的。此種純理即是邏輯之理，亦即是理性。「理性的」一詞，當就此而言。從此著想，始可顯出邏輯之理。此理只能是一，而不能是多。此是一切思維之唯一的座標，不可避免的座標。

表達理性的各種系統

　　但邏輯之理是一空名。當我們要鋪陳其具體內容，即當我們要表達此邏輯之理時，因所用的工具之不同，常可有不同的表達系統。此種系統，我們名之曰屬於邏輯的系統，即因表示邏輯之理而成者；至其所表示的對象，我們名之曰邏輯自己，即邏輯之理，或理性自己。

前者可以是多的（但不必是多的），而後者只能是一（必是一）。現在有些邏輯家，不認識邏輯之理，因而亦不認識邏輯自己，遂將於表達時，只因定義與公理所成的表達系統，認為邏輯。即是說，只認屬於邏輯的系統為邏輯，而邏輯自己便不復認識。但我個人以為屬於邏輯的系統實不是邏輯，而只是句法之連結。它們是表達邏輯的各種系統。此皆是形下的、表面的。若局限於此，必不能認識邏輯之理，因為它們是因界說與公理而造成。而界說與公理卻又是隨便的，並無必然性。所以若只以表面的為邏輯，則邏輯的絕對性，必被消滅。因此邏輯之理必須認識。現在的人們，因為不認識邏輯之理，而只限於句法之連結，所以遂有選替邏輯之稱，因而又有各種選替系統之可相消與不可相消，可相容與不可相容等問題的討論。假使能認識邏輯之理，且能認識句法之連結不過是形下的表達工具，又能認識定義與公理是很隨便的，因人而異，並無必然，則相消與否，相容與否，直不成問題。不能相消，即讓它各自存在；不能相容，亦不能說邏輯是多。因為這些原不過是些表現，表現固不妨其是多也。

別異類同與肯定否定

邏輯之理是所要表現的。理者理則，有理必有則。此「理則」是思想上的，故為主為內。在此有一問題，即此理則由何而顯？曰由肯定、否定之推演而顯。其所據者有四觀念：一曰二分，二曰同一，三曰拒中，四曰矛盾。此四觀念即理性之則也。其由之展轉而遞演者，亦理性之則也。我們於此再不須立一法則以解之。即再不須

追求解析肯定、否定或四觀念何以立之法則。我們不說肯定、否定
所根據之法則為邏輯，而說由肯定、否定遞演所顯之理則為邏輯。
此理則即邏輯之理也。如果要為此肯定、否定立一法則，亦未嘗不
可。譬如肯定表示同，否定表示異。汝在此可說同異是更根本的，是
否定、肯定之所依。再前進一步，汝還可說，同異仍有所依：依於「
如」（即如如，或絕對），依於「反」。老子曰：「反者道之動。」
道是絕對，無分別。有反始有動，始有異。「同」依於「如」，「
異」依於「反」。此皆別異類同之內在法則也。若以此為解析肯定、
否定之法則，並以此為邏輯之基礎，或以為邏輯之理在此，則皆為
出位之思。蓋同異、道反，皆形上之原則，乃為「有」而非「思」。
或可說「思之則」以「有之則」解析之，即思即有，是謂思有合一。
但思有合一是元學所有事，非邏輯之所宜。肯定、否定是思的，不是
有的。邏輯之理由思顯，不由有顯。故邏輯之理是肯定、否定遞演
所顯之理則，非別異類同之法則。別異類同之法則可有兩方面的解
析：一是別異類同所根據以可能的法則，此是本體論的原則；二是
根據同異以演化所顯的法則，此是宇宙論的原則。前者屬有屬體，
後者屬事屬用。皆非邏輯之思的理也。吾若說邏輯之理是肯定、否
定推演之所顯，則純屬思的，而非有的；屬邏輯的，而非屬事的。
是邏輯之「理」的發展，而非「有」之「事」的演化。即如黑格爾說
此「有」之演化為邏輯而非事實，但以吾觀之，仍為事，而非思，
仍為有之理，而非邏輯之理。所謂邏輯只是「邏輯的」，而非「邏
輯自己」也。故在此可斷定說：肯定、否定遞演所顯之理則即是邏
輯之理，亦即邏輯自己。這個推演所成的系統即是標準系統，即二

價邏輯是也。

邏輯之理之義用

我們必須透過句法之連結而直觀理性自己，在此即是邏輯存在的地方。句法的連結是邏輯的消極意義，而理性自己則是邏輯的積極意義。這個積極意義的純理，我們可以從兩個方向看其義用：一是向外，在此，邏輯之理表現而為知識或思維所以可能之紀綱；一是向內或向上，在此，邏輯之理可為主宰性或自動性之引得，由此而直接體證一個形上的實體。此實體不能因理解而辨識，只能因體證而證得。此元學實體可以指示一實現之理。在向外方面，邏輯之理之紀綱性可以指示出任何現象必有一紀綱之理。紀綱之理是現界，實現之理是體界。前者是多，後者是一。多者各以類從，一者妙用無窮。前者使自然界（現界）可能，後者使元學或道德學（體界）可能。前者為內在，後者為外在（超越）。然如無紀綱性，則無主宰性，亦無自動性；反之，如無自動性，則無主宰性，亦無紀綱性。如是外在即內在。是謂顯微無間，體用合一。

康德不識邏輯之理之義用

康德極言理性矣。但其意義之所指卻極廣泛而不定。茲就其講述所及者而論之。他所謂純理當是「是」之軌範者；他所謂實踐之理當是「宜」之軌範者。故康德之理是依有所對有內容而為言。是即其所謂超越邏輯。渠並不認識邏輯之理之義用。渠云邏輯之理是一切理解之準繩，並無內容，不足說明知識何以成。能負此責者，

為超越邏輯。但著者以為此說明知識者，非邏輯，乃知識論也。此是「知識關係」這個現象之綜的說明，非邏輯之理之說明也。渠致力於超越邏輯，遂將為一切理解之準繩的邏輯，束諸高閣，置之於無用之地，而其所謂為理解之準繩者亦成空話矣。殊不知此為理解之準繩者即知識或思維所以可能之紀綱。因此理為思維之紀綱，遂依此義，名為紀綱邏輯。又此理在知識或思維中有優越的地位，有機構的作用，故依此義，亦得名為超越邏輯。只此一物，隨其用而異其名。若非如此，則邏輯之理直成無用之物，何用理性為也？康德誠不免於徇物他求，舍本逐末，而陷於戲論之譏。

康德理性之外鑠性

因為康德不識邏輯之理之義用，遂尋得一些不相干的物事，外鑠而為內，使心體為一垃圾筐子，不得清淨自在。在此筐子中，有三套物事：一為直覺格式，二為理解範疇，三為理性理念。互相統屬，亦各有義用。直覺格式為時空，使數學幾何為可能。理解範疇，為數十二（總括言之，曰本體曰因果，兩者而已）使自然科學為可能。理性理念曰上帝（真宰），曰永生，曰自由，使道德神學為可能。雖頗具匠心，而硬加把捉。譬若義襲而取，非集義而生也。

康德外鑠理性之義用

康德以為他這個系統不能有所更動。一有更動，矛盾隨之。此亦未免言之過甚。著者以為數學並不依於直覺，亦不依於時空。數學只依於邏輯之理。此理動而愈出，不依官能，獨起籌度。此即是

數學之根據。又以為無先驗的自然科學。理解範疇皆為設準，乃方法上之先在，並無必然性。只能為主觀的調節原則，不能為對象的構造原則。紀綱思維者，非紀綱對象者；知識可能的條件，不是知識對象可能的條件。只要我們的「理解」是可能的，則科學即是可能的。至於理解的對象如何可能，在此不必問，亦不須問。問之亦無用。（相信它有條理，不過增加信心而已。）至於科學知識之價值如何：是必然，抑是或然，亦不必問。它自然是或然的。想使其成為先驗而必然，徒是妄想。復次，理性之紀綱性使理解為可能。理解即理性之理解，即如理而解。如理者按理也。按理而推求下去，則理解即成立。所解者乃直覺（知覺、感覺）所報告之色相（所與）。理性運用於理解之中而使其可能；其流注所成之點，便是知識。理解是如理而解，由事以限。理即理則，事即色相。乃一體而轉，非有層級之別。最後，由理性之紀綱性，證得主宰性、自動性，這便是道德之基礎，元學可能之根據。在此，康德大體是對的。但真宰、永生兩理念，不能由理性之綜和以供給，不能當作一物以虛擬。理性之自動性、主宰性，即自由之所依：真宰依於自動，永生依於真宰。此須返觀內證，直指本體而為言。不可以知測，不可以物擬。若康德由理性的綜和以供給者，是即以物擬矣。（雖然康德已證明不可以知求。）若以物擬，則真宰、永生，非是頑空，即是泥執。故康德大體雖對，尚未至於善也。（詳評見第四卷第三分）

羅素不識邏輯之理

　　康德不識邏輯之理之義用，其乖錯已如上述。羅素力言邏輯，

亦不識邏輯之理。因不識此理，故其數學未歸於邏輯，實歸於原子論之元學。此大謬也。因為歸於原子論的元學，故須「無窮」之假定（即無窮公理），又須「關係」之假定（即選取公理或相乘公理）。此種假定，足使數學落在空裏，無必然而妥當之基礎。（詳評見第四卷第一分）

書成志感

　　本書草創於未亂之先，完成於亂離之後。時閱五載，地歷南北，未嘗一日輟筆。國勢至此，不能籌一策。偷生邊陲，乾絞腦汁。於蒼生何補？是以可痛也！然風雨如晦，雞鳴不已。吾於東西兩大學統，如能得其自然之絜和，則新理性之曙光顯於異代，於己於國，皆不無少慰也。七七變後，稿之大半存於北平張東蓀先生處。今年復由友人張遵騮兄冒萬難自北平帶出。感激之情，雖萬劫不能已也。

總　目（細目見各卷）

第一卷　邏輯哲學

第一卷　邏輯哲學　目次

第一章　邏輯領域

　　邏輯領域常因看法之不同而易其位置。所以對於邏輯領域若想有一確定的規定，在此眾說紛紜之中，實在是費周折的事。因此，約翰生（Johnson）說：徒然畫分邏輯領域不如釐清邏輯問題來得重要。他說明了這個意思，他便對於邏輯概念處處加以「哲學的討論」去了。我們以為他這個辦法仍是不妥的。他只是就事論事，還未盡釐清事實的責任。指而明之是必須的。不然，邏輯的位置是不得認識的。邏輯上的許多曲解異說，都是由於不認識邏輯的位置而發生。約翰生的邏輯系統，於後面第九章有專段評述。現在且說邏輯領域。

　　邏輯自成一個世界，這幾乎是普遍承認的一個見解。不過即對於這自成一界的特別界，亦有不同的說法與認識。首先，有邏輯是「科學之科學」的界說。這個界說的意思是說：邏輯不與眾學並列，而為眾學所以成學之必須條件，即為眾學所公共遵守之法則，故曰科學之科學。但所謂公共遵守之法則，卻有兩方面的解析：㈠從眾學所涉及的對象言，為一切現象立一公通之原則或概念；㈡（一切學問，不外思想之所結成，）從一切思想之思維活動方面言，則一

切思維活動皆無不遵守理性之理則,即推理之理則,即皆無不是邏輯的。所謂科學之科學,如屬前者,則不是邏輯,而是元學。如屬後者,則為邏輯。現在邏輯家已鮮有提及「科學之科學」一義者。即有之,亦多移其位置,而為第一方面之解析。譬如最近有所謂兼數學物理而為一的邏輯,亦名曰「科學之科學」。然此實直與元學之為「科學之科學」之義同。此種邏輯實非邏輯,乃是一種理論或學說(theory)。其理非邏輯之理,乃元學之理,或自然律之理。吾人固不能以自然律或元學為邏輯也。所以,科學之科學,其義決不能向外想,只能向內想:不能向客觀的學問方面想,只能向主觀的思維方面想。不然,邏輯將等於幾何學,同隨物理學之變而變矣。此不可不辨。

復次,又有人說:邏輯是研究「思維規範」之學。這也足以使邏輯自成一界。但這個說法,近來已成為眾矢之的。然細心一思,此說亦無大病。其成病之處,在解者念頭一轉,造成有病之勢,遂對此病而加攻擊。所謂造的而放矢,非真有的而可放也。攻擊者的解析,以為思維軌範是說學了邏輯纔會思維。這當然有「學養而後嫁」的毛病,於理說不過去。不過,所謂「思維軌範」,若解為一切思維進行時所必遵守之理則或原則,即於此「則」處,定名為軌範,遂界說為思維軌範,則邏輯為思維軌範之學,又如何不可通?蓋吾人的一切思維不能不是「邏輯的」故也。但若解為若有物焉,懸於對方,吾人一舉一動,照此而思維,或習成而後思,這個便有毛病。近世攻擊者,大概作此解。若軌範解為思維不可離之理則或紀綱,則邏輯將此軌範提出而顯明之,排比之,定名為思維之軌範,

定邏輯為研究思維軌範之學，則這個說法便毫無毛病。而且此說亦將為邏輯之真正界說；邏輯之適當位置，亦將即在此而獲得顯明之規定。惟此處所謂軌範，卻並無價值義。與後面視邏輯為價值科學者之「軌範」義不同。有價值義之軌範，為人定，為當然；無價值義之軌範，為自然，為紀綱。

　　除上兩說外，還有一種說法亦足使邏輯成一特別界。這個說法即「論域」（universe of discourse）是。所謂論域，即指「言論界」或「說話界」而言。這個界說，可以有毛病，也可以無毛病。邏輯是言論界的東西，是說我們人類一切言論或思維必遵守一套公同而普遍的規則。這一套規則既不是物理世界的因果關係，復不是心理現象中的念舊律例（mnemonic law），乃只是我們說話或言論時所必遵守的「理則」。這些「理則」便是邏輯學所研究的。不過於此理則上，又有歧途。如果把說話所遵守的理則看成是言語的規律，不看成是理性之理，則毛病便百出。如果看成是理性之理，則所謂「論域」便無毛病。把說話時所遵守的理則，看成是言語方面的，或使其與言語分不開，則方便的、約定俗成的、經驗的、相對的、多元的、交替的等關於邏輯的形容詞，都隨而發生。如看成是理性方面的，則這些形容詞便可不發生，或都不成立。所謂邏輯是「論域」內的東西，就是說邏輯是言論或說話時所必遵守的思想中的理則。或者說，言論表達思想，而邏輯就是思想的表達上所必遵守的那些理則，與言語上的規則無關。如果所遵守的理性中的理則，不與言語上的規則分開，而把邏輯看成是方便的、交替的，則人類的理性豈不也成了方便的、交替的？如果理性而如此，則還成什麼理性？方便

的、交替的等說法，吾並非一概抹殺其真實性，不過其真實性決不當移諸邏輯之上。言語方面的規則，也許是如此；表達理性中的理則所用的工具，也許是如此；成文的邏輯，或紙上的邏輯，也許是如此。但這些都不能當作「邏輯本身」（logical-itself）看。關於交替的、方便的等說法，於後第九章中我還要專段論及。現在我只這樣說：邏輯是論域裏的東西，就是說邏輯是言論或說話時所必遵守的理性中的理則。與言語的規則無關。這個理則不能是經驗的、方便的、或交替的。邏輯學只講理。至於講時所用的工具，不能不有取於現成，不能不有待於方便。處理這些東西，乃屬另一種學問。舉例言之，當屬句法學或公理學。邏輯不必過問。

　　邏輯領域既成一特別界，而這特別界又指理性中的理則而言，則以上三種說法皆無不可。如果以上三個說法，合而觀之，則理性中的理則決不會是經驗的。如是，於講知識論或認識論時（這兩個名稱不能十分不同。知識即是認識之結果；知識之條件即是認識之條件。知識是一個「點」，認識是一個過程。「點」是一個過程的歸結。我所以常喜用知識論一名者，因知識為已完成之點，乃一靜的系統，易於著手解剖也。而其實組織「認識過程」之條件與組織「已成知識」之條件，究是一而不二），又如何不可以邏輯學所顯達的「理則」為先驗範疇？我們又如何不可從理性中的理則方面訓練我們的先驗知識？又怎能不從理性中的理則方面認取「已成知識」或「認識過程」之先驗條件？如果不以此為先驗條件，不從此認取先驗範疇，則試問思維之軌範將作何解？理性中的理則，又是何種理則？難道於「已成知識」或「認識過程」中的思維而外，還有一

種與認識無關之思維，無關之理性，無關之理則乎？願世之達者於此三致意焉。（此屬知識論問題，在此不必多說。）

※　　　　　※　　　　　※

康德在其《純理批判》，於〈超越邏輯〉一部開頭論到普通邏輯時說：

> 邏輯可以兩種態度觀之：它或是作為理解之一般使用的邏輯，或是作為理解之特殊使用的邏輯。前者包含思想中絕對必然的規律。如無此規律，理解將不能有任何使用〔即運用〕。

又說：

> 一般邏輯或是純粹的，或是應用的。在純粹邏輯，我們將理解運用於其下的一切經驗條件抽去，例如感覺的影響、想像的遊戲、記憶的規律，以及習慣意向的力量，一切偏見的源泉，甚至這個知識那個知識藉之可以發生或似乎要發生的一切原因，都行抽去。因為這些東西只能在理解應用於一定環境下而關涉理解。並且只有與這些環境相接觸，經驗始可得到。因此，純粹一般邏輯只能涉及先驗的原則，並且是理性及理解的準繩或紀綱（canon）。但這只是說，在關於其使用是形式時纔如此。若關於內容方面，則即是經驗的，或超越的。若當其在心理學所討論的主觀經驗條件之下而引到理解的使用之規律，則即為應用邏輯。因此，應用邏輯是含有經

驗原則在其內的。然而說到它的一般性，於其涉及理解之運用上，卻仍是與對象之差異無關的。所以結果，應用邏輯既不是一般理解之準繩，復不是特殊科學之工具。但只是我們的理解之消導劑（cathartic）。

所以，在一般邏輯裏，組成理性之純則的一部分，必須與組成應用邏輯的一部分（此部分雖也是一般的）分開。〔……〕茲有兩條規律，邏輯家當討論純粹一般邏輯時，必須謹記在心：

㈠若當作一般邏輯看，它必須將知識中之一切內容，以及對象中之一切差別，盡行抽去。而且它所注意的，不外只是思想之形式。

㈡若當作純粹邏輯看，它應決不涉及經驗原則，而且也毫無所假借於心理學。因此，心理學於理解之準繩上，也毫無所影響。純邏輯只是一組證明了的理則，其中任何事物必須完全是先驗的確定。

邏輯理則為理性及理解之準繩或紀綱。如無此準繩，理解將不能有任何運用。吾可再進曰：如無此準繩，理性將亦無法表現。此準繩即理性之理則，它使一切思維或理解成為可能。只此，便是吾所謂理性之紀綱性，或紀綱邏輯。除此，亦無所謂超越邏輯。既為紀綱，自無不超越。超越者優越也，主宰也。主宰乎思解或經驗，而不為思解或經驗所造篆。只此便是吾所謂思維可能或知識可能之條件或範疇。條件者，「離它不行」之謂。（但未必有它即行，因尚須有經

驗故。）範疇者，主宰乎其中，而為其可能之紀綱。此即理性之機
構作用。從紀綱性言，曰範疇；從不可離言，曰條件。知識或認識
之所以可能端賴乎此。除此便無所謂範疇與格式，如康德所舉者。
邏輯只是理則之舖陳，而紀綱性則是其思解中之地位。

康德又說：

> 一般邏輯將理解與理性底全體形式準則化為元素，並且把它
> 們呈列出來，作為人類知識之邏輯考查的原則。這部邏輯可
> 以說是分析的。這部邏輯至少對於真理能給我們以消極的證
> 驗。它的規律，在我們去決定一切知識內容，在關於其對象
> 中，是否含有積極的真理性之前，必須先用來考查與評價一
> 切知識之形式。但是，若只有知識之形式，無論它如何與邏
> 輯規律相契合，也是距離知識之客觀真理之決定甚遠。無人
> 敢冒險只藉邏輯之助，即可去判斷對象，或作任何斷定。第
> 一步，我們必須離開邏輯，先得到一些可靠的報告；然後再
> 按照邏輯規律，去研究這種報告之用途，以及其在一貫的全
> 體中之連結，或者更確切點說，用這些邏輯規律去證驗它。
> 但是，這種證驗的技術，卻十分具有誘惑性與欺騙性。因為
> 所謂一般邏輯，原只是判斷的準繩。而現在因為證驗之故，
> 將一切知識給予以理解的形式（縱然對於其內容無所知），
> 則一般邏輯倒被用為儼然是實際產生一客觀斷定（或至少肖
> 似客觀斷定）之工具。但這是一種誤用。一般邏輯，當其以
> 工具學論之，則為辯證的。

　　古人用辯證一詞，其意義無論怎樣複雜，我們可以說它不外
　　只是一種幻象底邏輯。它只是使人無知的一種詭辯技術。
　　現在，我們可以作一個確定而且有用的警戒曰：一般邏輯若
　　認為是工具學，則即是幻象邏輯，也即是辯證的。因為邏輯
　　決不能告我們以知識的內容，它只是將與理解契合的形式條
　　件鋪陳出來。而這些形式條件也決不能關於對象有何報告。
　　所以若有人想用這種邏輯作為一工具學，想去擴大或開展吾
　　人的知識，結果必一無所有，只是一種談論而已。

康德此處所謂工具，意義與亞氏邏輯名曰《工具》，培根邏輯名曰《新工具》，以及我們現在所意謂的工具或方法不同。普通所謂工具或方法（亞氏、培根亦在內），或有似於康德所謂應用邏輯。此自無所謂辯證。至康德所謂工具，倒有似於現代法國一派視邏輯為價值科學或軌範科學者。此確是一種空無所有的談論。因此種學說，實際上並不能表意也。這一派的見解，以為有價值的判斷與存在的判斷兩種。價值的判斷亦稱兩價判斷，存在的判斷亦稱一價判斷。一價判斷為事實科學，二價判斷為軌範科學。雷孟（Arnold Reymond）說：「例如幾何學所論究者只是一種幾何性相。雖有些幾何命題可真可妄，但就已成功之幾何學而論，則只有真的命題在，對於妄的幾何命題，則置不論。至兼論真與妄兩種價值者，則為邏輯學。同理，如問一證明是否比其他證明為美，或一幾何構圖是否比其他構圖為美觀，則牽涉到美學，而須於幾何的基本假定之外，再加些美的軌範。只就幾何學本身言，並無一種非幾何與之相對，如道德與

不道德之相對，及美與醜之相對然。幾何學中雖有較大較小之語，但仍不變其一價之意義。例如在一等邊三角形中，其一邊大於其他任一邊時，並無含有此一邊即較其他任一邊為優。推之物理、化學，及其他博物學，亦皆如是。」（見其所著《邏輯原理及現代各派之評述》，何兆清譯本。）所謂一價科學，誠如所論。但視邏輯為軌範科學，且於一命題之真妄二價，能定出真理之軌範，以便可用以立出真命題，則誠如康德所謂認邏輯為產生客觀斷定之工具矣。此便是虛妄辯證，只是一種空談。因邏輯實不能有此能力也。究竟誰有此能力，尚不敢斷定。知識論或能近乎此。然至少邏輯不能有此。知識論裏有真理問題，邏輯裏沒有真理問題。他們又說：「邏輯亦如道德學，在其所有之領域內，是要指出何故應當選取某種思想的立場（作大前提），而不應取其他。邏輯應問此應當的要求，是否在事實上可以實現，且依何條件去實現。」此皆白晝見鬼之談。康德分邏輯為分析的與辯證的，甚有義蘊。此價值科學之所謂軌範，正邏輯之「辯證的」意義也。

康德在其《純理批判》〈自序二〉上說：

邏輯，因為自亞氏以來未曾重返其步驟，所以它已經走上這個確定的途徑。倘若我們對於某幾點不必須的細媕處加以改進，或是對於其意義加以清楚的呈列，自是可以的。但這只是這門學問優美否的講究，不是準確否的講究。又時至今日，邏輯亦未能前進一步，這也是值得注意的，因此，邏輯在其表現的各方面看來，實是一門完全而整齊、圓滿而無虧的學

問。如果現代邏輯家們想以討論知識的各種本能（如想像、記憶等）的心理學，以討論知識的起源以及按照關於對象的差異而有的各種不同的準確性的元學（如理念論、懷疑論……等），以及以討論偏見，其原因及其補救等問題的人類學，來擴張它的範圍，這只表示他們對於邏輯特性之無知。如果我們讓各種學問的領域混擾不清，這不是擴張它，而是毀傷它。邏輯的範圍是十分確切地被釐定了的。它唯一所注意的，只是給一切思想的形式律則以窮盡無漏的呈列，或給以嚴格的證明。

邏輯已圓滿無虧，固未見得。但如康德所畫定的範圍，卻完全是對的。邏輯不能再另有基礎。本卷以下各章將隨處說明這個道理。

第二章　邏輯當以命題表達理則為對象

　　由上章可知，邏輯是自成一界的：既不是事實界，無論是心理學的對象或是物理學的對象，也不是「凡有界」，元學所討論的對象。邏輯是言論界的東西。這個言論界可以叫做是「論域」。論域是表達思想的，所以最終是思想界或思維界的東西。說它是言論界或論域，並不是說它討論言語，或闡明論難。乃是說，因為邏輯一科，不像其他學問，講一個特殊的東西；它所講的是推理，即理性之理則；而表現此理則，其所憑藉，又離不了言語：即以此故，名曰言論界。又，說它是思想界或思維界，亦不是說它討論思維或思想。乃是因為離開思維或思想，不能言理則，故曰思想界。從表面間接言之，曰言論界；從深蘊處直接言之，曰思想界。離開言論與思想（或思維）將不能有邏輯。但邏輯亦不就是言論與思維。討論言語的，有言語學；討論論難的，有辯論術；討論思維或思想的，有心理學。故所謂邏輯是言論界，決不是指言語的文法結構，或辯論的巧妙技術而言；乃是指言論（言語與辯論）進行時所必遵守的

那理性中之理則而言。說它是思想界或思維界，亦決不是指討論思維或思想這個心理現象而言，乃是指思維進行時所必遵守之理則而言。邏輯即把寓於思想過程中的理則表達出來，並指明其特性。

表達思想的工具是言語，言語以句子為單位。所以表達邏輯理則的工具，也當以句子為主點。不過在邏輯中的句子是只以直陳句子為限。這種直陳句子，在邏輯中，叫做是命題。作為命題的直陳句子，可以不只限於一種，可隨便構造。這便是「邏輯句法」的選擇問題。現行的邏輯句法大都還是以言語句法為根據。不過把言語句法變其形，使其更抽象，更嚴格，更準確罷了。傳統邏輯直以主謂式的句子作為句法，這仍是言語句法之舊。至現代邏輯，因為要使邏輯漸遠於言語之故，故其句法，在形式上，已多不是言語句法，故有「邏輯句法」之名。譬如，「函蘊」、「析取」、「絜和」、「不相容」等等，在形式上，都是邏輯句法，即羅素所謂「常量」或「命題形式」是。但這些邏輯句法，若解說起來，仍是言語句法的形式。譬如：「函蘊」解為「如果—則」，「析取」解為「此或彼」，「絜和」解為「此與彼」，「不相容」解為「或非此或非彼」。這都是言語的形式。不過予以專名而嚴格化之，便於利用而已。故云現行的邏輯句法大都以言語句法為根據。原因就是無論怎樣嚴格抽象的邏輯句法，不能不用現行的言語說明之或解說之。

命題或邏輯句法是表達「理則」的工具。所以邏輯對象是理則，不是命題，更也不是句法；是藉著命題或句法的關係以表達理則，並不是以討論命題或句法為目的。依此，加拿普的邏輯句法論便是不妥當的。此當於後第九章專段論之。又命題或句法既為工具，則

任何句法皆不能使其涉及其他，成為嫌疑犯，以批駁之。依此，主謂句法以後便不應該被反對。此當於後第七章論之。

※　　　　　※　　　　　※

命題既為工具，則作為工具的，非採用命題不可乎？抑尚可以用「類」與「關係」，以及其他乎？作者以為只有命題纔可為表達理則的工具，而且工具亦非命題莫屬。不然，便有毛病。茲稍說明之。

金岳霖先生在其所著《邏輯》第四部十五頁上說：

> 邏輯系統與其他演繹系統一樣，有基本原子。可是我們要記得，邏輯系統所要保留的是必然。必然是邏輯學所要研究的對象。這一點或者與別的演繹系統不同。幾何學所要研究的是點、線、三角、四方等等，而它們也是幾何系統的原子。邏輯系統的原子不是邏輯學的對象，它不過利用原子表示必然。其結果是它的原子不限於一種。也不必限於一種。所謂不限於一種者，是表示事實上有好幾種東西可以做邏輯系統的原子；所謂不必限於一種者，是說除便利、簡單等外，沒有別的理由使我們利用一種東西而不利用別的東西，做邏輯系統的原子。

他這段話有兩個問題：㈠他說邏輯的對象是「必然」。這也不妥，後面再論。㈡他說表示「必然」的工具不限於一種，也不必限於一種。不限於一種，是說事實上已經有了好幾種；不必限於一種，是

說除便利簡單等外，沒有別的理由使我們不利用別的東西。這也成
問題。現在即討論這個。我以為是必限於一種的。依此，簡單便利
等，便不成為理由。除簡單便利等外，還有當不當的理由、對不對的
理由。如是，可以有別的理由使我們必利用一種，而不利用他種。
請詳論之。

邏輯為何必以命題為原子？因為邏輯是真妄關係間的推演系統。
從這個系統可以看出理性發展的規則與特性。但是真妄關係的表示
卻只能在命題上，而決不能在其他如類與關係上。原因是命題是表
示「思」的、主觀的、屬我的；而類與關係則是表示「有」的、客觀
的、屬他的。命題是我們對於外界所表示的態度。在這個態度上，
纔有真假可言。而是非的二分，即肯定與否定的二分，也只能在其
所表示的態度上看出。我們說，這是桌子，不是椅子：這個「是」
與「不是」，只能在那兩個句子上表示。桌子本身無所謂「是」與「
不是」。「是」與「不是」只在我們表示態度上。這種表示態度所
成者，在邏輯上說，即是一個命題。這便是我們邏輯中所能用的唯
一原子。在類或關係上，若仍能表示真妄，仍能表示「是」與「不
是」，仍能表示真妄關係間的推演系統，則此時的類或關係便不與
那命題同，卻與那命題中的桌子或椅子同。依此，並不是以類或關
係作工具，乃是以關於類或關係的命題作工具。這猶之乎以關於桌
子或椅子的命題作工具一樣。結果還是命題的。所以類或關係仍不
能特成一種原子而與命題相對待。

《算理》上講到類與關係，其實那已不是邏輯。所以也不是以類
與關係作表達理則的工具。它乃是講類與關係，而不是以類與關係

為工具；它乃是作類與關係的核算，是表達關於類與關係的思想，而不是以類與關係作工具以表達理性自身之發展。羅素的目的雖在數學與邏輯合一，又常說在《算理》上，你見不出那是邏輯的終點，那是數學的起點，然而事實上邏輯與數學究是不同的。而數學的起點，亦可得而指出，即在乎「還原公理」（axiom of reducibility）。講到了還原公理，即轉到了數學，已不是邏輯了。羅素的企圖是想將數學歸於邏輯（其實他未作到），並不是將邏輯歸於數學。這企圖是很對的。數學當然是「邏輯的」。把數學歸於邏輯，是給數學以堅強的基礎。並不是說數學就是邏輯。所以普通所謂已經有了好幾種原子作工具，如命題，如類，如關係，如名稱等等，其實歸根結底，真正屬於邏輯的、只有命題一種。其餘已是超出了邏輯範圍之外，成了類學，或關係學。這當然不是邏輯。類學或關係學之以類或關係為原子，猶如幾何學以點線為原子一樣。它們一方是原子，一方是研究的對象。這便與邏輯系統不同。所以我們以為命題的採用，並不只是簡單便利而已。它乃實是一種當然被選的東西。惟以命題為工具，可以不至引我們入歧途。

用命題作工具，除上述理由外　就是命題可以使我把它變為最無色彩的形式，而利用之。邏輯中所用的命題應是最無色彩的；而亦只有用命題始能達到無色彩的目的。何謂無色彩的命題？即不屬於任何特殊學問的命題？即不講什麼的命題。譬如物理化學的命題是有色彩的；幾何學、類學、關係學等等的命題，也是有色彩的。因為它們都有所謂，都是在講什麼。邏輯用的命題是無色彩的。否則，它可以引我們跳出邏輯而有所謂。這種引誘，就是陸象山所謂「

狂狗逐塊」，而不是他所謂「獅子咬人」。譬如，在邏輯上，我們
的目的本不在類與關係。但是因為我們用類與關係，或是講類與關
係，遂使我們的命題變成有所謂，有色彩。這即是狂狗逐塊，而不
咬人，跳出邏輯範圍之外。為免去逐塊起見，我們不用有色彩的命
題，即不用講什麼的命題。不用講什麼的命題，即表示邏輯不講什
麼。這種不講什麼的命題，其實就不是命題，而只是命題形式，或
命題句法，亦稱「命題函值」。因為命題有所謂，有所謂即有色彩；
而命題函值則無所謂，無所謂即無色彩。邏輯中所用的命題，就是
這類無色彩的命題。關此俟於下章論之。

又這種無色彩性，從命題上說，最為妥當。即是說，命題有達
到無色彩性的便利。但此所謂便利，卻不是習慣上的方便。因為除
去無色彩的命題形式外，別的東西差不多都是有所謂的，都足以引
我們逐塊，而忘卻本來目的。因為一切「有謂」都是我們主觀對於
現象之所云而表之於言語。現在，我們將主觀之所云盡行抽去，而
只利用無所謂的句法，以表達理則。此時，命題句法就是最無色彩
的。因為無色彩，所以不足以引誘我們，而可直接指點到「理則」。
理則便是邏輯的真正對象。

再討論邏輯對象問題。前面金先生說：邏輯的對象是必然。「
必然」指 tautology 而言。這個意思也不妥。好幾個系統都是必然的
系統，其中的命題都是必然的命題。譬如現在最顯然的即有三個系
統：㈠二價系統；㈡三價系統；㈢嚴格函蘊系統。這三個系統都有

妥沓邏輯式的必然。然則究竟那一個是邏輯的對象？即以《算理》
而論，後面講類，講關係，講數，講系列等等，其中的推演都是以
函蘊式造成的，也即是說都可譯為妥沓邏輯的必然，難道我們能說
它們都是邏輯嗎？它們的推演都是邏輯的，即都有邏輯的特性，但
卻不就是邏輯。如果邏輯的對象是必然，則這些既都是必然，即都
是對象，亦即都是邏輯。此如何而可？又邏輯是多是一？我則以為
是一。既然是一，則邏輯的對象便不能說是「必然」。「必然」是
邏輯系統的一種特性，也可以是「非邏輯系統」的一種特性。即是
說，是邏輯或不是邏輯，其系統皆有成為「必然」的可能，即皆可
是必然的。所以，「必然」是推演系統的一種技巧特性，不就是邏
輯的對象。所謂技巧者，是說它是按照一種特殊的規定而造成的。
按照一種界說，將一個命題所有的可能都予以承認，這就是妥沓邏
輯的必然。故這種必然的造成，不過是一種句法的規定。「必然」
固是必然的，但卻不是邏輯，更不是邏輯對象。它只是一種邏輯句
法。

　　邏輯的對象當是理性自身的發展及其發展中的理則。在這種理
性的發展上，其中的理則，即為命題的關係所表示者，都是普遍而
必然（necessity）。人類理性發展的理則只能是一而不能是二。這便
是唯一的邏輯對象。表而出之，便是標準邏輯。

　　理性自身的發展由一串推理而成。有人以為「推理」不是邏輯，
乃是知識。邏輯只是妥沓邏輯式的必然，即只有這種必然纔是邏輯。
此說實不知「必然」乃是一種句法的規定。由這種句法的關係表現
推理，表現理則。惟於此種推理或理則處，纔可說是邏輯。只是將所

有的可能都予以承認的「必然」並不能算是邏輯。譬如「～pvp」，
是將 p 的可能都承認，這是必然。但邏輯不在此。「p‧p ⊃ q‧⊃‧
q」這一個推理所表現的理則性纔是邏輯的所在。「必然」祇是句法
的特性。吾人講邏輯固不能只寫「～pvp」即算完事；而所生生不已
者卻在諸般理則之呈現，即由推理而顯。譬如「p‧p ⊃ q‧⊃‧q」
一式，固可按照函蘊定義而譯為妥沓式，但此處所表現的意義卻是
一個推理。邏輯的目的亦正在表現一個推理，一個理則，而不在寫
為妥沓式。妥沓式不過是表現這個推理式中的各成分沒有衝突，皆
能成立而已。但是這種妥沓式卻並不表示意義，亦不表示理則。所
以若注目於此，則亦不見邏輯性；所以也不是邏輯的所在。譬如：

$$p \supset q \cdot \supset : q \supset r \cdot \supset \cdot p \supset r$$

是由函蘊所表示的三段式原則。這是一個推理，也是一個理則。但
若按照函蘊定義改為妥沓式，則即不表示此種理則性。其妥沓式如
下：

    └:.～pvq‧⊃：～qvr‧⊃‧～pvr

    ├:.～(～pvq)‧v：～(～qvr)‧v‧～pvr

    ├：p‧～q‧v‧q‧～r‧v‧～p(qv～q)‧v‧r(pv～p)

    ├：p～q‧v‧q～r‧v‧～pq‧v‧～p～q‧v‧pr‧v‧～pr

    ├：p～q(rv～r)‧v‧q～r(pv～p)‧v‧～pq(rv～r)‧v‧～p～
       q(rv～r)‧v‧pr(qv～q)‧v‧～pr(qv～q)

    ├：p～qr‧v‧p～q～r‧v‧pq～r‧v‧～pq～r‧v‧～pqr‧v‧
       ～pq～r‧v‧～p～qr‧v‧～p～q～r‧v‧pqr‧v‧～p～qr‧

v・~pqr・v・~p~qr

⊢: pqr・v・p~qr・v・p~q~r・v・pq~r・v・~pq~r・v・~
pqr・v・~p~qr・v・~p~q~r

⊢: (~pvp)・(~qvq)・(~rvr)

⊢: (p ⊃ p)・(q ⊃ q)・(r ⊃ r)

此最後一式就是妥沓式。它不過表示 p、q、r 三個命題各自所有的可能都予以承認而已；再進一步也只表示 p、q、r 三命題各人自己函自己而已。它並不表示意義，也不表示推理，更也不表示理則。可是，原來那個命題，卻是一個推理，因而也表示一個理則。由此，我實可說：譯成妥沓式，不過表示那個推理，勢必成立而已。但卻不表示那個推理所有的意義或理則。所以邏輯不能於妥沓式顯，只能於理則顯。一切函蘊推理式皆可譯為妥沓式。但當譯為妥沓式時，則皆為無分別之清一色的自己函自己。邏輯而在此，不成其為邏輯矣。

妥沓式固不能給我們以知識，所以它本身也不是知識的。但同樣推理也不是知識的。實際的，有所謂的推理，給我們以知識，所以它本身也是屬於知識的。但邏輯推理只是推理之形式（無色彩的推理自己），不是實際的推理。其所表現的是理性自己的發展之理則，不是一個有所謂的，執著於外境而成的知識。故不能認邏輯推理為知識。此意詳論，須參看第三卷第三分 A 節及 F 節。

第三章　命題之內的意義與外的意義

　　本文所說的「內的」是英文的 "intensional" 之譯語，所說的「外的」是英文的 "extensional" 之譯語。「內的意義」，我將譯之以 "intensional sense"；「外的意義」，我將譯之以 "extensional meaning"。這兩個相同的「意義」以不同的英字表示之，在理解上不是無幫助的。「S 是 P」是一「命題函值」（propositional function）。這種命題只有「外的意義」，而無「內的意義」，所以也是邏輯中的命題。「人皆有死」是一有真假可言的實際命題，是知識中的命題。它有經驗的意義，所以它是內的而不是外的。又「X 是人」是命題函值，「孔子是人」則是知識命題。總之，命題函值是外的，外的無色彩；實際命題是內的，內的有色彩。邏輯中所用的命題是無色彩的命題函值：是只有外的意義而無內的意義的命題。

　　羅素在其《算理》的〈導言〉中，曾舉例說明「內的」與「外的」之區別。茲用普通言語節述如下：

　　（一）「X 是人」函著「X 有死」：這兩個命題的連結是外的連結，因為我們可以用「X 是無毛兩足動物」來代替「X 是人」，而那個連結，其值仍不變。若用其他與「X 是人」指謂同一對象的陳

說來代替「X 是人」亦可，亦不至變其值。但是「A 相信 X 是人函著 X 有死」，這個命題所表示的連結卻是內的連結。因為 A 或者可以從未想到「無毛兩足動物是否會死」的問題；或者他也可以有「是無毛兩足動物而卻不死」的錯信。如是，即令「X 是無毛兩足動物」，在真妄值上等於「X 是人」，但也無法使我們說：一個人若相信一切人是有死的，也必相信一切無毛兩足動物是有死的。因為他也許從未想到「無毛兩足動物」，或即想到而又可設想「無毛兩足動物」不一定總是人。所以，在無「相信」字眼的限制之下，我們可以用與「X 是人」指謂同一對象的陳說來代替「X 是人」，但在有「相信」字眼的限制之下，我們就不易用「無毛兩足動物」來代替「X 是人」中的「人」，而仍擔保其推斷或連結可不變值。這種情形即表示一個人相信某某，乃是信仰的連結，不是邏輯的連結。信仰是現時法，或眼前法。不易因此而有所推斷，必然的推斷。信仰所及者，其意義大白而顯露；但是信仰不及者，其意義便無法指定準是此而不是彼。因為信仰是屬於心理的、情感的、主觀的。信仰的連結使命題的意義內屬於主觀，即有了主觀的感受。有感受意義的命題，即為有內的意義的命題，而不是邏輯中的命題。因此種命題不能有所推演故，即無普遍性故。故邏輯中的命題必是屬於「外的意義」的命題。這種命題就是命題函值，即無色彩的命題。

　　（二）「滿足 ϕx 這個函值的目數是 n」：這個命題是外的意義的命題。因為我們若用一個與 ϕx 之值相等的其他函值來代替 ϕx，則此命題之真妄值仍不變。但是「A 主張滿足 ϕx 的目數是 n」，這命題便是內的意義的命題。因為假設 A 主張這一個滿足 ϕx，他

一定再不能主張這一個滿足其他與 ϕx 相等的函值如 ψx；或即能主張，也不能主張它滿足那一切與之相等的函值。因為他的生命是短促的，是有限的。他主張了時下與之相等的函值，他不一定即主張非時下與之相等的函值；他主張了在他一生內與之相等的函值，但他不能主張他死後與之相等的函值。所以一個人主張某某，與信仰某某同。同為現時法或眼前法，不能據此以推斷，或本此以推他。其所以不能，是因為它是內的，屬於主觀之感受的。它是一個經驗命題，或知識命題。它缺乏那種普遍性與抽象性。凡有所主張的，必有所特指。有所特指的，其意義已明白而顯露；無所特指的，便無從確定。故凡屬於主張的命題，必是特殊而具體。特殊而具體的命題，不能據以作必然的推斷，故邏輯中不能用。

（三）「兩個白種人要求到北極」：這個命題是外的。因為此命題是表示：兩個目數能滿足「X 是白種人，他要求到北極」這個函值。我們如果用其他俱有同樣目數（即也是兩個且是白種人）的陳說來代替「X 是白種人，他要求到北極」這個函值，則原命題之真妄值也毫不受影響。此即表示這個函值，只要有兩個目數能滿足它，則它即可成立，而亦不變原命題之值。此即所謂外的意義。它沒有主觀的感受在內。但是「兩個白種人要求到北極是一種奇遇」，這個命題便是內的。因為這個命題是說：兩個目數滿足「X 是白種人，他要求到北極」這個函值，是一種奇遇。但此種有奇遇的驚訝的陳說卻又不必同於：兩個目數滿足「X 是庫刻博士或培黎元帥」這個函值，是一種奇遇。因為他在「兩個白種人要求到北極」上有一種奇遇之感，但在「庫刻博士與培黎元帥要求到北極」上，卻又不一

定有奇遇之感。可是庫刻博士與培黎元帥，仍然也是兩個白種人。可見有內的意義的命題，不能據以作必然的推斷。同是一個命題，有主觀的感受在內與無主觀的感受在內，其影響甚大。一屬內，一屬外。「ϕx 被兩個目數所滿足是一奇遇」，此命題便是屬內的。因為它表示一種驚訝的情緒。驚訝是一種心理的感受，它與「信仰」與「主張」同。它是具體的特殊的。一個人的驚訝情緒流注於此，並不一定流注於彼。也並不能因它流注於此，故推它也必流注於彼。

以上是關於羅素所舉的例子之說明。他所謂內的，實即吾所謂有色彩的。事實上，凡實際命題或具體命題都是有色彩的，即都是內的。上面三個例子中，一表示信仰，一表示主張，一表示驚訝：都有心理的感受在內。如果我們推而廣之，可以把有色彩的命題歸為五類如下：

（一）經驗的：「凡物體皆服從攝引律」。如果事實上無所謂攝引，這個命題便是假的。

（二）直覺的：「因為畫水，所以看起來似乎是溼。」這是一種直覺的鑑賞。如無鑑賞能力，不能有此。

（三）信仰的：「上帝救我！」這是一個宗教情緒。如果沒有宗教信仰，這句話便無意義。

（四）道德的：「不可誑語。」此命題有道德上的意義。無道德感者，這句話可以無效。

（五）美學的：「美哉輪焉！美哉奐焉！」無美感的人，這兩句話亦無意義。

凡此五種，皆靠有物焉凝於其中而有意義。是即所謂有色彩的。

因為有色彩,所以這些命題都是有所謂的,都是特屬於一種學問的命題。將特殊的,有所謂的色彩,一概剔去,而只剩下一個空空的命題形式,那便是邏輯中所用的命題。

※　　　　　※　　　　　※

因為邏輯宜用外的命題,所以我們現在再討論與邏輯數學有關的兩種內的意義。

(一)數學命題之直覺的意義:康德的數學論以及布魯維(L.E.J. Brouwer)的數學論,其心目中的數學命題即是些直覺命題。這種命題之直覺的意義是由先驗的純粹直覺而獲得。這種命題之所以有意義,並不因別的,而是因為直覺。它的意義之獲得,即是它的成立或存在或可能之獲得。直覺實現其意義,實現其可能。照上面所論,內的意義的命題,不能據之以成推演。如是,內的意義的命題當亦不能使數學推演為可能。但是內的命題雖不能,而直覺卻能使數學的推演,即數學的連結或發展,為可能。故直覺意義,在數學上,雖是內的,卻是必須的。與以上所述的「內的」不同。此不可不注意。

(二)邏輯命題之力量化的意義:凡對於一命題之真假值,若加之以強固化或力量化,則雖可以仍作必然的推斷,然其中已參入心理的成分,故也是內的意義。路易士(Lewis)的嚴格函蘊系統中的「不可能」一概念,即屬於力量化或強固化的內的意義。此種意義也可以說是心理方面的,但與信仰、驚訝卻不同。此亦須注意。

這兩種內的意義都與邏輯有關。邏輯中所用的命題既必須是外

的，然則吾將如何解消這種加強的內的意義？吾又將如何可以使數學不必須這種直覺的內的意義？這兩個問題，不是簡單的。因為它們都有一個系統與學派作根據。我們有什麼理由不採用它？又有什麼理由必採用外的命題？關此問題，我在〈論函蘊〉（參看第二卷第二分附錄）一文裏，曾解決了「加強」這個疑難。我說明了「不可能」這個強化概念是不必須的。《算理》系統的「真值函蘊」可以有必然，且可以推斷。用不著加上「不可能」始可成必然，始可成推斷。又「可能」、「不可能」亦可從真值系統中真妄間的關係如何規定之，用不著視為原始觀念。如是，「不可能」一概念，按著奧坎刀的理由，可以把它剔去。剔去了「不可能」就是消滅了內的意義，而純變為外的意義。

　　至於「直覺」一方面較「加強」又複雜。因為他們並不是直接講邏輯，而是在講數學。數學，按照《算理》系統，雖可由邏輯引申出，但究竟不是一個東西，究竟可以分講。既可以分講，則「直覺」即不似「強化」之容易剔去。我們不容易取消這種直覺式的內的意義。因為直覺派之發生，是為解決數學之困難，並為解析或證成數學之本性。他們用直覺法，可以使數學中的詭論不發生（布魯維即作此）；他們用直覺觀，可以解析數學之必然性與普遍性（康德即作此）。邏輯命題可以不要內的意義，數學命題又因何故可以不要這種直覺的內的意義？問題既如此，此其所以難答也。此問題是關於數學性質的問題，本書第四卷有詳細的討論。在此我願作一個簡單的啟示。我以為對此問題的解答，當從以下六點論之。

　　（一）邏輯命題既祇能有外的意義，但只是外的意義的命題，

卻不就是邏輯。邏輯不過用這種無色彩的命題以推理。如是，那種無色彩無所謂的命題，而其連結還能有意義，則必還預伏著一種獨立自足的意義，足以使這種無色彩的命題的連結成為可能。這種意義不必藉助其他，能自成立。如果數學能由此種獨立自足的意義而可能，而穩固其基礎，則我們即無理由非承認直覺法不可。

（二）直覺派的產生既是為的解決數學上的困難與證成數學上的必然，則若由外的命題所預伏的獨立自足的意義也能解決了數學上的困難，並也證成了數學上的必然，則又無理由非承認直覺法不可。

（三）數學上的推演與邏輯中的推演同。其中的命題都應是外的。否則，如上所已解析，必然的推斷不可能。惟數學上的推演與「數」或「數學命題」之成立或「有意義」不同。直覺的必要，直覺主義者以為是在「數」之成立或有意義上，也是在「數學命題」之成立或有意義上。如此，直覺主義者，於數學上的推演而外，當須要一種先驗的純粹直覺以實現之，成立之，意義化之。至於使數學上的推演為可能的那種外的意義的命題，以及外的意義的命題所預伏的那種獨立自足的意義，他們似乎未注意，也許以為不屑注意，或用不著注意。因為直覺不只實現「數」與「數學命題」，且可以實現「發展」，這就是推演了。所以無論如何，那根本的直覺是必須的。但我們以為所必須的不是直覺，而是外的命題及其所預伏的獨立自足的意義。此種獨立自足的意義即足以使「數」、「數學命題」，以及「數學推演」為可能或有意義。如果這一步作到了，則直覺不是根本的。其功能或作用是在另一方面。

（四）我們如果證明了外的命題所預伏的一種意義是獨立自足的，而且又屬客觀、公共，而普遍，並為一切思想之準繩、一切思想所以可能之條件，且也是先驗而優越，則此種意義即比純為主觀感受的直覺實在得多了，有據的多了。直覺是一種主觀感受，並無理由可給。究竟有什麼標準或特徵可以區別關於數學的直覺與關於元學的直覺？究竟又有什麼標準或特徵可以區別數學上普遍而公共的直覺與其他方面上的特殊而各自的直覺？如此，我們又有理由可以不承認直覺法之內的意義，而有理由承認外的命題所預伏的那獨立自足的客觀意義。

（五）直覺派現在所根據的唯一理由是時間之主觀性與先驗性。這點是繼續康德而來的。布魯維以為康德的空間主張已被非歐克里幾何所否證，故現已失其效用。但他以為時間尚屬主觀的先驗的。數學即建基於這種時間上。可是我們若根據相對論，空不離時，時不離空，空間主張既被非歐克里幾何所否證，則時間又何能特立獨行於空間之外？又時間空間乃屬「有」或「存在」之範疇，汝將何以振拔出之，使其為主觀為先驗，以為直覺法之根據？所以，以時間之先驗性、主觀性，為直覺之根據，以建立數學，實屬不穩之至。於此，我們又有理由不承認直覺法之內的意義，而有理由承認那獨立自足的客觀意義。

（六）最後，直覺是一種感受。若無一種獨立自足的意義存在，則直覺派的命題意義，必是因直覺而始有，並非因直覺而發見，亦非因直覺而理解。即是說，因直覺之感受而創造意義，並非因直覺之感受而明白意義。如此，若直覺頓歸於寂，則數學當也同歸烏有。

縱然可說，我們一舉一動皆離不了直覺，但感受的意義總不會是獨立自足的意義。因感受而創造意義與因感受而明白意義，迥乎不同。直覺派大半都是沒有認清這個區別的，而世人亦不就此而指正之。康德無論矣，因為他原是以講知識論為主的。（康德的數學論見第四卷第二分。）布魯維專講數學，也襲取這個觀點，便算低一籌。至法之邦嘉雷所鼓吹的直覺，也是在指明直覺於發見公理或證明公理時之作用或功能。但他遂自以此為直覺主義，而世人也以直覺主義目之。可見大家都是不分數學與感受數學的了。這實在是一個混沌。故於此，我提議數學有其獨立自足的意義作根據，而把直覺主義者所重視的直覺，另予以位置，把它看成是感受數學或發見數學之功能或作用。否則，照直覺派的論法，不是以直覺創造數學，即創造意義，便是以數學歸於時間，即歸於「真實」或「存在」之經歷，變成數學之元學論。此皆不是數學的妥當基礎。

以上是我解答關於直覺問題的啟示。詳細討論，在第四卷。

又上面常提到外的命題預伏著一種獨立自足的意義。這種意義究竟是什麼意義？卑之無甚高論，就是「邏輯意義」（logical meaning）。下章論之。

第四章　邏輯意義

　　所謂邏輯意義不是指 "the meaning of logic" 而言，乃是指 "the logical meaning" 而言。此意是說，於諸種意義外（即上章所舉的諸種有色彩有所謂的特殊意義外），有一種意義叫做是「邏輯意義」，並不是說關於邏輯所有的意義，即邏輯是什麼意義。

　　命題之外的意義與「邏輯意義」不可混同。因為它們的關係非常密切，所以普通不易把它們分開，或直以命題之外的意義當作邏輯意義，而不復進一步更認識那獨立自足的邏輯意義。此誤不在小。命題之外的意義，如上章所述，是指一命題無主觀的感受而言。有主觀的感受，便是現時法或眼前法，不能據之以作必然的推斷。它有了具體性與特殊性。這便是內的命題。但是外的命題正與此相反：它沒有具體性與特殊性，它倒有抽象性與一般性。因為它有抽象性與一般性，始可用之以作必然的推斷。此種命題，事實上，並不是命題，而是命題函值。如是我們可說：邏輯中所用的命題，就是這種命題函值。有「常項」與「變項」的一個句法，譬如說 S 是 P，就是一個命題函值。S 與 P 代表「變項」，其中的「是」字指示「常項」。常項的所在，就是「句法」的所在。一命題函值，因變項

不定故,其所以尚能表意者,正因有此表示「句法」的常項故也。
此就是言語的規律,或即虎塞耳所謂言語之「意義賦與作用」。故
一命題函值實是一個空架子,或一個形式。此空架子中的變項,若
變為定項,則此空架子即變為一個真正命題。此時的空架子不復是
架子,而是有內的意義的命題。一經變為命題而有內的意義,則邏
輯的推演便作不成了。無此內的意義,不變為命題,仍保留而為一
空架子,則即是一個命題函值,此時便是外的命題。故外的命題非
他,即無內的意義的命題函值是也。一個命題函值所以能表意,是
因為它有一個表示句法的常項。這個表意的「句法」並非邏輯意義。
普通所謂邏輯是抽象的、普遍的,似乎即指命題函值而言。他們認
此即是邏輯,不復能進一步再認識那邏輯意義。此即「句法邏輯」
之所以興。須知命題函值還是一個工具。邏輯意義並不在此。邏輯
亦不在此。

　　用命題函值為工具所表示的理性中之理則,纔是邏輯意義,纔
是邏輯。上章常云:「外的命題預伏著一種獨立自足的意義」。這句
話就暗示著:㈠命題之外的意義不是邏輯意義;㈡獨立自足的意義
纔是邏輯意義。今在此我們已知用「命題函值」所表示的「理則」
是邏輯意義。然則這個邏輯意義有何用呢?試想一個命題(即一句
話),出之余口,傳之汝耳。余說之,覺其指謂一種意義;汝聽之,
亦覺其傳達一種意義。試問此種意義,因何而來?必是因經驗、直
覺、情感、心理、信仰等成分之貫注而始可能。今一命題函值只是
一空架子,既無經驗與知識可告,又無情感與信仰可達。然而由 M
是 P,S 是 M,我們可以推知 S 是 P。由 P 真,與「P 函著 Q」

真，可以推知 Q 真。凡此種種，皆有「意」可達，有「理」可尋。
此意此理，是何種意？是何種理？吾知其決非經驗知識之理，亦非情
感信仰之意。然而它決是一種意義則無疑。它能使我們有所明白與
有所領悟則無疑。它是什麼意義？它是邏輯意義。即此邏輯意義，
能使我們有所明白與有所領悟。此意義非他，即理性之理則是。吾
人是理性動物，故對此「理則」能有意義之感；此理則亦可使吾人
有所明白與有所領悟。此種意義即是純理性、純理則之意義。（因
無經驗、知識、情感、信仰等成分故。）此種意義之感受與領悟即
是「純感」（pure intuition）與「純悟」（pure understanding）。
惟此意義能使那空架子的命題函值之推演為可能，那一串空架子的
推演為有意義；亦惟此空架子的命題函值的推演，始表達此純理性
底理則之邏輯意義。兩者相表裏，而終極則在一「純理」之指證。
純理之指證，即是「邏輯意義」之極成。（我們不以外的命題為邏
輯之所在。虎塞耳亦不以名詞或言語之「意義賦與作用」為邏輯之
所在。此可說是相同處。但我們由諸種意義之分別出發，反身而顯
出一種邏輯意義，以為純理之所在、邏輯之所在；而虎塞耳卻由言
語或名詞之「意義充實作用」，向外打洞，從對象方面以直覺出事
物之本質或理型，以為邏輯之所在。這是一個大不同的路數。他是
向外，我們是向內；他是「有」的，我們是「思」的。）

　　邏輯意義既是純理之理則，則此理則不能看為抽象的及一般
的（abstract and general），而倒是具體的及普遍的（concrete and
universal）。抽象的、一般的，可以應用於外的命題，或命題函值。
於此具體而普遍之理則，不能應用。又邏輯意義既即是此理則，則

邏輯學自身無特有之意義：它的意義即是它所表達的對象，即是此純理之理則。邏輯學不過把此理則表而出之而已。邏輯學不與其他科學同：其他科學皆各是一組命題，皆各有特殊之意義。惟邏輯學不是一組命題。它是理則之呈列：它自己沒有意義，它的意義即是純理之理則。此「理則」是人類一切思維、一切言論，總之一切有內的意義的命題，之所以可能的普遍而公共的根據。它是超越的、先驗的；它是一切思維、一切言論所以可能的條件；所以它是一個標準。哲學是釐清座標的一種活動；元學是我最後的座標之學；科學是有特殊意義的一組一組的命題；邏輯則是呈列一切思維所共具所必遵的理則之學。此「理則」是反身的：從主從內而為言，不從客從外而為言；從「思」方面看，不從「有」方面看。它不是元學上的理。我們不能把邏輯理則看成是元學上有內容的「實在」或「實體」之理。關此問題，俟於第十一章〈思與有〉詳論之。

※ ※ ※

邏輯意義的根據在那裏？於何處顯之？其根據可作如下表示：

（一）二分原則之設立：人類思想中先驗地有肯定否定之分。

（二）同一原則之設立：人類思想中先驗地有對於自身之肯定。

（三）拒中原則之設立：人類思想中先驗地有或是或不是之釐定。

（四）矛盾原則之設立：人類思想中先驗地有不能既是又不是之否定。

由此四原則，可以引出以下三個基本觀念：

（一）否定作用：同一原則代表「是」或「肯定」，否定作用便是「非」或「否定」之表示。

（二）析取作用：析取即表示二分法中所函的交替性或選擇性。因為有此交替性，或選擇性，故拒中、矛盾二原則始能表示。

（三）函蘊關係：這是兩命題間的包含關係。它可以使推斷成為可能。邏輯意義必藉推斷始能表示。

以上四個原則、三個觀念，無非表示兩種根本東西：㈠二分原則是根本的；㈡推斷關係是根本的。同一、拒中、矛盾、否定、析取，都是解析二分原則的。函蘊關係則根據二分原則，以關聯一切原則，使推斷成為可能。邏輯意義即根據（說為憑藉更好些）這兩種根本東西而成功的。如果二分原則不能表示意義，則邏輯意義根本不能成立；如果函蘊關係不能先驗成立，則邏輯意義根本不能表示。由二分原則，我們可以得出真假值，並可以得出真假值之間的些關係。由函蘊關係，我們可以知真假值之間的些關係之連帶關係，可以使它們一個跟一個，都能成立。邏輯意義即憑藉真假值之關係及其連帶關係而成立。如果二分原則是有意義的，則由二分所得之真假關係也是有意義的；如果函蘊關係是有意義的，則真假關係之間的連帶關係也是有意義的。這些意義都叫做邏輯意義。所以，問邏輯意義的根據，即是問它怎樣成立。

這種邏輯意義於何處顯示？曰：於一串推理處顯示之（根據二分原則與函蘊關係而來的推理）。茲可舉例以明之。如果「P 假」等於「對 P 真加以否定」，則「對 P 假加以否定」便等於「P 真」，如果「對 P 假加以否定」等於「P 真」，則「P 真」即等於「P 假

是假的」。這個發展過程便表示邏輯意義之發展。其間的「如果—則」是函蘊關係的表示；其間的真假、假真等等，是二分原則的表示。這個發展中各步驟之成立，都是不必藉助於經驗，也不必有待於直覺。再如：如果「或 P 真或 P 假」是可能的，則「P 真」可能，「P 假」也可能。如果 P 真 Q 真，P 假 Q 假，而 P 真 Q 也可假，但不能 P 假 Q 真，則「P 函蘊 Q」。如果「P 函蘊 Q」真，則「或 P 假或 Q 真」真；如果「或 P 假或Q 真」假，則「或 P 真或Q 假」真；如果「或 P 真或 Q 假」真，則「或 Q 假或 P 真」真；如果「或 Q 假或P 真」真，則「Q 函蘊 P」真。這一串「如果—則」的發展，即表示邏輯意義的發展。如果這個獨立自足的邏輯意義能站得住，則標準邏輯能站得住。如果標準邏輯能站得住，則它與有經驗意義的命題（自然科學等）及有直覺意義的命題（美學與元學等）是很容易分得開的。如果數學意義不靠直覺而始有，可靠直覺而發見，則數學意義，除以研究「數」為特徵外，必就是邏輯意義之引申與發展，或說邏輯意義宿於數的推演中而使其推演為可能。如是，我們將不說數學還原於邏輯，而說數學不能不是邏輯的。數學是理性或邏輯意義之另一套發展。其所以是另一套者，大概就是因為它研究「數」；而邏輯則不研究什麼。

※　　　　　　※　　　　　　※

道不可須臾離也。可離非道也。標準邏輯亦是如此。智者見之謂之智，仁者見之謂之仁，百姓日用而不知，君子之道鮮矣。標準邏輯也恰似那百姓日用而不知的東西。正因為它是不可須臾離，正

因為它是百姓日用而不知，所以它纔是一個公共而普遍的標準。這恰如人日處空氣中而不覺空氣之重要一樣。如覺空氣之重要，必經反省；如覺標準邏輯之重要，亦必須反省。但歷來無人能反：但向外求，不向內省。自亞氏起，至培根止，乃是傳統邏輯之完成。這個傳統所欲求的，也是一個公共的標準。但因為他們是向外求，所以結果是個方法學或工具學方面的一個標準。歷來所認識者只是這個標準。我所提示的那個標準，是很少有人注意的。這兩個標準下章再論。

他們所求的標準，因為是向外，所以常與認識論或元學混在一起。寖假而人們亦只就此「混」而專向認識論或元學作文章，不復知其本意矣。這個「混」至康德而集大成，遂形成了他的知識論這個結晶。我們現在願意加以洗練：把亞氏以來所形成的標準洗練出，進而再把我所指示的那個純理標準亦洗練出。（純理標準在下章亦叫做法成標準。）在洗練純理標準上，我們把它從整個實際思維中，打開而解剖出之，把它提出來加以理解，加以說明。我們先分開，認識其本性與功能，再合而與其他成分合觀，看它在整個知識過程或認識過程中居什麼地位，有什麼作用。這個進路本是康德式的。但是，因為康德並不認識我所指的那個邏輯意義（雖然他也說純粹一般邏輯所列之原則是一切理解之準繩，如無此準繩，理解不能有任何運用。但他以後把它束諸高閣，並未指出它在知識系統中有何地位。這便算是不認識），所以他的純理也就不同於我所意謂的純理。他的進路雖是從知識論出發，但他的知識論中的那些理，因為背後預伏著一個元學的見地，所以遂使他的「理」不是思維中理性

的理，而是元學上的存在之理：柏拉圖的理型之理。

因為是元學之理、柏拉圖的理型之理，所以它當然不是思維中理性之理，可是也當然並非不包著思維中理性之理，因為它原是兼攝思與有的。（否則，不能為元學之理。）它是知識可能的條件也是知識對象可能的條件。結果它是元學的。即是說，康德雖是起自知識論，但最後仍是歸於沒有知識論，還是一套元學。這個路數是很顯然的。所以黑格爾便不作康德那套知識論的絞腦文章，而直接去從理念或意典起，作那一體平鋪的悠閒自得的文章了。這是很有趣的一個歸結。閒常與友人談，在黑格爾的哲學系統中，無問題可言。他不安放問題，也不解答問題。他只是一體平鋪的那末滾。這因為他沒有走有問題的路，他把康德那前半篇文章取消了。康德的歸結，雖是沒有知識論，雖是與黑格爾同，但他自知識論起時，卻是煞有介事的安放問題，解答問題。這即是說，他從有問題的路走起。他的走法雖等於不走，可是他的路卻是一個有問題的路。我們現在繼承他這個路，而換一個走法。我們要認識那個邏輯意義。我們把此邏輯意義，當作是思維中理性之理則，當作是思維中的純理，不是理型或意典之純理。

以上的話已經是知識論的話。現在不必追究。我們現在所注意的就是那不可須臾離的道。把它提出之，說明之，結果便是人類不可須臾離的標準邏輯。這個標準邏輯成為系統是物觀的，並是機構的。其中命題能成立與否完全是由真假關係的邏輯意義而決定。好像一架機器，其中各分子能盡職與否，完全看它在那個大機器系統內，是否息息相關而不背謬。若某一部分稍有差錯，全體便不能動。

此時這一部分便不能成立：便須除消，便當修理改進。邏輯意義之決定可能與不可能，也是如此。矛盾的，邏輯意義便決定其不可能，便當汰除。一致的、諧和的，邏輯意義便決定其可能，便當保留。所以只遵守邏輯意義的邏輯系統所否決的是矛盾，所保留的是一致。

第五章　兩個標準

　　亞氏關於邏輯的作品有六篇如下：

（一）《範疇篇》：*The Categories*。

（二）《命題篇》：*Hermeneutica*, or *De interpretatione*。

（三）《先驗分析篇》：*Analytica Priora*。

（四）《後驗分析篇》：*Analytica Posteriora*。

（五）《討論術篇》：*Topica, The Art of Discussion*。

（六）《辨謬篇》：*De Sophisticis Elenchis*, or *Sophistical Refu-
tation*。

這些單行作品，其弟子曾集合一起，以《工具學》名之。「邏輯」一
詞，亞氏並未曾用。或云斯陶愛克始用，或云斯陶亞學派的發見者
芝諾先用之。又有人說，此字第一次出現，是在第孟克里圖士的軼著
中。在西施羅時代，此字大家都用之於修詞與辯論。即是說，是求正
確言辭的藝術。以後漸漸發展而為思想之科學，或言語表示之科學。
到了亞氏，集了發展至思想之科學或言語表示之科學，這一階段之大
成。雖是集了大成，但這個階段仍還是初期的，即只集初期發展的大
成。這個階段中的邏輯之意義，大概亞氏的學生所用 "Organon"（

工具）一詞足以表示之。集了這初期大成的「工具學」，其氣象與氛圍是在以下三種場合中表示著：

（一）很自然地由言語出發，與言語學不離。

（二）很自然地繼承辨論術之意，與求知術及知識論不離。

（三）不離柏拉圖的理性主義之元學，故與「元學本體論」的意義相連。

這三種場合，可由亞氏六種單行作品看出來。《範疇篇》表示本體論的意味；《命題篇》表示由言語出發；其餘四篇則表示辨論術、求知術，以及知識論的意味。姚格森（Jφrgensen）在其《形式邏輯》第一卷（共三卷）有一段話述說亞氏邏輯與元學之混合甚好。茲譯如下：

> 他雖然也分別純粹邏輯與元學知識之不同，但他卻沒有嚴格而決定地區分之。這個事實可由於他的邏輯研究之結果而表示出來。他的邏輯研究之結果都是些直接的「元學本體論」的意義。這點，當我們考察亞氏的真理概念時而益顯明。現代形式邏輯規定真理（邏輯上的真）是遵守邏輯原則的那些邏輯項之間的契合關係。亞氏則相反。他看真理是思想與實體之一致（是思想與實體間的關係）。邏輯與元學的混擾，更可由亞氏以下諸觀點而顯明：㈠他以為真正的界說須表示事物之元學上的性質。㈡他以為命題是關於「有」與「非有」的陳述。㈢他以為肯定與否定是與實在的「組合」與「分離」相應和。㈣他以為不同種類的命題是與存在的真實樣式相應。

㈤他以為正確三段式中的「中詞」須與事物界的真實原因相

應和。㈥他最後又以為邏輯的（科學的）原則是應著元學的

原則的。他有時又把命題及問題分為倫理的、物理的、邏輯

的，而其中都又函著元學的。這都足以引起誤會。我很同意

愛爾德曼的見解。他以為亞氏在很多點上，是繼續著柏拉圖

的形式邏輯與元學之混擾的。亞氏在邏輯問題上的看法，似

乎又與他的物理數學中諸原則混在一起，而此等原則又都從

他的生物學中發生出。關於這些原則的分類，無疑地形成了

他的三段論法之基礎。三段論法是他的邏輯理論中之重要部

分。但是，雖然如此，他的思想在形式邏輯上，又能佔如此

重要的位置。其所以然之故，是在：亞氏很有能力把他的邏

輯分析建基於當時的數學之上，並建基於第孟克里圖士的邏

輯學說之上。除此而外，就是亞氏本人的邏輯本能之大；雖

然他所研究的結果與他的「元學本體論」的解析，有不可分

的聯合，然而他卻能把它們表示為形式的真理。

這段話很好。很能描寫出亞氏邏輯的氛圍與氣象。所以在亞氏集大

成的階段上，邏輯是初期的形態，是工具學的形態。此工具學形態，

雖與其他學不離，但卻不是其他學。它由諸種科學、經驗知識，以

至於最後的元學等等，抽繹而成。可是，雖是抽繹的，但也不是某

種特殊學問中的一般原則（為一切現象的原則）。亞氏的偉大就在

此。他把它們排列成一個大家一切學問研究所必由之路徑。它之為

工具，是為一切學問研究之工具。如此，它仍然是個公共的、標準

的。這初期的公共或標準是工具學或方法學方面的公共。縱然它的氛圍與氣象是在言語學、討論術，及元學中混淪著，然它仍是一個公共標準的形態。此點必須注意。此即表示人類自古以來即憧憬著一個公共的標準的。不過因時代不同，這個標準是常染著時代的色彩。

雖為時代色彩所染，但亞氏所求的標準或所憧憬的標準，其意義至今還當保留。它是方法上或工具上的一個公共標準。它與哲學派別上所謂實驗法、直覺法、辯證法等不同的。這些哲學上的方法是個人的觀點或出發點。就是講這些方法或使用這些方法時，同時也必得用亞氏所篆成的標準，或不離這個標準。當然，亞氏對於他這個方法上的標準，並非已經天衣無縫。只不過說他的意向或憧憬是如此而已。意向是如此，則其中具體圖案可因時代之推進，而逐漸發見。二千年來：其間的發見不能算少，但仍不能說這個標準是已經圓滿無缺，故對於亞氏自亦不能苛求。吾人論他的邏輯，只大體確定他企圖的傾向如何，性質如何而已。

又我們說亞氏的邏輯是一個工具學的傾向。但此所謂工具與康德所反對的工具，意義不同。康德以為純粹邏輯不能當作工具目之或用之。以工具目之或用之，就是說用之以產生一客觀斷定。但這只是一種空談，一種幻象。事實上是毫無效果的。所以他說純粹邏輯，若以工具學論之，則為辯證的，康德所反對的工具意如此。可參看第一章。至於我們說亞氏的邏輯是工具學（或方法學）則是說當我們作任何研究或向外思維時，必須具有或遵守這一套路數。這是一個研究進行所遵之路，並非產生實際斷定之工具。

※　　　　　※　　　　　※

　　亞氏所求的或憧憬的這個方法學方面的標準，到現在止，我們可以分為三階段述敘。第一階段就是亞氏本人所代表的。這一階段，我們叫它是哲學的觀點，其中心思想是用「體」與「義」以類族辨物，所以其特徵是「質」的。第二階段可以米爾（J. S. Mill）為代表。這一階段，我們叫它是科學的觀點，其中心思想是假設因果律以求歸納推斷之有效，所以其特徵是「量」的。第三階段尚無人作成。我們將以康德之觀點，說明歸納知識（經驗知識）之成立。這一階段，我將叫它是邏輯的觀點，其中心思想是以「理性起用」（the function of reason）以明歸納知識之可能或形成。其特性將是「機能」的（functional; functional theory of induction）。

　　我們先說第一階段。當外界呈現於我們的官覺上時，我們的心官就想要明了它。這種明了，就叫做理解。我們理解的過程就是類族辨物的過程。這種過程是集中在界說或論謂上。譬如眼前有一個體「人」。我們將問：「人」是什麼？答曰：動物也。再問：動物是什麼？答曰：生物也。再問：生物是什麼？答曰：物也。又問：物是什麼？則必無可答，而曰物者物也。當然，站在科學的研究上，可以給它一種解析。但是最後必有一個不能解析的假定。我們剛纔所舉的只是一個例，任何解析都是如此。這種層層上溯，必到一個只能界而不被界的假定。這個假定，我們叫它是自明的。（自明與否是對我們的知了而言。）這個自明者可以叫做第一原則，它是最根本的：只能謂而不被謂。此是界說過程之上溯者。這種上溯的根本

或自明，我們叫它是「義」的，或說是屬於「義」一方面的。「義」
相當於亞氏所謂「德」或「本質」，即綱、目、差、撰、寓五旌所示
者。現在，我們再向下看。譬如由物而生物而動物而理性的動物而
人，物、生物、動物、理性的動物、人等等，這一串性德咸集於此
而論謂眼前呈現之「今茲」（instantpoint, suchness）。此「今茲」
即只被謂而不能謂的本體。此本體是最根本的。立體於此，由德以
限。類其族，辨其義，而物性以明。這是界說過程之下溯者。這種
下溯而得的本體，即只被謂而不能謂者，我們叫它是「體」的，或
說是屬於「體」一方面的。「體」相當於亞氏所謂殊相或特體。「
義」則為共相。

　　現在我們說，由上溯而至於「義」之最根本者，曰自明，曰第
一，由下溯而至於「體」之最根本者，曰本體，曰今茲。前過程之自
明者，只能謂而不被謂；後過程之為本體者，只被謂而不能謂。現
在，我們應知，此種自明或本體皆隨解析過程而簇生，它是邏輯原
委之所繫。我們的解析過程或理解過程，不管它的成果如何。它必
須有這些概念的。這些概念只是邏輯上的，而非真理或學說上的，
只是解析上的，而非真實或存在上的。它屬於理解過程，非屬於存
在過程。若把這些概念，當作學說上的，則出位而乖宗。譬如知識論
上之古典的理性主義，或經驗主義，有人以為即與亞氏之「義」的
方面之第一原則相連而生，這就是出位。詳評見下第八章。又如形
上學中殊相共相、本體屬性，乃至唯名唯實，有人以為也是亞氏邏
輯所蒸發，這也是出位而乖宗。詳評見下第七章。我們如果了解上
溯中之「義」與下溯中之「體」完全是解析上的或邏輯上的，則與

那些學說便可完全不相干。這是我們現在讀亞氏邏輯者所不可不注意的一點，縱然亞氏本人未有自覺的注意。否則這個方法學的標準便不能成立。這個標準，從第一階段言，即類族辨物之理解程序，亦即知解所必遵之路數。此又可曰程序。今人有所謂議程，此則可曰「知程」。

我們再說第二階段。在此階段中，第一大事就是米爾將亞氏所缺的歸納程式補入。亞氏邏輯與米爾邏輯並不衝突。他們無相反而卻有相成。在歸納過程中，類族辨物是初步工作。我們在界說中，斷定說「人是有理性的動物」，或「凡是人是有死的」。然則，這種斷定必有所據，即必據一種關係始足以使我們斷定其如此。這種關係為何？即因果律是已。米爾講歸納必於外界信有因果律。否則，彼以為歸納必不能成。故在此階段，於外界事物必假設一種關係於其中。這種假設與第一階段之體與義又不同。體義，我們說它是解析上的、邏輯上的，而非真實上的、存在上的。並無固宜，隨解而生。但是，第二階段所假設之因果律，則不是解析上的。而是存在上的。它是一種學說或信仰，而非是邏輯概念。**歸納是要依靠這種學說或信仰的。但是這個學說或信仰卻極有問題，讀哲學者，都能知之。**米爾的歸納四術是沒有什麼問題的。但因果律的假設這個學說是有問題的。凡是學說皆有問題。所以我們對於這第二階段當有一種改變。

這種改變就是使歸納不靠於一種學說，而單靠於思的邏輯。這就是我們第三階段所要作的。在此階段，屬於思的（「我」這一方面）「理性起用」，將是一個重要角色。康德問知識之可能或形成，

單自內，而不自外。我們繼承這個思想。在康德，思的範疇之機構作用即可組織感覺所與而形成知識，不必外求，亦無法外求。我們現在則說，思的理性起用，即理性所自具之理則之起用，即可組織感覺所與而成知識。知識成即歸納成。在此亦不必外求。只有邏輯的意義，而無存在的意義；只有思的機構成分，而無學說的成分。在理性起用中，類族辨物乃至設準歸納，都隨解而生。這完全是邏輯的觀點，毫無雜染在內。這個觀點並不表示世界無有關係或無法則。但只說，在講歸納時，世界本相如何或不如何，有什麼或無什麼，與我全不相干。我不須問，亦不能問，問之亦無益。講知識亦是如此。相信它如何或有什麼，不過徒增信心而已。在事實上毫無實效。這就是第三階段之邏輯的觀點。

但是這個觀點之成立，必須有待於另一個標準之發見。本書即努力極成這個標準。這個標準成立了，方法標準也就成立了，而第三階段之邏輯的觀點也始可以完全明瞭而其理亦甚自然。

以上方法標準之三階段，在此只略加提示，以為方法學留餘地。將來講歸納邏輯時，自須詳論。

至概然邏輯只是歸納邏輯所應有之函義或尾聲。由類族辨物而歸納程式而概然理論與概然核算，這是方法標準本身之具體內容的發展。至於我所說的三階段，乃是論法或看法的發展。（實則在講歸納程式時，因明學中亦有大部可採。）

以下將說另一個標準。

　　　　　※　　　　　　　　※　　　　　　　　※

　　亞氏所求的標準，吾人不能否認。但站在純邏輯的立場上，吾人處於今日，仍可另向一個標準方面求。即是說，仍可找出屬於另一種意義的一個公共標準。這另一方面的標準，如找出來，便是邏輯史上第二個集大成時期。亞氏所找的是方法學方面的：定義、分類、歸納、演繹、知識、概然、謬誤等等。我們將找一個構成方面的，或制度或紀綱方面的。此構成、制度、或紀綱，當然是限於人類理性或思維方面（與對象或存在無關）。與方法學之屬於人類思想或理解同。方法學是思想理性之向外應用，是利用，故曰屬於「理解」（understanding）。構成學是思想理性本身之自具理則，是顯體（顯獨立自成的體性），故曰屬於「理性」。方法學一方面之標準是理解所必遵必具之路；構成學一方面之標準是理性本身所自具之理則，而為一切思維，一切理解所以可能之紀綱。這兩方面只是一個東西之向本身看與向應用看。並非截然兩物，亦非混然一物。

　　因為歷來對於這兩方面的混擾不清，所以在亞氏邏輯及其流傳裏，時而有方法學的成分，時而有構成學的成分。看法不同，解析亦異。即現代邏輯，雖燦爛可觀，亦仍在這個混擾中。其混擾與亞氏時同。可說與亞氏處於同一氛圍中。雖然現在對於邏輯有新的看法，有新的解析，但在究竟上仍不相干。（看第九章自可明白。）吾人現在指出何者是何，何者不是何，固不能得其準，然此兩方面之區分，必須洞然胸中。此提綱挈領之意也。

　　亞氏方法學，其中各部門，下章再論。構成學，其大義可得聞乎？曰可。茲略解如下。

　　構成學乃由約翰生的 "constitutive" 一詞而來。此處不妨借用。

約氏的思想，第九章論之。構成學方面的標準即理性本身所自具之理則。此理則乃獨立而先驗，故曰構成；並為一切思維或理解所以可能之條件，故亦曰紀綱。此紀綱乃公共而普遍，故曰標準。按此義言，構成亦曰「法成」。法者法則，成者自成。此法成性的理則，表而出之，即為邏輯。此時的邏輯即構成方面的一個標準。與亞氏的方法學的標準迥乎不同。吾將以此法成標準為邏輯之體的方面。此標準不是演繹法（外篆），但表而出之，卻是一個推演系統。這個系統亦即表示理性本身進行過程所自具自呈之理則。此理則是一切具體思維或理解所以可能之條件，但不是思維對象所以可能之條件。此理則即是組織知識之先驗範疇，使知識所以為可能者。單表此理則，即為邏輯。此為純理之訓練。純理即是此邏輯之理則，非是別的。將此理則拉進具體思維中而考究其超越的地位，或作用，則為知識論。這個標準不是方法，乃是支撐一切思維之支柱，所以說是構成，或制度，或紀綱。此紀綱不依他成，不由後得。故是一個標準。本章以前諸章皆是指這個標準而說的。

　　方法標準與此法成標準之關係若何？方法標準乃具體思維向外作用（成為理解）所必遵之規則或路數。向外作用所遵之路數，最要者曰設準，曰演繹，曰歸納。此三者得稱「方法」，亦得稱「推理」。三者俱備，理解乃成。理解者如理而解。其所如之理即法成標準，其解之方式即方法標準。方法標準之所以可能，亦必因此法成標準宿其中而不離。按照方法標準以進行的具體思維必攜此法成標準以俱行。否則，向外作用的具體思維不可能。故法成標準乃方法標準所以可能之先驗條件。故於篆成方法規則時，乃可函有法成理

則於其中。我們說理解是如理而解，其實也即是「理性之起用」。理性於對外起用時（即作理解時）即顯出推理之三姿態（即設準、歸納、演繹）。此三姿態，鋪陳而排比之，即方法標準之篆成。此三姿態，若各自排比以觀之，考究其實際之義用、圓滿之方式，則為方法學之觀點。若綜和而動盪以觀之，顯推理之進行、理性之理則，則為法成學之觀點。故「理性起用」一語實兼攝兩標準而為一（參看第三卷第三分 F 節〈綜論推理〉）。

「理性起用」即理性之全體大用。此種全體大用由知解了物而顯。整個的邏輯學是從知解了物上理性之全體大用而抽成。故離開知解了物之理性起用，便無所謂邏輯；而邏輯亦必歸於知解了物之理性起用，方不落空。否則，邏輯不但無來源，且亦無安頓。直成無用之廢物。現在邏輯上眾說紛紜，而愈說愈遠者，正因不識此樞紐耳。現在可問何謂邏輯由知解了物之理性起用而顯？第一，須知解了物者即理則之運乎色相也。理則者理性之理則，色相者感覺之所與。理性本其所自具之理則而運乎色相之中以成知識。是即謂理性起用。在其起用之時，因利用故，必顯種種姿態。此種種姿態，即知解了物之程序或軌程。合此程序或軌程而觀之，即理性起用之全體大用。譬如亞氏由體義以類族辨物，所以歸類而定界也。米爾歸納四術，所以於果而求因也。因明三支比量所以立式而定因也。（定因與求因或知因不同。歸納是求因術，因明是定因術。）演繹外篆，所以據此而例彼也。此皆知解之軌程。理性起用之所顯。凡有了別，無不遵此。所了者物，所成者「知」。而此則知了之「式」也。故邏輯者即明理性全體大用之「自自相」與「自他相」也。自

自相者，理性所自具之「則」也。程而出之，是謂法成標準。自他相者，理解（理性起用）所顯之「式」也。比而出之，是謂方法標準。理性起用，將此兩者攝而為一，故曰全體大用。知識論者即明此全體大用中之成分，關係，是成果也。此種看法足以說明邏輯之出處。但此不過其出處之指明，非謂即同於知識論也。其自性與範圍仍不可隨便橫軼。

第六章　亞氏邏輯之各部門

　　亞氏邏輯的全部共分六篇。在此六篇中，我們見出亞氏是在企圖一個公共標準的建立。這個標準，我們叫它是方法學或工具學方面的標準。二千年來的傳統，即是傳這個統。一切屬於此傳統的邏輯作品，都是在修正與擴充這個工具學方面的標準。氛圍與氣象都是亞氏早已決定了的。後人大半都是用今話講古物。讀者隨便找一本邏輯教科書，即可得此傳統邏輯一個大體輪廓。然則，對此傳統邏輯，似不必再有所陳述。惟因本書不繼承這個傳統，所以在此當有概述的必要。又因為本書希圖表示另一個標準，為與傳統標準比較相得益彰起見，故仍有描述一個輪廓的必要。

　　亞氏六篇中，以《範疇論》為起點。我們現在也先略說範疇。亞氏範疇的起源，是在思想與存在的關係中，即思想涉及存在時所有的種種基本概念。思想涉及存在，須用言語或命題表示。命題表示存在之「體」與「用」。在這種體與用上，可以引出種種狀存在的概念，而又皆可歸於體與用。這些概念，亞氏名之曰範疇。亞氏的範疇論，可說是言語的起源，而元學的歸宿。這些範疇，亞氏列舉十個。在此，詳述體與量兩種。

　　（一）體：體亦稱本體。真正的、根本的、典型的「本體」之意義，是只能被別的論謂，而不論謂別的，亦不存在於別的。至於其他引申出的，或非根本的本體，則常隨人而定：不必不論謂別的，亦不必不存在於別的。譬如，人與動物都是體。但人是目，動物是綱，而某某具體之人是個體。個體是根本的，真正的本體；而人與動物便是次等的引申的本體。亞氏說：「除去根本本體而外，任何東西皆是論謂根本本體，或存在於根本本體。此可舉例以明之。動物論謂人這個目；所以當然它也可以論謂具體的個人。因為，如果沒有它所論謂的具體的個人，也必沒有它所論謂的目，即人。又，色存在於物體中，所以當然也存在於個體的物體中。因為，如果沒有它所存在的個體的物體。當然也不會有它所存在的物體，即目。如是，除根本本體而外，任何東西皆是論謂根本本體，或是存在於根本本體。如果這個最後的根本本體不存在，則其他任何別的東西的存在，也決是不可能的。」又說：「根本本體是居於任何別的東西之下的實體，而任何別的東西都是論謂它，或是存在於其中。」又說：「除根本本體外，我們可以叫目與綱是次等本體。因為它們都是些謂詞。它們足以傳達關於根本本體的知識。」

　　本體之意略如上述。亞氏講述本體，由個體、目、綱著手。根本本體即由這三種間的「論謂關係」而推比出。綱論謂目，目論謂個體。所以個體是最根本的。最根本的即是最後的：只被論謂而不論謂別的。這種講本體的出發點，即是經驗知識的「歸類」之出發點，也即是「界說」的出發點。所以在亞氏邏輯中，方法學的意義始終是表示著的。言語學與方法學的出發點，引出元學上的種種概

念，整齊化之，客觀化之，名之曰範疇。本體即是這樣得來的其中之一。

本體還有三種特性。第一，亞氏說：

> 本體的另一種記號或特性，即是沒有反對。任何根本本體，如個體的人及個體的物，其間能有什麼反對對當呢？毫無反對可言。目或綱，其間也不能有反對。但此特性卻並不特屬於本體，他物亦有之，如量。二寸長與三寸長或十寸長之間，決無反對可言。多可與少相反對，大可與小相反對。但是定量的東西卻沒有反對。

這個意思甚精到。它可以打倒胡亂講反對與矛盾的人。體與體無反對可言，當然也無矛盾可言。「反對」是一種關係。關係可從兩方面說：一是事物或體本身之間所發生的關係；二是我們定下一個標準，按此標準對於事物所起的種種論謂或看法。此處所謂「反對」當是後者。從體本身說，無所謂反對。故反對當是我們按照一個標準所起的一種看法或論謂。反對之為關係，如同與異。反對同異並不一定是矛盾。嚴格講來，矛盾是邏輯上的，除此而外，皆不能言矛盾。今日之辯證家卻始終不明乎此。

第二，亞氏說：

> 本體不能有程度的變化。此並非說，一個本體不能較另一本體更為本體，或更為根本。因為我已說過，這是可以的。此本體雖可較根本於彼本體，但是沒有一個獨體，能在其自己

> 之內，有程度的變化。舉例來說，一個特殊本體如人，不能
> 因在另一個時候，即比他自己更為是人，或更為不是人。也
> 不能比另一個人，更為是人，或更為不是人。一個人不能如
> 白或美一樣。此白物可以比其他白物，更為白，或更為不白；
> 此美人，可以比其他美人更為美，或更為不美。但是，一個
> 人不能比其他人，更為是人，或更為不是人。復次，同一性
> 質在一物中，在不同的時間上，可有不同的變化程度。一個
> 物體，譬如說是白的，可以說它比以前更為白；如是溫暖的，
> 可以說它比以前更為溫暖，或更為不溫暖。但是一個本體不
> 能比它所是的更為是，或更為不是：一個人不能比其以前更
> 為是人，或更為不是人。或任何東西，如果它是本體，它即
> 不能比它所是的，更為是，或更為不是。如是，本體不能承
> 認有程度的變化。

這段話更好。這個形容本體的思想，即是近人懷悌海所謂是其所是，時其所時，處其所處。本體只是「是」，只是「如如」。《因明》所謂「逕挺持體」，亦可藉作妙喻。這個思想由上條「無反對」的思想引申出。這種對於「體」的看法，當然是元學的，或純物理的，不涉倫理意義，或價值判斷。如果涉及價值判斷，則一個人比以前更是人或更不是人的話，當然可說。亞氏論「體」不含此義。

　　第三，亞氏又說：

> 本體最特別的特性，即是在數目上，雖只留下一個而且同一
> 的東西，但此同一的東西可以承認有相反的性質。惟本體以

外的東西，不能進而亦允許其有此特生。同一顏色，不能是
紅又是白。同一行為不能是善又是惡。此律，除本體外，可
應用於一切。但是，一個而且自同的本體，當留有同一性時，
卻可承認相反的性質同時存在。同一個人，在此時是白的，
在另一時是黑的；有時是暖的，有時是冷的；有時是好的，
有時是壞的。〔……〕因其本身之變遷，本體可以承認相反
之性質。熱變為冷，是因為此物已進入一不同的情態中。同
理，白變黑，惡變善，皆是如此，皆因有一種變之過程而然。
在一切情形上，因著變之過程，我們都可說本體是可以承認
相反之性質的。

亞氏論本體可以承認相反之性質，是站在時間上說，變遷上說，這
是亞氏精於生物學的原故。但從空間上亦可說明本體可以承認相反
之性質。一個自同的體，不但在不同時，因變之過程，可以由黑變
白，由熱變冷，由善變惡，即在同時，一個根本本體也可以說既是
紅又是綠，既是人又是物，既是矩形，又是圓形。這點，亞氏沒有
想到。但卻是他的思想中所應有的。本體齊同而不變，保持其統一
性，然而在時間上，它可有狀態的變之過程，在空間性，它可有多
種性之並存。康德的「本體」一範疇，解析與此同，不過它是思想的
主觀的而已。又今之辯證邏輯家，站在變動的立場上，或站在多種
性的立場上，反對形式邏輯，完全是無的放矢。如果能反對，亞氏
早替你們反對了。你們為什麼不把亞氏當作辯證邏輯家呢？又亞氏
雖主張本體的齊同性，但邏輯上的同一律卻不當從此講。同一律是

思想上的，而本體之齊同是存在上的。因為是存在，便無必然性：可如此看，亦可不如此看。

由以上可知亞氏所描寫的本體，是由言語學或方法學進到元學（雖是元學，但仍屬康德所說的現象界，而非他的本體界），與邏輯不相干。但也可說，它是工具學這個標準所應有的搜討文章：凡所牽涉的都弄清楚。至於這種範疇，更有何種大作用，他卻尚未指出。這倒是後來康德的路向。亞氏的目的是在一個工具學方面的標準之建立。

亞氏邏輯方面的「本體」只是 "substance"，與他的形上學方面的「實體」（reality）之意義不同。「實體」當然也不能說它沒有「本體」的意思；可是說話的座標變了，其意義也自隨之而變。在元學方面，亞氏的實體論是一種機能說（functional theory）。他可以從思想中，或知識論裏，把元學解脫出來。他的工具學方面的範疇與機能說的實體論，並無多大關係。這正可證明前者是邏輯的、解析的，而後者是學說的、存在的。於是，我可說，亞氏開了兩條路：一是康德所走的，一是懷悌海所走的。康德從範疇方面發展，發展到與亞氏完全不同的路上去。在此路上（康德所發展的），元學沒有從知識論裏解脫出來。懷悌海從亞氏的元學方面發展，發展得與亞氏很相像（可以解析為同是一種機能說）。在這條路上，元學可以解脫出來。我們以為從亞氏的思想中，發展到懷氏，是比較自然一點。當然康德也並不一定承認他的系統是來自亞氏。可是，他有傳統邏輯的訓練及受他的浸潤，則是無疑的。我們為什麼不可以說，他是用了柏拉圖的理型論與亞氏的範疇論，來解決休謨的問題呢？

康德的思想與亞氏的範疇之關係，下面再論。

（二）量：亞氏說：

> 量或是斷或是續。又，有些量其全體中的部分，相互間可以
> 有關係；有些沒有關係。
>
> 斷量的例是數目、話音；續量的例是線、面、體，以及時間
> 與空間。
>
> 數目中的各部分，它們沒有相連的公共界限。譬如二五等於
> 十，但是兩個五卻沒有公共的界限：它們倆是分離的。也不
> 能概括地說，它們必有或將有一個公共的界限。它們總是分
> 離的。所以，數目是斷量。
>
> 話音也是如此。話音是一種量，這是顯然的。因為它可以長
> 短音來測量的。話音也是斷量，因為它們沒有公共的界限。
> 許多音母間，沒有一個公共的界限可以為它們的聯合處。每
> 一個都是與其餘相分離的。
>
> 但是，一條線是續量。因為它可以有一個公共的界限為其部
> 分相連之處。在線上，其公共部分是點；在面上，則是線；
> 因為面的部分也有一個公共的界限。同樣，在體的部分中，
> 你也可以找出一個公共的界限：或是線，或是面。
>
> 時間空間也是續量。時間上的過去、現在、未來，形成一個
> 繼續的全體。同樣，空間也是個續量：因為一個體的部分是
> 佔有一定的空間的，而這些部分是有一個公共的界限；所以
> 空間的部分被體的部分所佔有，也同樣有一個公共的界限。

如是,不但是時間,即空間,也是一個續量。因為它們有公
共的界限。

以上是論續量與斷量。以下再論量中的部分間之有關係與無關係。

有些量,其中的部分相互間有一種相關的位置,有些便沒有
這種相關的位置。一條線上的部分,互相間有相關的位置。因
為每一部分總是居在某一地方的,並且我們也可以區別每一
部分,陳述每一部分在面上的位置,以及解析其餘一切部分
每一個在何種部分上相連接或貼近。同樣,一個面上的部分
也有其位置,因為我們能同樣陳述什麼是每一部分的位置,
以及在何種部分上它們相連接或貼近。關於體與空間,也同
樣是真的。但是,我們卻不能指示出數底部分相互間能有什
麼相關的位置,我們也不能陳述在那一部分上,它們可以相
連接或貼近。這種情形,在時間上同樣也不能有。因為時間
上每一部分皆不能有逗留的存在;既不能有逗留的存在,即
很難說它能有什麼位置。這類的部分,我們可以說它們有一
種相關的次序,即一個在一個之前。數目亦是如此:在計數
上,一前於二,二前於三。如是,我們可以說數的部分有一
相關的次序,然而它們卻沒有顯明的位置。話音亦可作如是
觀。其部分皆不能有逗留的存在:當一個音被發出來時,我
們不能去保持它。所以很自然地我們可說,它們既不能逗留,
所以也不能有位置。如上所述,可知有些量其部分是有位置
關係的,有些是沒有的。

以上亞氏論量從兩方面來分析：一續與斷的問題，二有位置與否的問題。若把這個「量」看成「物理實體」（physical entity），則亞氏的量的分析即是物理世界的分析。懷悌海從「事」的關係講起，就是這個觀點的擴大。惟亞氏因其是古人，尚粗朴而簡略。亞氏的量論可作物量的關係論看，這便與邏輯無關。與他的工具學的邏輯亦無關。這是這一點。又他這種進入元學的講法，既與邏輯無關，所以與思想或知識論亦無關。這即表示他的元學是可以從知識論裏解脫出來。亞氏本人或者尚未意識到這個問題。但無論如何，他的思想系統中，知識論並沒有籠罩元學，元學亦沒有羈絆於知識論中。康德的問題，他尚未有。這固然是古人的缺陷。但是能解脫出元學，我以為還是一個可取的路向。保存此路向，而又能吸收康德的精神，這是本書所具有的企圖。

　　量的引出顯然是從「本體」來的。凡屬本體皆遝挺持體，凡遝挺持體者，皆可以量目之。故於本體，但論「體」之自性，即局限於本體自己而為言。於量，則兼及於體與體之間的關係，即兼他相望而為言。本體所有之特性，量亦可有之。亞氏論之如下：

　　　　量無反對。這似乎是顯然的。兩寸長或三寸長有什麼反對可
　　　言？一個面以及類乎此的其他量，似皆無反對可言。或者說，
　　　多是少的反對，大是小的反對。但這實不是量，而是關係。一
　　　切事物無絕對地大或小。我們所以這樣說，是比較的結果。
　　　舉例來說，一個山是小的，一粒沙是大的。這是說，沙在其
　　　同類中比其他沙大，山在其同類中比其他山小，所以說大說

小，一定要有一個外在的標準。因為如果大或小這類的字當作絕對地用，則一個山決不能被叫做是大，一粒沙也決不能被叫做是小。〔……〕如是，兩寸長，三寸長等等，指示量；大或小指示關係。因為它們需要外在的標準。所以大或小是歸於關係類的。

量無反對，且亦不能有程度的變化。亞氏說：

一件東西，其兩寸長不能在程度上更大於另一兩寸長。在數目上亦然。三之為三，不能比五之為五更為是三。又時間上的一時期也不能比另一時期，更為是時間。總之，任何量，皆不能以程度之變論謂之。所以，量這個範疇，不能承認程度之變。

量與體都是元學方面的範疇，與邏輯無關，與知識論亦無關。

（三）關係：關係是事物之間的關係。它一定要於物與物之關連上顯，即倚他而顯。體與量是局限自性的論法，關係是體與量之兼他或貫他的論法。這些文章，若發展出來，便是現在實在論的宇宙觀。

（四）性質：性質即是吾人對體所說的如此這般。亞氏以為「質」可以有反對，亦可以有程度之變（有時亦有例外如形狀）。

（五）施（能動）：有反對及程度之變。

（六）受（被動）：有反對及程度之變。

（七）位置：由關係引申出。

（八）時間：亞氏在其《物理學》中有專章論時間。

（九）空間：亞氏在其《物理學》中有專章論空間。

（十）情態。

※　　　　　　　※　　　　　　　※

亞氏十範疇略如上述。其性質乃是關於存在的些概念。與邏輯無關。其出發點，或其所以論此的偶然動機，是言語的、方法的。專門點說，是從命題或判斷引出的。但其起源是如此，其歸結卻不是邏輯，甚至連工具學式的邏輯也不是。康德的知識論是思想上的判斷式或命題式與亞氏的範疇觀念結和而成的。範疇在亞氏本與邏輯無關，與思想亦無關，只是紀綱「存在」的些理則。但經過康德的手，因為要對付休謨的問題，遂使不相干的變為相干的，遂使元學上的範疇變為思想上的，同時亦是對象上的範疇。這一轉變，亞氏的範疇遂成為知識所以可能之條件，同時也是知識對象所以可能之條件。因而遂形成了康德的超越邏輯。這個邏輯是一套元學，與亞氏的工具學的邏輯不同，與我所指出的法成學的邏輯亦不同。其不同的唯一所在，即在我指出的這個標準是理性本身所自具之理則，是理性構成方面或制度方面的邏輯。此標準只限於思想方面或理性方面；只為知識所以可能之條件，不為知識對象所以可能之條件。屬於理解，不屬於元學（存在）。康德與此相反。他的邏輯固也可說是構成邏輯，但它卻不是一個標準，而是一個有內容之「學」。它是一個元學。是關於知識如何可能與關於存在如何可能之「學」。他不認識邏輯之理之義用。照他的系統，元學沒有解脫出來。（此

元學之意指存在之學而言。不必同於康德本人所意謂的非現象界之元學。乃指一般的而言。）

※　　　　　※　　　　　※

　　以上是論範疇。現在再以《命題篇》為敘述的對象。命題後人亦稱判斷。在此篇內，亞氏亦兼論及名詞。後人發展此部門者分命題（或判斷）為若干種類，分名詞為若干種類，大部分是脫胎於言語學。本書的觀點，則以為這些不是邏輯中所有事，故未加論列。在此亦不願重複。讀者隨便找一本教科書即可發現有這一套。亞氏於此篇中又論到 AEIO 四種命題及其對待關係。此點有詳述的必要。一因此點足顯亞氏的形式天才，一因此點是可以合乎法成學這個標準的。以下分四點來論。

　　第一：肯定與否定

　　亞氏論命題首先提出「肯定」與「否定」兩種。這是二分法的暗示。二分法，亞氏並沒有明指出來，但於不自覺中已經隱函著。後人將隱變顯，使其為一個成文系統的自覺根據。二分法如此，三條思想律亦是如此。

　　亞氏論肯定與否定曰：

　　　　肯定是積極地主張某種事物，否定是消極地（或負面）主張
　　　　某種事物。每一肯定有其相反的否定，同樣每一否定有其相
　　　　反的肯定。這樣相反的一對命題，可叫做一對矛盾命題。積
　　　　極命題與消極命題，若有同一主詞及同一謂詞，則此兩命題

相矛盾。兩命題主詞的同一與謂詞的同一，必須不要有歧義或雙關義。

亞氏名肯定與否定的相反曰矛盾。此矛盾即表示互相反對的意思。並不是說一個肯定命題與一個否定命題，其關係就是矛盾關係。因為 A 與 E 雖反對，但卻並不是矛盾。故亞氏此處用矛盾，不可認為是四角圖中 AO 式的矛盾關係。

第二：共相與特體；全稱與偏稱

共相、全稱、特體、偏稱為亞氏所提出。在此便函著一個量的原則。肯定與否定是質的原則。亞氏講對待關係只隱函著這兩個原則。本書繼承這個觀點。「共相」，他用的是 "universal" 一詞，「全稱」則以 "universal character" 表之。「特體」則是 "individual"。在《命題篇》裏，亞氏尚未用「偏稱」（particular）一詞。但偏稱的意思已函在全稱的解說中。亞氏說：

> 我所謂共相是指論謂很多主詞的東西。特體是指不如此論謂的東西。「人」是共相，蘇格拉底是特體。
>
> 如果我們對於一個共相陳述一個全稱性質的肯定命題及一個全稱性質的否定命題，則此兩命題便是反對。譬如「任何人是白的」及「無人是白的」，便都是兩個全稱性質的命題，且也相反對。但是如果只是主詞是共相，而不用全稱如「任何」及「無一」等字樣以限之，則所成的肯定與否定不相反對，縱然其所函的意義是反對的。譬如「人是白的」，「人不是白的」。這兩個命題的主詞「人」是共相，但沒有全稱的

性質以限之，故此兩命題不相反對，可以同時成立。「人」是一共相，但「人是白的」這個命題卻不是一全稱性質的命題。因為「任何」這個字眼並不使主詞成為全稱，但卻是給這整個命題以全稱的性質。

沒有全稱性質的命題只是不定，故可同時成立。如「人是白的」，「人不是白的」，可以同時成立。「有人是白的」，「有人不是白的」，這兩個偏稱命題也可以同時成立。但亞氏以為若主詞謂詞同是周延，即都用「任何」以限制之，則所成的命題是不會真的。在此情形下，他以為沒有一個肯定命題能是真的。譬如「任何人是任何動物」就是很好的例子。亞氏這個意思即暗函著賓詞不能量化。罕米爾頓的量化說是不能成立的。但是所以不能量化，亞氏只舉實例，未能詳明其理由。講邏輯，有時不能以一二實例作證據。所以一個圓滿的理由是必須的。此點，本書有透闢的說明。其根據是因明學中「體」與「義」之分。詳見第三卷第二分 C 節。

肯定與否定的相反並不一定是矛盾。亞氏亦知此意。他以為它們要成為矛盾關係，必須主詞是同一的，而且必須肯定命題有全稱性質，而否定命題則無全稱性質。（無全稱即暗函著是偏稱。但偏稱一詞，《命題篇》尚未用。《先驗分析篇》有界說。）這個意思即暗指 A 與 O，或 E 與 I 的關係。亞氏說：

「任何人是白的」這個肯定命題是「不是任何人是白的」這個否定命題的矛盾。「無人是白的」是「有人是白的」的矛盾。但是兩個命題，其相反若為反對關係，則必是肯定與否

定都是全稱的。如「任何人是白的」及「無人是白的」，「
任何人是公正的」及「無人是公正的」等便是。

「任何人是白的」是 A 命題（全稱肯定）；「不是任何人是白的」
是 O 命題（偏稱否定）。這兩個相矛盾。「不是任何人是白的」
就等於「有些人不是白的」。「無人是白的」等於「任何人不是白
的」，此為 E 命題。「有人是白的」為 I 命題。E 與 I 相矛盾。可
是，若講 A 與 O，E 與 I 之間的對待關係時，從 A 到 O，從 E 到
I 為矛盾，但是從 O 到 A，從 I 到 E 不是矛盾，而是不相容。這
點亞氏卻未見到。後人講四角關係的也未見到。本書將予以改進。
參看第三卷第二分 D 節。

　　肯定與否定若都為全稱，則為反對關係。此反對不是矛盾。亞
氏以為這一對相反不能並真，但其矛盾方面的那一對相反卻可以並
真。這即暗指 A 與 E 不能並真，而 I 與 O 卻可以並真。（I 為
E 之矛盾方面，O 為 A 之矛盾方面。）譬如「不是任何人是白的」
與「有些人是白的」可以並真。此兩命題即為 O 與 I。但是同為全
稱，則肯定與否定不能並真。一真另一必假。此指 A 與 E 而言。
此點，亞氏所說皆對。但是一假則另一如何呢？此點亞氏未指出。
可見 AEIO 的四角關係，亞氏只說了個大概。詳細的排列是後人的
工作。但經過二千年的排列，還仍是未排列對。可見大家的不細心
了。

　　亞氏雖只說了個大概，但他定 AEIO 的關係的標準卻暗中是
對的。他分開了共相與全稱之不同。共相是個單一體，但全稱不是

單一體，卻是指包函在共相下的一切體或所有的體而言。它是給整個命題以全稱的性質。共相是指主詞言，全稱是指「任何」或「無一」言。共相表示概念，而全稱則表示量。所以亞氏講 AEIO 的關係只是根據量與質，共不涉及其他（如存在與否）。如果分開共相與全稱，則亦不能涉及其他。此義近人多不識。故於亞氏分全稱與共相之不同，特加表彰。

第三：否與肯定之對當要對準

主詞為共相，但若命題不為全稱，即無全稱性質以限制之，則肯定命題與其反對之否定不能矛盾。這在前面已經說過。其例為「人是白的」與「人不是白的」。在這種情形下，一個真另一個不必假。亞氏說：「那個人是白的，及那個人不是白的；那個人是美的，及那個人不是美的。皆可同時主張其真。因為如果一個人殘廢了，他即是美之反；如果他是用美容術近於美，他尚未至於美。」亞氏這個說法不十分清楚，亦不妥當。他的論法還是生物學變的立場。他在這兩對命題中，把共相「人」看為同一個，而從時間之變以表明它們可以同時真。這個解法是「本體」可以承認相反之性質的看法。如站在這個立場，亞氏的意思是對的。但是於講對待關係時，卻不能採取這個立場。相反而不矛盾，只能是「人是白的」與「人不是白的」一類的對待。這種對待所以相反而不矛盾，就是因為這兩個命題的主詞是不定的，或是因為這兩個命題事實上是特稱的命題（即 I 與 O）。於對待關係，論到相反而不矛盾，即可以同時成立，只能這樣講。這種講法是空間的講法。亞氏是時間的講法。

但是亞氏也不純是這種看法。他以為特體之相反可以矛盾。如

蘇格拉底是白的，蘇格拉底不是白的。他以為這兩個命題是矛盾的。但若採取時間的看法，則此兩命題與「那個人是白的」及「那個人不是白的」兩命題同。說它們是矛盾的，必須是空間的看法。在此種看法下，這是一種矛盾律的表示。即我們對於一個東西的主張不能有矛盾。對於蘇翁不能說他是白，同時又說他不是白。蘇翁本身（當作一本體看），他可以是白，也可以是其他。但「不是白」並不必就是其他。故「是白」與「不是白」相矛盾。如果這一對命題是矛盾的，則「那個人是白的」與「那個人不是白的」，如主詞人看為同一個，則也是矛盾的。亞氏對於這兩種看法，還未有自覺地規定。現在我們這樣決定：

（一）兩特稱相反的命題（即 IO）不能矛盾。

（二）從本體之多種性的承認上說，不能言矛盾。

（三）從本體之變上說，不能言矛盾。

（四）兩相反之命題，一為全稱，一為特稱，是矛盾的。

（五）對於一個東西的主張，不能有矛盾；即對於一個對象，肯定與否定同時主張，則為矛盾。

亞氏對於矛盾的反對，其觀點雖不一致。但是對於「反對要對準」一點，他卻十分注意。他說：

（一）「蘇格拉底是白的」，其對準的反對是「蘇格拉底不是白的」。

（二）「任何人是白的」，其對準的反對為「不是任何人是白的」。

（三）「有些人是白的」，其對準的反對為「無人是白的」。

（四）「人是白的」，其對準的反對為「人不是白的」。
對準的反對不一定是矛盾的。在此四例中，首三例是矛盾的，第四
例不是矛盾的。（如主詞「人」為同一個，則是矛盾。）對準的反
對首在肯定與否定之相翻。若對於否定之陳述不清楚，則反對不一
定對準。譬如「是白」與「是非白」，如「非白」等於「不是白」，
則為對準；如「非白」有所指，即指「白」以外的東西言，則不但
不對準，而且亦不反對。其次，反對而至於矛盾，則為最對準的反
對。若主詞有歧義，或對於主詞的陳述有歧義，則反對皆不能對準。
若一個命題之陳述，涉及本體或變化，則其所否定與所肯定，皆可
不反對，更說不上對準與否。所以邏輯裏的對待關係，必須有嚴格
的決定。亞氏很注意及此。可惜沒有表白得十分妥貼。而歷來講邏
輯者亦多不明乎此。

第四：對當圖解

否定與肯定都在動詞上顯。在句法上講，動詞是傳達時間觀念
的。所以有多種的表示。如「是」、「將是」、「已是」、「要是」
等等，於其特殊意義而外，都傳達時間觀念。我們要講它們的對待
關係，必須注意其動詞是否為同型。我們只能在同型上，講其對待。
型不同，其對待（即反對）不能準。最基本的對待是無時間觀念的「
是」與「不是」：「人是……」與「人不是……」。再如：「不是人
者是……」與「不是人者不是……」；「任何人是……」與「任何
人不是……」；「所有不是人者是……」與「所有不是人者不是…
…」。此等對待雖較複雜，然其肯定否定俱屬同型。亞氏對此細微
處都甚清楚。可惜後人多不遵守。

亞氏對於肯定否定有三圖解以明之，今錄其二：

A 與 C 意義同，但一為肯定，一為否定。B 與 D 意義同，但一為否定，一為肯定。A 與 D，B 與 C，其命題之質同，而意義不同（相反對）。

此圖即是 AEIO 四角圖之變相。亞氏未能完備。今照普通辦法畫如下。惟 B 端「不是任何人是公正的」＝「有些人不是公正的」；C 端「不是任何人是不公正的」＝「有些人不是不公正的」＝「有些人是公正的」；D 端「任何人是不公正的」＝「任何人不是公正的」。按此，則上圖可變為：

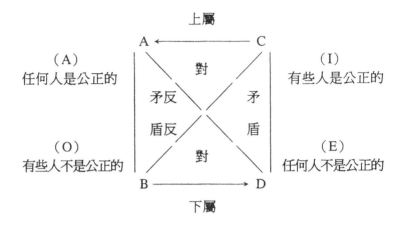

這只是本亞氏的分析而畫的。是正確的關係圖當參看第三卷第二分
D 節。

※　　　　　　※　　　　　　※

　　以上對於《範疇篇》與《命題篇》略加評述。因為這兩篇甚重
要。《範疇篇》雖非邏輯正文,然它與康德的關係甚大。《命題篇》
因為分析的很精到,可有助於許多問題的解決。所以不厭煩加以詳
述。至於《先驗分析篇》則是論三段法式。亞氏論之甚詳,後人亦
述之備矣。無甚問題,故不述。《後驗分析篇》則是經驗知識論,
與邏輯無關。《討論術》亦與邏輯無關。《辯謬》是論謬誤,亦非
純邏輯中所應有。

第七章　主謂式與本體屬性

　　普通叫亞氏邏輯為主謂邏輯。因為他把邏輯中所用的命題表現為言語中的一個直陳句法，又把這個句法分析為兩部分：一為主詞，一為謂詞。主詞是「體」，是被形容，被論謂；謂詞是「義」，是能形容，能論謂。被論謂的「體」是殊相，能論謂的「義」是共相。體是局限自體，不通於他；義是如縷貫華，義通於他。依此而立「周延原則」。譬如「花是紅的」，花為主詞為「體類」，紅為謂詞為「義類」。體類對義類而言為殊，義類望體類而言為共：因不只花為紅，紅亦可通他也。亞氏邏輯中的命題都是這樣分解法的命題，其中的推理也都是根據這種分解法的命題而作成。故後人遂名曰主謂邏輯。近人對此主謂邏輯攻擊不遺餘力，好像視為當然，命該如此。這種攻擊或反對可從三方面看：

　　（一）站在形式邏輯的立場上反對：這種反對只對著主謂式加以攻擊。懷悌海、羅素、斯坡爾丁，以及相習成風隨聲附和者流。

　　（二）站在反形式邏輯的立場上反對：這種反對有的不注意其主謂式之當與否，也許正在繼承主謂式而向別方面發展。他們所反對的是空洞的形式，以為這種把戲毫無意義。他們要給邏輯中諸原

素以元學或哲學的解析。黑格爾、鮑桑奎、布拉得賴等是。有的根本反對這種古老的形式邏輯，如唯用論者、唯物辯證法論者等是。

（三）站在認識論的立場上反對：這種反對是以康德認識論中的超越邏輯為根據反對傳統邏輯的思維路數，把康德的認識論當作新邏輯。

對於邏輯有這麼多的荊棘，亦即證明對於邏輯的看法是怎樣的紛歧。著者本書的目的是一在救出形式邏輯，一在解脫主謂厄運。同時又把許多荊棘皆各予以適當位置，使其各歸番封，劃然釐清，並不抹殺其存在。現在本章所欲述者只就解脫主謂式而論。其他兩支，則將於第八第九兩章論之。

在言語上，有所主張的直陳句子，最順而最簡單的莫如主謂句法，如「花是紅的」。於「花」之立於彼而被形容，假名為「主」；於「紅」之備於此而能形容，假名為「謂」。主謂相合，成一最順的句法，由此句法表達肯定或否定之主觀態度。亞氏邏輯即假此句法為工具而表示肯定與否定之間的推演關係。著重點在肯定否定之二分，並不在主詞謂詞之討究。因主謂式原是一個句法，可以取而用之也。現代邏輯之開拓即在提出了由是非二分所引出的真妄二值之間的關係之推演與排列。此即「真理值系統」是。亞氏的邏輯乃是遵守是非二分原則的。不過他沒有作真妄值本身的關係之研究。他是把是非（肯定、否定）凝固到一個句法上，藉著句法為工具來表達「是」與「不是」之間的推演關係。直接推理與間接推理等，即是如此作成的。即是說，因主謂句法為根據，可以造出一個推理系統來。真理值系統為二價系統。亞氏所作的也是遵守二分原則的，故

也是二價系統。不過它有所附著而已。它所附著的即是主謂句法。我們講主謂邏輯時，只須把主謂式看為句法，當作工具。並不須再去討究主詞所涉及的各方面如何，謂詞所涉及的各方面如何。我們所注意的只是它所表示的肯定與否定之間的推演關係如何，即看其是否有矛盾，看其如何變換與推演。主謂式並無妨礙，它代表一個句法。句法原不足為害也。我們只須看此句法所表現的邏輯之「理」如何，我們決不必問其句法之「式」如何。它之成為邏輯是在其所呈顯的「理」上表示，並不在其運用的工具上表示。我們不能從主謂上決定其為邏輯，所以我們若反對它或贊成它也不能因其是主謂式而反對之或贊成之。主謂式在某方面若有了毛病或流弊，你反對它，你只當反對主謂式本身在其他方面的流弊，不當反對那藉著它所表示的邏輯，更不當說這是「主謂邏輯」的毛病。這便是我對於主謂式的解脫。解脫也者，即是使其與別方面不發生連帶關係，把它看成一個工具，超脫於責任之外：也不必反對，也不必承認。並不是非用它不可，當然也並不是非不用它不可。因為句法原無必然性也。我若純本二分法而講真假值之間的關係，則為真理值系統，此又可自成一套。我若把命題當作一個單位，而不分解它，只看命題與命題之間的關係，如 p, q, r 等之間的關係，則又自成一系統。我若把一個簡單的句子，不分解為主謂句法，而寫為「變項」與「常項」的式子，如 $R_1(x)$, $R_2(x, y)$, 以及 $\phi(x)$, $(x) \cdot \phi x$, $(\exists x) \cdot \phi x$，則又可自成一套。我若再換一個觀點，不以主謂來解，而以關係來解，即以 S 與 P 為兩個概念，看它們之間的關係如何：有 S 而有 P 否，有 S 而無 P 否；無 S 而有 P 否，無 S 而無 P 否。如作此解，

則又可成一系統，即所謂八式系統是。凡此等等皆可成一系統，主謂式又何不可成一系統？

現代的人為什麼反對主謂式呢？原來這只是主謂式在認識論與形上學方面發生了問題。這問題實說來，與邏輯毫不相干。邏輯中用主謂式，只當它是一個句法，用它作工具。至於因討論主詞謂詞而發生的認識論上的問題與形上學上的問題，邏輯不負責任，主謂式本身也不負責任。由主詞可以引至「本體」，也可以不引；由謂詞可以引至「屬性」，但也可以不引。本體屬性是一種學說。言語句法上的主詞謂詞與學說上的本體屬性無必然的因果關係。在認識論上發生了只知屬性不知本體的困難問題，也只是認識論上的一種學說。這學說固然與主謂式有相當的巧合，然也只是巧合而已，並不能說這種理論（學說）全由主謂式推出。所以也不能因此見怪主謂式，更也不能反對因主謂式為工具而表示出的邏輯。同理，在形上學上發生了有一持久不變的物質本體的觀念，固然這與主謂式也有相當的巧合，然究竟仍屬一種理論或學說，與主謂式同樣無必然的因果關係。說到邏輯，更是不相干。誠因主謂式之句法乃為至今衍用之句法，如果打倒了本體屬性的學說，難道也必隨之除消主謂式句法不成？又因表示本體屬性的觀念，乃為哲學中所常見。並不必因主謂式始可講，不用主謂式仍可講也。

所以學說與學說之間的關係，只是觀念之變，說法之變，或理論之變。為說明問題起見，固不妨多方觀察，尋其蛛絲馬迹以資指正，然這只是說明上的聯想。驀然一見，未始不新穎可喜；究其底蘊，實無必然的因果關係，或論理的連結關係。世事之成，多由緣

法。本體屬性之與主謂，亦只是緣法而已。羅素與懷悌海為要證成各人之認識論與形上學，故在積極方面建設所謂關係邏輯，在消極方面攻擊亞氏的所謂主謂邏輯。然究其實，關係邏輯本不在真正邏輯範圍之內，而所攻擊的主謂邏輯也實只是攻擊與「主謂式」巧合的「本體屬性」這一套理論，並未攻擊到我們所注意的「是」與「不是」之間的推演關係之形式邏輯。而世人不察，隨聲附合，竟以關係邏輯為真正的唯一的邏輯，不復知有作為思維之軌範，理性中之理則的那普遍而公共的標準邏輯，更也不復知亞氏邏輯中藉主謂句法為工具所表示的「是」與「不是」之間的推演關係為邏輯，而只認由主謂式所巧合的「本體屬性」之理論為邏輯了。如是，關係論打本體論：完全是邏輯外的學說與學說之爭，與邏輯全不相干，而殃及邏輯。作者也曾沈溺於俗見。幾經反驗，及知此種攻擊為不可通。羅素與懷悌海之思想也是粗而不精。詳於其所見而忽於其所蔽，不可以為法。學者務必潛心玩索，勿為所惑可也。

然則亞氏為何有「本體屬性」一觀念呢？原來亞氏邏輯本是一個方法標準的形式。它因涉外境而生體義。本體即吾於第五章中所謂下溯之「體」，屬性即該處所謂上溯之「義」。這本是邏輯上的、解析上的，不得認為存在上的或學說上的。亞氏本人，如上章所述，論到範疇，固已成為存在上的，但在那裏，吾已指出它與邏輯全不相干。至本體屬性，則由界說或論謂的解析過程上比生出，不得認為一種理論。後人認此為一種理論，乃是出位離宗之想。至亞氏本人對此有無自覺的分觀，吾人尚難斷定。但在亞氏的系統中，邏輯程序與其元學理論並未糾在一起。亞氏論「本體」謂只被謂而不能

謂,這顯然是界說上的。又曾言「主詞所指為本體」,「謂詞所指為屬性」,這也是對界說而言,不能認為它是一種元學理論。即退一步,承認它是一種理論,則此時的主謂也是形上學的本體論之說明,不能與作為推演工具的主謂句法或解析上的體義相提並論。即是說,此時的主謂不是邏輯上的,而是元學上的。(其首字母普通以大寫書之。)所以這原是不同類的兩步。亞氏於這兩步中也未見說有何種關係。不過古時代的人,一切觀念多不甚經過精密的自覺,囫圇地都講於一起。在現在看來,有是邏輯的成分,有不是邏輯的成分。不過在古人也許以為都是。我們很難說他有嚴格的自覺,也很難說他沒有嚴格的自覺。無論如何,只要現在看來,以為可分的,我們便把它分開,不當仍隨其囫圇而囫圇。縱然主謂式與本體屬性,在一時有巧合,或有相當的關係,但一經發見事實上其關係並不是必然的、永久的,則雖一時有巧合,也並不要因一時而連累長久。主謂式仍可解脫出來。如是,則對於主謂邏輯的攻擊,也可得其攻之所在,而亦不必定將亞氏邏輯罵倒。同時,也可知代主謂邏輯的所謂關係邏輯是何種學問,並也可知其所代者是何種學問。這便是我所謂解脫。(對於主謂命題的解析,其詳當參看第三卷第二分 A 節。)

或以為主謂句法不能解析數學關係。譬如 A 大於 B,B 大於 C,故 A 大於 C。在此數學推理裏,一方它是關係的句法,不是主謂句法;一方它是一個傳遞關係,不是一個三段論法。所以主謂邏輯於此完全失其效用。所以必須另造一種關係邏輯(logic of relation)以解之。但我以為主謂句法本不是萬能。此其一。這種「大於」的關

係，雖不是主謂式的三段論法，但不能不說它也是一個三段推理。從關係講，它是傳遞關係；從推理講，它仍是三段推理。此其二。主謂句法所表示的是推理之理則，此理則是邏輯，那句法本身不是邏輯。同樣，如果我們造一種句法易於表示此種傳遞關係，則此種傳遞關係所表示的推理纔是數學，而那句法本身仍不是數學。所以數學一定在「理」上，而不在句法上。一種句法不因不能解析數學，而不是邏輯的；一種句法也不因能解析數學，而更是邏輯的。如果我們能認識數學是靠一種「理」，而不靠句法，則句法之能解析與否原無多大關係。此其三。

　　解析數學固不能用主謂句法，但也無須定用《算理》的「關係邏輯」。為表示關係起見，有變項的句法如 ϕx, $R_1(x)$, $R_2(x, y)$ 等，固較利於主謂句法。但數學卻並不在此，同樣邏輯亦不在此。依《算理》，要講數學必須講類與關係。由 ϕx, $R_1(x)$, $R_2(x, y)$ 等引到類與關係固是很自然的。所以，以之表示數學之關係性，也是很自然的。但數學必以類論與關係論為基礎，也不見得。《算理》是由「變項句法」引到類與關係；再由類引到類論（theory of class），由關係引到關係論（theory of relation）；最後，由類論與關係論引到數學。著者以為數學歸於邏輯可，歸於類與關係則不可。否則，數學便無妥當的基礎。詳評見第四卷第一分。如是，數學固不在主謂句法，但亦不在關係論者所謂關係，而卻在「邏輯之理」。數學的推理是一種關係，這是不錯的。但我們卻不可先向存在方面，講一種普泛的關係，以之為數學的基礎。因為這樣，數學必無保證。其實主謂句法也可以解為變項句法，如 $p(s)$, $(x) \cdot s(x) \cdot \supset \cdot p(x)$, $(x) \cdot$

s(x)∈ p。這與 ϕx 同。都無多大關係。因為數學並不在此。不過由之易於表示數學而已。所以在此我可以這樣說：不限於主謂句法，而另造一種符式易於表示關係性，這是可以的。若特論關係與類造成關係邏輯以備講數學，將數學歸於關係與類，則不可。

第八章　第一原則與傳統邏輯

　　唯心論者的邏輯是康德的知識論。他們的邏輯不是邏輯，而是「邏輯的」或「邏輯地」。他們隱然是講一種非邏輯的東西，而以邏輯形容之。如是，遂以「邏輯的」為邏輯了。

　　吾人不能以「邏輯的」為邏輯，猶之乎不能以「經驗的」為經驗一樣。經驗的東西，或經驗地說來，都不是經驗本身。有人問何謂「經驗」，汝不解說經驗本身為何物，而只「經驗的」或「經驗地」，說些不相干的物事，則人仍不懂究竟何謂經驗。而且這樣解說，復有以未知說未知之嫌。此在邏輯名曰「丐題」。因為「經驗」一詞本為未知之物，而卻用之以形容別的。此非丐題而何？是故凡以「邏輯的」為邏輯，都是丐題。

　　在唯心論理，沒有邏輯。關於知識論的研究法是他們的邏輯。他們也把旁人的研究法（或思維法）當作邏輯。他們心目中的邏輯又可以是「理論」的意思。這本是流俗的方便取用。他們講邏輯卻也隨著如此方便取用。譬如我對某一問題發表了一套理論，旁人不贊成說這是什麼邏輯。我答辯說，我們的邏輯是如此如此，難道不對嗎？唯心論者的邏輯就是這個邏輯。惟這只是特殊邏輯或特殊出

發點,而不是普遍的標準的邏輯。吾人講邏輯,先得認識那個標準邏輯。不應以「邏輯的」為邏輯,也不應以研究法或思維法為邏輯。如其不然,講來講去,就會把邏輯講沒了。結果,邏輯就是知識論。因為是知識論,所以你有你的邏輯,我有我的邏輯。互相攻擊,而不得其準。據此,唯心論者是不認識標準邏輯,以及其本性與義用的。他們以康德的知識論中的超越邏輯為邏輯;他們又反對傳統邏輯的思維法。這即表示他們不認識作為標準的邏輯。否則,他們應當反對笛卡兒或拉克的哲學(或思維路數),不應當反對傳統邏輯。現在他們竟然反對,所以他們不認識標準邏輯。康德本人雖極能規定純粹邏輯,然他把它束諸高閣,置諸無用之地,就算不認識純邏輯之義用。不認識它的義用,就是不認識標準邏輯。

實在論者從本體屬性方面攻擊傳統邏輯,關此已於上章論及。唯心論者,站在康德認識論的立場從第一原則及演繹方面攻擊傳統邏輯。茲請於本章論之。他們以為傳統邏輯的主要義蘊是在以下六點:

(一)概念之界說;

(二)第一原則之推求;

(三)概念先於判斷;

(四)由所界(說)出的第一原則施行推斷;

(五)不認識判斷之重要;

(六)不認識範疇之重要。

據說這六點是傳統邏輯沒落的原因。傳統邏輯注重一個概念之界說與分解。講到界說,又必有所界與能界之分。我們不能以未界說的

東西界說所界。亦不能以次根本的東西界說較根本的東西。這樣展轉追問，勢必至一個最根本而不可界說的東西。這個東西只能用它自己說明它自己。它只能被用來界說別的，而別的不能再界說它。如是，它是第一原則。（在本體屬性的論謂過程上，我們說最根本的本體是只能被論謂，而不能論謂。但是在界說過程上，我們說最根本的本體只能用來界說別的，而別的不能再界說它。此兩過程，一順一逆，不可不察。）由此第一原則，可以進而斷定其他準確的知識，都是由此推出。判斷並不重要。不過是解說概念的東西。唯心論者以為這種分析概念、追求原則的思維法，結果總是要崩潰的。其崩潰之朕兆，見之於大陸理性派哲學與海洋經驗派哲學之無結果。他們何以無結果？因為他們的思維法是採用了傳統邏輯。

　　　　　　※　　　　　　　　※　　　　　　　　※

　　笛卡兒是大陸理性派的代表。他的思維法是由懷疑起。進而尋求最可靠最簡單的東西作根據，以推證其他。這與幾何學的方法相同。新知識是從幾個簡單的第一原則推出。這第一原則是一切幾何知識的根據。但它們自己卻是早已被認為是絕對的真。它們之為真，並不依靠於它們之能函蘊別的，即並不因為函蘊別的而被知為真。它們是獨立於那些被函蘊的。在函蘊別的以前，它即已被知是知。這種第一原則，叫做是「公理」。它們有單純的特性。它們的「真」是被「自然之光」所直接審識。其與此等公理相接續的那些命題是由此推出。關於此種推出的真理之認識，並不是由於分析，乃是由於直覺。即是說，第一原則，即公理，其為真，是由於直覺；而由之

而推出的命題間之連結，其真理性也是由於直覺。我們關於公理的直覺，是在關於公理與其他命題間的直覺之先；並且獨立不依於公理與其他命題間的直覺。即是說，關於公理的知識是先在的，且是獨立的。如是，笛氏似必主張有兩種直覺。一是公理之直覺，即直接地去直覺真理，亦即「真理」之直覺。二是推演間每步之直覺。此種直覺，直接地說，是必然連結之直覺；間接地說，亦是「真理」之直覺。因為命題被直覺而知為與公理相連。公理是真的，故與之相連的命題也必是真的。

　　不過當我們問第一種直覺如何可能時，我們即記起笛氏自己亦並不敢十分確定的「玄想幾何學的對象之存在」這個語句。同時，「自然之光」能把「兩直線不周一空間」這個命題的準確性直接地啟示給他，但不能把「直線之存在」直接地啟示給他。如是，他如何能主張那些公理，不但能函蘊其他，而且其自己已被知為真呢？適纔說，玄想幾何學的對象之存在，並無保證。從此看來，笛氏在根本上似已懷疑了公理之真理性（不管此真理為何意義）。亦即是說，他根本懷疑了「智慧的直覺」之存在於人類。

　　笛氏還可主張說，關於公理之直覺是與前提與結論之連結的直覺相同的。但這卻是很難主張的。如果必然連結之直覺，與公理之直覺是不可分的，則將如何說明公理？因為公理必須是單純而普遍，獨立而絕對。如果它無特殊的保證，則其獨立性、絕對性亦必隨之搖動。如果它的絕對生搖動，則由之而推出的命題亦必是徒然的。因為命題間的連結之直覺，不過是其成立之實然性的認識，而非所以然之直覺。所以然者是公理。故對於「所以然」者的直覺與對於「

實然」者的直覺必須是不同的。否則，我們即無以區別公理與由之而推出的命題。如果無以區別，則第一原則即無根據可以成立；因而從普遍而單純的命題以推結論的傳統主張必被擯棄。笛氏於無可奈何，似乎便以「自然之光」直接認取「第一原則」來說明。但「自然之光」以及「內在觀念」都是不幸的主張。經驗主義者力加反對，是很有道理的。

　　如是，笛卡兒是受了傳統邏輯的影響。他的整個知識論是在「公理」或「第一原則」的追求。他也曾反對這些第一原則之來自權威。但是他承認必須有這樣的原則作為思想的前提，纔可有妥當可靠的知識。講來講去，他是離不開傳統的思維路數。

　　經驗主義者以為知識來自感覺。初步知識是直接地來自特殊感覺。並不從公理推出。這個思路，似乎是徹頭徹尾反對舊邏輯的。但是不然。他們於不知不覺中仍是承受舊邏輯的根本原則。此即足影響他們的觀點之發展。即此亦使休謨的追究變為懷疑。經驗主義者的問題根本上是與笛卡兒相同的。他們第一步也想解析基本觀念及原則之起源。並想說明這些觀念或原則是來自經驗或感覺。一切知識都依於其上。拉克以為一切知識是由於觀念間「合」與「不合」之覺知。「覺知」他意謂是某種「非感覺的直覺」。因為合與不合之覺知，很難說它是一種感覺。如是，在知識的產生上，拉克給「非感覺的直覺」以重要的地位。由此我們可知，他似乎以為數學的判斷是綜和的。但如果如此，則又不是嚴格的經驗主義。為拉克所不許。拉克想主張一切知識唯是來自感官經驗。決無其他源泉。於此他見不出這是與他的數學知識論相衝突的。他所以見不出，是因

為他承認傳統邏輯。他只知向外去找知識的來源及第一原則；並不知反身尋求判斷之能力及思想之特性。「思想只是**觀念之聯想**」，這是經驗主義者的「思想服務說」。

休謨是從印象起。但他用傳統法尋求第一原則，是將目光集中在因果關係上。他認為因果關係是第一原則，是一切知識可能的根據。他預定倘若因果原則，在起始不能絕對地獨立地被建立起來，則一切思想將歸無效。但恰巧因果原則又是建立不起來的。於是，他歸於懷疑。他以為在思維時，我們總是在用一條我們不能確定的原則作根據。他認為因果原則是簡單的、普遍的，其意義也是清楚的、可以界說的。但不幸恰巧它又不是真的。休謨個人對於傳統邏輯有一種混合的態度。一方面他批評它：他以為古邏輯並沒有像一個健全邏輯那樣能建立起因果法則之基礎。另一方面，他又承認它：他以為一個基本原則（在他以為是因果法則）必須是簡單的、普遍的、清楚地被認知，被認知為確實是真的，並且又獨立不依於它的應用。他的批評，無關重要。然而他的承認，卻使他的研究趨向於懷疑，阻止他向康德的路上走。休謨自有他的學說。他以為思維不過是觀念之聯合。但他沒有勇氣，把這個學說，再推進一步，使其成為積極的知識論，或從此建立一個新邏輯。他的結果只是邏輯的破壞，以及對於知識的否認。如果他不認妥當有效的思想是從絕對真的第一原則起，他可以從他自己的原則，創出一個新知識論來，而不只是像他現在那樣只是除消知識，認知識為不可免的虛幻。但是他不能。

如是，康德批評他的前輩說，他們最大的錯誤是在承認老邏輯。

這是對的。不過他對於他們的批評，其細微處不一定對。譬如他認他們把思想看成是分析的，便不妥。因為他們事實上都有認思想為綜和的意思。笛卡兒想在智慧的直覺上表現思想之綜和性；而經驗主義者想在感官覺知的基礎上表現其為綜和。這些哲學家的錯處不在他們認思想為分析，而在他們認思想為演繹：從簡單的普遍的前提中而推出結論之演繹。他們的失敗，在他們想去解析這些前提之起源與妥當。他們卻從未反問這種前提之存在，究竟是否有根據。他們也從未反問思想是否是演繹的。他們也並未分析科學思想之如何，以備去解答這些問題。舉例來說，他們並沒有想去決定這種絕對確定而自明的第一原則，究竟對於物理學有何重要。他們也不問物理學家，究竟是否是從這樣第一原則而施行演繹。他們只是根據傳統邏輯而簡單取來，作為已成事實，以肯定它，討論它，懷疑它，以至於否定它。到否定的時候，便是無結果而散。這便是休謨。

※　　　　　※　　　　　※

以上是唯心論者給傳統邏輯的罪狀。這種罪狀，若當作以一種新學說反對舊學說，或以一種哲學上的新方向反對舊方向，這是對的。若當作一種邏輯反對另一種邏輯，則便不對。所謂傳統邏輯的罪狀，其實就是亞氏工具學的罪狀。我曾說過，我們有兩套標準：一是方法學的，一是法成學的。方法學是亞氏集其成而定其軌，米爾衍其流，而造極於今日之概然邏輯。法成學乃是本書之所具。亞氏邏輯是方法學方面的一個標準。說它是個標準，是說凡於理解對象或研究外物時，必須遵守這一套路數，而且亦必自具這一套路數。

並不是學了這一套，纔會如此研究。本此義趣，始名之曰標準。傳統邏輯，其中雖有法式之鋪陳，然其大體輪廓是具著這種方法學之傾向的。傳統思維法，如指這套標準路數而言，則此思維法，雖是傳統，卻不可攻擊。亦不能反對。因其為人類所必具，乃一標準故也。近人仍具此套路數以思維或研究。如是，便無所謂傳統與反傳統，它也不會有什麼流弊，因而也無所謂歿落與崩潰。因為吾人作任何研究，其思維歷程不能不先用分析以求最根本之物事。此物事為概念亦好，為原則亦好。又不能不有界說。說到界說，又不能不謹記「丐題」。最後亦不能無推斷，更不能無根據。亞氏《範疇篇》所分析之「十疇」即類族辨物之根本物事也。其所分析固未必大家都承認，然必有此一步則無疑。其所謂五旌：曰類曰別曰差曰撰曰寓（從嚴復譯），則於界說時，區別主詞所有的五種論謂（five predicables，即五旌）也。此亦無必然性，然界說之路則無能離此者。由界說分類而可以歸納矣。此步亞氏雖未詳列，然於其邏輯系統並不衝突。實則能有界說與分類，亦即施行歸納矣。由歸納而演繹，是即亞氏所考究之三段論法也。由演繹而準確而謬誤，則亞氏《辨謬篇》之所論也。凡此一大串，都是一個方法學標準之建立。任何研究歷程皆不能離此。故此標準亦可曰研究程式。根據程式，故曰方法；由此程式以獲得知識，故曰工具。隨義取名，而其指則同。此蓋比量、理解，所必由之道，不可須臾離也。法成學所具的邏輯之理，不可以理論或學說看，此方法學所具的研究程式（邏輯程式）亦不可以理論或學說看。非是理論或學說，故不可以反駁，不可以須臾離。此所以為標準也。

　　如上所說，吾人焉能因笛卡兒、休謨哲學之無結果而殃及這套
思維路數（研究程式）？須知理性派與經驗派，雖都是知識論，然
如上所述，卻與康德不同其路。他們所注意的，一是知識之起源，
二是知識之價值。所論的是這兩個問題，便不能不有這兩個問題所
有的函義與趨勢。問到起源，不能不問到底。有無底，所找的到底
對否，那自是事實問題。也是經驗或能力問題。找得著，不是方法
之功；找不著，不是方法之罪。（此方法不是某人對某問題所用的
特殊方法。）追問知識之起源，追問心物之起源，乃至追問世界最
根本之物事，此都如羅素所說，是經驗問題。即以物理學而論，有
時以原子為最根本，有時以電子，以力，以波子，以事素，為最根
本。但這都是一時的，不是最後的，因為這個問題所有的函義就是
進化的，與傳統方法本無關係。至於價值問題亦是如此。我們的經
驗知識本就是概然的。歸納不是盡舉。即其所根據的原則（如因果
律）是極成的，但根據歸納所有的推斷，仍是概然而非必然。這也是
這個問題所固有的函義。不過為聰明的休謨所道破而已。焉見得休
謨因傳統方法而失敗？這又如何是傳統邏輯之過？在研究學問上，
第一原則乃必尋之物。（注意此第一原則與元學上所追求的「第一
因」之義不同。此等元學方面的問題自以康德的超越辨證論為有理
據。）即今之物理學仍在追求因果律與機遇律孰真；仍在爭論數理
說、物理說，或機能說孰實。這些爭論，姑無論不能定於一；即定於
一，也是相對的。然不能因為相對，即不追求。不但物理學如此。
即以笛卡兒所尋求的幾何公理為例，亦是如此。此等公理，據現在
看，固有須於直覺，但亦無必然性。笛卡兒所以無可奈何，是因為他

相信這些公理是絕對的，而且必須是客觀的存在。他如果知道這些
東西本不是絕對的，且亦不是客觀的存在，而只是吾人參考經驗所
立的幾條設準，是很有方便性的，則他亦自必安之若素，不必以「
自然之光」作遁辭了。因為這本是這個問題所固有的函義。但雖是
方便的、相對的，卻不礙仍是第一原則，仍是公理；而且此等公理
亦在所必立。否則不能成系統。故尋求第一原則與傳統邏輯無關。
非傳統亦得如此思維。此其所以為標準。

※   ※   ※

康德不是新邏輯，也反對不了傳統邏輯。他是另一套。他所注
意的問題，不同於休謨，亦不同於笛卡兒。他說話的方向與他們不
同。他沒有起源與價值這個問題。他是把知識認為已經可能。所需
要的只是解析它如何可能。他注意了知識本身之組織，所以他纔注
意到判斷，他纔反觀到思想。這是知識論的一個新方向，不是一個
新邏輯。與傳統思維法亦無關。他雖與休謨同集中因果法則上，然
而他只是以因果法則作引子。他說話的座標卻是大不同於休謨。以
下請道其詳。

休謨講知識之價值，講知識如何可靠，所以他要找一個推斷之
根據。如果根據不可靠，知識便不可靠。他的根據是因果法則。這
是一個事實問題，如果事實上因果法則妥當有效，則知識便妥當可
靠。否則知識便是不可免的虛幻。再進一步，如果物理世界有因果
關係，則歸納有據；否則，歸納無根。這樣論因果法則，決不是思
想本身問題，亦不是組織問題。休謨的論法固亦可說是知識如何可

能問題。但此「可能」，卻與康德所問的如何可能，大不相同。休謨的可能，是從對象方面找，可曰知識可能否之客觀的基礎。康德的可能是從思想方面找，可曰知識可能否之主觀的基礎。康德的「可能」就是「實現」。問如何可能，即問如何實現，如何形成。休謨便不是這樣問。康德注意知識本身之組織，這是康德的偉大。他轉移了人們的視線。但與休謨卻是根本不同。他隨著休謨，他也承認經驗事實之相續，無所謂因果。但因為他注意了知識本身，他注意了判斷，他反觀了思想，遂使他找到了因果法則之所在。但須知此時的因果法則，又不是休謨的事實問題，而變成思想的範疇問題了。康德說休謨啟發了他。這是對的。但若說他解答了休謨的問題，卻未見得。

休謨的問題，其實就不是問題，乃是指明一件事實。因果關係不似前人所說之準，現象直可說是相繼。知識只是概然，歸納得不出必然。這不是問題，只是兩種事實。被休謨說明了。在現在益發證其為實然。然則康德所解答的是什麼？把因果關係拉進裏面，事實就會必具因果法則嗎？（按照康德的主張，知識的條件即知識對象的條件，則事實自必具因果法則。）拉進裏面，成了必然，知識就會不是概然嗎？歸納就會必真嗎？此決不然。然則康德決不是解答休謨，只是說明了自己的一套哲學而已。吾人解康德，決不可說有了先驗範疇，我們的知識即可普遍而必然。吾只當說，先驗範疇只是經驗概念所以成之普遍而必要的條件。因果法則是先驗範疇，則因果法則便是一個必須的條件；決不是休謨所指陳的那件相繼的事實。事實有否硬性的因果關係，與作為範疇的因果法則，決不是

一會事。事實有硬性的因果關係而成為決定論，亦仍不礙康德講作為知識所以可能之條件的因果法則。康德的錯誤，是在他的知識所以可能之條件即知識對象所以可能之條件。因為有此主張，他的先驗範疇的因果法則，遂可出而為事實的硬性因果關係，而物理知識遂都成了普遍而必然的判斷。如是，他說他解答了休謨的問題。然而殊不然。經驗知識只是概然。我們沒有先驗而必然的物理科學。縱然內有作為範疇的因果法則，外有硬性的因果關係，也不能保證歸納推斷為必真。這個世界，無論為因果律所支配，或是為機遇律所支配，都不能使歸納推斷為必然。休謨的思路就是這個。

但這卻不是康德的思路。康德是知識如何可能問題。問知識本身之組織或如何形成，與問知識之價值或可靠之程度，不是一會事。康德或者認為是一會事，或是未注意這個分別，或者認為解決前一個即解決後一個。這三種態度，任何一種，皆不對。講到最後，他說知識可能的條件即知識對象可能的條件。這個主張即表示他認那兩個問題是一會事。他以為解決前一個，即解決後一個。這是一個很不幸的混同。所以他沒有解答休謨的問題。他是另一套。（是元學的知識論，而同時是知識論的元學。）循他這一套，永遠接觸不到休謨的問題。也就是不能說明或吸收「知識是概然」這件事實。這是他的缺陷。他只能說明知識本身之組織問題。他能證成思想作用，他能給理性以地位。這是他的功勞。而他的「知識可能的條件即知識對象可能的條件」的主張，又是他的罪狀。他這個主張是一個形上學的命題。（但此命題在我們的系統中有時也可以說，但其意義須改變。見下第四卷第三分 B.4 節末段。）

　　　　　※　　　　　　　　※　　　　　　　　※

　　在此請說明我們與康德不同的地處。他所以有那個主張，是因為他對於邏輯沒有如實的認識，對於純理（邏輯之理）沒有如實地指證。這個辨論的具體線索，我們可由因果法則處尋找。他從因果法則處指明判斷（綜和的），證明思想作用，證成主觀範疇；所以他的邏輯，他的純理，不能不是形上的，不能不是「有」的，也不能不是兼內外而為一的。他給純理以地位，給邏輯以地位。但他所給的不是純邏輯，不是理性中之理則的邏輯，乃是「洛格士」（logos）之邏輯；不是邏輯之理、理性之理，乃是道之理、形上之理。我們的注意點是邏輯之理，是思想法則，（理性所自具之理則），不是因果法則。我們由徹底認識思想原則出發，以證明邏輯，以說明純理。我們以為因果法則與同一、矛盾、拒中，以及由之而推出的等等法則，不是同一類型。我們以為純理是這一套，不是康德那一套。即是說，是邏輯之理，不是同異、一多、因果、空時、關係、質量、程態等等形上之理（或「存在」之理）。由我們這一套，不能有「知識可能的條件即知識對象可能的條件」這個主張。並且一方隨著康德，能說明知識組織問題；一方隨著休謨，又能說明知識概然問題。在此種情形下，我們能給邏輯之理（純理）以地位及其義用。但康德不識此「理」之義用，把它束諸高閣，結果落在空裏。又，在此情形下，我們能解脫出元學，同時亦就是解脫出知識論。但康德則糾纏於一起，不克自拔，遂使許多問題（或真理之性質）不能如理而解，如實而成。

第九章　邏輯三歧途

　　我在第七章開頭，曾列出三支反邏輯的思想。第一支與第三支，於第七第八兩章中論過。第二支即於本章論之。在第二支中，我說有兩種反對的態度：一是不自覺的，此種是向元學或哲學方面發展；一是自覺的，此種是絕對的反對。前者的反對可說是不認識。後者的反對則是別有作用，所以也毫無價值。此即唯物辯證法是。我於他處已論過。在此不論。

　　前者的反對是並不自覺的。其動機也許是不反對。但結果卻是走上反對的路。所以這種反對，與其說是反對，不如說是不認識。不認識者，不認識純邏輯之謂，無論是方法學或法成學。不過對此支不認識而言，則以法成學為宜。黑格爾把亞氏形式邏輯當作主觀邏輯，即以此主觀邏輯而言，不能算反對。但他以之為其綜和主客而為一的大邏輯之一面相，這便是不認識純邏輯，所以結果也就是反對。因為他的大邏輯，其實就不是邏輯，乃是元學或理學（黑氏的理學）。英國的布拉得賴與鮑桑奎等人的邏輯，乃是對於邏輯的元學或哲學解析。即給邏輯中諸概念以元學或哲學的解析。他們這種態度，可說是不安於純形式之呈列，而願直探形上之解析。這個動

機好像不能說它是反對形式邏輯，但結果他們這種解析，卻與純邏輯無關，即於不自覺中走上反形式邏輯之路。我們即不用「反對」字樣，則也可說他們的努力是形成了另一種特殊的學問。究竟是什麼學問，則頗難說，很不易給它一個名字。屬於這一派的很多。約翰生也是其中之一。本章將對於它的系統略加評述。餘則不及。這個路線可以叫做邏輯元素之「形上的解析」或「哲學的討論」（約翰生用語）。

還有一種可以說是亞氏本人的觀點，以及米爾傳下來的觀點。亞氏本人的整個系統，前面說過，是工具學的傾向。他企圖造成一個標準。這個標準是理解對象所必遵必具之路數或程式。這個路數或程式就是工具學或方法學方面的一個標準。米爾衍其流，將亞氏系統中所缺的歸納程式補入之，遂將歸納演繹冶於一爐。並謂演繹過程是前一歸納過程之註冊；又謂一切歸納推理都可加一大原（大前提）而演為演繹推理。如是，遂造成傳統邏輯之完滿的形態。我把米爾歸於這個系統，我想亞氏本人是可以承認的。這個系統就是方法學標準之建立。這個標準就是邏輯之方法觀。我在〈兩個標準〉一章上說過，我們承認這個標準之成立。但若以為邏輯只是這一面，而不知法成學一面，則於不自覺中也是走上反純邏輯的路。這種「反」也可以說是不認識。由方法學一面前進必至概然邏輯。故概然論是此方面的最後形態。本章將以萊因巴哈的思想代表這一支而略加評述。

最後還有一個路數也是反純邏輯的。這個「反」，一方可說是自覺的；一方也可說並不是反，而是不認識。說它是自覺的反，因為在

這條路上的人對於邏輯有一種與我們所認為的邏輯標準性大相反的
主張。說它不是反而是不認識，因為這條路上的人仍是就形式邏輯
而說話，不過有一種不同的解析或看法而已。這條路便是二十世紀
所孳生出的種種新邏輯。他們說邏輯已經進步到現在的階段了。以
前的看法是不對的；我們當向一新方向走。以前看邏輯是絕對的，
現在是相對的；以前是一元的，現在是多元的。以前是論思想的法
則，現在是論句法的規律。以前是與數學物理分家，現在是與數學
物理合一。這個路數之反純邏輯，比前兩種都厲害。因為前兩種還
可成立個標準，還可承認有標準存在。這個路數則是消滅標準。所
以結果可說都是反邏輯的。屬於這條路的，有多值邏輯，有句法邏
輯，有兼數學及物理而為一的數理邏輯（非通常所謂數理）。這可
以叫做「邏輯之學說化」。本章將以「多值邏輯」與「句法邏輯」為
此評的對象。至數理邏輯則可參看汪奠基先生的《現代邏輯》。不
另加評述。因為這種以物理律為基礎的邏輯觀，實不能算是邏輯。

　　以上三支組成本章所謂「邏輯三歧途」。第七、第八兩章，是
傳統邏輯的解脫；本章將是法成邏輯的解脫。

一、邏輯之哲學的討論：約翰生的邏輯

　　約翰生（W. E. Johnson）的《邏輯》共分四卷。但不幸只出了
三卷，他就死了。前幾年即聞第四卷已在預備印刷。可是至今尚未
得見。時局如此，消息不靈，亦讀書者之苦事。

　　從全書的〈導言〉來看，可知第一卷以傳統邏輯中之直接推理

為主題；第二卷以間接推理及歸納法為主題；第三卷以「非形式概然」，即科學基礎，為主題；第四卷則是以「形式概然」為主題。這一個討論的過程可以說將邏輯的全幅領域包括無餘，而西方人之真才實學於此亦可窺見一班。全書繼承亞氏、米爾邏輯之線索，兼收現代邏輯之材料，作一種更深邃更老練的哲學討論。

他規定邏輯為思想之分解與批判。在這種分解與批判中，他發見思想有兩方面：一是其本身之形式，他名之曰 "constitutive"；一是對外之認識，他名之曰 "epistemic"。形式方面形成推演之形式邏輯，認識方面形成歸納之概然邏輯。形式方面，因為是思想本身之推演，故必然而妥當；認識方面，因為要涉及外界，故概然而不妥當。如是，他又說：邏輯是站在妥當與不妥當的觀點上批判並分解思想之過程。他這個分法是很好的。尤其 "constitutive" 一詞為有義蘊。他把這方面看為思想本身之形式。這與我所提出的兩個標準是很相近了的。我所說的構成或法成標準，即從他這個字引申出。法謂法式，言其理則性；成謂自成，言其本具性。這個法成方面的理則就是我們一切思維中最根本的一個標準。本書即促成並建立這個標準。這個標準可曰法成標準，或曰法成邏輯。至於方法學方面的工具標準或概然邏輯，當然就是約翰生所說的認識方面。他這個分法是很好的，可惜他沒有把法成邏輯光大起來，他也沒有認識它的義用及本性。卻順著他的路走，倒把這方面湮沒無聞了。因為他沒有認識清楚，所以他的一切討論大半都是徒然的。

不過他對於邏輯的超越性、公共性，似亦有相當之認識，惟不能確定而固執之。又因為他對於邏輯之範圍不主張嚴格劃定，則邏

輯之公共性更只是空談。因為領域不定，隨便游移，則公共者亦無從公共矣。他在〈導言〉第一頁上說：

> 邏輯之範圍是已向兩方面申展：一是後返於元學之領域，一是前進於科學之領域。這兩種趨勢即表示一方面在邏輯與元學之間，另一方面在邏輯與科學之間，是並不必引出一種堅強而嚴格的區別。任何邏輯家對於邏輯所安置的範圍，即劃定邏輯的領域，只要他的解析能言之成理，持之有故，並顯示出理論之統一，則他的觀點即可成立。所以事實上，在邏輯名目下所論究的東西，把其中的混亂及錯誤，加以清理與解消，是比劃定邏輯範圍更其重要。在我這方面，我以為區分邏輯與哲學，其重要性是比區分邏輯與科學小得多。所以我的討論可以叫做是哲學的討論，以與那些隱或顯將其分解與批判與認識論及本體論分開的人們相比較。

這個態度，在認識公共性標準性上說，是非常有妨礙的。他把邏輯中諸問題加以哲學的討論，或元學的解析。他以為邏輯或可與科學分開，但不當與哲學（認識論及本體論）分開。殊不知與哲學不分，結果也即是與科學不分。與認識論混，即是與經驗、實在、心身等問題混；與本體論混，即是與物理、自然哲學、物理世界混。所以邏輯與科學，及其與哲學，雖然表面觀之，是兩條不同的趨向，其實在根底上是同性質的一條趨向。循此而進，於邏輯本身都是無什麼好處的。所以我們以為若不劃定範圍，不給邏輯以清楚獨立的領域，則邏輯中的混亂及錯誤是永遠清算不了的，也是永遠解消不了

的。因為言之成理，持之有故，理論之統一，是人各一套的。如果只要能各成一套，即可以隨意劃範圍，則根本失掉了清算混亂的標準。你以為在他的系統下，是一貫的、清楚的；但在我的這一套下，你的一貫便是混亂，你的清楚，便又是糊塗。所以不確定邏輯的獨立領域，不認識邏輯的獨立自性，一切系統都是戲論。至多不過自成一家言。但學說或理論可自成一家言，而邏輯則是公共的、標準的，不允許隨人自成一家言。縱然各人的講法不必同，但其所講的對象之意義總當是同的。這即是說，我們必須承認一個邏輯領域，承認一個標準邏輯。邏輯與科學不分固然不對，與元學、認識論不分也是不對。如是，約翰生所欲尋求的邏輯之超越性、公共性，因其趨向於元學與認識論而消失了。所欲清算的混亂及解消的錯誤，因其與哲學不分，而益發混亂與錯誤了。

於此，可進而略評其內容。以第一卷為限。

他講邏輯也是從命題起，這是對的。但他的從命題起，不是從命題之真假值起，而是從組織命題的兩部分起。組織命題的兩部分，一是主詞，一是謂詞。這本是普通所謂亞氏的主謂邏輯，也就是傳統邏輯。但亞氏的主謂，不過是一個句法，即主謂式的句法。由這種形式的句法為工具，表示肯定、否定及全稱、偏稱所限制的命題間的關係及推演。這種講法還是以肯定、否定之質與全稱、偏稱之量為主宰原則，並沒有向主詞與謂詞處發揮道理。他只根據質、量兩原則，以表示推理關係。並沒有把邏輯前進於科學領域，或後返於元學領域。所以傳統邏輯的主謂句法並不礙事。希臘人的本體觀念，雖可偶由主詞引出，或由主詞作解，但主謂式的邏輯並不就是本體論。這點

已於第七章論過。現在約翰生的邏輯系統，卻是不遵守傳統邏輯的觀點，而倒是向主詞所偶然涉及的「本體」觀念發揮道理。但他的發揮不是在「本體屬性」的本體論，而是在由「本體屬性」所引出的存在問題。所以貫串他的全書的線索，便是「本體自己」（substantial property）及附加於本體上的「形容性質」（adjective attribute）。「本體自己」或「本然之體」，他解析為時間、空間中的「存在」（existence）。「形容之質」即是摹述存在的性質。約翰生的邏輯系統即是「本體—形容」的系統。所以如其說他是從命題起，還不如說他是從「本體—形容」起。這樣一來，肯定與否定之質的原則、全稱與偏稱之量的原則，皆為不重要；重要者乃是「存在原則」。並且作為主線的，不是二分原則下的三條思想律（當然不是說他不遵守思想律），也不是真妄二價的真妄值（當然也不是說他不遵守二分法），乃是（本體—形容）。

　　他本「存在原則」以及「本體—形容」的思想，將 AEIO 四種命題給予一種新的解析。我們普通對於 A 的說法是：「一切 S 是 P」或「任何 S 是 P」。約翰生以為這種說法，主詞只有本體性，而無形容性。但是習慣上，主詞也可解為有形容性的形式。譬如「花是紅的」，這句話就等於說：「有一個東西是花是紅的」。這樣說法，主詞也有了形容式的性質。如是，AEIO 當如下說：

　　A：任何東西是 p 者是 q。

　　E：任何東西是 p 者不是 q。

　　I：有些東西是 p 者是 q。

　　O：有些東西是 p 者不是 q。

這種說法,在將傳統邏輯翻譯為命題函值函蘊式上說,是很方便的。因為這個說法就是幾近於函蘊式的「如果一則」的說法的。再進一步就成功了:如果任何東西它是 p,則它是 q。這即是函蘊式。列為符式則為 "(x)・p(x)・⊃・q(x)",其中的「x」即「任何東西」中的「東西」。羅素即曾這樣翻法。伊頓也贊同。著者也可以贊成。惟本書第三卷第二分中未採用這個翻法。這個說法是把 AEIO 解成一種關係式。我在本書所用的,雖也寫為有「顯變」的命題函值,但仍保存原來的主謂句法。其實這都不甚重要。惟在羅素的說法,IO 又不寫為函蘊式,而寫為絜和式: "(∃x)・p(x)・q(x)",這卻不妥。他所以這樣寫,是因為他把 IO 看為肯定存在的命題,這是他的哲學思想,也是最有毛病的思想。我們不贊成這個思想。故我若採用他的說法,也必一律寫為函蘊式。(當然若從關係來看,則 IO 可以解成另一種關係,而不是函蘊關係。不過在此,則側重「如果一則」的說法。「如果一則」固然應用於全稱,但也可應用於偏稱。此須隨義領取。)關此,當參看第三卷第二分各節。

照以上的說法,把主詞填上一個 x,而使其有形容性。這種說法,若只當作一個句法看,不必向 x 處發揮道理,則亦無弊。但約翰生於此卻又進而於 x 上討論其存在與不存在。這便是虛妄。他有時以為「存在」一詞頗有誤解,所以改用「事例」(instantial)。一個命題若函有事例(instantial affirmation),則其主詞是不空的,並且其命題之意義亦將不同於不函有事例之主詞所成的命題之意義。有事例的命題,他用 f 以係之;無事例者,則用 n 以係之。由這種有事例與無事例之不同,AEIO 的四角關係遂有了五種:

（1）A_n E_n I_f O_f

（2）A_f E_f I_f O_f

（3）A_n E_n I_n O_n

（4）A_f E_f I_n O_n

（5）A_f E_n I_f O_n

這五種俱各有對待關係圖。但約翰生只列出，而未細解。其講法大概可以同於伊頓及金岳霖先生。因為他們都以存在原則決定對待關係故也。關於這種講法，我在第三卷第二分附錄：〈主詞存在與否之意義〉一文已詳細論過。並指明其不能成立。徒增混亂。對於約翰生這種講法，亦可同樣批評。不過還有一種缺陷，即在講四角關係時，他顧及事例之有無，但講直接推理時，又未曾顧及這個問題。顯然前後極不一貫。不過其關涉卻甚重要。惟金岳霖先生曾注意及此。讀者可參看他的《邏輯》第二部。然金先生根據存在原則以解決之，實則仍不算解決。本書第三卷第二分 D 節有詳細的討論。

最後，他這個「本體—形容」的系統，於講「等」的關係及思想律時而益顯。並亦可於此而並證明這個路數之不妥。他講「等」，純從元學的立場上看：同異合論，直與邏輯全不相干。「等」的所在，既移了位置，即從邏輯移到元學，故思想律的講法亦全不得要領。普通所說的二分原則、三條思想律，都全未重視，不識其義用。如是，對於邏輯本身、邏輯之理，他全未觸著毫毛。所以對於邏輯系統，也未造成。孟子曰：「是非之心，人皆有之。」邏輯即是由是非之心引出的真假二分，並遵守此真假二分所形成的真假值之間的些關係之推演。此為真正的「邏輯自己」，亦即約翰生所說的「

本身之形式」,即法成一面。可惜他未深切認識這方面;所以邏輯
系統亦未建立起來。只是根據哲學的觀點,對於邏輯各部枝枝節節
地討論,這只是成了徒然。所以循他的路走,則邏輯之超越性、標
準性,無論是方法學方面或是法成學方面,俱形消失而無餘。

二、邏輯之方法學觀:萊茵巴哈的概然論

我在〈兩個標準〉一章裏,曾說到方法學方面是一個標準,法
成方面也是一個標準。方法學方面的標準,自亞氏起已形成了一個
輪廓。在此輪廓中,雖亦函有法成方面的成分,如三段法式,但它
的起點與歸宿的大體趨向,是方法方面的。我們可以素朴地說,亞
氏當時是未能認識這兩個方面之區分的;他也不認識法成方面之重
要;他所自覺或意識及的卻是那個方法方面的標準(所以他的學生
能名他的作品曰工具學)。因此,他的三段法式,吾人對之可有兩種
看法:㈠純當作法成方面的成分,由之以顯理性之理則,不與歸納
推理為同伴。本書中所講者即作此觀。㈡當作方法方面的成分,與
歸納法為同伴,視之為方法學中之兩翼。米爾即作此觀。此第二種
看法,於亞氏觀點,是並不違背的。但第一種看法也是很自然的。
由方法方面,發展至現在的概然邏輯,則是最後的一個形態。在這
個形態上,現在有萊茵巴哈的《概然論》出現。

這方面的發展,無疑地也是希圖一個標準之建立。但此標準卻
不同於法成方面的那個標準。法成標準,是理性本身之自行開展;
方法標準,是於理解外界時,所必遵必具之路數(或程式)。這兩個

標準必須分開認識，也必須予以正當認識。經過這樣認識以後，知識論纔有法講。歷來對於法成標準都不認識。稍有認識的，也不過以演繹法目之。但須知法成標準決非演繹法所能盡。我們將說演繹法（當作方法目之）與歸納法不能離，它們是方法學中的兩翼。離開歸納的那個推演，不是演繹法，而是法成標準。這兩個標準不分開，講歸納法的人纔看不起演繹法。現在我把演繹法歸給方法學，則自無所用其鄙視。歷來能認識法成標準之義蘊的，只有於康德可略見端倪。惟康德所謂超越邏輯又不是純粹邏輯。其所謂純理亦不是思想中理性之理，乃是元學上的「理型」（idea）之理。結果，他是在討論「有」而不是「思」。所以他仍舊不能把那個法成標準超然獨立起來。在他的思想中，有法成的意思，而無法成標準。所以我們可說：順康德之路，可以建立法成標準，但康德本人未建立起來。（因為他不識邏輯之理之本性及其義用，把它束諸高閣，置於無用之地，故未能建立。）

不認識法成標準，不能算是真認識邏輯；只認識方法標準，乃是只認識邏輯之一面；若只以這一面為邏輯之全面，那是淺見。方法標準無可懷疑；此種淺見必須糾正。若以二價系統所表示的推演理則為法成標準，則萊茵巴哈的概然邏輯是不認識這個標準之義蘊的最後階段。以下略評萊氏之思想。

萊氏的《概然論》（*Wahrscheinlichkeitslehre*）是概然邏輯中系統最圓滿的一部巨著。與小鏗斯的《概然論》（*A Treatise of Probability*）可稱媲美。他曾把他的思想作了一個簡單的述敘，題目名曰〈德國邏輯經驗論及其問題的現階段〉，刊於美國的《哲學月刊》（

The Journal of Philosophy）1936 年 3 月號。他有以下幾段話：

> 在關於未來命題的一切理論，有一點我覺得是很清楚的。當
> 我們陳述一個未來命題時，我們並不以為它一定是真的。不
> 但氣象台預測天氣的情形是如此，天文學家所預告的太陽明
> 天將出也是如此。天文學家關於太陽的預言，與氣象學家關
> 於天氣的預言，在原則上並沒有什麼分別。因為他們的基本
> 假定是相同的。因此，未來命題的理論必定開展出一種新的
> 意謂理論：未來命題可以希望陳述一定的真理。

> 一個未來命題，在原則上，最後必須決定其為真為假。然則，
> 當此命題所指的事件發生了以後，它不是依然可以看作一個
> 尋常命題嗎？〔即有一定真假的命題〕。也許有人會這樣駁
> 難。這一點我們不久便論到它。但是以現在的立場而言，它還
> 是不切題。因為我們所需要的是對於命題正在進行中的真理
> 值之估量：這種估量是不能根據未來的觀察而回溯於命題，
> 只能根據已經過去的事實以測度。我們需要這種估量，因為
> 我們要從未來事實偶然出現的各種不同可能性中，選出一個。
> 因此，我們必須構造一個命題的等級（Scalo），而根據過去
> 的事實，把關於未來事件的每一可能命題的真實程度描寫出
> 來。

> 這樣一個程度等級，對於行動是十分必要的。這裏所說的不
> 是行動之「決意力」的假定。自然，每一行動對於我們之「
> 所欲至」，需要一點決定。但如果我們已知道我們之「所欲

至」，而智慧還要求我們必須知道一些實現它的方法。這種知識只能靠未來命題表現出來。比方，假如你決定去倫敦，這開始的決定決不是認識的事情；但既經決定去倫敦，你必須知道什麼輪船可以把你帶到那裏。這問題只能夠用未來命題解答。在解答這個問題的時候，你必須選一個價值最大的命題，即確定性最高的命題。這種確定程度是由過去事實而不是由未來事件推演出來的。比方，輪船公司的時間表，將供給你一個可靠的預言。不過它的確定程度仍然是完全根據過去的觀察，而並不得自未來。

連續可能命題的等級與概然性的等級同一化，這似是可信的。因為概然性的概念，在科學和在日常生活上，都能供給我們一種級度，以指導我們關於未來的判斷。因此，未來命題的理論，就是用概然性連續級數代替二真理值（真假值）的理論。

只有概然邏輯的廣大函量能夠容納科學命題的系統。古典邏輯只能夠適用概然價值極高或極低的特殊命題：在這種情形下，前者被認為是真的，後者是假的。因此，採用二價邏輯，結果便使科學成為圖解式的譯本，這種圖解式，應用於科學的方法或發見上，其實只能當作一種近似值看。但是，傳統邏輯把二價圖解看作科學的定式，這是極大的錯誤。現代邏輯要以建立一個結構較廣大的概然邏輯為己任。因為像上面所說過的，與科學現實狀態相符合的知識論，只能在這種結構中獲得。

我將不在這裏討論這問題之邏輯的以及數學的部分。我只消說，從概然性計算法的概念出發，可以展開概然邏輯的系統：概然性計算法是合數學與邏輯的演算而為一的一種算法。概然邏輯的元素可以用「真理圖表」的形式陳述出來。這種陳述所用的圖表是二價邏輯真理圖表的普遍化，而包括後者〔即二價圖表〕作為一種特殊的情形。不過這種概然邏輯的元素，不是命題，而是命題級數。這是由「命題函值」與其「論據級數」相勻稱而產生的邏輯結構。〔論據（argument）亦稱「主目」或「目數」。此為函值中「變項」之別名。詳解見第三卷第一分 B.3 中各條。〕

以上幾段話，對於概然本身是無問題的。惟對於概然圖表與二價圖表的關係，萊茵巴哈的見解是值得批駁的。概然邏輯是關於未來事件之連續可能命題的程度等級之呈列。連續可能命題的程度等級即是概然值之等級。這是對的。二價邏輯只是真妄二值之推演，但是概然邏輯卻是未來命題的概然值之連續級數，即把任何未來命題的諸種可能性排成一個連續的級數，在此級數內，你可以選取一個可能程度最高，亦即概然值最大的命題。所以概然邏輯是用概然性連續級數代替二真理值之推演。這也是對的。

但是他把傳統邏輯中的真妄二值也看成概然值範圍之內的，卻是不對的。他以為二價邏輯中的二價，是概然價值極高或極低的特殊命題：價值極高就是真，極低就是假。他以為這是古典邏輯的看法。其實古典邏輯中不應有此種思想，這是萊氏個人的解析。古典

邏輯中，講到直接推演與間接推演時，那種真妄的推演不能看成是一個經驗命題之值的估量或討論；它乃是根據二分法而來的。所以古典邏輯中的二值推演，即二價系統，不能看為概然值連續級數中的最高與最低，即不能與概然同論。最高者不必就是真，最低者不必就是假。如果你估量一個經驗命題或實際命題之真妄值時，那時你可以與概然同論。但是在邏輯推演中的二價，你不能這樣看。二價邏輯中的命題，並不是科學命題；二價邏輯也不是摹寫世界的倣本；二價系統中的二價更不是科學命題的真假。因此，所謂「採用二價邏輯，結果便使科學成為圖解式的譯本」，這類的話便是不對的。而所謂「傳統邏輯把二價圖解看作科學的定式，是極大的錯誤」，這種話也是不對的。因為傳統邏輯並沒有把二價圖解看作科學的定式。它是藉二分法作推演，以顯理性之發展。它並不是論科學命題之真假。或真或假是二分法中的是非之分，肯定否定之分；科學命題中的真假之概然性是對於一個有經驗內容的命題之估量。在亞氏邏輯中，無論是方法學方面，或是法成方面，皆未討論到概然中的科學命題之真假。（知識之概然性也許討論到。但其邏輯中所表示的真假卻不是概然論中所講的真假。）在法成方面，它是由二分而來的二價推演系統；在方法方面，它是要希圖一套理解程式（思維路數）之建立。萊茵巴哈並未了解亞氏邏輯之義蘊。

　　概然值之連續級數即是可能的真妄或有程度性的真妄之連續級數。所以它雖是一串概然級數，其實也就是有程度性的真妄值之級數。根據這個意思，萊茵巴哈說：「概然邏輯的元素可以用真理圖表的形式陳述出來，這種圖表是二價邏輯真理圖表的普遍化，而包括

後者作為一特殊情形。」因為概然值級數就是概然的真妄值級數，所以說為「用真理圖表陳述出來」，也是可能的（陳述概然的真理圖表可以叫做概然值圖表）；說為「這種圖表是二價邏輯真理圖表的普遍化」，也不算錯。惟若不認識二價系統之獨立性與法成性，而認為可以包括於概然系統中作為一特殊情形，這卻是不對的。我們批評萊氏的思想就在這一點。因為這樣，便完全消滅了那法成方面的一個標準；而只認識了方法方面的標準。但如果只認識這一面，而不認識那一面，則一方說為忘本，一方說方法方面的成立也不可能。

我們若認識了這兩個標準，則並不是把二價系統包括於概然系統中，乃是一方面說，它們是根本不同的兩套：一套是理性本身之發展，一套是向外理解之路數（概然是此路數所蒸發出來的）；另一方面說，理解程式（路數）固由向外思維而顯出，但於向外思維中即有此理性之理則主宰於其中，而使其可能，因而始可顯如此之理解程式為不可易，如無此法成標準主於其中，則理解程式之可易不可易，未敢必也。如是，我們不能不深切認識法成標準（二價系統所表現者）之重要。

三、邏輯之學說化

（甲）選替邏輯（alternative logic）

這種邏輯的見解是由幾何學上的不同系統及唯用論的思想之應

用於數學而形成。三值邏輯或多值邏輯則完全類比於不同的幾何學系統而產生。選替邏輯則根據唯用論的思想而主張不同的邏輯系統之存在（一個系統之優於另一個系統，其標準在適用）。故多值邏輯與選替邏輯是有相互關照性的。以下的批評，對於它們都可適用。

數學上吸收唯用論的思想的為型式論派（formalistic school）。此派的主要思想如下：

（一）約定俗成的觀念（conventional idea）。此是說，只要在社會上為通俗所承認，為慣例所允許，即可成立。數學或邏輯都沒有非如此不可的意義在。

（二）權變性的規則（arbitrary rule）。此是說，數學或邏輯不過是按照幾條隨意選定的規則而推演罷了。只要不背此規則，而且其間無矛盾，它們即可成立。而那規則之規定是可以隨意的；有相當的自由性與權變性，並不是非如此不可。至於討論此種規則：關於其成立，批導其謬誤，選定之理由，釐清其意義，等等，則屬數而上學（meta-mathematics）問題。純數學不必問。

（三）無意義的公式與無意義的記號（meaningless formulae and meaningless mark）。此是說，規則既經選定，按照那規則而造成的一切公式，是沒有經驗上確定之意義的。而公式中之記號也是無經驗意義的。數學知識完全是在按照一定的規則而知道這一公式如何從另一公式中推演出來。我們只要緊守其間無矛盾這個原則即可。無矛盾即是一種邏輯的一致。只此便是數學系統內面的意義。至於這系統以外的經驗意義，完全不用顯及。因此，數學就是按照規則而施行的一種遊戲。與下棋無以異。此謂數學遊戲論。

形式論派就是指以上的三種特性而言。這學說有其極強的理由，並也有其合乎真理之處。不過照以上所述三點看來，其中有對的，有不對的；有是本質的，有不是本質的。譬如第一點約定俗成，其意義就不是本質的，而是表面的。我們不能把數學或邏輯當作社會上的公認或慣例，猶如風俗習慣之成立一樣。雖然月球上的有生之類不必同於地球，但究竟這是六合之外的事情，我們也難斷定它究竟如何。若只限於地球上，我們人類的思維法則或推理過程，則不只是約定俗成，實有其普遍性、必然性在。約定俗成只是那個理性本身的表達工具之特性，而不是理性本身之特性。即是說，約定俗成這觀念只表示我們可以用不同的樣法，把理性本身的發展表達出來。表達的方法、記號與規律，這都可以說是約定俗成的，沒有非如此不可的必然性在。但理性本身所具之理則，卻是非如此不可。否則，不成其為「理」。這個「理」就是邏輯；而數學即基於此而可能。從此方面講，邏輯或數學都有必然性。而且這也是真正的邏輯或數學。

第二點，所謂權變規則，或隨意選定，也只是指表達的工具言。我們不能認為邏輯就是如此。書本上的邏輯（即成文的邏輯）或是如此，但邏輯自己不是如此。邏輯自己是理性本身的發展。大家都能知：先行的規則雖是隨意的，而此規則一定，則由之而推出的其他命題不是隨意的，卻是必然的。大家所知的這種必然，只是命題間的必然連結。可是尚未見到這種成文系統所表示的「理則」之徹首徹尾的必然。這個「必然」，不是約定俗成，也不是隨意規定。（當然也不是一般人所意謂的套套邏輯之必然。）關於邏輯是如此，

關於數學也是如此。如果數學之可能完全依於「理則」（純邏輯），則型式論派的公理法（axiomatic method）完全可以不用。詳論見第四卷第二分。

　但第三點卻為邏輯或數學之特性，即邏輯或數學實是一種無意義的公式與無意義的記號之無矛盾的必然推演。此處所謂無意義是指無邏輯系統外的意義而言，並不是說系統內的意義也沒有。系統外的意義即是內的意義，即有色彩的命題（見第三章）。系統內的意義即是「邏輯意義」（見第四章）。這一個無色彩的系統所以能造成，完全靠「邏輯意義」。若不識此邏輯意義，則那個無色彩的系統完全不可理解，而所謂「無矛盾」一語，亦將不能表意；而且那個系統亦只是徒然。有此邏輯意義作根據，則第三點可以取而消化之。

　　隨著型式論派而發生的邏輯上的新見解，就是美國路易士（Lewis）所倡導的「選替邏輯」。這見解是說邏輯可以有好幾個系統，而每一系統都可成立。最後的決定，則在適用。這種情形也叫做邏輯之相對性。恰如幾何學，有歐氏幾何、有非歐幾何，所以也有亞氏邏輯、有非亞氏邏輯。在此，我仍是本著上面的觀點來批評他這種邏輯主張，並指出邏輯不可與幾何同論。

　　路易士從函蘊的定義上造出另一個與《算理》不同的系統。他以此作他的邏輯之選替性與相對性的主張之根據。在此，這兩個函蘊的不同不能細說；對此主張的批評亦不能很具體。讀者可以參看第二卷第一分 E 節及附錄：〈論函蘊〉。在此，我只這樣說：無論他們這兩個函蘊是什麼意思，無論誰方便誰不方便，誰根本誰不根

本,誰的含義廣,誰的含義不廣,這都不能證明有兩個邏輯,或證明邏輯是選替的,或是相對的。單憑對於函蘊的不同界說,是不能證明邏輯之相對性的。相對性或選替性是在我們的表達上、界說上,而不在邏輯本身上。恰巧函蘊的界說是我們表達的工具,而其不同只因它是一個界說:界說固不妨因人而異。因不同的界說,可有不同的邏輯系統(屬於邏輯的系統)。此等系統皆是表示那個邏輯自己的。這種表達的關係是「多對一」的關係。所以選替、相對,完全是在表達或界說上,而不在邏輯本身上。路易士或許以為有好幾個可能的系統,所以隨著就主張有好幾個邏輯了。這是只見衣服不見身體的看法。路易士所以這樣主張,是因為可以有助於他的「概念唯用論」。如果有好幾個不同的邏輯系統(logical system),不能相歸化,則此時所以選此而不選彼的標準在適用。一切概念系統只有適用性與否,而無絕對性。人類知識最後的標準在乎「用」或「效」。但我們以為這是邏輯之學說化:以學說看邏輯。但巧恰邏輯不是學說,不是一套概念(即路易士所謂設準性的概念)。而是概念(知識)或學說所以成之條件(紀綱)。只有此條件,纔使人類一切思維成為可能或有意義。因為路易士把邏輯系統,看為概念系統,解說當前「所與」之先行的設準性的概念系統,所以纔說邏輯是多,而最後的選取標準在「用」。但如果我們認識了邏輯不是學說,不是設準概念,而是理性之理則,一切思維所以可能之紀綱,而此紀綱或理則又只能是一而不能是多,則邏輯對於任何人的特殊知識學說皆是無助的。至於那表達上的各種系統,固不妨其是多;而究竟誰能是真正的邏輯,則只有看誰能真正代表那「理性自己」,

而不參雜任何「邏輯意義」外的其他意義。

　　我們再一論多值邏輯。此種主張以為邏輯不必由二分而來的二值推演系統，還可以由真、妄、不定，三分，乃至多分，而造成多值推演系統，即多值邏輯。此亦有蔽。其蔽即在不識本身。多值之成系統是在那個法成標準以外而另翻花樣。它不能是另一個邏輯。所以這種三分、多分，是不能同於二分的。在字面上，數目上，可以相同；但在意義上，二分法實有其必然性、標準性、不可否證性。有了是非二分的邏輯，即法成標準，再加上或參入經驗的意義，我們纔有真、妄、零（不定）、可能、不可能等分別。所以二分邏輯，在人類思維中是居在基礎的地位。因著旁的成分的參加而孳乳出來的其他系統，不能與它並論。因為二分邏輯實是表現思想律（同一、排中、矛盾）自己（即最無色彩的表現法），並代表了遵守思想律而進行的理性自身之發展。人類的理性思維之進行，不能不有「定」與「同」，因而不能不有排中的析取，最後不能不禁止矛盾。這是一切言論所以可能的法成標準（邏輯意義）。把這種遵守思想律而進行的理性自身之發展的理則，最無色彩的，最如實的表現出來，便是二值邏輯。其餘的三值乃至多值都是站在這個標準系統外而說的話。但雖然站在這系統以外，它卻仍含著那個系統作它所以成立的標準。站在標準系統以外的系統，雖然也可以表現那三條思想律，但它們的表現都是有色彩的，有所凝固的。譬如規矩，其本身是一規矩，當其表現於一堆土上，它還是現其規矩性。但此時它卻有所凝固，而不是那規矩本身。這即表示，二值系統就是那規矩本身，它就是思想律自己之表現；它又是標準系統，為一切有色彩的系統所

以可能之根據。只有這末一個標準邏輯，不能有另一個邏輯。站在此系統外的一切因旁的成分的參加而成的系統，那不是邏輯自己，所以都可以看成一種學說。

因此，我們可說邏輯不能同於幾何學。幾何是空間之學。現在的幾何學幾與物理學打成一片。所以如果我們的物理世界是非歐空間，則即需一個新空間學以摹狀之。這是一個經驗問題。但邏輯卻只有一個，因為理性不能有多種。

（乙）句法邏輯（logic as syntax）

句法邏輯是「維也納團」中人加拿普（Rudolf Carnap）所倡導的。他的思想直接受維特根什坦的影響，間接乃是羅素的邏輯分析法之繼承。根據邏輯分析法的精神，採取了維氏的思想，遂啟發出維也納團的哲學路線。維氏有名的作品是《名理論》（*Tractatus Logico-Philosophicus*）。在這本書裏，他有一個思想，即認邏輯命題都是無所說的妥沓形式（tautology form）。在此妥沓形式裏，我們對於外界毫無所得，即此形式毫不能告訴我們什麼。我們對此形式要有所得，一定得有經驗的事實填在裏面。可是這一填，那個形式便不復是妥沓的，而是確鑿的；不是空洞的形式，而是一具體的命題。成了具體的命題，則前之對於外界毫無報告者，現在可以使我們有所得了。我們於此得到一種一定的意義，一定的知識。維也納團吸收了這個思想，遂成了他們所謂「邏輯實證論」（logical positivism）。

《名理論》進而又引出一種思想，即事實界與意義界的區分。事實界是科學界、邏輯界；意義界是價值界、超越界。在事實界裏，

無價值可言亦無意義可言。意義不在世界之內；如在其內，當亦不復是意義。宗教、倫理、美學、人生哲學，都是在這個世界裏找不出根據的學問。它們都是超越界的。這個世界是可說的，那個世界是不可說的。維也納團吸收了這個思想，遂有摒棄形而上學的主張。他們以為形上學的命題是無意義的，是不能陳說什麼的囈語。他們的「無意義」，不一定是劣義。乃以為按其本性是如此。「無意義」是指在經驗上不能證實而言，其命題無經驗上的「所與」為之證明。有意義的命題只能在經驗界內。他們想把一切有意義的與無意義的命題，加以清釐，使科學命題盡成為有意義的命題。這種清釐的活動力，他們叫做哲學。故哲學是一種活動，不是一組命題。這個思想遂引他們去作句法分析的工作。因為每一句法總是表象一件事實的。由言語句法的分析進而至邏輯句法的分析；又進而主張邏輯不過是句法間的關係，研究邏輯就是研究句法。由研究邏輯句法進而分析或釐清一切科學命題。凡科學命題都可以句法的分析說明之，即是說，都可回溯於有「所與」的句法命題。這是維也納團的哲學思想。但是德國的萊茵巴哈卻以為這種思想並不能完全說明科學命題。科學命題固須經驗所與為根據；但科學命題之本質，並不在回溯於「所與」上，而在解說未來之是否有效。因此，維也納團的思想，只能說明科學命題之現在性，不能說明未來性；因而於概然邏輯是無貢獻的。這個批評是對的。在此不加深論。以下試就加拿普的《言語底邏輯句法》（*Logical Syntax of Language*）一書而略評其義。

　　何謂邏輯句法？加氏於該書〈導言〉中有幾段話述之很明。茲

節譯於此：

> 一種言語的邏輯句法就是那種言語的語法之形式論，也就是
> 管轄那種言語的形式規律之系統的陳述。
>
> 一種理論、一種規律、一種定義，以及類乎此的其他東西，
> 當不牽涉到符號（如字）的意義以及句子的意義，而只論到
> 那些符號或句子的種類與秩序時，則即可叫做是形式的。
>
> 流行的見解以為句法與邏輯，不管它們之間有怎樣的密切關
> 係，總是兩種根本不同的理論。一種言語的句法，大家以為
> 是語言結構所遵守的規律；而邏輯的主要工作，則以為是這
> 一判斷所據以能從另一判斷中推出的那些規律之呈列。換言
> 之，按照這些規律，一個結論可以從前提中推出。
>
> 但是，近十年來，邏輯的發展已清楚地指示出，邏輯的研究，
> 其準確性的程度，是並不依於判斷的，倒是依於語言的程式。
> 在此種程式表示中，句子是最重要的。因為只有在這些句子
> 上，我們始能建設起有定性的規律。並且，事實上，自亞氏
> 以來，每一邏輯家，在其建設規律時，實已討論到句子了。
> 但是，現代的邏輯家，甚至那些同意我們的見解，以為邏輯
> 是討論句子的，而仍然大部分都相信邏輯也同樣討論句子間
> 的意義關係。他們以為邏輯規律是「非形式的」，且與句法
> 規律相反。以下，我們將陳述並且發展一種與此觀點相反的
> 觀點。此種新觀點主張邏輯是討論句子的形式關係的。我們
> 將見，句子的邏輯性質（例如，一個句子是分析的，或是綜和

的，或是矛盾的，或是存在的句子或不是存在的句子等等），
以及句子間的邏輯關係（例如：兩個句子是矛盾的或是相容
的，或是此一個從彼一個推出等等），都是只依於句子的句
法結構上的。依此說法，邏輯將變為句法的一部分。但此必
須先將句法看為廣義的，且使其成為夠準確方可。狹義的句
法規律與推演的邏輯規律之間的差別，只是「局成規律」（
formation rules）與「轉成規律」（transformation rules）之
間的差別。這兩種規律都完全形成於句法中。如是，我們可
將包括局成規律與轉成規律的那個系統定為「邏輯句法」。

　　這一段話，其破的方面且不管。其立的方面，則有三點可指摘：㈠
不知不覺中在應用邏輯，因而以「邏輯的」為邏輯；㈡邏輯雖依於
句法，但不就是句法；㈢邏輯句法不就是邏輯。茲依次略評之。

　　依加拿普意，邏輯將為句法的一部分。而邏輯所討論的句法，
又不是句子的意義及字的意義，但只是它的形式與秩序。加氏意，
這種只以形式或秩序觀之的句法，就是邏輯句法。所以，所謂「言
語之邏輯句法就是那種言語的語法之形式論，也就是管轄那種言語
的形式規律之系統的陳述」。這是以論句法為對象，而以邏輯形容
之。邏輯句法即是「邏輯的」句法，而邏輯的句法不過是隨便一種
句法之形式的陳述。這是以邏輯形容句法，而所用的邏輯又只是「
形式的」一義。所以這不是討論邏輯，而是討論「邏輯的」。這是
句法學，而不是邏輯。

　　第二，加氏以為邏輯之準確程度只依於語言的程式，並不依於

判斷或思想：邏輯與句法分不開。因此，邏輯就是句法。「邏輯是討論句子的形式關係的」。因此，「這是紅的」、「甲大於乙」、「7+5＝12」等，便是句法之「局成規律」的表示。局成規律即是局限一個局子的結構上的規律。又如，「如果這是紅的，則這是有色的」，如「甲大於乙，乙大於丙，則甲大於丙」：這一類的句法也是邏輯句法，表示一種邏輯關係。這是句法之「轉成規律」的表示。轉成規律就是從一句法如何轉到另一句法的規律，也可以說是管轄局成規律之間的關係的那規律。包括局成規律與轉成規律的那個整個系統就是一套邏輯句法，也就是邏輯。但吾人以為邏輯雖依於句法，但不就是句法；表達邏輯雖有需於句法，但邏輯與句法究是二而不一。今以句法為主，又以為邏輯就是句法，則言語之句法，其範圍廣矣大矣，何者為邏輯，何者不為邏輯，實不可得而定；又此種句法規律實無必然性，而其規律，若只局限於句法，則如何能有邏輯意義，又實不可思議。今以句法為對象，將其規律排比而出之，儼若很有系統，很有邏輯性；但這不過是句法學之邏輯的陳述。背後於不自覺中已假定了一個邏輯，復以之形容句法，句法儼若很有邏輯意義然。但若只就句法本身言，此種意義實不可得。又若論句法，不論邏輯，則可不受此批評。今既論邏輯，而又以句法為邏輯，則以「邏輯的」為邏輯，實是大過。所以邏輯雖依於句法，但主從不可不識。若不識主（邏輯）而只識從（句法），則邏輯性、必然性，實不可得而有。亦只聊備一說而已。吾亦只好以學說目之，而不以邏輯目之。

　　第三，邏輯不就是句法，而邏輯句法亦不就是邏輯。以句法為

邏輯猶之乎行為主義者看心理，重外觀，不重反省；只見表，不見裏。但邏輯卻必須是反省的，因非學說故也。我們對於邏輯，必須承認有一種東西，足以攜此句法以俱行，並藉此句法以顯示。此種東西即是所謂「理性」（邏輯之理）。近人對於「理性」，大概都不屑過問了。所以眼光只向句法規律上注意，不向理性律則上注意。但近人卻仍講邏輯必然、推理必然等；吾不知此又如何出現？所以，如果不認識理性，而只以句法規律為邏輯，則邏輯勢必是多的、習慣的、相對的、常變的。這樣，邏輯便成了經驗的。如果是經驗的，則思想言論便沒有其所以可能的標準。其實，事實上，我們並沒有須臾離開這個標準。這就因為我們有共同的、絕對的、不變的理性在。我們講邏輯，不能不用句法；我們達理，也不能不藉助於句法。惟當我們想到邏輯，我們並不是想那個句法，而是透視到推理，想到理性。甲是乙，甲大於乙，甲非乙，甲或乙，甲與乙，甲函乙，這都是句法（加氏所謂局成規律）。惟「如甲非乙，則乙非甲」，「甲函乙，乙函丙，則甲函丙」，這種關係不只是句法所能盡，或簡直無所事事於句法。然而加氏卻名之曰句法之轉成規律，完全忽視了理性的推理作用。現在我這樣說：如果沒有理性的推理作用充沛於其後，則吾實不知那個關係何以必須如此？而所謂轉成規律又自何而來，又因何而成其為規律以管轄那個關係？此皆不可思議者。

第十章　邏輯獨立論

　　塊然七尺之軀，生而即與周圍「境相」為緣，互為依存，沒於一整全流中向前奔馳。行為心理學家所謂刺激反應系，或行為系者，亦即此意。從具體之事象看如此，從活潑之意識看亦如此。意識流與境相為緣，合成一複雜之大流，表現為吾人類種種意識生活相。此種意識生活相之大流，千條萬緒，儲積而不散，繁賾而不亂。於不亂處，見其有自然之則，有條貫之理。然此則此理，恆沒於具體的意識生活中而與其他緣法渾融。並且此則此理亦只能於意識生活流中識得，並非於意識生活流外，尚有塊然一物曰則曰理。（意識生活相便是心不離境，心因境起的種種心相。吾人不能空言心，故以生活相實之。但亦不能離卻意識而言相；離意識而言相，邏輯之理不能呈見。離意識而言相，即離心而言相。無心之相，總有其理，不是邏輯之理。）

　　但吾人冥證具體生活時，對「理則」固可作如是觀。若作學術研究，則又可將此大流（意識流）打開，予以解剖而作為種種學問之對象。如此分解，則吾人自可將許多種種緣法（緣法即心因境起之種種心相所緣之法）從此意識生活流中盡行抽去，而只注意意識生

活流上所表現的自然之則、條貫之理。此種理則又不可視同意識與外境相凝時所成或所見之理則。此種理則，只是意識思維流進行時所必具之理則，所共呈之理則。譬如吾先說凡人有死，再說孔子是人，則吾自然可說孔子有死。此種意識思維流所呈現之推理步驟，便是意識思維流進行時所必具之必然理則、公共理則。吾人現時所注意者便是此種理則。至若意識流再旁衍而凝固於「人」，於「死」，於「孔子」等外境，追究其何謂人，何謂死，何謂孔子，種種作用所成之意識相，所造成之理則，則不在注意之內。

當然，這種「緣境理則」之形成，其思維進行時也必具那公共之理、必然之則。不然，凝固於外境之思維（即緣境之思維）便不能進行。（追究外境而有所成，亦必有思維流之進行，或思維之運用，故曰「其思維進行」云云。）如此解析，則公共之理、必然之則，即是一切意識生活相（即一切意識思維流）所以可能之模。凝固於外境時所成之理則，便是意識追究外境所成之種種概念、學說、理論，或事物律。但於此須注意，公共理則只是意識生活相（思維流）所以可能之模，並非外境所以可能之模。它只是「思維外境」所以可能之條件。外境固亦自有其理則，它自然會可能。譬如人、死、孔子等等外境，皆自有其理則。思維流中公共之理、必然之則，永具於對於外境之思維，而為「思維」外境所以可能之條件，並非為外境所以可能之條件。思維外境之結果，自亦成理則：便是所謂概念、學說、理論、事物律等是。此種理則自然是個結果。但不能說這個結果，其條理一面，是主觀之範疇；其內容一面，是外界之質料。這是康德的說法，吾所不取。其意甚微，其差甚大。

　　為一切意識生活相（思維流）所以可能之模，所必具之理，即
是那公共之理，必然之則。此則此理便是邏輯所研究的對象：邏輯
即將此理此則呈列出來。呈列出來，便是所謂邏輯學。此理此則，
便叫做邏輯之理，邏輯之則，亦叫做純理（純粹理性之理）。綜攝
意識生活之大流，通內外而為一，證其即流行即主宰，即主宰即流
行，便是元學之理（存在之理或「有」之理）。意識流凝於外境，
篆出許多概念、學說、理論、事物律，便是科學之理。元學之理乃
終極之統攝，其與邏輯之理之區別，下章論之。茲先一論科學之理
與邏輯之理之區別。

　　一切意識生活相，在佛家統名曰「心所」。心所者為心對境所
起之心理諸相：為心所有，而繫於心，故名心所。一切心所皆不離
境；惟因即境，故起種種差別相、順違相。此即種種思維流。譬如
眼前見一青色，認為是青，便為「順」相；不認是青，便為「違」
相。此青與彼同，便生「同」相；不與彼同，便生「異」相。因順而
生樂，便曰「樂受」；因違而生苦，便曰「苦受」。樂受苦受，亦為
心所。見財而生愛心，便是「貪心所」之相；見利而生警覺心，便
是「作意心所」之相。見物而生希求，則「欲心所」生；遇難而起
惑，則「疑心所」生。種種心所，隨知、情、意三目而起種種相。此
種種相必對外境有所執著；亦即因執者外境，始有種種不同意義。
出之於口，或筆之於書，皆可知其意義之何屬。五官所攝，表而出
之，便為有官覺意義之命題。思想、了別、理解等所攝，表而出之，

便為有知識意義之命題。審美所攝，表而出之，便為有情感意義之命題。信仰所攝，表而出之，便為有宗教意義之命題。凡此種種皆由種種心所緣種種外境而成。其結果便是諸科學中之理則或規律。其命題皆為有內的意義的命題，即吾前面第三章所論者是。但是，邏輯之理卻只為一切思維流進行所以可能之理，並與外境無涉，所以其成也決不緣外境而成，足以屹然自立。（不由外境而成，但緣對於外境之思維而顯，即由此思維流而昭示。）此種邏輯之理，即是人之所以為理性動物處。它自成一種意義。即吾於第四章中所說的「邏輯意義」。

但是，現在一般邏輯家，卻不明此義。他們所講的邏輯，或所看的邏輯，大都是種種「心所」緣種種外境而成的理。即他們的邏輯之理都是所緣的理，或由所緣而顯的理，或至少以所緣之理看之或解之。雖然其所緣不能說當列入某種現成科學中，然其討論為就境發揮，總是有所緣的。其所緣為普遍的、一般的材料，故其所緣可說是哲學的所緣。因此，其所成之邏輯，不是元學本體論的，就是方法學的，或是學說化的，如前章所論者。此種種派別皆自謂是邏輯，其實皆不是邏輯。因真正邏輯即人類思維時所共具之理則；理則固不能多也。吾闡發此義，只是說明事實。並不能像其他學派爭獻世人以哲學上的主張。因真正邏輯，其所列者為純理則，不涉經驗，不染外境，本不告吾人以何種知識也。（有些邏輯告以哲學上之主張，即告以何種之知識，因其為學說故。）邏輯本身無特屬之意義。其意義即是其所表達之對象。此對象即理則，即邏輯意義。此邏輯意義，無內容，無特屬之意義，故不告吾人以知識。吾只將

此公共的、標準的，大家所必具所必遵的理則，提出而陳列之，使世人知於各種邏輯而外，尚有一標準邏輯。此標一立，則哲學上之主張，大家各自應用可也。

此種理則，既經提而出之，乃知其不自境出，能自成立。不自境出，是說不是因沾染外境所形成之諸般理論，而卻為一切思維一切意識沾染外境或解說外境所以可能之理。能自成立，是說不因沾染外境而成，而卻為思維或解說外境所以可能之條件。即此說為能自成立。因不自境出，能自成立，吾可說這種理則即是純理，亦可說為純形式，更也可說是「先驗」。具此等性之理則，若再拉進具體意識生活中，看其居何種地位，有何種功用，是何種性質，則是知識論的問題，在此可以不講。不過現在作這種「理則」的探究，可以說是關於純理之先驗性的認識之最好的訓練。讀者若從此訓練入手，則可知康德的說統之不可靠；而吾所以主張知識可能的條件即思維解說外界可能的條件（不是研究外界的程式或路數，因此為方法標準。須注意），而不是對象可能的條件，亦不為無因矣。〔思維解說外界，其必須條件有三：一、思維所以可能之紀綱或範疇，此即邏輯之理，思維本身所自具者；二、設準之用；三、研究或理解時所具之程式或路數，此為方法標準。此皆為知識可能的條件，不為知識對象可能的條件。此三者一曰理（紀綱），二曰能（設準），三曰法（程式）。皆我固有，非有外鑠。因用而顯，非有異體。詳解見第三卷第三分 F 節，第四卷第三分 C 節。〕康德的說統雖不妥，而其進路卻是對的。我們可借用他的思路來描寫邏輯之理（即純理）。

　　※　　　　　　　※　　　　　　　　※

　　何謂邏輯獨立？欲顯此意可從四點來說：㈠邏輯之理不自境出，不緣境成，而為一切意識或一切思維緣境過程或解境過程所以可能之理，或所必具必遵之理。如是，雖不自境出，卻可由一切思維緣境而顯；雖不緣境成，卻可由一切思維解境而示。此意便表示此理不能離一切意識生活相（思維流）而塊然存在。㈡邏輯之理徧行一切意識或一切思維之中而為其所以可能之支柱，卻不為一切意識對象或思維對象所以可能之支柱。此意便是邏輯之理不同於科學之理，亦不同於元學之理。㈢邏輯之理為能主法，不為所造法；為徧行法，不為專屬法。能主法言其為思維進行所以可能之支柱；徧行法言其為一切思維之主，不專屬某一思維（因任何思維不能不是邏輯的）。㈣邏輯之理為先驗，不為後驗；為物驗，而不物於驗（即物經驗而不物於經驗）。先驗言其不自境出，不緣境成。物驗言其為一切經驗所以可能之支柱。

　　按此四意，則所謂獨立只言其普遍性、能主性、自成性；並非說它可以不與一切意識或思維相沿俱，而自行離開，塊然存在。此義本章開端，已經說明。所謂邏輯獨立，只言此理有此等性（即普遍能主而自成），可以單獨而提出之，以為邏輯之對象，使人知人世間有此一套物驗而不物於驗的標準理則存在。如此義成，則邏輯自然可以自行成立，不必追逐物境，恆與境俱。邏輯之理也不至與其他因境而生之諸般學說或理論相混同，更也不至有交替、多元、相對等等之主張。此即謂邏輯獨立論。

　　此種邏輯之理，若單獨而提出之，則本其自性，獨起籌度，動而愈出：如蠶絲然，愈引愈長。自此而言，則為此理之理想性，可能性，而非現實性。故羅素謂邏輯為可能的科學，意或即此。可能是言其所陳者只為可能的，非言其可有許多種可能也。此種可能性的動而愈出，即是數學所以可能的基礎。數學歸於邏輯即歸於此也（即邏輯之理），非如普通之所謂。蓋數學亦只有理想性（在此亦得說邏輯性），而無現實性。數學若離乎此，則皆無必然而妥當之基礎。邏輯與數學，於此雖只有理想性，而無現實性：然「先天而天弗違，後天而奉天時」，亦與現實並不背也。因其與現實不背（即後天而奉天時），故當其沒於意識思維流中，即可為其所以可能之支柱或綱紀，以發揮其實效。（數學則用之於推度物量，罔不相應。）因此，當此邏輯之理為意識或思維所以可能之支柱時，則即為此理之現實性或實效性。愛因什坦說：「數學法則當其關於實物，是不確實的；當其為確實的，是不關於實物。」這還是指用數學以推度所得之知識而言。非指數學法則本身言也。吾現在此義是指邏輯之理本身言。其理想性是指離開意識流而獨起籌度言；其現實性是指在意識流中而為意識思維所以可能之支柱，以成就此思維言。由其現實性，吾將名之為「紀綱之理」；由其理想性，吾將因之而證「實現之理」。前者為「後天而奉天時」，後者為「先天而天弗違」。（詳解見第四卷第三分）。

※　　　　　※　　　　　※

　　若將此邏輯之理拉進意識思維流中，則此思維流自無始與緣相

俱，挾境俱來，同時顯發，相因相成，成一整全之圓流（儼若一四度體），則吾亦安知何者為先，何者為後？是故從圓流觀之，其中各分子不能定其先後。故先後不從時之前後上說。唯若將此圓流（四度體）打開，而發見其中必具之理，必遵之則，則此理此則與思維流同時顯發，而為組織此流之一支柱；此支柱唯因同時顯發，相因相成，使流得成，故始可謂與經驗俱，不由經驗來，而為經驗所以可能（即所以成）之脈絡（支柱或紀綱），遂得名曰「先驗」。故先驗必從整全流之一點上橫說，不從整全流之前後上縱說。先驗之意，本應如此。此種說法之先驗實可云為「本具」或「固有」。本具者下手時即有之謂，故亦曰固有。汝說一切來自經驗，吾說一切經驗之所以成，即由此「本具之理」之所致。

是故先驗只就「理」言，不就「知」言。若就「知」言，則「知」無所謂先後。一體平鋪，種種勢用相沿俱轉，亦即經驗流之別名。故云一切是經驗，此言實等於無說。蓋此即只意謂整全之圓流已耳。於此圓流，而說先後，自無意義。如是，先驗定指理言，不指知言。凡屬知識皆為經驗。即經驗即知識。反之亦然。關於先驗之知識，因其是知識，故也是經驗。吾今治此邏輯，費許久時，歷若干驗，始得有此。故凡知識，皆為經驗。然反而觀之，吾治此邏輯，其思維過程，亦必具有邏輯理則，為其所以可能之支柱；此則非所謂知識，乃知識所以可能之條件。故先驗定指理言，不指知言。此中有一「邏輯中心」之循環在。本書第二卷第二分 B 節有所論列，讀者當參看。邏輯中心即言一切跳不出邏輯圈套：治邏輯亦得用邏輯：治邏輯之思維亦具邏輯之理則。惟因邏輯中心，故於邏輯

之理，必須返觀始得。此理本為固有，本為先驗，然返求以知，則煞費經營。故致「邏輯之理」之知，實是一串返觀過程，而非一串外求過程：為內向而非外向。內向返觀之理即是先驗之理。此理為一切經驗流所以成之脈絡。經驗流非他，即思維流或知識流。此流所注，必有凝固。凝固所具，始成種種經驗知識：學說理論悉由此出。如此種種，名曰科學。科學之理，沾染外境，由外境成，是名經驗，亦云後得。此為外向過程之所篆。其篆成必經思維。思維所以可能之理，纔是先驗之理。如此，先驗之理只為思維所以可能之理，而不為思維對象所以可能之理。對象自有足以紀綱之或可能之者。此吾與康德不同處。

　　此種先驗只就理言，不就知言，既已說訖。今復應說，此種先驗之理，只在「知域」，不關實體（存在）。故上來所云，皆以意識思維流為言。惟在知域，故理始得言先；惟在知域，故先始於點顯（即於點上橫說）。若通內外而為一，總攝全流，冥證真如，見其流行而不息，復見其有則而不亂，則此不亂之「則」，亦得云理。惟如此所說之理，乃元學之理。觀點不同，理義亦異。元學之理，屬體界；知域之理，屬現界。前者吾名實現之理，後者吾名紀綱之理。實現之理不可言多，紀綱之理不可必一。紀綱此者，未必紀綱彼。蓋物以類聚，各有封曲，曲盡物則，義屬現行故也。然紀綱之理雖多，而實現之道體則必一。康德所云，蓋即此元學之理，非「知域」之理也。康德云：知識可能之條件即知識對象可能之條件。是則非理統萬化，不得如此去說。要得如此去說，則理即元學之理。康德復生，不易吾言。康德於現界所言之範疇，關於存在，通內外

為一而為言；於體界所言之理性（目的性的理）亦關於存在（實現存在者），亦通內外為一而為言。故於體於現，皆關於存在之元學之理也。如此，康德所作，正少了一層周折。此層一少，隨使康德的說統全部乖錯。此中分寸，不可不察。他在現界亦當體界看，即亦取元學的觀點。吾人於此，於現界則作現界想，而言紀綱之理，此理不可強其必一；於體界則作體界想，而言實現之理，此理乃絕不可言多。此即顯發萬殊而統歸一原之義。故吾人於「知域」，第一亦先認識邏輯之理，此為純理之訓練。第二指出此「理」在知識過程中居何地位，有何作用：此為知識論中所有事。第三再論終極之冥證，證體明相，以明此理之歸宿及其顯發之由來：此為元學之極境。

第十一章　思與有

　　說到邏輯是思想界而不是事實界，是思想上的，不是存在上的。然則「思」是不是事實？「思」是不是存在？總之，「思」是不是「有」（being）？於此，可有兩點論述。

　　（一）思是有。但當我們以「思」看的時候與以「有」看的時候不同。

　　（二）思不能是「非有」。但自「域」觀之，則「思域」不同於他域。

　　茲先論前者。邏輯之理所屬的「思」，當我們以思看的時候，是言其有所對的：在被思上顯出思來。在思的過程上顯出「理」來。這個理就是邏輯之理。此即所謂思的理。此理如其所呈現，顯然不同於「有」的理或「存在」的理。邏輯是思界，如此而已。我們不反對思是有。但說思是有，或以有看思，那是元學的觀點。於講邏輯，不應採取。否則邏輯就會不是邏輯，而其理亦非邏輯之理，而為元學之理，或其他學說或理論之理。須知吾在講邏輯時所看的「理」是一個意思，在元學上所看的「理」又是一個意思。至少從思上以顯之，則為邏輯，其理無可疑（既是邏輯，便不可疑）；從有

上以立之（或解之），則為元學，其理無必然。（既名為學，便無必然。）是故座標一動，意義隨變。此即元學不同於物理，物理不同於邏輯。歷來哲學家皆喜深奧，遂至於糊塗。羌無故實，徒為戲論。康德、黑格爾以及虎塞爾等，皆是以有看思之流。故康德的知識論終於是元學論；而黑格爾又是元學邏輯不分。至虎塞爾從 "essence" 以顯邏輯之理，亦是以有看思，以元學作邏輯。長此下去，思想界必無出路。

按以上的線索而論，歷來哲學家對此問題可分兩支：㈠英美之無所謂派；㈡康德及虎塞爾等之以有看思派。講來講去，不外此圈套。吾今欲跳出此套圈，而另走一路。吾的看法是：

> 思是有，不能非有。但吾講邏輯時，不能以有看思，講知識時亦不能以有混思。思必有「思及」。在思及之思的大流中，吾只抽出此思維本身之理則而論列之，此即謂邏輯。吾指出此思維本身之理則，在思及中居何地位，有何作用，則為知識論。此種路數，在精神上大體是康德式的。惟說法則大不相同。因此，其他一切亦遂之不同於康德。康德以「思」之理作「有」之理。現界如此論，體界亦如此論。雖頗具匠心，而實不應理。吾今加一層周折，遂將一切混擾皆安置妥當。救住知識論，解脫出元學，說明了數學，指定了邏輯。而無限、矛盾、詭論等問題亦逐之一起解決。

或者說，汝此路不過「思非有」一路耳。何足以鼎足而三？曰不然。吾並非說思非有，吾只說於邏輯，於知識論，皆不可以有看思耳。

不是不能，亦非不當，直是不可耳。吾能以有看思，但此非邏輯乃元學；吾當以有看思，但此當在元學，不當在邏輯。

　　西方人始終是邏輯、知識論，與元學糾纏於一起。膠滯不通，觸途成礙。如人混於泥土中，而不克自拔。此則焦燥苦悶事。故西方哲學始終在苦惱中奮鬥。系統百出，名相繁多，而終不得一解。吾今要解脫此苦惱而得大自在。

※　　　　　　※　　　　　　※

　　茲再論第二點。吾從返觀歷程，得知邏輯之理不同於存在之理。此理管轄思維，為思之理，而非有之理。但思是有，不能非有；思維流也是「有」流，不能成為「非有」流。若以「有」看「思」，則此思流自然也是實體之所顯，自然也服從解析有（或關於有）所立之原則。此是形上學的觀點，前已說訖。但應須知，吾人以有看思，思固是有。但此思流卻是一隅之有，非概盡萬有之有。思流不同於心理流、生理流、物理流等。各為一域，域各有則。此則即所以紀綱之而曲成之者也。從「域各有則」方面言，此紀綱之則可以各不相同。理論上，各以類從，各應有則；然事實上，各類可以相通，紀綱此者亦可紀綱彼。（譬若物理化學生物之逐漸相通，生理心理之逐漸相通。）然大要言之，「思域」與「事實域」（自然現象界）縱有截然之分。紀綱思者，非紀綱事實者。紀綱思者邏輯之理（數學亦為此理所紀綱，因屬純思故），紀綱事實者因果之理（歸綜言之）。故從現界各界言，則紀綱之理不可必同。如是，思流還是有異於他。藉此有異，可作邏輯獨立之根據。但若自「有」上立原則

以解之,則各域既經為有,不是非有,自必服從此原則而無疑。從此方面言,也可以說殊途同歸,一即一切。因其理同也。

從概盡萬有之有方面言,其理吾名之曰「實現之理」(principle of concretion, or of actualization),此屬體界。從一隅之有而言,其理吾名之曰紀綱之理(principle of regulation),此屬現界。此種體界現界之分,以及體界引出之路數,大體趨向是康德式的。詳辨見第四卷第三分。思之為有是「有」之一隅,其理是紀綱之理。此理只紀綱思維,而不紀綱其他;只為思維所以可能之紀綱,不為思維對象所以可能之紀綱。在紀綱之理方面,吾人言多。在實現之理方面,吾人言一。蓋因物以類聚,各有封曲;曲盡物則,義屬現行。然而散發萬殊,而同歸一致;妙用無窮,不可以知測,不可以物擬。反觀內證,義屬本體。體者隱微不可見之理,其發見而可見者謂之文。文即物則,紀綱之理也。體用如一,顯微無間。然於體只是一,不能言多;於用卻是多,不可必一。必一者強不同以為同,康德以思理為有理是也。以思理為有理,即是以有理外鑠而為思理,而思之理已泯滅無餘矣。更或有據現行以一主客,依物量以統心物(如羅素),本封曲以立天元(如唯心一元、唯物一元,或心物二元。):斯皆空華幻結,虛妄泯滅者也。故一元、二元、唯心、唯物,皆不可於現行界構畫搏量,妄自探索。此精神康德與熊十力先生已表現無餘。(康德以思理為有理雖不對,然其體界、現界之分卻甚有理據。)

紀綱之理即是構造之理,或組織之理。蓋曲成萬物者也。邏輯之理為思維之紀綱,亦即曲成此思維。此理對體界而言,固可說為「

實現之理」之顯發。但其本身卻已自足自立，不須為之另立基礎。（因此理不自境出、不緣境成。）此理鋪而出之，即為邏輯。此為普遍而必然，無可疑者也。若不識此理，而妄加形上之解析，則為戲論，無必然矣。此理既出：即為數學可能之根據。此理，離開具體思維，而獨起籌度，動而愈出，即是理性流衍之無限性（亦即它的理想性、可能性）。數學可能即基於此。如是，邏輯之理一方為知識或思維可能之紀綱，即沒入實際思維過程中而曲成之組織之。此言其現實性或實效性。同時，亦為數學可能之根據，即數學只依此而不依他。此言其可能性、理想性。

　　邏輯之理為說明一切知識領域，甚至一切現象之拱心石。欲建拱門，必有拱石。然拱石非拱門也。邏輯之理亦是如此。它有其不可踰越之自性，其範圍不能隨便移動與擴張。然它卻是認識一切之關鍵。知識之可能，因此而說明；數學之基礎，因此而建立；形上之實體，因此而證出。此即拱門之拱石也。若不識此拱石，而自元學立場擬想關於「有」之原則以解析邏輯與數學，則邏輯之理無必然，數學亦無必然（妥當之基礎）。同時，此元學原則亦必無根而為戲論；憑空引出，如康德所謂獨斷元學之不可能是也。譬如皮耳士（C. S. Peirce）以「感」（feeling）、「反」（reaction）、「則」（law, habit），三範疇解析邏輯與數學，便是以「有」的原則來解析；而邏輯與數學亦成為「有」的而非「思」的，成為「事」的而非「理」的。吾如站在元學立場，立一原則，此原則自當無所不解。邏輯之理為萬有之一，自亦在解析之內。然此種解析是元學，不是邏輯。皮耳士以「感」為「一」為「質」為「絕對」；邏輯中之「同」或「

是」或「肯定」，可由之而解。又以「反」為「二」為「事」為「相對」；邏輯中之「異」或「非」或「否定」，可由之而解。最後以「則」為「三」為「介」為「律」為「慣例」，而邏輯中之推理或函蘊，以及律則，皆可屬此範疇。然此等解析皆為邏輯之元學的解析。此實非邏輯，乃元學也。此種元學原則，憑空引出，固無根據，然為元學則無疑。此種解析，只是一種談論，無必然性也。

在亞氏，雖其言邏輯必涉對象（參看第五章），然尚未至思有合一，或以思為有。（至少尚未自覺地如此看。偶爾以邏輯原則解析存在現象是有的。）思有之混是發生於中世紀的經院學者。他們藉亞氏的邏輯證明上帝之存在，知識與信仰不可分，信仰與理性不可分。他們肯定共相之存在。諸種殊相不過是分享共相以有其性。此就是邏輯上曲全公理之根據。曲全公理是說：凡能形容全者，亦必能形容分。此在邏輯，本只是量之間的關係。但與共相殊相混在一起，便成一本體論之原則。由此原則遂使邏輯與元學合一，思與有合一。後人繼承此路數，於講邏輯時，對於自然又有同一律（非思想中之同一律）、齊一律、充足理由律等等假定。此皆就存在而立言。察其指歸，不過是同異一多之變形。然此皆元學原則，非邏輯原則也。其理乃道體之理，非邏輯之理也。

前言「思」亦是「有」，不能是「非有」。故邏輯之理亦未嘗不可以元學之理解之。但解之可，必基於元學則不可；有元學的解析可（因此時亦即是元學），與元學合一則不可。邏輯之理，其本身已妥當而必然，無可疑者。但解之的元學原則，則無必然。如歸於元學，則前之必然者亦不必然矣。故邏輯之理定須自足自立，不可

乞靈於他。其所有之理，定須自「思」上顯，不可自「有」上立。自思上顯無可疑者。因人類不能不邏輯地思維。如懷疑此思之理，則即不須有人類。但若自有上立，則卻無必然。可如此立，亦可不如此立。正因元學是一學說，而邏輯則非學說也。如是，思與有的關係可從三點來評衡：

（一）以邏輯原則解析存在現象。這不過是邏輯原則之應用，或存在現象之邏輯的解析，證明「凡有」有邏輯性。雖可如此應用，但必須先指明邏輯之理非即是存在之理。

（二）以存在原則解析邏輯之理。此不過是以元學的觀點看邏輯，或邏輯之理之元學的解析。既是解析，則一方此種解析必就是元學，一方因此解析亦必承認邏輯之理不同於元學之理。

（三）將邏輯之理建基於元學之理。此點是說為邏輯立基礎。立基礎便是將邏輯歸於元學。此是一種元學學說，無必然性。結果，邏輯亦被消滅。此點不能成立。

由此三點評衡，我可總結說：思與有不可合一者，並非說「思」這件事實，不是一種「有」。乃只是說，「思」上所顯之理不就是關於「有」所立之理也。立者是我對於存在之斷定或陳述；顯者是思維本身之呈露。故思之理是反身的，有之理是物觀的。物觀的有「體」，反身的無「體」。如果此理顯於「誰的思」或「什麼思」之中，則此理亦有「體」。但邏輯所陳之理，實與「誰」與「何」不相干也。故無「體」。有「體」者為學說，為學說者無必然；無「體」者為理則，為理則者無可疑。故邏輯定須獨立，而其理必自成。

第十二章　邏輯中之二分法

　　本章是承上啟下。我們在以前曾屢次表示二價邏輯是標準邏輯。二價的根據是二分法。所以二分法是一原始觀念。若不能把它弄清楚，邏輯的性質及其理則便無法往下講。而必然的。標準系統也不易造成。標準系統不能造成，則所有的邏輯是學說，不是邏輯。所以二分法直是決定邏輯存亡的關頭。現在有幾個邏輯系統想消滅二分法，或剝奪二分法的絕對性。譬如路加西維支（Lukasiewicz）的三價系統，路易士的交替邏輯（此是一個思想），以及數學上的直覺主義等皆是。三價系統以為邏輯不必是二分的二價，還可以是三分的三價，以至 n 分的 n 價。交替（或選替）選輯以為二價系統並無必然，只是按照一種界說，規定為如此的。若按照另一種界說，另一種規律，則又可另成一種系統。同時數學上的直覺主義者以為在數學上拒中律是不適用的，可以取消。取消拒中律，二分法便不能存在，或至少不能普遍有效。所以這一派的邏輯叫做無拒中律的邏輯，因而也就不是二價邏輯。凡此種種，皆想剝奪邏輯的絕對性，而關鍵則在二分法。他們都對二分法有所懷疑，因此二分法成了問題。所謂懷疑，不是懷疑二分法的真假，乃是懷疑它的絕對性。它的

絕對性既有了問題，則因它而成的邏輯系統也不能是絕對的邏輯，因此他們都可以主張邏輯是相對的。這固然是邏輯系統問題，但這個問題卻是由二分法蒸發出來。所以二分法的認識乃成了邏輯中的急務。現在只討論二分法，至邏輯系統問題則在第二卷第一分 E 節論之。

二分法的觀念是很簡易的，但人們卻弄成繁難。所謂二分就是「是」與「不是」的二分，亦就是肯定與否定的二分。這是很簡單的。其所以糊塗，其所以成問題，吾以為只在兩點上發生：㈠「非」的意義；㈡「二分」的處所。「非」的意義講錯了，二分的所在便移了位置。在現在，二分法所以成問題，就在「非」的意義與「二分」的處所限制到對象上去。

邏輯中的二分本只是「是非」或「肯定與否定」的二分。因此「非」只是代表那個「否定」作用，即「不是」的作用。它是主觀上或思想上對著肯定的「是」所下的一種否定作用。決不會存在於對象上。這種作用只在謂詞上顯。但是亞氏而後的邏輯家常不遵守這個路數。（亞氏本人是很清楚的。參看第六章可以明白。）當他們忘記了「非」是否定作用，在謂詞上顯的時候，他們即把「非」限制到對象上去。在此時他們是把它當作一個主詞看。他們把是非看為一個類的兩分。這是「存在」的二分，不是邏輯的二分。譬如把 X 分成兩分，一部分為 P，一部分為「非P」；把顏色分成兩分，一部分為紅，一部分為「非紅」。如果「非 P」，「非紅」當作否定作用看，從謂詞上顯，則這種二分是命題上的、邏輯上的，無問題。如果限於對象，當主詞看，則此種二分便是名稱上的，或類或存在

上的。這便有問題。因為「非紅」有主詞性，故為一類稱。它可以代表「紅」以外的顏色。同樣，非 P 可以代表 P 以外的東西，也是一個類稱。如是，是與非都有所代表，有所指示。都成了積極名詞。二分法所以有問題，就是在這種講法上發生。

因為二分，他們都知道必須是兩相矛盾的。即所分出的兩部分必須既窮盡又無漏，能滿足矛盾這個情形。如果不矛盾，二分便不容易成立。因為例如把色分成二分，必須是「紅」與「非紅」。如果在「紅」與「非紅」中間，還有一個既不是紅，又不是「非紅」的東西存在，則二分不能成立，矛盾也不能成立，因為有居間東西存在故。矛盾不能成立，拒中也不能成立，因為有居間東西，可以相容故。所以是與非必須兩相矛盾。而矛盾的條件，他們列出三個㈠所分出的兩部分必須彼此不相容；㈡所分出的兩部分必須彼此無遺漏；㈢所分出的兩部分之和必須等於其所分。這三個條件都是對象上二分的矛盾的條件。

※　　　　　※　　　　　※

但是人們越向對象方面想，越有問題。對象方面的具體事實，互相出入，參伍錯綜。很不易彼此不相容，無遺漏，又等於其所分。所以又想出許多解析的方法，以限制它，使其無毛病。其實這都是白費力氣。因為這種二分，或是能滿足那三個條件，或是不能滿足那三個條件，都是隨人而定的。沒有客觀的標準可以供給我們。對象不會自然地就不相容，無遺漏，等於其所分。所以你可以叫它滿足那三個條件，但是念頭一轉，你又可以叫它不滿足。因為這種二

分，既是人的區分，則人的思想總有其自由性、一貫性、固定性。因為有自由性，所以你總可以隨便加以限制。譬如把生物分成動物與非動物。你可以說此處的生物就等於動物與非動物之和，而此處所謂「非動物」即指動物以外的其他生物而言，決不牽涉到無生物如礦物等。如是動物與非動物之分便可以滿足那三個條件。因為有其一貫性，所以既有了那種限制，便不能不隨著那種限制而得到如你所期望的結論。因為有其固定性，所以縱然事實上互相出入，但是你的思想，隨著你的限制，不讓它有出入。如是，便可得到不相容，無遺漏，等於其所分的結論。

但是，你有自由性、一貫性、固定性，他人若未得著你的路數，向別處去想，他也有他的自由性、一貫性、固定性。他總可以把你的不相容，無遺漏，等於其所分打倒，而弄成相容，有遺漏，不等於其所分。譬如，將生物分成動物與非動物，他可以把非動物看成植物與礦物。如是，則動物與非動物之和便不等於生物，而大於生物。如是，便有遺漏；而動物與非動物之分又可以相容，因為其中尚有礦物故。所以若把二分限於類，則任說任有理：都可以有毛病，也都可以無毛病。可以無毛病，因為思想各有其限制，各有其一貫性與固定性。可以有毛病，因為具體的對象常是互相出入，參伍錯綜，人們隨而有不同的看法。所以一切解析，一切爭論，都是不必須的。因為它根本不成問題。而且一切說法都沒有邏輯的必然性。因為它根本是經驗問題。所以這種二分或能或不能滿足那三個條件，完全是隨人而定。只要大家小心點就是了。

抑又有進者，這種二分法即便可以不相容，無遺漏，等於其所

分，而這兩相反的部分，因為是對象方面的緣故，也不能言矛盾，因為矛盾必是兩命題互相否定，不能同時成立：矛盾的必是假的，或必有一假。但是類的兩分，則可以同時成立，同時存在。這就因為這種二分是相反的部分，不是肯定否定的衝突。是名詞上的，不是謂詞上的。譬如 P 與非 P，非P 無論有限無限，總可與 P 同時存在。這種同時存在，我們叫它是相容，即道並行不背之意。（與動物與非動物間容有礦物之相容意不同）。因為我們不能說「人」存在，人以外的（即非人）便不存在。所以這種二分，雖可以使分出的兩部分不相容，無遺漏，等於其所分，然而仍不能說這兩部分相矛盾。雖相反而不矛盾，相反非矛盾也。然而矛盾又是二分法所必表示的。所以凡不表示矛盾的，都不是邏輯中的二分法。因此，二分法第一先決不應在類上表示。我們必須把它拉進來。如此，關於二分法的一切問題，方可以不發生。

※　　　　　　　※　　　　　　　※

所謂拉進來，就是從外移到內，從體移到用。移到「用」，即是把二分法認為思想作用的二分。把二分限於命題上，不限於類或對象上；由命題表示，不由類表示。由命題表示，就是說命題表示我們的思想作用：或是肯定或是否定。這是「作用」的二分。譬如這是紅的，這不是紅的。前者表示肯定，後者表示否定。它們都在謂詞上顯。它表示我們的主觀態度。它們並不表示類。肯定之「是」，是積極的，好像指示一個東西；但否定的「非」，是消極的，卻並無所指示。因為外界根本沒有個「非」存在。其實「是」與「不是」，

都不表示類的，但表示兩種作用（operation）。作用上的二分便無所謂相容不相容，有漏與無漏。所以它也無須條件的限制。它自然就是矛盾的。「是」與「不是」不能同時成立，不能同時真。這是邏輯中的二分法。

二分法既復了位，則由二分而來的同一、拒中、矛盾三思想律亦同時復了位。由此而引出的諸關係諸理則纔是真正的邏輯理則。此種理則是理性之理，不是理型或意典之理：是思的，不是有的。所謂「純理」，只此而已。

二分法既不可否證，則由之而來的二價系統便是標準系統。因為它是最純粹的，最無色彩的；因而也是最根本的，最普遍的。現在所流行的幾種系統，都不能與二價系統爭天下。三價系統與嚴格函蘊系不能表示這個標準邏輯。因為它們都有經驗成分故。至於數學上的直覺主義更也不能否決二價邏輯。因為它是講數學，它已跳出了邏輯範圍之外。在邏輯範圍外，討論一種對象，在此對象未實現以前，你當然不能決定它或是或非。但這是指對象而言，而且也是一種特殊情形。然而邏輯律卻不是從對象上講，也不是在對付特殊情形。一種特殊情景未實現以前，你雖然不能決定其究竟是什麼，但此時，你的思想對著它仍可表示一種拒中的態度：它或是無真假可言為不定（或對之永無所知），或是有真假可言，或真或假。所以如果你不表示態度則已，如要表示，則拒中律（以及同一、矛盾）在所不免。你不能向對象方面或一特殊情形方面去討論它，反對它。因為它是一個律則，不是一件事實，也不是一句話，或一個命題。它之為律則又是思想律不是事物律。此則必須注意者。以下各卷，

對此將時有論及。讀者當隨時體會。

　　把二分法弄清了，以下便是理則之呈列。是謂二價系統，亦即為純邏輯。本卷亦至此而止。

第二卷　真理值系統

第二卷　真理值系統　目次

第一分　真妄值之關係：
　　　　橫的系統

一、原子命題

本分所論是以「原子命題」為工具。原子命題亦稱「基本命題」（elementary proposition），或「未解命題」（unanalysed proposition）。「未解」就是未分解的。不過「未分解」卻不同於「不能分解」。未分解並不是不能分解，不過是沒有分解罷了。惟照歷來的解析，常以「未分解」等視「基本」或「原子」或「不能再分解」。如果其意思是不能再分解，則本分的 p, q, r 等即代表原子命題，如「這是桌子」、「這枝花是紅的」等。如果只是「未分解」，而不是「不能分解」，則本分的 p, q, r 等即代表任何命題，不拘什麼形式。如果本分的 p, q, r 對著下卷的有「似變」（apparent variable）的推概命題而言，則為原子命題，即不能再分解的命題。如果不必對著下卷而言，即亦可指示任何命題。這原是我們的工具，並無必然性。譬如，本分所講的諸種關係，都是藉著 p, q, r 等的真假值來規定。但卻並不是說這只是原子命題的關係。他種命題也可以有。

又下分所講的推理也是藉 p, q, r 來表示。但仍不能說這只是原子命題的推理。在此種情形下，p, q, r 即代表任何命題。實在說來，本分下面所列的諸種關係，若舉例來講，大部分都不能是原子命題。故所謂原子命題者，實即在符號上是單純的，未解成有「似變」的命題就是了。在此，我們可以這樣說：若站在符號的立場上說，我們叫它是原子命題，或不能再分解的命題。若站在實際的意義上說，我們可以叫它是未分解的命題，即只是沒有分解罷了。它仍可以代表任何命題。以下請就前一個立場說明實際原子命題（即不能再分解的命題）的意義。

這種不能再分解的原子命題就像一個單純句子那樣簡單。譬如說：「這是桌子」。這個句子便可以看成是不能再分解的原子句子。當然這個句子也可以分解成兩個句子：「這裡有一種東西，它是桌子」。不過這兩個句子中的任一個卻仍都是「這是桌子」那個形式。所以我們仍可以把它看成是不能再分解的原子句子。這種句子，若作為邏輯中的命題，便是原子命題。

所以原子命題在消極方面可以規定為沒有命題作為它的部分的命題，它也不能含有「一切」或「有些」等概念。在積極方面可以看成是以下諸命題形式：

$R_1(x)$：此表示「x 有屬性 R_1」；

$R_2(x, y)$：(xR_2y)：此表示「x 對於 y 有關係R_2」；

$R_3(x, y, z)$：此表示「x, y, z 有三項關係 R_3」。

依此類推，其變項可以繼續增加。此種形式就是原子形式。

上面說過，原子命題不能有「一切」與「有些」等字樣，但在

邏輯上，也並不是說它有具體的一個一個的實際命題的觀念。它之為原子並不是實際的具體原子，它乃是隨便一個原子。所以它雖不能有「一切」與「有些」等觀念於其命題內，但它卻有「任何」（any）一觀念。

這種「任何」的原子命題，即是本分所討論的。所謂討論是討論它們之間的關係，並不是討論個個原子命題。藉著它們的關係來表示思想的理則。個個原子命題的討論於邏輯是沒有什麼幫助的。因為若討論個個原子命題，不是討論它的文法結構，即是討論它的實際真妄或經驗意義。但這些都不是邏輯中所有事，亦即不是邏輯所應問。所以個個原子命題的討論在邏輯上沒有地位。

不但具體的個個原子命題的討論，在邏輯上沒有地位，就是有「一切」與「有些」等字樣的「定言命題」，以及假言命題與析取命題等，其本身之意義的追問，在邏輯上，也沒有地位。有些人討論定言命題的主詞是否肯定存在，以及假言命題與析取命題是否指陳事實，此皆邏輯外的追問。因此，若離開邏輯，在言語上說，尚有意義；若在邏輯內而詳加追問，便是贅辭；又因之而影響到推理，更不應該。因為此等命題，在邏輯上，只取其形式作一句法；而所注意的是它們之間的推理關係，並不在追討此等命題本身之實際上的意義也。參看第三卷第二分附錄。

邏輯雖不討論具體命題之意義，但卻討論命題間的關係。對於原子命題亦是如此。不討論個個原子命題，而討論它們之間的結合。原子命題的結合所成的命題，我們可以叫它是分子命題（molecular proposition）。個個原子命題的討論雖無意義，而分子命題的討論

卻有意義：既可以討論它的結構樣法，又可以討論它的真假值。討論它的結構樣法不是討論它的文法結構，所以也不是言語學；討論它的真假值，不是討論它的經驗上的或真或假，所以也不是事實科學。它的結構是邏輯的結構，表示出推理的法則。它的真假值，是邏輯的矛盾或必然，表示出理性進行之所肯定與否定。所肯定與所否定的真假值，不必求助於經驗，只藉著它的邏輯結構即可普遍的、必然的決定它或知道它。因為此所謂真妄是前後關係間是否有矛盾的真妄，而並不是在經驗上與外物符合否的真妄。

如果以 p, q, r, s, t 等為原子命題，則 p⊃q, pvq, p・q 等便是分子命題。這些分子命題都表示一種邏輯結構。它們的結構都不是隨便的。它是「理」的流注，見下 C 節自明。邏輯意義、思想理則，就在這些分子命題的結構上表示出。而其間的真妄，也就在它們之間是否有矛盾可以看出。如果：

$$p \supset q = \sim pvq$$

是真的，則

$$p \supset q = pv\sim q$$

便是假的，因為它們衝突故。再如，如果

$$p・⊃・pvq$$

是真的，則

$$p・⊃・\sim pvq$$

便是假的。因為 $\sim p$ 與 p 不一致故。但是

$$p・⊃・\sim(\sim p)vq$$

則是真的。因為 $\sim(\sim p) = p$ 故。

這些都是原子命題的邏輯結構。說它是邏輯的結構，是表示並不是普泛的結構。它們是邏輯之理的流注，結構是它的表面型態。所以我們於此不說邏輯是結構之學。因為結構太普泛，若不加以甄別，則無眉目、無頭腦，不足以顯邏輯之特性，不足以別邏輯於其他。所以我們說：邏輯是以命題結構達理則之學。只言結構，則是隨便的，而理性之理則，則不是隨便的。因理性之「則」不能是多也。

二、命題關係的必須條件

這種條件，㈠必須是「思」的，㈡必須是先驗的。有這兩種特性的條件，我們說它是邏輯關係的必須條件。此處所謂必須亦兼攝充足。必須云者，離它不行；充足云者，有它即行。此種條件只有兩個：㈠否定，㈡析取。外此，還隱藏一個根本的觀念，曰二分。此觀念不易表示。但是那兩個可以表示的條件卻必須據此而成，亦實歸證乎此。

否定可有兩方面的表示：㈠名稱或類的相反，如 p 與 p̄，即 p 類與「非 p」類；㈡表示思想上的否定態度，如「是 p」，或「不是 p」。後者為「否定」之本身，為最根本。前者為「否定」作用之凝固於對象，是引申的、移了位的。後者是「思」的，前者是「有」的。所以我們以後者為本義。類稱的相反，是當作主詞看；而否定本身，則於謂詞顯。主詞代表體，故云體類。體類的相反，如 p 與非 p，可以相容，並存不悖。p 指一類，非 p 指 p 以外的東西

言，亦指一類。兩者既同有所指，即無理由厚此薄彼。既可以相容並存，故雖相反而不矛盾。但在謂詞上，「是 p」與「不是 p」不能同時成立，它是矛盾的。因為此時的是非，不表示類稱，但表示作用。一為肯定，一為否定，此理性起用之所顯也。故謂詞上之否定並無所表示，不可看為與主詞的體類「非 p」同。此點須謹記，否則直接推理中有說不通者。

或謂作為體類的 p 與非 p 亦可矛盾。如果在 p 與非 p 兩類互相窮盡而無漏的情形下，則 p 與非 p 即可矛盾。但這實不是 p 與非 p 本身矛盾，而是主張矛盾。即，在此情形下。如果既都是 p，則即不能再是「非 p」。所以這個矛盾仍在我們的主張上顯，不在體類本身上顯。

這種於謂詞上顯的「否定」是「思」的，不是「有」的。是理性之起用。有思的時候，即有否定；無則即無。它是思所以可能的綱紀。所以它必須是先驗。邏輯關係就是「思」本身顯發之理則，圓滿自足，毫無雜染。所以它是邏輯關係的必須條件。如果沒有它，理性便不能進行。

「否定」即伏著「肯定」。肯定與否定是理性起用之兩極。這其間，天然預伏著一種排斥或外拒的態度。「析取」就是這種態度的表示。如果無析取，則關係不能形成。理則不能表現。用皮耳斯（Pierce）的話說，肯定是「一」，否定是「二」，析取則是「三」也。「三」是媒介，是律則，是圓成。如只有肯定與否定，則呆滯無變化，其道有窮。必待析取以調節之。析取之用大矣。譬如 pvq，~pvq，pv~q，~pv~q 等皆是析取的表示。（～表示否定，讀曰「

假」；v表示析取，讀曰「或」。）又如：$\sim(\sim pv\sim q) = p \cdot q$，此是以析取表示絜和。$\sim pvq = p \supset q$，此是以析取表示函蘊。如果「p・q」是真的，則「$\sim pv\sim q$」便是假的，兩者矛盾故。如果「$p \supset q$」是真的，則「$p \cdot \sim q$」便是假的，亦矛盾故。諸般理則，皆因析取展轉而出。故析取亦是邏輯關係的必須條件。與否定合觀，便是既必須又充足。單獨觀之，則只云必須；合而觀之，則兼攝充足。如果有了它（倆者），則理性即可進行，邏輯關係（理則）即可演成；如果沒有它，則進行與理則俱不得成。此種進行與理則是指純粹的無雜染而言。如有雜染，則或因經驗之牽引，或因對象之執著，非是理性本身，而否定與析取即不必為既充足又必須之條件。或只為必須而不為充足，此亦顯然者。

依此而言，則否定與析取即顯示二分之必然性。二分即析取中兩端交替之二分，其義屬於肯定與否定。此是邏輯上之二分：乃為思維中理性之起用，非有涉於對象。如涉於對象，則為類之二分。此屬體而非屬用。吾已於第一卷末章辨其非邏輯二分之本義。茲不重述。

此種屬理性起用之二分，是先驗的、純粹的、無有雜染，亦不自經驗而成。因此，由之而形成的理則亦是絕對的、公共的。普通說「人是理性的動物」。「理性」一詞是空洞的。其具體內容自何而顯？具體內容即是「理則」。理則自何而顯？曰：自二分起。二分派生出否定與析取。理性於此，不須假設任何其他事物，即可自行前進。這便是理性自身的發展。動而愈出，不倚官能。諸般理則，俱行表出。本卷與第三卷就是這種發展的具體表現。至於二分以外，

又有三分、n 分等，便都是因雜染而起，不純粹矣。它們都是先假定二分為標準，然後再以因經驗而成的成分參加在內。故云雜染。

如不參透理性本身，而注意表面，則二分無必然性，與三分、n 分等，同是在一隨便的界說中。今之邏輯家，其心力與目光只能集中於此，故云邏輯是結構之學，是命題關係之學，是多元，是相對。如能反觀而省，再進一層，則知邏輯必非此表面之雜多性、隨便性也。且亦可知二分之必然性，衷雜多於一是。

同理，二價由二分而來。如識二分由純粹無雜染之肯定與否定而來，則二價系統是必然的，不能與三價系統等，不是因隨便之界說而造成。如不識此，而從表面以觀之，則二價三價，同無必然。魯、衛之政，兄弟也。如是兄弟也，則莫衷一是。邏輯便成戲論。

否定、析取，歸證二分；由二分以引否定與析取。此皆屬理性起用之必然，非可以隨便界說而造之。我們將見本卷由二分法起，到了最後講到傳統邏輯的析取推理。雙支推理，始知纔是二分推理的具體表現，始知仍是歸證二分法一觀念。其間一套一套的推理，都是不離乎此的。此為純理呈現（無雜染）之標準邏輯。

如果由否定析取所證成的二分是必然的，則同一律、矛盾律、拒中律，亦是必然的。此亦是純理所遵守的無雜染之律則。同一律由肯定而來；矛盾律本否定而成；拒中律藉析取而立。此三者皆須當一「則」看，即從「則」處觀之，不當從一命題或特殊事例處觀之；當以思之則觀之，不當涉對象而為想。

「同一」是思之進行上的「一致」之肯定。在一系統中須保持前後同一的思路。這是一種自肯，潛存於其中而莫之或離者。我們

說「如縷貫華」，同一律即貫串於眾華中之縷也。此縷即則。當貫通觀之，不當分殊觀之。貫通以觀其為「則」之不可離，分殊則拘於執著而不顯其義蘊。世之反對同一律者，皆自分殊觀之也。

矛盾律是思之進行上「不一致」之禁止。我們須有「一致」之自肯，亦須有「不一致」之否定。此亦是一「則」。不當自分殊之事例上論之，但當自思之進行上貫通以觀之。

拒中律是思之進行上或肯定或否定二者必居其一之自肯。它須要我們必居於「一」而自肯之。此與同一、矛盾，息息相關者，此亦當自「則」處觀之，不當自特殊事例處觀之。

此三者定是一「則」，不當從分殊上論，當從系統之貫通處看；不當從對象上想，當從思上觀。因此，三者似皆不當以一命題述之（如通常所作者）。不得已，當以無執著之法述之如下：

　　(一)同一律：一致之肯定：「是」。

　　(二)矛盾律：不一致之禁止：不能「是」又「不是」。

　　(三)拒中律：必居於一而自肯之：「是」或「不是」。

離開系統不能言「則」；離開「思」不能言邏輯之則。

因此，二價邏輯的必須而充足的條件為「否定」與「析取」。而邏輯之則，則為同一、矛盾與拒中。由此而成的邏輯為純理之呈現，為無雜染之邏輯，為標準邏輯。

三、原子命題間的關係

(一)一個命題的函值

現在我們說，本二分法，每一命題可有真妄二價。試問對此真妄二價，我們可有幾種態度或看法發生？或者客觀地說，這真妄二價本身能有幾種變化或可能發生？曰：有四種。如下：

（一）p之真是真的，p之假是假的。表解如下：

p			p	
+	+	或	+	E
−	−		−	N

（二）p之真是假的，p之假是真的。表解如下：

p			p	
+	−	或	+	N
−	+		−	E

（三）p之真是真的，p之假也是真的。表解如下：

p			p	
+	+	或	+	E
−	+		−	E

（四）p之真是假的，p之假也是假的。表解如下：

p			p	
+	−	或	+	N
−	−		−	N

「＋」號表示真，「－」號表示假。「E」表示存在、成立或有；「N」表示不存在、不成立或沒有。

　　第一種可能表示 p 之值（value）是真的。

　　第二種可能表示 p 之值是假的。

　　第三種可能表示 p 之值是「必然」。

　　第四種可能表示 p 之值是「不可能」。

這四種可能即是 p 的函值（function），或亦曰真理函值（truth-function）。即是說，p 的值是由其真妄可能之存在或不存在而定，故曰函值。譬如第一種，p 的真是存在的，即承認其有，而 p 之假是不存在的，即不承認其有。在此種情形下，即規定 p 的值為真。故 p 之值如何是受其真假可能之存在或不存在如何而定。

　　此四種可能，第一、第二兩種很簡單。第三種所謂「必然」即是所謂「妥沓邏輯」（tautology，套套邏輯）。在此種情形下，是把一個命題所有的可能都承認：真也對，假也對，故曰必然。譬如「天或下雨或不下雨」，這句話的值就是「必然」。一個命題有此情形，兩個或三個亦有之。如果你說一句話把宇宙間的可能都包在內，則你這句話便就是「宇宙」了。無所逃於天地之間，所以你這句話的值必對。我們將叫這種情形曰「全」、曰「一」，即「宇宙」之謂。

　　第四種所謂「不可能」恰相反。真也不行，假也不行，無一可能。故曰不可能。大概自相矛盾的命題，其值即屬於這種情形。此種情形，我們將名之曰「空」、曰「零」，即無一可能之意。

　　如是，全與空，一與零，恰是兩極。中間所有的都是可能。如果以「I」表全，以「O」表空，則 $\frac{1}{2}$, $\frac{1}{3}$…… 即表示中間的些可能。

所謂概然級數者即基於此。

(二)兩個命題的函值

以上是一個命題的函值。設有 p, q 兩命題，則按二分法，便有四個真妄可能：㈠ pq，㈡ p̄q，㈢ pq̄，㈣p̄q̄。用格式表之如下：

p	q	
+	+	（p 真 q 真）
−	+	（p 假 q 真）
+	−	（p 真 q 假）
−	−	（p 假 q 假）

對此四個真妄可能，我們又有十六種可能的關係發生。每一種可能表示一個函值。其函值為何也是由那四個真妄可能中之存在或不存在而定。茲將十六種可能列表於下，然後逐一解析。

p	q	1	2	3	4	5	6	7	8	9	10	11	12	13	14	15	16
+	+	E	N	E	E	E	N	N	E	E	E	N	N	N	E	N	N
−	+	E	E	N	E	E	N	E	E	N	N	E	N	N	E	N	N
+	−	E	E	E	N	E	N	E	N	E	N	N	E	N	N	N	N
−	−	E	E	E	E	N	E	N	E	N	N	E	N	N	N	N	N

茲分陳如下：

(一)妥洽邏輯（必然）：p⊃p・q⊃q（真理函值）

p q	p ∥ q
＋＋	E
－＋	E
＋－	E
－－	E

式子為函值，表中右角"p ∥ q"表示此種函值所表示的關係。在關係上說，"p ∥ q"表示「獨立」（independence）。獨立者即 p, q 的真妄可能不必有連帶關係，而個個皆予以承認。茲就此圖表中所承認的可能而證明此式為必然。在證明時，須遵守以下兩原則：

I. p・qvr＝p・qvp・r　（見本卷二分 B.44 命題）

II. 任何命題以妥沓式乘之，其值不變。

p＝p(qv~q), ~p＝~p(qv~q)　（見本分下 E.4）

如是：

p ∥ q＝pq・v・~pq・v・p~q・v・~p~q

　　　＝~p(qv~q)・v・p(qv~q)・v・~q(pv~p)・v・q(pv~p)

　　　＝~pvp・~qvq

　　　＝p⊃p・q⊃q（按函蘊定義）。

以下諸式證明皆仿此。

(二)不相容：~(p・q)

p q	p∣q
＋＋	N
－＋	E
＋－	E
－－	E

此式可讀為「或非 p 或非 q」（either not p or not q）。或為「或

p 假或 q 假」。即表示 p, q 不能並真。故寫為 $\sim(p \cdot q)$。此是說「p 與 q 並真是假的」。其證明如次：

$$p|q = \sim pq \cdot v \cdot p \sim q \cdot v \cdot \sim p \sim q$$

$$= \sim p(qv\sim q) \cdot v \cdot \sim q(pv\sim p)$$

$$= \sim pv\sim q$$

$$= \sim(p \cdot q) \text{（按絜和定義）}$$

將見「梃擊系統」（the stroke-system）即以此為根本命題。

(三)反函蘊：$q \supset p = \sim q v p$（按函蘊定義）

p q	q⊃p
＋＋	E
－＋	N
＋－	E
－－	E

此式本可寫為 "$p \supset q$"，即 p 函於 q 中。

(四)函蘊：$p \supset q = \sim p v q$（函蘊定義）

p q	p⊃q
＋＋	E
－＋	E
＋－	N
－－	E

此兩式可證明如下：

$$q \supset p = pq \cdot v \cdot p \sim q \cdot v \cdot \sim p \sim q$$

$$= \sim q(pv\sim p) \cdot v \cdot p(qv\sim q)$$

$$= \sim qvp = q \supset p$$

$$p{\supset}q = pq \cdot v \cdot {\sim}pq \cdot v \cdot {\sim}p{\sim}q$$

$$= {\sim}p(qv{\sim}q) \cdot v \cdot q(pv{\sim}p)$$

$$= {\sim}pvq = p{\supset}q$$

「函蘊」的解析甚成問題。詳細討論見下分。

(五)相容或析取：pvq

p q	pvq
＋＋	E
－＋	E
＋－	E
－－	N

此式可讀為「或 p 真或 q 真」。p, q 不能並假。其證明如下：

$$pvq = pq \cdot v \cdot {\sim}pq \cdot v \cdot p{\sim}q$$

$$= p(qv{\sim}q) \cdot v \cdot q(pv{\sim}p)$$

$$= pvq$$

「相容」詳論亦見下分。

(六)偏離（partial incompatibility）：~q

p q	p⌐q
＋＋	N
－＋	N
＋－	E
－－	E

此式之名乃張申府先生所取。關係符「⌐」亦為其所造。偏離者即不完全的不相容之謂。不相容有三個可能，今只有兩個，故曰偏離。離者離悖。悖即不容也。其所有的兩個可能為：p 真 q 假，p 假 q

假。p 無論如何，q 總是假，故以「～q」表之。其證明如下：

$$p \downarrow q = p\sim q \cdot v \cdot \sim p\sim q$$

$$= \sim q(pv\sim p)$$

$$= \sim q$$

(七)反偏離：～p

p q	p⌊q
＋＋	N
－＋	E
＋－	N
－－	E

此式之名與符，亦為張申府先生所取。此亦是不完全的不相容；但其所有的可能為：p 假 q 真，p 假 q 假，p 總是假，與上相反，故曰反偏離。其證明如下：

$$p \lfloor q = \sim pq \cdot v \cdot \sim p\sim q$$

$$= \sim p(qv\sim q)$$

$$= \sim p$$

(八)矛盾：p・～q・v・q・～p

p q	p≈q
＋＋	N
－＋	E
＋－	E
－－	N

此亦為張先生所取符。此不須證明。

(九)等值（equivalence）：p≡ q・＝・p⊃q・q⊃p（等值定義）

p q	p≡q
＋＋	E
－＋	N
＋－	N
－－	E

p, q 同真同假，其值相等，故曰等值。其證明如下：

$$p \equiv q \cdot = : pq \cdot v \cdot \sim p \sim q$$

$$= : (qv\sim p) \cdot (pv\sim q)$$

$$= \cdot \sim pvq \cdot \sim qvp$$

$$= \cdot p \supset q \cdot q \supset p$$

(十) 偏取（partial disjunction）：p

p q	p⌐q
＋＋	E
－＋	N
＋－	E
－－	N

此名此符亦為張先生所取。「偏取」者即不完全的相容之謂。其所有的可能為 p 真q 真，p 真 q 假。p 總是真，故以 p 表之。其證明如下：

$$p \urcorner q = pq \cdot v \cdot p\sim q$$

$$= p(qv\sim q)$$

$$= p$$

(十一) 反偏取：q

$$
\begin{array}{cc|c}
p & q & p\,\vdash\!q \\
\hline
+ & + & E \\
- & + & E \\
+ & - & N \\
- & - & N \\
\end{array}
$$

此亦為張先生所取名。此亦不完全的相容。與上相反，故曰反偏取。其所有的可能為 p 真 q 真，p 假 q 真。q 總是真，故以 q 表之。其證明如下：

$$p\,\vdash\!q = pq \cdot v \cdot {\sim}pq$$
$$= q(pv{\sim}p)$$
$$= q$$

（十二）並妄：${\sim}p \cdot {\sim}q$

$$
\begin{array}{cc|c}
p & q & p\bigwedge q \\
\hline
+ & + & N \\
- & + & N \\
+ & - & N \\
- & - & E \\
\end{array}
$$

此式可讀為「既非 p 也非 q」，或「p 假與 q 假」。兩者並假，亦可名之曰「排」（rejection）此可從反面證之，即從其所不承認之可能處證之：

$$
{\sim}p \cdot {\sim}q = {\sim}(pq \cdot v \cdot {\sim}pq \cdot v \cdot p{\sim}q)
$$
$$
= {\sim}\{p(qv{\sim}q) \cdot v \cdot q(pv{\sim}p)\}
$$
$$
= {\sim}(pvq)
$$
$$
= {\sim}p \cdot {\sim}q \text{（按絜和定義）}
$$

（十三）真妄：$p \cdot {\sim}q$

$$
\begin{array}{cc|c}
p & q & p\dashv q \\
\hline
+ & + & N \\
- & + & N \\
+ & - & E \\
- & - & N \\
\end{array}
$$

此符亦為張先生所取。此無甚意義，不過表示有此一種可能而已。

此亦可從反面證之：

$$p \cdot \sim q = \sim(pq \cdot v \cdot \sim pq \cdot v \cdot \sim p\sim q)$$

$$= \sim\{\sim p(qv\sim q) \cdot v \cdot q(pv\sim p)\}$$

$$= \sim(\sim pvq)$$

$$= p \cdot \sim q \text{（按絜和定義）}$$

（十四）妄真或「反真妄」：$q \cdot \sim p$

$$
\begin{array}{cc|c}
p & q & p\vdash q \\
\hline
+ & + & N \\
- & + & E \\
+ & - & N \\
- & - & N \\
\end{array}
$$

此亦可如上法證之：

$$q \cdot \sim p = \sim(pq \cdot v \cdot p\sim q \cdot v \cdot \sim p\sim q)$$

$$= \sim\{p(qv\sim q) \cdot v \cdot \sim q(pv\sim p)\}$$

$$= \sim(pv\sim q)$$

$$= \sim p \cdot q \text{（按絜和定義）}$$

$$= q \cdot \sim p$$

（十五）絜和：$p \cdot q = \sim(\sim pv\sim q)$

p q	p・q
＋＋	E
－＋	N
＋－	N
－－	N

此式讀為「p 與q」。方點表示「與」，即絜和或「積」之意。故在此關係下，pq 須俱真。詳論見下分。證法如下：

$$p・q＝\sim(\sim pq・v・p\sim q・v・\sim p\sim q)$$

$$＝\sim\{\sim p(qv\sim q)・v・\sim q(pv\sim p)\}$$

$$＝\sim(\sim pv\sim q)$$

$$＝p・q（絜和定義）$$

(十六)不可能： $(p・\sim p)・(q・\sim q)$

p q	p∞q
＋＋	N
－＋	N
＋－	N
－－	N

此式無一存在，即無一可能，故曰「不可能」。此式與第一式遙遙相對。一為全，一為空。或亦可曰矛盾。因全幅矛盾，故不可能。其函值之寫法，以方點（與）連真妄，即表示此意。證明如下：

$$p∞q＝pq・\sim pq・p\sim q・\sim p\sim q$$

$$＝p(q・\sim q)・\sim p(q・\sim q)・q(p・\sim p)・\sim q(p・\sim p)$$

$$＝(p・\sim p)・(q・\sim q)＝0$$

故 p∞q 實亦可寫為 "p0q"。

（三）結語

以上十六種「真理函值」是維特根什坦（Wittgenstein）引出的，也是他寫成的。可參看他的《名理論》（*The Logico-Tractatus Philo-sophicus*）。

十六種真理函值也就是十六種可能的真妄關係。每一個關係，其成立是靠著兩個命題的真妄可能之存在或不存在而定的。每一關係由兩個原子命題而成，故每一關係可說是一分子命題。

本分是講關係，故多立名稱，似不相統屬者。若到講推演系統時，則用幾個原始觀念即可把那十六種可能表達出來。譬如以上關係雖有十六，而寫為函值，則只有五個基本觀念：㈠否定 (~)，㈡析取 (v)，㈢函蘊 (⊃)，㈣絜和 (‧)，㈤等值 (≡)。而此五個又可歸為三個，而三個又可并為兩個。最根本的是 "~" 與 "v"。 "⊃" 可用~及 v 來界說。如下：

p⊃q＝~pvq

而 "‧" 也可用~及 v 界說。如下：

p‧q＝~(~pv~q)

同時， "≡" 又可以~及 v 所界說出的⊃與‧來界說：

p≡q＝p⊃q‧p⊃p

如是，十六種函值自可同樣用~及 v 來表示。這點到講推演系統時，自可明瞭。

一個命題有四種變化，兩個有十六種，三個命題有八個真妄可能，對之當有 8×8＝64 種變化。愈演而愈繁。此種演變又非人力

所能增減。按數學排列法，其變化必至窮盡無漏而後已。每一種變化決定一種意義或關係。不須經驗，不藉人力，而自可演成。此真理值系統之所以可貴也。現代邏輯之最大貢獻，當在乎此。

四、分子命題間的關係

(一)矛盾關係

十六種真理函值可配成八對，每對互相矛盾。但每對之間又相反而相成，即兩者所有之真妄可能合起來總形成四個真妄可能。茲列舉如下：

(1) "p≡q" ≈ "p≈q"

    ＋ ＋   ＋ －

    － －   － ＋

即「等值」與「矛盾」相矛盾。

(2) "p・q" ≈ "p｜q"

    ＋ ＋   － －

             ＋ －

             － ＋

即「絜和」與「不相容」相矛盾。

(3) "p∨q" ≈ "p∧q"

    ＋ ＋   － －

    － ＋

    ＋ －

即「相容」與「並妄」相矛盾。

(4) "p⊃q" ≈ "p⊣q"

＋ ＋	＋ －
－ ＋	
－ －	

即「函蘊」與「真妄」相矛盾。

(5) "p⊂q" ≈ "p⊢q"

＋ ＋	－ ＋
＋ －	
－ －	

即「反函蘊」與「妄真」相矛盾。

(6) "p¬q" ≈ "p⌊q"

＋ ＋	－ －
＋ －	－ ＋

即「偏取」與「反偏離」相矛盾。

(7) "p⌋q" ≈ "p⌐q"

－ －	＋ ＋
＋ －	－ ＋

即「偏離」與「反偏取」相矛盾。

(8) "p‖q" ≈ "p∞q"

＋ ＋

－ ＋

＋ －

－ －

即「必然」與「不可能」相矛盾。

每對矛盾關係中，四個真妄可能凡不存於此端者，必存於彼端。若全存於一端，則彼端必無一存者。如是，存在與不存在，合起來即完成四個真妄可能。無一或缺，而又無不形成相矛盾。於是，可得一原則曰：

　「相成者相矛盾，相矛盾者必相成」。

茲將矛盾關係列圖如下：

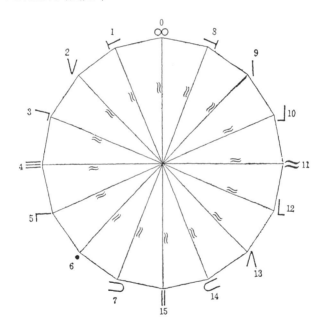

此圖有以下兩種特性：

　(一)各對頂角相矛盾：

(二)各對頂角之數相加皆為 15。

(二)函蘊關係

於十六種關係中，又可發生函蘊關係。這種分子命題間的函蘊關係，在意義上或界說上，也必須不背於原子命題的函蘊定義。在函蘊關係中，有三個真妄可能：㈠ p 真 q 真，㈡ p 假 q 真，㈢ p 假 q 假。而 p 真 q 假則不可能。如是，函蘊的條件必須是：

（一）p, q 連帶真或連帶妄，即 p, q 的真妄值必須有相同者。

（二）p 的可能性必小於 q。即 q 或真或假，p 總是假；p 或真或假，q 總是真。

（三）可能性小者為能函，可能性大者為所函。

在分子命題的關係上亦是如此。兩個分子命題，要發生函蘊關係，必須其真妄可能有相同者，且必須能函一端之可能數少於所函一端。按此原則，於十六種關係中，可舉出六十二個函蘊關係。如下：

（一）絜和所函蘊者有七：

⑴ "p・q" ⊃ "p⊃q"
　　＋ ＋　　　＋ ＋
　　　　　　　　－ ＋
　　　　　　　　－ －

⑵ "p・q" ⊃ "p‖q"
　　＋ ＋　　　＋ ＋
　　　　　　　　－ ＋
　　　　　　　　＋ －
　　　　　　　　－ －

⑶ "p・q" ⊃ "p⊂q"
　　＋ ＋　　　＋ ＋
　　　　　　　　＋ －
　　　　　　　　－ －

⑷ "p・q" ⊃ "p⊢q"
　　＋ ＋　　　＋ ＋
　　　　　　　　－ ＋

(5) "p・q" ⊃ "p≡q"
　　 ＋ ＋　　 ＋ ＋
　　　　　　　 － －

(6) "p・q" ⊃ "p⌐q"
　　 ＋ ＋　　 ＋ ＋
　　　　　　　 ＋ －

(7) "p・q" ⊃ "p∨q"
　　 ＋ ＋　　 ＋ ＋
　　　　　　　 － ＋
　　　　　　　 ＋ －

(二)「並妄」所函蘊者有七：

(1) "p∧q" ⊃ "p⊂q"
　　 － －　　 ＋ ＋

(2) "p∧q" ⊃ "p‖q"
　　 － －　　 ＋ ＋
　　　　　　　 － ＋
　　　　　　　 ＋ －
　　　　　　　 － －

(3) "p∧q" ⊃ "p⊃q"
　　 － －　　 ＋ ＋
　　　　　　　 － ＋
　　　　　　　 － －

(4) "p∧q" ⊃ "p≡q"
　　 － －　　 ＋ ＋
　　　　　　　 － －

(5) "p∧q" ⊃ "p⌊q"
　　 － －　　 － －
　　　　　　　 － ＋

(6) "p∧q" ⊃ "p⌋q"
　　 － －　　 － －
　　　　　　　 ＋ －

(7) "p∧q" ⊃ "p｜q"
　　 － －　　 ＋ －
　　　　　　　 － ＋
　　　　　　　 － －

(三)「反偏取」所函蘊者有五：

(1) "p⊢q" ⊃ "p ‖ q"
　　＋　＋　　＋　＋
　　－　＋　　－　＋
　　　　　　　＋　－
　　　　　　　－　－

(2) "p⊢q" ⊃ "p⊃q"
　　＋　＋　　＋　＋
　　－　＋　　－　＋
　　　　　　　－　－

(3) "p⊢q" ⊃ "p⊂q"
　　＋　＋　　＋　＋
　　－　＋　　＋　－
　　　　　　　－　－

(4) "p⊢q" ⊃ "pΛq"
　　＋　＋　　＋　＋
　　－　＋　　－　＋
　　　　　　　＋　－

(5) "p⊢q" ⊃ "p | q"
　　＋　＋　　＋　－
　　－　＋　　－　＋
　　－　－

(四)「反偏離」所函蘊者有五：

(1) "p ⌊ q」 ⊃ "p ‖ q"
　　－　－　　＋　＋
　　－　＋　　－　＋
　　　　　　　＋　－
　　　　　　　－　－

(2) "p ⌊ q" ⊃ "p⊂q"
　　－　＋　　＋　＋
　　－　－　　＋　－
　　　　　　　－　－

(3) "p ⌊ q" ⊃ "p⊃q"
　　－　－　　＋　＋
　　－　＋　　－　＋
　　　　　　　－　－

(4) "p ⌊ q" ⊃ "p | q"
　　－　＋　　－　＋
　　－　－　　＋　－
　　　　　　　－　－

(5) "p ⌊ q" ⊃ "pΛq"
　　－　＋　　＋　＋
　　－　－　　－　＋
　　　　　　　＋　－

(五)「等值」所函蘊者有五：

(1) "p≡q" ⊃ "p‖q"
　　＋　＋　　　＋　＋
　　－　－　　　－　＋
　　　　　　　　＋　－
　　　　　　　　－　－

(2) "p≡q" ⊃ "p⊃q"
　　＋　＋　　　＋　＋
　　－　－　　　－　＋
　　　　　　　　－　－

(3) "p≡q" ⊃ "p⊂q"
　　＋　＋　　　＋　＋
　　－　－　　　＋　－
　　　　　　　　－　－

(4) "p≡q" ⊃ "p∨q"
　　＋　＋　　　＋　＋
　　－　－　　　－　＋
　　　　　　　　＋　－

(5) "p≡q" ⊃ "p│q"
　　＋　＋　　　－　＋
　　－　－　　　＋　－
　　　　　　　　－　－

(六)「矛盾」所函蘊者有五：

(1) "p≈q" ⊃ "p‖q"
　　＋　－　　　＋　＋
　　－　＋　　　－　＋
　　　　　　　　＋　－
　　　　　　　　－　－

(2) "p≈q" ⊃ "p⊃q"
　　－　＋　　　＋　＋
　　＋　－　　　－　＋
　　　　　　　　－　－

(3) "p≈q" ⊃ "p⊂q"
　　－　＋　　　＋　＋
　　＋　－　　　＋　－
　　　　　　　　－　－

(4) "p≈q" ⊃ "p∨q"
　　－　＋　　　＋　＋
　　＋　－　　　－　＋
　　　　　　　　＋　－

(5) "p≈q" ⊃ "p│q"
　　－　＋　　　－　＋
　　＋　－　　　＋　－
　　　　　　　　－　－

(七)「偏取」所函蘊者有五：

(1) "p¬q" ⊃ "p⊃q"
```
+ +    + +
+ -    - +
       - -
```

(2) "p¬q" ⊃ "p⊂q"
```
+ +    + +
+ -    + -
       - -
```

(3) "p¬q" ⊃ "p v q"
```
+ +    + +
+ -    - +
       + -
```

(4) "p¬q" ⊃ "p | q"
```
+ +    - +
+ -    + -
       - -
```

(5) "p¬q" ⊃ "p ‖ q"
```
+ +    + +
+ -    - +
       + -
       - -
```

(八)「偏離」所函蘊者有五：

(1) "p⌋q" ⊃ "p⊃q"
```
- -    + +
+ -    - +
       - -
```

(2) "p⌋q" ⊃ "p⊂q"
```
- -    + +
+ -    + -
       - -
```

(3) "p⌋q" ⊃ "p v q"
```
- -    + +
+ -    - +
       + -
```

(4) "p⌋q" ⊃ "p | q"
```
- -    + -
+ -    + -
       - +
```

(5) "p⌋q" ⊃ "p ‖ q"
```
- -    + +
+ -    - +
       + -
       - -
```

(九)「妄真」所函蘊者有七：

(1) "p ⊦q" ⊃ "p ‖ q"
   − +   + +
            − +
            + −
            − −

(2) "p ⊦q" ⊃ "p | q"
   − +   − +
            + −
            − −

(3) "p ⊦q" ⊃ "p ⊃ q"
   − +   + +
            − +
            − −

(4) "p ⊦q" ⊃ "p ≈ q"
   − +   − +
            + −

(5) "p ⊦q" ⊃ "p ∨ q"
   − +   + +
            − +
            + −

(6) "p ⊦q" ⊃ "p ⊢ q"
   − +   + +
            − +

(7) "p ⊦q" ⊃ "p ⌊ q"
   − +   − +
            − −

(十)「真妄」所函蘊者有七：

(1) "p ⊣ q" ⊃ "p ‖ q"
   + −   + +
            − +
            + −
            − −

(2) "p ⊣ q" ⊃ "p | q"
   + −   − +
            + −
            − −

(3) "p ⊣ q" ⊃ "p ∨ q"
   + −   + +
            − +
            + −

(4) "p ⊣ q" ⊃ "p ⊂ q"
   + −   + +
            + −
            − −

(5) "p ⊣ q" ⊃ "p ≈ q"
   + −   − +
            + −

(6) "p ⊣ q" ⊃ "p ⌊ q"
   + −   + −
            − −

(7) "p⊣q" ⊃ "p⌐q"
　　+ －　　+ +
　　　　　　+ －

(十一)「函蘊」所函蘊者一：

　　　"p⊃q" ⊃ "p ‖ q"
　　　+ +　　+ +
　　　－ +　　－ +
　　　－ －　　+ －
　　　　　　　－ －

(十二)「反函蘊」所函蘊者一：

　　　"p⊃q" ⊃ "p ‖ q"
　　　+ +　　+ +
　　　+ －　　－ +
　　　－ －　　+ －
　　　　　　　－ －

(十三)「析取」所函蘊者一：

　　　"p ∨ q" ⊃ "p ‖ q"
　　　+ +　　+ +
　　　－ +　　－ +
　　　+ －　　+ －
　　　　　　　－ －

(十四)「不相容」所函蘊者一：

　　　"p | q" ⊃ "p ‖ q"
　　　－ +　　+ +
　　　+ －　　－ +
　　　－ －　　+ －
　　　　　　　－ －

　　以上十六種關係，有十四種有函蘊關係。惟「必然」與「不可能」不函蘊其他。但「必然」尚可被函，而且每一個可能所函。「不可能」則既不能函，亦不被函。可能者不能函不可能，而「不可能」者亦不能函可能。

　　「必然」總是真，故不能作為「能函」。因為凡函蘊者，必是「或 p 假或 q 真」之形式。如「必然」作能函，則亦可「或假」矣；但此與「必然」衝突，故「必然」不能函。

　　「必然」總是真，故凡任何可能必離不了必然，必為「必然」中之一，故皆函蘊「必然」。函蘊「必然」的任何可能雖可以假，而總攝所有的可能的「必然」不能假。

　　函蘊「必然」所成的「命題」必為必然，此即分享一分「必然」是也。

　　有一個真妄可能的命題（如挈和、並妄、真妄、妄真），其所函蘊者必為有兩個、三個、四個真妄可能的命題。

　　有兩個真妄可能者，所函蘊者為有三個、四個真妄可能者。有三個真妄可能者，所函蘊者為有四個真妄可能者。

　　函蘊的原則如下：

　　「相似有餘，有餘者被函蘊」。

　　函蘊簡圖如下：

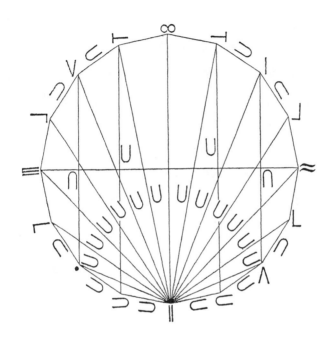

　　此圖只表示皆函蘊「必然」，及周邊所有之函蘊。至相互間其他函蘊關係，未暇及也。

(三) 相容關係

　　十六種關係間，又可發生相容（析取）的關係。相容關係有三個真妄可能：㈠ p 真 q 真，㈡ p 假 q 真，㈢ p 真 q 假。但不能 p, q 同假。如是，在分子命題上，只要兩端的真妄值之數相同，並且有相同者，或一同或二同，有相異者，或一異或二異，皆可發生相容的關係。相同者即表示連帶真，即 p 真 q 真一可能；不相同

者即表示 p 假 q 真、p 真 q 假兩可能。何以必有「同」，因相容承認可以同時成立也。何以必有「異」，因相容或析取，必或此或彼之交替也。但在此種分子命題上，必須在三個真妄可能的範圍內施行，因有四個真妄可能者只有「必然」一可能，外此無與之相等者。如是，「相容」的原則如下：

　　「凡一同二異，或二同一異，則相容」。

　　按此原則，有六個相容關係，如下：

⑴ "p⊃q"	v	"p⊂q"	⑵ "p v q"	v	"p｜q"
＋　＋		＋　＋	＋　＋		－　＋
－　＋		＋　－	－　＋		＋　－
－　－		－　－	＋　－		－　－

⑶ "p v q"	v	"p⊃q"	⑷ "p v q"	v	"p⊂q"
＋　＋		＋　＋	＋　＋		＋　＋
－　＋		－　＋	－　＋		＋　－
＋　－		－　－	＋　－		－　－

⑸ "p｜q"	v	"p⊃q"	⑹ "p｜q"	v	"p⊂q"
－　＋		＋　＋	－　＋		＋　＋
＋　－		－　＋	＋　－		＋　－
－　－		－　－	－　－		－　－

　　此六個相容關係可圖表如下：

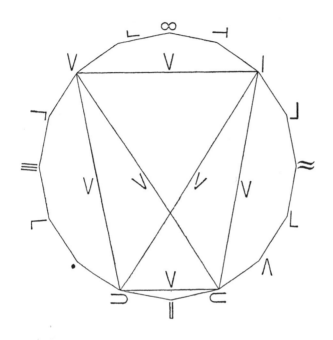

（四）不相容關係

十六種關係間又可發生「不相容」關係。不相容關係中有三個
真妄可能：㈠ p 妄 q 妄，㈡ p 真 q 妄，㈢ p 妄 q 真。p, q 俱妄
表示可以同歸於盡（因不相容）。一真一妄，一妄一真，表示不相
容或衝突。將此情形應用於分子命題，則兩端間的真妄可能若互不
相同，便發生不相容的關係。故不相容的原則如下：

　　「不同者不相容」。

　　按此原則，可得六個不相容的關係：

(1) "p・q" ｜ "p∧q"　　　(2) "p⊢q" ｜ "p⊣q"
　　＋ ＋　　－ －　　　　　　－ ＋　　＋ －
(3) "p・q" ｜ "p⊣q"　　　(4) "p・q" ｜ "p⊢q"
　　＋ ＋　　＋ －　　　　　　＋ ＋　　－ ＋
(5) "p∧q" ｜ "p⊣q"　　　(6) "p∧q" ｜ "p⊢q"
　　－ －　　＋ －　　　　　　－ －　　－ ＋

兩不相同，此真彼必假，然此假彼不必真，故曰不相容。

　　此六個不相容關係，圖表如下：

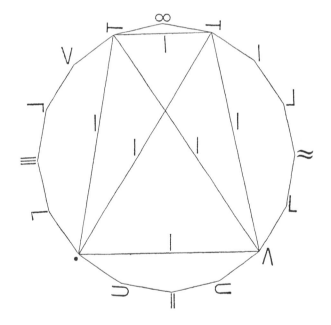

（五）獨立關係

　　十六種關係又可發生「獨立」關係，即「必然」或總是真之謂。「

必然」關係中四個真妄可能都承認。同真同假固可，一假一真、一真一假也可。故無論同或不同皆可成立。將此情形應用於分子命題，若兩端間的真妄可能一同一異，同者無論為同真或同假，異者無論為真假或假真，皆可發生「獨立」關係（套套邏輯）。如是，套套邏輯關係的原則如下：

　　「一同一異則獨立」。

按此原則，可得十二個套套邏輯關係：

(1)　"p≡q" ‖ "p⌐q"
　　　+ +　　+ +
　　　− −　　+ −

(2)　"p≡q" ‖ "p⌐q"
　　　+ +　　+ +
　　　− −　　− +

(3)　"p≡q" ‖ "p⌊q"
　　　+ +　　− −
　　　− −　　− +

(4)　"p≡q" ‖ "p⌋q"
　　　+ +　　− −
　　　− −　　+ −

(5)　"p≈q" ‖ "p⌐q"
　　　− +　　+ +
　　　+ −　　+ −

(6)　"p≈q" ‖ "p⌐q"
　　　− +　　+ −
　　　+ −　　− +

(7)　"p≈q" ‖ "p⌊q"
　　　− +　　− −
　　　+ −　　− +

(8)　"p≈q" ‖ "p⌋q"
　　　− +　　− +
　　　+ −　　+ −

(9)　"p⌐q" ‖ "p⌐q"
　　　+ +　　+ +
　　　+ −　　− +

(10)　"p⌐q" ‖ "p⌋q"
　　　+ +　　− −
　　　+ −　　+ −

(11)　"p⌋q" ‖ "p⌊q"
　　　− −　　− −
　　　+ −　　− +

(12)　"p⌋q" ‖ "p⌐q"
　　　− −　　+ +
　　　+ −　　+ −

此十二種關係可圖表如下：

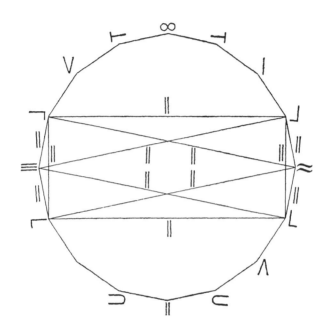

(六)結成

以上五種關係按以下五原則而成：

一、相成者相矛盾。

二、相同有餘，有餘者被函蘊。

三、二同一異，或一同二異，則相容。

四、不同則不相容。

五、一同一異則獨立。

此五原則為張申府先生所立。著者據之演為各圖。示有授受，不敢
掠美也。惟除上五原則外，關於套套邏輯與不可能仍可立兩消極原

則如下：

六、「必然」與任何個發生函蘊關係，惟與「不可能」相矛盾。

七、「不可能」與任何個不發生關係，惟與「必然」相矛盾。

按此七原則，函蘊關係最多。茲將以上五個圖，將函蘊關係加以簡化，合組一總圖如下：

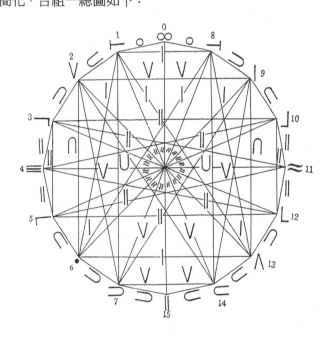

此圖雖複雜，然甚均稱。按理索稽，無不條理貫通。而且其關係皆為絕對而必然，無須任何條件之附加與限制，也無須改造與修正。此圖只有簡單與複雜。若將函蘊關係全補人之，則將不可辨識矣。

五、真理值系統與套套邏輯

(一) 模胎法 (matrix method)

　　本節所討論的真理值系統是指二價系統 (two-valued system) 而言。現在又有三價系統,乃至多價系統。此當由三分乃至多分而來。這也可以稱為真理值系統。但名曰「多價系統」(multi-valued system) 為更好。現在先討論二價系統。至本節之末再論多價系統之意義。

　　在三節,講原子命題的關係時,我們已知每一原子命題,若本二分法,有真假兩可能。假使有兩個原子命題,則有四個真妄可能:㈠ p 真 q 真,㈡ p 假 q 真,㈢ p 真 q 假,㈣ p 假 q 假。其格式如下:

p	q
＋	＋
－	＋
＋	－
－	－

這是 p, q 兩命題間最完全的「真理圖案」(truth-table)。這個圖案可以叫做「模胎」。p, q 兩命題間若發生一定的關係而成為某種真理函值,這種真理函值的或真或假,及其不同於他種真理函值,皆可由這個模胎來規定,並可由這個模胎為準來證明。一個分子命題,所以叫做真理函值,即因它的真假值由那個模胎中的真假可能之存在或不存在如何而定故也。所以模胎也可以叫做真理函值的真

妄根據（truth-status）。用這種方法來解析或證明或引出真理函值，
便叫做「模胎法」。

　　我們說一個命題，本二分法，有真假兩可能。對此兩可能，我
們有四種看法。每一種看法決定一個函值。第一為 p 真，第二為 p
假，第三 p 為必然，第四 p 為不可能。假使要證明 p 之值是真的，
則可如下排：

p	$T(p)=p$		p	$T(p)=p$
+	E	或	+	+
−	N		−	−

$T(p)$ 表示 p 之函值。這就是說，在有真而無假的情形下，p 的函值
是真的，設要證明 p 之函值是假的，則可如下排：

p	$T(p)=\sim p$		p	$T(p)=\sim p$
+	N	或	+	−
−	E		−	+

這就是說，在無真而有假的情形下，p 的函值即被規定為是假的。
假使要證明 p 之函值為「必然」，則如下：

p	$T(p)=$必然		p	$T(p)=$必然
+	E	或	+	+
−	E		−	+

這就是說，在真也成立假也成立的情形下，p 的函值即被定為是「
必然」。設要證明不可能，則如下：

p	$T(p)=$不可能		p	$T(p)=$不可能
+	N	或	+	−
−	N		−	−

這就是說，在真也不成假也不成的情形下，p 的函值即被定為不可

能。

以上四種函值的證明,即以模胎中的真假可能之存在或不存在
而作成。在某一函值上,如果某某可能存在,該函值為真,則相反
的某某可能參加進去,該函值必假。如是,可能之存在或不存在,
就是函值的真或假之充足而必須的條件。所謂充足,有它即行;所
謂必須,離它不行。譬如,要證明 p 之函值為 "~p",如 p 之真
存在,則它假,如 p 之假存在,則它真。所以 p 之假存在,就是 "
~p" 的充足而必須的條件。

再以 "p・q" 與 "pvq" 為例。此兩函值的格式如下:

p q	p・q
＋＋	E
－＋	N
＋－	N
－－	N

p q	pvq
＋＋	E
－＋	E
＋－	E
－－	N

"p・q" 表示 p 與 q 並真。因為並真,所以在那模胎中,只有第
一個真妄可能(即 p 真 q 真)存在,其餘三個皆不存在。有了第一
個,它就真;若無第一個,它就假。在此種情形下,

$$T(p, q)＝p・q＝\sim(\sim pv\sim q)$$

這就是說,p, q 的函值就是「p 與 q」並真,也就是「或 p 假或 q
假」是假的,就是說,p 與 q 不能有一是假。

"pvq" 是說或 p 真或 q 真。p 也可以假,q 也可以假,但 p
與 q 不能並假。故在那模胎中,只有第四個真妄可能(即 p 假 q
假)不存在,其餘三個皆存在。有此三個,它就真;無此三個,它
就假。在此種情形下,

$$T(p, q)＝pvq＝\sim(\sim p \cdot \sim q)$$

這就是說，p, q 的函值就是或 p 真或 q 真，也就是「p 與q」並假是假的。

（二）十六種函值之模胎的證明

在三節，我們已將十六種函值用符式證訖。現在再用模胎法證明。

（一）必然：$p \supset p \cdot q \supset q$

$$p \parallel p＝pq \cdot v \cdot \sim pq \cdot v \cdot p \sim q \cdot v \cdot \sim p \sim q$$

證一：

p q	$p \supset p ＝ \sim p v p$	$q \supset q ＝ \sim q v q$	$p \supset p \cdot q \supset q$
＋＋	－ ＋	－ ＋	＋　　＋
－＋	＋ －	－ ＋	＋　　＋
＋－	－ ＋	＋ －	＋　　＋
－－	＋ －	＋ －	＋　　＋

把 $p \supset p$ 改為 $\sim pvp$，$q \supset q$ 改為 $\sim qvq$。前者或真或假，是對模胎中 p 行的真假而言；後者或真或假，是對模胎中 q 行的真假而言。p, q 之真假兩值，皆可於模胎中證明之。故右邊第四欄，皆以 "＋" 標之，明其總是真也。又，凡右邊三欄中之 "＋"，"－" 號，皆可以 "E"，"N" 代之。譬如，要證明 p 之函值為假，則必是 p 之真是假的（或不存在），p 之假是真的（或存在）。要證明 p 之函值為真，則必是 p 之真是真的（或存在），p 之假是假的（不存在）。p, q 分看如此，合看亦如此。

證二：

p q	p q	~pq	p~q	~p~q	pq・v・	~pq・v・	p~q・v・	~p~q
＋＋	＋	－	－	－	＋	＋	＋	＋
－＋	－	＋	－	－				
＋－	－	－	＋	－				
－－	－	－	－	＋				

模胎中右邊各欄之"＋"，"－"號皆可以"E"，"N"代之。

　　(二)不相容：~(p・q)

$$p \mid q = \text{~}p\text{~}q・v・\text{~}pq・v・p\text{~}q$$

證一：

p q	p・q	~ p	~ q	~(p・q)
＋＋	＋	－	－	－
－＋	－	＋	－	＋
＋－	－	－	＋	＋
－－	－	＋	＋	＋

證二：

p q	~ p ~ q	p ~ q	~ p q	~p~q・v・~pq・v・p~q
＋＋	N	N	N	N
－＋	N	N	E	E
＋－	N	E	N	E
－－	E	N	N	E

　　(三)反函蘊：p⊂q

$$p⊂q = pq・v・p\text{~}q・v・\text{~}p\text{~}q$$

證一：

p q	p ⊂ q＝pv ∼ q		p ⊂ q
＋＋	＋	－	＋
－＋	－	－	－
＋－	＋	＋	＋
－－	－	＋	＋

證二：

p q	p q	p ∼ q	∼ p ∼ q	p q・v・p∼q・v・∼p∼q
＋＋	E	N	N	E
－＋	N	N	N	N
＋－	N	E	N	E
－－	N	N	E	E

(四)函蘊：p⊃q

$$p⊃q＝pq・v・∼pq・v・∼p∼q$$

證一：

p q	p ⊃ q＝∼ p v q		p ⊃ q
＋＋	－	＋	＋
－＋	＋	＋	＋
＋－	－	－	－
－－	＋	－	＋

證二：

p q	p q	∼ p q	∼ p ∼ q	p q・v・∼p q・v・∼p∼q
＋＋	E	N	N	E
－＋	N	E	N	E
＋－	N	N	N	N
－－	N	N	E	E

(五)析取：pvq

$$pvq＝pq・v・∼pq・v・p∼q$$

證一：

p q	~ p · ~ q	p	q	~(~p · ~q)＝p v q
＋＋	−	＋	＋	＋
−＋	−	−	＋	＋
＋−	−	＋	−	＋
−−	＋	−	−	−

證二：

p q	p q	~ p q	p ~ q	p q·v·~p q·v·p~q
＋＋	E	N	N	E
−＋	N	E	N	E
＋−	N	N	E	E
−−	N	N	N	N

(六)偏離：~p

$$p」p＝p{\sim}q·v·{\sim}p{\sim}q$$

證一：

p q	~ q	~ q
＋＋	−	−
−＋	−	−
＋−	＋	＋
−−	＋	＋

證二：

p q	p ~ q	~ p ~ q	p ~ q·v·~ p ~ q
＋＋	N	N	N
−＋	N	N	N
＋−	E	N	E
−−	N	E	E

(七)反偏離：～p

$$p \lfloor q = \sim pq \cdot v \cdot \sim p \sim q$$

證一：

p q	～p
＋＋	N
－＋	E
＋－	N
－－	E

證二：

p q	～p q	～p～q	～p q・v・～p～q
＋＋	N	N	N
－＋	E	N	E
＋－	N	N	N
－－	N	E	E

(八)矛盾：p・～q・v・q・～p

$$p \approx q = p \sim q \cdot v \cdot \sim p \, q$$

證一：

p q	q・～p	q・～p	p・～q・v・q・～p
＋＋	N	N	N
－＋	N	E	E
＋－	E	N	E
－－	N	N	N

證二：

p q	p ~ q	~ p q	p ~ q · v · ~ p q
＋＋	N	N	N
－＋	N	E	E
＋－	E	N	E
－－	N	N	N

(九)等值：p≡q

$$p≡q \cdot = ：p q \cdot v \cdot \sim p \sim q$$

證一：

p q	p	q	p≡q
＋＋	＋	＋	＋
－＋	－	＋	－
＋－	＋	－	－
－－	－	－	＋

證二：

p q	p q	~ p ~ q	p q · v · ~ p ~ q
＋＋	E	N	E
－＋	N	N	N
＋－	N	N	N
－－	N	E	E

(十)偏取：p

$$p \neg q＝pq \cdot v \cdot p \sim q$$

證一：

p q	p	q
＋＋	＋	＋
－＋	－	－
＋－	＋	＋
－－	－	－

證二：

p q	p q	p ~ q	p q・v・p ~ q
＋＋	E	N	E
－＋	N	N	N
＋－	N	E	E
－－	N	N	N

(十一)反偏取：q

$$p \mathbin{\mkern-4mu\mathrel{-}\mkern-1mu} q = pq \cdot v \cdot {\sim}pq$$

證一：

p q	q
＋＋	E
－＋	E
＋－	N
－－	N

證二：

p q	p q	~ p q	p q・v・~ p q
＋＋	E	N	E
－＋	N	E	E
＋－	N	N	N
－－	N	N	N

(十二)並妄：~p・~q

$$p \wedge q = {\sim}p{\sim}q$$

證一：

p q	~ p	~ q	p v q	~(pvq)=~p・~q
＋＋	N	N	E	N
－＋	E	N	E	N
＋－	N	E	E	N
－－	E	E	N	E

證二：

p q	~ p ~ q
＋＋	N
－＋	N
＋－	N
－－	E

(十三)真妄：p・~q

$$p \dashv \ = p\sim q$$

證一：

p q	p	~ q	p・~ q
＋＋	E	N	N
－＋	N	N	N
＋－	E	E	E
－－	N	E	N

證二：

p q	p ~ q
＋＋	N
－＋	N
＋－	E
－－	N

(十四)妄真：p・~p

$$p \vdash q = \sim pq$$

證一：

p q	q	~ p	q・~ p
＋＋	E	N	N
－＋	E	E	E
＋－	N	N	N
－－	N	E	N

證二：

p q	~ p q
＋＋	N
－＋	E
＋－	N
－－	N

(十五)絜和：p・q

p・q＝pq

證一：

p q	p	q	p・q
＋＋	E	E	E
－＋	N	E	N
＋－	E	N	N
－－	N	N	N

證二：

p q	p q
＋＋	E
－＋	N
＋－	N
－－	N

（十六）不可能：(p・~p)・(q・~q)

$$p\infty q = o$$

證：

p q	p	~ p	q	~ q	p・~p・q・~q
＋＋	E	N	E	N	N
－＋	N	E	E	N	N
＋－	E	N	N	E	N
－－	N	E	N	E	N

（三）三個命題的函值

除一命題、兩命題的函值，如上所述外，還可有三個、四個命題的函值。但此卻太麻煩了。茲以三個為例。譬如以 p, q, r 為三個原子命題，便有八個真妄可能： (1) pqr，(2) pq~r，(3) p~qr，(4) p~q~r，(5) ~pqr，(6) ~pq~r，(7) ~p~qr，(8) ~p~q~r。對此八個真妄可能，當有六十四個可能的真理函值。即是說，有六十四個分子命題，其真假值皆由那八個真妄可能之存在或不存在如何而決定。在這六十四個分子命題中，也必有一個是必然，另一個是不可能。「必然」是：

pqr・v・pq~r・v・p~qr・v・p~q~r・v・pqr・v・~pq~r
・v・~p~qr・v・~p~qr

此式簡化以後，亦必為

$$\sim pvp・\sim qvq・\sim rvr$$

$$p{\supset}p・q{\supset}q・r{\supset}r$$

而「不可能」則必是：

pqr・pq~r・p~qr・p~q~r・~pqr・~pq~r

・~p~qr・~p~q~r

此式簡化以後，亦必為

$$(p \cdot \sim p) \cdot (q \cdot \sim q) \cdot (r \cdot \sim r) = 0$$

除此而外，其餘那些分子命題也同樣可以用模胎法來證明。茲舉一命題為例。設有：

pq・⊃・r：⊃：p・⊃・~qvr

一命題，可如下證明：

p q r	pq	~q	~qvr	pq⊃r	p⊃~qvr	pq⊃r・⊃：p・⊃・~qvr
＋＋＋	＋	－	＋	＋	＋	＋
＋＋－	＋	－	－	－	－	＋
＋－＋	－	＋	＋	＋	＋	＋
＋－－	－	＋	＋	＋	＋	＋
－＋＋	－	－	＋	＋	＋	＋
－＋－	－	－	－	＋	＋	＋
－－＋	－	＋	＋	＋	＋	＋
－－－	－	＋	＋	＋	＋	＋

凡有 p, q, r 三項的命題都可按此法證明。

（四）兩端關係與必然與矛盾

命題的一切關係，可以說都是兩端的，或都可以改成兩端的（dyadic）。任何三項關係（triadic relation）也可以看成是兩端的。譬如：pq・⊃・p 此為兩端關係；而 p・⊃・pvq，以 ⊃ 為界，也是兩端的，但被函一端如 pvq 仍是兩端的。任何四項關係（totradic relation）也同樣可以看成是兩端的。如：

$$q⊃q \cdot ⊃ \cdot ~p⊃~p$$

此式兩端都是兩項的。又如：

$$p \cdot ⊃ : q \cdot ⊃ \cdot q⊃p$$

此式，有一端是一項的，另一端是三項的。而三項的一端也可以看成一端是一項，另一端是兩項。這種兩端關係的斷法全靠式子中的方點（即括弧）。點愈多，所包括的範圍愈大。

這種兩端關係的形成是很重要的。我們可以把邏輯中一切可能的式子，按照函蘊的界說，都寫為析取式的兩端關係。如"pvq"，"~pvq"，"pv~q"，"~pv~q"都是兩端析取的表示。

所有可能的式子都可改為析取式；「不可能」一式則只是絜和式，即兩端的絜和。如：

$$p⊃q＝pq \cdot v \cdot ~pq \cdot v \cdot ~p~q$$
$$＝~p(qv~q) \cdot v \cdot q(pv~p)$$
$$＝~pvq$$
$$p \mid q＝~p~q \cdot v \cdot p~q \cdot v \cdot ~pq$$
$$＝~p(qv~q) \cdot v \cdot ~q(pv~p)$$
$$＝~pv~q$$
$$p \parallel p＝pq \cdot v \cdot ~pq \cdot v \cdot p~q \cdot v \cdot ~p~q$$
$$＝~p(qv~q) \cdot v \cdot p(qv~q)$$
$$~q(pv~p) \cdot v \cdot q(pv~p)$$
$$＝~pvp \cdot ~qvq$$
$$p∞q＝pq~pq \cdot p~q \cdot ~p~q$$
$$＝p(q \cdot ~q) \cdot ~p(q \cdot ~q)$$

$$q(p \cdot \sim p) \cdot \sim q(p \cdot \sim p)$$
$$= p \cdot \sim p \cdot q \cdot \sim q$$
$$= 0$$

前三式是可能的，故為析取的兩端；後一式是不可能的，故為絜和的兩端。析取的兩端，不但表示該式為可能，而且表示該式為必真（必然）。其所以「必」，就因為它是以「或」連結，不是以「與」連結；其所以不可能，就因為它是以「與」連結，不是以「或」連結。「或真或假」可以成立；「真與假」不能成立。「或下雨或不下雨」，其值是必然，而「下雨與不下雨」不能結和在一起。

因為「或」，故必然。如是，凡套套邏輯必在這個「或」上，即必是析取式。依此，一個原子命題的必然，必是 pv~p，而不可能必是 p・~p。兩個原子命題的必然必是：

$$pq \cdot v \cdot \sim pq \cdot v \cdot p \sim q \cdot v \cdot \sim p \sim q$$

而此式即等於：

$$(pv \sim p) \cdot (qv \sim q)$$

三個原子命題的必然必是：

$$pqr \cdot v \cdot pq \sim r \cdot v \cdot p \sim qr \cdot v \cdot p \sim q \sim r \cdot v \cdot \sim pqr \cdot v \cdot \sim pq \sim r$$
$$\cdot v \cdot \sim p \sim qr \cdot v \cdot \sim p \sim q \sim r$$

而此式等於：

$$pq(rv \sim r) \cdot v \cdot \sim pq(rv \sim r) \cdot v \cdot p \sim q(rv \sim r) \cdot v \cdot \sim p \sim q(rv \sim r)$$

此式又等於：

$$pq \cdot v \cdot \sim pq \cdot v \cdot p \sim q \cdot v \cdot \sim p \sim q$$

此又等於：

$$(pv\sim p) \cdot (qv\sim q)$$

若將 r 提出，則最後亦必為：

$$(pv\sim p) \cdot (qv\sim q) \cdot (rv\sim r)$$

此仍為兩端的析取式。

這種 pv~p 的析取式即是所謂套套邏輯原則。合乎這個原則即是必然，否則即是不可能。必然的，叫做 "universal function"，可以「一」表之；不可能的，叫做 "null function" 可以「零」(0) 表之。

任何分子命題都有這種「必然」的意義。譬如：

"pq・v・p"

這個命題，我們可以用模胎法證明其為必然：

p q	p q	p	p q・v・p
＋＋	E	E	E
－＋	N	N	N
＋－	N	E	E
－－	N	N	N

此式表示 "pq・v・p" 有兩個真妄可能： (1) pq，(2) p~q。這兩個可能，無論那一個都可以使 "pq・v・p" 真。有它倆個，它即真；無它倆個，它便假。如下：

（一）如 pq 存在，則 "pq・v・p" 真；

（二）如 ~pq 存在，則 "pq・v・p" 妄；

（三）如 p~q 存在，則 "pq・v・p" 真；

（四）如 ~p~q 存在，則 "pq・v・p" 妄。

如是，那個模胎中的四個真妄可能之存在與不存在，便足以決定 "

pq・v・p"之真妄。在以上四句中，表示：「如 pq 與 p~q 存在，則 pq・v・p 即真；否則，即假」。如是，"pq・v・p~q"這個析取式（邏輯和）即是"pq・v・p"這個函值的真妄之充足而必須的條件。何以為充足？因為，如果"pq・v・p~q"是真的，則"pq・v・p"即真。有它即行，故云充足。何以為必須？因為，如果"pq・v・p~q"是假的，則"pq・v・p"便假。離它不行，故云必須。"pq・v・p~q"之所以為"pq・v・p"的充足條件，因為"pq・v・p"的真妄值在其中是「一」，即"pq・v・p"在此成為"univarsal function"。它之所以為"pq・v・p"的必須條件，因為"pq・v・p"的真妄值在"~pq・v・~p~q"上是「零」，即"pq・v・p"在其中成為"null function"。

　　如是，任何真理函值 T(p, q)，其真妄值皆可用模胎法證明。這種方法列成式子則如下：

　　T(p, q)＝ (＋／－)pq・v・(＋／－)~pq・v・(＋／－)p~q・v・(＋／－)~p~q

此式中的 (＋／－) 表示四個真妄可能在真理函值 T(p, q) 下或真 (＋) 或假 (－)，或存在 (E) 或不存在。如果把假（不存在）除去，剩下來的便是真的、存在的。這些存在的真妄可能即決定那個真函理值的真假值。所謂決定，即是說它是那個真理函值的真假值之充足而必須的條件。所謂某物 A 是某物 B 的充足而必須的條件，即是說 A 與 B 是邏輯的等值。如是，"pq・v・p~q"是"pq・v・p"的充足而必須的條件，即是說它兩者相等。

　　何以相等？因為這兩個析取式都只是表示 p 真，即所謂「偏

取」關係是。在 "pq・v・p" 上，是表示 p 總是真，加上一個不相干的成分 q，它仍是真，即不變其值。所以在證明上，我們說它有 "pq・v・p~q" 兩可能；我們又說它與這兩可能為等值。而

$$pq・v・p\sim q＝p(qv\sim q)＝p$$

此式亦只是表示 p 真。

"p(qv~q)＝p" 即表示一命題若乘之以「妥沓式」（必然式，qv~q），其值不變，即還是那個命題自己。乘之以妥沓式，即等於乘之以數目 1。如是：

$$p＝p(qv\sim q)＝pq・v・p\sim q$$

此式可以二句明之：

（一）任何命題函值之值等於以妥沓式乘之的命題函值之值。

（二）一個命題 p 的函值之值可以表示為兩個命題 p, q 的函值之值。（此第二句須隨第一句作解。因為它並不是說，多數命題的函值之值即是少數命題的函值之值）。

同樣，p 是假的，若藉 p, q 兩個命題來表示，便為：

$$\sim p＝\sim p(qv\sim q)＝\sim pq・v・\sim p\sim q$$

如是，p, q 兩個命題的函值之值，也可以是三個、四個命題的函值之值。依此類推，可說：任何命題數的函值之值常是等於較大命題數的函值之值。如是：

$$p＝p(qv\sim q)＝(pq・v・p\sim q)rv\sim r＝……$$

此式很重要。三節中的證明即據此原則以作成。

我們說任何命題乘之以妥沓式其值不變。但若乘之以矛盾式 (p・~p) 則即為零。乘之以矛盾式等於乘之以零。任何數以零乘之皆為

零。我們證明「不可能」時，即用此原則。所以邏輯中的命題，或是：㈠為 pv~p，為必然，為一；或是㈡為 p・~p，為矛盾，為零。

（五）方便性與必然性

但是這種必然性如何造成的呢？任何函值 T(p・q) 之真假值，如何能因模胎法而被決定呢？路易士與朗佛德合著之《記號邏輯》（Leiws and Langford: *Symbolic Logic*）第七章上說：「可有兩條路來決定㈠隨便給 T(p, q) 以界說，按此界說可以固定它的可能的解析與意義；㈡參照該界說，再按照方法上的規律以施行。如是，在 pq・v・p 這個函值之下，一切真妄值的準確意義是這樣的：藉著 p・q 與 pvq 諸關係之界說，我們有：

$$pq・v・p:=:pq・v・p~q」$$

「設採用一任何真理值原則，或真理值律。此律，以 L(p, q) 表之。要證明這個原則是如此，只要在其下，舉出模胎中的四個真妄可能都是存在的，即其真妄值是一，即可。所以，這個原則的準確意義即是：藉著具形於 L(p, q) 中的那樣形式的函值之界說，則

$$L(p, q)＝pq・v・p~q・v・~pq・v・~p~q$$

因為在 L(p, q) 這個律則上，我們是舉盡了p, q 的一切真妄可能，而且都是先驗的真。所以 L(p, q) 也同樣是必然的真。對於L(p, q) 之真妄值，決沒有什麼不同的思議法出現。每一個邏輯律都有這種套套邏輯式的性質。」

「這種必然真之源泉，實說來，是在隨便指定的界說中。」（270 頁）。

又說：「我們決不要設想這種用模胎法所引出的特種套套邏輯，即套套邏輯中的一種，即真妄二價系統，是舉盡了一切邏輯真理，或認為在邏輯上是基本的系統。在這樣的真理函值之外，還有些別的命題關係，也同樣是必然的真，是套套邏輯。惟此處所用的模胎法，將於那些命題關係上不能應用。因為命題關係之或成立或不成立，並不是必然地被其原子命題的真理值所決定，它要依於某種別的東西上。譬如，嚴格函蘊系統中的規律或命題也是套套邏輯。但它們卻不是真妄值的套套邏輯。真妄值系統中的模胎所建設的真理，固是必然的真；但它們卻不必是邏輯之全體，或甚至也不是邏輯之重要部分。」（271–276 頁）。

照此見解，至少現在可以有三個邏輯系統：㈠二價系統，㈡路加西維支（Lukasiewiez）及塔斯基（Tarski）的三價系統，㈢路易士的嚴格函蘊系統。我們在此即討論這個問題。

邏輯究竟是多是一？如果是一，那一個系統能是這一個唯一的邏輯？我的答案是：邏輯是一；二價系統是那個唯一的邏輯。不過照路易士及路加西維支等人的見解，則邏輯是多的，不是唯一的；是相對的，不是絕對的。他們以為二價系統固然是邏輯系統，但不必是唯一的邏輯系統。所以他們說各系統各有其定義、規律與公理；而這些定義、規律與公理並沒有必然性，其被選擇是有相當自由的。某某選定了這一組可成一個邏輯系統，某某選定了那一組也可以成一個邏輯系統。這些系統既都是邏輯，都是真理，則選取此系統而不選取彼系統的標準，按照路易士的見解，是在適用。

在此種見解下，所謂不同的系統是指不同的邏輯而言呢？還是

指屬於邏輯的不同系統（表達系統）而言呢？如是前者，邏輯是多；如是後者，邏輯是一。路易士的思想當是前者。他或許可以說，雖有不同的邏輯系統，既都是邏輯，則所以為邏輯者一。但這是一句沒頭腦的空話。而且路易士究竟想到邏輯之公共性、標準性否，還不得而知。我們現在以為表達邏輯的各種系統與被表達的「邏輯自己」之區分，是顯示邏輯公共性的鑰匙，是解決邏輯系統問題的關鍵。如果，我們把這兩方面分清楚，則表達邏輯的系統是多，而邏輯自己（被表達的）是一。前者因為是表達，故不能不有表達的工具，如定義、規律與公理皆工具也。此等工具的造成或選擇是有相當的自由性、方便性。但後者（邏輯自己）不是工具，卻是對象。它也無所謂有定義，有規律，並有公理，以備我們的選取。它自己即是人類理性的自行發展所顯示的理則。把這個理則表示出來就是邏輯系統。

　　但是表示這個「理則」的些系統卻有恰合與不恰合之分。有些系統具著那理性發展的些理則性，並也具著那理性發展的必然性，但它們卻不就是那個理則本身，也並不與那理則本身恰合。那理則本身可說只附著於其中而使那個系統能有意義。這樣的系統可說是貌似邏輯，而其實不是邏輯。我們可說，它只是合乎邏輯；不然，它便沒有意義。三價系統、嚴格函蘊系統，都是這一類的系統。但是還有一種系統，它雖然也是表達理則的系統，但它卻與理則本身恰相符合，它正恰好表示了那個無色彩的純理自己。它表現時，也並沒有參加旁的經驗的成分。所以這個系統雖是表達理則的，但我們卻說它就是邏輯自己，也就是那唯一的邏輯。這個邏輯不是貌似

邏輯，也不是合乎邏輯，也不是邏輯附著於其中，它乃就是邏輯。講邏輯，第一義要顯這個邏輯，否則，一切言論都沒頭腦。

這個邏輯便是二價系統所代表的。它是一切思維所以有意義的必要條件。所以它是唯一的、絕對的。它是一個標準。所以二價系統，在數目上說，與三價無以異。但在本質上，卻大不相同。其故即在：三價離不了二價，而又參加了經驗的成分。

(六)絕對邏輯

二價系統所以是標準系統，即在二分法的先驗性與必然性。真妄二分不是隨便規定的。它是理性中先驗的排斥作用。任一命題函值 $T(p, q)$ 固須一個界說而成，但其界說並不是隨便的。它的界說可以說就是它所有的真妄可能（模胎表中的）之歸約，也就是說它受真妄可能之規定。真妄可能就是由二分法來的真假值關係之排列。這種排列，神足漏盡，並非隨便。於此排列中，每一種存在或不存在即決定一種意義或關係。這些意義或關係就是所要界說的。它既由存在或不存在的真妄可能來決定，我們即可本此存在或不存在的真妄可能以界說，此則非隨便者也。我們可說這些意義或關係純是真妄二價之流衍。真妄二價是必然的，它的流衍也是必然的。命題關係的成立，誠如路易士所云，並不是必然地被其原子命題的真理值所決定，但是純邏輯關係，即純理之流衍，卻必是被其原子命題的真理值所決定或表現。因為此種由二分之二價而來的真理值為最純粹而無色彩。近人多謂邏輯是研究命題與命題之間的關係之學，或謂研究結構之學，此皆無頭腦之言也。

　　但是，有些系統，雖然所推出的命題，以及其間的連結，也是必然的，然而它的原始觀念卻誠如路易士所云，是隨便地規定，並無必然性在內。三價系統是如此，嚴格函蘊系統也是如此。何以故？因為三價中「可疑」或「不定」一價（路加西維支用 1/2 或 ? 表之）乃是經驗中所有事。並不是先驗的。因為它是由於吾人與外界發生認識關係莫能定其真妄時所孳乳出的。如果態度一定，這一價便歸消滅。結果還是二價。但是，無論消滅與否，以這種因經驗而發生的東西作原始觀念，總是隨便的。可以取，可以不取。但是二分的二價終不能還原。因為它不是由經驗而發，它是理性中先驗的析取作用。邏輯即以此為起點，而明其流衍之關係。其所示者即理性之發展也。

　　因此，三價系統在數目上說可以與二價並立。但實際上，它卻站在那個標準系統外而說話，即是說，它先假定了那個標準而另造系統（藉一隨便的成分之加入）。既然是站在標準系統外而說話，便不能認邏輯是多的。因為標準不能是多的。至少依據於那個標準而成的系統不能再是標準。

　　嚴格函蘊系統，雖也是以二價為基礎，但是「可能」、「不可能」等程態函值（modal function）之引出，也是不必須的外來品。如是，也是極隨便的。它們是用來形容真假關係的，因此都可還原到真假，也可用真假關係來規定。譬如路易士規定 p≺q 如下：

　　　　$p \mathrel{\prec} q \cdot = \cdot \sim \Diamond\,(p{\sim}q)$

$\Diamond\,p$ 表示可能，$\sim \Diamond\,p$ 表示不可能。$\Diamond\,p$ 曾被路易士認為原始觀念之一。但是它又可以不是原始觀念，它又可以被規定：

18.1　　◇ p・＝・pop・＝・~(p~p)

"pop" 表示 p 與 p 一致。p 是可能的等於說 p 與 p 一致，又等於說「p 真又 p 假」是假的。可見終歸於真假。而不可能又可規定如下：

$$\sim ◇ p・＝・\sim(pop)・＝・p ⥲ \sim p$$

此是說：p 不可能等於說「p 與 p 一致」是假的，又等於說「p 嚴格函蘊 ~p」。路易士既以「~ ◇ p」規定他所謂嚴格函蘊：

$$p ⥲ q・＝・\sim ◇ p(p\sim q)$$

此是說：「p 嚴格函蘊 q」等於「p 真 q 假是不可能的」。又以他的函蘊規定「不可能」(~ ◇ p) 如上。可見「可能」、「不可能」等程態觀念是可有可無的。因為可有可無，所以若把它當作原始觀念，也是隨便的。若不把它當作原始觀念，也可以由真理值系統引申出。我們可以這樣說：必然、可能、不可能，不能用一命題來表示，但被套套邏輯的式子所表示。必然是承認所有的可能的套套邏輯，可能是分享於必然的那些有意義的命題，不可能是矛盾的。如是，可能、不可能皆不能當作原始觀念，它由邏輯關係（式子）表示出。如是，路易士的程態函值系統，一方可說不是邏輯自己，一方可說不必特成一邏輯系統。

　　原夫程態函值之引出，完全由於對於函蘊解析之不同。路易士以為《算理》的真理值函蘊 (p⊃p＝ ~pvq) 不可據以為推，無連帶關係。所以以嚴格函蘊代之。嚴格函蘊的界說是：「p 真 q 假」是不可能的。這即表示 p 真 q 必須真。在此情形下，p 函蘊 q，就可以由 p 推 q。但在 "p⊃q＝ ~pvq"，據他們的解析，卻無此種可推的

連帶性。

　　我以為現在一般人對於函蘊的解析都是不得其門而入的。我現在只簡單地說：大家如果了解真值函蘊是由㈠ p 真 q 真，㈡ p 假 q 真，㈢ p 假 q 假，三個可能而成的，則路易士的解析可說完全不得要領。根據上面三節模胎表所解析，真值函蘊有連帶關係，可據以為推。如果這個解析成立了，路易士的嚴格函蘊（由程態函值而定）完全不必要。詳論見下分附錄：〈論函蘊〉。

　　由模胎表看函蘊，則《算理》的 "material implication" 可以改為 "truth-value implication"。如此可以少發生誤會。如果「真值函蘊」由模胎表而出，則此函蘊的界說不是隨便的。路易士以為它是隨便的，所以再來另一個隨便，以成另一個系統。但他的隨便是真隨便，而真值函蘊不是隨便。照我的解析，它除去由二分而來的真假二價外，其他任何觀念都沒有雜染在內。它是二價的流衍。真理值系統是純粹無色彩的二價之流衍，其所顯者純理也，邏輯意義也。所以它是標準，它是必然。現在可歸約二點如下：

　　（一）二價系統是邏輯自己，是標準系統。

　　（二）二價系統，不但所推出的命題是必然，即原始觀念也是必然。

（七）論必然

　　「必然」有二義：㈠是 necessity 之必，㈡是 tautology 之必。前者是前提與結論間的必然關係，這是邏輯推理之必。後者是將所有的可能都承認，這是「無所逃」之必。如果你說一句話，將一個命題

的真假兩可能都包在內，則你這句話便是必真。如果骰子有六點，你說我這一擲，或是六點或不是六點，則此一擲的可能便無所逃於你這句話。這個「必」就是套套邏輯之必。這個意思很新奇，所以現在的人大都喜歡講它，而且已經有點膩了。並且甚至有人以為邏輯的對象就是這個「必」。至於推理，則竟有人以為不是邏輯。然而邏輯裡滿紙都是推理。我們所講的及所可理解的，也只是推理。如果你說只是「無所逃」之必，則全部邏輯必只是一個無眉目的面孔，不成其為面孔矣，不成其為邏輯矣。這其間的本末，不可不察。

我以為邏輯，第一義必是推理，推理所以顯理性發展之理則。此是本，推理的前後關係自然是「必然」。否則，不成其為邏輯之理。至於無所逃之必，實是按照一種句法或界說而造成。即按此句法或界說，一個邏輯命題可以譯為有此特性的式子。譬如"$p \supset p$"按照函蘊界說為"$\sim p \vee p$"。在前式為一函蘊關係，可據之以推理。在後式則為無所逃之必，乃為無眉目之面孔，不能據之以為推。又如：$p \supset q = \sim p \vee q$，前端為函蘊，為「如果則」；而後端則無關係性。若照現在一般人的解析，則 $\sim p \vee q$ 直成為不可思議之怪物。"$\sim p \vee q$"本不是套套邏輯之必，它只是函蘊的界說。它是有來歷的。如果按它的模胎表以作解，則此界說甚有理據。此界說雖非套套邏輯，而套套邏輯之「必」卻由此界說而造成。一切推理式，我們皆可按此界說而譯為 $p \vee \sim p$ 的形式。兩個命題 p, q 的推理，譯為套套邏輯之「必」，必為 $(p \vee \sim p) \cdot (q \vee \sim q)$；而三個命題 p, q, r 的推理式，其無所逃之「必」，又必為 $(p \vee \sim p) \cdot (q \vee \sim q) \cdot (r \vee \sim r)$。然在原式為推理，則有意可表，系統多端；而在妥杳式則為清一色，無眉目之面

孔。是則邏輯決在前而不在後。前者為本，後者為末。本者為主，末
者為附。故妥沓式不過是一個必然的推理之品性。若以此為邏輯，
則無頭腦矣。蓋二價可以成妥沓式，三價亦可以成妥沓式也。

　　譬如在三價系統裡，p, q 兩命題便有九個真妄可能：(1) pq，(2)
p?q，(3) p~q，(4) ?pq，(5) ?p?q，(6) ?p~q，(7) ~pq，(8) ~p?q，
(9) ~p~q。以 C 代表函蘊，三價系統規定函蘊如下表：

p	q	p C q
+	+	E
+	?	?
+	−	N
?	+	E
?	?	E
?	−	?
−	+	E
−	?	E
−	−	E

在此格式中，設將右欄「可疑者」（？）與「不存在者」(N) 除消，
則

　　　pCq・＝：pq・v・?pq・v・?p?q・v・~pq・v・~p?q・v・
　　　~p~q

便有六個可能。這六個可能都與「p 真 q 假」相反。而「p 真 q
假」一可能，恰巧又是不存在的，所以 pCq 仍可規定為 ~(p~q)，
或 ~pvq。路加西維支規定三價函蘊如下：

　　　　　Cpq・[pCq]＝p≤q 之 1＝1−p+q

　"1" 即 "pCq" 之值。如是所謂 "pCq" 者就等於說其真理值 1 是

p 小於 q 或等於 q，因此也就等於說其值是 p 假而 q 真 (1－p＋q)。"1－p＋q"＝1(~pvq)。此與二價真值函蘊同。故三價函蘊仍不離"~pvq"之形式。所以三價系統中的命題亦皆可按照界說而譯為無所逃的套套邏輯之「必」。

如果邏輯的對象是必然，則三價系統亦有必然。究竟誰是真邏輯的對象？它們都是必然，亦就都是邏輯。如是，邏輯勢必是多的，而歸宿於路易士的主張。故以「必然」明邏輯之對象，實是無頭腦之言也。說它們都是邏輯，實在只是邏輯的。「邏輯的」是說合乎邏輯，但不必就是邏輯「自己」。我們如果透不過紙面上的成文邏輯，而觀理性自己之理則，則必終歸於無頭腦之戲論。亦必無判斷眾說之標準。所謂莫衷一是者，即於眾多中無足以決之者也。無足以決之，是即終於「多」矣。現在我拈出一個「理性自己」，即足以決眾多，而判是非。如是：邏輯的對象是理性發展之理則（此理性只限於人類思想，不是元學上的理性。），而無所逃之必是其特性。二價系統最能肖似純理（無色彩）自己之發展。故二價系統是標準系統，足以代表邏輯自己。

六、關係的還原

(一)第一步還原

雖然關係是十六種，關係符是十六個，但若從真理函值上說，則只用五個符號即可表示：㈠否定：~；㈡析取：v；㈢函蘊：⊃；

㈣絜和：‧；㈤等值：≡。這五個符號，在《算理》系統內，～與v
是基本觀念；⊃，‧，≡是基本界說。前兩者既是基本觀念，必是
未界說的；後三者是界說，必有能界說之的。能界說者何？即基本
觀念是。如是，算理系統即以 ～ 與 v 直接或間接來界說 ⊃，‧，
≡。直接的如下：

　　I.　p⊃q‧＝‧～pvq　　　　　　　Df

　　II.　p‧q‧＝‧～(～pv～q)　　　　Df

間接的如下：

　　III.　p≡q‧＝‧p⊃p‧q⊃p　　　　Df

　　　　　＝‧(～pvq)‧(～qvp)

此即表示：三個界說都由 ～ 與 v 引出，也即是都可還原於 ～ 與
v。這種還原性可用模胎法證明之。茲先以 ～ 與 v 為未界說者：

　　⑴ p⊃q＝～pvq

其證如下：

p q	p ⊃ q	～ p	q	～ pvq	p⊃q‧＝‧～ pvq
＋＋	E	N	E	E	T
－＋	E	E	E	E	F
＋－	N	N	N	N	F
－－	E	E	N	E	T

在此格式內，p⊃q 欄內的存在與不存在的可能，同於～pvq 欄內的
存在與不存在的可能。故它兩者相等。在它們的等式下以 "TFFT"
表示之。此由維特根什坦而來。因為維氏以 T 表示真，以 F 表示
假。而等值的格式如下：

p q	p ≡ q
＋＋	T
－＋	F
＋－	F
－－	T

故凡相等者，即以"TFFT"表示之。其實以"ENNE"或"＋－－＋"皆可。

⑵ p・q・=・~(~pv~q)

p q	p・q	~p	~q	~pv~q	~(pv~q)	p・q= ~(~pv~q)
＋＋	E	N	N	N	E	T
－＋	N	E	N	E	N	F
＋－	N	N	E	E	N	F
－－	N	E	E	E	N	T

⑶ p≡q・=・p⊃q・q⊃p・=・~pvq・~qvp

p q	p≡q	~pvq	~qvp	~pvq・~qvp	p≡q・=・~pvq・~pvq
＋＋	E	E	E	E	T
－＋	N	E	N	N	F
＋－	N	N	E	N	F
－－	E	E	E	E	T

若以 ~ 與・為未界說者，仍可證明三個界說：

⑴ pvq・=・~(~p・~q)

p q	pvq	~p・~q	~(~p・~q)	pvq・=・~(~p・~q)
＋＋	E	N	E	T
－＋	E	N	E	F
＋－	E	N	E	F
－－	N	E	N	T

(2) $p \supset q \cdot = \cdot \sim(p \cdot \sim q)$

p q	$p \supset q$	$p \cdot \sim q$	$\sim(p \cdot \sim q)$	$p \supset q \cdot = \cdot \sim(p \cdot \sim q)$
＋＋	E	N	E	T
－＋	E	N	E	F
＋－	N	E	N	F
－－	E	N	E	T

(3) $p \equiv q \cdot = \cdot p \supset q \cdot q \supset p \cdot = \cdot \sim(p \cdot \sim q) \cdot \sim(q \cdot \sim p)$

pq	$p \equiv q$	$\sim(p \cdot \sim q)$	$\sim(q \cdot \sim p)$	$\sim(p \cdot \sim q) \cdot \sim(q \cdot \sim p)$	$p \equiv q \cdot = \cdot \sim(p \sim q) \cdot \sim(q \sim p)$
＋＋	E	E	E	E	T
－＋	N	N	E	N	F
＋－	N	N	E	N	F
－－	E	E	E	E	T

事實上，《算理》是以 ～ 與 v 為基本觀念。所以凡《算理》中一切命題，以 ⊃ 表之者，皆可還原於 ～ 與 v，即 ～pvq 的形式。所以一個邏輯系統中的命題應是既可顯發於外，又可退藏於密。

(二) 第二步還原

但是 ～ 與 v 還是不夠密，仍可再歸并一步，使其更密。這步工作是尼構（Nicod）作成的。他將～ 與 v 歸并於「不相容」式。以 " | " 表示。如是 "p | q" 等於「或 p 假或 q 假」。以符式表之即為：p | q ⋅ = ⋅ ～pv～q。此即表示 ～ 與 v 歸并於 | ，以 | 攝 ～ 與 v。

用 " | " 表示的推演系統名為「梃擊系統」（stroke-system）。《算理》的函蘊系統皆可翻譯為不相容系統（梃擊系統）。這點將於下分中論之。在此先把原子命題間的十六種關係譯之如下。

基本觀念

一、如 p 是基本命題，q 是基本命題，則 p∣q 也是基本命題。

二、"p∣q" 讀為「或 p 假或 q 假」。凡遇著 ~pvq，或 ~pv~q，或 pv~q，皆可用 p∣q 的形式表示。

三、以「代 ⊃，以 q∣q 代 q 或 ~q。如是：

$$p⊃q\cdot=\cdot\sim pvq\cdot=\cdot p「q\cdot=\cdot p∣q/q$$

基本定義

一、$\sim p\cdot=\cdot p∣p$　　　　　　　　　　　　　　　　　　Df

二、$p⊃q\cdot=\cdot\sim pvq\cdot=\cdot p∣q/q$　　　　　　　　Df

三、$pvq\cdot=\cdot p/p∣q/q$　　　　　　　　　　　　　　Df

四、$p\cdot q\cdot=\cdot p/q∣p/q$　　　　　　　　　　　　　Df

不相容符的運用

一、直者大於斜者；

二、粗者大於細者；

三、有時用括弧濟其窮。

譯證

(一)必然：p∥q

$$p∥q＝p⊃p\cdot q⊃q$$
$$＝\sim pvp\cdot\sim qvq$$
$$＝p「∣p\cdot q「q＝p∣p/p\cdot q∣q/q$$
$$＝\sim(p∣p/p∣q∣q/q)$$
$$＝(p|p/p|q|q/q)|(p|p/p|q|q/q)$$

(二)不相容：p∣q

$$p∣q＝\sim(p\cdot q)＝\sim pv\sim q＝p∣q$$

(三)反函蘊：q⊃p；p⊂q

　　q⊃p＝∼qvp＝q⌈p＝　q｜p/p

　　p⊂q＝pv∼q＝∼(∼p)v∼q＝∼p｜q＝p/p｜q

(四)函蘊：p⊃q

　　p⊃q＝∼pvq＝p⌈q＝p｜q/q

(五)析取；pvq

　　pvq＝∼(∼p・∼q)＝∼p｜∼q＝p/p｜q/q

(六)偏離：p⌋q

　　p⌋q＝∼q＝q｜q

(七)反偏離：　p⌊q

　　p⌊q＝∼p＝p｜p

(八)矛盾：p≈q

　　p≈q＝　p∼q・v・q∼p＝　∼(p∼q)｜∼(q∼p)

　　　　＝∼{∼(∼pvq)}｜∼{∼(∼qvp)}

　　　　＝∼{∼(p｜q/q)}｜∼{∼(q｜p/p)}

　　　　＝∼{p｜q/q)｜(p｜q/q)}｜∼{(q｜p/p)｜(q｜p/p)}

　　　　＝{(p｜q/q｜p｜q/q)｜(p｜q/q｜p｜q/q)}｜{(q｜

　　　　　p/p｜p/p)｜(q｜p/p｜q｜p/p)}

(九)等值：p≡q

　　p≡q＝p⊃q・q⊃p

　　　　＝∼pvq・∼qvp

　　　　＝q⌈q・q｜p＝p｜q/q・q｜p/p

　　　　＝∼(p｜q/q｜q｜p/p)

$$= (p \mid q/q \mid q \mid p/p) \mid (p \mid q/q \mid q \mid p/p)$$

（十）偏取：p⌐q

$$p⌐q = p = \sim(p \mid p) = p/p \mid p/p$$

（十一）反偏取： p⌐q

$$p ⌐q = q = \sim(q \mid q) = \sim q \mid \sim = q/q \mid q/q$$

（十二）並妄： p∧q

$$p∧q = \sim p \cdot \sim q = \sim(p v q)$$
$$= \sim(\sim p \mid \sim q)$$
$$= \sim(p/p \mid q/q)$$
$$= (p/p \mid q/q) \mid (p/p \mid q/q)$$

（十三）真妄：p⊣q

$$p⊣q = p \cdot \sim q = \sim\{\sim p v \sim(\sim q)\}$$
$$= \sim(\sim p v q) = \sim(p \mid q/q)$$
$$= p \mid q/q \mid p \mid q/q$$

（十四）妄真：p⊢q

$$p⊢q = q \cdot \sim p = \sim\{\sim q v \sim(\sim p)\}$$
$$= \sim(\sim q v p) = \sim(q \mid p/p)$$
$$= q \mid p/p \mid q \mid p/p$$

（十五）絜和：p · q

$$p \cdot q = \sim(\sim p v \sim q) = \sim(p \mid q) = p \mid q \mid p/q$$

（十六）不可能：p∞q

$$p∞q = (p \cdot \sim p) \cdot (q \cdot \sim q)$$
$$= \sim\{\sim p v \sim(\sim p)\} \cdot \sim\{\sim q v \sim(\sim q)\}$$

$= \sim(p \mid \sim p) \cdot \sim(q \mid \sim q)$

$= \sim(p \mid p/p) \cdot \sim(q \mid q/q)$

$= (p \mid p/p \mid p \mid p/p) \cdot (q \mid q/q \mid q \mid q/q)$

$= \sim\{(p \mid p/p \mid p \mid p/p) \mid (q \mid q/q \mid q \mid q/q)\}$

$= \{(p \mid p/p \mid p \mid p/p) \mid (q \mid q/q \mid q \mid q \mid q/q)\} \mid \{(p \mid p/p \mid p \mid p/p) \mid (q \mid q/q \mid q \mid /q/q)\}$

第二分　真妄值之推演：
　　　　縱的系統

一、本系統之基本條件

(一)原始觀念

本系統是《算理》的真值函蘊系統。此系統的基本觀念如下：

(一)原子命題：以 p, q, r, s, t 等表之。其意義見〈第一分·一節〉。

(二)原子命題函值：此亦叫做「真理函值」，或曰分子命題。如 ~p, pvq, p·q, p⊃q 等都是真理函值。解亦見第一分。有人以為 "ϕx" 同於 ~p, pvq 等，也以為是原子命題函值。本書以為此當屬第三卷所論者，於講推概命題時出現。在此不能提及。

(三)斷定（assertion）：斷定即是關於一個命題的肯定表示。任何命題可以被斷定，也可以被思及、論及，或提及。譬如我說：這是紅的，這表示我是斷定或主張「這是紅的」。但是我說：「這是紅的是一個命題」，此時，「這是紅的」便不是一個斷定，只是被

提及，而「這是紅的是一命題」卻是一個斷定。在假言命題，如「設 a＝b，則 b＝a」，這個命題包有兩個未斷定的命題，但這整個命題卻是斷定的。所斷定的即是第一個函蘊第二個。即是說，我們是在斷定「如果則」的關係。凡是被斷定的命題，在命題之前，我們用"├"表示之。如是，如果我主張或斷定p，寫法如下：

$$\text{"├} \cdot \text{p"}$$

如果我主張兩個命題 p，q 的「析取」關係或「函蘊」關係，則如下：

$$\text{├} \cdot \text{pvq}; \qquad \text{├} \cdot \text{p} \supset \text{q}$$

"├"叫做「斷符」或「主符」（assertion-sign）。方點（dots）表示斷定的範圍。點愈多，範圍愈大。與數學中括弧同一作用。上式可重寫如下：

$$\text{├} : \text{p} \cdot \text{v} \cdot \text{q}; \qquad \text{├} : \text{p} \cdot \supset \cdot \text{q}$$

如再擴大為三點，則如下：

$$\text{├} :: \text{p} \supset \text{q} \cdot \supset : \text{q} \supset \text{r} \cdot \supset \cdot \text{p} \supset \text{r}$$

其餘類推。

(四)否定：以 ~p 表之。讀曰「非 p」，或「p 假」。此本為一原子命題函值。在此則列為基本觀念之一，單取否定之意。可見「否定」之重要。

(五)析取：以"pvq"表之。讀曰「或 p 或 q」。此亦為原子命題函值。在此則只取「析取」之意，使之為一基本觀念。否定與析取，在〈第一分・二節〉已有論列。若當作函值看，下面還要詳論。

以上五個基本（原始）觀念，前三個屬於工具方面；否定與析取為邏輯觀念。

（二）基本定義

由否定與析取可得一基本定義如下：

1. $p \supset q \cdot = \cdot \sim p v q$　　　　　　　Df　　　（*1.01）

此為函蘊定義。p 函 q，即是說：如 p 則 q。等號的右邊為「或 p 假或 q 真」。如是，所謂「如 p 則 q」者就等於「或 p 假或 q 真」之謂。此頗不易解。詳解見下及附錄〈論函蘊〉。"Df"表示定義，為 definition 之縮寫。（*1.01）為《算理》中之「號數」。

由否定與析取又可規定「絜和」如下：

2. $p \cdot q \cdot = \cdot \sim(\sim p v \sim q)$　　　　　Df　　　（*3.01）

"$p \cdot q$"讀為"p 與 q"。亦名邏輯積（logical product）。如是，p 與 q 者就等於說「或 p 假或 q 假」是假的。「p 與 q」就是「既 p 且 q」，pq 俱行成立，即是說不能有一是假。故其界說為「或 p 假或 q 假是假的」。此稍易解。詳論亦見下。

由函蘊與絜和，又可進而規定「等值」：

3. $p \equiv q \cdot = \cdot p \supset q \cdot q \supset p$　　　　　Df　　　（*4.01）

所謂「p 等於 q」等於說「p 函 q 而且 p 函 q」。此亦易明。

（三）五函值

以上否定與析取以及三個定義，合起來又可名為五種真理函值。從原始觀念及基本定義方面看，是指示它們在一個系統中發生的先

後，並指示它們為一個系統所以可能之根據。從真理函值方面看，是指示它們為五種基本作用或關係，並指示它們為一個系統中推演進行所以可能的運算工具。以下就函值或關係以論其意義。惟由上觀之，否定與等值似不必再講。所值得討論者函蘊、析取、與絜和三者而已。

「函蘊」：p⊃q：

函蘊是一種關係。這個關係是最根本的。它是「推」所以可能的根據。然其意義頗有爭論。往簡單處說甚簡單，往複雜處說甚複雜。從「函蘊」這個概念本身的意義來看，它是簡單的；從函蘊變而為包含，由外範大小方面著想，更是簡單的；從其意義為「如果則」方面看，也是簡單的。惟在真理值系統上，從真妄值的關係方面看，它便是複雜的。《算理》系統是由真妄值的關係方面規定函蘊的，其為複雜是無疑的。但它究竟是否可歸於那三個簡單的意義呢？這點，《算理》的著者沒有解說出來。它用真妄值關係規定函蘊的根據，也沒有指示明白。因此，凡解函蘊的皆未摸著頭腦。越講越不通。結果，遂使函蘊成為莫名其妙的怪物。據我的解析，以真妄值關係規定函蘊是有來歷的；而複雜方面的真妄值之關係仍可使其意義歸於簡單而不背於常識。

在第一分我們講原子命題的關係時，函蘊所有的真妄可能如下表：

p q	p ⊃ q
＋＋	E
－＋	E
＋－	N
－－	E

此表表示函蘊有三個真妄可能：㈠ p 真 q 真，㈡ p 假 q 真，㈢ p 假 q 假。惟「p 真 q 假」一可能是沒有的。函蘊即以那存在的三個真妄可能為根據而規定為「或 p 假或 q 真」。這種規定，看起來好像無甚道理，但事實上，照《算理》的演算，是很有根據的。如果規定函蘊的那個真理表能有意義，則此界說亦有意義。茲照那個真理表中所有的可能證明函蘊界說如下：

$$p⊃q \cdot = : pq \cdot v \cdot \sim pq \cdot v \cdot \sim p\sim q$$
$$= : \sim p(qv\sim q) \cdot v \cdot q(pv\sim p)$$
$$= : \sim p \cdot v \cdot q : = \cdot \sim pvq$$

茲再從那個表中所不承認的一可能，證明函蘊界說如下：

$$p⊃q \cdot = \cdot \sim(p \cdot \sim q)$$
$$= \cdot \sim pvq \quad （按照絜和定義）$$

可是，無論從正面或反面，皆可證明那個界說是有道理的。惟現在我們可這樣問：為什麼在函蘊上就有那三個真妄可能呢？p, q 俱真俱假兩可能似易理解，但「p 假 q 真」為什麼在函蘊上亦能成立呢？即是說，「p 假 q 真」與「函蘊」有何關係？此大費解。我的解析，可以簡舉如下：

（一）「p⊃q」等於說「如 p 則 q」。按照「如果則」的意思，我們於那三個可能，不說真從真出，假從假出，真從假出。我們當

這樣說：在 pq 同真同假以及 p 假 q 真之下，我們可以說「如果則」。不然，則最顯然的，「真從假出」這一可能是不可思議的。世人都從「真從假出」方面著想，遂以為《算理》函蘊不可以推，即與推斷脫了節。結果遂成了不相干。

（二）如果在同真同假或 p 假 q 真之下可以說「如果則」，則同真同假可以有連帶關係，固不成問題，即「p 假 q 真」也可以使函蘊有連帶關係。因而在由此三可能而歸約成的「或 p 假或 q 真」之下也仍可以表示「如果則」。因為「或 p 假或 q 真」正是函攝那三可能而為一也。

（三）「或 p 假或 q 真」既足以表示「如果則」，則其假不是任一命題之假，其真不是任一命題之真，必是 pq 兩命題有相當的連帶關係纏行。如是，在 "~pvq" 上，我們不能舉「或醋是甜的，或有些人有鬍子」、「或中國在非洲，或唐太宗是人」、「或蘇格拉底是三角形，或 2＋2＝4」，這類的例子。因為它們都是不相干的，不能表示「如果則」的關係。

（四）據我的解析當這樣舉：(i)同真：如果它是人，則它會；(ii)同假：如果中國在非洲，則中國人是非洲人；(iii)p 假 q 真：如果一切人有鬍子，則有些人有鬍子。如果在 "~pvq" 上，我們當這樣舉：「或一切人是黃種的，或中國人是黃種的」；「或一切人有鬍子，或有些人（或老年人）有鬍子」。這兩個例，若翻成「如果則」都很順，都可以表示函蘊有連帶關係，可以為推之根據。同時，這種例子又可以表示同真、同假，或 p 假 q 真，這三個可能。既可以表示這三個可能，於真理值系統上，為何不可以此三可能規定函

蘊。同時，此三可能可由有連帶關係的例子表示，然則函蘊為何必是那種不相干的例子的關係？

（五）由這種解法，函蘊仍可歸於簡單而不背於常識。這種簡單的意義即是傳統邏輯中 A 與 I 的差等關係。A 與 I 為差等，所以簡單易曉，即因為它們是從質量以決定。結果，由質量以決定的 A 與 I 的真假關係同於函蘊的真假關係。這是由簡單而歸於複雜。由函蘊的真假可能歸於簡單，吾知函蘊關係即是差等關係；由外範之差等而歸於真假關係之複雜，吾知傳統之差等即是《算理》之函蘊。兩相印證，如合符節。

（六）如果我們從假言推理方面看，亦可證明「或 p 假或 q 真」這個界說是可思議的。譬如：「如天下雨，則地濕。」如以此命題為大前提而作假言推理，則肯定前件即肯定後件（pq 同真），否定前件未必否定後件（p 假 q 未必假）。這也即表示：同真、同假，以及 p 假 q 真這三可能。從此三可能，說為「或 p 假或 q 真」，仍可表示「如果則」的連帶關係。所以真假關係（函蘊的）與其意義總是相應和的，決非一隨便命題之假，一隨便命題之真之不相干的安排。

（七）關於「如果則」所舉的例子或為差等的，或為因果的，此皆不重要。站在真理值系統上，只要有如此之真妄可能，我們即可據之以規定函蘊，並可據之以說「如果則」。至於所舉之實際之例，則不在爭論之列。此必須注意，否則，許有誤會發生。

以上是簡單的陳述，其意已足明。詳細討論見附錄。

「析取」：pvq：

　　「析取」當其為基本觀念時（在一系統內），不可界說。現在把它看成是一個關係，其所有的真妄可能可以完全指出。指出以後，可以進而說明它的意義。所以在一系統內它雖不可界說，而跳出其所屬之系統，它仍可被說明。

　　按第一分所列，析取的真妄可能如下：

p q	p v q
＋＋	E
－＋	E
＋－	E
－－	N

此亦可從其所有與所無之可能以證明之。先從其所有方面看，證明如下：

$$pvq \cdot = : pq \cdot v \cdot \sim pq \cdot v \cdot p\sim q$$
$$= : p(qv\sim q) \cdot v \cdot q(pv\sim p)$$
$$= \cdot pvq$$

再從其所無方面看，證明如下：

$$pvq \cdot = \cdot \sim(\sim p \cdot \sim q) \cdot = \cdot pvq \quad （按絜和定義）$$

從其所有與所無兩方面看，可知在析取關係上，pq 兩命題不能並假，而可並真。可並真而不必並真，故有三可能。在消極方面表示可並真；在積極方面表示必有一真，不能並假。總而觀之，可以表示「道並行而不背」之意。因為不相背，故相容。故析取亦名相容。亦曰選替。故析取有容納性，比較寬大。

　　析取類比於數學中的「加」。加之所得為和。故析取亦名邏輯和（logical sum）。以類為例。設有 a, b 兩類，我們可以規定兩類

之和如下：

「兩類之邏輯和即是包括每類而同時又包括於互含之每類中的類。」（Logical sum of 2 classes is the class including each and included in every class including each.）。

以圖表之如下：

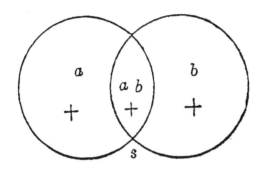

S 表示 a, b 兩類之邏輯和。S 亦為類，故 S 為類之類。S 類即是 a, b 兩類之全體，故包括 a, b 兩類。但 S 類即等於 a, b 兩類之和，故也可說 S 類包括於 a, b 兩類中。而 a, b 兩類又互含，故又說 S 類包括於互含之 a, b 類中。

兩類和是兩類中不同分子之和。其同者，重複者，亦只當一個看。如 (A, B, C, D, E) 及 (A, B, D, F, G) 兩類之和當為 (A, B, C, D, E, F, G) 類。又如「祖加父，父加子」＝「祖加父加子」，結果還是三代，不能有兩個父。故和類有似於算學中之小公倍。

再舉幾個實際的例子：

（一）「孔子＋孟子」是戰國人＝「孔子或孟子是戰國人」。此

命題可以真。但若改為「孔子×孟子是戰國人」＝「孔子與孟子是戰國人」，卻是假的。這即表示析取的範圍廣。

（二）「紅的＋綠的」＝「紅的或綠的」。此表示紅綠都有可，或只有紅或只有綠亦可。但不能俱無，或必俱有。若為「紅的與綠的」＝「紅的×綠的」，則為紅綠必俱有，缺一不可。此為積而非和。故積無容納性、選替性，故其範圍不廣。

（三）「姓張的或姓李的是一個熱烈的宗教家。」這個命題表示說：「姓張的是宗教家或姓李的是宗教家，或張與李俱是宗教家（但不必俱是）。」它有此三個選替的可能。但若改寫：「姓張的是宗教家而且姓李的是宗教家」，則為積而非和。在此情形下，只有「張李俱是」一可能，而無或張或李的選替性。

（四）「王小姐與姓張的或姓李的結婚。」此例的意義可以這樣說：王小姐與姓張的結婚，或與姓李的結婚，或與張李結婚（表示張李俱有與之結婚的可能或現實，但不必俱有）。但若改為：「王小姐與姓張的結婚並且與姓李的結婚」，則無此交替性，乃為積為絜和，而非和或析取。

以上三、四兩例，俱服從下式所表示：

$$p \cdot (q v r) = (p \cdot q) v (p \cdot r)$$

但不是下式所表示：

$$p \cdot (q \cdot r) = (p \cdot q) \cdot (p \cdot r)$$

「絜和」：$p \cdot q$：

「絜和」的真假可能如下表：

p q	p・q
＋＋	E
－＋	N
＋－	N
－－	N

此亦可從其所有與其所無而證明之。先從其所有方面看，證明如下：

$$p・q・=・\sim(\sim p v \sim q)$$

再從其所無方面看，證明如下：

$$p・q・=・\sim(\sim pq・v・p\sim q・v・\sim p\sim q)$$

$$=・\sim\{\sim p(q v \sim q)・v・\sim q(p v \sim p)\}$$

$$=・\sim(\sim p v \sim q)・=・p・q$$

從其所有方面看，則 pq 必須並真；從其所無方面看，則 pq 不能有一是假。如是，絜和沒有選替性。其容納性亦狹於析取。

　　絜和可類比於算學中的乘。乘之所得為「積」。故絜和亦名「邏輯積」（logical product）。設有 a, b 兩類，我們可以規定 a, b 兩類之積如下：

　　「兩類之邏輯積即是包括每類（全體或部分）而同時又被含有兩類之類所包括的類。」（Logical product of 2 classes is a class including eaeh and included by every class which including both.）。

　　以圖表之當如下：

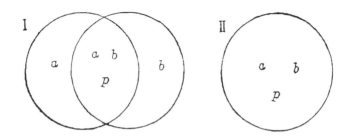

P 表示 a, b 兩類之積類。故 P 為類之類。此類包有 a, b 兩類在內，故曰包括每類。所謂每類不必是每類之全體，也不必不是。故有 I、II 兩圖。只說它包括每類，還不能決定它為積類。要決定其為積類必須使其與 a, b 並存處發生關係，故曰它又被含有 a, b 兩類之類所包括。含有 a, b 兩類之類即 a, b 並存處所形成者。凡包有 a, b 兩類又被 a, b 兩類並存處所形成的東西所包括的類即是 a, b 之積類。P 即代表這個積類。

邏輯和是兩類中不同分子之和；邏輯積是兩類中共存分子之積。設有 (Xa, Xb, Xc) 及 (Ya, Yd, Ye) 兩類，則此兩類之積當為 "XaYa"。故積類有似於算學中的大公約。

再舉幾個實際的例子以明之：

（一）「中國國旗的顏色是紅與藍。」此是說既有紅又有藍：紅與藍並存。但卻不表示紅藍所成的「紫」。

（二）「人之所必須者是食與色」。此亦表示食色並存。缺一不可。

（三）「紫色是紅與藍之所化」。此表示不但並存，而且化合為

一獨體。

（四）「水是氫氧之所化」。此亦表示不但並存，而且化一。

（五）「他溫和與智慧征服了她的心」。此可有兩種表示：或者溫和與智慧兩者，既溫和又智慧；或者溫和與智慧化成一個人格而看不分明。前者不過是兩者並存，而後者則由並存而化成獨體。

（六）「集大成也者金聲而玉振之也。」金聲始條理，玉振終條理。金聲而玉振，則始終條理，成為一個諧和的集大成之「聖之時」的人格。

由以上六例，可知積之義有二：一是只並存而不必化合，此為物理的或機械的「積」；二是不但並存而且化合，此為化學的或生物的「積」。惟：

（七）「八是五與三之和」、「十五的因子是五與三」。此類的例子究屬何種，則頗難說。

惟無論如何，析取有交替性，範圍廣，為"extensive"；絜和無交替性，範圍狹，為"intensive"。有廣度者，成立性大，而力量小；有深度者，成立性小，而力量大。

（四）原始命題

由原始觀念及函蘊定義，可以引出五個形式的原始命題（primitive proposition）。這五個原始命題表示五個基本形式原則。這五個形式原則互相獨立，互不引出；而且在推演系統內，既足用，也不過多。復次，它們沒有衝突或矛盾的地方，此即所謂一致。獨立、足用、一致，不但是選取原始命題的條件，也是選取原始觀念

的條件。

五個形式原始命題如下：

I.　├：pvp・⊃・p　　　　　　　　Pp　　（*1.2）

此為「妥沓原則」（principle of tautology）。

II.　├：q・⊃・pvq　　　　　　　Pp　　（*1.3）

此為「增加原則」（principle of addition）。

III.├：pvq・⊃・qvp　　　　　　Pp　　（*1.4）

此為「對換原則」（principle of permutation）。

IV.　├：pv(qvr)・⊃・qv(pvr)　　Pp　　（*1.5）

此為「聯合原則」（principle of association）。

V.　├：・q⊃r・⊃：pvq・⊃・pvr　Pp　　（*1.6）

此為「綜和原則」（principle of summation）。

"Pp" 表示原始命題。

這五個命題，我們可以藉下面的幾種條件，證明其為必然。

I.　基本定義

　　I.1 p⊃q＝~pvq

　　I.2 p・q＝~(~pv~q)

II. 基本條件

　　II.1 p・p＝p

　　II.2 pvp＝p

　　II.3 p(qv~q)＝pq・v・p~q＝p

　　II.4 pvq＝p(qv~q)・v・q(pv~p)

　　　　　＝pq・v・~pq・v・p~q

III.妥沓形式：

　　III.1 一個命題：　　∼pvp

　　III.2 兩個命題：　　(∼pvp)・(∼qvq)

　　III.3 三個命題：　　(∼pvp)・(∼qvq)・(∼rvr)

1. ⊢：pvp・⊃・p

　　證：

[據 I.1] ⊢：∼(pvp)・v・p

[據 I.2] ⊢：∼p∼p・v・p

[據 II.1] ⊢：∼pvp

2. ⊢：q・⊃・pvq

　　證：

[據 I.1]　　　　　⊢：∼q・v・pvq

[據 II.3]　　　　　⊢：∼q(pv∼p)・v・pvq

[據 II.3及 II.4] ⊢：∼qp・v・∼q∼p・v・pq・v・∼pq・v・p∼q

[整理去重覆]　　⊢：pq・v・∼pq・v・p∼q・v・∼p∼q

　　　　　　　　　　⊢：(∼pvp)・(∼qvq)

3. ⊢：pvq・⊃・qvp

　　證：

[據 I.1]　　　　　⊢：∼(pvq)・v・qvp

[據 I.2及 II.4] ⊢：∼p∼q・v・pq・v・∼pq・v・p∼q

　　　　　　　　　　⊢：(∼pvp)・(∼qvq)

4. ⊢：pv(qvr)・⊃・qv(pvr)

　　證：

[據 I.1]　　　　　├：～{pv(qvr)}・v・qv(pvr)

[據 I.2及 II.4]├：～p・～(qvr)・v・q・v・pr・v・～pr・v・p～r

[據 I.2]　　　　├：～p・～q・～r・v・q・v・pr・v・～pr・v・
　　　　　　　　　　p～r

[據 II.3]　　　├：～p～q～r・v・q(pv～p)・v・pr(qv～q)・v・
　　　　　　　　　　～pr(qv～q)・v・p～r(qv～q)

　　　　　　　├：～p～q～r・v・pq・v・～pq・v・pqr・v・
　　　　　　　　　　～qr・v・～pqr・v・～p～qr・v・pq～r・v・
　　　　　　　　　　p～q～r… (1)

[據 II.3]　　　├：……・v・pq(rv～r・v・～pq(rv~r)・v・……
　　　　　　　├：……・v・pqr・v・pq～r・v・～pqr・v・
　　　　　　　　　　～pq～r・v・… (2)

[據 (1)與 (2)]├：pqr・v・pq～r・v・p～qr・v・～pqr・v・～p
　　　　　　　　　　～qr・v・～pq～r・v・p～q～r・v・～p～q～r

　　　　　　　├：(～pvp)・(～qvq)・(～rvr)

5. ├：q⊃r・⊃：pvq・⊃・pvr

　　證：

[據 I.1]　├：～(～qvr)・v・{～(pvq)・v・pvr}

[據 I.2]　├：q・～r・v・～p・～q・v・pvr

[據 II.4]├：q～r・v・～p・q・v・pr・v・～pr・v・p～r

[據 II.3]├：q～r(pv～p)・v・～p～q(rv～r)・v・pr(qv～q)・v・
　　　　　　　～pr(qv～q)・v・p～r(qv～q)

　　　　　├：pq～r・v・～pq～r・v・～p～qr・v・～p～q～r・v・

pqr・v・p~qr・v・~pqr・v・~p~qr・v・pq~r・
v・p~q~r

[去重複] ├: pqr・v・pq~r・v・p~qr・v・~pqr・v・~p
~qr・v・p~q~r・v・~pq~r・v・~p~q~r

├: (~pvp)・(~qvq)・(~rvr)

以上俱已證訖。但我們卻不說邏輯就是這種妄否的必然。我們
說必然是邏輯推理式的一種特性（按照界說而來的）。

（五）推斷原則

在《算理》，除上列五個形式命題外，還有五個非形式的。此
五個非形式的，有是關於命題之名稱的，有是關於推斷的。我們以
為除關於推斷的，此外皆不甚重要。現在只就推斷原則稍加論列。

推斷原則即是推斷手續原則，即是說，於實際推演時，亦須遵
守幾個原則。路易士列為三個。今照抄於下：

I.「代替原則」（principle of substitution）：在任何命題中，
我們可有常項與變項之分。如在"pvq"中，p, q 皆是變項，"v"
則是常項。常項表示一個式的格式，一定不變；變項是具體化那個
格式的材料，可以常變不居。可以常變不居，即是可以代替。如"
pvq"一式，其中 p 可以 q 代，q 可以 p 代。又可以"~p"代 p，
以"~q"代 q。視其所代者為何，則那個通式便有一新內容，便成
一新公理。這些新公理可以叫做是那個不變的格式之變例。代替原
則是推演時所必須。在算學上亦有同同相代之舉。但這是一種手續，
不能以記號表示。

II.「合主原則」（principle of adjunction）：任何兩個式子，可以分主，亦可以合主。如 p 已被主，q 亦被主，則"p‧q"或"pvq"亦可被主。此亦是一種手續。

III.「推斷原則」（principle of inference）：此原則是說：凡被一真命題所函者為真。如果 p 已被主張，p⊃q 亦被主張，則 q 亦可被主張。這也是一種手續，不能用符號表示。切不可與"p‧p⊃q‧⊃‧q"相混。這個命題只告訴我們複合的前提含著 q 這個結論。當然，命題的邏輯意義，常是與手續的作用相契合。但是，在邏輯主義進行的方法上說，一個「記號式子」必不可與那給出證明的「手續作用」相混。

推斷原則，在思想的進行上與邏輯系統的成立上，都是重要的。先就系統的成立方面說。在這方面，如果沒有推斷原則施行於其間，則或者根本是些散立的命題而不成系統，或者是一串無間斷無眉目的鍊子，仍不能成系統。如果有了推斷原則，則散立的可以連繫起來；無眉目的鍊子，可以成為有眉目的系統。

再從思想進行方面說。在這方面，如果沒有推斷作用，則或者根本無思想，只是渾然一體；或者只有些散立的頓覺，而無所謂思想進行。無思想進行，理性不能表現，邏輯不能成立。事實上，推斷作用就是思想作用。理性或理則即於此處表現。如康德所說的從有條件到無條件的綜和，這一串條件關係亦即是理性之推廣作用，而理性作用亦正於此顯。

由思想上的推斷表現為邏輯上的手續；由邏輯上的手續產生出邏輯命題與邏輯系統。兩者常相契合。但一為具體的、思想中的；

一為紙上的、作成的。一為先天的，一為後天的。「因此，所以」是
思想的進行、推斷的手續，而"p・p⊃q・⊃・q"是一個邏輯命題。
凡在成文系統中的命題都是流出的、後天的、定型的；但同時它們
也就是理性進行之表現。此中離即分寸，不可不察。

二、承前之推演系統

B.1　I. 基本定義：

I.1　　$p \supset p \cdot = \cdot \sim pvq$　　　　　　　　　　　　(Df.I)

I.2　　$p \cdot q \cdot = \cdot \sim(\sim pv \sim q)$　　　　　　　　　(Df.C)

I.3　　$p \equiv q \cdot = \cdot p \supset q \cdot q \supset p$　　　　　　　(Df.E)

II. 原始命題：

II.1　$\vdash : pvp \cdot \supset \cdot p$　　　　　　　[Pp. Taut.]

II.2　$\vdash : q \cdot \supset \cdot pvq$　　　　　　　[Pp. Add.]

II.3　$\vdash : pvq \cdot \supset \cdot qvp$　　　　　　[Pp. Porm]

II.4　$\vdash : pv(qvr) \cdot \supset \cdot qv(pvr)$　　　[Pp. Assoc.]

II.5　$\vdash : .q \supset r \cdot \supset : pvq \cdot \supset \cdot pvr$　　[Pp. Sum]

III. 推斷手續原則：

III.1　代替原則：　　　$\sim p/p$表示以 $\sim p$代 p。

III.2　合主原則。

III.3　推斷原則。

B.11　附注：以下抄原書中的命題以有名稱的原則為主，以與證明
有關的命題為副，其他不相干的一概不抄。本書所抄命題自

成一次序,而原書中的命題號數亦必列於右角。再因為證明的關係,故各原則的出現之先後不得不以原書為準,但是於全幅證明以後,不妨加以重新排列,以稍符合常識上或理論上或意義上各原則之先後。證明時所引用的原則或命題,無論有名稱的,或無名稱的,皆以號數代表,號數以本書所列的次序為準。上條所列的基本定義、原始命題與推斷原則,於引用時,也一概以其號數為準。

B.201 　├：$p \supset \sim p \cdot \supset \cdot \sim p$ 　　　　　　　　　　[*2.01]

此命題表示:假設 p 函著其自己是假的,則 p 是假的。這叫做「歸謬原則」(principle of the reductio ad absurdum)。簡名為 "Abs."。此式證明如下:

證明:

[據 II.1, $\sim p/p$] ├：$\sim p \vee \sim p \cdot \supset \cdot \sim p$ 　　　　　　(1)

[據 (1)及 I.1] ├：$p \supset \sim p \cdot \supset \cdot \sim p$

B.202 　├：$q \cdot \supset \cdot p \supset q$ 　　　　　　　　　　　　[*2.02]

此表示:如果 q 真,則 p 含著 q 真。此即普通所叫做的「真命題被任何命題所函」之詭論(paradox)。此命題叫做歸簡原則(principle of simplification),簡名為 "Simp."。因為此原則能使我們從 q 與 p 之合主而至 q 之單主,故曰歸簡,或簡化。

證明:

[據 II.2 $\sim p/p$] ├：$q \cdot \supset \cdot \sim p \vee q$ 　　　　　　　(1)

[據 (1)及 I.1] ├：$q \cdot \supset \cdot p \supset q$

B.203 　├：$p \supset \sim q \cdot \supset \cdot q \supset \sim p$ 　　　　　　[*2.03]

　　此表示：如果「p 含著非 q」真，則「q 函著 ~p」真。此為「換位原則」（principle of transposition），簡名為 "Transp."。如代數式之換位，正者為負，負者為正同，但意義並不必同，因為此式是符合函蘊之定義的。換位式以下還有很多。

　　證明：

[據 II.3 ~p/p, ~q/q] ├：~pv~q・⊃・~qv~p　　　　　　　　(1)

[據 (1) 及 I.1]　　　├：p⊃~q・⊃・q⊃~p

B.204　├：．p・⊃・q⊃r：⊃：q・⊃・p⊃r　　　　　　　[*2.04]

　　此命題為「交換原則」（principle of commutation），簡名為 "Comm."。此與 Pp. 之對配原則相似。故曰交換。

　　證明：

[據 II.4 ~p/p, ~q/q] ├：．~pv(~qvr)・⊃・~qv(~pvr)　　(1)

[據 (1) 及 I.1]　　　├：．p・⊃・q⊃r：⊃：q・⊃・p⊃r

B.205　├：．q⊃r・s：p⊃q・⊃・p⊃r　　　　　　　　　[*2.05]

　　此命題為 Barbara 式之三段論法，故可曰「三段法原則」（principle of syllogism），簡名為 "Syll."。

　　證明：

[據 II.5 ~p/p] ├：．q⊃r・⊃：~pvq・⊃・~pvr　　　　(1)

[據 (1) 及 I.1] ├：．q⊃r・⊃：p⊃q・⊃・p⊃r

B.206　├：．p⊃q・⊃：q⊃r・⊃・p⊃r　　　　　　　　[*2.06]

　　此亦為 Barbara 式之三段法，故亦為「三段法原則」。

　　證明：

[據 B.204 q⊃r/p, p⊃q/q, p⊃r/r]

├∷q⊃r・⊃∶p⊃q・⊃・p⊃r∶.p⊃q・⊃∶q⊃r・⊃・p⊃r

(1)

[據 B.205]

├∶.q⊃r・⊃∶p⊃q・⊃・p⊃r (2)

[據 (1)及 (2)及 III.3]

├∶.p⊃q・⊃∶q⊃r・⊃・p⊃r

三段法式以後還有。

B.207　├∶ p・⊃・pvp　　　　　　　　　　　[*2.07]

此命題表示同於 II.2 即 Add. 是，只要在 II.2 式以 p 代其中之 q 即可。故此式亦可為「增加原則」（Add.）

B.208　├・p⊃p　　　　　　　　　　　　　[*2.08]

此命題表示任何命題函著其自己：如果 p 真則p 真，結果還是 p。故此命題名曰「同一原則」（principle of identity），簡名為 "Id."。它不同於「同一律」（law of identity），但同一律卻由它推出。

證明：

[據 B.205 pvp/q, p/r]

├∶ pvp・⊃・p∶⊃∶.p・⊃・pvp∶

⊃・p⊃p　　　　(1)

[據 II.1]　　　　　├∶ pvp・⊃・p　　　　　　(2)

[據 (1)及 (2)及 III.3]├∶.p・⊃・pvp∶⊃・p⊃p　(3)

[據 B.207]　　　　├∶ p・⊃・pvp　　　　　　(4)

[據 (3)及 (4)及 III.3]├・p⊃p

B.209　⊢·X＝X　　　　　　　　　　　　　　　　　　　[*13.15]

此命題為同一律：由同一原則（命題的真值之同一）到隨便一東西與其自身相同。它是命題上的，不涉於命題所及之物。若認為是屬於對象，則對象之同一便是一個無根之元學假設，而且若站在變的立場上，則這種同一必最容易受攻擊。所以同一律必須歸於命題：如果「這是桌子」這個命題的值是真的，則此命題的值就是真的；因而我們可說：如果眼前這個東西我們肯定它是桌子，則它就是桌子，此便是同一律的說法。它所指示的是在一系統中思想立場之前後同一的自肯。它是一個「則」，不是一件「事」。

B.210　⊢·~pvp　　　　　　　　　　　　　　　　　　　[*2.1]

證明：

　[據 B.208及 I.1] ⊢·~pvp

此命題一方面表示一個命題只有真假兩值：或是假的或是真的；一方表示這個命題是必然的（妥沓的）：p 或假或真，這個命題皆真。此命題可叫做「二分原則」（principle of dichotomy）。

B.211　⊢·pv~p　　　　　　　　　　　　　　　　　　　[*2.11]

此命題表示說：一個命題其值或是真或是假，而不能有其他可能。此即普通所叫做的「拒中律」（law of excluded middle）。「拒中律」必以二分原則為根據，必由二分原則而來。本系統是二分法系統，故能主張 pv~p，若在三分……等系統內，此命題便不容易成立。（不過三分系統根本就不是屬於邏輯的系統，雖然它可以合乎邏輯）。

證明：

[據 II.3 ~p/p, p/q]　　├：~pvp・⊃・pv~p　　　　　　　(1)

[據 B.21]　　　　　　　├：~pvp　　　　　　　　　　　(2)

[據 (1)及 (2)及 III.3]├・pv~p

B.212　├・p⊃~(~p)　　　　　　　　　　　　　　　[*2.12]

證明：

[據 B.211 ~p/p]├・~pv~(~p)　　　　　　　　　　(1)

[據 (1)及 I1.]　├・p⊃~(~p)

B.213　├・pv~{~(~p)}　　　　　　　　　　　　　[*2.13]

證明：

[據 II.5 ~p/q, ~ {~(p)}/r]

├：~p・⊃・~{~(~p)}：⊃：pv~p・⊃・pv~{~(p)}　　(1)

[據 B.212 ~p/p]

├：~p・⊃・~{~(~p)}　　　　　　　　　　　　　(2)

[據 (1)及 (2)及 III.3]

├：~p・⊃・pv~{~(~p)}　　　　　　　　　　　(3)

[據 (3)及 B.211及 III.3]├・pv~{~(~p)}

B.214　├・~(~p)⊃p　　　　　　　　　　　　　　[*2.14]

證明：

[據 II.3 ~{~(~p)}/q]

├：pv~{~(~p)}・⊃・~{~(~p)}vp　　　　　　　(1)

[據 (1)及 B.213及 III.3]

├・~{~(~p)}vp　　　　　　　　　　　　　　　(2)

[據 (2)及 I.1]　　　　　　　⊦・ ~(~p)⊃p

以上從 B.212, B.213 至 B.214 皆「重非原則」（principle of double negation）之表示。重非亦可曰「重負」，或否定之否定。

B.215　⊦：~p⊃q・⊃・~q⊃p　　　　　　　　　[*2.15]

B.216　⊦：p⊃q・⊃・~q⊃~p　　　　　　　　　[*2.16]

B.217　⊦：~q⊃~p・⊃・p・q　　　　　　　　　[*2.17]

以上三命題與 B.203 同為換位原則之表示。舉一可以賅三，故此三命題不必再事證明（當然原書中是有證明的）。

B.218　⊦：~p⊃p・⊃・p　　　　　　　　　　　[*2.18]

此命題表示：如果 p 是假的則 p 是真的，則 p 是真的，或：如果假命題所函的命題是真的，則該真命題是真的。此原則可補充歸謬原則。如果 p⊃~p・⊃・~p 為歸謬，則

　　　　~p⊃p・⊃・p

直可叫做是「歸真原則」了。

證明：

[據 B.212]　　　⊦・ ⊃~(~p)・⊃

[據 B.205]　　　⊦・ ~p⊃p・⊃・~p⊃~(~p)　　　　　(1)

[據 B.201 ~p/p]⊦：~p⊃~(~p)・⊃・~(~p)　　　　(2)

[據 Syll.]　　　⊦(1)・(2)・⊃⊦：~p⊃p・⊃・~(~p)　(3)

[據 B.214]　　　⊦・ ~(~p)⊃p　　　　　　　　　　　(4)

[據 Syll.]　　　⊦・(3)・(4)・⊃⊦・ ~p⊃p・⊃・p

B.22　⊦：p・⊃・pvq　　　　　　　　　　　　　　[*2.2]

證明：

[據 II.2] ├：.q・⊃・pvq：⊃├：p・⊃・qvp　　　　　　　(1)

[據 II.3] ├：.pvq・⊃・qvp：⊃├：qvp・⊃・pvq　　　　　(2)

[據 Syll.] ├・(1)・(2)・⊃├：p・⊃・pvq

此命題同於增加原則，即「Add.」(II.2)。

B.221　├：～p・⊃・p⊃q　　　　　　　　　　　　　　　[*2.21]

此命題表示說：一假命題函著任何命題。與 B.202 遙遙相對，亦普通所叫做的詭論。

證明：

[據 B.22 ～p/p] ├：～p・⊃・～pvq　　　　　　　　　(1)

[據 (1) 及 I.1] ├：～p・⊃・p⊃q

B.222　├：.p：v：pvq・⊃・q　　　　　　　　　　　　[*2.25]

B.223　├：.～p：v：pvq・⊃・q　　　　　　　　　　　[*2.26]

B.224　├：.p・⊃：p⊃q・⊃・q　　　　　　　　　　　[*2.27]

此三命題也是歸簡原則之表示。

B.23　├：pv(qvr)・⊃・pv(rvq)　　　　　　　　　　　[*2.3]

B.231　├：pv(qvr)・⊃・(pvq)vr　　　　　　　　　　　[*2.31]

此兩命題是聯合原則之表示。其意甚顯，而證明則甚繁，故不錄。

B.232　├：(pvq)vr・⊃・pv(qvr)　　　　　　　　　　　[*2.32]

B.233　├：pvqvr・=・(pvq)vr　　　　Df　　　　　　　[*2.33]

此兩命題亦聯合原則之表示。在析取上，括弧之加減，皆不變命題之值。故最後歸於 B.223 之界說。

B.24　├：.p・v・pvq：⊃・pvq　　　　　　　　　　　[*2.4]

B.241　├：.q・v・pvq：⊃・pvq　　　　　　　　　　[*2.41]

B.242　├：.~p・v・p⊃q：⊃・p⊃q　　　　　　　　　[*2.42]

B.243　├：.p・⊃・p⊃q：⊃・p⊃q　　　　　　　　　[*2.43]

B.244　├：~(pvq)・⊃・~p　　　　　　　　　　　　[*2.45]

B.245　├：~(pvq)・⊃・~q　　　　　　　　　　　　[*2.46]

　　　　以上六命題亦歸簡原則之表示。

B.246　├：pvq・⊃・~p⊃q　　　　　　　　　　　　[*2.53]

　　　　此命題用之於 B.331。

B.3　　├：p・q・⊃・~(~pv~q)　　　　　　　　　　[*3.1]

B.31　　├：~(~pv~q)・⊃・p・q　　　　　　　　　　[*3.11]

　　　　此兩命題合起來表示：

　　　　　　p・q・＝・~(~pv~q)　　　　Df

B.311　├：~(p・q)・⊃・~pv~q　　　　　　　　　　[*3.13]

B.312　├：~pv~q・⊃・~(p・q)　　　　　　　　　　[*3.14]

B.32　　├：.p・⊃：q・⊃・p・q　　　　　　　　　　[*3.2]

B.321　├：.q・⊃：p・⊃・p・q　　　　　　　　　　[*3.21]

B.322　├：p・q・⊃・q・p　　　　　　　　　　　　[*3.22]

　　　　此命題表示絜和上的交換律。凡絜和者必須同真或同假。因
此，在對換原則上，pvq・⊃・qvp 可以改為 ~pvq・⊃・~qvp。
但在絜和上，p・q 不能改為 p・~q，q・p 不能改為 q・~p。當
然可以代。

B.323　├・~(p・~p)　　　　　　　　　　　　　　[*3.24]

　　　　此命題即「矛盾律」之表示。拒中律，按照二分法，由"

"~pvp" 來；矛盾律，則由 "p・~p" 來。"p・p" 不矛盾，而 "p・~p" 則矛盾。拒中律是說或假或真，最後總有一個成立；矛盾律是說假與真兩個不能並存，只能有一個。按本成文系統（金岳霖先生用語）而言，拒中律發生在先，因析取為原始觀念故也。若以絜和為原始觀念（如路易士即如此），則矛盾律當發生在前。成文系統雖可自由建設，然由二分而析取而拒中似乎自然些。

證明：

[據 B.211 ~p/p]　　　├・~pv~(~p)　　　　　　　　　　(1)

[據 B.312 ~p/p]　　　├：~pv~(~p)・⊃・~(p・~p)　(2)

[據 (1)及 (2)及 III.3]├・~(p・~p)

B.324　　├：p・q・⊃・p　　　　　　　　　　　　　　[*3.26]

B.325　　├：p・q・⊃・q　　　　　　　　　　　　　　[*3.27]

此為絜和上之「歸簡原則」。

B.33　　├:.p・q・⊃・r：⊃：p・⊃・q⊃r　　　　　　[*3.3]

此命題表示：假設 p 與 q 連合起來函蘊 r，則 p 函蘊 q 函蘊 r。此叫做「輸出原則」（principle of exportation），簡名為 "Exp."。因為 q 從前提 "p・q" 中輸出，故曰輸出原則。此名得之於皮亞諾（Peano）。

證明：

[據 B.208 及 I.2]　　├:.p・q・⊃・r：⊃：~(~pv~q)・⊃・r:

[據 B.203]　　　　　├:.　　　　　　　⊃：~r・⊃・~pv~q:

[據 B.208 及 I.1]　　├:.　　　　　　　⊃：~r・⊃・p⊃~q:

[據 B.204]　　　　　　⊃：p・⊃・~r⊃~q：

[據 B.203 及 B.206]　├:.　　　　　⊃：p・⊃・q⊃r:.

├:.p・q・⊃・r：⊃：p・⊃・q⊃r

B.331　├:.p・⊃・q⊃r：⊃：p・q・⊃・r　　　　　　[*3.31]

此命題與上命題正倒一過，它表示：如果 p 函著「q 函蘊 r」，則 p 與 q 連合起來函蘊 r。此叫做「輸入原則」（principle of importation），簡名為 "Imp."。因為 q 從 "q⊃r" 中跳出而與 p 連合，故曰「輸入」。此名亦得之於皮亞諾。

證明：

[據 B.208 及 I.1]├:.p・⊃・q⊃r:⊃:~p・v・~qvr：

[據 B.231]　　　├:.　　　　　　⊃:~pv~q・v・r：

[據 B.246]　　　├:.　　　　　　⊃:~(~pv~q)・⊃・r：

[據 B.208 及 I.2]├:.　　　　　⊃:p・q・⊃・r:.

├:.p・⊃・q⊃r:⊃:p・q・⊃・r

B.332　├:p⊃q・q⊃r・⊃・p⊃r　　　　　　　　[*3.33]

B.333　├:q⊃r・p⊃q・⊃・p⊃r　　　　　　　　[*3.34]

此兩命題以兩個前提之絜和表示三段論法式，比前面 B.205 及 B.206 更為方便有用。

B.334　├:p・p⊃q・⊃・q　　　　　　　　　　[*3.35]

此命題是說；如果 p 與「p 函蘊 q」真，則 q 真。這叫做「斷定原則」（principle of assertion），簡名為 "Ass."。此與 III.3（即推斷原則）不同，切不可混。

證明：

[據 B.224及 B.331] ⊢::p・⊃ :p⊃q・⊃・q :.⊃ :

p・p⊃q・⊃・q

B.335　⊢:.p・q・⊃・r :⊃ :p・~r・⊃・~q　　　　　　　[*3.37]

此為換位式之一。

B.34　⊢:.p⊃q・p⊃r・⊃:p・⊃・q・r　　　　　　　　　[*3.43]

此命題表示：如果一命題函著兩命題中之每一個，則此命題函著那兩個命題之邏輯積。此為「組和原則」（principle of composition），簡名為 "Comp."，為皮亞諾所取。

證明此命題時所用的命題多為以前所無，故不錄證明。

B.431　⊢:.q⊃p・r⊃p・⊃:qvr・⊃・p　　　　　　　　　[*3.44]

此命題表示：如果「q 函蘊p」並且「r 函蘊 p」，則「q 或 r」函蘊 p。此命題與 B.34 相類比：B.34 表示邏輯積（logical product）之組和，此命題表示邏輯和（logical sum）之組和。此命題的證明亦不錄，理由如上。

B.342　⊢:.p⊃q・⊃ :p・r・⊃・q・r　　　　　　　　　[*3.45]

此命題表示：如果「p 函蘊q」真，則「p 與 r」函蘊「q 與 r」真。即是說，我們可以把一個函蘊的兩邊乘一公共分子而仍不礙其為真。皮亞諾曾名之曰「因子原則」（principle of factor），簡名為 "Fact."。

證明：

[據 B.206 ~r/r]　　　⊢:.p⊃q・⊃:q⊃~r・⊃・p⊃~r:

[據「換位原則」]　　　⊢:.　　　⊃:~(p⊃~r)・⊃・~(q⊃~r)

[據 B.208及 I.1與 I.2]├:.p⊃q・⊃:p・r・⊃・q・r

B.343　　├:.p⊃r・q・⊃s・⊃:p・q・⊃・r・s　　　　　　　[*3.47]

此命題表示：如果「p 函蘊r」並且「q 函蘊 s」，則「p 與 q」函蘊「r 與 s」。此原則為來本之所證明，並且他覺得心中甚樂，因此，他名之曰「可寶公理」（principle theorema）。

證明：

[據 B.324]　　　　　　├:.p⊃r・q⊃s・⊃:p⊃r:

[據 B.342]　　　　　　├:.⊃:p・q・⊃・r⊃q:

[據 B.322]　　　　　　├:.⊃:p・q・⊃・q・r　　　　　　(1)

[據 B.325]　　　　　　├:.p⊃r・q⊃s・⊃:q⊃s:

[據 B.342]　　　　　　├:.⊃:q・r・⊃・s・r:

[據 B.322]　　　　　　├:.⊃:q・r・⊃・r・s　　　　　　(2)

[據 (1)及 (2)及 B.206]├:.p⊃r・q⊃s・⊃:p・q・⊃・r・s

B.344　　├:.p⊃r・q⊃s・⊃:pvq・⊃・rvs　　　　　　　[*3.48]

此命題與 B.343 相類，只不過邏輯積改成邏輯和而已。

證明：

[據 B.324]　　　　　　├:.p⊃r・q⊃s・⊃:p⊃r:

[據 II.5]　　　　　　　├:.⊃:pvq・⊃・rvq:

[據 II.3]　　　　　　　├:.⊃:pvq・⊃・qvr:　　　　　　(1)

[據 B.325]　　　　　　├:.p⊃r・q⊃s・⊃:q⊃s:

[據 II.5]　　　　　　　├:.⊃:qvr・⊃・svr:

[據 II.3]　　　　　　　├:.⊃:qvr・⊃・rvs　　　　　　(2)

[據 (1)及 (2)及 B.206]├:.p⊃r・q⊃s・⊃:pvq・⊃・rvs

B.4 $p \equiv q \equiv r \cdot = \cdot p \equiv q \cdot q \equiv r$ Df.   [*4.02]

此界說與 I.3 共為「等值」中之兩定義。

B.41   ⊦:$p \supset q \cdot \equiv \cdot \sim q \supset \sim p$ [*4.1]

此為換位原則之表示。

證明：

   [據 B.216]   ⊦:$p \supset q \cdot \supset \cdot \sim q \supset \sim p$ (1)

   [據 B.217]   ⊦:$\sim q \supset \sim p \cdot \supset \cdot p \supset q$ (2)

   [據 (1)·(2)·I.3] ⊦:$p \supset q \cdot \equiv \cdot \sim p \supset \sim p$

B.411   ⊦:$p \equiv q \cdot \equiv \cdot \sim p \equiv \sim q$ [*4.11]

證明：

   [據 B.216, B.217, B.343, B.322]

B.412   ⊦:$p \equiv \sim q \cdot \equiv \cdot \sim p$ [*4.12]

證明：

   [據 B.203及 B.215]

以上兩命題亦為換位之表示。

B.413   ⊦·$p \equiv \sim(\sim p)$ [*4.13]

此為「重負原則」。

證明：

   [據 B.212] ⊦·$p \supset \sim(\sim p)$ (1)

   [據 B.214] ⊦·$\sim(\sim p) \supset p$ (2)

   [據 I.3]   ⊦·$p \equiv \sim(\sim p)$

B.414   ⊦:.$p \cdot q \cdot \supset \cdot r : \equiv : p \cdot \sim r \cdot \supset \cdot \sim q$ [*4.14]

B.415   ⊦:.$p \cdot q \cdot \supset \cdot \sim r : \equiv : q \cdot r \cdot \supset \cdot \sim p$ [*4.15]

此亦為換位之表示。

B.42 　⊢·p≡p　　　　　　　　　　　　　　　　[*4.2]

此命題表示等值關係是「反身的」（reflexive）。

B.421 　⊢:p≡q·≡·q≡p　　　　　　　　　　　　[*4.21]

此命題表示等值關係是「對稱的」（symmetrical）。

B.422 　⊢:p≡q·q≡r·⊃·p≡r　　　　　　　　　　[*4.22]

此命題表示等值關係是「傳遞的」（transitive）。

證明：

[據 B.324] 　　　　　⊢:p≡q·q≡r·⊃·p≡q·

[據 B.324及 I.3] 　　⊢: 　　　　　　⊃·p⊃q　　　(1)

[據 B.325] 　　　　　⊢:p≡q·q≡r·⊃·q≡r·

[據 B.324及 I.3] 　　⊢: 　　　　　　　⊃·q⊃r　　　(2)

[據 (1)·(2)及 B.206]⊢:p≡q·q≡r·⊃·p⊃r　　(3)

[據 B.325] 　　　　　⊢:p≡q·q≡r·⊃·q≡r·

[據 B.325及 I.3] 　　⊢: 　　　　　　⊃·r⊃q　　　(4)

[據 B.324] 　　　　　⊢:p≡q·q≡r·⊃·p≡q·

[據 B.325及 I.3] 　　⊢: 　　　　　　　⊃·q⊃p　　　(5)

[據 (4)·(5)及 B.206]⊢:p≡q·q≡r·⊃·r⊃p　　(6)

[據 (3)·(6)及 B.34] ⊢:p≡q·q≡r·⊃·p⊃r·r⊃p　　(7)

[據 (7)及 I.3] 　　　⊢:p≡q·q≡r·⊃·p≡r

B.423 　⊢:p·≡p·p　　　　　　　　　　　　　　[*4.24]

B.424 　⊢·p·≡·pvp　　　　　　　　　　　　　　[*4.25]

以上兩命題是妥沓邏輯律之兩個形式。此足以使邏輯不同於

普通代數。在代數上，$a \times a = a^2$, $a + a = 2a$，都不能仍等於 a；在數學上：$1 \times 1 = 1$，但 $1 + 1 = 2$。仍不同於邏輯律。原因在數學完全是量的核算，而邏輯不能不注重意義。（真假值）。

B.43　　├:p・q・≡・q・p　　　　　　　　　　　[*4.3]

B.431　　├:pvq・≡・qvp　　　　　　　　　　　[*4.31]

　　　　B.43 為邏輯積上之交換律的表示；

　　　　B.431 為邏輯和上之交換律的表示。

B.432　　├:(p・q)・r・≡・p・(q・r)　　　　　　[*4.32]

B.433　　├:(pvq)vr・≡・pv(qvr)　　　　　　　[*4.33]

　　　　此兩命題為邏輯積與邏輯和上的聯合律（Assoc.）之表示。

B.434　　├:p・q・r・=・(p・q)・r　　　　Df　　[*4.34]

　　　　此定義表示聯合律上之去括弧。

B.435　　├:.p≡q・⊃:p・r・≡・q・r　　　　　　[*4.36]

　　　　此為因子原則表示於等值上者。

B.436　　├:.p≡q・⊃:pvr・≡・qvr　　　　　　[*4.37]

　　　　此為綜和原則表示於等值上者。

B.437　　├:.p≡r・q≡s・⊃:p・q・≡・r・s　　　[*4.38]

B.438　　├:.p≡r・q≡s・⊃:pvq・≡rvs　　　　[*4.39]

　　　　此為來本之（Leibniz）可寶原理之表示於等值上者。

B.44　　├:.p・qvr・≡:p・q・v・p・r　　　　　[*4.4]

　　　　此為「周布律」（distributive law）之第一形式。

　　　　為證明此命題，我們需要以下之命題。

　　　　B.04　　├:.p・⊃:q・⊃・p・q　　　　　　[*3.2]

證明：

[據 B.04]　　　├∷p・⊃:q・⊃・p・q:.p・⊃:r・⊃・p・r

[據 B.43]　　　├∷p・⊃:・q・⊃・p・q:r・⊃・p・r:.

[據 B.344]　　　├∷⊃:.qvr・⊃:p・q・v・p・r　　　　(1)

[據 (1)・B.331]　├:.p・qvr・⊃:p・q・v・p・r　　　　(2)

[據 B.324]　　　├:.p・q・⊃・p:p・r・⊃・p:.

[據 B.341]　　　⊃:.p・q・v・p・r:⊃・p　　　　　(3)

[據 B.325]　　　├:.p・q・⊃・q:p・r・⊃・r:.

[據 B.344]　　　⊃:.p・q・v・p・r・⊃・qvr　　　　(4)

[據 (3)・(4)・B.31]├:.p・q・v・p・r:⊃・p・qvr　　　(5)

[據 (2)・(5)・I.3]　├:.p・qvr・≡:p・q・v・p・r

B.411　　├:.p・v・q・r:≡・pvq・pvr　　　　　　　　[*441]

　　　此命題為「周布律」之第二形式。B.44 為一命題周布於邏輯和上，成為兩個絜和的析取關係；B.441 為一命題周布於邏輯積上，成為兩個析取的絜和關係。此兩邏輯命題，與 B.423 及 B.424 同，皆與普通代數或數學無關。譬如：$1 + (2 \times 3)$ 顯然不等於 $(1+2) \times (1+3)$；但是在邏輯上，p・v・q・r卻等值於 pvq・pvr。

　　　證明：

[據 B.324及 II.5]　├:.p・v・q・r:⊃・pvq　　　　(1)

[據 B.325及 II.5]　├:.p・v・q・r:⊃・pvr　　　　(2)

[據 (1)・(2)・B.34]├:.p・v・q・r:⊃・pvq・pvr　　(3)

[據 B.246及 B.343]├:.pvq・pvr・⊃:~p⊃q・~p⊃r:

[據 B.34]　　　　　├:.　　　　⊃:~p・⊃・q・r:

[據 I.1]　　　　　├:.　　　　⊃:p・v・q・r　　　　　(4)

[據 (3)・(4)・I.3]　├:.p・v・q・r:≡・pvq・pvr

B.442　├:.p・≡:p・q・v・p・~q　　　　　　　　　　[*4.42]

　　　此式即等於：

　　　　　　p・≡:p・q・v・p・~q・≡・p(qv~q)

　　　即一個命題與一妥沓（即必真）命題絜和仍不破其真值。

B.443　├:.p・≡:pvq・pv~q　　　　　　　　　　　[*4.43]

　　　此式等於：

　　　　　　p・≡・pvq・pv~q・≡:p・v・q・~q

　　　即一個命題與一矛盾命題發生析取關係仍不礙其為真。但不

　　能發生絜和關係。

B.444　├:.p・≡:p・v・p・q　　　　　　　　　　　[*4.44]

　　　一命題與一絜和命題發生析取關係也不礙其為真。可與 B.443

　　合觀。

B.445　├:p・≡・p・pvq　　　　　　　　　　　　　[*4.45]

　　　一命題與一析取命題絜和亦不礙其為真。可與 B.442 合觀。

　　　以上四命題，與 B.423, B.424, B.44, B441 同，皆為邏輯所特

　　有之特性；而與 B.423 及B.424 又為同一形式，皆屬妥沓邏輯之

　　表示。

B.45　　├:p・q・≡・~(~pv~q)　　　　　　　　　　[*4.5]

　　　此同於 I.2。即絜和定義。

B.451　├:~(p・q)・≡・~pv~q　　　　　　　　　　[*4.51]

此即「不相容」關係之表示。

B.452　├:p・~q・≡・~(~pvq)　　　　　　　　　　[*4.52]

此即「真妄關係」之表示。

B.453　├:~(p・~q)・≡・~pvq　　　　　　　　　　[*4.53]

此即「函蘊關係」之表示。

B.454　├:~p・q・≡・~(pv~q)　　　　　　　　　　[*4.54]

此即「妄真關係」之表示。

B.455　├:~(~p・q)・≡・pv~q　　　　　　　　　　[*4.55]

此即「反函蘊關係」（p⊂q）之表示。

B.456　├:~p・~q・≡・~(pvq)　　　　　　　　　　[*4.56]

此即「並妄關係」之表示。

B.457　├:~(~p・~q)・≡・pvq　　　　　　　　　　[*4.57]

此即「析取關係」（即相容關係）之表示。

以上八個命題，又可藉著「函蘊」表示如下。

B.46　├:p⊃q・≡・~pvq　　　　　　　　　　　[4.6]

此為函蘊關係。

B.461　├:~(p⊃q)・≡・p・~q　　　　　　　　　　[*4.61]

此為真妄關係。

B.462　├:p⊃~q・≡・~pv~q　　　　　　　　　　[*4.62]

此為不相容關係。

B.463　├:~(p⊃~q)・≡・p・q　　　　　　　　　　[*4.63]

此為絜和關係。

B.464　├:~p⊃q・≡・pvq　　　　　　　　　　　[*4.64]

此為析取（即相容）關係。

B.465　├:~(~p⊃q)・≡・~p・~q　　　　　　　　　　　　[*4.65]

此為並妄關係。

B.466　├:~p⊃~q・≡・pv~q　　　　　　　　　　　　　　[*4.66]

此為反函蘊關係。

B.467　├:~(~p⊃~q)・≡・~p・q　　　　　　　　　　　　[*4.67]

此為妄真關係。

這八個關係，從 B.45 到 B.457 的寫法足以使讀者知道如何從絜和翻譯到析取，如何從析取翻譯到絜和。從 B.46 到 B.467 的寫法足以使讀者知道如何將函蘊翻譯為絜和與析取。其間過程固然遵守基本定義及其以前諸原則，即是說皆可由以前所已得出者來證明，皆在這個成文的推演系統中；但若只看本命題，卻甚不顯然。可是讀者若把第一分弄熟了，這八個關係的兩種表示法又甚顯然而易明，不待證明而始信。如是，可見這個推演系統完全以第一分所列的格式為根據，並可見模胎法（matrix method）之重要。第一分用模胎法表示那十六種關係，反來覆去，造成如許花樣，讀者除非不看，若一看過，必透徹無餘。心中若明白了，再看以上八種關係的表示法不是很容易而且有根了嗎？

復次，這八種關係既都屬於那十六種中的，而且既又有了這八種能從這個推演系統中推出而得到證明，那麼，其餘八種也必函在這個系統內無疑了。

不過其餘八種，俟以下諸命題證明後再行引出，更為方便。

B.47　├:.p⊃q・≡:p・⊃・p・q　　　　　　　　　　　　[*4.7]

證明：

[據 B.325及 Syll.]　├:.p・⊃・p・q:⊃・p⊃q　　　　　　　　　(1)

[據 B.34]　　　　　├:.p⊃p・p⊃q・⊃:p・⊃・p・q:.

[據 B.33]　　　　⊃├:p⊃p・⊃:.p⊃q・⊃:p・⊃・p・q::

[據 B.208]　　　⊃├:.p・q・⊃:p・⊃・p・q　　　　　　　(2)

[據 (1)・(2)・I.3]├:.p⊃q・≡:p・⊃・p・q

B.471　├:.p⊃q・≡:p・≡・p・q　　　　　　　　　　　　[*4.71]

B.472　├:.p⊃q・≡:q・≡・pvq　　　　　　　　　　　　[*4.72]

B.473　├:.q・⊃:p・≡・p・q　　　　　　　　　　　　　[*4.73]

B.474　├:.~p・⊃:q・≡・pvq　　　　　　　　　　　　[*4.74]

B.475　├:.p⊃q・p⊃r・≡:p・⊃・q・r　　　　　　　　　[*4.76]

B.476　├:.q⊃p・r⊃p・≡:qvr・⊃・p　　　　　　　　　[*4.77]

此兩命題為組和原則之表示於絜和式之前提及結論者。

B.477　├:.p⊃q・v・p⊃r:≡:p・⊃・qvr　　　　　　　　[*4.78]

B.478　├:.q⊃p・v・r⊃p:≡:q・r・⊃・p　　　　　　　　[*4.79]

此兩命題為組和原則之表示於析取式之前提與結論者。

B.48　　├:p⊃~p・≡・~p　　　　　　　　　　　　　　[*4.8]

B.481　├:~p⊃p・≡・p　　　　　　　　　　　　　　　[*4.81]

B.482　├:p⊃q・p⊃~q・≡・~p　　　　　　　　　　　[*4.82]

B.483　├:p⊃q・~p⊃q・≡・q　　　　　　　　　　　　[*4.83]

我們可將十六種關係中其他八種列於下。

B.49　　├:p⊃p・q⊃q

此為獨立關係，即必然或妥沓邏輯是。

證明：

[據 B.321及 III.3] ⊢:p・⊃・p・q   (1)

[(1)p⊃p/p, q⊃q/q] ⊢:p⊃p・⊃・p・p・q⊃q   (2)

[(2)・III.3]   ⊢・p⊃p・q⊃q

此命題用 B.47 亦可證明。

B.491   ⊢:(p・~p)・(q・~q)

此為全幅矛盾，即「不可能」是。

證明：

[據 B.47及 III.3]   ⊢:p・⊃・p・q   (1)

[據 (1)p・~q/p, q・~p/q]

⊢:p・~q・⊃・(p・~q)・(q・~p)   (2)

[據 (2)及 III.3]   ⊢:(p・~q)・(q・~p)

[整次序]   ⊢・(p・~p)・(q・~q)

B.492   ⊢・~p

此為反偏離。

證明：

[據 B.442, ~p/p] ⊢:.~p・ ≡:~p・q・v・~p・~q:

≡・~p(qv~q)・

≡・~p

B.493   ⊢・~q

此為偏離。

證明：

[據 B.442] ⊢:.~q・ ≡:~q・p・v・~q・~p:

$$\equiv \cdot \sim q(pv\sim p) \cdot$$
$$\equiv \cdot \sim q$$

B.494　⊢ · p

此為偏取關係。同於 B.442。

B495　⊢ · q

此為反偏取關係。

證明：

[據 B.442]　⊢:.q · ≡ :p · q · v · ~pq:
$$\equiv \cdot q(pv\sim p) \cdot$$
$$\equiv \cdot q$$

B.496　⊢ · p≡q　　　　　　　　　　　　　　　　　　　　[I.3]

B.497　⊢:p · ~q · v · q · ~p

此為矛盾關係。

證明：

[據 B.452]　　　　　　⊢ · p · ~q　　　　　　　　　(1)

[據 B.454]　　　　　　⊢:~p · q · = · q · ~p　　　　(2)

[據 B.431]　　　　　　⊢ · pvq　　　　　　　　　　(3)

[據 (3), (1)/p, (2)/q] ⊢:p · ~q · v · q · ~p

以上八種關係均由本系統推演出。與 B.45 至 B.457 八種合觀恰為第一分中所列之十六種關係。（此八種為原書所無，故右角之號數缺。）

　　　　　　※　　　　　　　※　　　　　　　※

　　推演系統既經作成，隨著來的即是推演如何可能問題：推演依據何物而成？推演是否循環？

　　現在先討論第一問題。在討論之前，我們當指出一個分別：紙上的邏輯與思想中的邏輯。前者亦可叫做成文邏輯，其推演出的系統是成文系統。後者亦叫做不成文邏輯，其自身之演展或孳乳，則為不成文系統。

　　不成文邏輯伏藏或附著於人類之一切思想活動中：特殊的思想、各種學說、以及各種理論。古今中外同具此種不成文的邏輯即「人同此理」之謂。不然，則各種思想、學說，或理論，必不能互相了解。大家所以能夠互相了解，固然一方由於有一公共自然界，但對著言論而言，重要的還是他方面我們人類有一種人所同具人所必遵的普遍理則（不成文邏輯）在背後作根據。此理則必須返觀始得：思則得之，不思則不得也。向外理解，亦不能得。必須就理解所以可能處返觀而得之。

　　成文邏輯常因人而異：見仁見智，各有不同。所以當也是特殊的思想、學說或理論一類的東西。邏輯本身（不成文的）不是學說，而人所寫或所講的邏輯，則有學說性。因有學說性，故異。故成文邏輯對不成文邏輯而言，為「多對一」的關係。多者為仿本，一者為原本。最肖似於原本者為標準邏輯。

　　標準邏輯的決定，當從以下兩方面看：

　　（一）從邏輯系統上說，它是否假設了別的系統；

　　（二）從其成立上說，看它是否摻雜了邏輯外的意義在內。

從這兩個條件上看，我們決定了二價系統為標準系統。因為第一，

它並未假設別的系統於其中，而現在的三價系統或多價系統卻實在脫離不了二價而獨立，也實在因二價系統而有意義而可能。但反之，二價系統卻不依靠別的而始有意義，而始可能。它本身就是「邏輯意義」之代表。第二，二價系統並沒有參雜邏輯外的意義在內。它本身只有一個邏輯意義，它自成一種意義：為別的意義所以可能之條件，但不依別的而始成。但其他系統則不能有此。此吾已言之屢矣。

　　遵守這個純粹的無雜染的「邏輯意義」而前進，便可造成邏輯系統。於造之之時，亦純粹的無雜染的順著「邏輯意義」而表現，則為標準系統。如是，邏輯意義即是使推演系統成為可能的必須而唯一的條件。

　　我們再討論第二問題。在作推演系統時，貌似循環的問題時常發生。譬如推斷手續原則（即 III.3）與 B.334 之「斷定原則」（即 p・p⊃q・⊃・q），便是一個循環關係。這種循環叫做「邏輯中心」（logo-centric）的循環。

　　我們在思想中的邏輯，恐怕只有一個推斷過程，也許就是那個不能表示的「推斷原則」（即 III.3）。但是在成文邏輯中，我們既須要一個不能表示的推斷原則作一般的推斷手續，又可以作成一個可以表示的「斷定原則」作一個特殊公理。這兩種似乎都是必有。在一個成文系統中，它們兩個既各有專名，各有專責，似乎不見得循環；但是從不成文系統方面看，它們似乎就是一個循環，須知這就是邏輯中心的循環。即以邏輯論邏輯，表示邏輯還得須要邏輯。因為講邏輯是一種思維。任何思維不能不邏輯地進行之。

　　為解析這種循環,我們引出思想中的邏輯與紙上的邏輯之區分以明之。我們的目的是在以紙上的邏輯表示思想中的邏輯。但當表示紙上的邏輯時,卻又離不了思想中的邏輯。對紙上邏輯而言,我們既在其外,又在其內。在其外是說我們來論它,表示它;在其內是說我們表示它又離不了它。對思想中的邏輯言,我們也是既在其外,又在其內。在其外是說我們來論它,表示它,結果成功了紙上的成文邏輯;在其內是說我們當表示它時,又離不了它。這情形好像空氣一樣:我們既在其外以吸收之,又在其內以游泳之。它周流於我的體外及體內,所以不可離。道者不可須臾離也,可離非道也。邏輯亦如此。

　　因為這種中心的循環,所以我們說邏輯之理,返觀始得。不返觀不足以知其不可離也。

　　在一成文系統內,還有一種循環,即是引用自己證明自己。設以「妥沓原則」為例。我們可用 "pvp・⊃・p" 這個妥沓式於其自己而得到:

　　　　pvp・⊃・p:v:pvp・⊃・p:.⊃:pvp・⊃・p

或者,再用拒中原則 "pv~p" 於其自己,又可得:

　　　　pv~p・v・~(pv~p)

這兩個式子,前者仍是妥沓式,後者仍是拒中式。這都是以自己證明自己的循環。不過這種循環乃是層次問題。「層次說」即可說明這種循環並不礙事。這種循環與丐題的循環並不相同。因為蛇斐曾說:邏輯實無所謂證明,只是顯明。在經驗或知識上有證明。在證明上,如果丐題,則即等於未證。此種循環是當避免的。但邏輯實

非知識也。

三、不相容系統

C.1　不相容系統（incompatibility-system）是用"｜"表示的。兩
　　　個命題發生不相容關係，其真假關係如下：㈠ p 真 q 假，㈡
　　　p 假 q 真，㈢ p 假 q 假；以格式表之便為：

p	q	p｜q
＋	＋	N
－	＋	E
＋	－	E
－	－	E

　　　《算理》系統為「函蘊系統」，因其推演關係以函蘊表示故
　　　也。以「不相容」表示的系統曰「不相容系統」。因為「不相
　　　容」是以"｜"這個槓符來表示，故「不相容系統」亦叫做「
　　　槓子系統」，或曰「梃擊系統」（stroke-system）又因為「不
　　　相容」讀為「或不是 p 或不是 q」（either not-p or not-q），
　　　故又可名為「雙非系統」（binary system）。

C.11　這個「雙非系統」本由於 1913 年蛇斐（H. M. Sheffer）所發
　　　明。懷悌海與羅素合著的《算理》於 1910 年出版，蛇斐的「
　　　雙非系統」即為修改或歸并布爾的代數邏輯系統及《算理》
　　　系統而作。
　　　在他這個雙非系統內，只有一個基本概念，即「結合之雙體 K-
　　　律」（a binary K-rule of combination）是。此律表示：一個

類之兩個分子，按照這個律，可以規定一個單一類（univocal class），或單一邏輯體（univocal logical entity）。這個基本概念以 " | " 表示之。蛇斐在其〈布爾代數邏輯上的五個獨立設準組，……〉（"A Set of Five Independent Postulates for Beolean Algebras, with Application to Logical Constants"。登於《美國數學會學報》 _Transactions of American Mathematical Society,_ Vol. XIV, 1913. pp. 481–89.）一文裡曾有以下三個預設：

I.類 K；

II.結合之雙體 K-律 " | "；

III.K 與 | 所有的以下之特性：

一、至少有兩個不同的 K- 原素。

二、只要 a, b 是 K- 原素，a | b 也是 K- 原素。

定義：$a' = a \mid a.$

（ a′等於ā，或 ~a）

三、只要 a 以及 a 之指標結合（即 a 之負，a′）是 K- 原素，則我們即有：

$(a')' = a.$

四、只要 a, b 以及 a 與 b 之指標結合是 K- 原素，則我們即有：

$a \mid (b \mid b') = a'$

五、只要 a, b, c 以及 a, b 及 c 之指標結合是 K- 原素，則我們即有：

$$[a|(b|c)]' = (b'|a)|(c'|a)$$

這五個特性亦可叫做五個設準。類 K 與 " ｜ " 可以叫做是原始觀念。在蛇斐以後，1916 年布恩斯坦（B. A. Bernstein）以為只要四個設準就夠了。他說：「假設我們以類 K 與運算件 " ｜ " 當著兩個原始觀念，布爾的代數邏輯可由以下四個設準推出：

P1.　一個類 K 至少要包含兩個不同的原素。

P2.　假設 a, b 是類 K 之原素，a｜b 也是類 K 之原素。

　　　Dfl.　　　$a' = a｜a$

P3.　假設 a, b 以及 a, b 之指標結合是類K 之原素，則我們即有：

　　　$(b|a)|(b'|a) = a.$

P4.　假設 a, b, c 以及 a, b, c 之指標結合是類 K 之原素，則我們即有：

　　　$a'|(b'|c) = [(b|a')|(c'|a')]'.$

（參看他的〈布爾代數邏輯上的四個獨立設準組〉。（"A Set of Four Independent Postulates for Boolean Algebras"）。《美國數學會學報》，Vol. XVII，1916 年， pp. 50–51.）。

C.12　蛇斐及布恩斯坦的歸并皆是對代數邏輯而言的，故題目中皆以布爾的代數邏輯為言。但此卻開法人尼構（J. G. P. Nicod）歸并《算理》系統之先河。原來《算理》中以「負」與「析取」，即 ～與 v，為原始觀念。蛇斐即由此而啟發出 " ｜ " 之觀念以代替 ～與 v。並以為布爾的代數邏輯可由此一觀念

而推出，並可以將《算理》的兩個原始觀念（即 $\sim, \vee$）歸并為一即"｜"將《算理》的 *1.7 及 *1.71 兩個原始命題也可以歸并為一個原始命題。

C.13 因為他所謂 K 是指一特定邏輯型（a given logical type）中之一切命題之類而言。所以預定類 K 為原始觀念之一。而他所謂結合之雙體 K- 律即指由"｜"所結合之雙體而成的單一類之律而言。雙體單一類即是一個 K。結合雙體的"｜"，蛇斐解析為「既非 p 也非 q」（neither p nor q）。他以為"｜"與 "neither-nor"（既非也非）這個邏輯常量有同一特性。蛇斐名「既非也非」為「排」或「並妄」（rejection），並以"∧"表示之。於是，「並妄」可用「負」與「析取」來規定：

$$p \wedge q = \sim(p \vee q) \qquad Df$$

反過來，「負」與「析取」又可藉「並妄」來規定：

$$\sim p = p \wedge p \qquad Df$$
$$p \vee q = (p \wedge q) \wedge (p \wedge q) \qquad Df$$

這便是負與析取皆歸并於「並妄」。因此，《算理》系統中 *1.7 如果 p 是基本命題，則 $\sim p$ 是基本命題，以及 *1.71 如果 p, q 是基本命題，則 pvq 是基本命題，這兩個原始命題(Pp) 即可歸還於一個原始命題：如果 p, q 是基本命題，則 $p \wedge q$ 是基本命題。

C.14 蛇斐把結合雙體的"｜"解為「既非也非」，在運算上，以"∧"（並妄）代之，以為與「並妄」同。但法人尼構卻將"p｜q"解為「或不是 p 或不是 q」（either not-p or not-q），

而不解為「既非 p 也非 q」。表面看之，這兩個說法似乎相同，其實不同。照第一分而言，「或不是 p 或不是 q」的說法當有三個真妄可能：(1)~pq，(2)p~q，(3)~p~q；但「既非 p 也非 q」的說法卻只有一個真妄可能：~p~q。如果有三個真妄可能者以"｜"表之，有一個真妄可能者以"∧"表之，則兩者的不同，可從以下兩格式看出：

p	q	p ｜ q
+	+	N
−	+	E
+	−	E
−	−	E

p	q	p ∧ q
+	+	N
−	+	N
+	−	N
−	−	E

如是"p｜q"（或非 p 或非 q，非等於「不是」）為不相容關係，而"p∧q"（既非 p 也非 q，非等於「不是」）為並妄關係。不相容可以含著「並妄」，但「並妄」卻不一定「不相容」。如是，蛇斐由"｜"所成者乃是並妄系統。尼構所成者纔是不相容系統。須知並妄與不相容並不同也。本段以尼構的"p｜q"為準，不以蛇斐的"p∧q"為準。

C.15　復次，蛇斐目的在講代數邏輯，故原始觀念皆以類起。雖然在符號的運用上可以同於《算理》，但根本觀念卻不同於《算

理》。《算理》從命題起，類的出現還在大後，故俟講類時，可以把布爾的代數邏輯吸收進來，而蛇斐的觀念始可應用。但現在則不能應用。尼構只藉用了" | "這個符號，類的觀念並未吸取。他只想用" | "這個符號所表示的觀念來歸并《算理》系統。這只是運算上的代替。至根本觀念、基本定義、原始命題，種種邏輯路數毫未更變。本段以下所欲介紹的「不相容」系統即指尼構所造的這個系統而言。

C.2　尼構的不相容系統可按照以下三種東西而造成：

I.　基本定義：

$$(1)\quad \sim p = p \mid p \qquad\qquad\qquad\qquad\text{Df}$$

$$(2)\quad p \supset q = \sim pvq = p \mid q/q \qquad\qquad\text{Df}$$

$$(3)\quad p \cdot q = p/p \mid q/q \qquad\qquad\qquad\text{Df}$$

$$(4)\quad p \cdot q = p/q \mid p/q \qquad\qquad\qquad\text{Df}$$

II.　函蘊符" ⌐ "之應用：我們以" ⌐ "代" ⊃ "。因為 $p \supset q = \sim pvq$，若以" | "表之，則 $\sim pvq$ 便為 $p \mid \sim q$。把" $\sim q$ "之" $\sim$ "移在 q 上，以減號" － "表之便為 $\bar{q}$。$\bar{q}$ 與" | "相連便為 $p \mid \bar{q}$。故 $p \mid \bar{q} = p \mid \sim q = $「或非p 或非非 q」=「或 p 是假的或『q 是假的』是假的」。故 $p \supset q = \sim pvq = p \mid \bar{q} = p \mid q/q$，因為 $\bar{q}$ 按照 $\sim p$ 之定義即為 $q \mid q$，故 $\sim pvq = \sim pv\sim(\sim q) = p \mid \bar{q} = p \mid q/q$。故最後我們以 ⌐ 代 ⊃，以 $q \mid q$ 代 $\bar{q}$ 或以 $\bar{q}$ 代 $q \mid q$ 皆可：以 $q \mid q$ 代 $\bar{q}$，則為 $p \mid q/q$，以 $\bar{q}$ 代 $q \mid q$，則為 $p \mid \bar{q}$ 按此用法，則

$$pvq = \sim p \mid \sim q = p/p \mid q/q$$

或　　＝ p̄|q̄＝ p/p|q/q

而　　p・q＝ ～(～pv～q)＝ ～(p|q)＝ p/q|p/q

III.　原始命題：

非形式的 {

一、假設 p 是基本命題，q 是基本
　　命題，則 p|q 是基本命題。　　　　Pp.

二、假設 p, q, r 是基本命題，並假
　　設 p|r/q 是真的，p 是真的，
　　則 q 也是真的。　　　　　　　　Pp.

形式的：3.p|q/r|(t|t/t.|.s/q|p/s).　　　　　　Pp.

在橇子的運用上，遵守以下三個慣例：

　　（一）直橇所有的範圍大於斜橇；

　　（二）粗橇所有的範圍大於細橇；

　　（三）與點相連的橇子所有的範圍大於無點的橇子。（其
範圍所及用括弧括之）。

C.21　本系統，除去 " | " 表示 ～ 與 v 之結合外，其餘諸原始觀念
皆同於《算理》系統即一、二兩節所論者。至於原始命題，則
非形式中的第一個代替《算理》中 *1.7 及 *1.71 這兩個原始
命題，此本為蛇斐所已作者；第二個為推斷原則，代替《算
理》中之 *1.1；第三個即形式的原始命題則代替《算理》中
從 *1.2 到 *1.6 那五個形式命題。如是，《算理》中五個形
式 Pp 可以歸并於一個，五個非形式命題中的 *1.7 及 *1.71
歸并為一，　*1.1 推斷原則以此處之第二個代之，其餘 *1.72

及 *1.11 兩個則關於普遍化的命題之推演，仍保存不變，亦非此處所能用，故不提。

C.22　非形式命題大都無甚重要。不過在一成文系統中，一舉一動都須自覺，故遂有此名稱。

C.23　上面那個形式的原始命題頗費解，茲詳解如下。在解說之前，那第二個非形式的 Pp. 也當先行明白。在《算理》「*1.1 真命題所函者為真」，這個推斷原則，詳說本為「如果 p⊃q 真，並 p 真，則 q 真」。但是此處這個推斷原則為何不用「p|q/q 真，p 真，則 q 真」，而偏用「p|r/q 真，p 真，則 q 真」呢？即是說為何不用 p|q/q 而單用 p|r/q 呢？原因是：p|r/q 在檳子系統內比 p|q/q 較為普遍。例如在《算理》系統內：

　　(a)　　p・⊃・qvp 是比

　　(b)　　p・⊃・q⊃p

較為普遍。因為 "⊃" 由 "～" 與 "v" 來規定，是 "～" 與 "v" 已比 "⊃" 為根本為普遍矣，故在 (a) 式中以 ～q 代 q，則即變為 (b) 式，故 (b) 式由 (a) 式得來。但在檳子系統內，(a) 式為：

　　p|$\overline{q/q|p/p}$

而 (b) 式則為：

　　p|$\overline{q|p/p}$

(b) 式又比 (a) 式較為普遍，因為在 (b) 式中以 q|q 代 q，則即變為 (a) 式，故 (a) 式由 (b) 式得來，故 (b) 式較 (a) 式為根本為普遍。同理：在《算理》系統內，p⊃q 比 p・⊃・r・q

為普遍為根本，而 p・⊃・r・q 只是 p⊃q 的一個特殊例子。
但是在槓子系統內 p⊃q 為

　　　$p|\bar{q} = p|q/q$，

而 p・⊃・r・q 則為

　　　$p|r/q$。

此 $p|r/q$ 又比 $p|q/q$ 較為普遍，因為在 $p|r/q$ 式中以 q 代 r，
即可變為 $p|q/q$。故第二個 Pp. 用 $p|r/q$ 表示，而不用 $p|q/q$
表示。$p|r/q$ 包括性廣，$p|q/q$ 包括性狹故也。

C.231　我們再解那個形式命題。

尼構以為《算理》中那五個形式的原始命題可以藉推斷原則
從以下兩原始命題中推出：

　　(1)　⊢・$p|p/p$

　　(2)　⊢：$p⊃q・⊃・s|q⊃p|s$.

第一個即 p⊃q 為妥沓原則，第二個可作如下解：

　　$p⊃q・⊃：q⊃\sim s・⊃・p⊃\sim s$.

此即三段法原則。此原則又可寫為：

　　$p⊃q・⊃：\sim qv\sim s・⊃・\sim pv\sim s$：

　　　　$⊃：q|s・⊃・p|s$：

　　　　$⊃：s|q・⊃・p|s$

此即同於上面第二個原始命題。完全翻譯成槓子系統如下：

　　$p⊃q・⊃・s|q|p|\overline{s}$

　　$p|q/q・⊃・s|q|\overline{p|s}$

　　$p|q/q|s|q|p|\overline{\overline{s}}$

$$p\,|\,q/q\,|(s\,|\,q\,|\overline{p\,|\,s}\cdot\,|\cdot s\,|\,q\,|\overline{p\,|\,s})$$

$$p\,|\,q/q\,|(s\,|\,q\,|\,p/s\,|\,p/s\cdot\,|\cdot s\,|\,q\,|\,p/s\,|\,p/s). \qquad (2)$$

尼構表示這兩個原則又可以一個來代替,即妥沓原則與三段原則可揉合於一起。我們可用 $p\,|\,p/p$(妥沓原則)來代替 (2)式中的 $s\,|\,q\,|\,p/s\,|\,p/s$,則 (2)式即變為以下一個原則:

$$p\,|\,q/q\,|(p\,|\,p/p\cdot\,|\cdot s\,|\,q\,|\,p/s\,|\,p/s).$$

此原則比 (2)式又稍為簡單一點。如果按照 $p\,|\,q/r$ 比 $p\,|\,q/q$ 為普遍的情形看來,我們便可以 $p\,|\,q/r$ 代上式中之 $p\,|\,q/q$,如果上式即變為:

$$p\,|\,q/r\,|(p\,|\,p/p\cdot\,|\cdot s\,|\,q\,|\,p/s\,|\,p/s). \qquad (\text{I})$$

這個式子如果用函蘊系統表示出來便為:

$$p\cdot\supset\cdot q\cdot r:\supset\cdot p\supset p\cdot s\,|\,q\supset p\,|\,s.$$

此原則即函著妥沓原則與三段法原則而為一。在表面上看來,這個形式比

$$p\supset q\cdot\supset\cdot s\,|\,q\supset p\,|\,s$$

為複雜,但在其本身上說,它卻是比較根本而普遍。此式中之 $q\cdot r$ 如果換位為 $r\cdot q$ 仍不變,$p\supset p$ 如代以 $t\supset t$ 亦無礙,如是,此式便為:

$$p\cdot\supset\cdot r\cdot q:\supset\cdot t\supset t\cdot s\,|\,q\supset p\,|\,s,$$

翻譯為槓子系統(做 I 式照草)如下:

$$p\,|\,r/q\,|(t/t\cdot\,|\cdot s\,|\,q\,|\,p/s\,|\,p/s).$$

此即那個形式的原始命題。我們用這一個 Pp. 即可以代替《算理》中那五個 Pp.,並且那五個 Pp. 皆可由此一個 Pp.

而推出而證明。此即尼構〈邏輯中原始命題數之還原〉（ "A Reduction in the Number of the Primitive Propositions of Logic"，《劍橋哲學會文錄》，*Proc. Camb. Phil. Soc.* Vol. XIX, 1917, pp. 32–41.）一文中所作。

尼構為簡便起見，又以 P 代 p|q/r，以 π 代 t|t/t，以 Q 代 s|q|p/s|p/s(= s|q|$\overline{p/s}$)，故那個形式 Pp.又可縮寫如下：

p| π /Q.

而這個形式其實又是 p|q/r 之形式。雖然 p|q/r 比 p|q/q 普遍，然總屬同類的東西。同時，p|q/q 又與 p|p/p 為同類。故 p| π /Q 這個形式總還是一個妥沓的形式，因為以 p 代 π 並代Q 則結果就是 p|p/p(p⊃p) 之形式。故知這個原始命題，雖然那麼複雜，但其實它還是一個必然真的命題，即妥沓形式之命題。用此妥沓形式之命題既可以證明妥沓原理，又可以證明其他一切命題。以下便作此步工作。

C.3　以上的解析太多了，現在再並列於此：

I.　原始觀念：

　　I.1　原子命題：以 p, q, r, s, t 等表示之。

　　I.2　不相容：或非 p 或 q 非，以 "p|q" 表示之。

　　I.3　原子命題之斷定：⊢・p;⊢・q.

　　I.4　分子命題之斷定：⊢・p|q;⊢・p|q/q.

　　I.5　函蘊符之應用：以 "⌈" 代替 "⊃"。

II.　基本定義：

　　II.1　負：　　　~p・=・p|p或p̄・=・p|p　　　　　　Df

II.2	函蘊：	p⊃q・=・p|q/q	Df
II.3	析取：	pvq・=・p/p|q/q	Df
II.4	絜和：	p・q・=・p/q|p/q	Df
II.5	等值：	p≡q・=・p⊃q・q⊃p	Df

III. 原始命題：

III.1　如果 p 是一原子命題，為基本命題，q 也是一原子命題，為基本命題，則 p|q 是一分子命題，為不基本命題。　　　　　　　　　　　　　　　　　　　　　　　Pp.

III.2　如果 p, q, r 是原子命題，並如果 p|q/r 是真的，且 p 是真的，則 q 是真的。　　　　　　　　　　　　　Pp.

III.3　⊢:.p|q/r|(t|t/t・|・s|q|$\overline{\text{p}|\text{s}}$　　　　　　　　　　　Pp.

或　　p|q/r|(t|t/t・|・s|q|p/s|p/s)　　　　　　Pp.

或　　p|π　/Q　　　　　　　　　　　　　　　　Pp.

III.4　在任何函有變值（variable）之式子，我們即可以其他可能之值代替式中之變值。（代替原則。）　　Pp.

C.31　⊢・p⊃p　　[同一原則]　　　　　　　　　　[*2.08]

證明：

[III.3 t代 p, q, r]　⊢: t|t/t|(t|t/t・|・s|t|$\overline{\text{t}|\text{s}}$)　　　(1)

[(1)π 代 t|t/t, Q₁/s|t|$\overline{\text{t}|\text{s}}$]　⊢・π | π /Q₁　　　(2)

[III.3π 代 p, q; Q₁/r]　⊢: π | π /Q₁|(t|t/t・|・s|π | $\overline{\pi|\text{s}}$) (3)

[(III.2)・(2)・(3)]　　　　　　　　　⊢・s|π | $\overline{\pi /\text{s}}$　　(4)

[III.3s| π 代 p, π 　|s代 q 及 r, u 代 s]

⊢:.s| π | π |s| π /s・t|:t|t/t・t|・u|π /s|s/π |u　　(5)

$[(\text{II.1}) \cdot (\text{II} \cdot 2)]$　　$\vdash:$ $s|\pi$ $|\pi/s|\pi/s \cdot = \cdot s|\pi$ $|\overline{\pi/s}$　　　　(6)

$[(4) \cdot (5) \cdot (6) \cdot (\text{III} \cdot 2)]$　　$\vdash \cdot$ $u|\pi/s|\overline{s/\pi}|u$　　　　　　(7)

$[(7) \cdot (\text{II.2})]$　　$\vdash:$ $u|\pi/s|(s/\pi|u \cdot | \cdot s/\pi|u)$　　　(8)

$[(8)\text{P代 u, Q代 s}]$　　$\vdash:$ $P|\pi/Q|(Q/\pi|P \cdot | \cdot Q/\pi|P)$　(9)

$[(9) \cdot (\text{III.3}) \cdot (\text{III} \cdot 2)]$　　　　　　　　$\vdash \cdot$ $Q/\pi|P$　　　(10)

$[\text{III.3}\ \pi|\pi/Q_1\text{代 p, } Q_1/\pi\ |\pi\text{代 Q及 r}]$　　　　　(11)

$\vdash: .\pi|\pi/Q_1 \cdot | \cdot (Q1/\pi|\pi \cdot | \cdot Q_1/\pi\ |\pi):|:t|t/t \cdot | \cdot (s \cdot$
　　$| \cdot Q_1/\pi\ |\pi)|\pi\ |\overline{\pi\ /Q_1 \cdot | \cdot s}$

$[(11) \cdot (\text{II.1}) \cdot (\text{II.2})]$

$\vdash: .\pi|\pi/Q_1\ |\overline{Q_1/\pi|\pi} \cdot |:\ t|t/t \cdot | \cdot (s \cdot | \cdot Q_1/\pi|\pi)|$
　　$\overline{\pi|\pi\ /Q_1 \cdot | \cdot s}$　　　　　　　　　　　　(12)

$[(7)\pi\text{代 u, }Q_1\text{代 s}]$　　$\vdash \cdot$ π $|\pi$ $\overline{/Q_1|Q_1/\pi\ |\pi}$　(13)

$[(12) \cdot (13) \cdot (\text{III.2})]$

$\vdash \cdot$ $s|Q_1/\pi$ $|\pi$ $|\overline{\pi|\pi\ /Q_1 \cdot | \cdot s}$　　　　　　　(14)

$[(14)Q|\pi\text{ 代 s}]$

$\vdash \cdot$ $Q|\pi$ $|Q_1/\pi$ $|\pi$ $|\overline{\pi|\pi\ /Q_1|Q|\pi}$　　　　(15)

$[(15) \cdot (\text{II.1}) \cdot (\text{II.2})]$

$\vdash: .Q|\pi$ $|Q_1/\pi$ $|\pi \cdot |:(\pi$ $|\pi\ /Q_1 \cdot | \cdot Q|\pi) \cdot | \cdot (\pi$ $|\pi$
　　$/Q_1 \cdot | \cdot Q|\pi)$　　　　　　　　　　　(16)

$[(10)Q_1/\pi$ $|\pi\text{代 P}]$　　$\vdash \cdot$ $Q|\pi$ $|Q_1/\pi$ $|\pi$　(17)

$[(16) \cdot (17) \cdot (\text{III.2})]$　　$\vdash:$ π $|\pi\ /Q_1 \cdot | \cdot Q|\pi$　(18)

$[(18) \cdot (2) \cdot (\text{III.2})]$　　　　　$\vdash \cdot$ $\pi = t|t/t$　(19)

$[(19) \cdot (\text{II.2})]$　　　　　　　　$\vdash \cdot$ $t \supset t$

$$\vdash \cdot\ p \supset p$$

C.32　　$\vdash$:pvq・⊃・qvp　[對換原則]　　　　　　　　　　　　　[*1.4]

　　　證明：

　　　[III.3 q代 p及 r, p代 s]　　$\vdash$：q|q/q|(t|t/t・|・p/q|$\overline{q|p}$)

　　　　　　　　　　　　　　　　　　　　　　　　　　　　　　(20)

　　　[(20)・C・31・III.2]　　　　$\vdash$・p/q|$\overline{q/p}$　　　　　　(21)

　　　[(21)以 p|p代 p, q|q代 q]　$\vdash$・p/p|q/q|$\overline{q/q|p/p}$　　　(22)

　　　[(22)・(II.1)・(II.2)]

　　　$\vdash$：.p/p|q/q・|:q/q|p/p・|・q/q|p/p　　　　　　　(23)

　　　[(23)・(II.3)]　　　　　　　$\vdash$：.pvq・|:qvp・|・qvp　(24)

　　　[(24)・(II.2)]　　　　　　　　$\vdash$・pvq|qvp

　　　　　　　　　　　　　　　　$\vdash$：pvq・⊃・qvp

C.33　　$\vdash$:pvp・⊃・p　　[妥沓原則]　　　　　　　　　　　　[*1.2]

　　　證明：

　　　[C.31]　　　　　　　　　$\vdash$・p|p/p　　　　　　　　(25)

　　　[(25)p/p代 p]　　　　　　$\vdash$・p/p |p/p|p/p　　　　(26)

　　　[(26)・C.32]　　　　　　$\vdash$・p/p |p/p|p/p|$\overline{p/p|p/p|p/p}$　(27)

　　　[(27)・(II.1)・(II.2)]

　　　$\vdash$：.p/p |p/p|p/p・|:p/p|p/p |p/p・|・p/p|p/p|p/p　(28)

　　　[(28)・C.31・(III.2)]　$\vdash$・p/p|p/p |p/p　　　　(29)

　　　[(29)・(II.2)・(II.3)]　$\vdash$：pvp・⊃・p

C.34　　$\vdash$:q・⊃・pvq　　[增加原則]　　　　　　　　　　　　[*1.3]

　　　證明：

[C.32]　　　　　　　　⊢·q/q|p|$\overline{p|q/q}$　　　　　　　(30)

[(1)·C.32]　　　　　　⊢·q/q|p|$\overline{p|q/q}$|$\overline{p|q/q|q/q|p}$　　(31)

[(31)·(II.1)·(II.2)]

⊢∴·q/q|p|$\overline{p|q/q}$·|:$\overline{p|q/q|q/q|p}$·|·$\overline{p|q/q|q/q|p}$　(32)

[(30)·(32)·III2]

　　　　　　　　⊢·$\overline{p|q/q|q/q|p}$　　　　　　(33)

[III.3 $\overline{p|q/q}$代 p,q/q代 q,p代 r,q代 s]

⊢∴$\overline{p|q/q|q/q|p}$|(t|t/t·|·q|q/q|$\overline{\overline{p|q/q|q}}$)　(34)

[(33)·(34)III.2]　　　⊢·q|q/q|$\overline{\overline{p|q/q|q}}$　(35)

[(35)·(II.1)·(II.2)]　⊢:q/q/q·|·$\overline{p|q/q|q|q|\overline{p|q/q|q}}$

　　　　　　　　　　　　　　　　　　　(36)

[(36)·(C.31)·(III.2)]⊢·$\overline{p|q/q|q}$　(37)

[(37)·(C.32)]　　　　⊢·$\overline{p|q/q|q|q|q|\overline{p|q/q}}$　(38)

[(38)·(II.1)(II.2)]　⊢∴$\overline{p|q/q|q}$·|·q|$\overline{p|q/q|q|q|\overline{p|q/q}}$

　　　　　　　　　　　　　　　　　　　(39)

[(37)·(39)·(III.2)]　⊢·q|$\overline{p|q/q}$　(40)

[(40) p|p代 p]　　　　⊢·q|$\overline{p/p|q/q}$　(41)

[(41)·(II.2)·(II.3)]　⊢:q·⊃·pvq

C.35　⊢∴p⊃q·⊃:q⊃r·⊃·p⊃r　[三段法原則]　　[*2.06]

證明：

[(III.3) $\overline{s|p}$代 p, p代 q, s代 r, u代 s]

⊢∴$\overline{s|p}$|p/s·|:t|t/t·|·u/p|$\overline{s/p}$|u　(42)

[(C.32)]　　　　　　　⊢·s/p|$\overline{p/s}$　(43)

$[(43)\cdot (C.32)]$　　　　　$\vdash\cdot$ s/p$|\overline{p/s}|\overline{\overline{p/s}|s/p}$　　　(44)

$[(44)\cdot (C.32)\cdot(III.2)]\vdash\cdot$ $\overline{p/s}$|s/p　　　(45)

$[(45)$s代 p, p代 s$]$　　　$\vdash\cdot$ $\overline{s/p}$|p/s　　　(46)

$[(42)\cdot (46)\cdot(III.2)]$　$\vdash\cdot$ u/p$|\overline{\overline{s/p}|u}$　　　(47)

$[(47)$ p/p代 u$]$　　　　$\vdash\cdot$ p/p|p$|\overline{s/p}$|p/p　　　(48)

$[(48)\cdot (II.1)\cdot(II.3)]$　$\vdash\because$ p/p|p$|(\overline{s/p}$|p/p$\cdot$|$\cdot$ $\overline{s/p}$|p/p$)$

　　　　　　　　　　　　　　　　　　　　(49)

$[(49)\cdot (C.31)\cdot(III.2)]\vdash\cdot$ $\overline{s/p}$|p/p　　　(50)

$[(50)\cdot (C.32)]$　　　　$\vdash\cdot$ $\overline{s/p}$|p/p$|\overline{\overline{p/p|s/p}}$　　　(51)

$[(50)\cdot (51)\cdot (II.2)\cdot(III.2)]\vdash\cdot$ p/p|s/p　　　(52)

$[(III.3)$ Q/Q代 p,π |Q代 q及 r, p代 s$]$

$\vdash\therefore$Q/Q$|\overline{\pi /Q}$|π/Q$\cdot$ |:t|t/t$\cdot$ |$\cdot$ P|π /Q$|\overline{Q/Q|P}$　　　(53)

$[(53)\cdot (II.1)\cdot (II.2)]$

$\vdash\therefore$Q/Q$|\overline{\pi /Q}\cdot$ |:t|t/t$\cdot$ |$\cdot$ P|π /Q$|\overline{Q/Q|P}$　　　(54)

$[(52)$Q代 π, P代 s$]$　　　$\vdash\cdot$ Q/Q$|\overline{\pi /Q}$　　　(55)

$[(54)\cdot (55)\cdot (III.2)]$　　$\vdash\cdot$ P|π /Q$|\overline{Q/Q/P}$　　　(56)

$[(56)\cdot (III.3)\cdot (III.2)\cdot(C.32)]$

　　　　　　　　　　　　　$\vdash\cdot$ P|Q/Q　　　(57)

$[(57)\cdot (II.2)]$　　　　　$\vdash\cdot$ $\overline{P|Q}$　　　(58)

$[(58)$p|q/r代 P, s|q$|\overline{p/s}$ 代 Q$]$

　　　　　　　　　　$\vdash\cdot$ P|q/r$|\overline{s/q|\overline{p/s}}$　　　(59)

$[(59)$q|s代 p, s|q代 q及 r, u代 s$]$

　　　　　　　$\vdash\cdot$ q/s|s/q|s/q|u|s/q$|\overline{\overline{q/s|u}}$　　　(60)

$[(60) \cdot (II.1) \cdot (II.2)]$　　$\vdash \cdot q|s|\overline{s/q|u|s/q|q/s|u}$　　　　　　(61)

$[(61) \cdot (C.32) \cdot (II.2) \cdot (III.2)]$

$$\vdash \cdot u|s/q|\overline{q/s|u} \qquad\qquad (62)$$

$[(62) \cdot C.32]$　　　　　　$\vdash \cdot \overline{q/s|u}|u|s/q$　　　　(63)

$[(59)\ s/q|u代\ p,\ u|s/q代\ q及\ r,\ q/s|u代\ s]$

$\vdash : s/q|u|u|s/q \cdot | \cdot u|s/q\overline{|q/s|u|u|s/q|s/q|u|q/s|u}$　　(64)

$[(64) \cdot (C.32) \cdot (II.2) \cdot (III.2)]$

$$\vdash \cdot \overline{q/s|u}|u|s/q|s/q|u|\overline{q/s|u} \qquad (65)$$

$[(63) \cdot (65) \cdot (II.2) \cdot (III.2)]$

$$\vdash \cdot s/q|u|\overline{q/s|u} \qquad\qquad (66)$$

$[(66) \cdot (C.32)]$　　　　$\vdash \cdot \overline{q/s|u}|s/q|u$　　　　(67)

$[(67)\ p|s代\ u]$　　　$\vdash \cdot \overline{q/s|\overline{p/s}}|s/q|\overline{p/s}$　　(68)

$[(59)\ p|q/r代\ p,\ s|q|\overline{p/s}代\ q及\ r,\ q/s|\overline{p/s}代\ s]$

$\vdash : p|q/r|s/q|\overline{p/s} \cdot | \cdot s/q|p/s\ \overline{\overline{|q/s|\overline{p/s}|s/q|p/s|p|q/r|q/s|p/s}}$

$$\qquad\qquad\qquad\qquad (69)$$

$[(59) \cdot (69) \cdot (III.2)]$　　$\vdash \cdot \overline{q/s|\overline{p/s}}|s/q|\overline{p/s}|p|q/r|q/s|p|\overline{s}$

$$\qquad\qquad (70)$$

$[(68) \cdot (70) \cdot (II.2) \cdot (III.2)]$

$$\vdash \cdot p|q/r|q/s|\overline{p/s} \qquad (71)$$

$[(71)\ q代\ r,\ r|r代\ s]$　　$\vdash \cdot p|q/q|q|r/r|\overline{p|r/r}$　　(72)

$[(72) \cdot (II.1) \cdot (II.2)]$　　$\vdash : .p\supset q \cdot \supset : q\supset r \cdot \supset \cdot p\supset r$

C.36　$\vdash : pv(qvr) \cdot \supset \cdot qv(pvr)$　　[聯合原則]　　　　[*1.5]

證明：

[(71) q代 r, p代 s]　　├・p|q/q|q/p|$\overline{\overline{p|p}}$　　　　　　　　(73)

[(C.35) q代 p, p|q/q代 q, q|$\overline{p|}$/p代 r]

├∴q⊃p|q/q・⊃:p|q/q⊃q/p|$\overline{p/p}$・⊃・q⊃q/p|$\overline{p/p}$　　(74)

[(74)・(II.1)・II.2)]

├・q|$\overline{\overline{p|q/q}}$|p|q/q|$\overline{\overline{q/p}|\overline{p/p}}$|$\overline{\overline{\overline{q|q/p|p/p}}}$　　(75)

[(75)・(40)・(II.2)・(III.2)]

├・p|q/q|q/p|$\overline{p/p}$|$\overline{\overline{q|q/p|p/p}}$　(76)

[(76)・(II.2)・(73)・(III.2)]

├・q|$\overline{q/p|\overline{\overline{p/p}}}$　(77)

[(71) q|p代 p, p|p代 q, p代 s, p|p代 r]

├・q|p|$\overline{\overline{p/p|p/p|p/p|p|q/p|p}}$　(78)

[(78)・(II.2)]　　├・q|p|$\overline{\overline{p/p}}$|p/p|p|$\overline{q/p|p}$　(79)

[(C.35) q代 p, q/p|$\overline{p/p}$ 代 q, p/p|p|$\overline{q/p|p}$代 r]

├∴p⊃q|p|$\overline{p/p}$・⊃:q/p|$\overline{p/p}$⊃p/p|p|$\overline{q/p|p}$・⊃・q・p/p|p|$\overline{q/p|p}$　(80)

[(80)・(77)・(III.2)]

├∴q/p|$\overline{p/p}$⊃p/p|p|$\overline{q/p|p}$・⊃・q・p/p|p|$\overline{q/p|p}$　(81)

[(81)・(79)・(III.2)]　　├・q⊃p/p|p|$\overline{q/p|p}$　(82)

[(82)・(II.1)・(II.2)]　　├・q|$\overline{p/p|p|q/p|p}$　(83)

[(40) q代 p, p/p|p代 q]├・p/p|p|q|$\overline{p/p|p}$・|・p/p|p　(84)

[(84)・(C.31)・III.2)]　　├∴q|p/p|p・|・p/p|p　(85)

[(85)・(II.1)・(II.2)]　　├・q|$\overline{p/p|p}$　(86)

[(C.35) q代 p, p/p|p代 q, q/p|p代 r]

⊢∴q⊃p/p|p・⊃:p/p|p⊃q/p|p・⊃・q⊃q/p|p　　　　　　　(87)

[(87)・(36)・(III.2)]　　⊢：p/p|p⊃q/p|p・⊃・q⊃q/p|p

　　　　　　　　　　　　　　　　　　　　　　　　　　　　(88)

[(C.35) q代p, p/p|p⊃q/p|p代q, q⊃q/p|p代r]

⊢：：q・⊃・p/p|p⊃q/p|p:⊃∴p/p|p ⊃q/p|p・⊃・q⊃q/p|p:⊃:q・
　　⊃・q⊃ q/p|p　　　　　　　　　　　　　　　　　　　(89)

[(89)・(83)・(III.2)]

⊢∴p/p|p⊃q/p |p・⊃・q⊃q/p|p:⊃:q・⊃・q⊃q/p|p　(90)

[(90)・(88)・(III.2)]　　⊢：q・⊃・q⊃q/p|p　　　　　(91)

[(91)・(II.1)・(II.2)]　　⊢：q・⊃・q|$\overline{q/p|p}$　　　　(92)

[(52) q代 p]　　　　　⊢・q/q|$\overline{s|q}$　　　　　　　(93)

[(C.35)]　　⊢∴q/q⊃s/q・⊃:s/q⊃q/s・⊃・q/q⊃q/s　　(94)

[(94)・(93)・III.2]　　⊢：s/q⊃q/s・⊃・q/q⊃q/s　　(95)

[(95)・(II.1)(II.2)]　　⊢・s/q|$\overline{q/s}$|q/q|$\overline{q}$|s　　(96)

[(96)・(21)・(III.2)]　　⊢・[q/q|$\overline{q/s}$　　　　　　(97)

[(97)・(II.2)]　　　　⊢・q/q |q/s|q/s　　　　　　(98)

[(98) $\overline{q/p|p}$代 s]　　⊢：q/q|q|$\overline{q/p|p}$・|・q|$\overline{q/p|p}$　(99)

[(21)]

⊢：q/q|q|$\overline{q/p|p}$・|・q|$\overline{q/p|p}$|q| $\overline{\overline{q/p|p}}$・|・q/$\overline{p|p}$|q|q/q(100)

[(100)・(99)・(III.2)]　⊢：q|$\overline{q/p|p}$・|・q|$\overline{q/p|p}$|q/q

　　　　　　　　　　　　　　　　　　　　　　　　　　　(101)

[(C.35)]

⊦ : .q|$\overline{q/p|p}$• |•q|$\overline{q/p|p}$|q/q• ⊃:q/q|q|$\overline{q/p|p}$• |•q|$\overline{q/}$ $\overline{p|p}$• ⊃•

q|$\overline{q/p|p}$• |•q|$\overline{q/p|p}$• |•q|$\overline{q/p|p}$• |•q|$\overline{q/p|p}$ (102)

[(102)•(101)•(III.2)•(99)•(III.2)]

⊦ :.q|$\overline{q/p|p}$• |• q|$\overline{q/p|p}$:|:q|$\overline{q/p|p}$• |• q|$\overline{q/p|p}$ (103)

[(29) q|$\overline{q/p|p}$代 p]

⊦ : :q|$\overline{q/p|p}$• |• q|$\overline{q/p|p}$:|: q|$\overline{q/p|p}$• |• q|$\overline{q/p|p}$• :|:

q|$\overline{q/p|p}$• |• q|$\overline{q/p|p}$ (104)

[(104)•(II.2)]

⊦ :.q|$\overline{q/p|p}$• |• q|$\overline{q/p|p}$:|: q|$\overline{q/p|p}$• |• q|$\overline{q/p|p}$• :|q|$\overline{\overline{q/p|p}}$

(105)

[(105)•((103)•(III.2)] ⊦• q|$\overline{q/p|p}$ (106)

[(106)•(II.2)r代 p] ⊦ : q• ⊃• q/r|r (107)

[(71) q|r代 q及 r, r代 s] ⊦• p|q/r|$\overline{q/r}$|q/r|r|$\overline{\overline{p/r}}$ (108)

[(108)•II.2] ⊦• p|q/r|q/r|r|$\overline{\overline{p/r}}$ (109)

[(C.35)]

⊦ :.q⊃q/r|r• ⊃:q/r|r⊃p/r• ⊃• q⊃p/r (110)

[(110)•(107)•(III.2)] ⊦ : q/r|r⊃p/r• ⊃• q⊃p/r (111)

[(C.35)]

⊦ :.p|$\overline{q/r}$⊃q/r|r|$\overline{p/r}$• ⊃:q/r|r|$\overline{p/r}$⊃q|$\overline{p/r}$• ⊃• p|$\overline{q/r}$⊃q|$\overline{p/r}$

(112)

[(112)•(109)•(III.2)]

⊦ : q/r|r|$\overline{\overline{p/r}}$⊃q|$\overline{p/r}$• ⊃• p|$\overline{q/r}$⊃q|$\overline{p/r}$ (113)

[(113)•(111)•(III.2)] ⊦• p|$\overline{q/r}$⊃q|$\overline{p/r}$ (114)

$[(114) \cdot (\text{II}.2)]$ $\qquad$ ⊢・$p|\overline{q/r}|\overline{q|\overline{p/r}}$ $\qquad$ (115)

$[(115) \cdot (\text{II}.2)]$ $\qquad$ ⊢：$p|q/r|q/r \cdot \supset \cdot q\,|p/r|p/r$ $\qquad$ (116)

$[(116)\ p/p$代 $p,\ q/q$代 $q,\ r|r$代 $r]$

⊢：$p|p\,|q/q|r/r \cdot |\cdot q/q|r/r \cdot \supset \cdot q/q\,|p/p|r/r \cdot |\cdot p/p|r/r$ $\quad$ (117)

$[(117) \cdot (\text{II}.3)]$ $\qquad$ ⊢：$pv(q/q|r/r) \cdot \supset \cdot qv(p/p|r/r)$

$\qquad$ (118)

$[(118) \cdot (\text{II}.3)]$ $\qquad$ ⊢：$pv(qvr) \cdot \supset \cdot qv(pvr)$

C.37 $\quad$ ⊢：.$q \supset r \cdot \supset:pvq \cdot \supset \cdot pvr$ $\quad$ [綜和原則] $\qquad$ [*1.6]

證明：

$[(115)\ \bar{r}$代 $r]$ $\qquad$ ⊢・$p|q|\bar{r}|\overline{q|p|\bar{r}}$ $\qquad$ (119)

$[(119)\ p|q/r$代 $p,\ q/s$代 $q,\ p/s$代 $r]$

⊢・$p|q/r|\overline{q/s|\overline{p/s}}\,|q/s\,|\overline{p|q/r|\overline{p/s}}$ $\qquad$ (120)

$[(120) \cdot (71) \cdot (\text{III}.2)]$ $\qquad$ ⊢・$q|s|\overline{p|q/r|\overline{p/s}}$ $\qquad$ (121)

$[(121) \cdot (\text{II}.1) \cdot (\text{II}.2)]$ $\qquad$ ⊢：.$q|s \cdot \supset:p|q/r \cdot \supset \cdot p|s$

$\qquad$ (122)

$[(122)\ s|s$代 $s,\ q$代 $r,\ p/p$代 $p]$

⊢：.$q|s/s \cdot \supset:p/p|q/q \cdot \supset \cdot p/p\,|s/s$ $\qquad$ (123)

$[(123) \cdot (\text{II}.2) \cdot (\text{II}.3)]$ $\qquad$ ⊢：.$q \supset s \cdot \supset:pvq \cdot \supset \cdot pvs$

$\qquad$ (124)

$[(124)\ r$代 $s]$ $\qquad$ ⊢：.$q \supset r \cdot \supset:pvq \cdot \supset \cdot pvr$

C.38 $\quad$ ⊢：$p \supset q \cdot \equiv \cdot \sim pvq$ $\qquad$ [*101]

證明：

$[(71)\ \overline{p|\bar{p}}$代 $p,\ p$代 q及 $r,\ q|q$代 $s]$

$$\vdash \cdot \ \overline{p/p|p/p|\ \overline{p|q/q|\overline{\overline{p/p}|q/q}}} \tag{125}$$

$$[(125) \cdot (\text{II.1})] \quad \vdash \cdot \ p/p|p/p|p/p|p|q/q|\overline{\overline{\overline{p/p}|q/q}} \tag{126}$$

$$[(126) \cdot (29) \cdot (\text{III.2})] \quad \vdash \cdot \ p|q/q|\overline{\overline{p/p}|q/q} \tag{127}$$

$$[(127) \cdot (\text{II.2}) \cdot (\text{II.1})] \quad \vdash : \ p \supset q \cdot \supset \cdot \sim p v q \tag{128}$$

$$[(71) \ \overline{p/p} \text{代 } q \text{及 } r, \ q/q \text{代 } s]$$

$$\vdash : \ p|\overline{p/p|p/p|\overline{p/p}|q/q|\overline{p|q/q}} \tag{129}$$

$$[(41) \ p \text{代 } q] \quad \vdash : \ p|\overline{p/p|p/p} \tag{130}$$

$$[(129) \cdot (130) \cdot (\text{III.2})] \quad \vdash : \overline{p/p}|q/q|\overline{p|q/q} \tag{131}$$

$$[(131) \cdot (\text{II.2}) \cdot (\text{II.1}) \cdot \text{II.3}] \quad \vdash : \sim p v q \cdot \supset \cdot p \supset q \tag{132}$$

$$[(128) \cdot (132) \cdot (\text{II.5})] \quad \vdash : p \supset q \cdot \equiv \cdot \sim p v q$$

C.39 $\quad \vdash : p \cdot \equiv \cdot \sim(\sim p)$ [*4.13]

證明:

$$[(40) \ p/p \text{代 } p, \ p \text{代 } q] \ \vdash \cdot \ p|\overline{p/p|p/p} \tag{133}$$

$$[(133) \cdot (\text{II.1})] \quad \vdash \cdot \ p|\overline{\bar{p}|\bar{p}} \tag{134}$$

$$[(134) \cdot (\text{II.2})] \quad \vdash : \ p \cdot \supset \cdot \overline{p|p} \tag{135}$$

$$[(19) \ \bar{p} \text{代 } t] \quad \vdash \cdot \ \bar{p}|\bar{p}/\bar{p} \tag{136}$$

$$[(21) \ \bar{p} \text{代 } p, \ \overline{p|p} \text{代 } q] \ \vdash \cdot \ \bar{p}|\overline{\overline{p|p}|\overline{p|p}|\bar{p}} \tag{137}$$

$$[(136) \cdot (137) \cdot (\text{III.2})] \ \vdash \cdot \ \overline{p/p|p} \tag{138}$$

$$[(138) \cdot (\text{II.2})] \quad \vdash : \ \overline{p|p} \cdot \supset \cdot p \tag{139}$$

$$[(135) \cdot (139) \cdot (\text{II.5})] \ \vdash : \ p \cdot \equiv \cdot \overline{p|p} \tag{139a}$$

$$[(139a) \cdot (\text{II.1})] \quad \vdash : \ p \cdot \equiv \cdot \sim \bar{p} \tag{139b}$$

[(139b)・(II.1)]　　　　├: p・≡・~(~p)

C.391　├:p・q・≡・~(~pv~q)　　　　　　　　　　[*3.01]

證明：

[(71) $\overline{p|p}$代 p, p代 q及 r, $\overline{q|q}$代 s]

├・ $\overline{p/p}$|p/p|p|$\overline{q/q}$|$\overline{\overline{p|p|q/q}}$　　　　　　　　　　(140)

[(136)・(29)・III.2]　├・ p|$\overline{q/q}$|$\overline{\overline{p|p|q/q}}$　　　　　　　(141)

[(141)・(139a)]　├・ p|q|$\overline{p/p|q/q}$　　　　　　　　　　(142)

[(71) $\overline{p|p}$代 q及 r, $\overline{q|q}$代 s]

├・ p|$\overline{\overline{p/p|p/p}}$|$\overline{\overline{p/p|q/q}}$|p|$\overline{q/q}$　　　　　　(143)

[(143)・(41)・(III.2)]　├・ $\overline{p/p|q/q}$|p|$\overline{q/q}$　　　　　　(144)

[(144)・(139a)]　├・ $\overline{p/p|q/q}$|$\overline{p|q}$　　　　　　　　(145)

[(142)・(145)・II.5]　├: p|q・≡・$\overline{p/p}$|$\overline{q/q}$　　　　　(146)

[(19) p/q|p/q代 t]

├: p/q|p/q|p/q|p/q・|・p/q|p/q　　　　　　　　　(147)

[(147)・(146)]

├: $\overline{p/p}$|$\overline{q/q}$・|・$\overline{p/p}$|$\overline{q/q}$|p/q|p/q・|・p/q|p/q　　　(148)

[(148)・(II.2)]

├: $\overline{p/p|q/q・|・p/p|q/q}$・⊃・p/q|p/q　　　　　　(149)

[(149)・(II.1)・(II.2)・(II.3)・(II.4)]

├: ~(~pv~q)・⊃・p・q　　　　　　　　　　(150)

[(147)(II.2)]　├・ p/q|p/q|$\overline{p/q|p/q}$　　　　　　　(151)

[(151)(146)]　├・ p/q|p/q|$\overline{\overline{p/p|q/q}|p/p|q/q}$　　　　　(152)

[(152)(II.2)]　├: p/q|p/q・⊃・$\overline{p/p|q/q|p/p|q/q}$　　　　(153)

$$[(153) \cdot (II.3) \cdot (II.2) \cdot (II.1)]$$

$$\vdash : \ p \cdot q \cdot \supset \cdot \sim(\sim p v \sim q) \tag{154}$$

$$[(150)(154)(II.5)] \quad \vdash : \ p \cdot q \cdot \equiv \cdot \sim(\sim p v \sim q)$$

※　　　　　　※　　　　　　※

C.4　以上《算理》中五個形式原始命題、兩個基本定義，以及同
　　　一原則、三段法原則、重負原則，皆由「不相容系統」一線相
　　　穿而得到證明。這種證明是姚格森（Jørgensen）作成的，本
　　　書不過是照抄。原書稍有錯誤處，在此皆加以改正。姚書名
　　　曰《形式邏輯》（*A Treatise of Formal Logic*），共分三卷，
　　　縱述橫列，皆極盡致，可謂集大成之作。可惜排版多錯，疏
　　　忽處亦不少，大有中國出版界之弊，此雖疵，然亦不算小。
　　　因為這種符式之排列不應稍有差錯故也。

C.41　不相容系統雖自成一個系統，然仍是純粹二價邏輯的立場，
　　　不過在符號上運算上有不同而已。此外，路易士的嚴格函蘊
　　　系統雖也是二價邏輯，但它不只是二價邏輯：它有其他成分
　　　的加入。「不可能」一概念即是不必須的附加；有了「不可
　　　能」一概念纔使他的系統為不純是邏輯的。如果把不屬於邏
　　　輯的成分除消，對《算理》系統有真確的認識，則路易士的
　　　系統即可歸并於《算理》系統。關此問題的詳細討論可參看
　　　附錄〈論函蘊〉。

C.42　復次，路易士的系統，雖也自名為 logistic，其實仍是代數邏
　　　輯式的。不過把類改為命題而已。因為他的原始觀念比《算

理》的原始觀念是較相似於代數邏輯的。表示此點最顯然的就是他不以「析取」（即或、加）為原始觀念，而以「絜和」（即與、乘）為原始觀念。代數邏輯即是以「乘」為原始觀念的。

乘與加（「與」與「或」）相距固不很遠，但在表示二價邏輯上，「或」之先出是比「與」更為接近二分法的，更能表示二分法的。路易士對此問題並未加以思維。

C.43　根據 C.41 及 C.42，路易士的嚴格系統本書不加介紹。

附錄　論函蘊

一

　　金岳霖先生說：「提出蘊涵可真是非同小可。恐怕沒有人敢說事實上蘊涵的意義究竟是什麼一回事。」金先生所說的蘊涵即本文所說的函蘊。他這兩句話雖然有點故事玄虛，但函蘊這個問題，因為叫一般邏輯家弄成實在是玄虛的，所以也就實在是非同小可了。不過在我看來，說他非同小可，它自是不易理解的東西；但若看它是並非大可，它也自是很易理解的東西。無論大可小可，若能清清楚楚，很自然地解說出來，則大可也是小可，並沒有什麼玄虛。可是現在一般講函蘊的，雖然把它看成了一個大可，但卻並沒有把其所以為大解說得清楚而自然，結果只成了一個玄虛。看他們越解，越覺得不是那麼回事，即是說不自然，不自然即是心不安，心所以不安即在理有未得。所以沒有人敢說究竟是什麼一回事。不但金先生有這種感覺，我看了他們一切的解析（金先生的解析也在內），也仍然不明白究竟是什麼一回事。本文的目的在把其所以為大可解說個心安理得，而結果亦不背其小可之意。

　　函蘊在英語為"implication"，由動詞"imply"而來。此字本
為包括、包含、內含之意。在含的意思上便很容易看出一個能含與
被含，也很容易看出一個隸屬大小與主從。能含為主為大，被含為
屬為小。由此又可看出一個連帶的隨從關係，由隨從又可以有有了
X 即可以有 Y，Y 隨著 X 的觀念。Y 既隨從 X，則如果有了 X，
便可以推知有 Y，Y 可以從X 推出。由這個推，又可以把這個隨從
的推解說為「如果則」的關係。所以「函蘊」，如果用言語解說出
來便有以下三個說法：

　　　　(一)Y 隨著 X；

　　　　(二)Y 可以從 x 推出；

　　　　(三)如果 X —— 則 Y。

　　函蘊關係可以說即是這三種意義，而這三種意義也都恰合函蘊
關係，而 X 函蘊 Y 也即函有這三種意義。從這方面說，函蘊的意
義是很小可的，大家都會用，常識上也容易理解，人們一見也可以
明白。雖然未必人人皆能很科學地加以界說，但其意義總可領會。
這個很容易領會的小可意義，就是由函蘊可以推，是推所因以可能
的關係：由 X 函蘊 Y，我們可以說由 X 可以推知 Y。X 函蘊Y 不
是 X 推 Y，乃是說由 X, Y 兩者發生函蘊關係，我們始能說由 X
可以推 Y。推與函蘊是兩層。所以函蘊是推所藉以可能的關係。這
個為推的基礎的函蘊關係，最簡單的解析就是「如果則」。但是為
什麼弄成了非同小可呢？其原因即在《算理》上的一個界說。設以
pq 代表兩命題，以 ⊃ 代表函蘊，《算理》界說 p 函蘊 q 如下：

　　　　$p \supset q = \sim p v q$

這個界說實在不易了解，也實在與函蘊的意義無關。這個界說是說「p 含蘊 q」等於「或者 p 是假的，或者 q 是真的」。簡單說即是：或 p 假或 q 真。但這個意思與函蘊的意義，實在不容易找其關係。人們死咬定「或 p 假或 q 真」這個界說來講函蘊，所以越講越不自然、越玄虛。殊不知得到這個界說，其間是經過了很長的步驟的。若探本索源便很容易了解；若說「或 p 假或 q 真」而觀，便不容易理解，便是個玄虛。以下討論得到這個界說的來歷。

二

要明白它的來源，便須明白命題的真妄關係。越研究真妄關係，越能明白這個專門化的函蘊的意義。此處所說的真妄關係即是指命題的真妄值的關係而言。而且命題的真妄值，此處也只指二價系統而言。即是說只限於二分法的邏輯，即把命題分成真妄兩值，而且只是真妄兩值，經過這樣的分法，如是一個命題便有真妄兩可能，即或假或真，沒有第三者。若是兩個命題合起來，按每一命題的真妄二分而言。便有四個真妄可能。若三個命題便有 2^3 個可能，即八個真妄可能。若是 n 個命題，便有 2^n 個可能。現在且只限於兩個命題，譬如 pq。如是 pq 兩命題的四個真妄可能如下：

（一）"pq"（即 p 真 q 真）；

（二）"~pq"（即 p 假 q 真）；

（三）"p~q"（即 p 真 q 假）；

（四）"~p~q"（即 p 假 q 真）。

　　如果以＋號代表真，以－號代表假，則 pq 的真妄可能可以格
式表之如下：

$$
\begin{array}{c|c}
p & q \\
\hline
+ & + \\
- & + \\
+ & - \\
- & -
\end{array}
$$

在這四個可能中，第一個表示 pq 連帶真，第四個表示 pq 連帶妄，
第二個表示 p 妄q 真，第三個表示 p 真 q 妄。若把 pq 兩命題看
成一個是前提，一個是後件或結論，則第一便表示前提真，後件也
真，第四表示前提妄後件也妄，第二表示前提妄，後件真，第三表
示前提真後，件妄。如果這個前提後件的關係是函蘊關係，或「如
果則」的關係，試看在這四個可能中，那幾個能滿足它呢？那幾個
不能滿足它呢？第一個與第四個不成問題，自然可以滿足這個「如
果則」的關係。如果 p 真則 q 真，如果 p 假則 q 假。這其間的「如
果則」是很自然的，很可以有隨從的、推知的、函蘊的意義。但是
異口同聲，大家都說第三個可能不能滿足「如果則」的函蘊關係。
即前提是真，而後件是假，則很難說「如果則」的關係。即是說在
函蘊上，如果 p 真而q 假，便不能說如果 p 則 q。因為顯然如果
了 p，而卻不是 q；因為既是了 p 而卻不是 q，所以在 p 之下，q
之上，「則」字不能用；則字既不能用，便表示 q 沒有隨著 p；q
既沒有隨著 p，便無法推下去，即從 p 不能再推，而打斷於 p。所
以「p 真 q 假」這個可能，在「如果則」的函蘊關係上不能存在。
說它在「如果則」上不能存在，並不是說在一切關係上不能存在。

在其他關係上也許可以存在，但在「如果則」的函蘊關係上不能存在。所以所謂「如果則」，其意即是：「p 真而 q 假」是不對的，或者說沒有「p 真而 q 假」這個情形，或者說 p 真而 q 假是假的。照能滿足與否而言，可以說為：p 真而 q 假，在函蘊關係上，是不能滿足的。照存在與否而言，可以說為：p 真而 q 假，在函蘊關係上，是不存在的。所有以上這些說法都是合於《算理》上所謂「真值函蘊」或「真妄函蘊」的（material implication）。在這些說法中，沒有「p 真而 q 假是不可能的」這個說法，這個說法是路易士「嚴格函蘊」（strict implication）的界說。將見這兩個函蘊系統即在這個「不可能」上分。但是《算理》上卻認為「不可能」這個觀念是用不著的，因著經濟原則的理由把它剷去了。不要說可能或不可能，只在實際的真妄上，看其存在與否，滿足與否即夠了。這樣一來，命題的關係，赤裸裸只是真妄可能的存在與不存在的關係。所以所謂真值函蘊其實即是實際的真妄函蘊。即實際上兩個命題只要有函蘊格式裏所承認的真妄關係，我們即可據之以為推。故所謂真妄函蘊，其意只是在函蘊上 p 真而 q 假是不存在的即足，用不著可能不可能的觀念，可是路易士就因著這個「不可能」的加入，遂造成了另一個系統。但我以為這沒有什麼重大的意義，兩個系統也沒有什麼嚴重的差別。這個問題，下邊再論。現在只限於真值函蘊。如是，我們可以規定真值函蘊如下：

$$p{\supset}q = \sim(p\sim q)$$

此即是說：所謂「如果 p 則 q」，即等於「p 真而 q 假是假的」。如果以 N 代表不存在或不滿足，則可重寫如下：

$$p \supset q = N(p \sim q)$$

此即是說：所謂「如果 p 則 q」，即等於「p 真而 q 假是不存在的或是不能滿足的」。但是，N 這個符號既不被《算理》所採用，所以我們也不必多事，只用前者即足。

以上的定義是消極方面的表示，積極方面怎樣界說呢？這便歸到上邊那個格式中第二個可能了。即「p 假而 q 真」這個真妄可能是否滿足「如果則」的關係呢？異口同聲，大家都認為是可以滿足的，即是說：p 假而 q 真，在函蘊上是可以存在的；而「如果則」的推斷，在 p 假而 q 真的情形下是可以說的。這話卻並不是說：真的隨從假的，真的由假的推出。但只是說：在前提假而後件真的情形下，仍可說「如果則」。此點甚重要，不可不加以嚴重的注意。普通講這個函蘊的，都從真不能隨從假上著想，所以說：既不能隨從，則所謂函蘊自然不能推斷。因為顯然真的不能從假的推出，所以他們都把《算理》上的函蘊使其與推斷脫了節。即是說：由 p 函蘊 q，並不能說由 p 可以推 q，或 q 可以從 p 推出。既然與推斷脫了節，所以函蘊遂成了非同小可，遂成了玄虛，結果是莫明其妙。這都是解者從「p 假而 q 真」的真不能從假的意義上弄出來的。但是，如果我們把 p 假而 q 真當作在其下可以說「如果則」的一個情形，則「p 假而 q 真」便不見得與推斷脫離關係。我們所以從真妄關係上講即是為此。第一個關係 p 真 q 真，我們並不是馬上就說，q 之真從 p 之真推出，乃是說，在 pq 同真的情形下，我們可以說「如果則」，因為可以說「如果則」，所以我們纔能說 q 由 p 出，由 p 推 q。同理，p 假 q 假也是如此。第三個關係 p 真 q 假，

我們也並不是說 q 之假不能從 p 之真推出，乃是說，在p 真 q 假的情形下，不能說「如果則」。因為不能說「如果則」，所以纔不能由 p 真推 q 假，q 假從 p 真出，而在 p 假 q 真的情形下可以說「如果則」，所以仍是屬於推斷中的，函蘊與推斷並未脫了節。

　　怎見得在 p 假 q 真上可以說「如果則」呢？以例證之便明。譬如說：如果一切人是黃種的，則亞洲人是黃種的。設以前命題為前件，後命題為結論。顯然前件是錯的，後件是真的。但並不因為前件妄，後件真，便不能說「如果則」。因為顯然一切人既是，則亞洲人當然可以是。這即表示在前件 p 假而後件 q 真上，仍可說「如果則」，仍可以是推斷，仍可以滿足函蘊。但在 p 真 q 假上，「如果則」卻不能成立。因為：如果一切人是黃種的是真的，則亞洲人是黃種的是假的，顯然是不能成立的。在這種解析下，則真妄函蘊，在積極方面可以規定如下：

$$p \supset q = \sim pq \cdot v \cdot pq \cdot v \cdot \sim p \sim q$$
$$= \sim p(qv \sim q) \cdot v \cdot q(pv \sim p)$$
$$= \sim pvq \cdot$$

如是：　　　$p \supset q = \sim pvq \cdot$

這個界說與《算理》上的界說恰相合。其意即是：或 p 假或 q 真，但是 p 真 q 假卻不能滿足。或 p 假或 q 真，即從三個可能歸約得來。在或 p 假或 q 真的規定下，則「如果則」的函蘊關係即表示：在 p 或真或假俱可，而 q 真的情形下，總可成立。p 或真或假俱可，真的更好，即說它是假的也不妨，所以在 p 上偏向於假。所以在或 p 假或 q 真的 pq 關係上，即可說「如果則」。p 如果是假

的,則 q 也可真可假,假的更好,即便是真的也不妨,所以在 q 上卻偏向於真。但是,p 如果是真,而 q 卻決不能是假。所以 pq 若用「或」字表示,必須是「或 p 假或 q 真」纔行,若說為「或 p 真或 q 假」,便是錯的,因為這是函有 p 真 q 假一可能的。但是「p 真 q 假」是不存在的,所以在消極方面:

$$p \supset q = \sim(p \sim q) \cdot$$

而「p 假 q 真」是存在的,所以在積極方面:

$$p \supset q = \sim p v q ,$$

而不能是　　$p \supset q = p v \sim q ,$

而　　$p \supset q = \sim(p \sim q) = p v q \cdot$

同時　　$\sim p v q = \sim p(q v \sim q) \cdot v \cdot q(p v \sim p)$

$$= \sim pq \cdot v \cdot \sim p \sim q \cdot v \cdot pq \cdot$$

所以函蘊關係雖然規定為「或 p 假或 q 真」,但這卻是由三個可能合約而成的。如果從「或 p 假或 q 真」方面不易領會,則從三個方面便容易領會。如果函蘊有這三個可能,則從 p 假 q 真方面看,斷定其不為推斷的人們,將怎樣對付 p 真 q 真,p 假 q 假這兩個可能呢?所以那些說函蘊非推斷的人們,決是走錯了方向,不會懂得函蘊的。

　　但是,由函蘊既可以至推,為何不以 p 真 q 真、p 假 q 假這兩個顯明的可能規定,而偏以類乎 p 假 q 真的「或 p 假或 q 真」規定呢?曰函蘊之所以為函蘊,函蘊之所以有普通包含之意,所以不背於常識,所以能成為「如果則」,所以能成為推斷,所以能使推斷成為妥當,完全在這個「p 假 q 真」上表示出,而其他兩

個顯明的倒不能完全表示出。如果明白了這點，則 G. E. Moore 的 "entailment" 便是多事，而路易士的另造系統也是妄舉。

三

　　本節即討論所以有「p 假而 q 真」的理由。函蘊有三個可能，在此三可能中，pq 的函蘊關係有以下三個說法：

　　（一）因為 p 真 q 真是存在的，所以我們可以說如果 p 真則 q 真，pq 可以推；

　　（二）因為 p 假 q 假是存在的，所以也可以說如果 p 假則 q 假，pq 也可以推；

　　（三）因為 p 假 q 真是存在的，所以也可以說如果 p 假則 q 真，pq 也可以推，（此點足以使我們說《算理》上的函蘊有意義上的連帶關係）。

　　由此三個說法可得以下三個重要函義：

　　（一）因為 p 真 q 真，p 假 q 也真，所以 p 或真或假，我們總可以說如果則，總可以推 q。這即表示：p 真，q 可以成立，p 假 q 也可以成立：不但是成立，而且仍可以是推；並不因其為假，「如果則」就不能說。這種情形即表示：必是 p 的外範或容納性大於 q，不然便不能有那種情形，尤其不能有「如果則」的情形。即是說，如果 p 的外範不大於 q，即便 p 假 q 真可以成立，pq 間也不能有「如果則」的情形，而何況在不大於 q 下，p 假 q 真在函蘊上決不能成立，所以 p 假 q 真與「如果則」相連而生，這兩個相連必

表示 p 的外範大於 q。可以說：p 假 q 真與「如果 — 則」是 p 大於 q 的充足而必須的條件。

　　(二)因為 p 假 q 真，所以 p 或真或假，q 總可成立；但是 p 真 q 假卻不能成立。即是說：q 若假，p 必須是假；p 真時，q 必須是真，決不能與 q 真時 p 或真或假一樣。這即表示：p 真 q 假時，不能說「如果則」。p 真 q 假不能說「如果則」，但 p 假 q 真卻能說。這即表示：在後者，q 可以隨 p，在前者 q 不能隨 p。在前者，q 若要隨 p，必須 q 為真，這即表示：q 必須把範圍縮小而不能大於 p 纔可，現在 p 真 q 假，明明 q 大於 p，所以在函蘊上不能成立。在後者，q 隨 p，是因為 p 大於 q，所以 p 假 q 真，在函蘊上可以成立。因為 p 假 q 真，p 大於 q，故有如果則；p 真 q 假，q 大於 p，故不能說如果則。故函蘊必排斥 p 真 q 假，其餘皆可。這即表示：函蘊不背常識，有意義上的連帶關係。

　　(三)在上面我們從 p 假 q 真可，p 真 q 假不可上證明了函蘊必是 p 大於 q，即 p 的外範大於 q 的外範始可言函蘊。茲再從 pq 的真假之多少上看，即從內容上看。先從 p 方面著想：p 真 q 真，p 假 q 假，p 假 q 也真，這即表示 q 的固定的真妄值多於 p，即 q 的可能性大於 p，q 的成立性大於 p。再從 q 方面著想：q 真 p 可真，q 真 p 可假，q 假 p 必假，這即表示：p 的固定的真妄值少於 q，即 p 的可能性小於 q，p 的成立性小於 q。而 p 之固定值少於 q 卻由 p 之外範大於 q 而來。此恰合外範大者內容少，外範小者內容多之原則。而 pq 之或大或小，或多或少。又都由 p 假 q 真表示出，即 p 假 q 真一方表示 p 之外範大於 q，一方表示 p 之內容少

於 q。如是，「p 假 q 真」正可以表示 pq 之函蘊關係。所以函蘊必規定為「或 p 假或 q 真」。寫為定義如下：

$$p \supset q = \sim p \vee q$$

由以上三條完全證明了函蘊之必規定為或 p 假或 q 真。其所以如此之理由如下：

（一）能表示 p 之外範大於 q，故可言函；

（二）能表示 p 之固定值少於 q，完全恰合內包外延原則；

（三）能不背於常識；

（四）能表示「如果則」，而 pq 同真或同假之當然可推也含在內；

（五）因為能表示「如果則」，故有意義上的連帶關係，而函蘊與推斷並未脫節；

（六）若用同真或同假，則以上五個意義便不容易完全表示出來。

四

以上 p 假 q 真的函蘊關係可以舉例明之，看得如何結果。㈠如果一切亞洲人是黃種的，則一切中國人是黃種的：如果 p 真則 q 真：㈡如果一切亞洲人是黑種的，則一切中國人是黑種的：如果 p 假則 q 假，㈢如果一切亞洲人是黃種的是假的，則一切中國人是黃種的可以是真的：如果 p 假則 q 真。第三個「如果則」與第一個「如果則」可以同時成立。即「如果則」在第三與第一兩種情形

下都可成立。其所以能成立，即在亞洲人之外範大於中國人，而其固定之真妄值少於中國人。一切亞洲人既是黃種的，則中國人是亞洲人，當然也是黃種的，「如果則」很自然地可以成立。如果一切亞洲人是黃種的假了，則一切中國人是黃種的卻未必假，所以如果亞洲方面假，則中國方面真，這「如果則」也很自然地可以成立。

這情形便有似於傳統邏輯中的 AI 的關係。A 命題是：一切 s 是 p；I 命題是：有些 s 是 p。如是一切 s 是 p 是假的，則有些 s 是 p 是假的；如果一切 s 是 p 是真的，則有些 s 是 p 是真的。這是表示：AI 可以同真，可以同假。但是：有些 s 是 p 是真的，則一切 s 是 p 未必是真的，可以是真，也可以是假，所以如果一切 s 是 p 是假的，則有些 s 是 p 是真的，可以成立，即表示：「如果則」在 A 假 I 真上可以成立。可是：如果有些 s 是 p 是假的，則一切 s 是 p 也必須假，所以 A 假 I 假可，A 真 I 假決不可。這即表示 A 假 I 真，可以說「如果則」，A 真 I 假不能說「如果則」。如是 AI 的可能關係如下：

（一）可以同真，（p 真 q 真）；

（二）可以同假，（p 假 q 假）；

（三）A 假 I 真，（p 假 q 真）；

（四）A 真，I 決不能假，（p 真 q 假是不存在的）。

所以 AI 的關係完全同於函蘊的關係。而 AI 即是同質而可以包括的關係，即 A 包著 I，A 的外範大於 I。所以普通名之曰差等，其實即是包括或包含，故我曾以函蘊名之。而「或 p 假或 q 真」的函蘊，因著 AI 的幫助，遂使我們洞然明白《算理》上的「函蘊」不

背常識，而亦與推斷並未脫節，這是從外範上說。若從內包上說，I的真妄值也多於 A：A 所有的或真或妄，I 都有，但是 I 所有的，A 卻未必隨著有。因為 I 多於 A，所以 A 假I 真可以成立，可以說如果則，但是 A 真 I 假便不可以成立，不能說「如果則」。而且 A 之大於I，少於I，又都在「A 假 I 真」上表示出，至 AI 同真或同假卻並不能表示出 AI 之為差等，為包含，為包括。其所表示的例是 AI 純等。但是 AI 顯然不等。若相等，便不會有 A 假 I 真；若有 A 假 I 真，便即是差等，便即是 AI。或 p 假或 q 真之函蘊也是如此。我們並不因為「A 假 I 真」，而說 AI 不是包含，而說由 A 不能推 I；難道我們即能因「或p 假或 q 真」，遂說由 p 不能推 q，q 則不由 p 出，函蘊與推斷脫了節，無意義上的關係嗎？所以 AI 之為差等，完全由 A 假 I 真上表示，故函蘊也必完全由「或 p 假或 q 真」上表示。

函蘊雖由「p 假 q 真」表示，但死咬定「p 假q 真」卻不易看出函蘊關係，所以一般解析函蘊的遂說它與推斷無關。這猶之乎單看 A 假I 真，看不出其差等關係一樣。我們如果把「差等」規定為 A 假 I 真，難道我們即可說 AI 不是差等，不為包含嗎？所以顯然一般解析函蘊的，都是不得其門而入的。

函蘊之為非同小可，即在從函蘊所有的真妄關係上看。AI 為差等，一見即明，乃因從外範上看，若從 AI 之真妄關係上看，他同函蘊一樣為非同小可。但雖是非同小可，卻並不玄虛，卻並非不可思議，莫明其妙。其所以如此，即在其「非同小可」可以歸為「並非大可」，而與常識不背，而可以自然地說「如果則」，並與推斷

未脫節。從內包上看,非同小可;從外範上看,並非大可。然內包外範恰相應和。故函蘊並非玄虛,我們可以明白它的意義,究竟是什麼。

傳統邏輯重外範,故講差等,而亦未忘內包,故有周延原則;現代邏輯重真妄關係,以真妄關係決定函蘊,既盡其內容,亦示其外範,故整然系統,而純由真妄關係間之函蘊關係推出。循前者,有許多禁律,循後者無一禁律。至傳統邏輯「一切」、「某些」諸外範概念,將必盡吸收於現代邏輯遍舉與偏舉之命題函值中。即遍舉與偏舉之命題函值乃綜和真妄關係與外範概念而為一者也。現代邏輯之惟一特色在提出真妄關係,而將目光集中於邏輯自己,於是,二分、同一、矛盾、拒中,遂成了根本原則、原始觀念。而傳統邏輯中所講的倒成了後部的工作,可以盡吸收於現代邏輯的大系統中,至於函蘊與推斷,函蘊與等,函蘊與嚴格函蘊,皆於下面論之。

五

在以上說明了函蘊本身的意義,證明它不背常識,它有意義的連帶關係,它並有傳統邏輯中 AI 兩命題真假關係之性質,如是函蘊之為函蘊甚清楚近情而顯然,並非如普通所想像的那樣玄虛,不可捉摸。除此而外,並也說明了為何用「或 p 假或 q 真」來界說:其所以然之故即在因「或 p 假或 q 真」始能表示 p 之外範大定值少,q 之外範小定值多,與 AI 同性質而不背於常識的函蘊關係。本節再繼續下去討論函蘊與其他意義的關係。

　　第一，須知"p⊃q＝～pvq"這雖是一個等式，它卻是一個界說，在原書上有界說符"Df"標識之。界說與等並不相同。"2＋2＝4"一看便知是個等式，但這個函蘊的界說式卻並不相等，我們並看不出它有等的意義，因為一邊是函蘊，一邊是「或者」，而「或者」又決無包含的意義，所以顯然不是等式。大家若認為有等號，遂即認為是等式，那就錯了。於是，我悟出界說與等並不相同。但也不能說它完全沒有等的關係，不然便無法發生關係。可是這並不礙界說是界說，等是等。單就邏輯系統內而言，界說是可以有自由性、選擇性、人定性，即是說可以由己；但可隨著界說而來的一串等式卻並不由己，卻是必然的。譬如函蘊現在就有好幾個界說，縱然這些界說不必皆有異於《算理》上的函蘊，但表面看之，總是各不相同，且也各持之有故，言之成理。所以界說顯然是有自由性、人定性，但後來的等式卻並不如此。即就《算理》函蘊（即以上與本節所論的函蘊）而言，這個界說，若從「或 p 假或q 真」方面看，完全看不出等來；若從它所立有的三個真妄可能方面看，雖可以比較顯明，然仍看不出與函蘊這個意義有什麼等的地方。若真正是等，則當為：「p 函蘊 q」等於「q 可由 p 推出」。但這雖然是一個等式，卻並不是一個界說。它並不能把函蘊的意義全幅表示出來。成 p 假或 q 真，表面看之，雖表示不出函蘊來，然它卻是由三個真妄可能歸約而來的；而這三個真妄可能合起來卻能表示函蘊的全幅意義，所以「或 p 假或 q 真」這一個歸約的結果也可以表示函蘊的全幅意義了。所以「或 p 假或 q 真」或者那三個真妄可能合起來，都不是等於 p 函蘊 q，而是藉著它們可以表示 p 函蘊 q。可以表示函

蘊之全幅意義，並不是等於函蘊之意義。所以「或 p 假或 q 真」，是一個界說，決不是一個等式。

既然是個界說，我們就當就著界說它的三個真妄可能而尋繹函蘊的意義，決不當看成它是個等式，專就「或 p 假或q 真」上發揮道理。但是現在一般解析函蘊的卻不明白這個道理，他們不從界說上看，反從等式上看。因為從等式上看，所以發見不出「或 p 假或 q 真」有什麼函蘊的意義在內，所以他們又說《算理》上的真值函蘊沒有連帶關係，不可以推。他們解析「或 p 假或 q 真」所舉的例如下：

  (1)或「蘇格拉底是三角形」是假的，或 "2＋2＝4" 是真的；

  (2)或「中國在非洲」是假的，或「唐太宗是人」是真的。

他們這樣舉的例就是死咬定「或 p 假或 q 真」並以之為等式的看法。這種看法毫無函蘊的意義。所以 pq 無連帶關係，不可以推。但須知這種解法是錯的。不是函蘊關係，倒是故意找一個不相干的假命題安在前面。

這兩個例子是，指「p 假 q 真」而言的，函蘊尚有「p 真 q 真」一可能，對付這個可能，他們舉的例子是：或蘇格拉底是人，或二加二等四。這兩個命題雖然都真，但卻不相干。他們所以這種舉法，無非證明真值函蘊無連帶關係，不可以推罷了。但孰知結果卻弄成函蘊非函蘊，而成為獨立了。但顯然函蘊究非獨立。所以這種舉法決絕是錯的。因為在這種例子上而說「如果則」，雖三尺童子亦知其不可。然則「如果則」還有何用？即便照「或 p 假或 q 真」舉例，也當如我上節所舉的，如下：

　　　　(1)或「一切亞洲人是黃種的」是假的，或「一切中國人是黃種的」是真的；

　　　　(2)或「一切動物是有理性的」是假的，或「一切人類是有理性的」是真的。

這類的命題如果翻成「如果則」是很合情理的：

　　　　(1)如果一切亞洲人是黃種的，則一切中國人是黃種的；

　　　　(2)如果一切動物是有理性的，則一切人類是有理性的。

「如果則」雖可以說，但 p 方面即前件可以假；p 方面雖可以假，但又不礙 q 方面之真。這種舉法既可以滿足「如果則」的關係，又可以滿足「p 假 q 真」這個條件。這樣舉法，怎見得 pq 不可推？怎見得無連帶關係。這樣一來，函蘊仍是函蘊，不會成為獨立，我這個舉法乃是以「或 p 假或 q 真」為界說不為等式的看法。即「或 p 假或 q 真」這個條件是最能表示函蘊之意義的，所以用它來表示函蘊，並不是函蘊等於「或 p 假或 q 真」。雖然式子中用了個等號，但須知還有個界說符號，也不可忽略。用「或 p 假或 q 真」所表示的函蘊，其為函蘊如下：

　　　　(1)p 之外範大於 q，p 之定值少於 q；

　　　　(2)q 之外範小於 p，q 之定值多於 p。

這兩個意義即足以使真值函蘊可以推，有連帶關係，不背於常識。這點上面已解析過了。

六

　　解析真值函蘊的人，把函蘊解成獨立，所以想補救函蘊的人也不認為真值函蘊是函蘊，而另尋他物以代之。穆爾用「推至」（entailment）以代之，路易士用「嚴格函蘊」（strict implication）以代之。本節討論穆爾的推至，下節討論路易士的函蘊，看結果如何。

　　真值函蘊是從兩命題的真妄關係方面看，穆爾的函蘊即「推至」是從函蘊本身的意義方面看。他沒有研究過真妄關係，所以他無法了解真值函蘊為何物，他只得向字面的意義去找道理。「推至」的反面是「從自」（follows from）。p 推至 q，反過來即 q 從自 p。在「從自」關係上，被從的前件必須是完全注意，毫無遺漏。這樣，能從的後件始能無條件的真。譬如：這是一個直角，隨著這是一個角，角從自直角；反過來，由直角必推至它是一個角，這是必然的真。再如：這是紅的，隨著這是有顏色的，色從自紅；反過來，由紅必推至有色，這也是必然的真。這種「推至」即是穆爾的函蘊。p 推至 q 與 q 從自 p 相關，猶之乎 A 大於 B 與 B 小於 A 相關。如是「推至」的實例如下：

　　　　(1)「這是紅的」推至「這是有色的」；

　　　　(2)一切人有理性與孔子是人推至孔子有理性。

前者是兩命題的推至，後者是三命題的三段論法之推至，都可以表示他的「推至」與「從自」的嚴格關係。這種推至當然不會有 p 假 q 真的情形，p 真 q 假更不容說。他所有的只有 p 真 q 真，p 假 q 假，這兩個可能。pq 之真假相連相隨。如是 pq 有連帶關係可以

推，而《算理》上的古怪情形也不能有。但是他這種解法是否是函蘊呢？他說真值函蘊不是函蘊，可是他的「推至」更未必是函蘊。他的推至中的 pq 雖可以相隨，雖可以推至，然推至與相隨的未必盡是穆爾函蘊。他這種推至，據剛纓所說只有兩個可能，有這兩個可能的恰巧是「相等」關係，而不是函蘊關係。以格式表之如下：

p q	p≡q
＋＋	E
－＋	N
＋－	N
－－	E

但是函蘊有三個可能如下：

p q	p⊃q
＋＋	E
－＋	E
＋－	N
－－	E

相等的命題固然可以表示相連相推，但相連相推的未必是相等。觀上兩格式，相等所有的可能盡為函蘊所有，但函蘊所有的相等卻未有。於此可知，函蘊可以包相等，相等不能包函蘊了。相等中可以說推，可以說從，在函蘊上也可以說；但在函蘊上所能說的相等上卻不能說。從可知相等雖可以表示推與從，但推與從未必是相等。穆爾的「推至」如果是函蘊，那便是床加上床，為多事，如果是相等，便是指鹿為馬，為妄作，究竟是那個意思呢？

先從它是函蘊方面看。即以他舉的例為例。這是紅的可以推至這是有色的。這個推固然很可靠；但這兩個命題卻未必連帶為真，

連帶為假,即是說未必是相等。茲就有色的範圍而言:如果這是紅的是假的,這是有色的卻未必假,因為紅以外的黃黑白俱是有色。所以是紅雖可以假,但有色卻仍可真。即不指黃黑白而言,亦可證明有色是真的。例如:「如果紅花是白的,則它是有色的」,這也表示 p 假 q 真,而且「如果則」的關係也很容易成立。再如:「如果一切人是黃種的,則是有色的」,「如果中國人是白色的,則中國人是有色的」:這也表示 p 假 q 真,而且「如果則」很易成立,而且所推出的也必然的真,但卻不免 p 之為假,如是,「這是紅」與「這是有色」固然可同真,可相從相推,但一假一真也仍可相從相推。而且同為必然。然則穆爾的「推至」究竟是函蘊還是相等。如果是函蘊便無法禁止「p 假 q 真」之成立。p 假 q 真中含著 p 真 q 真,是穆爾之意亦在其內,然而只主張 p 真 q 真而排除 p 假 q 真,以為函蘊,這便是床上架床,為多事,且有所漏,即有些相從相推的「如果則」穆爾不能說。若不是函蘊而是相等,則不但「p 假 q 真」的「如果則」不能說,即「這是紅」與「這是有色」兩個命題同真的「如果則」也不能說。因為這兩個命題並不相等,顯然可以允許 p 假 q 真之存在。如是,穆爾的推至,可以說的例子定是很少,將只限於相等者:

  (1)如果他是有理性的動物,他就是人;

  (2)如果它是等邊三角形,它就是等角三角形;

  (3)如果他是《春秋》的著者,他就是孔子。

這三對命題都可以滿足穆爾相等式的推至。但如果它是相等式的推至,即有好多可以說而卻不能說的命題:

　　(1)如果他是人，他就是會死的；

　　(2)如果它是紅，它就是有色的；

　　(3)如果它是直角，它就是一個角。

這三對命題都不能滿足相等式的推至，因為「是人」與「是會死」不等，「是紅」與「有色」亦不等，「直角」與「角」也不等。這三對命題都滿足函蘊的推至，而不滿足相等的推至。穆爾的推至如果是函蘊，這三對命題便可以說；如果可以說，則他的推至必承認 p 假 q 真；如果承認 p 假 q 真，他的推至必歸屬於真值函蘊；如果歸屬於真值函蘊，而又要以「推至」來代替，便是多事。如果他不承認 p 假 q 真，則他的「推至」便是相等；如果是相等，便有好多相從相推的「如果則」不能說；如果不能說，則他的推至不是函蘊，不是「如果則」；如果不是「如果則」而偏說「如果則」以解析相從相推，便是指鹿為馬。穆爾的意思好像不是相等的推至，如果不是，則必屬函蘊無疑。如屬函蘊，則穆爾為多事亦無疑。穆爾不了解他所說的「推至」即函在真值函蘊中，而又不知函蘊可以允許 p 假 q 真之存在，所以纔有這番多事。

　　穆爾的「推至」既為多事，但還有些人把穆爾的「推至」看為邏輯的、形式的、必然的，把真值函蘊看為實際的，不是必然的。這不但是幾個人的見解，好像大家都作如此觀。路易士以嚴格函蘊代替真值函蘊，穆爾以「推至」代替，都以為自己是邏輯的、必然的，認《算理》上的為實際的。大家也隨著這樣去解，其實都是不得其門而入。關於路易士的，下節再論，茲先論穆爾的推至與真值函蘊的關係。我以為對於路易士函蘊與真值函蘊，以形式實際來比

論，尚可馬虎過去，惟對於穆爾則似不倫。穆爾的推至，根本無「p
假 q 真」一可能，若照一般解真值函蘊為不相干的而言，則真值函
蘊根本即不能推，即根本無連帶關係。或「中國在非洲」或「唐太宗
是人」，這兩命題即使是邏輯的而非實際的也不能推，所以與穆爾
的「推至」根本不能比擬。若照我的解析，真值函蘊有連帶關係，
可以推，則這個推也決不是實際的。一般人根本不了解 "material"
一字之用意，又不了解「或 p 假或 q 真」之解析，遂揣測其辭，
故事玄虛，結果弄的莫明其妙。須知真值 material 一字決非指與理
論、形式，或邏輯相對的事實，實際而言。不然，他當用 practical,
factual, actual 等字，何必單用 material 這字呢？須知此字本含有
質素、材料、內容之意。決不同於事實或實際。命題的質素或內容
即是真妄值。講的是真妄值推演關係，而推演之所以可能，其根據
惟在命題之函蘊關係，故講真妄值的函蘊，始可講真妄值的推演。
真妄值既是質素或內容，故 material implication 即真妄值函蘊（
truth-false implication 簡稱之曰真值函蘊 truth implication）。而此
所謂真妄值又不是實際上一個命題的真妄，乃是由是非二分得來的
真妄。邏輯就是這種由二分得來的真妄之推演關係，與事實實際毫
無關係。即使是事實，也是真妄值的事實，並非與理論或形式相對
的事實。所以，說穆爾的「推至」為必然，為形式，說真值函蘊為
實然，為事實，而無必然，決是不對的。因為若照我的解析，p 之
外範大於 q，而內容少於 q，則 pq 間之如果則，其推其從，決是必
然的，無疑問的。不用說它是形式的，它自然是形式的。因為真妄
值決非事實上一個命題的真妄值故也。《算理》所以名之曰真值函

蘊，是對著以後的形式函蘊（formal implication）而言。此所謂形式是意謂「徧舉」或「偏舉」的命題函值（propositional function）。徧舉者為 (x)・ϕx，偏舉者為 ($\exists$x)・ϕx。這種徧舉或偏舉之函值，即是一個抽象的普遍的格式。徧舉為「一切」，偏舉為「某些」。這是表示範圍的兩個格式，故曰形式。所以此所謂形式函蘊之「形式」決非與事實實際相對之論理的，或形式的之「形式」。形式函蘊中命題是「一切」、「某些」的表示，真值函蘊中的命題是任何單個（any one, singular）的表示。任何單個無範圍而有真妄，故曰真值函蘊。故所謂真值與形式恰似亞里士多德形式與質料之對舉。並非普通理論上與事實上之對舉也。解者不明此意，以為真值是事實上的，無必然。而以穆爾的「推至」為形式上的，有必然，根本是多事。所以穆爾的「推至」與「真值函蘊」決不是理論與事實、形式與實際、必然與實然之差，而實是相等的推至與函蘊的推至之差；或不是相等的推至，也是床上架床之差。同時真值函蘊可以推，可以從，而亦有必然性。至若普通將函蘊解成不相干，而又以之與穆爾「推至」作必然與實然之較，乃實是糊塗可笑。

七

　　本節再論路易士嚴格函蘊與真值函蘊之差別及關係。路易士的函蘊，在「嚴格」這個意思上說，與穆爾的「推至」有同等的作用；但路易士的函蘊，其界說，在背後似乎也是以真妄值的關係為根據。如是，他的函蘊比穆爾的推至又複雜一層，不只是穆爾的 p 推 q，q

從 p 的表面簡單關係。他的函蘊似乎也承認 p 真 q 真，p 假 q 假，p 假 q 真，這三個可能。說「似乎」者，因為他對於「p 假 q 真」沒有積極的主張，他只有積極地禁止「p 真 q 假」這個可能。而且他也並沒有特別提出否認「p 假 q 真」這個可能。若果承認了那三個可能，則他的函蘊與真值函蘊的唯一差別在什麼地方呢？曰即在「嚴格」一意，而嚴格的表示則在「不可能」一概念。然則嚴格函蘊與真值函蘊的重要區別惟在「不可能」一點了。「可能」與「不可能」在路易士系統內是一個原始觀念，即未界說的觀念。他用「可能」、「否定」，及「絜和」三原始觀念規定嚴格函蘊如下：

$$p \dashv q = \sim \lozenge (p \sim q)。$$

即「p 嚴格函蘊 q」等於說：「p 真而 q 假是不可能的」。此界說可與《算理》上的合觀：

$$p \supset q = \sim (p \sim q)（消極的界說）。$$

這個界說只說：「p 函蘊 q」等於說：「p 真 q 假是假的」。而路易士於此不但說它是假，而且是「不可能」。既是「不可能」。只有 q 隨 p 真，p 推 q 真。這樣，q 可以從 p 推出，而 p 也可以推 q，且是必然的、無異議的。在這一點上說，路易士的函蘊與穆爾的推至有同等的作用。

但是，「p 真 q 假是不可能的」，這只是消極方面的積極禁止；至於積極方面，「可能的」究竟是什麼呢？p 真 q 真，p 假 q 假是可能的，p 假 q 真是否也可能呢？關此，路易士沒有積極方面的界說，但《算理》卻有。若自三可能皆承認方面觀之，替路易士造一個與《算理》合觀，則積極方面的兩個界說如下：

$$p \dashv q = \diamondsuit(\sim p v q)$$

「p 嚴格函蘊 p」等於說：「或 p 假或 q 真是可能的。」《算理》
的如下：

$$p \supset q = \sim p v q$$

「p 函蘊 q」等於說：「或 p 假或 q 真」。但路易士舉例證明「或 p
假或 q 真」，所舉的例仍與普通一樣，即解成不相干的。他舉的兩
命題是： (一)醋是酸的： (二)有些人有鬍子。這兩個命題，在《
算理》函蘊，消極方面是這樣的連結：「醋是酸的是真的，而有些
人有鬍子是假的」是假的。在積極方面則如此：「或醋是甜的或有
些人有鬍子」。無論在積極方面或消極方面，這兩個命題的連結法
皆是不相干的、各自獨立的。因為不相干，所以 q 不能從 p 推出，
p 不能推 q。因為不能推。所以路易士說它可以真，但不是套套邏
輯；要是套套邏輯，必須再來一個函蘊繞行（這一點下邊再論）。
但路易士的嚴格函蘊，據說是可以推的，且是必然的即套套邏輯。
若果可以推，則路易士的函蘊便當不是獨立的。如果不是獨立的，
照他所舉的是獨立的例子看來，他的界說中應反對「p 假 q 真」這
個可能。如果不反對這個可能，則他不能舉這樣不相干的例子來解
析「或 p 假或 q 真」；如果要這樣舉，不但「或 p 假或 q 真」是
不相干的，即他的「p 真 q 假是不可能的」也是不相干的，也不能
推。這其中有個兩難，根本關鍵還是在路易士未了解「或 p 假或q
真」的真意。以下設從兩方面看這兩個函蘊間的關係：

　　(一)從「p 真 q 假是假的」這方面看它們兩的關係；

　　(二)從「p 假 q 真是存在的」這方面看它們兩的關係，這點

又可從兩方面來看：

　　⑴從路易士承認「p 假 q 真」方面看；

　　⑵從路易士不承認「p 假 q 真」方面看。

討論這兩方面的關係還是以「必然」與「實然」或「或然」作區別的關鍵，茲依次論之如下。

　　從「p 真 q 假是假的」這方面說，路易士的嚴格函蘊似乎比較容易領會，容易成立；但究竟如何也難說。據他說「p 函蘊q」有時是套套邏輯（即必然），有時不是套套邏輯而是可以真，即不是必然，但可以真。真值函蘊是可以真但不是必然；嚴格函蘊不但真而且是必然。如是"p⊃q"不是一套套邏輯，而"p⥲q"是一套套邏輯。因為據路易士的解析，前者是獨立的，不能推的；後者是可以推的。因為在「醋是酸的是真的，有些人有鬍子是假的」是假的，這個命題中，顯然，「有些人有鬍子」不是從「醋是酸的」推出。雖不能推，但那個陳說可以是真的。就因為它不能推而可以真，所以纔不是套套邏輯。如是，若不能推，推演系統怎樣成立呢？套套邏輯怎樣成立呢？路易士以為 p⊃q，只有一個前提 p，所以不能推（按照界說），若再加一個前提，則便可以推 q真，q 也可以從這兩個前提的結合推出。如是"p⊃q"是可以真而不是套套邏輯，但"p・p⊃q：⊃・q"這個命題是套套邏輯，是可以推的。試舉例以證之：「有些人有鬍子」雖不能從「醋是酸的」推出，但可以從 (1)「醋是酸的」，(2)「醋是酸的無人有鬍子」是假的，這兩個前提中推出，即「有些人有鬍子」可以從這兩個前提中很妥當地、必然地推知。如是套套邏輯便可以成立。一步不能成立，兩步便成立；一步

無連帶關係，兩步便有連帶關係；一步不能推，兩步便能推。《算理》的套套邏輯據說是這樣造成的。如是我們可說：當"p⊃q"是真的，但不是必然，則 q 只能從"p・p⊃q"兩個前提中推出，此時便是必然，如果 p 函蘊 q 是一必然，則 q 即能從 p 推出，用不著兩個前提。路易士的嚴格函蘊"p⤳q"即是可以推的，用不著兩個前提，所以也是套套邏輯。但於此我有疑問。㈠路易士規定他的函蘊為「p 真 q 假是不可能的」，在「不可能」上看，好像必歸於 p 真 q 也真，始可言推，毫無異議；故從消極方面，積極的加以禁止，在意義上似乎可容易承認嚴格函蘊是可以推的。但如果如此，則《算理》的「p 真 q 假是假的」這種禁止也未見得不能推。既是假的，也可以函著 p 真 q 也當真，纔是真的，然則，「p 真 q 假是假的」如何不能表示推？如何必為：「醋是酸的，有些人有鬍子」，這類不相干的命題的連絡呢？如果以這類的命題解析《算理》的函蘊為不可推，吾豈不可以這類的命題解析嚴格函蘊？如果可以解析，則豈因將「是假的」改為「不可能」。這種不相干的命題就可以相干，不能推的就可以推？所以路易士決不當舉不相干的例子作例證，因為這樣舉法與他自己函蘊也無好處。㈡茲姑舍此不論，再從相干方面看。他以為他的函蘊可以推。且是必然的；《算理》的函蘊不能推，可以真但不是必然。但於此就有困難。試問既不能推，便是不相干；既不相干既無實然或必然之可言；即屬實然而非必然，也是不相干的實然，與函蘊之推無關。所以路易士如果以不相干解真值函蘊，則不能以必然與實然作區別函蘊的特徵，即是說根本不能比。㈢如果不解為不相干，那種例子便不能舉。如果

不舉那種例子,則兩種函蘊可皆為相干,皆可推。如果皆可推,則必然與實然之比也不能成立,因為真值函蘊是真妄二值的函蘊。真妄二值間的可能是有定的,諸可能間的關係也必是有定的,因而也必是必然的。「不可能」的禁止固然可以有必然,「是假的」之禁止也是必然。然則「必然」不能專屬路易士,即《算理》亦有之。如果同是必然,則路易士的「不可能」這個觀念,固然可由之而得必然,但卻是另一種意義,即 intensional 是,其中有一種心理的作用,此點以後再論。又有應注意者,即此處所證明《算理》函蘊之有必然,非前邊路易士所證明的兩步後之必然,乃即「p⊃q」本身之必然也。此點甚重要,有關邏輯系統問題,本文暫不論。㈣從 p真 q 假之或「是假的」或是「不可能」的方面看,兩個函蘊皆可解成「可推」與必然;亦皆可解成不可推即不相干,但無所謂必然與不必然。從皆可解成「可推」方面看,是因為《算理》函蘊中也有同真同假兩個可能;從皆可解成「不相干」方面看,足證一般講函蘊的是走錯了方向,不當舉那種不相干的例子。如果不舉那種例子而使其為相干的,則 (1)路易士承認不承認「p 假 q 真」這個可能呢?(2)如果要承認,則「p 假 q 真」表面觀之也是不相干;如果要承認而且使其相干,將怎樣解析它呢?這是上邊所列的第二方面的比較。

從「p 假 q 真」是存在的這方面看,可有兩種態度:㈠路易士不承認;㈡路易士承認。先從不承認方面看。照他所舉的不相干的例子看,他似乎不能承認「p 假 q 真」。因為如果承認,他的可推的也不能推了,也成不相干的了。可是,如果他不承認,結果一個可

推，一個不可推，兩個根本不同，不能比較不能相函路易士系統也不能吸收《算理》系統，而他的"14·1p⊣q·⊣·p⊃q"這個命題也不能成立。因為這個命題是表示：凡嚴格函蘊能主張，真值函蘊也能主張，但反之則不能。因為嚴格函蘊較狹於真值函蘊，所以嚴格函蘊之主張較強於真值函蘊之主張。這意思即必然與實然之比；但我前面曾證明：如果一個可推，一個不可推，根本不同，根本不能比；要能比，必皆可推，如皆可推必為相似。現在，路易士既以為必然與實然來比這兩個函蘊，則他必不認為它兩個有根本不同，不然他就不能比。可是照剛纔所說，他似乎不能承認「p 假 q 真」這個可能，這即表示他的函蘊與真值函蘊根本不同，所以按理他不能有"p⊣q·⊣·p⊃q"這個命題，可是他竟有了。在此，就有個兩難：如果他不承認 p 假 q 真，他那個命題不能成立；如果要承認，他自己的函蘊也成了不可推；如果要承認，且也可推，則他那種不相干的例子不能舉。如果要保存那個命題，他得承認 p 假 q 真；如果承認 p 假 q 真，那種不相干的例子不能舉，真值函蘊的「或 p 假或 q 真」，得另舉別例。這條路我想路易士可以承認。以上的辯論即足以使路易士 (1)非承認 q 假 p 真不可；(2)非除消他那種不相干的解析不可。寫到此地，那第二步即易解決了，即從他承認方面看，其結果也容易得到了：(1)他非承認 p 假 q 真不可；(2)他的不相干的例子非除消不可，因這種解析法定是錯的。

　　以上從 p 真 q 假、q 假 p 真；兩方面討論，結果得以下五點：

　　（一）一般解析真值函蘊所舉的例子都是不相干的，因而都是錯的。以後決不當這樣舉：　(1)「醋是酸的是真的，有

些人有鬍子是假的」是假的（消極方面）； (2)「或醋是甜的或有些人有鬍子」（積極方面）。當如我上篇所論，這樣舉： (1)「如果一切亞洲人是黃種的是真的，則中國人是黃種的是假的」是假的（消極方面）； (2)「或一切人是黃種的或中國人是黃種的」（積極方面）。

(二)真值函蘊也可推，有連帶關係；

(三)路易士函蘊以「不可能」而得必然，真值函蘊以真妄關係之有定而得必然；

(四)真值函蘊 "p⊃q" 是一套套邏輯，用不著 "p · p⊃q ： ⊃ · q" 纔是套套邏輯。

(五)如果嚴格函蘊中所有的真妄關係與真值函蘊所有的同，則不必加「不可能」始有必然；如果不必加，則路易士的「不可能」為另一種作用，可有可無，可以剔去。下節論之。

八

本節的討論不過是一個餘波，或繼往開來的幾句結束語，茲提出四點如下：

(一)命題的內的關係與外的關係（intensional relation and extensional relation）此問題吾已於第一卷第三章中論之。譬如說：「挾泰山以超北海是一種奇蹟」這命題便表示是可驚的，「挾泰山以超北海是不能夠的」，這命題也有驚訝之意。關於這類的命題可以

叫做是驚訝的連結，但不是邏輯的連結。因此，這類命題的真妄定值的關係是不能決定的。再如：一個人相信一命題 p，又相信一命題 q，此時，pq 間的關係便無法決定 pq 的真妄可能。這種關係也不是邏輯的，而是信仰的。像以上這兩種非邏輯的連結都有一種心理作用在內。這種心理作用的連結，《算理》名之曰「內的關係」。脫離這種心理作用，只看事實上由二分得來的真妄關係之定值，或說只看真妄值的必然而機械的些可能關係，此時的連結便是邏輯的。《算理》名之曰「外的關係」。路易士的「不可能」即是一種「內的關係」的表示：有一種心理作用在內。他雖然引出它使「連結」成為必然，但是我如果證明真值函蘊的關係也是必然，而且路易士的函蘊所有的真妄可能同于真值函蘊，則他的「不可能」便是一種心理的保險，是附加的，不是必須的。有了它不能增加其必然，無了它也無損其必然。但是邏輯總當與心理脫離關係，所以這種心理作用定當剔去，使邏輯赤裸裸地成為必然的機械的關係，此即所謂外的連結。認清這一點，即「不可能」也可規定為邏輯的，而不必是內的。但在路易士系統內卻是內的。如是，我們可用二價的真妄可能規定三個概念如下：

I. $\quad\|$（必然）$= pq \cdot v \cdot p\sim q \cdot v \cdot \sim pq \cdot v \cdot \sim p\sim q$

$\qquad\qquad = p(qv\sim q) \cdot v \cdot \sim p(qv\sim q)$

$\qquad\qquad = pv\sim p = \sim pvp = p \supset p$

II. $\quad\Diamond$（可能）$= pq \cdot v \cdot \sim pq \cdot v \cdot \sim p\sim q$

$\qquad\qquad = \sim p(qv\sim q) \cdot v \cdot q(pv\sim p)$

$\qquad\qquad = \sim pvq = p \supset q \cdot$

III.　　　$\sim\Diamond$（不可能）$= pq \cdot \sim pq \cdot p \sim q \cdot \sim p \sim q$

　　　　　　　　　　　$= q(p \cdot \sim p) \cdot \sim q(p \cdot \sim p)$

　　　　　　　　　　　$= q \cdot \sim q \cdot p \cdot \sim p$

　　第一個表示必然，即無論如何總真；第二個表示可能，凡可能的即必然，總屬必然中之一。第三個表示「不可能」。此「不可能」由全幅矛盾表示，因矛盾故不可能。於是，「不可能」與「可能」及「必然」純是邏輯的，而非心理的。且純由真妄關係之矛盾與否來表示：凡矛盾的總是不可能的，凡不矛盾的總是可能的。這樣，可能與不可能便不能是原始觀念，如路易士系統中所表示的。如是，路易士系統倒不能吸收《算理》系統，反被《算理》系統所吸收了，而且也不失為邏輯的。以上關於「內的」、「外的」之討論可得兩結果：

　　　（1）剔去路易士的不必須的那種內的「不可能」（此點羅素曾表示過，但理由不詳）。

　　　（2）由真值函蘊系統規定「可能」與「不可能」，把路易士的概念吸收進來改為外的邏輯的（聽說亞伯拉姆已主此說，其論據不知如何）。

　　　（二）穆爾的「推至」是床上架床，前已論過。穆爾本未研究真妄關係，所以他對於「或 p 假或 q 真」的界說未免大驚小怪。路易士的界說也是以真妄關係為據，但未弄清楚，而引出「不可能」以補救，這也未免妄作。

　　　（三）真值函蘊是任何單舉命題的二分真妄值之函蘊關係，它有意義的連帶關係（邏輯系統內的意義），可以推。形式函蘊是任

何偏舉命題的二分真妄值之函蘊關係，有意義的連帶關係（也是系統內的），也可以推，此點前已論過。

　　(四)真值函蘊系統有三層必然，不可不一一證明： (1)二分必然性； (2)「p 函蘊 q」的必然性； (3)系統中的必然性，即推演的必然性。前兩者是最重要的。如果證明了前兩者，則邏輯是絕對的，二價系統是標準系統。後一者不成問題。這點有關於邏輯系統的一多問題。可參看第一分五節。

第三卷　質量系統

第三卷　質量系統　目次

第一分　推概命題之組織與推演

一、個體、任何、徧行與徧及

（一）略解

　　上卷是真妄值系統。我們用的工具是原子命題，以 p, q, r 表之。p, q, r 從符號的立場上說，我們叫它是不能再分解的命題。從實際的意義上說，我們叫它是未分解的命題，它仍可以代表任何命題。現在，本卷所講的是質量系統。在此系統內，我們所用的工具，對著不能再分解的符號立場而言，將是分解的命題，即是說，有「實變」與「顯變」（意義見下）的命題。對著實際意義的立場而言，我們將由符號上的分解而立出各種命題的名稱。

　　命題的種類，在傳統，已經講的很多。譬如說，有量、有質、有關係、有程態。照康德所列，每類有三目，如是有十二種命題。復由十二種命題引出十二範疇。但是，我們現在所講的是質量系統。因此，那種因言語上而起的命題種類，以及因之而發生的關於「存

在」的範疇,我們皆不須注意。我們只須注意質量即足。但是,此處所謂質,又不是康德所謂屬於質類的「質」。乃是指每一命題俱由肯定或否定之「質」而成而言。並非單講屬於肯定一類的命題,或屬於否定或無定一類的命題。「質」(肯定、否定)的意義下分再講。現在只以「量」為討論的中心。

關於量,歷來從言語或文法上講的很瑣碎。我們現在以為凡與邏輯無關的,一概刪去。因為那種瑣碎的分析,實離不了言語的習慣。因而無一定的標準,也無一定的結論。譬如個體判斷與單舉判斷有何嚴格的標準,實不易言;單舉判斷與無定判斷,乃至無定判斷與全稱、偏稱,亦時有出入。所以,若從言語上分析起來,常是徒然而無結果。現在站在邏輯的意義上,只取四種:一曰個體,二曰任何,三曰徧行,四曰偏及。而焦點則又集中於三、四兩種。

(二)個體

個體命題即以一定的個體為主詞的命題。或從符號構造上講,是以一定的個體為「實變」的命題。一定個體不是任何個體。譬如「孔子是人」是個體命題,而「這枝花是紅的」,也是個體命題。從羅素的邏輯分析法的立場上說,這種個體命題就是以感覺所與為主詞的原子命題。這種命題不能有任何、一切、某些等字樣的限制。設以 a, b, c 等代表一定個體,則此種命題可用符號寫之如下:

$$\phi a, \psi b, \chi c, \ldots\ldots$$

此等個體命題非邏輯所當問。邏輯命題中的主詞或「實變」,都是任何個之意。我們由許多個個體同有某種性質,可以普遍化而

說為任何個體有某種性質。這叫做推概作用。如是，我們不用 a, b, c，而用 x；不寫為 $\phi a, \psi b, \ldots\ldots$ 而寫為 $\phi x, \psi x, \ldots\ldots$。這即表示任何個體有性質 ϕ 或 ψ 之意。如以 x 代表人，以 ϕ 代表「有死」，則 ϕx 即表示「任何人有死」，並不是一定的人如孔子、孟子有死。如是，ϕx 就不叫做命題，而叫做「命題函值」（其意下節論之）。邏輯中的命題，不是命題，而是命題函值。函值之所以成，但靠「任何」一觀念。

（三）任何

「任何」一觀念，為邏輯所特有，且亦所必有。因為邏輯的目的在表達理則。所用的命題，無論何種，皆為工具。既為工具，則只須保留其形式，至於其所陳述的對象，則無須過問：隨便什麼都可，任何什麼都不是亦可。「任何」之義即由此出。其他經驗學問，因為是經驗，故不能不注意對象，也不能不注意陳述一定對象的特殊命題。但邏輯則不必，故為特有。邏輯既用工具表達理則，故不能向外追求。否則，便成了經驗知識。故「任何」一義，又為邏輯所必有。此義不明，遂弄出許多不必須的繁難。存在問題便是其一。

「任何」是思想中的物事。物理世界內，沒有一個東西叫做「任何」。「任何」為思想所篆成。它表示思想的輪廓作用。由它，我們可以趨向普遍性。它由思想的一般化作用所啟示。

由個體的一般化，或任何化，即不注定化，偏行與偏及始能造成。這卻不是說，「任何」包含「全體」。只是說，如有了「任何」為條件，則「一切」或「某些」的觀念即可被造成。此意即下面第

三節 C.34 條所述的原始命題之意義。那個命題即根據這個思想而作成。但那個命題卻不能用符號表示，即不能是形式的，而只是非形式的。這是由「實變」過渡到「顯變」的一個思想。但「實變」必是任何個體始可，即必須是 ϕx, 而不是 $\phi a, \psi b$, 始可。此思想若能明白。那個原始命題方能明白。

（四）徧行與徧及

「徧行」亦稱「全稱」；「徧及」亦稱「徧稱」。這是量的命題的兩個基本觀念。

徧行是有「一切」字樣冠於命題主詞之上者；徧及是有「某些」或「有些」字樣冠於其上者。

徧行與徧及是思想輪廓作用所造成。個體命題叫做原子命題，而徧與徧則叫做推概命題。輪廓作用即是推概作用。由推概作用而成為命題的量。將見推概命題的一切推理即因量的限制而作成。

徧及與徧行是思想之「作用」（operation），故其本身不能獨自存在。它必有所附麗。「任何」也是如此。用《算理》的話說，我們可以叫它是「不全記號」（incomplete symbol）。

附麗於命題上，「徧行」是說「所有的 x 有某種特性真」，「徧及」是說「有些 x 有某種特性真」。所謂「有些」，至少必有一個，至多不能為一切：最低不為零，最高不為全。譬如「人有死」，茲以 ϕ 代表有死，為性質；以 x 代表人，為主目。如果在 "ϕx" 上，有若干個 x 滿足它，便是徧及；如所有的 x 都滿足它，便是徧行。x 代表一個類名，徧或徧是指述這個類名下的所有分子（即所

有的 x 個體）或一部分子（即有些 x 個體）。如果為「徧行」，寫
為符式如下：

$$(x) \cdot \phi x$$

此是說：「在所有的 x 上，x 有 ϕ」。括弧中的 x 即表示 x 之徧
行。如為徧及，則如下：

$$(\exists x) \cdot \phi x$$

此是說：「在有些 x 上，x 有 ϕ」。"$(\exists x)$" 即表示 x 之徧及。$\exists$
為 $\exists$ 之倒。表示「有」意。如是 $(\exists x)$ 即表示「有一個或幾個 x」（
there exists an x or several x, there are or there is……）。徧行是 x
的無限制；徧及是 x 的有限制。普通把 "$\exists$" 聯想到存在問題，容易
生誤會。為免此弊，如果只表示限制的意思，我提議用下式表之：

$$(\upharpoonleft x) \cdot \phi x$$

此可不涉想存在問題。"$\upharpoonleft$" 亦為《算理》所用，本「限制」意。但
為從俗，仍沿舊亦可。如果無一 x 能滿足 ϕ，則如下式：

$$(x) \cdot \backsim \phi x$$

此是說：「在所有的 x 上，x 無 ϕ」。

$(\exists x)$ 及 (x) 是兩個重要的觀念。茲有兩意須得指明。(1)屬於
$(\exists x)$ 的，ϕx 有時可以說為「有時真」（sometimes true）；屬於 (x)
的，ϕx 又可說為「總是真」（always true）。須知「有時真」不指
時間而言，乃指情事或物事（cases）而言。ϕx 而時真是說有些物事
滿足 ϕx，並不是說在某時候滿足，在某時候又不滿足。同樣，總是
真也不是說在一切時候真（at all times），乃是說在一切物事下真（
in all cases）。ϕx 總是真是說一切物事滿足 ϕx，或者說，一切 x 有

ϕ。⑵ (∃x) 為有些 x， (x) 為一切 x。在此種情形下，即牽涉到存在問題。普通以為 (∃x) 必肯定存在，而 (x) 則不肯定存在。但是，本書的說統，存在與不存在的說法，與普通不同。如果我說一個經驗命題：「有些地方是真空」，或「有些地方無攝引」，則一定要涉及存在。如果物理世界內沒有這些地方，或有這些地方而皆非真空，亦皆有攝引，則此兩命題皆假。故當設立此兩命題時，一定要靠經驗考查世界內是否有這種是真空、無攝引的地方。但此種考查，在邏輯上却是不必須，且也不當問。因為，當我設定有些 x 滿足 ϕx，而成立 (∃x)・ϕx 時，吾並不是因經驗考查事實而篆成。所以吾也便不必再問 (∃x)・ϕx 這個命題是否因世界內有此 x 存在而真，無此 x 存在而假。因為它原不是經驗命題，只不過表示吾思想中推概作用的一種形式而已。至一切 x 之存在否，亦同此論。詳論見下第二分 B.8。又《算理》中所表示的「存在」思想，意義亦多端。解見下節 B.4。

二、函數與命題函值

(一)函數

　　"function" 在數學上譯為函數，在講真假值的邏輯上當譯為「函值」。在第二卷，我們常提到「真理函值」，並對於函值之意，已有解析。現在再從數學上講其一般之意義。

　　茲可舉例明之。如果一列火車以每小時 20 里的速度開行，若

求若干小時 (t) 後所行的距離 (s)，則此所求的距離 s 即等於 $20\times$ t，其式為：

$$S=20\times t$$

在此式中，s 即是 t 的一個函數。s 為何數，隨 t 為何數而定。如 t 為 3，則 s 為 60；如 t 為 2 或 4，則 s 為 40 或 80。故 s 之究竟為何數是函在 t 之為何數中，故曰函數。

又如，如果張三長李四一歲，則當李四 x 歲時，張三的歲數即為 $y=x+1$；而 y 即是 x 的一個函數。如 x 為 1，則 y 即為 2；如 x 為 10，則 y 為 11。

又如，$y=x^2$, $y=2x^2+3x+1$, $y=\log x$, $y=\sin x$ 等等 y 都為 "="號右面的數的函數。這類的式子在數學及其他自然科學中隨處皆是。因唯有此，始可表示科學律之普遍性、抽象性故也。

以上都是些個別的函數式，藉此以明何謂函數。至於從函數本身方面想，我們也可造一個極普遍的函數式。即，數學可用符號將任何函數的普遍觀念表示出，這樣，對於任何 x 的函數，我們可以寫成 f(x)，而 $y=f(x)$ 就表示 y 是 x 的函數。如是，若 x 為 1，則 $y=f(1)$；若為 0，則 $y=f(0)$。

數學中的函數意義大致如此。羅素以函數律代因果律，即因前者無造意，只表示一種相關共變的連帶關係；而後者，則據傳統的見解，因果中的「因」是有造作義、力致義的。我們若不以擬人的觀點看世界，則自以函數律為如實。

（二）命題函值

命題函值即是一個語句之式，其中含有一個或多個未定之項（即變項）。倘若給這些未定之項以一定的值，即未定者使其定，則此語句式即變為一個有真妄可言的真正命題。即是說，那個命題函值變成一個命題，而此命題就是那個命題函值所函的值。命題函值是一個空空的格式。在此格式中，未定者變為何，則此格式即變為何，隨之，亦即有了一定之值。命題為格式之值，故此格式曰命題函值。

上舉數學中的式子，若從數學命題看，則那些式子也可以是命題函值（數學的）。今試以命題為例。「孔子是人」為一命題，其中無有未定者。吾人對之亦無話可說。只有靠經驗證實它是否是真足矣。但若改為「x 是人」，則便是一個空洞的格式，即一命題函值。此格式中有一未定者即 x。若 x 一經注定，則此格式便成命題。設以孔子代 x，則「x 是人」變為「孔子是人」，而「孔子是人」即為「x 是人」所函的一個值。

推之，「x 是 p」也是一個格式，即命題函值。其值為何，只看吾對 x 與 p 如何規定。如按照數學函數式之寫法，以 y 代此格式所有的可能之值，則此可能之值與格式之關係，亦可如下式：

y＝f（x 是 p）

設 x 為孔子，p 為聖人，則此格式所能成之值即為：

y＝孔子是聖人。

x 與 p 可任意規定，而 y 亦即因其任意規定之為何而隨其為何。

　　命題函值，據一節所論，可列四種：

　　　　（一）個體函值：$\phi a, \psi b, \chi c,\cdots\cdots$

　　　　（二）任何個體的函值：$\phi x, \psi x,\cdots\cdots$

　　　　（三）徧行的函值：　$(x)\cdot\phi(x), (x, y)\cdot\phi(x, y),\cdots\cdots$

　　　　（四）徧及的函值：　$(\exists x)\cdot\phi(x), (\exists x, y)\cdot\phi(x, y)\cdots\cdots$

　　在數學上，一般的函數式為 $y=f(x)$，但在邏輯上，則不如此。當某某是 "ϕx" 函值所函的值時，按數學函數，本當寫為 "$y=f(\phi x)$"。但邏輯只講函值本身的推演系統。於函值之變為實值，只明其意，不加陳列。故 "$y=f(\phi x)$" 之式，便可不用。

（三）命題函值之構造

　　命題函值，前云是一空洞格式，於此格式中有一個或多個未定成分。此未定成分叫做「變項」（variable）。有個一定成分，此叫做「常項」（constant）。如 "ϕx"，x 為變項，ϕ 為常項。如將此函值寫為語句式：「x 是人」，則 x 為變項，人為常項。如在「x 是 p」中，則 x 與 p 為變項，而「是」字表示常項，此即為一句法。句法為常，兩端為變。但在 "ϕx" 這個函值上，我們只以 "x" 為變，以 "ϕ" 為常。

　　變項亦叫做「主目」或「目數」（argument）。如在 ϕx 中，x 為主目。變之所在，即主之所在。此理恰合胡煦解析一卦之主爻。渠以為卦中動用之爻，即變爻，為主爻。一卦之〈象傳〉即斷此動用之爻。故〈无妄・象〉曰：「剛自外來而為主於內」。此地之主

即可曰一卦之「主目」。

　　主目亦叫做實變（real variable）。云何「實變」？實變對「顯變」（apparent variable）而言。在 ϕx 中，無顯變可言。因為這是表示任何個體的函值。當我們構造「徧行」與「偏及」的函值時，便有「顯變」出現。如在 "(x)・ϕx" 中， (x) 表示徧行，所以也就是「顯變」。同樣，在 "(∃x)・ϕx" 中，(∃x) 表示偏及，亦為顯變。「顯變」者非真實變項之謂，不過貌似變項。因為 x 為變項，而括弧中之x，只表示 x 的徧行，即所有的 x 如何或不如何。如 x 為「實變」，則 (x) 即為「顯變」；如 x 為「真變」，則 (x) 即為「似變」。(∃x)亦然。

　　「似變」的功用是表示「真變」所及的量數（range, collection）。如在 "(x)・ϕx" 中，即表示所有的 x 能滿足 "ϕx"，即實變 x 所有的值，在 ϕx 上都真。故「似變」實規定「真變」所能有的值之範圍。在 "(x)・ϕx" 中；「真變」 x 所能有的值之量數（或範圍）為「一切」；在 "(∃x)・ϕx"，真變 x 所能有的值之量數為「有些」。前者由 (x)決定，後者由 (∃x) 決定。前者叫做「徧行」（total variation），後者叫做「偏及」（partial variation）。

　　「似變」表示「真變」所能有的值之量數；而「真變」亦要必於一範圍中施其變動。其變動之範圍即真變 x 前的常項 ϕ。設以 ϕ 表示謂詞或特性，則變項 x 即在此特性下變動：或所有的 x 有 ϕ，或一部分 x 有 ϕ，或無一 x 有 ϕ。ϕ 是 x 變動的範圍，同時也就是 x 的類型。如是，我如在 ϕx 上主斷 x 之一切值，或某些值，則 "ϕx" 即為 x 變動之範圍。如在 "ϕx ⊃ p" 上主斷 x 之值，則 "ϕx ⊃

p"即為 x 變動之範圍。推之，如在 "ϕx ⊃ ψx" 上主斷 x 之值，則 "ϕx ⊃ ψx" 為 x 變動之範圍。

　　x 變動範圍之大小，用「似變」後面的方點表之。方點愈多，範圍愈大。例如：

$$(x)：\phi x \cdot \supset \cdot \psi x$$

此是說：「ϕx 含著 ψx，在一切 x 上，總是真的」。但是，

$$(x) \cdot \phi x \cdot \supset \cdot \psi x$$

則卻表示：「如果所有的 x 有 ϕ 真，則 x 有 ψ 亦真」。前式的 x，其變動之範圍為 "ϕx・⊃・ψx"，而後者則只為 "ϕx"。

　　以上我們用 "ϕx" 表示命題函值，以其所變之實際命題，如「孔子是人」，為其值。但邏輯中決無「孔子是人」這類命題出現。如是，我們將如何表示函值之「值」？羅素於此推進一步，以 "$\phi\hat{x}$" 為命題函值，而以 ϕx 為其「值」。當以 "ϕx" 為函值時，「孔子是人」便是它的決定值或顯明值；如以 "$\phi\hat{x}$" 為函值，則 "ϕx" 便是它的不定值或隱晦值（indeterminate value or ambiguous value）。邏輯中既不能有實際的命題，則函值之值，只能是此類不定值或隱晦值。以後凡講到函值與其所能有之值時，皆以 $\phi\hat{x}$ 與 ϕx 對寫。否則，只用 ϕx。

　　以上所言只屬一個真變。若兩個真變，作法亦同。只不過於 x 上再加一個 y 就是了。如 ϕ(x, y), (x, y)・ϕ(x, y), (∃x, y)・ϕ (x, y), (x)・ϕ(x, y), (∃y)・ϕ(x, y) 等皆是。一真變之函值應用於類，兩真變之函值應用於關係。類與關係本書不加論列。

（四）徧行與偏及之關係，《算理》中存在之思想

凡有似變的命題，必是陳述「一切」或「有些」之類的命題。茲舉幾個關於「一切」或「有些」的例子如下：

（一）「當任何個體之命題函值被主為真，則此函值之一切值亦可被主為真」。此是說，凡「任何」如成立，則「一切」由之亦可成立。即，ϕy 如能被主為真，則 $(x) \cdot \phi x$ 亦可被主為真。但此命題與 "$\phi y \cdot \supset \cdot (x) \cdot \phi x$" 不同。詳解見下節 C.34 條。

（二）「凡一切被主為真，任何亦能被主為真」。此即："$(x) \cdot \phi x \cdot \supset \cdot \phi y$"。

（三）「如 ϕy 為真，則 ϕx 有時真」。此即：「凡任何能被主為真，則某一亦能被主為真」。其式如下：

$$\vdash : \phi y \cdot \supset \cdot (\exists x) \cdot \phi$$

（四）由 $(x) \cdot \phi x \cdot \supset \cdot \phi y,\ \phi y \cdot \supset \cdot (\exists x) \cdot \phi x$ 可得

$$\vdash : (x) \cdot \phi x \cdot \supset \cdot (\exists x) \cdot \phi x$$

此即：凡一切真者，則有些亦必真。關此，羅素曾下注解說，若無物存在，此式不能成立。此即表示 "$(\exists x) \cdot \phi x$" 必肯定存在。本書的系統，將擯棄這個思想。

（五）「如 ϕx 總真，並且 ψx 總真，則 $\phi x \cdot \psi x$ 總真」。此可如下寫：

$$\vdash : \cdot (x) \cdot \phi x: (x) \cdot \psi x: \supset \cdot (x) \cdot \phi x \cdot \psi x$$

或

$$\vdash : \cdot (x) \cdot \phi x \cdot \psi x \cdot \supset: (x) \cdot \phi x: (x) \cdot \psi x$$

以上五命題俱有「似變」。在這種「似變」的連結中，我們特注意「存在」的思想。《算理》中存在的思想是一貫的表現著。但據著者意，卻有嚴重與否之分。《算理》關於「存在」的思想有三種：㈠即 (∃x) 所表示的；㈡在描述詞裏所表示的；㈢相乘公理與無窮公理中所表示的。

第一種是在徧行與偏及中表示著。《算理》以為屬「徧行」的，如 "(x)・φx" 可以不涉及存在，而「偏及」的 "(∃x)・φx" 則一定涉及存在。如是，由 "(x)・φx" 真不能推 "(∃x)・φx" 真，除非在 (∃x) 上，肯定有 x 存在。如無 x 存在，則 "(∃x)・φx" 便假。這即表示由全不能推偏，不同類故。而所以推者，皆是因於 (∃x) 上肯定了 x 的存在。本書不贊成這個思想。故對於偏及的「有 x」，只看成徧行的「凡 x」的限制。「凡 x」是指 x 下的一切體言，「有 x」是指 x 下的第一部分體言。皆有所指，而其所指者存在否，邏輯不當問。故對於 (∃x) 提議改寫為 (⎮x)，言只對於 x 之限制也。蓋普通對於徧行或偏及與真變或主目之間，或全稱與共相之間，有一種混同，故始有存在問題發生。如將此分開，則根本不能涉及此問題。現在，本書不贊成這個思想，故此第一種的存在可以不發生重大的影響。

第二種是在描述詞 "(�937x)(φx)" 裏表現。此處所表現的亦不嚴重。在描述詞裏一定要述敘一個個體。描述總有所述及。所以此處的存在（即要有一個）並不是希奇的。此種「要有一個」的存在，《算理》以 " E⎮" 表之。而在一命題式子裏，又常與 (∃x) 或 (∃b) 相連，總之與第一種的存在相連。如：

$$E\,|\,(\text{ix})(\phi\text{x})\cdot\supset\cdot(\exists\text{x})\cdot\phi\text{x}$$

此式是說：「如有一個（描述詞所述及的那唯一的一個）是 ϕ 的 x 個體，則有個 x 是 ϕ」。又如：

$$E\,|\,(\text{ix})(\phi\text{x})\cdot\equiv\cdot(\exists\text{b})\cdot(\text{ix})(\phi\text{x})=\text{b}$$

此式是說：「所謂有一個是 ϕ 的 x 個體，就等於說，有一個 b，而是 ϕ 的那個 x 個體等於 b」。可見這個存在的思想亦不十分嚴重。它要描述一個個體。至於描述得著否，或描述得對否，那是另一問題。

第三種的存在思想是假設一個不能證明的東西存在。（如關係、無窮）。這種存在，在式子前面，用"$\exists\,|$"表示之。如：

$$\text{mult ax}\cdot\equiv\cdot(\alpha)\cdot\exists\,|\,\epsilon_\Delta\text{`elex`}\alpha$$

此式是說：「所謂相乘公理就等於說 α 類中的選取關係是存在的」。或如：

$$\text{mult ax}\cdot\equiv:\Lambda\smallfrown\epsilon\text{K}\cdot\supset_k\cdot\exists\,|\,\epsilon_\Delta\text{`K}$$

此式是說：「相乘公理」等於說「如零不屬於 K，則 K 之選取關係是存在的」。至於「無窮」方面，則如：

$$\text{infin ax (els)}\cdot\equiv\cdot\exists\,|\,\chi_0\,(\text{els})$$

此式是說：「無窮公理等於無窮類是存在的」。這方面的存在是很嚴重的。嚴重的是這個假設的思想，不是「存在」本身。因為如果沒有所假設的東西存在，則全部數學將落在空裏。關於此種存在的思想，詳評見第四卷第一分。

三、函一似變之命題

(一)原始觀念

C.11　$\phi\hat{x}$ 為一任何命題函值，$\phi x, (x) \cdot \phi x, (\exists x) \cdot \phi x$ 等，則為此函值之不定值。

C.12　$(x) \cdot \phi x, (\exists x) \cdot \phi x$ 為規定分量的兩個原始觀念。（在《算理》$(\exists x)$ 以肯定存在為條件，在本書則不須。）

C.13　在任何函值如 ϕx 中，若 x 既非命題，亦非函值，則為個體。
a, b, c, x, y, z, u, v, w，等皆可代表個體。

(二)基本定義

C.21　$\backsim \{(x) \cdot \phi x\} \cdot = \cdot (\exists x) \cdot \backsim \phi x$　　　　Df　　　　　　(*9.01)

此定義是說：「ϕx 總是真是假的」＝「ϕx 假有時真」。這好像 O 命題之否定 A 命題。「ϕx 總是真是假的」＝「所有的 x 有 ϕ 或滿足 ϕ 是假的」＝「所有的 x 是 ϕ 是假的」。這恰是 A 命題之否定。「ϕx 假有時真」＝「有 x 而不滿足 ϕ 是真的」＝「有 x 不是 ϕ」。這又恰是 O 命題。如果「所有的 x 滿足 ϕ」是假的，則至少可說：「有 x 不滿足 ϕ」是真的。所以，我可以後者為前者之能界。

但是，此定義又可如此解：「ϕx 總是真是假的」＝「有 x 有 ϕ 是假的」＝「有 x 滿足 ϕ 或是 ϕ 是假的」。這是 A 假 I 假的解法。若如此解，則兩端之義顯然不能相等。由 A 假有時雖可推 I

假，但有時亦不能推。因為 A 假 I 不定故。故此定義不能如此解。

或者說：「有 x 有 φ 是假的」就等於「有 x 不是 φ」。此在意義上固可通，因為由 I 假可以推 O 真。但這是一個推證。而「有 x 是 φ 假」卻不就是「有 x 不是 φ」。如果為「有 x 是非 φ」，我可以換質而為 O：「有 x 不是 φ」。但「有 x 是 φ 假」不是「有 x 是非φ」。由 I 假可以推 O 真，這是站在 IO 的對待關係上說，並非 I 假就是 O 命題。此不可不察。否則，本定義雖可通，而下一定義則不可通。故以為由 I 假可以推 O 真，遂又以為解為 A 假 I 假，同於解為 A 假 O 真，實是大誤。因為，顯然，A 假 I 不定，而 A 假 O 卻必真。

故此定義不能解為 A 假 I 假（因為 I 實不一定假故）。只能解為 A 假 O 真。雖可解為 A 假 O 真，要不可全以傳統的 A 與 O 的對待關係看之。A 假＝O 真，但是 A 真雖可推 O 假，而卻不能說「A 真＝O 假」。如果「A 真＝O 假」，則「O 假亦當等於 A 真」，但這卻是不定的。

C.22 $\backsim \{(\exists x) \cdot \phi x\} = (x) \cdot \backsim \phi x$ Df   (*9.02)

上定義解為 A 假 O 真很順妥，但本定義卻不能解為 I 假 E 真。此定義是說：「φx 有時真」是假的＝「φx 假總真」。前者好像是對於 I 的否定，即 I 假；後者好像是 E 之真。但如果如此，此定義不通。因為 I 假並不能就是 E 真。歷來皆未洞察此點。如果此定義是根據 I 假 E 真而來，此定義錯了。由 E 真可以推 I 假，但 I 假不能推 E 真，故此兩端不相等，而此定義不能成立。

如果不以 IE 來比，則此定義的前端當如此解：「φx 有時真」

是假的＝φx 不能真＝「有 x 而能滿足 φ 者」是假的＝沒有 x 能滿足 φ：這就等於「φx 假總真」了。此後者可以如此說：「φx 假總真」＝「所有的x 不滿足 φ」＝「沒有 x 能滿足 φ」。如作此解，此定義可以通。在此種解法，"(∃x)・φx"不是 I 命題的偏稱，不似 I 之著執。「φx 有時真」是假的＝「有 x 能滿足 φ」是假的。此時的「有」不是「有一部分」或「有些」之「有」。這句話實在當該如此說：「世界上能有 x 而是 φ 或滿足 φ 者是假的，或是沒有的」。這樣，便不是 I 命題之固定，而是一個思想或意義。與 IE 無關。

　　如果將此定義解為 I 假 A 假，則似可通。但是，這是一個定義，而不是 IA 之間的對待關係。由 I 假可以推 A 假，但由 A 假不能推 I 假。兩端不相等，不名為定義，此是第一點。如果 A 假就等於 E 真，則可說：I 之假就是 E 之真。此於界說稍強於 I 假 A 假。但是 A 假不能等於 E 真（，在上定義，由 I 假可以推 O 真，這是一個便宜。但此定義無此便宜）。即便可以是 E 真，而 I 假又不能推 E 真，故解為 I 假 A 假終歸無效。此是第二點。又如果解為 A 假，則上定義之能界，即 "(∃x)・∽φx"，亦當照例解為 I 假。但是解為 I 假，則上定義又不通。為一律起見，此處亦不當解為 A 假。此是第三點。

　　所以此定義無論解為 IE，或 IA，皆不可能。此即表示《算理》的 "(∃x)・φx" 與 "(x)・φx" 不盡同於傳統的 AI，而我們亦不當死板地以傳統的命題解析這種有 (∃x) 或 (x) 的命題。

　　又，在此須注意者，不能以對待關係看定義。定義是米爾所說的「申詞」（verbal prop.）或「複詞」（identical prop.）。兩義須

相等。對待是兩個不同的既存物之對待，而定義是一個意義的換一說法之引申。

C.221 　⌣(x)・ϕx・=・⌣{(x)・ϕx}　　　　Df　　　　(*9.011)

　　　⌣(∃x)・ϕx・=・⌣{(∃x)・ϕx}　　　Df　　　　(*9.021)

　　此為加括弧或脫括弧之定義。

C.23 (∃x)・ϕx・=・⌣(x)・⌣ϕx　　　　　Df　　　　(*10.01)

　　此定義是說：「ϕx 有時真」＝「ϕx 總假」是假的。此可類比 I 真 E 假一關係。無問題。

　　以上五定義是關於否定的。以傳統的 AEIO 解之，有時可通，有時不可通。照符號本義解之，皆可通。現在姑以 AEIO 名之，以明否定之關係如下：

　　　　　A："(x)・ϕx"；　　　　　A 之否定：⌣{(x)・ϕx}

　　　　　E："(x)・⌣ϕx"；　　　　E 之否定：⌣{(x)・⌣ϕx}

　　　　　I："(∃x)・ϕx"；　　　　 I 之否定：⌣{(∃x)・ϕx}

　　　　　O："(∃x・⌣ϕx)"；　　　 O 之否定：⌣{(∃x)・⌣ϕx}

　　　⌣{(x)・ϕx}・=・(∃x)・⌣ϕx・≠・⌣{(∃x)・ϕx}

　　　⌣{(x)・⌣ϕx}・=・(∃x)・ϕx・≠・⌣{(∃x)・⌣ϕx}

　　　⌣{(∃x)・ϕx}・=・(x)・⌣ϕx・≠・⌣{(x)・ϕx}

　　　　此定義不可以 IE 的對待關係解。

　　　⌣{(∃x)・⌣ϕx}・=・(x)・ϕx・≠・⌣{(x)・⌣ϕx}

　　　　此定義亦不可以 OA 的對待關係解。

　　又此種定義是一種引申，亦可以算是一種直接推理。當年米爾即名傳統的直接推理為引申或申述詞，不認其為推理。然無論如何，

這種引申純是邏輯的則無疑。不當涉及存在原則而論之。否則，此種引申將不可能。《算理》於此處亦未提到存在與否。好像已認為與存在無關。然若根據存在原則而論，則此等定義又不能與存在無關。上面 C.21，C.22，C.23 三個定義，都是關於 (∃x) 與 (x) 之關係的陳述。按存在原則，從 (x) 不能推 (∃x)，除非於 (∃x) 假定有 x 存在。既然如此，則 (∃x) 之成立，與其先行之 (x) 無關。因為若無存在之肯定，則從 (x) 根本不能推 (∃x)。如此，則 (x) 與 (∃x) 根本無法相連。從全體如何，固不能推部分如何，但亦不能推部分不如何。反之，由部分如何或不如何亦不能推全體如何或不如何。因為，據存在原則看，這不是一條線上的。如是，「所有的 x 滿足 φ」假，何以就等於「有 x 不滿足 φ」真？「有x」如何或不如何，是靠事實上有 x 存在，方有意義。如存在，則成立；如不存在，則不成立。如存在，則其成立是因存在而成立，與「所有的 x」如何或不如何，有什麼相干？如不存在，則其不成立因不存在而不成立，與「所有的 x」如何或不如何，又有什麼相干？主張存在原則者，只知從肯定之全不能推肯定之偏（除非假定存在），殊不知否定之偏亦是不能推的。他們好像以為肯定與否定錯雜開（如「所有的 x 如何」假，就是「有 x 不如何」真），就與存在無涉了。所以伊頓以存在原則定 AEIO 四角圖，只保留 AO，EI 的矛盾關係，其餘都認為獨立。須知若依據存在原則，由全不能推偏，則由 A 固不能推 I，同樣，由 A 亦不能推 O。因為 O 何嘗又不是偏？既都是偏，何以一則為可推，一則為不可推？此皆不可思議者。此處三個定義亦是如此。其義本自明，但所以自明者，邏輯之理也。若不自

邏輯之理觀之，而摻入存在原則，則自明者不自明矣。依據存在原則者，亦知由全不能推偏。然於此關於否定處，則忘之矣。是故存在原則，徒生糾葛，毫無實益。關此詳評，見下分附錄。

C.24 (x)・ϕx・v・p:=・(x)・ϕxvp　　　　　　　Df　　(*9.03)

　　　p・v・(x)・ϕx:=・(x)・pvϕx　　　　　　　Df　　(*9.04)

C.25 (∃x)・ϕx・v・p:=・(∃x)・ϕxvp　　　　　　Df　　(*9.05)

　　　p・v・(∃x)・ϕx:=・(∃x)・pvϕx　　　　　　Df　　(*9.06)

C.26 (x)・ϕx・v・(∃y)・ψy:=:(x):(∃y)・ϕxvψy　Df　　(*9.07)

　　　(∃y)・ψy・v・(x)・ϕx:=:(x):(∃y)・ψyvϕx　Df　　(*9.08)

　　　此六定義關於析取，無問題。

C.27 ϕx ⊃ xψx・=・(x)・ϕx ⊃ ψx　　　　　Df　　(*10.02)

C.28 ϕx ≡ xψx・=・(x)・ϕx ≡ ψx　　　　　Df　　(*10.03)

　　　此兩定義表示「似變」寫在 "⊃" 或 "≡" 號下較方便。

※　　　　　　　※　　　　　　　※

(三) 原始命題

C.31 ⊢:ϕx・⊃・(∃z)・ϕz　　　　　　Pp　　(*9.1)

　　　此命題是說：「如 ϕx 真，則 ϕẑ 有一不定值亦真」。此不定值即 "(Ez)・ϕz"。亦等於說：「如能在函值 ϕx 上得一例值（instance），而此例值為真，則此 ϕx 函值即有時真」。此亦須存在之肯定。即須肯定一存在之例值，則有時真始可能。

　　　關此命題，《算理》論曰：「此原始命題可以為證明存在公理

之方法。要證明存在公理，必須找出幾個例值，以備一個事物於其中可以有我們所欲求的特性。如果我們能預定這類存在公理，即在某種特性 ϕ 上陳述 "$(\exists z) \cdot \phi z$" 之公理，則此類公理又必能提供出證明存在之其他方法。此類公理之例證如相乘公理、無窮公理等皆是。」（《算理》第一卷 131 頁）

肯定存在者，總以為由一普遍命題不能推一特殊命題。因為特殊命題是以存在為條件的。有存在，可以推；否則，不能推。如要推，非先肯定存在不可。他們以為一個普遍命題，是一空泛原則，並無存在的意義在內，故又以空類視之。譬如，「凡人有死」，只是一個普泛原則。如要由之推「有人有死」，必須事前先肯定「有人」中的「人」存在方可。否則乃為無端。茲舉一三段式以明之。

　　E：一切完全國民不會有錯

　　A：一切完全國民居於社會裏

　　　　　　[今實有完全國民]

　　　　O：故有居於社會裏的人不會有錯

此為三段論法第三格之 "Felapton" 式。據肯定存在者，此推理不是三段式，須是四段式方能成立。如無「實有完全國民」之肯定，此結論不能成立。

但站在純邏輯的立場上，這完全是不必要的。因為吾人論推理，單看於前提中是否有根據，並不問於事實是否有根據。我們藉命題以明一推理過程，並不必問其中某一命題於事實方面是否有根據。所明的推理過程只是先驗理性之表現，非由參考經驗而纂成。這種理性之表現為推理過程，即照本節而論，是由「似變」這種基本觀

念而限制成的。如果所有的 x 滿足 φ 是真的，則有些 x 滿足它，亦必是真的。如果在 φx 上，一切事例是真的，則有些事例亦必是真的。這個必真的結論是在那前提中已有了根據的，並不須再向事實方面找根據。如果它的成立，須靠事實的存在，則它的前提是在事實的存在，不在那個先行的命題。如是，那個命題便是無用，或是廢物。須知這完全是量之間的限制，與事實的存在無關。一個大前提，固是普遍的，但當它說到「在一切 x」（in all x, in all cases）上時，它是有所述及，它不是空的。它所涉及 x 或事例是同於「有些 x」（in some x, in some cases）所涉及的。即是說，它們是在同一條線上。在同一條線上的 x 或事例，是與事實之存在無關的。縱然世界裏沒有這樣的 x 或事例，仍不礙它的成立。因為它的成立是靠邏輯者的設立，是在「如果則」的「如果」上出現，並不靠經驗而立，亦不自事實之存在而出現。如是我們講邏輯推理，完全不應顧及事實之存在，亦完全不靠事實之存在。一個「共相」或「類名」可以是空無所有，但當有「似變」以限制之，它便由空而變實。它所覆蓋的散著分子便脫穎而出。縱然這些分子是怪誕不經的，也不須去問。因為這原不是講科學知識。這個是與存在問題毫無干係的。既不是肯定存在，也不是不肯定存在，復不是以假設存在為條件。詳論見下分附錄。

C.32 ├ ：φxvφy・⊃・(∃z)・φz   Pp   (*9.11)

    此命題與上命題同。只不過於先行方面加一變項而已。此命題與上命題為形式的 Pp。以下將有四個非形式的。

C.33 「凡被真前提所函者是真的」。   Pp   (*9.12)

此為推斷原則。

C.34 「任何函一真變之命題，我們可將此真變轉而成為似變，使其所有一切可能值都能滿足我們所立之函值」。 Pp (*9.13)

　　此命題表示由「真變」轉「似變」之過程。其意是：如 ϕy 可以主張（ y 代表任何可能之主目），則 "(x)・ϕx" 也可以主張。換言之，如 ϕy 是真的（在一切可能主目中，y 可以無論如何被選），則造一個有「似變」的命題如 "(x)・ϕx"，也可以是真的，此意也就是說：凡在「任何」情形下是真的，在「一切」情形亦真。「一切」之所以成立，由於「任何」性之普遍化。此命題不能用符號記出。也不是下式的意思：

$$\vdash : \phi y \cdot \supset \cdot (x) \cdot \phi x$$

因為此式是說：「如任何個真，則一切真。」這顯然是不能成立的。因為任何個真，全體並不一定真。我們在此所意謂的，只是如果一個主目可以無論如何被選，則其全體之被選即可成立。其中有假設的成分，有解說其意義的條件。它不是「任何個真，全體即真」的陳述。很不易用符號表示出這種假設或條件的成分。如要強造，則此 Pp 可表如下：

$$\vdash : [\phi y] \cdot \supset \cdot (x) \cdot \phi x$$

但此卻是不必。此命題的成立，當參看一節 A.3 條。

C.35 「假設 ϕx 是有意義的，且假設 x 與 a 同型，則 ϕa 是有意義的。反之亦然」。 Pp (*9.14)

C.36 「假設在某一 a 上有一命題 ϕa，則必有一函值 $\phi \hat{x}$；反之，如有一函值 $\phi \hat{x}$，必有一命題 ϕa 為其值」。 Pp (*9.15)

（四）推演系統

　　用以上諸定義、諸命題，及第二卷中析取、絜和、等值諸關係，可以將此推概命題列成一個推演系統。此系統之造成，主要的工具還是函蘊。此種函蘊曰「形式函蘊」（formal implication）。形式函蘊與第二卷真值函蘊相對。其意當參看前卷附錄〈論函蘊〉。

　　又以下所錄命題，原書皆有證明。但於此不再麻煩。

C.401　⊢：$(x) \cdot \phi x \cdot \supset \cdot \phi y$　　　　　　　　　　　　　（*9.2）

　　此命題是說：「在一切真者，在任何真」。此表示從普遍到部分之推斷。

　　但若顧及存在公理，則必須先肯定有任何個存在，此命題方能成立。否則，不能推。但在本書的說統，則不須如此。

C.402　⊢：$\cdot (x) \cdot \phi x \supset \psi x \cdot \supset: (x) \cdot \phi x \cdot \supset \cdot (x) \cdot \psi x$　　　（*9.21）

　　如 ϕx 函蘊 ψx 總真，則 ϕx 總真函蘊 ψx 總真。

C.403　⊢：$\cdot (x) \cdot \phi x \supset \psi x \cdot \supset: (\exists x) \cdot \phi x \cdot \supset \cdot (\exists x) \cdot \psi x$　（*9.22）

　　如 ϕx 函蘊 ψx 總真，則 ϕx 有時真函蘊 ψx 有時真。此命題與存在原則有關。即須肯定存在方能推。

C.404　⊢：$(x) \cdot \phi x \cdot \supset \cdot (x) \cdot \phi x$　　　　　　　　　（*9.23）

C.405　⊢：$(\exists x) \cdot \phi x \cdot \supset \cdot (\exists x) \cdot \phi x$　　　　　　　　（*9.24）

　　此兩命題為同一原則之表示。

C.406　⊢：$\cdot (x) \cdot \phi x \cdot v \cdot (x) \cdot \phi x: \supset \cdot (x) \cdot \phi x$　　　　（*9.3）

C.407　⊢：$\cdot (\exists x) \cdot \phi x \cdot v \cdot (\exists x) \cdot \phi x: \supset \cdot (\exists x) \cdot \phi x$　　（*9.31）

此兩命題為妥沓原則之表示。

C.41　├： · (x) · φx: (x) · ψx: ⊃ · φy · ψx　　　　　　　(*10.14)

此是說：如 φx 總真而且ψx 總真，則 φy 與 ψx 之絜和值亦真。

此命題如涉及存在亦不能成立，除非肯定有 y 存在。又此命題需要 φ 與 ψ 屬於同型，"φy·ψy" 之絜和方能成立。否則不能從前提到所函之結論。此命題之前提，其有意義，不必須要同型。但若顧及到被含的結論，則必須同型。否則，前提雖可以有意義，而整個命題不一定有意義。

C.42　├： · (x) · pvφx · ≡:p · v · (x) · φx　　　　　　(*10.2)

C.421　├： · (x) · p ⊃ φx · ≡:p · ⊃ · (x) · φx　　　　　(*10.21)

C.43　├： · (x) · φx ⊃ p · ≡:(∃x) · φx · ⊃ · p　　　　(*10.23)

此命題與存在公理有關。

C.431　├： · φy · ⊃ · (∃x) · φx　　　　　　　　　　(*10.24)

此命題與存在公理有關。於 (∃x) 須肯定有 x 存在，否則不能推。按本書則無須。

C.432　├：(x) · φx · ⊃ · (∃x) · φx　　　　　　　　(*10.25)

此命題亦須肯定有 x 存在。按本書則無。

C.44　├：(x) · ⌣ φx · ⊃ · ⌣ {(x) · φx}　　　　　　(*10.251)

此可類比於 E 真 A 假。

C.441　├： ⌣ {(∃x) · φx} · ≡ · (x) · ⌣ φx　　　　　(*10.252)

此命題不當以 I 假 E 真作解。參看 C.22 中之定義。

C.442　├： ⌣ {(x) · φx} · ≡ · (∃x) · ⌣ φx　　　　　(*10.253)

此當參看 C.21 條中之定義。

C.45 ⊢ : ‧ (z) ‧ ϕz ⊃ ψz: ϕx: ⊃ ‧ ψx　　　　　　　(*10.26)

此命題類比於三段論法之 Barbara 式。

C.451 ⊢ : ‧ (x) ‧ ϕx ⊃ ψx: (x) ‧ ψx ⊃ χx: ⊃ ‧ (x) ‧ ϕx ⊃ χx　(*10.3)

此亦為 Barbara 式之表示。

C.452 ⊢ : ‧ (x) ‧ ϕx ≡ ψx: (x) ‧ ψx ≡ χx: ⊃ ‧ (x) ‧ ϕx ≡ χx

(*10.301)

此是傳遞的表示。

C.453 ⊢ : ‧ (x) ‧ ϕx ⊃ ψx: (x) ‧ ϕx ⊃ χx: ≡: (x) ‧ ϕx ‧ ⊃ ‧ ψx ‧ χx

(*10.29)

此為「組和原則」之表示。

C.454 ⊢ : ‧ (x) ‧ ϕx ⊃ ψx ‧ ⊃: (x): ϕx ‧ χx ‧ ⊃ ‧ ψx ‧ χx　　(*10.31)

C.455 ⊢ : ‧ (x) ‧ ϕx ≡ ψx ‧ ⊃: (x) ‧ ϕx ‧ χx ‧ ≡ ‧ ψx ‧ χx (*10.311)

此兩命題為「因子原則」之表示。

C.456 ⊢ : ϕx ≡$_x\psi$x ‧ ≡ ‧ ψx≡$_x\phi$x　　　　　　　　(*10.32)

此表示對稱關係。

C.457 ⊢ : ϕx≡$_x\psi$x ‧ ϕx≡$_x\chi$x ‧ ⊃ ‧ ψx≡$_x\chi$x　　　　　(*10.321)

C.458 ⊢ : ψx ≡$_x\phi$x ‧ χx ≡$_x\phi$x ‧ ⊃ ‧ ψx ≡$_x\chi$x　　　　(*10.322)

此兩命題表示與同一相等者相等。

凡第二卷中真值函蘊系統所推出的諸原則,皆可在形式函蘊中表示。

C.46 　⊢ : ‧ (∃x) ‧ ϕx ‧ v ‧ (∃x) ‧ ψx: ≡ ‧ (∃x) ‧ ϕxvψx　　(*10.42)

C.461 ⊢ : ‧ (∃x) ‧ ϕx ‧ ψx ‧ ⊃: (∃x) ‧ ϕx: (∃x) ‧ ψ　　(*10.5)

此命題與上命題不同,只能以函蘊連之,不能以等值連之。所

以反過來："$(\exists x) \cdot \phi x: (\exists x) \cdot \psi x: \supset \cdot (\exists x) \cdot \phi x \cdot \psi x$" 此式便不能成立。因為「有 x 有 ϕ，又有 x 有 ψ」成立，而「有 x 既有 ϕ 又有 ψ」之結合，或「有 x 有 ϕ 與 ψ」之積，不一定能成立。但上面 C.44 命題可以成立。因為它是全稱故也。至 C.46 命題則是以析取表示，故可成立。此兩命題可以表示「或」與「與」之不同。

C.47　├ : ∽ {$(\exists x) \cdot \phi x \cdot \psi x$} $\cdot \equiv \cdot \phi x \cdot \supset_\chi \cdot \sim \psi x$ 　　　　(*10.51)

　　此命題是說：「ϕx 與 ψx 並存有時真」是假的＝「如所有的 x 有 ϕ 真，則必無 ψ 亦真」。或這樣說：「有 x 而滿足 ϕ 且滿足 ψ」是假的＝「如凡 x 滿足 ϕ，則必不滿足 ψ」。即是說，如有 ϕ 與 ψ 既並存是假，則必凡是有 ϕ 的而無 ψ。此可舉例以明之：「如有的是人與不死相俱」是假的，則必凡是人而不能不死。此命題有似於 I 假 E 真，但不可以 I 假 E 真的對待關係論。因為在對待關係上，顯然由 I 假不能推 E 真。此當參看 C.22 條定義作解。

　　此命題的意思實是這樣：如天地間有一個東西是 ϕ 而且是 ψ 是假的，即等於說：天地間不能有一個東西既是 ϕ 又是 ψ，亦即等於說：凡盈天地間者必是有 ϕ 而無 ψ。這個不是從部分推全體。當善為解，否則必錯。又此命題亦不當與存在有關。否則，無推理關係。

C.471　├ : ∙ ∽$(\exists x) \cdot \phi x \cdot \supset: \phi x \cdot U_\chi \cdot \psi x$ 　　　　(*10.53)

　　此命題是說：「如 ϕx 有時真」是假的，則「如 ϕx 總真，則 ψx 亦總真」。或：「如有 x 有 ϕ 假」，則「凡 x 有 ϕ 包含凡 x 有 ψ」真。其例是：如有花是紅的假，則如凡花是紅必凡花有色。此命題如果只有「凡花是紅」，則不可思議，但「則」字貫串「如凡花是

紅,則凡花有色」一整個,此則便可思議。如果對歸謬論而言,此可曰歸真論。這就是說,如有花是紅假,則凡花是紅自然也假。但是,「如凡花是紅,則凡花有色」,這卻是真的。可因依附他人而成立,所謂因人成事者也。色固不必因紅,但如有紅則必有色。

此命題與存在無關。否則,無推理關係。

C.472　⊢ ： ・ϕx・$\supset_\chi$・ψx: ($\exists$x)・ϕx・χx: $\supset$・($\exists$x)・ψx・χx

(*10.56)

此命題可視為三段式第三格之 "Disamis" 式。惟據存在原則,須肯定存在方能成立。否則不能推。在本書則不須。

普通論三段法式,以為可分兩類:⑴前提俱為全,結論為全(不能偏),此不關於存在。⑵前提一全一偏,結論為偏,此須肯定存在。否則,結論不能成立。但亦惟因肯定存在,受存在的制約,而推理始脫了節。即結論與其前提不相干,而與事實之存在相干。本書捨棄存在原則,以為這純是量之間的對比關係。如此,方可救住推理。

又 ($\exists$x) 如何或不如何, (x) 如何或不如何,未必與傳統的 AEIO 同。但羅素曾以 ($\exists$x) 與 (x) 的方法來表示。惟他以函蘊式表示「所有的 x」如何或不如何,以絜和式表示「有 x」如何或不如何。如下:

A：(x)・s(x)$\supset$p(x)

E：(x)・s(x)$\supset$∽p(x)

I：($\exists$x)・s(x)・p(x)

O：($\exists$x)・s(x)・∽p(x)

這是因為他認全稱不關存在，認特稱須肯定存在故。本書既除消存在原則，所以在下文也不採取這種有分別的表示法。至於此處，他亦有 "$(x) \cdot \phi x \supset \psi x$" 與 "$(\exists x) \cdot \phi x \cdot \psi x$" 之分。但我們亦可不以涉及存在解之，而予以保留。因為這是自成一個系統，不必同於 AEIO 系統也。

※　　　　　※　　　　　※

（五）函一似變命題之效用

函真變與似變的命題函值是現代邏輯的新發明（工具方面）。這種符號的構造，在邏輯方面尚不見得怎樣，在數學方面則大有便利。因為數學究竟與邏輯不同。邏輯只是顯理（理性中理則之理）。因為顯理，所以主謂式可，函蘊式也可。其他也可。而這些命題句法，對邏輯而言，亦無不便利處。自然亦無必須處。惟數學則不然。它第一義究竟是論「數」的。而數是一個類名，或量名。如是，所用的命題最好能直接與數或類發生關係纏行。即直接能指點到類纏行（至少在以類論數者是如此）。在此，若只局限於主謂式，便有許多不便。但有真變與似變的命題，卻有這種便利。它能使我們直接連到類。類就是命題函值規定的。如 ϕx 是一命題函值，則滿足此函值的一切個體即是此函值所規定的類。我們以符號表之如 "$\hat{z}(\phi z)$"。

《算理》以函值定類，不以「堆聚」定類。若以「堆聚」定類，則無以說明空類。如此，類是思想上的產物。它自己本身沒有獨立的存在，即不能在外有其存在。散著的個體有存在，而類本身無存

在。此是唯名論的立場。

它雖然在外無獨立存在，但它也是個有自性的單一體。由此單一體始能定一「數」。從其不外在言，《算理》名之曰「不全記號」（incomplete symbol）；亦可以說它有依。（即離開個體，不能有獨立存在。）若從其自性言，它又是不依。

類本身雖不假設其存在，然其所指之個體，卻必假設其存在。這是《算理》的思想。

因為命題函值能定類，因而定數，所以大家都說新邏輯有大利。然而吾有說。

以類說數，未始不可。但數為根本，不可說由類引出。數非即是類。數可以相應類，可以指示類。因同屬量名故也。

我解析數為理性流衍之步位。任何步位，如 2，若當基數觀之，自不是某一定兩個個體之「二」，而是廣被一切兩個之「二」。自此而言，以類解之，未始不可。然本末不可不察。何以故？因以理性流衍為本為先，吾人可不必假設還原、相乘、無窮諸公理（詳解見第四卷）。《算理》論數，一往捨本逐末。自謂歸於邏輯，實非歸於邏輯。故終乖真（亦見第四卷）。

數學歸於邏輯，一定要歸於邏輯之理，非在符號之構造也。所以 "ϕx" 雖大有便於類名，而論數卻不可以此為主。它只是於邏輯工具方面有進步：譬如我們可依之解析主謂式。於方法或認識方面亦有便利：譬如我們可依之以類族辨物。此外，如述敘詞的命題如 "$(ix)(\phi x)$"，亦屬此類。此皆非邏輯也。

本書不以類論數，故對於《算理》的類論不加介紹。

四、函二似變之命題

(一)定義

D.11 $(x, y) \cdot \phi(x, y) \cdot =: (x): (y) \cdot \phi(x, y)$ Df   (*11.01)

D.12 $(x, y, z) \cdot \phi(x, y, z) \cdot =: (x): (y, z) \cdot \phi(x, y, z)$ Df   (*11.02)

D.13 $(\exists x, y) \cdot \phi(x, y) \cdot =: (\exists x): (\exists y) \cdot \phi(x, y)$ Df   (*11.03)

D.14 $(\exists x, y, z) \cdot \phi(x, y, z) \cdot =: (\exists x): (\exists y, z) \cdot \phi(x, y, z)$

                                             Df   (*11.04)

D.15 $\phi(x, y) \cdot \supset_{x, y} \cdot \psi(x, y) := (x, y): \phi(x, y) \cdot \supset \cdot \psi(x, y)$

                                             Df   (*11.05)

D.16 $\phi(x, y) \cdot \equiv_{x, y} \cdot \psi(x, y) := (x, y): \phi(x, y) \cdot \equiv \cdot \psi(x, y)$

                                             Df   (*11.06)

以上六個定義,於任何數之真變,皆可應用。

(二)原始命題

D.21 「無論 x, y 是什麼,只要 $\phi(x, y)$ 是真的,則似變 x 與 y 對
　　換所成與此 $\phi(x, y)$ 式相應之命題亦真」。

　　此命題是說:如 $(x, y) \cdot \phi(x, y)$ 真,則 $(y, x) \cdot \phi(x, y)$ 亦真。似
變對換,真變不須對換。

(三)推演系統

D.31 $\vdash : (x, y) \cdot \phi(x, y) \cdot \supset \cdot \phi(z, w)$ (*11.1)

此命題與存在問題有關。與 C.401 同。

D.32 「如 $\phi(z, w)$ 真（無論 z 與 w 如何被選），則 $(x, y) \cdot \phi(x, y)$ 真」。

此命題解法同於 C.34。

D.33 $\vdash : (x, y) \cdot \phi(x, y): (x, y) \cdot \psi(x, y): \supset \cdot \phi(z, w) \cdot \psi(z, w)$ (*11.14)

此命題意義同於 C.41。

D.34　$\vdash : (x, y) \cdot \phi(x, y) \cdot \equiv \cdot (y, x) \cdot \phi(x, y)$ (*11.2)

D.341 $\vdash : (x, y, z) \cdot \phi(x, y, z) \cdot \equiv \cdot (y, z, x) \cdot \phi(x, y, z)$ (*11.21)

D.342 $\vdash : (\exists x, y) \cdot \phi(x, y) \cdot \equiv \cdot \smile \{(x, y) \cdot \smile \phi(x, y)\}$ (*11.22)

D.343 $\vdash : (\exists x, y) \cdot \phi(x, y) \cdot \equiv \cdot (\exists y, x) \cdot \phi(x, y)$ (*11.23)

D.344 $\vdash : (\exists x, y, z) \cdot \phi(x, y, z) \cdot \equiv \cdot (\exists y, z, x) \cdot \phi(x, y, z)$ (*11.24)

D.345 $\vdash : \smile \{(\exists x, y) \cdot \phi(x, y)\} \cdot \equiv \cdot (x, y) \cdot \smile \phi(x, y)$ (*11.25)

此不可當作 I 假 E 真看。解同於 C.22 定義。

D.346 $\vdash : \cdot (\exists x): (y) \cdot \phi(x, y): \supset: (y): (\exists x) \cdot \phi(x, y)$ (*11.26)

D.35　$\vdash : \cdot (\exists x): \smile \{(y) \cdot \phi(x, y)\}: \equiv: \smile \{(x, y) \cdot \phi(x, y)\}: \equiv: (\exists x, y) \cdot \smile \phi(x, y)$ (*11.5)

此命題用言語頗不易說。其意是：「有 x 而且所有的 y 在 $\phi(x, y)$ 上滿足 ϕ 或有 ϕ 是假的」，就等於「所有的 x 與 y 滿足 ϕ 是假的」，也就等於「有 x 與 y 而不滿足 ϕ 是真的」。此命題有類於A 假 O 真。與存在無關。

D.351 $\vdash : \cdot (\exists x): (y) \cdot \phi(x, y): \equiv: \smile \{(x): (\exists y) \cdot \smile \phi(x, y)\}$ (*11.51)

此命題是說：「有 x 並且所有的 y 滿足 ϕ 是真的」＝「所有的 x 並且有 y 不滿足 ϕ 是假的」。此命題實是兩部分的合組，我們可

以拆開看：

（1）「有 x 有 ϕ 真」＝「所有的 x 無 ϕ 假」。此可類比於 I 真 E 假。無問題。

（2）「所有的 y 有 ϕ 真」＝「有 y 而無 ϕ 假」。此可類比於 A 真 O 假。無問題。

兩部分合起來就是本命題。不當涉及存在。

D.352　$\vdash : .(\exists x, y) \cdot \phi(x, y) \cdot \psi(x, y) \cdot \equiv \cdot \backsim \{(x, y): \phi(x, y) \cdot \supset \cdot$
$\qquad \backsim \psi(x, y)\}$　　　　　　　　　　　　　　　　　　　(*11.52)

此命題是說：「有 x, y 有 ϕ 而且有 ψ」＝「所有的 x, y 如有 ϕ 而無 ψ」是假的。此可類比 I 真 E 假。無問題。但不當涉及存在。

D.353　$\vdash : \cdot \backsim \{(\exists x, y) \cdot \phi(x, y) \cdot \backsim \psi(x, y)\} \cdot \equiv: (x, y): \phi(x, y) \cdot$
$\qquad \supset \cdot \psi(x, y)$　　　　　　　　　　　　　　　　　　(*11.521)

此命題是說：「有 x, y 有 ϕ 而無 ψ」是假的＝「所有的 x, y 如有 ϕ 則有 ψ」是真的。此不可作 O 假 A 真解。當參照 C.22 條定義作解。亦不當涉及存在。

D.36　$\vdash : \cdot (x, y) \cdot \phi x \supset \psi y \cdot \equiv: (\exists x) \cdot \phi x \cdot \supset \cdot (y) \cdot \psi y$　　(*11.53)

D.361　$\vdash : \cdot (\exists x, y) \cdot \phi x \cdot \psi y \cdot \equiv: (\exists x) \cdot \phi x: (\exists y) \cdot \psi y$　　(*11.54)

D.362　$\vdash : \cdot (\exists x, y) \cdot \phi x \cdot \psi(x, y) \cdot \equiv: (\exists x): \phi x: (\exists y) \cdot \psi(x, y)$

$\qquad\qquad\qquad\qquad\qquad\qquad\qquad\qquad\qquad\qquad$(*11.55)

D.37　$\vdash : \backsim (\exists x, y) \cdot \phi(x, y) \cdot \supset: (x, y): \phi(x, y) \cdot \supset \cdot \psi(x, y)$ (*11.63)

此命題是說：如有 x, y 滿足 ϕ 是假的，則「如凡 x, y 滿足 ϕ，則凡 x, y 滿足 ψ」是真的。此命題同於 C.471。茲舉例明之：如「有兩人是同學」假，則「如凡兩人是同學，則兩人必同校」真。如「

有兩人是夫婦」假，則「如凡兩人是夫婦，則兩人必同居」真。此
命題與 C.471 都是下式：

$$\vdash : \backsim p \cdot \supset \cdot p \supset q \quad （二卷二分 \text{ B.221}）$$

之推廣的表示。即「一假命題函蘊任何命題」之表示。

（四）函二似變命題之效用

　　真變似變之命題構造，於數學方面，又有一便利，即可以使吾
人直想到關係。而數學，尤其於序數或序次方面，更是關係的表示。
函二似變的命題函值，固非就是關係，但由此可以引到關係。一個真
變可以規定類；兩個真變，至少容易使吾人想到其間有一種關係。《算
理》以關係界說序數，故名序數曰關係數。又以關係界說序次，
故序次直由差異、連結、傳遞三關係而成。這點，函二似變的命題
函值，在工具方面是一便利。故大家都以為新邏輯能說明「數」。
然吾於此，又有說。

　　序數是一種關係，序次也是一種關係。但它們都不就是關係。
關係是廣被一切之名。而數學則特有所限。如限於人類理性（即邏
輯之理），則數學的關係是依「理」而言，不依「事」而言。廣被一
切之「關係」是依「事」而言。離開事，關係不能獨自存在。故關
係亦為「不全記號」。

　　若依事而言，則數學依事不依理，而數學之關係是事之關係。
依事而言之關係，不可必其有。故於項數有窮時，可以試其有無關
係，但至無窮，不能歷試，則即不知其有若何關係。於不知而謂其
有，是相信關係：關係是一種假定。這便是「相乘公理」之所由起（

詳解見第四卷）。

　　於無窮時，不知有若何關係。但何以必是無窮？此亦有故。《算理》以為不假定無窮，有許多問題不能解析。如「無兩數同一繼數」，即是其一。這又是「無窮公理」之所由起（亦見第四卷）。

　　所以，關係若依事不依理，則數學沒有妥當之基礎。《算理》的著者雖謂將數學歸於邏輯，實則並未歸於邏輯，而歸於一種原子的元學論。

　　數學固可以關係說明。但本末先後，不可不察。吾以理性之流衍說序次。序次乃先而非後得。不能界說，但可說明。凡界說它的，事實上，都是先已假定它。吾人可以關係解之，但它不就是關係。它是關係之一種：是理性流衍所顯之關係，非廣被一切之關係也。此是依「理」論關係，不依事論關係。依理論，則無須相乘與無窮兩公理之假定。故數學有妥當之基礎（詳論見第四卷）。

　　如是，這種命題符號之構造，於工具方面雖大有便利，而謂於此可以明數，則未見其然。於說明世界之結構，自大有貢獻。故關係邏輯，近人多以元學邏輯視之（至少懷悌海與羅素兩人的元學），實屬恰合。然而謂其於此可以明數序（即數之序），則屬失察。

　　本書不以關係論數，故對於《算理》的關係論，亦未加介紹。

第二分　推概命題之主謂式系統 I：直接推理

一、主謂式與命題函值

(一)意義

　　主謂式是諸種句法之一。它可以自成一個系統。在此種句法裏，將一命題分成兩項或兩端：一端為主，一端為謂。故曰主謂。謂者對於主所加之陳述也。

　　亞氏以為主謂式可有五種，或說作為陳述詞之謂詞可有五種：一曰綱（genus），二曰目（species），三曰差（differentia），四曰撰（proprium），五曰寓（accidens）。此種分析，其目的乃在界說。現在則只由之以明主謂。

　　綱謂詞是一種事物之本質（essence），用來論謂某一物事，足以使其有種類上之不同。故綱謂亦曰類謂。例如：一個機體是一物質體；同樣，一架機器、一塊石頭、一株樹木等，也是一物質體。於此，物質體便是一個綱謂詞。禮拜堂是一建築物，馬廄也是一建

築物。三角形是一直線形,四方形、矩形等也是一直線形。於此,建築物、直線形,同是綱謂。綱謂有時被解為包含小類之大類。譬如,圖形即包含三角、正方、矩形等小類之大類。而建築物亦為包含禮拜堂、馬廄等小類之大類。類之大小,並無固宜。然類謂必是其所陳述之事物之本質。本質亦曰「常德」。常德者即此事物之所以為此事物而不可離者也。吾人於界說某一物事,常先追求其最根本之特性,為其所必具者,以論謂之。最根本之物事定為只能謂而不被謂。

目謂詞是一種事物之本質,用來論謂某一物事,足以使其在同一綱下而不同於其他目。譬如君主立憲是憲法之一目,人是動物之一目,動物是生物之一目,生物是物之一目,綱目之對,亦無固宜。然目謂之所指,亦必為事物之本質(常德)。否則,不足區別於他目。

差謂詞是一種事物,或直說是任何目或任何個體之本質,用來論謂某一物事,足以為此目或此個體所以不同於他目或他個體之特徵。例如,「人是有理性的動物」,「理性」於此便居於差的地位;「孔子是聖人」,「聖」字也是居於差的地位。前者藉「理性」以區目,後者藉「聖」以區個體。設以動物為綱,理性為差,人為目。傳統邏輯於此界說「人」曰:為有理性的動物。故凡界說必是以綱與差界說目,而目者即等於綱與差之和。一物之差,頗不易找,故有須於考驗。然亦必事物之常德無疑。

撰謂詞(從嚴復譯)是於一物述敘其可能有的特性。此特性,據亞氏意,不必是該事物之本質。本質是界說時所必指者,而特性

則不是所必指。雖非所必指，然必可根據綱目以推得，故曰為一事物之所能有。譬如，三角形有其三角之和等於兩直角之特性，但此特性卻不是三角形所以成立之本質。吾人並不用此特性以界說三角形。設以直線形為綱，成三個角為差，則三角形之目可以定為「成三個角的直線形」。此綱此差，纔是三角形之本質。然「等於兩直角」之特性，雖非本質，亦為由綱差所定之目中所可推得之特性。其出現也，得之於不得不然。本界說以為推，無或可疑也。以其由推而得，故曰「撰」。

　　寓謂詞是於事物迹敘其不經有之偶現特性。此種特性亦非事物所以成之特徵。且與「撰德」不同。撰德可根據界說以推得，而「寓德」則無理由可以推得。譬如「天下烏鴉一般黑」，黑即為一寓德。它不是界說烏鴉之本質，亦非由界說可以推得。雖吾人經驗所及，並未見一白烏鴉，但無邏輯理由可以擔保必無白的出現。嚴復曰：「蓋其有無，初不關於物性。此如一國之服色，一個人之名姓，不以異是而不得為是國之民與人明矣。是則特寄焉而已，故曰寓也。名家於寓德又分二種。有不可離之寓，謂一受其成而不可變者，此如其人之好醜、長短、家世、生長之鄉是已。有其可離者，此如服飾事業居處官職富貴是已。此雖百變，無關事實。故曰可離之寓德也。」（《穆勒名學》部甲，篇七，第二節〈案語〉）。此言甚晰。

　　以上五謂亦名五旌，或曰五德。此種分析，於界說、分類、歸納，或有貢獻，在推演系統不佔若何位置。我曾名之為歸納之第一階段。並且因此我以亞氏邏輯大體之傾向與米爾的歸納邏輯並不衝突，而同歸於方法學一支焉。詳論見第一卷第五第六兩章。

　　謂詞，按界說系統，雖分為五，然同為謂詞，則無二致。所謂主謂式，即是對一主詞而加以陳述或論謂所成的一種句子的形式。取此句式為邏輯中的命題，遂名此命題為主謂式，名其邏輯為主謂邏輯，即亞氏的古典邏輯是也。從主謂式方面講，謂詞的分類可不注意。主詞無論如何複雜，總名為主，謂詞無論如何複雜，總名為謂。主不限於一名，謂不限一詞。至於主之對謂，是目對綱，還是差之對目，抑是目之對撰或寓，亦不須問。因此皆實際命題中所有事。其究為何種，經驗自能為我決定。既經決定，於推理時，便須保此一致，無使有出入。此亦實際推理者所有事，邏輯不必問也。

　　謂詞之成立，以及其足以使此命題有意義，則在乎肯定之「是」，與否定之「不是」。這兩種作用是命題表示意義的所在，是謂詞之為陳述所以成立的所在。如無此兩作用，則主謂不過是兩個名稱而已：謂不能成其為謂，命題亦不成其為命題：總之，不表示任何意義。

　　以此兩種作用所成主謂式為工具，可以列出許多推理形式。這些推理形式所表示的都是先驗的必然的真。如果這種形式應用於事實而有不通之處，則是填彩者之過，非此模之過。乃汝運用之不佳，非可見怪於此法。所謂能與人以規矩，不能使人巧者也。譬如有人說：中國人是多的，孔子是中國人。故「孔子是多的」。此式無誤，然而於理不通。此何故也？世人不於此求其故，遂罵形式邏輯為無用。然而似汝這種笨伯，邏輯就算能給你一一填好，不致於誤，豈能隨汝不離，為汝填一生乎？芸芸眾生，無量無邊，豈能皆為之填彩俱備乎？此必不通之理。杜威於其《思維術》中似亦有類乎此意

之攻擊。其所舉之例似為：「凡水產皆卵生，鯨魚水產也，故鯨魚卵生」，或為：「凡魚類皆卵生，鯨魚魚類也，故鯨魚卵生」。此皆於式無誤，而於事不合。然於事不合者，乃汝考驗之不足。立例之有誤，此汝實際推理者之過，非此推理式之過也。是故，凡於主謂式而推究其實際應用時所表現的主謂關係或主謂意義，以指示或指摘推理式者，皆為不必須之贅辭。非邏輯所當問。以屬經驗故，在邏輯上無結果故。

復次，此種主謂式只是一種主詞與謂詞之關係式。任何事物皆可為主詞，亦皆可為謂詞。吾欲對誰表示態度，則誰便是主詞。而吾所表示出者便是謂詞。此皆隨機安立，並無固宜。故此主謂式與「本體屬性」一套元學理論，雖偶有巧合，而無因果關係。詳論見第一卷第七章。望讀者參看。

（二）成分

主謂式，一為主詞，一為謂詞。復有成就此謂詞，而表示主觀作用的是與不是（此在通常，名曰繫詞）。現在所欲論者，為主謂之性質如何。

關此問題，吾願以「因明」論「宗」之法解之。「宗」即所主之命題或判斷。任何命題，如有所斷定，即可為宗。譬如，「孔子是人」，「聲是無常」，皆可為宗。當然，因明之所謂宗，是對因喻而言。不過既為一判斷，我們即可只以判斷而觀之。並且其對於「宗」所分解之意義，亦實於任何判斷皆可應用。故此處之說明只是藉助，不管與因喻相關之「宗」所發生的其他意義。又此處所謂主

謂式是三段論法中的物事，而宗因喻是因明中的物事。這兩套推斷過程實不相同。前者可以叫做推演過程，後者則是歸納過程，或歸證過程。近人常喜兩相比論，亦姑妄說之而已。此處論主謂式有藉於宗，亦並非說這兩套推斷將有若何關係。以上兩義，茲先聲明，以免混擾。

因明之分析宗，亦為兩成分：一曰體類（相當於主詞），二曰義類（相當於謂詞）。體與義又各轄三名。由體而引申者：一曰自性，二曰有法，三曰所別；由義而引申者：一曰差別，二曰法，三曰能別。

體與義為宗所依，非即是宗。宗必有斷定。藉此表示態度。而體與義無所斷定。譬如聲是無常，此為一宗，有斷定故。被斷者為聲，斷者為無常。藉此斷定，成就謂詞，亦成就一宗。而表示斷定之處則在「是」字。有此「是」字，無常始可稱「謂」。否則，聲與無常，兩名而已。不成一宗，因無斷定。既無斷定，即無爭議。如無爭議，便非是宗。故宗必有斷定。體與義為宗所依，而宗之所以成則在乎斷，同時體與義亦即由宗而得名。

宗中所顯，前者為體，後者為義。屬體者為自性，屬義者為差別。自性亦稱自相，通常曰殊相，亦稱特體。局限自體，不通他故。差別亦稱共相，或曰義類。如縷貫華，義通於他。譬如「聲是無常」。聲為特體，屬於自相；無常為義，屬於共相。以此共相區別特體，故曰差別。又此差別，因為共相，故通於他。無常不只別「聲」，亦別他物。故曰如縷貫華，義通於他。亞氏論謂詞，亦作共相看，東西聖哲，所見略同。特不如因明論之詳耳。

　　屬體者亦名「有法」，屬義者亦名「法」，有法即特體，即主詞；法即差別，即謂詞。何謂「法」？法者軌持義。軌謂軌範，可生物解；持謂任持，不捨自性。有此軌範，令具定型，吾人對之，方生理解。能持自體，不捨自性，吾人對之，方可把捉。「軌持」義為泛說「法」一名而設。在因明，將軌持二義應用於有法及法，則有法具「持」義，法具軌持二義。因前陳者為自性，局限自體，未有所說。既無所說，便無屈曲生他異解。生他異解者，惟在後陳。後陳者為共相，為差別。因義之所在故。譬若聲是無常，聲為前陳，為自相，逕挺持體，直爾一名，於此之時，不生異解。無常為後陳，為共相，義之所在，故生異解。由後陳分別前陳，聲是無常，非是其常，便生軌解。於此軌解，函有許多異解：或贊同，或不贊同，諸多異解，生於此處。「故初所陳〔即前陳〕，唯具一義，能持自體，義不殊勝，不得法名。後之所陳，具足兩義，能持復軌，義殊勝故，獨得法名。前之所陳，能有後法，復名有法。」（窺基《因明大疏文》）。法者義也，以義別體。有法者有後陳之義也，而自己則顯體。法是廣被一切之名（相當於事物）。有法實亦是法。惟於一斷定中，對於前陳欲有解說，故假定前陳自相只有「體」義，並無「軌」義。後陳共相，為能解說，不獨持體，亦有軌義。故軌持二義獨歸後陳「法」中。後陳法之軌義，即在後陳法有所論謂。因有論謂，故生異解。因生異解，故獨予後陳以軌義，故獨得「法」名。異解不於前陳發生，故獨有體義。故或持或軌，但於一斷定中分拆言之耳。

　　又後陳既持且軌，獨得法名，此固然矣。然吾於一斷定，又實可

視為一「法」之拆觀。蓋法為一概念，有體有義（亦即有持有軌）。吾如將此體義，拆而成一斷定（成立一宗），則亦可說前陳只其體，後陳為其義。前陳所有之法，即後陳之軌義。將其軌持二義拆開，先賦持義，令其持體先在；再陳法義，成為軌解後在。為是，後法之軌義，非後陳法本身之軌義，實前陳有法之軌義。軌者軌前陳之體也。故前陳之體與後陳之法實即一物之拆觀。譬若聲是無常。無常本身亦為一法，具有持義，因分明無常不是常故；復有軌義，因分明對之可生思議故。但於一斷定中，此無常之法又可視為前陳聲體之軌義。此時無常之法亦具軌持二義，惟不自其自己而言，自其對他而言耳。自「自」而言，則每一法既軌且持，不顯於宗；自他而言，則軌持拆觀，顯於宗中。每一法皆有對自對他之兩義，不可混同。

又最後，屬體者名「所別」，屬義者名「能別」。所別為前陳，異解不生；能別為後陳，爭議所在。前陳自性，名為所別；後陳差別，名為能別，能別為共相，為法為義；所別為自相，為有法，為體。

又此自相共相，但於斷定中體義前後對比而言，凡前陳即為體為自相；凡後陳即為義為共相。為自為共，並無固宜，與本體論上之特體共相，本體屬性，毫無關涉。此在因明，早已見及。「此因明宗，不同諸論。此中但以局守自體，名為自性，不通他故。義貫於他，如縷貫華，即名差別。先所陳者，局在自體；後所陳者，義貫於他。貫於他者，義對眾多；局自體者，義對便少。以後法解前，不以前解後。故前陳名自性，後陳名差別」（窺基《因明大疏文》）。

亞氏若早知此義，則必少挨咒罵。吾講主謂所以藉助因明者，實因其陳義殊勝，如分而解，無流弊可擊也。

綜上所論，列表如下：

聲	是	無常
體		義
自相		共相
有法		法
所別		能別
前陳		後陳
主		謂

(三)關係

主謂式是何種關係？如上所論，此甚易答。唯於答前，當詳他論。茲所列者有四：一殊共說，二類說，三內在說，四事象關係說。

殊共說為正統說，亞氏主之，因明亦主之。此說以為主謂之間是一種殊共關係。謂詞為共，有普遍性；主詞為殊，只局限性。故主詞的外範小於謂詞，即主詞隸屬於謂詞而為其一部分。譬如「孔子是人」，人的外範大，孔子的外範小，故孔子隸屬於「人」類之下。亞氏五謂之分析，大都表示此義。五謂中綱目差指本質而言，撰寓指特性言。無論本質與特性，皆指一物所具之德（性也質也）則無疑。如謂詞為共為德，則主詞之殊者必為體。故殊共，自外範言，雖有大小，而大小之比並非同類。因一為體類，一為義類故也。

非是同質之類，一廣一狹，一大一小之謂。故因明分體與義，與亞氏分物與德，正同出而異名。此義甚緊要。如不善會，則生流弊，類說是也。

　　類說視主詞為一類，謂詞又為一類。其間之不同，未之顧也。以類為據，照 AEIO 之不同，而異其排列。一命題完全成為兩類之關係，而其為命題處，則反隱而不顯。由類之核算，遂成為近代之代數邏輯。此種邏輯先由若干設準或公理，藉數學中的運算件（如 ＋，－，×等），推出許多原理，並進而用同樣方法表示傳統邏輯中之 AEIO。其法如下：

　　　A：$a - b = 0$　　「一切 a 是 b」＝「a 真 b 假是零」。
　　　E：$ab = 0$　　「一切 a 非 b」＝「ab 同真是零」。
　　　I：$ab \neq 0$　　「有些 a 是 b」＝「ab 同真不是零」。
　　　O：$a - b \neq 0$　　「有些 a 非 b」＝「a 真 b 假不是零」。

此種表示法最易用圓圈，所謂圖解者是也。每一項代表一圓圈，即代表一類。用 a, b，不用s, p。照此解法，主謂命題直成類之核算（calculus of classes）。此種辦法，自來本之、布爾、萬尼（Vonn）等代數邏輯定起，至現在之路易士、伊頓、錢蒲蔓等皆用之。即約翰生之極富於哲學性討論之《邏輯》亦用此法。他直把主謂看成類間的包含關係。A 是兩類的函蘊關係：一切 p 是 q，p 函於 q 中。E 則為排斥關係：一切 p 不是 q，p 與 q 互相排拒。又設 p 為一正類，則「不是 p」認為「非 p」，也看成一個類，為 p 之餘類（remainder class to p）。主謂邏輯本來所注意的是命題間之推理關係，現在則成為類之核算。此種變動，實不在小。乃直是另為一物，

不復本來面目矣。若當作另一系統看，自亦成立；若作主謂之解析，則變質而乖真。因以類解主謂，有時亦有不可通者。如主謂中為否定之「不是 p」，並不同於作為類之「非 p」。等而同之，於推理中，便不可通。見下四節自明。殊共說，因外範之大小，亦有類義，但其類不同質也，亦非類之核算也。因外範故，亦時用圓圈表示，但此為方便品，其本義未變也。其間有相似，而差甚大。

內在說為德人愛爾德曼（B. Erdmann）、格拉烏（Grau）及陳大齊先生主之。此說實由研究概念之構成而來。由概念之形成解析判斷，以為每一判斷皆為一概念之分析。謂詞即代表所分析出的特性。此特性本內屬於主詞所代表之概念。今經分析，抽繹而出。故謂詞所代表的特性即主詞概念所有的特性之一部分。照此而論，則主詞為總體，謂詞為分體。謂詞內在於主詞，故曰「內在說」。亦可曰列入於主詞，故亦稱「列入說」。此說之成本由於反對康德分析判斷與綜和判斷之分。愛爾德曼認一切判斷皆為分析的。故一切特性，皆由主詞分出，故皆可列入於主詞。此說不易成立。即陳大齊先生亦反對之。陳先生以為事實判斷是分析的，價值判斷是綜和的。此說較勝。但與邏輯無關，姑不深究。然無論如何，內在說固可解析判斷之成立，然於主謂式卻毫不著癢。因若取內在說，則 AEIO之直接推理將不可能。如是，其判斷論與推理論，將截然無關，且形見衝突。如存判斷論，則推理不成；如存推理，則判斷論白廢。此弊一。又內在說實只知其一，不知其二。只知謂詞為主詞所有，不知謂詞為共相，所以成目而成類者也。亞氏五謂（五旌五德）之說，於此義表白無遺。綱、目、差、撰、寓，或為物之本質，或為物

之特性，此為事物所有，名之為內在，自無不可。否則，主謂將無聯帶關係。但同時，表示物事之本質或特性者，其用足以類族辨物，固不止一物有之，他物亦有之（即此方可以類物）。譬如「孔子是人」，「人」為孔子之本質固無疑，但此本質為共相，不特許孔子有之，亦許孟子，乃至其他無量無邊之兩足無毛動物，亦皆有之。因明所謂「義貫於他，如縷貫華」者是也。如是，從性質言，固內在於主詞；從共相以成類言，則又不局限於主詞。講主謂式以後義為重；前義則固無須人之多言也。愛爾德曼恰重前者而忘後者，遂使推理無法可講，從內在說，推理何以不能講也？譬如「一切 s 是p」，p 即內在於 s 而為 s 之一部，則換位為「p 是 s」或「有 p 是s」，皆不能說。因矛盾故。又「一切 s 不是 p」，按內在說解為「一切 s 是非 p」，非 p 看為一德或一類名，而內在於 s。如是，E之換位，將亦不復存矣。且將無 E 與 O 之否定命題，而只有 AI之肯定命題。因為「一切 s 是非 p」，「有 s 是非 p」，非 p 既不等於「不是 p」，則皆為肯定而非否定。如是，推理自不能成。故內在說，實只可於解判斷，聊作一格。以之作推理之根據，或以之與推理相連，皆不可通。

　　除上三說外，還有一說姑名之曰事象關係說。此可以經驗主義者的米爾（J. S. Mill）為代表。他以為命題之主謂兩名，皆必有所指。所指者或物之性質，或物之關係。如「凡人有死」，必「人」名所指之物具有「有死」之德，即凡有可以為「人」之德者，必有「有死」之德。人與有死，乃並存而不可離。又如「吃砒霜者必死」：「砒霜」與「死」有因果關係。「月暈而風，礎潤而雨」：此是事象之相

承。「所以陷溺其身者，不能盡其才也」。此是指證一體性，即心與才二自在之物。凡此種種，皆為外在之事象，而由經驗以得之。故米爾斷言命題非他，乃表象相承（sequence）、並存（coexistence）、自在（noumenon, being）、因果（causation）四種關係而已。惟此說實不知命題本身兩名之關係與其所指或所表之事象關係，實非一事。問命題為何物（即何種關係），非問其所表之事象為何物（何種關係）。就一命題之舉例言，未始不可從事象以明其關係，而一實際命題亦無不表示一種事象或意義，此事象或意義亦皆可解為一種關係（無論何種）。然此是另一問題。若直以此事象之關係解析命題，則是離邏輯而為言。所指者為事象之關係，而吾人仍不明命題為何種關係。又若以事象之關係解析命題，則命題間之推理關係，將變為事象間之相連關係。邏輯之必然，變為事象之實然。此是邏輯上最陋之見。米爾不識推理，其蔽即在此。

以上四說，惟殊共說為得其真。餘不足取。吾人於此，本體義，殊共，能別所別之分，定主謂式之關係如下：

「主謂式者共相之解別關係也。」

解別或只為主觀之活動，或本乎客觀之性質，此在邏輯皆不重要。無論為主為客，其所成之謂詞，指「義」示「德」則無疑。此義此德即足以辨物而類族，由之以解別逴挺持體之主詞。足以辨物類族，故如縷貫華，義通於他。是名普遍，亦名共相。即以此共相解別彼殊體。由此解法，則主謂式與命題函值可以相近。茲以「共相」（義類）為「常項」，以「殊相」（體類）為「變項」，則共相定而不變，而殊體可以於其下變化多端。不變者貫串多端之殊體，範圍之使

其不過；變化者於其範圍內，順其則而無或隕越。茲以 s 表殊體，p 表共相，則「s 是 p」之主謂式即可寫為有變有常之函值 "p(s)"。在此函值中，"s" 為變項，p 為常項。與 "ϕ(x)" 同。此是指變項為任何個而言。由任何而普遍化，則可以說「所有的 s 是 p」，或「有些 s 是 p」。前者符式為："(s)・p(s)"；後者符式為 "(∃s)・p(s)" 或 "(∫s)・p(s)"。此皆為有「似變」之命題。然要必解為體義殊共之關係，方克有此。純以類解，不能有也。

　　以上由主謂引到函值，尚屬初步。若為成就傳統的直接推理起見，此種符式宜有較圓滿之構造。譬如「凡 s 是 p」，s 為體類，p 為義類。於換位推理，當為「有 p 是 s」。在此，為義者又為體，為體者又為義。此種推理，在常識上，本已成立；然於說明，尚未圓足。吾人固知，體義無固宜。在前陳者即名為體，在後陳者即名為義。然單講一宗，固宜如此；而宗宗連講，則嫌未妥。為免此疵，可採用約翰生之法使 s 與 p 俱為謂詞，另置變項 x 以實之以為體。如是，「凡 s 是 p」實等於「凡是 s 者是 p」。在此，s 與 p 俱為常項，而「者」(x) 字則為變項。此種解法，本極通順，無勉強處。蓋吾人言語，常有簡略；實則「者」字乃不可省。如是，由「凡是 s 者是 p」，到「有是 p 者是 s」，s 與 p 無論怎樣換法，俱不失為義類；而與「者」字相連者即為「體」之所在，不與「者」字相連者，則仍純為義類。與「者」字相連者，雖為「體」之所在，而「體」仍只是「者」字，而非與之相連者。吾人於此注重「者」字，不注重與「者」相連之「義」，然而「義」固亦仍未變也（即不受影響）。

　　此可舉例以明之。譬如由「孔子是人」到「有人是孔子」。此

步不生問題。換位後，孔子為「義」類，義實通他。即此人不是孔子，他人許是孔子。諸多異解，起於此處。當未定時，人人皆可為孔子；當已定時，只有一人是孔子。當其為主詞，為已定；當其為謂詞，為未定。為已定時，為特體；為未定時，為義類。義類即共相。故此步推理不生問題。但由「有人是孔子」，再換位而為「有孔子是人」，則實不成辭。世無多孔子故。若於此而以「者」字實之，則通矣。如：「孔子是人」 ⟶「有是人者是孔子」 ⟶「有是孔子者是人」。此則於理無礙。於此，「人」與「孔子」俱為謂詞，為義類；而體則在「者」字。凡「一切」、「有些」等所形容者是表體之「者」，非表義之孔子也。故不會有「多孔子」的誤會。

如此解法，則 AEIO 當如下寫：

A：　$(x) \cdot s(x) \epsilon p$：所有的是 s 者是 p。（"$\epsilon$"可表「是」字）。

E：　$(x) \cdot s(x) \backsim \epsilon p$：所有的是 s 者不是 p。

Ⅰ：　$(\upharpoonleft x) \cdot s(x) \epsilon p$：有是 s 者是 p。

O：　$(\upharpoonleft x) \cdot s(x) \backsim \epsilon p$：有是 s 者不是 p。

詳論見下三節。

二、主謂式之根本原則

（一）質量原則

　　主謂式遵守質原則。質原則由「二分」觀念引出。「二分」為肯定、否定之二分。關此，吾已於第一卷末章論之。

　　主謂式之所謂「質」，即是「肯定」與「否定」的態度或作用之凝固於斷定。此斷定如為肯定，以「是」表之，此主謂式之質便為肯定。此斷定如為否定，以「不是」表之，此主謂式之質便為否定。

　　主謂式一方遵守質原則，一方顯示二分原始觀念。主謂式邏輯一切推演都是二分之間的推演：「是」與「不是」之間的推演。

　　由二分引出真假值，並看真假值之間的關係與推演，是謂真理值系統。在此系統內，不須質量原則（或無所謂須不須）。由二分之「是」與「不是」，表現為一斷定之肯定或否定，吾人即論此肯定與否定之間的關係，則為主謂邏輯。

　　「主謂式之成立遵守質原則；主謂式之間的推演是肯定、否定之間的推演。」

　　「但是推演所以可能，則在乎量原則（在主謂式內言）。故主謂式一切推演（肯定、否定之間的）必遵守量原則。」

　　質原則不必於推演而始見。每一斷定皆不離其肯定否定之質。但量原則，於每一斷定並非不離。無此量化，斷定亦可成立。故曰「主謂式之成立只遵守質原則」。又主謂式的推演，非是別物之推演，

乃即就命題之質而觀其關係。故曰「主謂式的推演是肯定與否定之間的推演」。言即以此為推演之「體」也。但是推演之「體」雖在肯定、否定，如無量化，則只是無定之命題。推演便不能成。亦即肯定、否定之間的關係，無法表現，無論是對待關係、直接推理，或是間接推理。（此理亞氏早已見到。參看第一卷第七章。）故於此則曰：「主謂式一切推演必遵守量原則。」量之功用必於推演始可見。言即以此為推演之「用」也。

　　推演是「質」的推演；但推演所以可能，則在乎量。故於主謂式，則云遵守質原則；於其推演，則云遵守量原則。總之，主謂邏輯遵守質量原則。肯定、否定之間的推演關係所明之「理」就是邏輯。

　　量原則即是主詞之量化。在此量化上，或為全稱，或為偏稱，皆吾人思想之推概作用或輪廓作用。與存在無關，與本體論上的殊相共相亦無關。蓋全稱偏稱與主詞概念不同。主詞概念可為類名，為一共相，具普遍性。於此或可引至唯名唯實之爭，而與殊共有關。但全稱偏稱，則非共相，乃指共相下的一切分子或有些分子而言。類名（體類）、共相，是單一體；全稱、偏稱不是單一體。故吾人於主詞存在問題方面，反對以「全稱」為類名，為共相，為單一體，為空類，為不涉存在之思想。同時，於量原則方面，吾人又認全偏只是「量」的表示，而與本體論上的殊相、共相無關。既與殊共無關，吾人即不能將此量原則視為與殊共有關之曲全公理相等，或認為根據與殊共有關之曲全公理而成立。

　　又於質原則方面，則認由二分法而來。二分法照本書的解析，

只是思想上的兩種作用，決不可涉對象而作想。故於主謂式肯定否定之「質」，也須當作此兩種作用之表現，不當涉物實而為言。推理是肯定否定展轉相續的發展，與命題所表現的事象之關係無干。

以上，於量原則，發生曲全公理問題；於質原則，發生事象關係問題。前者屬傳統，後者屬米爾。茲依次論之於下。

米爾不識邏輯之理。他以為命題可表四種關係：一曰相承，二曰並著，三曰自存，四曰因果。並力反以前對於命題本身之解析諸說。但米爾於此所混者有三：

（一）解析主謂兩名是何種關係（或謂是兩觀念之離合，或謂是兩名之離合，或謂綱目或類族之辨別），是一事。

（二）命題所表現的事象之關係，又是一事。

（三）肯定否定之推演所顯之理，又是一事。

米爾對此三事之不同，竟無所識。吾於上節 A.3 款中已指及之，今第一點且不論。茲就第二與第三而論之。

肯定、否定是命題之「質」，推演是「質」之推演。故曰遵守質原則。其展轉遞衍所顯者為「理則」，無與於事象之關係。乃推理之發展，非事象之流遷。然米爾於論推理之根據，卻由命題之「質」（肯定或否定）而設想事象之關係，建設滅著公理，以為推理之據。此則完全不識質原則為何物，亦不識推理為何物。其言曰：

「顧不佞所反覆求明者，在知一詞（即命題）之所達，存乎事實然否之間。本於天理之自然，而不僅人為之區別。所言者乃一物之果具某德與否，抑數德者並著之與相滅。而並著相滅之情，又有常然偶然之異。夫苟是義為優，而真詞（即 real proposition）與人

心之真知相涉。且聯珠外籀（即三段推理）所求者誠在真知，則凡有聯珠之理，而不先本是義以言詞者，其於名理，皆無當也。」

「今試本此義以觀聯珠，則如第一式，其大原（即大前提）恆為普及之詞（即全稱命題），乃言物之具某某常德者，必與某德並著或相滅。而小原（即小前提）所言，乃指詞主為物，常具前者之常德。夫如是由原證委（即結論），其為物必與後之某德並著或相滅可知。譬如，以凡人之有死，而孔子人也，故孔子有死。茲之大原乃謂凡物有其一宗之德，則他德必將並著。世無具人之常德，而不與有死之德偕行者。其小原則云：孔子為物適具前一宗之涵德，則其為物必具有死之德，乃可推也。〔……〕又設其大原為負，如云：凡人無全能。此言世無具人之常德，而與全能之德偕行者。人與全能。二義相滅。則以此合之小原，王者人也，而知王與全能二義，必相滅也。」（嚴譯《穆勒名學》部乙，篇二，第三節）。

所謂「並著」，即事象之並存，由肯定所表現者；所謂「相滅」，即事象之相背，由否定所表現者。並著、相滅乃事象之關係；而肯定、否定則思想之作用。由命題之質（肯定、否定），外執而為事象，此本已誤；由事象之關係，並著或相滅，而建立推理之根據，更誤。推理根據問題見下第三分六節。此處所注意者，則命題之質決不當設想為事象之關係耳。因「思出其位」故。

於質原則所發生之問題，略如上述。於量原則亦有問題發生。量原則乃全稱、偏稱之表示。由全偏可引出一「曲全公理」（dictum de omni et nullo）。此公理言於「全」所能謂者，於「曲」亦莫不能謂。此為一切推理（限於主謂式）之根據。亦即吾所謂一切主謂

式推理皆遵守量原則之義。此固無可誹議。然自中世紀以來，參入柏拉圖之思想，遂將此曲全公理，推而為本體論上之存在原理。以為全者共相也，曲者殊體也。本為邏輯原理，今為存在原理。此則亦為「出位之思」。故演至近代，米爾極反之曰：「必以曲全公例為一切外籀之基者，猶存乎舊學之見也。蓋性海法身之說，二百年前學者，言心性者莫不奉之以為見極之淡。至於近期，其說漸廢。雖有人焉，欲死灰之復然，未能效也。故必謂公名生於公物，公物則具自然之體，不與其名所分被之物物同科，夫而後曲全公理，若苞甚深之妙義。蓋其例立，而所謂公物與物物相與之際，其相為君臣者，若得此例而大顯，而曲全公例，由此不為贅義贅言，而實以一詞揭兩間之奧義。意若曰：公物以常德自存，而其德散著於物物。又如曰：人有常德，自存天壤。而甲若乙號為人者，皆分此常德者以為所性，而人名以稱。常德之為真人；真人非人人之謂。乃妙人類以成此本萬為一，由一為萬之一物。其尊且嚴，過於甲乙之為人遠矣。」（嚴譯本部乙，篇二，第二節）。米爾以唯名論之立場，極反共相之實存。以為曲全公例，不足為推理之根據，實乃贅義贅詞，與「物然者然」（whatever is, is），同為無用之廢物。遂進而建立「並著相滅例」以代之，名為「滅著公例」。

然吾人以為曲全公理，若不作出位想，即為量原則之表現，實不得視之為複詞。蓋無量原則，則主謂式之一切推理不能成立。即如米爾所說，命題表示事象之並著與相滅，然於一聯珠推理中，仍須遵守全稱、偏稱之限制（三段式規律所限制者）。否則，如何並著，如何相滅，實亦不可得而言。是故由量原則化為曲全公理，以

為主謂式推理之根據，其義之嚴與富實較並著相滅例為甚。蓋並著與相滅實即兩前提為肯定者，結論必為肯定（並著例），前提之一為否定者，結論必為否定（相滅例），兩規律耳。然此為質原則之表示，無與於事象。然則，滅著公理實不能外質量原則而獨立。

曲全公理，若思出其位，則為一本體論之學說，固亦不能直視為複詞，然無與於邏輯推理則無疑。

總之，無論曲全公理，或滅著公理，若自出位言之，皆乖謬而無與於邏輯；若不出位，則不外質量原則之表現。（滅著屬「質」，曲全屬「量」。）

質量原則，於主謂式之推演，為必須而足夠。必須者離它不行；足夠者有它即行。如是，除質量原則外，不須其他任何原則之侵入。此當謹記。

此處令人注意者，命題之「質」不可向事象上想；命題之量不可向殊共上想。至於推理根據問題，則當於下第三分六節論之。

（二）周延原則

周延與否是看主詞與謂詞所代表的是否窮盡而無漏。如窮盡而無漏，則為周延；如不盡而有漏，則為不周延。

周延與否，在主詞易見，因已表明故。在謂詞不易見，因未表明故。譬如「一切 s 是 p（或不是 p）」，在此主詞 s 為盡舉而無漏，故為周延。「有 s 是 p（或不是 p）」，在此主詞 s 為不盡而有漏，故為不周延。但「是 p」或「不是 p」中之 p，卻不如此顯明。

　　肯定命題的謂詞，無論在 A 或 I，俱不周延。因 s（主詞）不能舉盡 p（謂詞）故；除 s 外，尚有是 p 故。p 為一義類，不但解別 s，且亦解別其他能有此 p 者。故曰：如縷貫華，義通於他。譬如「人有死」，「有死」不但解別「人」，且亦解別其他動物，甚至有生之物。可見「人」並未舉盡「有死」範圍之所及，故「有死」於此為不周延。此可因「凡是 s 者是 p」→「有是 p 者是 s」而顯明。

　　或有人說：「人是有理性的動物」，此時，p 便為周延。因除人以外，別無其他動物尚有理性。但此因限於事實，或本乎界說，而始然。若事實上有其他動物有理性，或吾人不必夜郎自大，專定「人」為有理性，則「理性」仍可通他。故 p 在其為「義類」之意義上，總當是不周延的（因通他故）。

　　或有人想取消這種限量換位，以為由全不能推偏。如要推，必須先肯定有 s 存在。例如：

　　　　　　凡是　　s 者是 p

　　　　　　今有是 s 者是 p

　　　　　　故有是 p 者是 s

但此實由於將全稱視同共相，復將共相視為空類，故云由全不能推偏。然而全稱實不同於共相，故不能以空類視之。既不是空類，則即可推。（當然此亦不是肯定存在。）

　　否定命題的謂詞，無論 E 或 O，俱為周延。因 s 否決全 p 故。凡不是 p 者，就不是 p，於 p 不能有所挑選。吾人不能說不是 p 者是不是 p 之某一部分。故 p 總為周延。此可藉「凡 s 非 p」→「凡 p 非 s」而表明。

復次，「凡 s 非 p」，此命題本身為否定：只說 s 不是 p。至於其他尚有是 p 者，非本命題所能問。因為說到是 p，則已為肯定命題。若有人以為 s 不是 p，亦未必無是 p 者，藉此以明 p 為周延，此不知類之過也。（層次混擾。）

周延原則不同質量原則。周延原則是由質量原則引申出或限制出。它是一個「說明原則」。但質量原則不如此。沒有質，不能成命題。沒有量不能成推斷。故質量原則為必遵守之原則，而周延原則只為說明原則。

將見三段法式諸規律，都是說明原則。

如對說明原則言，則質量原則可名為構造原則。

(三)存在原則

以上三原則是肯定了的原則，存在原則是待討論的原則。本書將取消此原則。

存在原則，在邏輯上的意義是如此：對於命題的主詞，當看其是否存在。如存在，此命題怎樣；如不存在，此命題怎樣。在推演關係上，亦當看主詞是否存在。如存在，其關係怎樣；如不存在，其關係怎樣。蓋據主存在原則者看，主詞之存在與否，其關係甚大也。它足以影響推理之成立。譬如命題中有全稱者，有特稱者。主存在原則者，以為全稱所限制的主詞不涉存在，偏稱所限制的主詞，則涉存在。不涉存在者為空類；涉存在者為實類。由空類不能推實類。如其要推，須肯定其真有物存在方可。如是，空與不空，存在與不存在，遂影響到對待關係之成立，以及直接或間接推理之成立。

譬如四角圖，按照存在原則，除 AO，EI 外，俱為獨立。於直接推理，則以為由「凡 s 是 p」不能推「有 p 是 s」。於三段法式，則以為以下兩式不能成立：

凡M是P	凡M非P
凡M是S	凡M是S
有S是P	有S非P
（Darapti）	（Felapton）

總之由全不能推偏而已。如要推，須肯定有 S 存在（在直接推理），有 M 存在（在三段推理）。如是推理關係，不靠質量原則，反靠存在原則。或仍有質量原則，而亦成為附庸；為主者，存在原則也。此種思想，果能成立否也。對此問題，我曾有文詳細批駁。（參看本分附錄：〈主詞存在與否之意義〉。）今再略述於此。

在本卷第一分一節，我們說「一切」、「有些」只是思想上的輪廓作用（推概作用）。它們本身並不能獨立存在，它必有所附著。我們不能視之為單一體，有客觀的存在。它們只是限制主詞的兩種作用。「一切」是將主詞之類的分子盡舉而無遺，古往今來統攝在內，是謂「全稱」。不必問時間問題，亦不必問空間問題。因它原不是經驗故，原不是一一考究外物而篆成故。「有些」是將主詞之類的分子偏舉而有漏，單攝部分，不攝全體，是謂「偏稱」。不必問何時之一部，何處之一部。因它也原不是經驗故，也原不是逐物考究而篆成故。它們都是思想的輪廓作用，它不必參看外物而成立。它只是量化。它本身無獨立存在，它必有所依。它所依的即是覆蓋於主詞下的那些分子。

所以全稱偏稱與殊相共相不同。主詞是一共相，全偏不是共相。共相是個單一體，可以空類或單一類目之，可以視之為思想中之存在，或視之為本體上之存在。（如視之為思想中之存在，則為唯名論；如視之為本體上之存在，則為實在論）。但全偏卻不是單一體：它是指函在共相下的一切分子或一部分子而言。其所指者乃散著之事體（不管實有否），非有普遍性之單一體（整全體）。如「人有死」，「人」是共相，為單一體，可以視為抽象的單一類或空類。但「一切人有死」，卻是指「人」共相下的分子而言。所以全稱的「一切」與共相「人」不同。並不因為「一切」，即使主詞成為空類。故共相「人」，無論為空為實，當其在一命題中有全稱以限之，則即不能視之為空類，反而成為極充實極飽滿之有類。縱然其分子不是實有，如鬼，如圓方，如金山，如龜毛兔角，但其所指既為散著的事體，則為不空無疑。此義乃本於亞氏。可參看第一卷第六章。主存在原則者，以全稱命題所指為一共相，遂認其為為抽象的、普遍的，不涉存在。然而全稱非共相也。其誤點在此（即在以全稱等共相）。

此問題本由羅素而發。然羅素於講 "φx" 在一切 x 為真時，明云指「一切情事或事例」（in all cases）而言。其所指，明是散著之個體 (x)，並未獨體化，使其成為一個單一體的共相。乃無端忽於一命題中之「一切」而認為抽象的共相，遂站在唯名論的立場，謂其為空類，並不涉存在，此實一時出位之思。然而其誤亦非淺矣。

茲歸結本書積極主張為四點如下：

（一）全稱與共相不同。它有所涉及。它所涉及的是散著的個

體,故為有而非空。

(二)但這不是肯定存在。亦不是不肯定存在,亦不是以存在為條件。與常途所謂存在問題,完全無關。我們可說這是遊戲存在。

(三)全稱所涉及的分子 (所遊戲的存在)與偏稱所涉及的分子 (亦是遊戲的),是在同一條船上 (用懷悌海語)。它們的出現是在「如果則」的「如果」上,不在參考事實。故曰遊戲。

(四)所涉及的分子,縱然是不經的,亦不礙推理之進行。這是先驗的推理格式之表現,非追求一命題或一知之真假也。故由全可以推偏。不必肯定有物存在,方可推偏。這只是量之間的關係。無與於事實。

關此問題,所言略止於此。詳論見本分附錄。

關於推理的原則,我們可以這樣說:

(一)直接推理與三段式推理,服從質量原則。

(二)假言推理服從函蘊原則 (由函蘊真理表表示)。

(三)析取推理服從析取原則 (由析取真理表表示)。

(四)雙支推理亦服從函蘊原則。

後三者將於各該推理處述之。凡此皆不可亂者。

三、A, E, I, O 的說法

(一)否定、矛盾、無定與相反

肯定與否定顯其作用於命題的謂詞上,是矛盾的。若顯之於主

詞而為一「體」時，則是相容的。此時的肯定為正稱，而否定則為反稱。這是相反的對待，而卻不是矛盾。譬如：s 如何，或不如何，「非 s」如何，或不如何，常同時可以成立。s 有死，非 s 也可以有死。此時的「非 s」是代表 s 外的東西的一個類稱。s 與非 s 俱有所代表：都是肯定的。

　　但這只有在主詞時如此。若為謂詞，則此反稱又常與否定相通。如由「s 不是 p」可以到「s 是非 p」。這在命題之質的形式上，雖一為否定，一為肯定，而其意實相同。「s 是非 p」＝「s 是不是 p」此時的「非 p」與「不是 p」同。至於它是什麼，則不得而知。即於「s 不是 p」中，找不出「它是什麼」的根據來。因此「是非 p」＝「是不是 p」，仍舊是否定的意思。若把「是非 p」中的非 p，看為一類稱，則即肯定它是什麼，為一肯定的意義。此則於原命題中為無根。如是，由

　　　　「凡 s 不是 p」──→「凡 s 是非p」──→「有非 p 是 s」
　　　　　──→「有非 p 不是非 s」

這一串推理，凡非 p，非 s，其在謂詞，都只能等於「不是 p」，「不是 s」，都只能保持其否定的意義，而不可認為有所涉指。總之，於其所不能知者，而肯定其是什麼，或對於不定的、無所知的，而陳述為一定的、有所知的樣子，便是出位，便是無根。

　　在主詞方面亦是如此。s 如何，或不如何，可以主張；非 s 如何，或不如何，也可以主張。此時 s 與非 s 都是體。但既以肯定的 s（正稱）為準，吾述其如何或不如何，吾即不能在此命題內知非 s 如何或不如何。因為非 s 是 s 外的東西。在 s 是什麼或不是什麼

中，吾只於「是 s 者」有所知，對於「非 s 者」則全無所知。非 s
的如何或不如何，在「是 s」內一點根據都沒有。非 s 既在「是 s」
內無根據，故吾對它不能有所表示，它是一個「無定」。（對一定
的 s 而言。）對於一個無定的東西，吾不能把它改為有定的樣子而
加以陳述。陳述一個無定的，或無所知的，便是出位或過分，用柏
克萊的話說，知所不知為矛盾。同樣，吾如對於非 s 有所陳述，於
非 s 內，吾亦不能知 s 如何或不如何：吾不能對之有所陳述。因為
非 s 是一個體，有所代表。

　　傳統邏輯中的直接推理如換主質（inverse），所以不可通者，
即在昧乎此理。雖無關於存在不存在。須知所謂直接推理，實非推
理，乃只引申。米爾名曰「申詞」（verbal prop.），或又曰「複詞」
（identical prop.）。既曰申詞，即對原命題有所申述之謂。申述須
不變其原義。既曰複詞，即作一與原詞相同之詞之謂。相同亦即不
變其原義。若出位而與原詞無干，則是變其義矣。

　　站在對象上說，s 固可是 p，也可是非 p：p 與非 p 不矛盾。
同樣，s 可是 p，非 s 也可是 p：s 與非 s 不矛盾。但站在命題上
或思想系統上，則既主張 p 為是，即不能主張非 p 為是（除非在另
一系統內）。此時 p 與非 p 為矛盾。不是「p 與非 p」矛盾，乃主
張之矛盾，是與不是之矛盾也。故矛盾只禁止思想有矛盾，不禁止
物有相反。故相反者可以同時成立，而不矛盾。「道並行而不背」
之義也。惟不矛盾，故由一類稱作準而發展其申述，則不能知他類
稱（即既定之稱之反稱）如何或不如何。此又「萬物並育而不害」
之義。遂其自性而孳乳，不侵他，不出位，故不相害。

肯定與否定相矛盾。相反，歧異，可並存。故矛盾必是二，而相反則可多。一屬思想，一屬對象故也。

否定與矛盾是主觀過程，或思想過程。它們表用，不表體。只於用上顯，不於體上定。故不能成為外在而降附於對象。

p 與非 p 當作主詞時是「體」，當作謂詞時是「義」。

非 p 在謂詞只是「不是 p」，不可當類稱看。

同樣，以 s 為主，吾不知非 s 如何或不如何。（由 s 推到非 s 為賓，此時的非 s 等於不是 s，為否定，不為類稱。）以非s（類稱）為主，吾不知 s 如何或不如何。（由非 s 推到「不是非 s」為賓，此時的「不是非 s」不等於 s。它只為否定，不是肯定）。

（二）A, E, I, O 之正當說法

根據一、二兩節的思想，A, E, I, O 可有兩種說法如下：

（一）都看為定言的（直述的）：

A：「一切是 s 者是 p」：$(x) \cdot s(x) \epsilon p$：sap

E：「一切是 s 者不是 p」：$(x) \cdot s(x) \backsim \epsilon p$：sep

I：「有些是 s 者是 p」：$(\upharpoonleft x) \cdot s(x) \epsilon p$：sip

O：「有些是 s 者不是 p」：$(\upharpoonleft x) \cdot s(x) \backsim \epsilon p$：sop

（二）都看為假設的（函蘊的）：

A：「在所有的 x，如 x 是 s，則 x 是 p」：

$(x) \cdot s(x) \supset p(x)$

E：「在所有的 x，如 x 是 s，則 x 無 p」：

$(x) \cdot s(x) \supset \backsim p(x)$

Ⅰ：「在有些 x 上，如 x 是 s，則 x 是 p」：

$(\uparrow x) \cdot s(x) \supset p(x)$

Ｏ：「在有些 x 上，如 x 是 s，則 x 無 p」：

$(\uparrow x) \cdot s(x) \supset \frown p(x)$

第一種，雖是定言的，但並不肯定存在。不過是主謂式的直述而已。式中的 "ϵ" 字，在《算理》用作分子與類間的隸屬關係，此處則用著表示「是」字所代表的體義解別關係。因主謂本有綱目謂詞之名，用之可以類族辨物。主詞局限自體，義不通他；謂詞如縷貫華，義通於他。我們不直說這是類與分子間的隸屬關係，而說以「此縷貫華」之義可以成類。在此種通他的「義」上，我們說它不但解別此，亦解別他；而同時亦不但此體有之，他體亦可有之。如是，我們用 "ϵ" 代表共相解別關係，想無不妥處。但是不可以《算理》之意解之。

第二種解為函蘊的，不過把直述的主謂式解為關係式而已。亦同樣不涉存在。

除上兩種說法外，還有一種說法是把 A, E 解為函蘊式，不涉存在；把 Ⅰ, Ｏ 解為定言式，肯定存在。這是羅素、伊頓等人的說法，如下：

A：「如凡 x 有 s，則 x 有 p」：$(x) \cdot s(x) \supset p(x)$

E：「如凡 x 有 s，則 x 無 p」：$(x) \cdot s(x) \supset \frown p(x)$

Ⅰ：「有 x 有 s 而且有 p」：$(\exists x) \cdot s(x) \cdot p(x)$

Ｏ：「有 x 有 s 而無 p」：$(\exists x) \cdot s(x) \cdot \frown p(x)$

此說是根據存在原則來的。本書不贊成這個原則，所以也不採用這個說法。他們以為定言式必須肯定存在。但 A, E 既可解為定言式，

亦可解為假言式（函蘊式），則 A, E 之肯定存在者，既無必然性（因可以解為函蘊式），I, O 之定言者，又何不可解為假言的，而必為定言的？此除習慣外，實無邏輯理由可述。蓋 A, E 解為函蘊式，固是一個普遍的原則；而 I, O 實亦是個普遍的原則。不過一為有限制，一為無限制而已。但此種限制與否，又不是經驗的，乃吾人之方便安立。故皆可為假言式，而不涉存在。

（三）謂詞量化說的批評

謂詞量化（quantification of the predicate）是罕米爾頓（Sir William Hamilton）發明的。他將 A, E, I, O 的謂詞，各與主詞一樣，而加以量化。如是，遂成八種命題：

U：一切 s 是一切 p

A：一切 s 是有些 p

Y：有些 s 是一切 p

I：有些 s 是有些 p

E：無 s 是任何 p

η：無 s 是有些 p

O：有些 s 不是任何 p

ω：有些 s 不是有些 p

這種量化說，理論上可能或不可能是要看我們的解析的。亞氏當年曾指其不可能。他以為謂詞不能如主詞然，亦成為周延（在肯定命題）。他的例是：「任何人是任何動物」。這顯然是不能成立的（參看第一卷第六章）。可是講邏輯，有時不能因一個例而主張或否

決一個道理。「任何人是任何動物」，「任何人是任何有死的」，固然不通。但「任何人是任何有理性的動物」，「任何等邊三角形是任何等角三角形」，「任何漢族的人是任何黃帝子孫的人」，卻又可通。

所以，在此我們當這樣講：謂詞若當作義類看，則是不可量化的。因為「義」無所謂量。「體」可以量化，「義」不能量化。譬如仁、義、禮、智、信，等概念，都不能以量來限制。我們不能說有多少仁，多少義。鄉間常有無賴者，詰問人曰：何謂道德？道德多少錢一斤？此實難答。然中有妙理。蓋道德不可以量論，汝指不出其具體之所在。汝既指不出，他即可以無賴態度否認之。謂詞之為義，亦猶乎此。「凡人有死」，我們不能說有多少死；「聲是無常」，我們不能問有多少無常。我們只能說有多少死的「人」，只能問有多少是無常的東西。可見多少之量所形容的是「人」、「東西」所表示的「體」，而不是「死」、「無常」所表示的「義」。故量化的只是體，不是義。謂詞是義，故謂詞不能量化。

罕米爾頓主張量化的理由是凡隱者可以變而為顯。凡思想中所隱藏者，皆可使其顯明於言語中，這個理由是模糊的。他以為謂詞已隱藏著量的限制，不過言語上省去而已。如「一切人有死」，換位為「有些有死者是人」。可見「這些」，必已隱藏於謂詞「有死」上。其實，並不是隱藏於「有死」上，而是隱藏於「有死者」的「者」字上。而「者」字代表個體。故量化的仍是體，而非「有死」之義。「凡人有死」＝「凡是人者是有死者」＝「有有死者是人者」。「凡」字、「有」字皆形容「者」字，而非形容「人」與「有死」。凡述敘

詞，皆為義而非體，故皆不能量化。所可量化者只是謂詞所述之體。
所謂將隱變顯，實是將省去之「體」而填入之，然後再加以量化，
並非於謂詞上所省去之量而顯明之，補充之。如指謂詞而言，則不
通矣。蓋謂詞為義也。

　　如是，凡謂詞不能量化，所量化者只是體（主詞）。如要量化，
必須將謂詞所述敘之「體」填充之。此體即為謂詞之主詞。如是，
主詞皆有量化的命題當如下寫：

U：「一切是 s 者是一切是 p 者」（All what is s is all what
　　is p.）。在此，s 與 p 的範圍相等。此例易舉。如：「一
　　切有生者是一切有死者」。

A：「一切 s 者是有些是 p」（All what is s is some what is
　　p.）。在此，s 與 p 的範圍不等。此為通常 A 命題。

Y：「有些是 s 者是一切是 p 者」（Some what is s is all what
　　is p.）。在此，s 與 p 的範圍不相等。即 p 的全體與一部
　　s 相等。其例可如此舉：「有些是中國人者是一切是漢人
　　者」。

Ⅰ：「有些是 s 者是有些是 p 者」（Some what is s is some
　　what p.）。在此，s 與 p 不等，而與 p 的一部分等。此為
　　Ⅰ 命題。

E：「一切是 s 者不是一切是 p 者」（All s is not all what is
　　p.）。在此，s 與 p 互外，等否無關。此為通常 E 命題。

η：「一切是 s 者不是有些是 p 者」（All s is not some what
　　is p.）。在此，s 與 p 的一部互外。例：「一切是中國人

者不是有些是亞洲人者」。

O：「有些是 s 者不是一切是 p 者」（ Some s is not all what is p. ）。在此，s 的一部與 p 互外。此為通常 O 命題。

ω：「有些是 s 者不是有些是 p 者」（ Some s is not some what is p. ）。在此，一部 s 與一部 p 互外。例：「有些有勇者不是有些有仁者」。

此種量化說雖可通，但說一句話常不如此麻煩。有時欲表達此種思想，亦不必用一個量化的命題表之，而用一種解說或陳述說明之。故此種量化實可認為按界說而有的思想。於邏輯上，並無大貢獻。因為八式之間不能有何種關係或推理表現，所以也不能成系統。其所以不能成，是因為它們每種各是一界說，各成一類型，而不能互相連貫。不過它有一種效用，即於三段法式之還原時，它可以解決我們的困難。見下第三分 B.4 款。

四、A, E, I, O 的四角關係

（一）A 與 E

A 與 E 在質方面說，一為絕對肯定，一為絕對否定，好像是不兩立，有似於矛盾。但不兩立是說不並真。不並真是否就是並假呢？如果不並假，而只不兩立，則 A 與 E 為矛盾。如果不兩立，而又至於可並假（同歸於盡），則 A 與 E 不只是矛盾。所以只說不兩立，並不能決定 AE 是矛盾。還要看它是否可並假。

　　然則，它究竟是否可並假？從質方面看，一為肯定，一為否定，不易看出其可並假。但注意到量而觀其真假之對待，則 AE 可並假。因為 A，E 都是全稱，一為一切是，一為一切不是。在這種絕對的口氣之下，如果有一個人證明「有些不是」，則主「一切是」者固假，而主「一切不是」者亦未必真。同樣，如果有一個人證明「有些是」，則主「一切不是」者固假，而主「一切是」者亦未必真。此即表示，於 AE 中，由任何一個假，不能推斷另一個為真。然則，是否能推斷另一個必為假呢？曰不能。不能斷另一必真，並不就是說另一必假。它可以假，不是必假。同樣，不能推另一必真，並不是說它必不真，或不可以真。它不必真，不是必不真。如是，由一個假，另一個可真可假，不定。也就是說，由一假，不能推另一必真，另一也許可以假。這即是說，AE 可以並假（不是必並假）。

　　但是，於 AE 中，一個真，另一個怎樣呢？曰：一真，其一必假。如果，大家承認「一切人有死」是真的，則「一切人不死」自假。此當無疑問可生。如是，由一真，可以推另一必假。這即表示 AE 不能並真。

　　如是，A 與 E 的真假關係當如下：

　　（一）不能並真；

　　（二）可以並假。

　　（三）因為不能並真，故由一真可以推知另一必假；

　　（四）因為可以並假，故由一假不能推另一必真。

此種關係，以真理表表之如下：

A E	A	E
＋＋		N
－＋		E
＋－		E
－－		E

此恰是「不相容」的關係表。故 A 與 E 的關係是「不相容」（incompatibility）。不相容是不兩立，而結果同歸於盡，可以無一立。故可以並假。由上表看來，不相容關係，有三個真假可能：㈠ A 假 E 真，㈡ A 真 E 假，㈢ A 假 E 假，而無 A 真 E 真。由㈠與㈢，可知一假另一可真可假，不定。由㈡與其所無之 A 真 E 真，可知一真另一必假。故 A 與 E 的關係，與不相容關係完全相同。因此，我們說 A 與 E 的關係是不相容的關係。以不相容名之，可以表示「並假」這個重要的可能。而傳統名之曰「反對」（contrary），實不足以表示並假，其意亦甚晦。（真理表的使用，可參看第二卷第一分。以下將不必詳加說明。）

（二）I 與 O

I 與 O 的關係可以叫做「相容」關係，或亦曰「析取」關係（compatibility, disjunction）。

相容即相許，道並行不背之意。故可允許並真，而不允許並假。「某些 s 是」、「某些 s 不是」，兩者都可成立。既並存不背，I 真 O 可以假，也可以不假，即不能由 I 真推 O 必假。但是，因為不能並假，故由 I 假可以推 O 為真。何以不能並假？譬如，如「有花是紅的」假，則至少「所否定的那部分是紅者」不是紅的，因此「

有花不是紅的」就是真的。由 I 到 O 然，由 O 到 I 亦然。如是，
I 與 O 的真妄關係當如下：

　　（一）可以並真；

　　（二）不能並假。

　　（三）因為可以並真，故由一真不能推另一必假；

　　（四）因為不能並假，故由一假可以推另一必真。

此種真假關係，以真理表表之如下：

I O	I v O
＋＋	E
－＋	E
＋－	E
－－	N

此恰是「相容」關係表。相容者可以並真，不能並假之謂。傳統名
曰「下反對」（sub-contrary），更不恰，更晦。照傳統的名法，IO
與 AE 好像有什麼隸屬關係。其實兩者恰相反：一為相容，一為不
相容。

（三）A 與 O；E 與 I

　　這兩對關係傳統名曰矛盾，其實也不盡然。A 真 O 假，A 假
O 真，O 真 A 假，好像是矛盾，不至同歸於盡。然恰巧 O 假 A
不定。這一不定，即足以使 A 與 O 之間不完全是矛盾。可以並假
故。因為 O 命題「有些 s 不是 p」，如假，並不能馬上即斷定 A
命題「一切 s 是 p」即真。「有些 s 不是 p」假，未必一切 s 即是

p 也。同樣，「有些 s 是 p」假，未必一切 s 即不是 p 也。我們由上面 IO 的關係，由 O 假可以推 I 真；再據下面 AI 的關係，由 I 真不能推 A 真。所以 O 假 A 不定（可真可假）。此可表之如下：

$$O \longrightarrow I \; ; \quad I \longrightarrow A \; ; \quad \therefore \quad O \longrightarrow A$$
$$\quad - \qquad\quad + \qquad\quad + \qquad\quad \pm \qquad\qquad - \qquad\quad \pm$$

如是，A 與 O 可分兩步看：

Ⅰ. 從 A 到 O 為矛盾：

　　（一）不能並真，

　　（二）不能並假，

　　（三）一真則一假，

　　（四）一假則一真。

A O	A≈O
＋＋	N
－＋	E
＋－	E
－－	N

Ⅱ. 從 O 到 A 為不相容：

　　（一）不能並真；

　　（二）可以並假。

　　（三）因為不能並真，故由一真可以推一假；

　　（四）因為可以並假，故由一假不能推另一為真。

O A	O	A
＋＋	N	
－＋	E	
＋－	E	
－－	E	

E 與 I 同。惟有一種解法，可以使 OA 亦矛盾。即 O 命題可以按

照上分三節 C.22 條之定義作解。即，所謂「有 s 不是 p」假者，即等於說「有是 s 而不是 p 者是沒有的」，這就等於說：天地間不能有是 s 而不是 p，因而也就等於說「所有的 s 是 p」。所以，如果對於 O 加以否定（即 O 假），則必就是 A 真。但此種解法是按照《算理》的「似變」命題作解，而傳統的 AEIO 不必同於似變命題（《算理》的）。而且於其他皆照通常作解，惟於此又採用《算理》的「似變」作解，於標準亦不一致。又《算理》 C.22 定義，是否如我所解，亦未敢必。惟若照 OA 或 IE 的解法，則該定義不可通。其不可通，與此處「O 假 A 真」之不可通同。於不得已，始採用一種活便的解析。所以我們斷定，《算理》的似變命題不同於 AEIO，而 AEIO 仍當照通常作解；可是如此，則 O 假 A 不必真了。（O 假 A 不必真，但是 A 假，O 必真。故其矛盾性仍是很大。只有這一點不齊，此亦怪矣。欲使其齊，則當採 C.22 定義之解法。齊則 AO，OA 之間的推理無限制。否則有限制。）

（四）A 與 I；E 與 O

此關係，傳統名曰「差等」，我則名之曰「函蘊」。因其真妄關係與函蘊關係表所有的真妄可能同也。以 A 與 I 為例，其真假關係如下：

　　（一）可以同真；

　　（二）可以同假；

　　（三）A 假 I 不定（ I 不隨 A 假）；

　　（四）I 真 A 不定（ A 不隨 I 真）。

I 不隨 A 假而可真（當然不必真），A 不隨 I 真而可以假（當然不必假），此正表示 I 的可能性或成立性大於 A。而其所以大於 A，是因為 A 的外範大於 I。此即外範大內容少，外範小內容多之義。故 A，在外範上說，大於 I；在真假值上說，其真值少於 I。此種關係以真理表表之如下：

A I	A⊃I
＋＋	E
－＋	E
＋－	N
－－	E

此即函蘊關係表。其可能有三：㈠ A 真 I 真，㈡ A 假 I 真，㈢ A 假 I 假。由㈠與㈡即可表示 A 不必隨 I；由㈡與㈢則 I 不必隨 A 假。然仍不礙 A 函蘊 I。如明此義，則《算理》函蘊之規定為 "∽pvq"（∽AvI），完全是可理解的。因此，p 與 q 之間可以有連結關係。因為，為什麼俱有相同的真假可能，而於 A 與 I 為函蘊，有關係，於 pq 即無連帶關係呢？一般解函蘊者完全走錯路向，故事神秘。詳論見第二卷第二分附錄。

　　以上四種關係，俱已說訖。由真理表表其真假關係，使其準確而一定。學者按圖索驥，必無含混之弊。又於真理表之使用，可以知真理值系統與質量系統，實是一種關係之兩面觀。古今邏輯終可歸一。然自真理值出發，則神足漏盡，整然系統；自質量出發，則零散不齊，圓缺難一。此其大較也。

（五）四角圖

茲按以上所論，繪四角圖如下：

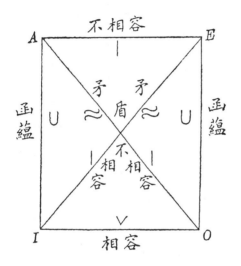

此圖是本質量原則而構造的。至若因存在原則而立的四角圖，本書既不贊同，故亦不採用，亦不講述。但其批評，則見之於本分附錄。所以別正異，防凌亂也。

茲再根據以上所論，列 AEIO 相互真假表如下：

已知者＼推知者	A		E	I	O
A	＋		－	＋	－
	－		±	±	＋
E	＋	－		－	＋
	－	±		＋	±
I	＋	±		－	±
	－	－		±*	＋
O	＋	－	±	±	
	－	±*	－	＋	

　　表中"＋"代表真；"－"代表假；"±"代表可真可假，不定；有"*"號者，表示改正處。因普通俱以之為"＋"也。

五、A, E, I, O 的直接推理

(一)出體徵數

　　直接推理亦名引申（eduction）。或曰「申詞」，或曰「複詞」，實非推理。關於此種引申，自鏗士起，已有七種，即中文所謂換質換位者是也。茲列於下：

　　(一)換主賓之位（conversion）。
　　(二)換賓之質（obversion）。
　　(三)換賓之質位（contraposition）。
　　(四)換主之質位（obverted conversion）。

（五）換主賓之質位（full contraposition）。

（六）換主之質（inversion）。

（七）換主賓之質（full inversion）。

歷來對此七種，皆無條件承認之。其實（六）、（七）兩種，甚不可通。譬如由 s 如何或不如何，吾並不能知「非 s」如何或不如何；同樣，由「非 s」如何或不如何，吾亦不能知 s 如何或不如何。此在上而 C.1 款中曾已指明。可是，（六）、（七）兩種正是由 s 如何或不如何，想推到「非 s」如何或不如何。然則，這顯然是不可能的。然而（六）、（七）兩種，換質換位連推，在符號的形式上，又是可以證明的。這個問題甚難解析。換賓之質位可，換主之質位可，惟單換主質則不可。其在換質換位連推上可以證明者，亦有不妥或不準處。譬如由「凡 s 是 p」到「凡不是 p 的不是 s」，此為 E 命題，再換質則為「凡不是 p 的是<u>不是 s</u>」，此在形式上便為 A 命題，然而其意義實同於 E 命題。如照 E 命題解，則 E 之換位只能為「凡 s 不是不是 p」，此即「凡 s 是 p」矣，歸還原意。但若徒拘表面之 A 命題的形式，則換位即為「有<u>不是 s</u> 的是不是 p」，即「有<u>不是 s</u> 的不是 p」，此則與原意大不同矣。其故在「凡不是 p 的是不是 s」中的「不是 s」，於換位後為主詞，不能不變原意。蓋原意「不是 s」只是否定，無所涉及，而變為主詞則一定有所涉及，此即不通之由來。若「不是 s」在賓詞有所涉及，解為非 s，代表一類，而成為「凡不是 p 的是非 s」，則由此誠可換位而為「有是非 s 的是不是 p」，「有是非 s 的不是 p」。無如「是不是 s」實即「不是 s」，此只為否定，而無涉指。故改為非 s 而有涉指，實為乖

宗。普通將 E 命題變質，大都寫為「凡 s 是非 p」。此皆不妥。錯誤悉由此出。此種傳統邏輯的推理，本由主謂式中的質（肯定、否定）量（全稱偏稱）限制而成。故吾人於推理時須緊守這種句法的嚴格意義而進行。至於 sap, sep, sap̄, 等等符號實只是主謂句法的簡便寫法，其本身並無符號的嚴格規律。我們尚不能以它為據。我現在想不出別的法子造一種嚴格的符號式以表示這種推理。只好俟諸賢者。惟符號無論如何造法，而換主質在邏輯意義上不可通，則是顯明的。如是，本我的解析，本書把 (六)、(七)兩種取消。關於引申，我們引出四條原則如下：

(一)無論變質變位，其所得新命題之意義，須不背原命題。

(二)對於無定或無所知者，不能有所陳述。即推出之命題必須於原命題中有根據。

(三)這種引申只是肯定、否定之間的遞演，於其意義須緊準而無誤。

(四)一切引申遵守周延原則。

(六)、(七)兩種所以不可通者即在違背這些原則。

(二)五種引申

茲先將不成問題的首五種列於下：

(一)換主賓之位

A：一切是 s 者是 p　　⟶　　有些是 p 者是 s　　　　[I]
　　(x)・s(x)ϵp　　　　　　　　(⍳x)・p(x)ϵs
　　　　sap　　　　　　　　　　　　pis

E：一切是 s 者不是 p　⟶　一切是 p 者不是s　　[E]

　　(x)・s(x)⌣ϵp　　　　　　(x)・p(x)⌣ϵs

　　　　sep　　　　　　　　　　　pes

Ⅰ：有些是 s 者是 p　⟶　有些是 p 者是 s　　[I]

　　(׀x)・s(x)ϵp　　　　　　(׀x)・p(x)ϵs

　　　　sip　　　　　　　　　　　pis

O：有些是 s 者不是 p　⟶　　無。

　　(׀x)・s(x)⌣ϵp

　　　　sep

(二)換賓之質

A：一切是 s 者是 p　⟶　一切是 s 者不是不是 p　[E]

　　(x)・s(x)ϵp　　　　　　(x)・s(x)⌣ϵ⌣p

　　　　sap　　　　　　　　　　sep̄

E：一切是 s 者不是 p　⟶　一切是 s 者是不是 p　[A]

　　(x)・s(x)⌣ϵp　　　　　　(x)・s(x)ϵ⌣p

　　　　sep　　　　　　　　　　sap̄

Ⅰ：有些是 s 者是 p　⟶　有些是 s 者不是不是 p　[O]

　　(׀x)・s(x)ϵp　　　　　　(׀x)・s(x)⌣ϵ⌣p

　　　　sip　　　　　　　　　　sop̄

O：有些是 s 者不是 p　⟶　有些是 s 者是不是 p　[I]

　　(׀x)・s(x)⌣ϵp　　　　　　(׀x)・s(x)ϵ⌣p

　　　　sop　　　　　　　　　　sip̄

凡變質，普通皆說為「是非 p」，或「不是非 p」。本書為免除誤會起見，一律改用「不是」。有時為方便藉用「非」字，亦等於「不是」；只作否定看，不作類稱看。

　　(三)換賓之質位

　　此種引申，先換賓質，再換位，即可證得。

A： 一切是 s 者是 p ⟶ 一切<u>不是</u> p 者不是 s ［E］

　↓ (sap) 　　　　　　　　　　　(p̄es)

一切是 s 者不是<u>不是 p</u>

　↓ (sep̄)

一切<u>不是 p</u> 者不是 s（此即所欲求之命題）。

　　　　　(p̄es)

E： 一切是 s 者不是 p ⟶ 有<u>不是p</u> 者是 s 　　［I］

　↓ (sep) 　　　　　　　　　　(p̄is)

一切是 s 者是<u>不是 p</u>

　↓ (sap̄)

有<u>不是 p</u> 者是 s（此即所欲求之命題）。

　　　　　(p̄is)

I： 有些是 s 者是 p ⟶ 　　無

　↓ (sip)

有些是 s 者不是<u>不是 p</u>（此為 O 命題，不能換位）。

　　　　　(sop̄)

O： 有些是 s 者不是 p ⟶ 有<u>不是 p</u> 者是 s 　［I］

　↓ (sop) 　　　　　　　　　　(p̄is)

有些是 s 者是<u>不是 p</u>

　↓ (sIp̄)

有<u>不是 p</u> 者是 s (Q.E.D.)

　　　　　(p̄is)

(四)換主之質位

此種引申，先換位，再換賓質，即可證得。

A： 一切是 s 者是 p ⟶ 有是 p 者不是<u>不是 s</u> 　［O］

　↓ (sap) 　　　　　　　　　　(pos̄)

有是 p 者是 s

　↓ (pis)

有是 p 者不是<u>不是</u> s (Q.E.D.)。
　　　　(pos)
E：一切是 s 者不是 p ⟶ 一切是 p 者是<u>不是</u> s 　　[A]
　↓ (sep)　　　　　　　　　　　　(pas)
一切是 p 者不是 s
　↓ (pes)
一切是 p 者是<u>不是</u> s (Q.E.D.)。
　　　　(pas)
 I：有些是 s 者是 p　⟶　有些是 p 者不是<u>不是</u> s 　[O]
　↓ (sip)　　　　　　　(pos)
有些是 p 者是 s
　↓ (pis)
有些是 p 者不是<u>不是</u> s (Q.E.D.)
　　　　(pos)
O：有些是 s 者不是 p　⟶　　　　無
　↓ (sop)
不能換位，故亦無法再換質。

（五）換主賓之質位

此種引申，由換賓質起，換質換位連換，即可證得。

A：一切是 s 者是 p　⟶　一切<u>不是</u> p 者是<u>不是</u>s 　[A]
　↓ (sap)　　　　　　　　　　　(pas)
一切是 s 者不是<u>不是</u> p
　↓ (sep)
一切<u>不是</u> p 者不是 s
　↓ (pes)
一切<u>不是</u> p 者是<u>不是</u> s (Q.E.D.)
　　　　(pas)
E：一切是 s 者不是 p　⟶　有<u>不是</u> p 者不是<u>不是</u> s 　[O]

$\downarrow$ (sep)　　　　　　　　　　　　　　($\bar{p}$os)

一切是 s 者是 不是 p

$\downarrow$ (sa$\bar{p}$)

有 不是 p 者是 s

$\downarrow$ ($\bar{p}$is)

有 不是 p 者不是 不是 s (Q.E.D.)

　　　　($\bar{p}$o$\bar{s}$)

Ｉ： 有些是 s 者是 p ⟶　　　無

$\downarrow$ (sip)

有些是 s 者不是 不是 p

$\downarrow$ (so$\bar{p}$)

O 命題不能換位，故不能再向下換。（若從換位起為 I，再變質仍為 O，仍不能換）。

Ｏ： 有些是 s 者不是 p ⟶　有 不是 p 者不是 不是 s　　[O]

$\downarrow$ (sop)　　　　　　　　　　　　　　　($\bar{p}$o$\bar{s}$)

有些是　s　者是

不是 p

$\downarrow$ (s$\bar{p}$)

有 不是 p 者是 s

$\downarrow$ ($\bar{p}$is)

有 不是 p 者不是 不是 s (Q.E.D.)

　　　　($\bar{p}$o$\bar{s}$)

（三）（六）、（七）兩種之意義之考察

以上無問題的五種俱已證訖。茲再考察有問題的 (六)、 (七)

兩種。此兩種，若從符號形式上說，是可以證得的。如下：

(六)換主之質

此種引申，AE 有，IO 無。但於證明上，A 須自換質起連換，而 E 須自換位起連換，否則不能證得。

A：一切是 s 者是 p ⟶ 有<u>不是</u> s 者不是 p 　[O]
　↓ (sap) 　　　　　　　　　　　　　　(s̄op)
　一切是 s 者不是<u>不是 p</u>
　↓ (sep̄)
　一切<u>不是 p</u> 者不是 s
　↓ (p̄es)
　一切<u>不是 p</u> 者是<u>不是 s</u>
　↓ (p̄as̄)
　有<u>不是 s</u> 者是<u>不是 p</u>
　↓ (s̄ip̄)
　有<u>不是</u> s 者不是 p (Q.E.D.)
　　　　　(s̄op)

E：一切是 s 者不是 p ⟶ 有<u>不是 </u>s 者是 p 　[Ⅰ]
　↓ (sep) 　　　　　　　　　　　　　　(s̄ip)
　一切是 p 者不是 s
　↓ (pes)
　一切是 p 者是<u>不是 s</u>
　↓ (pas̄)
　有<u>不是 s</u> 者是 p (Q.E.D.)
　↓ (s̄ip)

(七)換主賓之質

此種引申，亦祇 AE 有。於上面換主質所得之命題，再進一步

換賓質，即可得到。如下：

A： 一切是 s 者是 p ⟶ 有<u>不是</u> s 者是<u>不是</u> p [I]
　↓ (sap) 　　　　　　　　　　(s̄ip̄)
　有<u>不是</u> s 者不是 p
　↓ (s̄op)
　有<u>不是</u> s 者是<u>不是</u> p (Q.E.D.)
　　　　　(s̄ip̄)

此種推法，一為出位，二為無根，三離其宗，四變原義。因為，實在由「孔子的思想對」，不能推到「非孔子的思想」對否。無論是全是偏，俱不能說。茲再舉一例：

A： 凡我的思想都是對的
　↓
　凡我的思想不是不對的
　↓
　凡不對的思想不是我的思想
　↓
　凡不對的思想是「不是我的思想」

此串推理亦無非是說：我的思想沒有不對的；凡不對的也不是我的。如果你問：是誰的？我不得而知。反正「不是我的」就是了。此時的「不是」只是一種否定，毫無外指的意味。如果你神經過敏，以為我所說的「不是我的」，就是你，而你又自覺是不對的，或不是對的，則是另一回事。與「我的思想沒有不對的，凡不對的也不是我的」這個系統，是不相干的。也許我這種自是的態度，足以使你反省或難堪，但這是心理情緒，不是邏輯意義。如是，如果你把「不是」涉想為外指，換位而為：

　　有「不是我的思想」的是不對的思想
　　有「不是我的思想」的不是對的思想。

則即為無根。

　　同理，由「凡孔子的思想不是對的」，也不能推到「有非孔子的思想就是對的」。事實上，也許有對的，也許有不對的。但無論對與不對，在邏輯上俱無根據。

　　或者說，作為賓詞的「不是我的思想」中的「不是」只是否定義，並無肯定義。此時的「不是」只是對於 s（代「我的思想」）加以否定，並未肯定 s 外的東西，即並不代表 s 外的任何物。故與「非 s」之為類稱不同。此在賓詞固可如是想。但換位而為主詞，則隨著主謂式的構造，一定要填充上一個體，即「不是 s」一定要變為「不是 s 的」，或「有不是 s 的」。此時的「不是」便不只是否定，而必有所涉及。它所涉及的是什麼，吾固不得而知，但它一定有所外指。因為外指的，本不必定知其是什麼。如要定知，則不為外指，而為內指矣。如是，由 s 如何或不如何，我決不能知「不是 s 的」（不管它是什麼）如何或不如何。因為在對於 s 的陳述內，沒有關係「不是 s 的」的知識之根據故。因此，凡是 s 的，就是 p，不能因之就說不是 s 的（無論全或偏），就不是 p。這可由假言推理的規律來說明。在假言推理裏，我們知道肯定前件即肯定後件（凡是 s 的，就是 p）；但否定前件，未必否定後件（不是 s，未必不是 p）。照此而論，換主質的不可通，倒容易明白。

　　我們早已說過，凡屬引申，無論變質變位，俱須一不變原命題之意義，二於原命題中有根據。譬如「凡是 s 的是 p」，可知「有是 p 的是 s」。p 為不周延，固亦知「有是 p 的」未必是 s，但在原命題中，s 與 p 發生了肯定而顯明的關係，這即表示「有是 p 的

是 s」在原命題中已有了根據。又如「有 s 是 p」，我們可知「有 p
是 s」。p 為不周延，固亦可說「有 p 不是 s」，但於原命題 s 與
p 在一定點上發生並存關係，故於此關係點上仍可說「有 p 是 s」
也。至於「有 s 不是 p」，則 s 為不周延，p 為周延，故不能言「
有 p 不是 s」。又如由「凡 s 是 p」，可知「凡不是 p 的也不是
s」，此是賓之質位俱換，而其所以成立者，p 為不周延，所涉範圍
廣，由「是 s 者是 p」，凡不是 p 的，至少也無所謂 s。此亦恰如
假言推理中否定後件即否定前件之意，故為無弊。「有 s 不是 p」
不能變為「有 p 不是 s」，無根故也。但可以變為「有不是 p 的是
s」，有根故也。「凡 s 不是 p」可以變為「凡 p 不是 s」，也可以
變為「有不是 p 的是 s」。此皆有據而無弊。惟換主質則無邏輯根
據，衡之假言推理規律，亦不可通。故只好取消。否則，如有人實
際上推出一不妥當之結論，渠必以為此是根據邏輯而來也。此則遺
誤不淺矣。

　　或又以為，在符號上可以證明，而在意義上不可通。然則將如
何解析這種符號的使用呢？這卻是一個問題。但吾以為此種受主謂
句法限制的推理，本無一種嚴格的符號，而 sap, sep 等等，不過只
是主謂式的簡便寫法。其意義是根據主謂式，其本身並非由一種符
號規律而成。我想不出別的理由來解析。有些人想根本推翻這個系
統，如下節的八式系統是。但在八式系統，其推理不過是此處的引
申的簡化或陶瀝。故我以為，另造固未始不可，推翻亦大可不必。

　　取消這種換主質，還有一種好處，即有一個矛盾問題可以不發
生。譬如現在有以下兩命題：

　　(一)一切人是宇宙的分子。

　　(二)一切非人是宇宙的分子。

此時，人與非人俱為類稱，故此兩命題可以同時成立。又此時，人與非人是兩個窮盡而無漏的反對類，因為它們兩個加起來舉盡了宇宙的全體分子。如是，人以外的就是非人，非人以外的就是人，而「不是非人」也就是非人以外的，也就是人。如果按此情形，則此兩命題本可同時成立，而推理的結果卻使它們都得到一個反對對方的結論，即否認了對方的成立如下：

　　(一)　一切人是宇宙的分子（從換質起）
　　　　↓
　　　　一切人不是非宇宙的分子 ………………………… (1)
　　　　↓
　　　　一切非宇宙的分子不是人 ………………………… (2)
　　　　↓
　　　　一切非宇宙的分子是不是人 ……………………… (3)
　　　　↓
　　　　有不是人的是非宇宙的分子 ……………………… (4)
　　　　↓
　　　　有不是人的不是宇宙的分子 ……………………… (5)

「不是人的」即非人，此與 (二)命題相矛盾。

　　(二)　一切非人是宇宙的分子（從換質起）
　　　　↓
　　　　一切非宇宙的分子不是非人（省一步）……… (1)
　　　　↓
　　　　一切非宇宙的分子是「不是非人」 ………… (2)
　　　　↓
　　　　有「不是非人」的是「非宇宙的分子」……… (3)
　　　　↓
　　　　有「不是非人」的不是宇宙的分子。 ……… (4)

此最後一命題的主詞「不是非人」，如果就是人，則此命題與 I 命題相矛盾。本可同時成立，現在竟成俱不成立。如果說「不是非人」未必就是人，但「不是非人」在主詞總有所涉及，即總涉及非人以

外的。但非人以外的，縱不必是人，吾對非人有所陳述，對非人以外的（不管它是什麼）仍無所知，仍不得加以陳述。而何況，人與非人，我們已指明它們是窮盡而無漏的排斥類，不是非人就是人。如果就是人，它就與㈠命題矛盾；如果不就是人，我們對「不是非人」加以陳述，亦是無根。同樣，「不是人」如果就是非人，則與㈡命題矛盾；如果不就是非人，則我們對「不是人的」加以陳述，亦同樣無根。這個困難沒有別的法子解決，也用不著想法子解決，它只是推理的錯誤，即對於無所知者加以陳述。如果我們知道換主質不可通，這個困難自然不發生。（金岳霖先生以存在原則來解決，全不相干。參看他的《邏輯》第二部。）

(四)結成

由上所論，我們取消換主質及換主賓之質。其禁律如下：

（一）由肯定的主詞如何或不如何，不能推否定的主詞如何或不如何。

一、凡肯定的主詞變為否定的賓詞時，其引申即須停止。即凡以 s 為主，遇非 s 為謂須停止。

（二）由否定的主詞如何或不如何，不能推肯定的主詞如何或不如何。

二、凡以非 s 為主，遇 s 為謂須停止。

茲根據此原則，將七種引申（五種可能、兩種不可能）列表如下：

連換 從換 對 原命題言	質起	A sap	E sep	I sIp	O sop
換賓之質	換質	sep̄	sap̄	sop̄	sIp
換賓之質位	換位	p̄es	p̄Is		p̄Is
換主賓之質位	換質	p̄as̄	p̄os̄		p̄os̄
＊換主賓之質	換位	s̄Ip			
＊換主之質	換質	s̄op			
＊換主賓之質	換質		s̄op̄		
＊換主之質	換位		s̄Ip		
換主之質位	換質	pos̄	pas̄	pos̄	
換主質之位	換位	pIs	pes̄	pIs	
對 原命題言	從換	sap	sep	sIp	sop
連換	位起	A	E	I	O

六、八式系統

(一)主詞肯定式之關係的解析

(一)「一切 s 是 p」：一切是 s 者是 p →如 s 則 p →如 s

成立，p 也必成立→有了 s 即可有 p。是謂足夠條件關係。足夠也
者，有它即行之謂。有 s 即可有 p。此時 s 是 p 的足夠條件，或亦
曰充足條件。此本為 A 命題。故則以 A 明其關係。其例如下：

　　(a)如天雨則地溼：雨是地溼的充足條件。

　　(b)「仁者必有勇」：仁是勇的充足條件。

如不雨，地亦可溼；如無仁，亦可有勇。故雨不是溼的必須條件；
仁不是勇的必須條件。雖然是充足的。

　　(二)「一切 s 不是 p」：若是 s 則非 p→若 s 成立，p 必不成
立。是謂互相排斥關係。此本為 E 命題，故即以 E 明其關係。「
南轅必不能北轍」。如南轅成立，北轍必不能成立。南轅與北轍互
相排斥。

　　(三)「有 s 是 p」：有的是 s 是 p → s 成立，p 也可成立→
雖 s 成立，p 未必不成立。是謂不排斥關係，與 E 相翻。此本為
I 命題，故即以 I 明其關係。如「知命者不立巖牆之下」。命雖成
立，生未必不可謀而求。命與生不排斥：並非有命即無生。有時雖
有命亦可有生。成仁未必殺身：仁雖成，生未必不存，仁與生亦不
排斥。

　　(四)「有 s 不是 p」：有的是 s 而不是 p → s 雖成立，p 未
必成立→有了 s 未必有 p。是謂不充足條件關係。與 A 相翻。此本
為 O 命題，故即以 O 明其關係。其例如下：

　　(a)有言者未必有德：言不是德的充足條件。

　　(b)有勇者未必有仁：勇不是仁的充足條件。

　　(c)有恆產未必有恆心：恆產亦不是恆心的充足條件。

(d)勞而無功：勞不是功的充足條件。

（二）主詞否定式之關係的解析

A, E, I, O 的主詞是肯定的。但我們又何妨從否定方面看呢？肯定者謂內指，否定者謂外指。

（一）「一切非 s 是 p」：一切不是 s 者而是 p →如非 s 則 p →一切 s 外的都是 p →若s 不成立，p 必成立。是謂盡舉關係。s 與 p 互相盡舉，或亦曰窮盡。我將以 Ă 名之。其例如下：

　　(a)「苟無恆心，則放僻邪侈」：恆心不成立，則「放僻邪侈」必成立。若不放僻邪侈，必有恆心。

　　(b)「志噎則動氣」：噎者閉也，塞也。志不能成立，則必動氣。若不動氣，則必有志。

　　(c)「氣噎則動志」：同上。

（二）「一切非 s 不是 p」：一切不是 s 者不是 p →一切s 外的都不是 p →若非 s 則亦非 p →若 s 不成立，則 p 也不成立 → p 要成立。非 s 成立不可→除非 s 成立，p 不能成立。s 是 p 的必須條件。必須者「離它不行」之謂。我將用 Ě 以指之。其例如下：

　　(a)「苟無恆產，則無恆心」：恆產是恆心的必須條件。

　　(b)若無空氣，人不能活：空氣是活的必須條件。

　　(c)「苟不充之，不足以事父母」：擴充良心是事父母，甚至保四海的必須條件。

　　(d)如無道德，則社會不能維繫：道德亦是維繫社會的必須條件。

但是，必須的未必就是充足的。離它固不行，但有它未必就行。

　　(三)「有非 s 是 p」：有的不是 s 者而是 p →有的 s 外的是 p →雖 s 不成立，而 p 未必不成立。s 不是 p 的必須條件。此與 E 相翻。吾將以 Ĭ 名之。例：「無恆產而有恆心，惟士為能」。在士人階級，恆產不是恆心的必須條件。雖無恆產，可以有恆心，唯物史觀在此處不能用。又如：「不勞而獲」。勞不是獲的必須條件。

　　(四)「有非 s 不是 p」：有的不是 s 者亦不是 p →有的s 外的，未必是 p →有的既非 s 亦非 p。s 與 p 不共同盡舉，或不互相窮盡。即有所遺漏，未能漏盡。故此可曰不盡舉關係。此與 Ă 相翻。吾將名之曰 Ŏ。例：

　　　　(a)雖無恆心，而亦未必放僻邪侈。

　　　　(b)雖不是紅，而未必是白。

　　　　(c)雖不是共產黨，未必是保皇黨。

　　　　(d)雖不是唯物論，未必就是唯心論。

　　總觀以上內指外指八式，可由以下四種說法生出：

　　(一)若 s 成立，p 是否必成立：充足與否關係：若必成立，則為 A，是充足；若不必成立，則為 O，是不充足。

　　(二)若 s 成立，p 是否必不成立：排斥與否關係：若必不成立，則為 E，是排斥；若不必不成立，則為 I，是不排斥。

　　(三)若 s 不成立，p 是否必成立：盡舉與否關係：若必成立，則為 Ă，是盡舉；若不必成立，則為 Ŏ，是不盡舉。

　　(四)若 s 不成立，p 是否必不成立：必須與否關係：若必不成立，則為 Ě，是必須；若不必不成立，則為 Ĭ，是不必須。

附註：Ă 可讀為「反 A」。Ĕ, Ĭ, Ŏ 照讀。《算理》以 R 代表關係，以 Ř 代表反關係。故此處仿用。用符不可過多，過生，過晦。沈有乾先生用八卦符號名以上八種關係，未免過生過晦。

(三)內指外指的八角關係

A, E, I, O 四角關係前已述訖。Ă, Ĕ, Ĭ, Ŏ 只是主詞之質不同，其命題式之質與量俱不變。我們既以質量原則決定對待關係，則 Ă, Ĕ, Ĭ, Ŏ 四角關係亦必與 A, E, I, O 同。惟這兩套之間是否有關係，則尚未定。內指外指參伍錯綜起來，可有六個四角圖：㈠ AEIO，㈡ ĂĔĬŎ，㈢ AEĬŎ，㈣ ĂĔIO，㈤ AĂŎO，㈥ EĔĬI。

六個中，只有㈠與㈡兩個能成立。其餘四個都不能成立一定的關係。因為那四個都是道並行而不背，並育而不害。對待起來，都可成立，都可不成立，無連帶關係。如果想作成一定的關係，則都是於無所知者而加以陳述，於無權過問者而加以過問。讀者若對於上節換主質之所以不可能的理由明白了，則此處也是同樣的道理。由 s 如何或不如何，不能知「非 s」如何或不如何，反之亦然。至於那四個圖中，每一個也有兩個命題有一定的關係，如：㈢之 A 與 O，Ĕ 與 Ĭ；㈣之 Ă 與 Ŏ，E 與 I；㈤之 A 與 O，Ă 與 Ŏ；㈥之 E 與 I，Ĕ 與 Ĭ。然此皆㈠與㈡兩圖中的矛盾關係，故那四個圖仍不能成立。如是推理所能施行處只在以下兩原則之所指：

(一)凡主詞異質者不能推。

(二)凡能推者必在同質。

如是對待關係與直接推理相通，而衝突可以免掉。

（四）內指外指的直接推理

若照關係的解析看，則內指外指八式的換位推理當如下：

$$A：一切\ s\ 是\ p\ \longrightarrow\ 一切非\ p\ 是非\ s\ \ [A]$$
$$(sap)\qquad\qquad (\bar{p}a\bar{s})$$

$$E：一切\ s\ 不是\ p\ \longrightarrow\ 一切\ p\ 不是\ s\ \quad [E]$$
$$(sep)\qquad\qquad (pes)$$

$$I：有些\ s\ 是\ p\ \longrightarrow\ 有些\ p\ 是\ s\ \qquad [I]$$
$$(sip)\qquad\qquad (pis)$$

$$O：有些\ s\ 不是\ p\ \longrightarrow\ 有非\ p\ 不是非\ s\ \ [O]$$
$$(sop)\qquad\qquad (\bar{p}o\bar{s})$$

$$Ă：一切非\ s\ 是\ p\ \longrightarrow\ 一切非\ p\ 是\ s\ \qquad\ [Ă]$$
$$(\bar{s}ap)\qquad\qquad (\bar{p}as)$$

$$Ě：一切非\ s\ 不是\ p\ \longrightarrow\ 一切非「非\ p」不是非\ s\ \ [Ě]$$
$$(\bar{s}ep)\qquad\qquad -(\bar{p})e\bar{s}$$
$$\longrightarrow\ 一切\ p\ 不是非\ s$$
$$(pe\bar{s})$$

$$Ĭ：有非\ s\ 是\ p\ \longrightarrow\ 有非「非\ p」是非\ s\ \qquad [Ĭ]$$
$$(\bar{s}ip)\qquad\qquad -(\bar{p})i\bar{s}$$
$$\longrightarrow\ 有\ p\ 是非\ s$$
$$(pi\bar{s})$$

$$Ŏ：有非\ s\ 不是\ p\ \longrightarrow\ 有非\ p\ 不是\ s\ \qquad [Ŏ]$$
$$(\bar{s}op)\qquad\qquad (\bar{p}os)$$

其換質推理當如下：

$$A： \quad sap \longrightarrow \quad se\bar{p}$$
$$\longrightarrow \quad -(\bar{s})\breve{a}p \longrightarrow -(\bar{s})\breve{e}\bar{p}$$
$$E： \quad sep \longrightarrow \quad sa\bar{p}$$
$$\longrightarrow \quad -(\bar{s})\breve{e}\bar{p} \longrightarrow -(\bar{s})\breve{a}\bar{p}$$
$$I： \quad sip \longrightarrow \quad so\bar{p}$$
$$\longrightarrow \quad -(\bar{s})\breve{i}p \longrightarrow -(\bar{s})\breve{o}\bar{p}$$
$$O： \quad sop \longrightarrow \quad si\bar{p}$$
$$\longrightarrow \quad -(\bar{s})\breve{o}p \longrightarrow -(\bar{s})\breve{i}\bar{p}$$
$$\breve{A}： \quad \bar{s}\breve{a}p \longrightarrow \quad \bar{s}\breve{e}\bar{p}$$
$$\breve{E}： \quad \bar{s}\breve{e}\bar{p} \longrightarrow \quad \bar{s}\breve{a}\bar{p}$$
$$\breve{I}： \quad \bar{s}\breve{i}p \longrightarrow \quad \bar{s}\breve{o}\bar{p}$$
$$\breve{O}： \quad \bar{s}\breve{o}p \longrightarrow \quad \bar{s}\breve{i}\bar{p}$$

照關係的解析，只能有對稱換位，不能有限量換位。換質亦只能限於對稱換位所得之命題。此處所用的符號甚簡單，而其推理範圍，實際上亦足盡矣。用八卦符號者，其推理雖在符號搬弄上或有意義，而實際上則多無意義。即許多有相同者，只於符號上有異而已。本書不為此無益之舉，故去之。

　　若作主謂的解析，則 $\breve{A}$, $\breve{E}$, $\breve{I}$, $\breve{O}$ 與 A, E, I, O 同，其直接推理，可照推如下：

　　　　(一)$\breve{A}$：一切非 s 是 p ⟶

　(a)從換質起得：一切非 s 不是「不是 p」　　　　　[E]

　　　再換位得：一切「不是 p」的不是非 s　　　　　[E] ⎫

　　　再換質得：一切「不是 p」的是「不是非 s」　　[A] ⎬

　　＊再換位得：有「不是非 s」是「不是p」　　　　　[I] ⎫

　　＊再換質得：有「不是非 s」不是 p　　　　　　　　[O] ⎬

(b)從換位起得：有 p 是非 s   [I] ⎫
    再換質得：有 p 不是「不是非 s」   [O] ⎬

      (二)Ĕ：一切非 s 不是 p ⟶

(a)從換質起得：一切非 s 是「不是 p」   [A]
    再換位得：有「不是 p」是非 s   [I]
    再換質得：有不是 p 不是「不是非 s」 [O]

(b)從換位起得：一切 p 不是非 s   [E]
    再換質得：一切 p 是「不是非 s」   [A]
 ＊再換位得：有「不是非 s」是 p   [I] ⎫
 ＊再換質得：有「不是非 s」不是「不是 p」 [O] ⎬

      (三)Ĭ：有非 s 是 p ⟶

(a)從換質起得：有非 s 不是「不是 p」   [O]
(b)從換位起得：有 p 是非 s   [I]
    再換質得：有 p 不是「不是非 s」   [O]

      (四)Ŏ：有非 s 不是p ⟶

(a)從換質起得：有非 s 是「不是 p」   [I]
    再換位得：有「不是 p」是非 s   [I]
    再換質得：有「不是 p」不是「不是非 s」 [O]
(b)從換位起   :無。

附錄　主詞存在與否之意義

第一　緣起

主詞存在問題本由羅素而發。他在《算理哲學引論》第十三章〈命題函值〉之末，曾表示傳統邏輯中全稱與偏稱之不可推。其理由是：用全稱形容的主詞，可以不涉及存在，但用偏稱形容的主詞，則涉及存在。由不涉及存在的全稱當然不能推涉及存在的偏稱。全稱中的「一切」是一個類名，是抽象的共相。共相在世界裏自然無所指示，其所指示的也不是世界中存在的。因為世界裏總是時空內具體的東西，不曾有一個抽象的東西與「一切」所形容的主詞之類名相當。所以全稱可以不涉及存在。這當然是唯名論的立場。但是偏稱的「有些」則必涉及存在。即所謂有 s 如何或不如何，此時的「有 s」必是於外界真有所指。因此，全稱與偏稱不屬於同一範疇，不在同一條線上。所以不能相推。因此，傳統邏輯中的 A 與 I，E 與 O 間的差等關係是講不通的。

羅素這個說法，在認識共相與殊相之性質上，未始不稍有指點。然而其中有一個混擾，因為殊相、共相，其意義並不同於全稱與偏稱。此義，亞氏當年已分別清楚。他說：全稱與主詞概念之為共相

不同。全稱是指附屬在該共相下所有的分子而言。故全稱與共相不同。共相雖是普遍的、抽象的，為一類名；但全稱則是指該共相下的個體或分子而言。共相是抽象的，這些分子是具體的。亞氏此說甚清楚。後人多不察。結果，大都承認了羅素的見解。可是他們第一沒有把全稱與共相分開，第二又把共相與全稱混在一起當作空類(null class)。這是一種錯誤。伊頓把這種錯誤的見解具體化，遂將傳統的四角圖改為以下的說法：

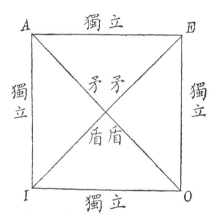

這個四角圖與傳統的說法大不相同。照此圖看，除去 AO，EI 為矛盾關係外，其餘皆為獨立。「獨立」云者，各真其所當真，各假其所當假，互不相干之謂也。

A 與 E 其主詞是全稱，不涉存在，不含分子。既不含分子。則兩者可同真，其間無連帶關係，互不相干。

I 與 O 其主詞是偏稱，與存在有關。如果實際上有這麼一個東

西，它們可以真；如果沒有這麼一個東西，它們便可以假。所以 IO
本身的真假是受「存在」制約的。它們既受「存在」的制約，所以
它們之間的真假，也無對待關係。各真其所當真（因存在而真）；
各假其所當假（因不存在而假）。

　　A 與 E 不受存在的制約，I 與 O 受存在的制約。所以當 I 與
O 的主詞成了空類，沒有分子，可以假的時候，而 A 與 E 並不受
其影響，也許都可以真。所以 A 與 I，E 與 O 也非傳統的差等關
係；也是獨立的，各不相干的。

　　伊頓這個圖的造成，以存在原則為唯一標準。我們將見這個圖
是不能成立的。又 A 與 O，E 與 I，若本存在原則，其間亦不能有
若何關係，名之為矛盾，亦無據。見下第三。

　　在中國，金岳霖先生把這種存在問題的線索，發展到極點。而
結果仍歸於伊頓的四角圖。他對此問題作了三個看法：㈠無論全稱
或偏稱皆不假設主詞的存在。主詞之所指、存在與否，與命題的真
假無關。㈡無論全稱或偏稱，皆肯定主詞之存在。如果主詞不存在，
它們都是假的。㈢無論全稱或偏稱，以假設主詞存在為條件。主詞
存在始有真假可言，否則無真假可言。以主詞存在為條件，條件滿
足後，才有真假可言。否則，談不到真假。第三與第二兩種看法，似
同而實不同。第三種是說有了主詞的存在，才能往下說真假。否則
不能。第二種是說有了存在，它們可以真；若無存在，它們必假。
詳論見他的《邏輯》第二部。讀者可以參看。

　　金先生以為傳統邏輯對於主詞的態度是：既非不假設其存在，
亦非肯定其存在，乃是以假設存在為條件的看法。但是，金先生以

為若採用這個看法，傳統的四角圖，固然可以保留，而直接推理卻說不通。這表示傳統邏輯前後兩部分不一致。其他兩種看法也不能使直接推理說得通。所以也不能用。結果，用了伊頓那個圖的說法。用此說法，可以解決直接推理中的矛盾，即由全不能推偏是。此問題我已解決之於本分五節，讀者可以參看。在此可無論。

第二　意義

在此我將要說明邏輯中「存在」的意義。著者無意中讀了金聖嘆《唱經堂才子書彙稿聖人千案》中〈他心案〉一條，遂頗有所悟。現在可以藉他的話說明我的意思。他說：

> 常記古人有詩：歲歲江南三月暮，鷓鴣聲裏百花香。試問這詩，遙遙百千萬劫，此是說那一歲？江南茫茫，幅員千里，今欲說那一縣之那一村？三月是那一日？暮是那一刻？那一隻鷓鴣？那一樹什麼花？那一朵香？那個人聞？汝又從何知之？只消一問，直得無言可對，無理可申。雖然，不可謂天下無歲歲，歲歲無江南，歲歲江南無三月，三月無日日之暮，暮暮無鷓鴣聲，村村無樹，樹樹無花，花花不香也。

> 昔者聖嘆亦有一詩：何處誰人玉笛聲？黃昏吹起徹三更。沙場半夜無窮淚，未到天明便散營。釋弓年少，不解這個事。便謂此詩大佳，只是一字未安。問：何一字未安？答：既道何處誰人，便不可知其笛之必玉也。這個若論詩，誠可稱法眼。只是汝父那有心情作詩來。因曾為之解說一遍，正與今

日是一副說話。附見於此。何處者，不知其處，然少不得是一處；誰人者，不知其人，然少不得是一人。假使無此處，便無以著此人；無此人，便無從聞此笛。今只據吹笛是實，便信其處其人，須宛然自在。若云我實不見者，夫天下大矣，今亦幸因笛聲，便提起有此一處，與此一人。至於彼無笛聲處，處處人人，有什麼限？彼既不以卿不見而不在，卿又何勞見之而始安？卿既不以不見一一而不安，奈何又以不見此一而不遂？又況不見者，今夜吹笛之人；實在者，今夜笛吹之聲。乃此笛聲，正復無據。試聽工尺五六以上四合，迅疾變滅，喻如暴雨。汝縱欲據，何處可據？是不獨汝，彼沙場人，從黃昏徹三更，腸在腹中，轉若車輪，淚在面上，滾如豆子。一到天明。分頭各還鄉里。當此之時，處處歧路，各有歸人；一一歸人，不知伙伴。因而仰天發悲，昨夜猶共住一笛聲中，今日已杳無的據。殊不知伙伴何足道？只據自己，腹中車輪腸，面上豆子淚，又何曾前後彼此互知來？只是，不因不知，而腸遂缺此一轉，淚遂缺此一滴耳。既自己為證，便可安心放下。處處歧路，定有歸人，不用我知。猶如我今到此處，彼一一人，悉不用知也。問：即與用玉字之義何涉？答：我亦安知其是竹笛鐵笛？只是彼自有彼之笛，我自用我之玉。人生並處天地之間，豈有我是奴兒婢子，應伺候他竹笛鐵笛來？他若責我，我實吹竹笛，汝何得錯用玉字者，我便責他，我已用玉字，汝何得錯吹竹笛？總之，一刻一刻，了不相借。我已一時用作玉字，便是既往不咎。於今縱改得

十成，在方才濟什麼事？此謂之聖自覺三昧。

此實是一段好文章，故滑筆全妙，以期有目共賞。問：即與主詞存在有何干涉？曰：此實顯示以我為主遊戲存在之思想。邏輯中主詞存在與否之意義當屬此義。先從「全稱」說起。夫全稱者，乃總攝一切之謂。總攝一切，個個在內；隨說那個，那個響應。歲歲江南，即總攝一切之謂。遙遙百千萬劫，雖云久矣；然無歲則已，苟其有歲，則即函攝於歲歲江南之內。歲歲江南必不使一有所脫漏。外界雖只有歲歲相續，迅疾變滅，並無總攝一切之歲歲外在，然不能說天下無歲歲，歲歲無江南。歲歲江南，總攝而統稱之，為一全稱。其所攝者，散著之歲歲也。故不說其不涉存在，亦不能說其不包分子。蓋全稱正指概念所示之各個分子而言，並不指該概念本身而言。在此總攝一切之全稱內，所說之歲雖不指一特定之歲，所說之江南雖未指何時之江南，然一定之歲，一定之江南，卻都聊充一員而具備於此全稱之內。我只管總攝而統稱之。則古往今來，便都聚於眼下。不必問古之歲歲，今之歲歲，抑將來之歲歲也。如此講說，全稱主詞如何必無分子？如何必不涉及存在？須知全類 (universal class) 與空類 (null class) 不同。這原是個兩極，所差只在毫釐之間，猶如鄉原之與集大成。全稱命題的主詞並非空類。有所說故。如以空類為主詞，則以空類為所說，仍不空。如以鬼類為主詞，則以鬼類為所說，亦不空。有所說者，附屬於空類或鬼類之下的一切空分子、鬼分子，或某一部分空分子、鬼分子，有如何或不如何之性質也。世人以全稱混同空類，殊屬失察。蓋類、概念，可為一個抽象的邏輯

構作，為思想中之產物，可以當作無存在分子與之相應之空類看。但全稱非類本身也。「人有死」，人類概念也。而「所有的人」，則指「人」概念下之分子而言矣。

全稱主詞既涉存在，試問究屬何種存在？曰：邏輯中主詞之存在都是以我為主，不為奴兒婢子之存在。「我亦安知其是竹笛鐵笛。只是彼自有彼之笛，我自用我之玉。人並處天地間，豈有我是奴兒婢子，應伺候他竹笛鐵笛來？」邏輯中的存在是主子老爺，科學中的存在是奴兒婢子。前者可自由安置，不去驗它是竹是鐵；而後者應伺候它竹笛鐵笛，竹名之曰竹，鐵名之曰鐵，不敢稍事倔強。蓋科學緣竹鐵而成理，而邏輯則只藉之以明理。既藉之以明理，則管它是竹是鐵，皆不重要。我既用玉，便是既往不咎。我既用之，便自有其存在。它既存在，從此便不必再去問它若在如何，若不在如何。因為如此問去，便無法向下說話，名理便講不成。即便這樣問去，能成其為理，則此理也是科學之理，伺候它為竹為鐵，成了奴兒婢子，便不是邏輯所肯受。所以邏輯中存在之意義是隨手拈來，既往不咎。剛來柔克，逆來順受，無往不可。好像孟子對付寡人好勇，便以勇說法；對付寡人好色，便以色說法。目的在法，並不在勇在色也。此之謂自覺三昧，亦名曰通。是謂遊戲存在論。

再問偏稱主詞所指之存在是何意義？此亦易答。全稱所指為散著之分子，非類本身。偏稱所指亦即全稱所指之散著分子之一部分也。偏稱之說法為「某些」或「有些」。某些之意，從下限說，不能為零；從上限說，不能為全。至少有一個，但不定是那一個。「這個」或「那個」一定之存在，即是步步追問所欲求之一定之歲，一

定之月，一定之縣，一定之村，一定之村樹花香。然這種存在，邏輯決不當問。因為這樣一問，便是奴兒婢子，伺候它為竹為鐵，成了經驗知識。所以偏稱所指的存在，也決不是指謂一定之存在。其為「存在」之意與全稱同。全偏所指，俱屬一線；有量之差，無類之別。既非不假設存在，亦非肯定存在，且非以存在為條件，乃遊戲三昧之存在也。傳統存在之義當屬於此。惟其如此，故其四角圖純以質量原則而定，未曾摻入任何其他成分也。

羅素在《算理哲學引論》末章上對於邏輯本身有很好的描述。他說：「我們在這門學問裏不研究特殊的事物或特殊的性質。我們從形式上研究關於任何事物或任何性質的東西（此語不妥）。我們可說：一加一是二。但卻不是說孔子加孟子是二。因為在邏輯家或純粹數學家的地位上，我們從未聞孔子和孟子之名。沒有這麼兩個個體世界，仍不失為其中一加一是二之世界。做純綷數學家或邏輯家的人，什麼個體都不可提。因為如果提了，便加入了無關緊要而且非形式的東西。我們要闡明這層道理，可把它應用到三段論法去說。普通邏輯說，凡人有死，孔子是人，故孔子有死。這裏我們所要斷定的只是前提包含斷案。並非前提與斷案都實在是真實。就是最古舊的邏輯都聲明前提實在的真實，在邏輯上，不關緊要。」這層道理，說的很對。全稱偏稱主詞之利用，猶如「人」、「死」、「孔子」之利用同。正不必追究它存在如何，不存在如何。它也不因有全偏之別，遂即顧及存在不存在，真實不真實。如須顧及此等問題，則於上述三段推理中，孔子是人，亦須問其是否真實，是否有存在與之相應。今羅素以為不能問此，而無端忽於全稱偏稱之主詞

置此疑問，此非失察而何。

第三　批抉

　　伊頓以存在原則論 A, E, I, O 的對待關係，結果只保留了 A 與O，E 與 I 這一種矛盾關係。其餘皆為獨立，互不相干。然若以存在原則論，即 AO，EI 之矛盾關係亦不能成立。蓋因由 I 主詞存在為真，不能決定 A 為真為假，又何以能從 O 主詞存在或不存在之真假，推定 A 之真假呢？OA 與 IA 同。同為一受存在制約，一不受存在制約。I 與A 既獨立不相干，O 與 A 又何以必是矛盾？此皆不可思議者。茲詳評之如下。

一　　A 為真，則 O 為假

　　此即是說：「一切 s 是 p」真，則「有s 不是 p」假。但此不必。「有些 s」若存在，則「有些 s」如何或不如何，自有其真假，與「一切 s 是 p」之真無關。而不受存在制約之 A 命題亦不能決定受存在制約之 O 命題。若不問存在與否，只藉質量原則推，則 A 真O 假，自可成立。又「有 s」若不存在，則「有 s 不是 p」根本假，以主詞不存在而假，並非因「凡 s 是 p」為真而假。故由 A 真不能推 O 假。既不可推，則 A 真其所當真，O 假其所當假。無連帶關係。故「有 s」若存在，則 A 與 O 不相干，不能言矛盾；若不存在，亦不相干，仍不能言矛盾。此關係可以圖表之如下：

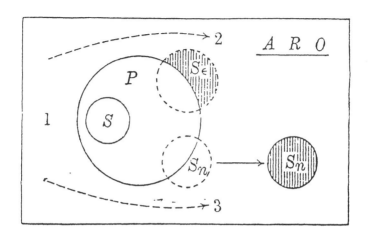

此關係為 A 與 O 的關係 (ARO)。圖一表示「凡 s 是 p」；圖二表示「有 s」存在，「有 s 不是 p」。（s_ϵ 表示「有 s」存在。）圖一與圖二無連帶關係，以虛線矢頭表之。圖一之 A 真，圖二之 O 因受存在之制約，故自有其真假，與 A 之真無關。有橫線處表示假。虛線圈表示 O 自行真假，與 A 無關。圖三表示「有 s」不存在，（s_n 表示不存在）。圓圈以虛線畫之，與前同，表示自行真假。又因不存在，則更可以跳出自行其假。因「有 s」之 s 不存在而假，並非因圖一之 A 真而假。故圖一與圖三亦無連帶關係。仍以虛線矢頭表之。

二　A 為假，則 O 為真

此是說：「凡 s 是 p」假，則「有 s 不是 p」真。此亦不必然。「有 s」之 s 若存在，則「有 s 不是 p」自有其真假，與「凡 s 是 p」假無關；而「凡 s 是 p」之假亦不能決定「有 s 不是 p」之真。

道不同故。一為無存在之肯定，可為一句空話。一為有存在之肯定，
不為一句空話。道不同不相為謀。又「有 s」之 s 如不存在，則「
有 s 不是 p」根本假。此假與 A 假無關，且亦與 A 同假。然則 A
假O 真自不必矣。A 假 O 亦可假，矛盾如何存在？O 假與 A 假無
關，連帶關係如何存在？故在 A 假O 真方面，也是 O 主詞存在，
與 A 無連帶關係，不可言矛盾。若不存在，亦不相干，仍不可言矛
盾。這個關係可藉 AO 的反面 EI 來表示？這樣既可以表示 E 與 I
的關係，也可以表明 A 假O 真之不必然。E 與 I 便不必再論了。
EI 關係圖如下：

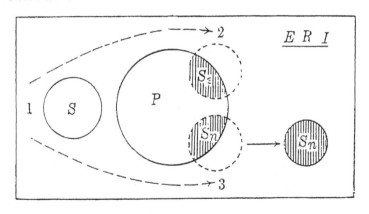

此是 E 與 I 的關係。圖一與圖二表示「凡 s 不是 p」真，則「有
s」之 s 存在，「有 s 是 p」自有其真假，與圖一之 E 無連帶關係。
圖一與圖三亦無連帶關係：圖一「凡 s 不是 p」真，圖三「有 s」
之s 如不存在，則「有 s 是 p」根本假，與圖一之 E 無關。此即表
示 I 主詞存在，與 E 無連帶關係，不可言矛盾；I 主詞不存在，與

E 更無連帶關係，不可言矛盾。圖一「凡 s 不是 p」真表示「凡 s 是 p」假（按質量原則說）；圖三「有 s 是 p」假亦表示「有 s 不是 p」真（亦按質量原則說）。「有 s」之 s 如不存在，則「有 s 不是 p」根本假，此即證明 A 假 O 真之不必然。

三　O 真 A 假，O 假 A 真

此亦不必然。「有 s」之 s 若存在，則「有 s 不是 p」之真與「凡 s 是 p」之假無關，即由 O 真不能推 A 假。O 涉存在，A 為泛說。O 雖是真的，A 不受其影響，可自成一界，道不同不相為謀之義。O 因存在而真，A 則自有其真假，不可言推。又 O 假則 A 真，亦不然。如「有 s」之 s 不存在，則「有 s 不是 p」根本假，與「凡 s 是p」無關。既無關，則 A 自有其真假，不能由 O 假推定其為真。故 O 主詞存在為真，則 A 假，固無根據；O 主詞不存在為假，則 A 真，亦無根據。此可圖表如下：

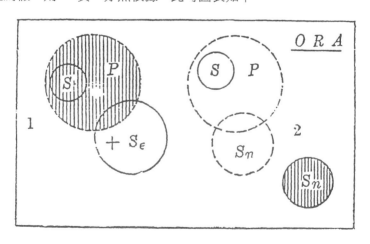

此為 O 與 A 之關係。圖一表示 O 真 A 假。「有 s」之 s 如存在，則「有 s 不是 p」因存在而真（＋號表示真），不能推定「凡 s 是 p」假。道不同故。圖二表示 O 假 A 真。「有 s」之 s 若不存在，則「有 s 不是 p」根本假，與「凡 s 是 p」無關。A 自行其真假。故無論 O 因存在而真，或因不存在而假，皆與 A 無關。故 A 之真假，皆以虛線圈畫之。

可見以存在原則論，無論從存在方面或不存在方面皆不能證明矛盾關係之成立。蓋一為無涉存在，一為肯定存在。各成一界，殊難定其關係也。據存在原則者，只知 A 與 I 為獨立，殊不知 A 與 O 亦同樣不相干也。然則 A 與 O 何以必為矛盾關係？是故欲保持 A, E, I, O 之關係，必須只守質量原則（或如金岳霖先生所設的三種看法），若一為無存在，一為有存在，分成兩橛，道不同不相為謀，則勢必一無所有也。

第四　假言與定言

全稱命題為何不肯定存在？伊頓以為它可以解為函蘊式。函蘊式是「如果則」的關係，而「如果則」是一種假言式。假言式的主詞當然不必肯定存在。如是，「一切人有死」就等於說：「在一切 x 上，如 x 是人，則 x 有死」。特稱命題則解為絜和式，而不是函蘊式，故其主詞必肯定存在。此處是定言與假言之分。定言的肯定存在，假言的不肯定存在。但是這個分別是嚴格的嗎？

伊頓說：

只有兩種方法可以區別「下雨的天氣是濕的天氣」與「如天下雨則天氣濕」之間的不同。㈠我們可以說前者是主謂關係，後者是函蘊關係。但這個區別是皮相的。我們已經說過，主謂關係實在即是函蘊關係。〔……〕㈡另一種區分的方法是同意罕米爾頓 (Hamilton) 的見解，以為在定言形式中，下雨的天氣無條件地思及存在，換言之，下雨天氣的存在是默默肯定了的。但是在假言形式裏，卻無這種默默的肯定。如是，全稱定言命題可以用兩個陳述而盡之：「如天下雨，則天氣濕」，及「天有時實在是下雨」。這兩個陳述中的第一個，無論在自然界裏，天曾下過雨否，它總是真的。在月球裏，它也可以成立。因為，如果在月球裏曾下過雨來，則月球亦必濕。所以傳統邏輯的全稱定言命題是假言的陳述，並且這種假言的陳述是默默肯定前件在某種情形上是真的。即是說，它的主詞有事例滿足之。一切人是有死的，表示：如任何東西是人類之一，則它是有死的，而且亦實有人類。無人是完全的，表示：如任何東西是人類，則它不是完全的，而人類亦實有。

傳統邏輯以此法解析定言命題。其證明是從兩全稱推一特稱。這種推斷，如不假設 A，E 兩命題的主詞之存在，則即不能成立。一種存在之肯定，默默表現於全稱定言命題，而不表現於假言命題，乃是這兩種命題形式的傳統區分法之重要點。這種存在之默認即可以使 EAO（Felapton）這個三段式合法成立。例如：無完全人能有錯，一切完全人生於社會裏，故

有生於社會中者無錯。「實有完全人」這個命題是必要的。如是，我們將再不會有三段法式，倒是有四段法式了。因為我們是從三個前提得結論，並不是從兩個前提得結論。我們實際所有的是下面這個建設式的假言推斷：

> 如任何人是一完全國民，他不會有錯。
> 如任何人是一完全國民，他居於社會裏。
> 今實有完全國民。
> ∴有居於社會裏的人不會有錯。

全稱定言命題，傳統邏輯認其為肯定主詞之存在，這事實是區分定言與假言的有力根據。」（伊頓：*General Logic*，第二分，第五章〈假言推斷與析取推斷〉）。

伊頓以為全稱定言命題，雖可解為函蘊式，但在傳統邏輯裏，卻又必須默默肯定主詞之存在。否則，有些三段式不能成立。我們以為並不如此。全稱命題，無論寫為定言，抑譯為假言，在邏輯裏，其主詞之引出都是假設的，即所謂虛擬。它並不過問在自然界是否有事實與之相應。這即是吾所謂遊戲存在的意思。伊頓所以那樣看法，就是因為他把全稱視同共相（類名）。他以為「一切人有死」與「孔子有死」不同。「死」形容孔子，卻不形容「一切人」這個類。類無所謂死。「一切人有死」是說任何東西只要是人類之一分子，他即有死。「死」是分別形容各個分子，並不形容類本身。傳統不認識這個區別，我們可以說人類是大的，這是指類本身而言。但不能

說類中之人是大的。人無所謂大（large）。中國人是多的，孔子是
中國人，故孔子是多的。這即不通。因為「多」形容「中國人」這
個類本身，並不形容作為其中之一分子的孔子。

形容類與形容個體者，固然不同。傳統不認識這個區別，容或
有之。但亞氏卻並未把「一切人」看為一個單一式的類，也並未解
為類本身。亞氏早將全稱與共相分開。全稱正是指一類中的散著分
子而言，所謂形容正是形容這些分子。伊頓亦明此義。但亞氏並未
把「一切人」看為一個類本身，而伊頓卻將全稱視同共相，解為類
本身，認為不涉存在，卻是大過。如將此紐解開，存在問題根本不
發生。

第五　任何命題皆是定言

伊頓最後又以為任何命題皆有一種事實與之相應。結果，他遂
斷言，任何命題從整個上說總是定言的。經驗命題或簡單的原子命
題，對於自然界，都有所肯定。假言命題，以及其他複合命題，如
析取命題等，則與原子命題之肯定存在或原子事實，稍有不同。但
它們也必表象一件事實。伊頓的話如下：

> 去肯定一個複合命題的真理，如「如 p 則 q」，並不是主張 p
> 或 q 是真的。「p 函蘊 q」只意謂 p 真 q 假是不會發生的（
> 不能有的）。這即是這個命題所肯定的事實。這個複合命題
> 的真理是與 pq 俱真，p 假 q 真，pq 俱假，三者之出現相
> 契合的。函蘊在此三種情形上都可成立。但是這個複合命題

卻並不主張此三種情形中的任一種之出現。那即是說，一個
函蘊關係並不必須肯定它的前件之真或結論之真。當前後俱
假，或前假後真時，它仍可以真。如是，「如任何東西是活
的，它是有機的」，這個陳述，其真理值並不依靠生物或有
機物之存在，雖然這類東西之存在，它當然更是真的，在遼
遠的地質年代裏，在任何生命之花出現於星球以前，這個命
題即已成立了，但是，它必依靠某種東西的存在。這必實有
x，在其上，足以使我們說：x 是活的而不是有機的是假的。
實有存在的東西，並且在這一切存在物上，它們「是活的而
不是有機的是假的」，這兩層即是假言命題所意謂的。〔…
…〕這即給我們以準確的意義使我們可以說一個假言命題即
是定言命題。假言命題所肯定的事實之存在是這樣的：前件
真後件假的結合是決不會發生的。

如是，說一個假言命題（當被主張時）不肯定存在，只是意
謂它不肯定前件之真或後件之真。但是我們決不要因此就錯
想它不肯定任何東西的存在。我們可以說：一個假言命題從
全體上觀之是定言的。它與其他命題一樣，它能一定地被主
張。但是它的前件與後件，若分而觀之，即不是定言的。

一般說來，在一切 x 上，如 x 是 A 真，則 x 是 B 真。這種
命題並不須假設 x 之值存在，以為 x 是 A 及 x 是 B 之真之
根據。當然我們也可以說：有些 x 的值，命題函值因之而為
真。如果沒有這樣存在的值，我們一定要根據部分或全體是
先驗的東西而陳述普遍的命題。但是，我們所依據以主張的

那個根據決不可與那主張本身的意義相混。事實上，我們實在也可以承認好多假言命題是真的，雖然它的先行與後繼俱是假的。最好的例子就是牛頓的運動律：如無外力以擾之，則靜者恆靜，動者恆動，且依直線而動。但是，無外力以擾之的東西是決不會存在的；而無限繼續靜止或依直線而動，也是不會有的。

在這種情形下，函蘊似乎不只是「前件真後件假是沒有實例足以證明之的」這個情形。一種共相或概念的抽象連結似乎包含在內。「如任何東西是有生命的，則它是有機的」，其意是「是有生命的似乎必是有機的」；而牛頓運動律其意也是：「如無外力以擾之，則必靜者恆靜，動者恆動」。在此，我們是默想鮑桑奎（Bosanquet）所叫做的「內容之抽象的結聚」（an abstract nexus of content），即一種共相的必然連結。（伊頓書第二分第五章）。

伊頓並不了解函蘊為何物。徒泥執於假言命題之意義以推求，他也根據函蘊所有的真妄可能以作想。他遂斷言假言命題（函蘊關係）從整個上說亦是定言的。即這一整個的假言命題對於存在必有所肯定或表象，雖然它的前件與後件，分而觀之，不必有所肯定。但是站在邏輯上說，函蘊實是一個關係，它並不是表象一件事實的命題，它與外界存在毫無關係。它有三個真妄可能。根據此三個可能，函蘊關係可以成立，即是說，在此三個可能的情形下，我們可以說 p, q 兩命題有函蘊式的連帶關係。此連帶關係一成立，我們可據之以為

推。此猶如數學上的公式一樣，我們皆不能說它於外界存在有何關涉。所以函蘊關係雖可譯為「如 p 則 q」，但與「假言命題」實有不同。如果離開邏輯，站在認識或言語的立場上，任何命題當然皆有所表示。但在邏輯上卻不必顧及。伊頓以為不但假言命題從整個上說是定言的，就是析取命題亦是如此。或 p 或 q，並非說一定是 p 或 q。故分開單獨觀之，並非定言。但整個觀之，則是定言，其所肯定者即 p, q 間的「或」之事實，不能超過此範圍。譬如我雖不知某人是否一定生於 1933 或 1934。但如果他的生日不出此兩年，則我即可說他或是生於 1933 或是生於 1934。不能越此兩年就是析取命題所肯定的事實。

伊頓這種論命題的觀點，可有兩種看法：㈠若離開邏輯的觀點，站在認識或言語的立場上，說任何命題皆是定言，即皆有所表象，則有意義；若站在邏輯的立場上，則無意義，皆是贅辭。㈡若站在邏輯的立場上，說任何命題皆表象一件事實，命題與命題的連結亦表象一件事實，則邏輯不是表理，而是指事，不是邏輯，而是學說。這是維特根什坦的見地。我們以為這是出乎邏輯範圍之外的。因為這種觀點再推進一步，即是「邏輯結構表象世界結構」的主張：邏輯之式即是事物之式。金岳霖先生道式能中的「式」，恐怕就是這個意思。而本書所以不贊成「邏輯為結構之學」之界說，以及所以不認關係邏輯為真正邏輯，亦正為此。

第三分　推概命題之主謂式系統 Ⅱ：間接推理

一、關於三段法式

(一)意義

我在第一卷第九章第二節曾說：對於三段法式有兩種看法：㈠純當作法成方面的成分，由之以顯理性之理則，不與歸納推理為同伴；㈡當作方法方面的成分，與歸納法為同伴，視之為方法學中之兩翼。本書視三段法式為第一種意義。故此「法」字乃法式之「法」，非方法之「法」。

三段法式亦名間接推理。直接推理是 S 與 P 二項之間的引申或申述。間接推理，則於 S, P 之間須要一個中項 M 作媒介。如是，不是 S 與 P 之間的申述，而是 "S–M–P" 之間的推理。由此三項成三命題，故曰三段式，亦曰聯珠式。此三項的排列如下：

　　(一)由 S–M，M–P，∴S–P；

　　(二)由 M–P，S–M，∴S–P；

（三）由 P–M，S–M，∴S–P；

（四）由 M–P，M–S，∴S–P；

（五）由 P–M，M–S，∴S–P。

第㈠種為傳遞的三段式，實與第㈡種同。傳統只論後四種，成為四格。在此四格中，M 為中詞，亦曰介詞；P 為大詞；S 為小詞。大前提（大原）必以中詞與大詞組之；小前提（小原）必以中詞與小詞組之；結論必以小詞與大詞組之。

在一三段式中，大原小原俱不可少。大原為通則，小原為案，結論為斷。此為推理之步位。有人說三段法式是無用的，因為它是廢話。如：一切人有死，孔子是人，孔子有死。既然說了一切人，孔子自然也在內，何必再說？這個批駁十分文人相。須知「一切人有死」，乃一普遍原則，在此原則內並沒有含著孔子是人與否的事實。小前提即作「孔子是人」的肯定。如無小前提的肯定，則孔子是人與否，吾人焉得而知？既不知其是人，又焉能得到孔子亦死的結論？故知中詞 M 甚重要。它不但作媒介，實尚有原因性。亞氏說，一切科學研究在尋中詞。蓋中詞有原因性，有是因，始有是果。是人者有死，今某某是人，故某某有死。如不知某某有此因性，何以知其有此果性。故小前提的斷定乃為必須。不可說其已含在大前提中。

又有人以為三段式是丐題（begging the question, petitio principii），或亦曰乞求論點。從一切人有死，證明孔子有死。但一切人有死卻尚未證明；它的證明還有待於孔子、孟子等等個人之有死來證明。以有待於證明或尚未證明的前提來證明別的，此即謂丐題。

這個丐題的毛病，在證明某某，或界說某某時，自然是必須要避免的。吾人讀柏拉圖對話集時，常發見蘇翁聲明這個問題，使對方人不要犯這個毛病。可見這個問題發生最早。亞氏講邏輯時，亦曾注意及之。因為這個毛病，在證明某某或界說某某的辯論上，最易發生，最易觸犯。但三段法式卻不是證明或界說。它是推理。等而同之，是謂不知類。因為邏輯推演並不是歸證前提，或證明結論的討論或辯論。它與證明某某或界說某某不同。它與因明學及歸納法的討論亦不同。證明結論或歸證前提的討論，在因明學與歸納法上發生之，但不在推演邏輯上發生。明白了這個區別，則可以不發生丐題的疑問。此問題下面還要詳論。

（二）不與歸納為同伴

推演邏輯只是呈列理性進行之理則。此等理則由推理過程而顯。但此等理則卻必須是那自足自立，不待經驗即可成立的。此等推理過程是先驗的，純根據「邏輯意義」（參看第一卷第四章）而自行推演，自行成立。三段法式的推理即是這種推理過程中的一個變式（alternative mode）。或者可說它是表示那種先驗的推理過程之一樣法。

這樣看來的三段法式不能與歸納法為同伴。「同伴」的說法是歸納離不了演繹，演繹離不了歸納。但這種同伴中的演繹乃是方法中的演繹，此乃演繹或推理思維之附著於關於對象之思維中。其意義不同於我所說的先驗自足的推理過程。推演邏輯，照我上面的意思而言，是只注意那些理則本身，而並不注意這些理則之附著於實

際思維中，即並不注意那關於對象之推理思維。吾人日常生活皆是
關於對象之思維，即吾於第一卷第十章中所謂與緣境相俱之思維。
此種思維即是歸納演繹互不離的思維。但是講到推演邏輯卻是只注
意那先驗的理則本身，用反觀的作用，把它從實際思維中提出。

　　這樣看來，三段法式的推理不是與歸納法同伴的實際思維中的
演繹法。不與歸納為同伴是不與經驗俱的表示；與歸納為同伴是與
經驗俱的表示。俱與不俱，情形雖然大有不同，而其本身卻還只是
一個推理過程。其為先驗性與自足性，當然也是同的。因為剛纔說
過，推演邏輯所對付的先驗自足的原則，只是從實際思維中抽出的，
而事實上吾人日常生活也只是這種實際的思維。吾人於此實際思維
中，認取一種主宰於其中，支持於其中的先驗理則，把它提而出之，
作為純邏輯的對象。於是，我說這種對象是先驗的、自足自立的。
其實並不只於提出時，它纔是先驗的、自足自立的；即在實際思維
中，與經驗俱時，它也就是這同一的先驗的、自足自立的東西。不
過於提出時說之，更為顯明而已。所以提出與不提出，其本身為同
一推理過程。

　　其本身雖同，但其與經驗俱與不俱，卻實有大不同者在。與經
驗俱即是與歸納俱，與歸納俱，即發生證明或歸證的問題，因而即
發生是否丐題的疑問。故丐題問題是知識上的，不是邏輯上的。只
當作理則看的三段法式不發生這個問題。

　　又所謂與歸納法俱，容易發生丐題問題。但不是說它就是丐題
的。只是說，因為它與歸納法俱，容易使吾人聯想到證明問題，因
而聯想到是否丐題。故發生丐題的疑問，不必就是丐題的：在證明

上可以發生這個疑問，在推理上不發生，除非以證明觀之。丐題與證明為因緣，不與推理為因緣。推理非證明也。

（三）布拉得賴論推理

在一推演過程裏，其所表示的只是理性之流衍，與其所用的工具如項或端（term）無關。與實際思維的心理過程亦無關。若以為一個推理是在「項」上造成，或由心理的運用於項上而構成，這便是邏輯之「有」的看法，而非「思」的看法，是心理的，不是邏輯的。布拉得賴在其《邏輯原理》第一卷有一章〈論推理之一般概念〉，即採取這種心理構造的觀點。故在此有一評述布氏思想的必要。茲節譯他的原文如下：

> 任何推理皆結合兩個成分：第一它是一過程，第二它是一結果。過程是綜和之運用；它取有它的材料（data），並由理想的構造將此材料結合成一整體。結果是說在那統一的整體內，覺察到一種新的關係。我們從幾個原素中的幾種一定的關係作起點；藉著這些原素中之兩個或多過兩個之間的相同性，我們把它們的關係結合成一個單獨的構造，在此構造中，我們可以於這些原素間覺察到一種新的關係。所給我們的材料即是聯結起來的項；我們在這些項的結合上，施以作用，並把它們放在一起而使之成一整體；這種施以作用的結果即是關係中的兩項之覺知，這兩項在未施作用以前，是未這樣關係及的。如是，過程是一構造，結果（或結論）是一種直覺。而

此兩者之結合是「邏輯的證明」（logical demonstration）。
在普通，當某種結果只被看出或被指出，將無人肯叫這種發
見為證明。它只是一種覺察或觀察。只有當我們必須去支配
或運用事實（材料）時，看出一個結果，始謂之證明。當你
在有所預備時，或藉一種預備而有所指明（表示）時，你可
說是在證明。但是，假設這種預備是外在的，並假設它是在
改變或排列外在事實，則此種證明便不是一個推理。若預備
是理念的，則證明是一個推理；若改變或排列我們頭腦中
的運用（運用那未知的事實），則此證明也是一個推理。看
出並指出一邏輯構造中的原素之一新關係，即是有推理意義
的證明。

這種心理的預備是如何組成的？在綜和判斷的討論裏，我們
已見其通性。首先，它需要一些材料；它又必須有兩個或多個
原素之結合，如 A–B，B–C，C–D 等是。這些原素之結全，
即是所謂前提。又，這些前提亦必須是現實的或已得到提示
的判斷，而它們所主張的或所假設的，也必須具有內容之邏
輯的連結性。因為，如果這些材料（原素）是含有不精緻的
感覺原素，或者只是些想像，則結論亦必是感覺的，或只是想
像的。此必是心理學的結果，決不是一邏輯的結果。如是，前
提是兩個或兩個以上的判斷，在這些材料上所施的作用，即
可以連起它們使之成一全體。我們必須把它們縛得緊緊的。
如此，它們即不再是若干個構造，而卻是一個構造，一個整
全之體。如是，不再是 A–B，B–C，而卻成了一個 A–B–C。

不過假設這些材料的構造，是很隨便的，而不是邏輯的，則我們即無理由說這結果是必然的真。假設我們取 A–B，C–D 兩個構造，再結合起它們使之成為一個 A–B–C–D，這種構造大半是無用的。在此情形下，我們的結論亦必徒然而無效（invalid）。

除非那些前提（原素、材料）供給我們以連結點，我們既不能邏輯的連起它們來。但是，如果關係所發生於其間的那些項，一切都是互異，我們也必完全無助。因為我們要建築拱門，不能不用拱心石。因此，如果我們要構造成什麼，我們必須要有一種界點的同一性（identity of terminal points）。譬如，在 A–B，B–C 內，B 是同一點。由此同一點，我們可以連結成 A–B–C。又在 A–B–C 及 C–D 之間，C 是同一點，又可連成 A–B–C–D。我們藉著公共聯索的同一性，可以把材料連結起來，而且可以繼續擴大。因為有這些結合的聯索給了我們，所以我們可以預定說：我們的構造是真的。雖然它是我們作的，然而它能與事實相應。

如果像這樣把我們的前提轉成一個整體，以後我們即可用檢查（inspection）的方法，進行到我們的結論。如果 A–B–C–D 是關於實體的一種真理，在其中我們即可發見出些以前所未曾知的關係，如 A–C，A–D，或 B–D。如是，在一構造中，我們所不喜歡的那些部分，儘可以不管，我們可以單抽出我們所願望的或所欲主張的那個結論。我們第一步是在材料上作一番工夫；此番工作，即叫做構造。第二步我們再用檢查

去發見並選出一新關係。這步工作，叫做直覺。直覺之所得即是結論。

我們可以用幾個例子，把以上的意義說明。設在牆上取三個圖形 A，B 及 C。如果我們馬上看它們是一個 A–B–C，則似乎決無推斷可言。因為我的分析判斷，將只給我以 A–C。但是，假設我首先看見 A–B，然後看見 B–C，則即不能有一個分析給我以 A–C。我必須首先把 A–B 及 B–C 放在一起成為 A–B–C，這是一步綜和判斷的構造。由此構造，再進而覺察 A–C，此即是結論。此結論並非因其發見於事實而被推出，乃因發見於我的腦子中而被推出。

再讓我以地位為例。A 在 B 北十里，B 在 C 東十里，D 在 C 北十里，A 對於 D 的關係是什麼？如果我在紙上畫出一個圖形，此關係便不是推論。但是如果我在腦子中引出一些界線來，在此情形下，我是在推理。然無論在那一種情形，我們總是在採用證明。但只有第二種情形，其證明是邏輯的證明。

再取一例。假設三個弦子 A，B，C，在一起演奏，並聽著它們都發同樣的音調。在此情形下，我們很難在它們之間推出什麼關係來。但是若第一步先演奏 A 與 B，次之 B 與 C；在此情形下，如果 A 與 B 在音調上無差異，B 與 C 亦無差異，則即可進而構造起 ABC 一理想的整體，因音調之同一性如 B 而被結合起來。這是一個心理的綜和：然後只須一分析的覺知，即可使我們有 A 與 C 在音調上是互相有關係的

結論。

在普通三段法式裏，也可看出這種情形。我們決不可用丐題式去陳述它，也決不可於陳述時無公共項目。但只可用下法陳述：人有死，凱撒是人，故凱撒有死。在這裏，我們第一先有「凱撒－人－死」這一個構造，然後再用檢查的法子得到「凱撒－死」的結論。這是選出的一種新關係。

(四)不涉端項及心理過程

以上是布拉得賴的話。他論推理，雖是清妙，卻是心理學的看法，即從實際思維方面解析。他先注意材料；再在材料上作工夫，加以運用，成為一個整體，這叫做是構造，亦叫做綜和；然後再由此構造中選一新關係，作為結論，此名曰直覺。此皆實際思維之心理過程，乃「有」的、心理學的解析。他注意材料或事實或原素，此皆屬對象方面，乃屬於「有」；又且注意預備、構造，以及檢查、選取，此皆屬主觀方面，乃屬於心理。以主觀的心理作用加之於材料之上，選取一新關係，這便叫做推理。這樣講的推理，雖也有邏輯性，即必然性、妥當性，而不是心理的、想像的、隨便的，但總是心理學的看法。布氏固然也說改變或排列外在事實，並不能算是一種推理；只有是我們腦子中的運用的改變或排列，纔是推理。但這不過是說，外在事實在腦子中經過理性順妥一番就是了。這還不能算是推理本身；這好像我們在運用什麼中的推理：我們在推理，而不是推理自己。所以說這是心理學的看法，從實際思維方面解析。但是所講的雖有邏輯性，而卻不是邏輯本身。有邏輯性的推理與邏

輯推理本身不同。

一個實際推理過程，常總有邏輯性。譬如我寫一篇論文，這是實際推理過程；我向牆上看三個圖形，向地上注目三個位置，注意三只弦的演奏，向其他等等上注意，只要在腦子裏迴旋一番，皆可造成一實際推理。在此實際推理中，理性步驟的必然性，自然宿於其中，所以雖是實際思維，但卻仍有前提與結論間之必然性。布氏所論的推理即是這種推理。他這種講法，至多能算是說明邏輯性的例子，而始終未說到邏輯本身：只說到用，而未見到體。這樣講法，邏輯始終是一個不可捉摸的東西。

我們早已說過，邏輯之理，事實上，是不會離開實際思維的。決不會在實際思維之外，還有一個邏輯之理。邏輯之理總是沈沒於具體思維之大流中，而我們日常生活也就只是這具體思維流。但是，事實上，雖是如此，然而邏輯的對象卻不是這個具體思維流。所以我們講推理也不能從實際推理過程上講。邏輯的對象只是具體思維中理性進行之必然的步驟，即理性之理或則者是。這些理則，固須由具體思維而顯，但講邏輯卻不須連具體思維混而為一，講在一起。因為這是「有」的看法。邏輯只把這些宿於實際思維中的理，反觀而提出之，用言語句法或邏輯句法程式出來，排列出來，造成一個聯貫的必然系統。這個系統之必然性，即表示理性進行之必然性。也即表示所謂「理性之理」，而不是說明邏輯性的例子，也不是「有」的元學之理。

如是，我們講推理決不須顧及預備、構造、檢查、選取等心理過程。也不須注目於項目、原素或材料等屬於「有」的存在。我們

當這樣說：邏輯之理常是宿於具體思維中，故於表達時，不能不藉
助於實際上日用的實例或工具。表達邏輯之理的工具是表示命題的
句法。句法所牽涉的項或端（事例、事實、材料），此時皆以符號
表之，毫不表意，我們亦不須注意。譬如：凡人有死，孔子是人，
故孔子有死。這是一件事例。但於邏輯上，人、死、孔子等項，皆
可不注意，而以 M, S, P 或 p, q, r 表之。我們所注意的乃是「M 是
P」的這個「是」的句法，這些事例，可以隨便選取。如布氏所舉的
五個推理原則，其實就是五種不同的事例。如：㈠主謂綜和原則，
㈡同一的綜和，㈢程度的綜和，㈣及㈤時間與空間的綜和。此皆事
例，非推理之原則也。此種事例，殊不值得注意。所保留的只是句
法。如是，我們認句法為表達理則之工具。這與布氏之注意牆上的
圖形、地上的位置，不同。他由此表示實際的心理推理過程。其推
理是由於運用端項而造成。我們於此，卻不注意端項，亦不構造端
項，檢取結論；而卻是只利用句法以明理。此時的理是理性本身，
是純粹的、邏輯的，毫沒有經驗的成分，亦無對象的成分。同時，
亦不涉及心理活動。像布氏那樣以具體思維論推理，是不會認識純
理的，亦不會認識它在思維流中的功用。

　　我們以為只有構造端項，而不認識邏輯之理，則由構造而檢查，
其所得的結論，無論怎樣妥當有效，至多只是「邏輯的」，而不是
邏輯本身。既不是邏輯本身，便不識標準之理。如不識此理，則那
些「邏輯的」只是分出的梢末，總無必然性、絕對性。而且，如憑
空只有孔子、人、死，三個不相干的項目，則無論怎樣也構造不出
什麼有意義的關聯。既無意義的關聯，則結論也無法得出。如果那

三個項目是相干的，有意義的關聯，則必是那個三段法式已經成立了，即那個推理已經成立了。於推理已經成立，又復加以構造而發見新關係以證明推理，豈非床上架床？

以構造為先，則是以心理程序為本，而以理性理則為末。然而我們則以為理性理則是本。在汝施行構造之心理活動時，理性已經進行了，成立了。不然，汝殊不能進行，亦無法構造。布氏的構造法是舍本逐末，其蔽在不識「體」。體即邏輯本身、理性自己。要識此體，必須反觀。凡不反觀以明理，而向外向末以求理，皆為戲論。皆是「邏輯的」，而非邏輯。不但三段法式不能用構造法講，任何推理皆不能用。如是，我們說：「推理是根本的，不能還有比它再根本的」。

最後，布氏以證明為推理。此所謂「證明」，不同於我所謂於證明上發生丐題之「證明」。此其一。又布氏的講法，自亦可免去丐題之弊。但不識「體」耳。此其二。

（五）丐題與證明

我在二款曾說過，推演邏輯中的三段法式不能與經驗或歸納法俱，即是說不是方法學中的東西。如果視之為一方法，或方法學中之一段，使其與歸納為同伴，或如米爾所說，為整個歸納過程中的註冊作用，則三段法式即有發生丐題或循環的可能。（只言有此可能，並不就是丐題。）故我上面說過，丐題問題只能發在將歸納與演繹視為同伴，視為方法學中的兩翼。與歸納法俱，可以發生丐題，但不就是丐題。因為歸納是一種歸證。歸證所得之通例是由散著事

實會通成的。如果我們根據這種由會通而得的通例以證孔子有死，則我們即可疑問「孔子有死」是否為會通通例中的一件事實？如其是，則一方此種證明為廢話，等於未證；一方為丐題，證明其所由以能證者。如從此方面聯想，則即發生丐題。但米爾將歸納與演繹講在一起，他也可以說明演繹並非丐題。可見，與歸納法俱，可以發生而不就是丐題。其所以發生，是因為我們向如何證明上聯想，向如何獲得結論所代表的知識上想。如是，丐題是證明或界說上的問題，不是推理的問題；是知識上的問題；是知識上的問題，不是邏輯上的問題。

丐題問題發生最古。人們早就以為三段法式不過乞求論點，毫未證明什麼。在前提中若預定了結論所陳述的事實，則此種預定即成立丐題的錯誤。但是發見丐題的人們，卻都是從「證明某某」方面想。丐題本是證明上的東西，從證明上發見丐題，這是很自然的。錯處是在把三段法式也看成一種證明，即以證明某某或界說某某的態度看三段法式。

古代懷疑派如 Sextus Empiricus（紀元前 200 年左右）即已反對三段法式的證明。他以為這種證明是含著一種丐題的性質。可見他是以證明看三段法式的。所以當我們問一個三段法式的前提如何被證明時，丐題的發生是很自然的；對於丐題的反對，也是很有理由的。譬如「一切人類的判斷是不正確的」，這個命題是否需要我們將不正確的人類判斷一一列舉出來證明它呢？如果需要，則當我們從「一切人類的判斷是不正確的」推定馬克司經濟定命論的判斷也是不正確時，則我們即在結論中重述了一個前提所依靠的命題，遂

之，我們也並沒有在前提之外更進一步。所以這是廢話。如果所推出的結論，在證明前提時是必須的，則三段法式的辯論是繞圈子，且是丐題。無如三段法式不是一種證明，而是一種推斷。推斷與證明不同。推斷所根據的前提只要預定或假設其真，則合乎此前提的其他事例也真，因此而推出結論。至於前提如何成立，究竟能成立否，這一段追問是另一方面的文章，在推斷裏，自不必問。因為推斷是推斷，它所根據的自然是成立了；如不成立，它就不用它或不預定它。兩步文章決不可混而為一。我們可以證明看推斷，也可以在推斷的前提上發生如何證明的問題；但這都是推斷以外的文章。這是知識或如何證明知識的追求。所以丐題是證明上的問題，不是推斷上的問題。即是說，這個問題，當我們問「建設一特定的主張什麼是必須」時纔發生，而卻不發生在當我們問什麼是從那特定主張中推出的。譬如法律家的判斷，他只須根據法律條例以判斷當前的案件當得如何的處理，至於那個條例如何成立，如何規定，他不須問。這原是兩步。

（六）亞氏論丐題

　　亞氏對於丐題也曾討論過。他同樣也是在證明上發見丐題的錯誤。他在《先驗分析》裏有下面一段話：

　　　　乞求或預定原題，即是證明所提出的問題之失敗之一種。這
　　　　種情形可以在不同樣法裏發生。〔……〕但是，因為我們有
　　　　時很自然地可以因某種東西自己證明某種東西，又有時可以

因某種別的物事證明某種東西。（第一原則的證明是因其自己而證明；附屬於第一原則下的那些原則，即非第一原則，則需要經過別的物事而得證明。）所以只要當汝以其自己證明那不是自明的東西自己，則汝即是乞求原題。（卷 II，章 16，64 b28–38，《亞氏全集》本）

第一原則是自明的。故以其自己證明其自己，不能算是丐題，只是不須證而已。因為它是最根本的，在界說過程上，最根本的東西只能界說別的而不為別的所界說。但有些不自明的東西，則必須用別的東西以證明之。否則便是乞求原題。以自己證明不自明的東西自己，就是乞求原題。這種證明等於未證明。所以亞氏說：「這樣推理的人只是說了一件特殊事物之是其所是。在這種情形下，任何東西將都是自明的。但這是不可能的。」（同上）。

亞氏又重申自己證明自己的意思：

如 A 是否屬於 C 尚且不定，同樣 A 是否屬於 B 亦且不定。如果此時汝預定 A 屬於 B，則在此情形下，汝是否乞求原題固不清楚，但汝實未有所證明則無疑。因為凡與被證明的東西同樣不定者，便不能作為證明之原則。但是，如果 B 與 C 是同一的，或是可以互換的，或是此屬於彼或彼屬於此，則原題是被乞求的。因為一個人很可以同樣因 B 與 C 之可以互換而證明 A 屬於 B。

同樣，如果汝預定 B 屬於 C，並且這與 A 是否屬於 C，亦同樣不定，則在此情形下，也不是乞求原題，但卻是無所證

　　明。但是，如果 A 與 B 或因可互換而相等，或因可互隨而

　　相等，則即是乞求原題。理由與上同。因為我們已經解析過

　　丐題的意義只是：因其自己而證明那不是自明的東西自己。

　　（卷 II. 65a 以下）

這兩段話的意思是如此：如 A 屬於B 否不定，A 屬於 C 否亦不定。
此時，如果汝預定A 屬於 B，則 A–B 與 A–C 之間固無推斷關係，
且亦無證明關係。因為 A 是否屬於C 尚不定，何能據 A 屬於 B 以
證明 A 屬於 C？即便 A 屬 C 為已定，若 B 與 C 之間無何等關
係，則亦不能由 A–B 證明 A–C。此時，A–B 與 A–C 不過是兩個
預定而已。A 究屬 B 否，或究屬 C 否，未能定也。故亞氏說：「
凡與被證明的東西同樣不定者，不能為證明之原則」。但是，B 與
C 之間有了何等關係，如同一、互換，或相隨，則由 A–C 可以證
明 A–B（因 B 等於 C 故）。但此證明卻是乞求原題。因為 B 既
等於 C，則由 A–C 推 A–B，其實也就是由 A–B 推 A–B。此則等
於不推，等於不證。如果 A–C 與 A–B（因 B＝C）是自明的（第
一原則），則不算乞求原題；如果不是自明的，則便是乞求原題。
A–C，A–B 是如此，A–C，B–C，亦是如此。此即亞氏第二段所述
者。解如上同。

　　亞氏從證明上討論丐題是無疑的了。惟此處仍當有一個分別，
即證明與推斷不同。從證明上說，以自己證明不自明的東西自己為
丐題；但從推理上說，以自己推自己，是很可以成立的。此時亦不
發生自明不自明的問題。此問題在證明上發生，不在推理上發生。

譬如，因為"P⊃P"，所以是 p：一個命題可以從自己而推出，它函蘊它自己。「因為營業是營業，所以它是營業」，這是一個推斷，也並沒有錯誤。這個道理是依據同一原則的。沒有同一原則，我們不能作任何推斷。所以推斷與證明不同。以自己證明自己（不自明東西），在證明上說，是沒有道理的；但從自己推自己，在推斷上說，卻是有道理有意義的。因為 B＝C，故由 A 是 C，可以推 A 是 B；這並沒有錯誤，也無所謂丐題。但在證明上卻有丐題的問題。當然汝可以證明的態度看推斷，但推斷總是推斷，與證明不同。推斷是根本的；推斷只要一成立，便就是成立了。對之所發生的一切問題，都是另一回事。

　　亞氏根據「自己證明自己」的意思，也曾以證明的態度看三段法式，並亦指明其丐題的缺陷。他說：

> 如果乞求原題是以自己證明不自明的東西自己，則即表示其證明是失敗的。當其證明之失敗是由於被證明的主題以及其由之而證明的前提都是不定，其不定或因為相同的謂詞屬於同一主詞，或因為同一謂詞屬於相同的主詞，則三段式中之中詞與第三格皆是丐題。如果三段法式是肯定的，則只有第三格與第一格是丐題。（同上）

這段話即證明亞氏是以證明的態度看三段法式。以第三格為例。第三格之式如下：

$$M\text{–}P$$
$$M\text{–}S$$
$$S\text{–}P$$

如果由 M 是 P，M 是 S，證明 S 是 P，設 S 與 P 相等或可互換，則 M 是 P 就是 M 是 S，反之亦然；如是由之以證 S 是P，便是在結論中重述了一個前提中所預定的命題。再以第一格為例：

$$M\text{–}P$$
$$S\text{–}M$$
$$S\text{–}P$$

如果我由 M–P 及 S–M 推定 S–P，並如果中詞 M 或同於大詞 P，或同於小詞 S，則結果皆是以自己證明自己。設以中詞 M 同於大詞 P，如是，在小前提中以 P 代 M，則即得 S–P。設以中詞 M 同於小詞 S，則在大前提中以 S 代 M，仍得 S–P。所以，無論以 M 同於 P 或同於 S，結論 S–P 總包於前提中。即是說，免不了以自己證明自己。亦即所謂丐題。

亞氏雖可以證明的態度看推斷，但推斷是否就是證明，亞氏的見解，尚不得而知。如果他以為推斷就是證明，則他的《先驗分析》卷 I 就算白講。可見他不必以推斷等視證明。他可以證明看之，但證明是證明，推斷是推斷。推斷當然不能不是一種證明，但其證為推證，與證明或界說一種主張或知識之「證明」不同。證明上有丐題的發生，但不是說一切證明都是丐題。推斷的證是根據例、案，以得斷。這與普遍所謂證明一種知識或主張是不同的。

由五、六兩款可歸結幾點如下：

（一）推演邏輯中的推斷不當與歸納法俱；

(二)證明與推斷不同；

(三)與歸納俱可以聯想到丐題，但不就是丐題；

(四)不只分視證明與推斷，將由綜觀推斷以明理。

末兩點依次論之如下。

(七)丐題與歸納

推斷不同於證明；從自己也可以推自己；丐題發生於證明上：然則，從「一切人有死」這個普遍前提推出「孔子有死」這個特殊結論，怎麼也會發生丐題的毛病呢？這個便是與歸納俱的看法。這個看法，其實也是與證明看法相連的。不過換一個觀點來討論罷了。如是，我們再從歸納方面看丐題。

一切人有死，孔子是人，故孔子有死。從歸納方面看，可以問「一切人有死」這個作為大前提的普遍原則是怎樣成立的。如果由個個人之列舉而成立，則孔子亦必在列舉之內。如是「一切人有死」，尚有待於「孔子有死」的證明，今卻從「一切人有死」推「孔子有死」，豈非丐題？這雖是從歸納方面看，卻也是證明的說法。不過雖可以發生丐題的疑問，但與歸納俱的「凡人有死」卻不必就是丐題。米爾是講歸納最有系統的人。他從歸納方面看三段法式。他以為「凡人有死」這個普遍命題不過是單個命題之聚合的簡舉（short-hand）。他名這種普遍命題是前一歸納過程的註冊（register）。如是，「凡人有死」只是孔子是人有死，孟子是人有死……等等的一種概括說法。它只是那些個個事例之簡單的標記。即是說，這只是一種概括或會通。本此會通以為公例或公則，吾人按之可得出一結

論。據米爾之意，結論不是從公例（前提）中推出，乃是按照公例
推出，即按照公例以為斷。此義甚恰。且無丐題之弊。因公例固由
會通以往事例而成，但據之以推得的結論，卻不是重述一個以往的
事例；乃是以會通所得之公例為前一歸納過程中之個個事例的簡單
標記，以此標記為準，凡將來遇有與以往事例相似者，它亦必具有
以往事例所具之德。故米爾以為真前提乃以往之事例，作為標記之
公例實即一符號之代表。如是據公例以為推者並沒有乞求原題。它
是據以往以推將來，並非據以往以重述以往。

惟米爾以會通以往事例論公例，這是以歸納為基的看法。既以
歸納為根據，則所成公例不過是一種概括與會通，因而其所代表之
真理性亦必不是必然的。遂之，按照公例而推出的結論也不是必然
的。此即所謂歸納知識只是概然。如是，這種論法只能引到概然邏
輯。據此，我們不說與歸納俱，其推理是丐題；而說與歸納俱，其
推理是概然。歸納不與丐題俱，而與概然俱。

照米爾的論法，推理何以只能是概然，而不能是必然？其故即
在由會通而得的普遍命題不是真正的普遍命題，乃是準普遍命題。
我們可以說它是 "general"，而不是 "universal"。它是有範圍的，
被一特殊條件所限制。關此，伊頓有下面三段話，可以代表我們的
說明。

　　一個真正的普遍命題不能用單個的列舉來證明。在它下面的
　　特殊事例，不能又是它所從以推出的前提。一個真正的普遍
　　命題，我們以為它沒有一種特殊的條件把它限制於一個特殊

的環境組裏。它所有的項目都是普遍的。在這樣一種命題，當我們用「一切」以係之，則此時的「一切」是沒有限制的。「一切氣體於加熱時蒸發」，這並不是說「化學家在 1929 年所考查過的一切氣體」。它只是說，如果 x 是一種氣體，則當加熱時，x 也必蒸發。當「一切」用在這種無限制的的樣子下，普遍命題不能等於單個命題之集和。〔……〕嚴格的普遍命題是根本不同於特體之集和所形成的命題的。

如果一普遍命題是真的，推演便能用之於任何在此命題下的事例。如果當我發見一新氣體，我也可以說，當加熱時，它會蒸發。一切推演是因無限制的普遍性而形成。因單個的列舉所形成的前提是有限制的；以之而成的推演是徒然的、無結果的。推演不成為乞求原題，只是因為它的前提之普遍性是無限制的。在此情形下，結論不能是前提之一。米爾的反對三段法式是沒有根據的。他有一個邏輯的錯誤。此錯誤是：他以為無限制的普遍命題可以用單個的列舉所得到。〔案：此解，非米爾之意〕。

一切經驗邏輯之特性（米爾的也在內），即在其不認識無限制的普遍性在推斷中的位置。我們當然也可以問：作為推演之前提的那普遍命題，是如何證明的，或到底證明了沒有。但是，對此問題，無論如何答覆，這種命題在推斷中是真正普遍的這事實是不容改變的。　（*General Logic*，149–150 頁）

伊頓的話，在其正面的主張是對的，在其反對米爾是不對的。我以

為作為推演之前提的普遍原則，即如米爾所論，認為單個列舉之集合，於作推斷時，也不能認為是丐題。丐題還是從證明上看。譬如凡人有死，孔子是人，故孔子有死。在這個推斷裏，如果「凡人有死」是由單個的列舉與會通（推概）而成，則凡列舉到的（會通所根據的），「凡人有死」這個前提於推斷時，保證其必死（雖為從自己推自己，但不必是丐題。因推斷不同於證明）。但未列舉到的，今忽於小前提中以肯定的姿態而出現，則「凡人有死」卻不保證其必死。此時，吾只能說這個推斷，其真理性或可靠性，是概然的，不是必然的。因為它是根據以往以斷將來。在這個推斷裏，大前提因會通而成，雖然是列舉，但並不是總錄；由列舉為根據，會通以為標記。在此情形下，小前提所代表的事例，只是一個新事象、新案件，並未包於大前提中，在此，吾只見小前提所肯定的，與大前提之主詞相同，故吾可得以推斷亦必有大前提謂詞所俱之德。但雖可推斷，吾不能保其必真。吾只能斷其或許真。所以，若以列舉、會通、歸納看大前提，則於推斷只能說概然，不能說丐題。這點伊頓並未見到。如果所推出的在列舉之內，這不過是從自己推自己，雖然是廢話，但不是無意義的。在推斷上亦可成立。吾人不能說它是丐題。如果所推出的不在列舉之內，則吾只能說概然，亦不能說丐題。因為推斷不同於證明。在證明時，吾須謹記丐題之弊；但在推斷（邏輯的）則無須有此。即根據會通而成的推斷，亦不能牽涉到丐題。當汝會通而成「凡人有死」一公例時，你須反省這種會通是否為丐題或循環。如果此公例已經成立，則據之所有的推斷無疑問：或是必然的邏輯推斷，或是概然的歸納推斷，都不成問題。所

以「推理」是根本的，是無色彩的。

　　一個丐題的證明是「徒然的」，但從自己推自己這個推斷卻是極成的。一個人想從「主教命定他自己不會有錯」來證明「主教不會有錯」，這在證明上是可笑的。但若作成推斷：「因為主教命定他自己不會錯，所以他不會錯」，這卻並無錯誤，或不一致處。可笑的只是你那一套證明的理論。但無人說你所作的「推斷本身」是有毛病的，或是不極成的。邏輯的推斷都是推斷本身，所以是無色彩的。丐題是證明上的。有色彩的歸納推斷是概然的，不是「徒然的」，也不是丐題。

(八)生理推斷與邏輯推斷

　　米爾的推斷，是歸納推斷。支撐他的推斷論的，乃是休謨。其推斷乃是「從特殊到特殊之推斷」。此即羅素所叫做的「生理推斷」（physiological inference）。依此看法，演繹是一個死體，但卻是歸納過程中有用的註冊。

　　米爾說：

> 從以上的討論，以下的結論似乎可以建立起來，一切推斷是從特殊到特殊；普遍命題只是已經造成的這類推斷之註冊，並且是一簡式，以備將來再有所增益，即再進一步。一個三段法式的大前提，結果，只是這種描述的一個公式；而結論不是從那個公式而引出，而是按照那個公式而引出。真正的邏輯先行或前提，即是些特殊的事實，普遍命題即從這些特

殊裏用歸納法而纂成。這些事實，以及供給這些事實的那些
個體事例，或者可以被忘記；但是一個記錄卻被保留下來。
這個記錄（或云標記），實在說，並不是描述那些事實本身
的，但只指示出那些事實因它如何可以被區別或分割出來。
那些事實，因著它們對於這個標記的關係，當其被知時，可
以用來保證一個特定的推斷。按照這種標記的指示，我們可
以引出我們的結論：這結論，在一切意向或目的上說，即是
從被忘記的事實中推出的結論。為此，我們必須把這個標記
弄得夠正確，這是根本的。而三段法式之規律，即是一組禁
律，用來保證我們的推斷。（*A System of Logic,* bk. II, ch. III,
§ 4.）。

以下我可以用伊頓的話代替我的說明：

「米爾的從特殊到特殊之推斷，即是休謨的習慣或成習之推斷
（inference by habit or custom），隨觀念之聯合而成立。近代心理
學家名之曰對於刺激之制約反應，而羅素的生理推斷一詞又完全描
述了這種推斷過程。廣義說來，制約反應（被燒了的孩子，見火而
逃），即是推斷。這種推斷是從一基本信念過渡到另一基本信念之
門路（way）。這些信念是習慣的活動型。大家都知在動物心理學
裏，狗因鈴響而知被飼。若當鈴響而獨不見飼，則它即跳起來，而
口亦流涎。在某種意義，狗是相信它要被飼的，它又可以推定它之
被飼是因從鈴響而得來。只要當一個推斷是在一有規則的路數中從
一信念過渡到另一信念，則制約反應即是粗疏的推斷。較複雜的心

理過程，無疑是從制約反應中的生理根基裏生長出來。

「但是邏輯中的推斷，在其妥當有效上說，其所含的不只是從信念到信念這種簡單而有規則的過轉。邏輯中的推斷所需要的，是這樣的：當這一個是真的，那一個不能夠是假的。這種情形，生理推斷是不能保證我們有的。狗可以相信，當鈴響它即可被飼。但它不能斷定：如果鈴響，它必被飼。推演的推斷與生理的推斷，其結論效果之不同，即在此。

「演繹是尋求那必然從前提而有的結論。它從一定的信念過渡到另一信念是這樣的：如果第一個真，第二個也必真。〔推演之前提如何被證明，其本身不是這個推演之一部分。〕但是從特殊到特殊的推斷，其間卻不能建設觀念間之必然連結。事實上，必然的觀念，或必然連結的觀念，在此種思想格式裏，是毫無意義的。當無普遍命題作必然連結之根據時，去說因為今天下雨，明天也必然下雨，這能有什麼意義呢？

「因普遍命題而有的過轉，這情形在演繹裏並不是次要的。它在前提底必然結論之發見上是根本的。這點是邏輯推斷之不同於他種推斷處。如果某種普遍律則是真的，則凡在此律則下的事例，將必然亦會適應它的一切條件。如果任何數加零等於它自己，則 $2+0=2$ 也不能是假的。但是，如果沒有普遍律則在其前為其根據，則這個陳述必無意義。演繹推斷總需要一種認識，即：某種特殊事例是必在一普遍律則之下。當普遍性是有限制的，並因完全的列舉而得到，則推出的結論必是徒然的（trivial），且是丐題的〔此義不妥，當按上面第七款改正〕。但縱然如此，它們卻仍是些必然的結論。如果

一切（列舉的）我屋子中的書，是哲學的書，則必然可知我屋子中任何特殊一本書也是哲學的書。當普遍性，推斷所根據的，是無限制的，而所用的一切也是無限制的，則我們即可有一種有結果的推斷之典型的例子。在此種情形下，結論是必然地從前提中推出，而前提也並不依於它所給出的結論。

「從甲乙丙丁之有死，米爾可以說一切人到相當時候是要死的。但是他卻不能從此推定說戊（尚活著）也是必然地要死。因為戊並未在那個有限制有範圍的普遍命題之下。他到了相當時候，也許不死。米爾於此又滑入「一切相似」的觀念中。他說，在一切相似情形下，同一結果將可推出。這樣，一個無限制的普遍性又從後門進來了。因為一切相似情形，實即一切情形而已。〔……〕如是，米爾前步歸納之註冊，不只含著從特殊到特殊之推斷。它是一個化裝的無限制的普遍。這個化裝的普遍是藏在「相似情形」這語句中。在此，米爾的反對演繹，又完全失敗了。」（*General Logic*，頁 153–155）以上末兩段關於米爾的批評是不對的。米爾的推斷是生理推斷、歸納推斷。由會通而成公例，固由列舉，但米爾卻早已聲明歸納（會通）與列舉（總錄）不同。如果公例之成是由完全的列舉，則由之以推一個所已列舉之特例，實是從自己推自己，也實是一種演繹推理，非歸納推理。如伊頓所舉的屋子中的哲學書一例，即是演繹推理。米爾講歸納，正反對此意。所以我們不能以列舉的、有限制的普遍性來反對米爾的歸納推斷；我們也不能說它是徒然的、丐題的；更也不能說米爾因「一切相似」而將大前提的普遍性變為無限制的。因為他的會通實是無限制的，不過因為它由歸納而來，所以由它而

得的結論，我們說是概然的。我們不能說他的普遍性是有限制的，也不能說他的推斷是徒然的、丐題的。自其會通而為公例言，它是無限制的；自其推斷之前提實為以往之事例言，則為生理推斷（歸納推斷）。

（九）推理是根本的

以上的討論可以這樣結束：

（一）如果我書房中的書，因列舉的法子而知全為哲學的書，則其中某一部也是哲學的書。此是妥沓式的推理，或自己函蘊自己的推理。這是同一原則的表示。無所謂丐題，也不能說是徒然。

（二）歸納推理或生理推斷與「完全列舉」不同。它固須列舉，但其範圍不限於有限，所以它必須由若干類似者以概其他，此即所謂會通。所以其會通而成的公例必是無限制的。但因為它由概括會通而來，所以據之以成推斷，我們說它是概然。

（三）邏輯推斷，其大前提之公例不由會通而來，乃是吾思想上的一個設準，它自然是普遍的、無限制的。此如伊頓所論，據之而推斷是有結果的，由之而推出的結論亦是必然的。因為它不要靠經驗，亦不要看存在。

（四）丐題是只當我們「以其自己證明那不自明的東西自己」時纔發生。設「邏輯」一概念為不自明的東西，汝若證明它是什麼，必須用那已經明白的東西去證明它。汝若說邏輯者合邏輯的思想之謂也。這便是丐題。

（五）一個三段法式，當汝以證明的態度觀之，它可以是丐題

的。譬如「孔子是人有死」，是一不自明的東西，汝要證明它，須明其真因以界說之。汝若說凡是人者就要死，因為孔子是人，所以也要死。這在證明上，就是不明白的、丐題的。因為「孔子是人要死」既不明白，「凡是人要死」仍不明白也。但推斷與證明不同。推斷是肯定大前提所表示的為已知者。所以我們不能逾越範圍來致生橫疑。蓋凡事各有所對，各有所宜也。

現在我將不在一推理上糾纏不已；我也不只分看證明與推斷。我將回到推理本身，綜觀推斷以明理。這是一個積極的表示。這一步作到了，始信關於推理的一切爭論，都是浮詞。

現在我說：邏輯中的推斷是推斷本身；這種推斷是根本的（ultimate），是無色彩的。

所謂「根本」，是說我們不能藉別的東西以界說之。如布拉得賴那樣藉端項之構造以明推理，則推理便不是根本的。他乃是以有推理性的實際思維為推理。我們以為在他藉實際思維之構造以說推理中推理即已成立，即已函有推理於其中。我們如果能反觀而識此推理，則此推理即是根本的。如果識此根本的推理，則即不能以端項的構造與檢查為推理。在思維中，推理就是推理，沒有比它再根本的。我們可以指示之，不能引申之。（引申是說從別的根本東西中引申出或界說出。）

所謂「無色彩」，是說我們不能就一實際推理中妄加橫議，空生枝節。在一實際推理中，吾人常不注意推理自身，而注意此推理所表現的知識。如是，我們常問：此知識的根據如何？如何得來？是否丐題？結論與前提的關係如何？凡此種種，對推理本身言，便

是橫生枝節。但此橫生枝節，亦有其故。即在自「有所謂」或「有色彩」處看推理。須知我們現在只講推理，不講實際推理中所表現的「所謂」或「色彩」。如果我們只注意推理本身，則此推理即是無色彩的。如果無色彩，則那些枝節即不能橫生。

這個無色彩的推理本身，一方它是根本的，一方它表現或甚至就是理性自己。

推理本身之推理過程即是理性之進行。茲以三段法式為例。大前提是思想上所立的一個設準，用之作為一個無限制的普遍原則。謂有是性者有是德。再由小前提之肯定，使一特殊事例（如孔子）如其有大前提所述之性，即有該性所具之德。如是，「性」是一中詞，事例是小詞，「德」是大詞。中詞若「因」然。在普遍原則中，若已主張凡有是因必有是果，則有一事例，如有是因，亦必有是果。此是一推理之步驟，亦即理性之進行。缺一不可。小前提的肯定甚為重要。肯定了「孔子是人」，纔能斷定其有死。如無小前提之肯定，吾並不知孔子是人與否。既不知其是人，又焉能斷其有死？不能斷其是人有死，又焉有所謂丐題？其所丐者何也？常人腦子中先有「孔子是人」的成見，所以纔說結論是廢話，或說此推理是丐題。其實在三段法式的推斷過程中，並沒有這個思想在內。在三段法式中，除小前提肯定「孔子是人」外，吾以前並不知孔子為何物。故小前提之肯定，乃不可少。人們都把它與結論看成一物，而認為已經經驗了的事實，已包在前提中了。其實就事論事，未免早計。試問，如果吾不知「孔子是人」，則「凡人有死」與「孔子有死」，其間有何關係？成何推斷？但如果有「孔子是人」的肯定，則此推斷

關係即能成立。此可顯小前提之重要。此不獨三段法式然，生理推斷、歸納推斷，凡屬推斷皆然也。（生理推斷或歸納推斷，因有色彩故，其所表現之真理性有概然、必然之分，然其推理之步位則一。）

　　或者說，歸納推斷可以得新知識，從已知到未知。這種顯「理」之邏輯推斷，如何能得新知識？我以為若知識為經驗知識，則邏輯推斷固不能告汝以何種知識。因為它本只是顯「理」，本不負此責故。因為「理」不是知識，只是知識之條件。此即第一卷第十一章中吾所謂無「體」也。但說到從已知到未知，卻亦未始不可應用。在邏輯系統內，除 $p{\supset}p, pvp\cdot{\supset}\cdot p$，這種同一原則或妥沓原則外，其餘的推斷都可說是從已知到未知。譬如第二卷第二分中的推演系統，從五個原始命題推出無窮的其他命題，這無窮的其他命題對著那五個原始命題言，都是未知的，亦不見其包含於那五個原始命題中，與那五個原始命題亦不見有何等關係。這豈不是從已知到未知？只是這種未知與經驗的未知不同就是了。實說來，這種未知只是隔著距離而望結論，看不出其與前提有何關係，是以名之曰「未知」。若把距離填滿了，步步皆是已知？乃是一串必然連結的命題。所以邏輯推斷，或邏輯系統，其中每一結論都是步驟的逼迫，所以也是必然。每一步是前一步的結論，同時也是後一步的前提。每一步都是由前面的步驟逼出來的，其連結是必然的。這種逼迫即是理性進行的逼迫；連結的必然也是理性進行的必然。所以這種從已知到未知，其實就是闡幽顯微。然當其步驟未到，在隱幽潛微之時，名之曰「未知」，亦未始不可。只不同於經驗上的未知已耳。邏輯推理如此，其他有邏輯性的推理如數學系統或幾何系統，亦莫不如此。

（十）三段法式的規律

　　我在本卷第二分二節二款曾說「周延原則」是說明原則。此名之提出即為三段法式之規律而設。這些規律，依此，也是說明原則。說它們是說明原則，則人們對於三段法式可以不必談虎色變。蓋人們於三段法式本身覺其甚簡甚易，忽引出許多規律或禁律，遂覺其繁難不堪。這實在是對於學邏輯者的一種威脅。若把它們看成是說明上的東西，乃人之善巧多言，則對之也可以釋然了。譬如一種道理，本是家喻戶曉，雖愚夫愚婦亦盡知之；然經文人學士，巧立名目，製造名相，概念套概念，遂成為夫子門牆，仰之彌高，鑽之彌堅。三段法式的規律亦是如此。若須死記此等規律，而後再製造三段法式，則非經院學者莫辦，而愚夫愚婦都成了非理性的動物了。此如何可通？若從凡屬理性動物皆有推理作用言，則三段法式如何不是最簡易的東西。而那些規律也只好讓經院學者去損益吧。據此觀點，推理是根本的，規律不過是紙上的梢末文章。因此，得名曰說明原則。

　　布拉得賴名這些禁律曰廢物。他講推斷，據上面第三款所述，雖然不妥，但反對禁律卻有卓識。他的話如下：

> 在這一個過程（按即推斷過程）的任何部分上，放上一些規律都是無用的。一個人在他的前提之內，他能覺察到那些連結點；如通常所說，他能將二與二放在一起，他是自然能夠去推理的。只要他得到了構造之聯結性，他即可以很對地去

作推理。在下一章中，我們將看出在構造上沒有什麼模型可
以被發明出來。在檢查的過程中，一個人所需要的是一付銳
利的眼睛。因為決沒有什麼規律能告訴你去覺察什麼。

我們必須使我們自己從這些不必須的廢物中解脫出來。並且
除去這些廢物外，還有一些不必須的廢物壓迫我們。舉例來
說，討論前提的次序問題（即排列），這種思想即是荒誕可
笑的。當我們作一構造時，是決不須有時間上的次序的。它
的構造之秩序可以完全由個人的方便或機遇而定。

還有一種不必須的廢物也當剔去。項（term）的數目是不必
限於三個的。在上節「位置」一例中，我們實在並未用以下
的方法來辯證

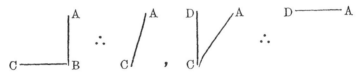

我們卻是首先完成如下的構造

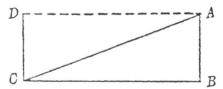

再由此構造，我們得到A-D。得此 A-D，殊不必三項。在作
成一構造中，我們必須去建設一個鍊索，這是真的。但是，
在未取另一前提之前，我們被逼著亦非如此去作結論不可，

這卻完全是假的〔案：此語有病，不妥〕。邏輯對於前提的數目是不加限制的。使我們的構造趨於狹隘，這是我們頭腦的弱點。有時，這種狹隘會把構造限制到推斷的偏見上去（譬如以為只應有三段式的推斷）。無論如何，這種限制是心理的，不是邏輯的。人們不能用多過三項作推理，我看在任何學門裏，也見不出有任何理由。（《邏輯原理》，第一卷〈推理之一般概念〉）。

以上布氏的話，除去因其論推理的觀點所引出的毛病外，對於規律的態度完全是對的。他從實際構造上講，不必要規律，因為我們人類自然會推理。我從理性自身之流衍上講，以規律為梢末，因為理性之流衍並不因規律始可能。但我們用句法表達理性之流衍，常因句法之不同，而又不能無具體或特屬之規律。譬如三段式推理的規律是不同於假言推理的規律的。而每一種規律都是有所對的。如三段式的規律是對主謂三段推理而言。如果推理不是主謂三段，則此等規律自無必然性。但如果限於主謂三段上，則此等規律又不可反駁。惟吾人不當以為按此規律可以造三段式；乃是先有三段式，而後加以說明，始引出此等規律。故吾名之曰「說明原則」。如是，吾不如布氏然，名之曰廢物。因其各有所對，各有所宜，本無普遍性、必然性也。

二、三段法式之鋪陳

(一)四格與規律

　　每一三段法式，由三個主謂命題組成。其中一為大前提，由中詞與大詞組之；一為小前提，由中詞與小詞組之；一為結論，由小詞與大詞組之。而大、中、小三詞有四種不同的排列。每一種排列成為一格。如是三段法式可有四格。如下

(1)M－P　　　(2)P－M　　　(3)M－P　　　(4)P－M
　S－M　　　　　S－M　　　　　M－S　　　　　M－S
　S－P；　　　　S－P；　　　　S－P；　　　　S－P；

　　A, E, I, O 在此四格中皆可作前提。共有十六種排列：

AA [A, I]　┊　EA [E]　┊　IA [I]　┊　OA [O]
AE 　[E]　┊　EE　　　┊　IE　　　┊　OE
AI 　[I]　┊　EI [O]　┊　II　　　┊　OI
AO 　[O]　┊　EO　　　┊　IO　　　┊　OO

此十六個前提共有八個能得結論。（有 [　] 號為結論，無者為不能得結論之前提）。此八個能得結論之前提分配於四格如下：

　　　第一格四式

(1)A：凡M是P　(2)E：凡M非P　(3)A：凡M是P　(4)E：凡M非P

　A：凡S是M　　　A：凡S是M　　　I：有S是M　　　I：有S是M

　A：凡S是P　　　E：凡S非P　　　I：有S是P　　　O：有S非P

　(Barbara)　　　(Celarent)　　　(Darii)　　　(Ferio)

　　　第二格四式

(1)E：凡P非M　　(2)A：凡P是M　　(3)E：凡P非M　　(4)A：凡P是M
　　A：凡S是M　　　E：凡S非M　　　I：有S是M　　　O：有S非M
　　E：凡S是M　　　E：凡S非P　　　O：有S非P　　　O：有S非P
　　(Cesare)　　　　(Camestress)　　(Festino)　　　(Baroko)

第三格六式

(1)A：凡M是P　　(2)E：凡M非P　　(3)I：有M是P　　(4)A：凡M是P
　　A：凡M是S　　　A：凡M是S　　　A：凡M是S　　　I：有M是S
　　I：有S是P　　　O：有S非P　　　I：有S是P　　　I：有S是P
　　(Darapti)　　　(Felapton)　　　(Disamis)　　　(Datisi)

　　　　　　　　(5)O：有M非P　　(6)E：凡M非P
　　　　　　　　　　A：凡M是S　　　I：有M是S
　　　　　　　　　　O：有S非P　　　O：有S非P
　　　　　　　　　　(Bokardo)　　　(Ferison)

第四格五式

(1)A：P凡M　　(2)A：凡P是M　　(3)I：有P是M　　(4)E：凡P非M
　　A：凡M是S　　E：凡M非S　　　A：凡M是S　　　A：凡M是S
　　I：有S是P　　E：凡S非P　　　I：有S是P　　　O：有S非P
　　(Bramantip)　(Camenes)　　　(Dimaris)　　　(Fesapo)

　　　　　　　　(5)E：凡P非M
　　　　　　　　　　I：有M是S
　　　　　　　　　　O：有S非P
　　　　　　　　　　(Fresison)

此共有十九個可能的三段式。三段式之可能與否，其規律如下：

(一)中詞至少須周延一次。

(二)前提中不周延之詞在結論中不能周延。

(三)兩否定前提不能得結論。

(四)兩前提同為特稱不能得結論。

(五)大前提是特稱，小前提是否定，不能得結論。

(六)兩前提同為肯定，結論必為肯定。

(七)前提之一為否定，結論必為否定。

(八)前提之一為特稱，結論必為特稱。

此八條規律可以叫做「說明原則」。普通寫為十條，尚有必須三命題，必須三名詞兩條。吾以為此不必須，故刪去之。㈠與㈡兩條叫做錯誤律，即犯之必錯誤。㈢、㈣、㈤三條告訴我們在何種情形下，不能得結論。㈥、㈦、㈧三條告訴我們得結論之法。普通於每一格中亦列有規律，即各格自己之規律。吾以為徒增麻煩，無實益。故去之。

(二)四格中俱不能得結論之前提

第一，兩否定命題不能得結論，考查如下：

(1)E：凡 M 非 P
　　E：凡 S 非 M
　　————————
　　E：凡 S 非 P[？]

(2)E：凡 P 非 M
　　E：凡 S 非 M
　　————————
　　E：凡 S 非 P[？]

(3)E：凡 M 非 P
　　E：凡 M 非 S
　　————————
　　E：凡 S 非 P[？]

(4)E：凡 P 非 M
　　E：凡 M 非 S
　　————————
　　E：凡 S 非 P[？]

(5)E：凡 M 非 P
　　O：有 S 非 M
　　————————
　　O：有 S 非 P[？]

(6)O：凡 M 非 P
　　O：有 S 非 M
　　————————
　　O：有 S 非 P[？]

此外尚有 OE，亦如此。讀者可一一試之於各格，必皆無結論可得。

在此種情形下，三詞俱無過，而結論不可得。其故即在：P 在 M 外，S 在 M 外，而 P 與 S 不必互外，亦不必不互外，其關係不可得而知。如：甲非乙之朋友，丙非乙之朋友，甲丙之間如何？不可知也。

第二，兩特稱命題不能得結論。如下：

(1)I：有 M 是 P	(2)I：有 P 是 M	(3)I：有 M 是 P
I：有 S 是 M	I：有 S 是 M	I：有 M 是 S
I：有 S 是 P[？]	I：有 S 是 P[？]	I：有 S 是 P[？]

(4)I：有 P 是 M
　I：有 M 是 S
　I：有 S 是 P[？]

此犯中詞不周延之過（參看規律㈠）。

(5)I：有 M 是 P	(6)O：有 P 非 M	(7)O：有 M 非 P
O：有 S 非 M	I：有 S 是 M	I：有 M 是 S
O：有 S 非 P[？]	O：有 S 非 P[？]	O：有 S 非 P[？]

(8)I：有 P 是 M
　O：有 M 非 S
　O：有 S 非 P[？]

(5)、(6)兩式犯大詞之過；(7)、(8)兩式，前者犯中詞之過，後者大中俱過。

第三，大前提是特稱，小前提為否定，不能得結論：

(1)I：有 M 是 P   (2)I：有 P 是 M   (3)I：有 M 是 P

　E：凡 S 非 M   　E：凡 S 非 M   　E：凡 M 非 S

─────────── ─────────── ───────────

　O：有 S 非 P[？]   O：有 S 非 P[？]   O：有 S 非 P[？]

(4)I：有 P 是 M

　E：凡 M 非 S

───────────

　O：有 S 非 P[？]

此四式俱犯大詞之過（參看規律㈡）。

(三) 八個能得結論的前提中某幾個在某某格何以不能得結論

第一格 AE，AO，IA，OA 有不能得結論。如下：

(1)A：凡 M 是 P   (2)A：凡 M 是 P   (3)I：有 M 是 P

　E：凡 S 非 M   　O：有 S 非 M   　A：凡 S 是 M

─────────── ─────────── ───────────

　E：凡 S 非 P[？]   O：有 S 非 P[？]   I：有 S 是 P[？]

(4)O：有 M 非 P

　A：凡 S 是 M

───────────

　O：有 S 非 P[？]

⑴、⑵兩式犯大詞不周延之過（參看規律㈡）。⑶、⑷兩式犯中詞不周延之過（參看規律㈠）。

第二格有 AA，AI，IA，OA 不能得結論。如下：

(1)A：凡 P 是 M　　(2)A：凡 P 是 M　　(3)I：有 P 是 M

　A：凡 S 是 M　　　I：有 S 是 M　　　A：凡 S 是 M

　A：凡 S 是 P[？]　　I：有 S 是 P[？]　　I：有 S 是 P[？]

(4)O：有 P 非 M

　A：凡 S 是 M

　O：有 S 非 P[？]

(1)、(2)、(3)三式犯中詞不周延之過；(4)式犯大詞不周延之過。

　　第三格有 AE，AO 不能得結論。如下：

(1)A：凡 M 是 P　　(2)A：凡 M 是 P

　E：凡 M 非 S　　　O：有 M 非 S

　E：凡 S 非 P[？]　　O：有 S 非 P[？]

此兩式犯大詞不周延之過。

　　第四格有 AI，AO，OA 不能得結論。如下：

(1)A：凡 P 是 M　　(2)A：凡 P 是 M　　(3)O：有 P 非 M

　I：有 M 是 S　　　O：有 M 非 S　　　A：凡 M 是 S

　I：有 S 是 P[？]　　O：有 S 非 P[？]　　O：有 S 非 P[？]

(1)、(2)兩式犯中詞不周延之過；(3)式犯大詞不周延之過。

　　以上諸式，讀者可自舉實例以明之。惟有須注意者，凡推理須看結論於前提中是否有根據。如無根據，雖事實上其本身為真，亦不能說此推理為正確無誤。蓋事實上之真是社會上或生活上所已認

定者。事實上雖為認定,但未必即能從此前提中推出。故邏輯推理
與實際之真不可混同。

(四)還原術

　　三段式之四格,雖各有宜用,且各具一推理之姿態(見下六),然
推明物性,仍以第一格為最妥貼。故餘三格各式,如其推理無誤,皆可
設法改為第一格推之。由餘格轉為第一格名曰還原術(reduction)。
其法在簡用直接推理中之一種(換質、換位,或換賓質位等),以
轉前提之一或兩前提俱轉,為意義相等之命題。茲一一列如下:
　　　　第二格四式

(1)凡 P非 M ⟶ 凡 M非 P [E]　(2)凡 P是 M ⟶ 凡非 M不是 P [E]
　　凡 S是 M　　凡 S是 M [A]　　　凡 S非 M ⟶ 凡 S是非 M　[A]
　　―――――　　―――――　　　―――――　　―――――
　　凡 S非 P　　凡 S非 P [E]　　　凡 S非 P　　凡 S不是 P　[E]

(3)凡 P非 M ⟶ 凡 M非 P [E]　(4)凡 P是 M ⟶ 凡 M非不是 P [E]
　　有 S是 M　　有 S是 M [I]　　　有 S非 M ⟶ 有 S是非 M　[I]
　　―――――　　―――――　　　―――――　　―――――
　　有 S非 P　　有 S非 P [O]　　　有 S非 P　　有 S不是 P　[O]

此格(1)與(3)兩式,大前提用簡單換位即可。(2)與(4)兩式,大前提須
用「換賓之質位」,小前提須用「換賓之質」。此四式歸於第一格
皆為 EA[E],EI[O] 兩式。
　　　　第三格六式

(1)凡 M是 P　　凡 M是 P [A]　(2)凡 M非 P　　凡 M非 P　[E]

凡 M是 S ⟶ 凡 S是 M [I]　　凡 M是 S ⟶ 凡 S是 M　[I]

────────　────────　　────────　　────────

有 S是 P　　有 S是 P [I]　　有 S非 P　　有 S非 P　[O]

(3)有 M是 P ⟶ any some-M is P　　[a]　（任某 M是 P）　[A]

凡 M是 S ⟶ some S is some-M　[I]　（有 S是某 M）　[O]

────────　────────────　　────────

有 S是 P　　some S is P　　　[I]　（有 S是 P）　　[I]

(4)凡 M是 P　　凡 M是 P [A]　(5)有 M非 P ⟶ 任某 M非 P　[E]

有 M是 S ⟶ 有 S是 M [I]　　凡 M是 S ⟶ 有 S是某 M　[I]

────────　────────　　────────　　────────

有 S是 P　　有 S是 P [I]　　有 S非 P　　有 S非 P　[O]

(6)凡 M非 P　　凡 M非 P [E]

有 M是 S ⟶ 有 S是 M [I]

────────　────────

有 S非 P　　有 S非 P [O]

此六式中，(3)與(5)兩式特別。用直接推理中任何法俱不可能。不得
已仿照皮耳斯（Peirce）的辦法，採用賓詞量化以換之。賓詞本不可
量化，然按照周延原則，及本卷第二分三節三款對於量化的界說，
則又未始不可暫用。此種換法甚為技巧，本不很自然，然於理並非
說不過去。譬如「有 M 是 P」本為 I 命題，但其中的「某M」（有
M）並非某一定之「某 M」，乃任何「某 M」，故加「任何」以限
之。如是，不變 I 命題之原義，而同時為 A 命題之形式，此則可以
推矣。然總非常法也。

　　第四格五式

(1) 凡 P是 M ⟶ 任某 M是 P [A]　(2) 凡 P是 M ⟶ 凡非 M不是 P [E]

　凡 M是 S ⟶ 有 S是某 M [I]　　　凡 M非 S ⟶ 凡 S是非 M [A]

　有 S是 P　　有 S是 P　　[I]　　　凡 S非 P　　凡 S不是 P　[E]

(3) 有 P是 M ⟶ 　有 M是 P　⟶ 任某 M是 P [A]

　凡 M是 S ⟶ 　有 S是 M　⟶ 有 S是某 M [I]

　有 S是 P　　　　　　　　　　有 S是 P　　[I]

(4) 凡 P非 M ⟶ 任 M非 P [E]　(5) 凡 P非 M ⟶ 凡 M非 P [E]

　有 M是 S ⟶ 有 S是 M [I]　　　有 M是 S ⟶ 有 S是 M [I]

　有 S非 P　　有 S非 P　[O]　　　有 S非 P　　有 S非 P　[O]

此五式中，(1)與(3)兩式亦特別。解如前。

　　由上，我們將四格歸為一格。一格者第一格之一格也。第一格有四式（AAA，AII，EAE，EIO），故歸於第一格者亦不外此四式之形式。如是，因還原之故，一切三段式皆可歸為兩類：㈠前提皆全，結論為全；㈡前提一全一偏，結論為偏。前者屬 AA[A]，EA[E]；後者屬 AI[I]，EI[O]。

　　注意存在原則者，根據存在原則分成兩類。與此處所列同。他們以為由全不能推偏，此屬第一類。此類不涉存在。推偏必據偏，此屬第二類。此類須涉及存在。否則其結論不能成立。亦即其推理不能成立。如是，此第二類推理能成立否，須視事實之存在而定。如無存在，則不能推矣。此思想實是一種無端而來之橫插。殊無必要。本書捨棄存在原則，但藉還原術歸成兩類。此是一種邏輯的發展，全依質量原則而決定。捨棄質量原則而從存在原則，乃是講邏

輯而背乎邏輯；乃出位之思，非一根之育。

（五）不相容式

　　既用還原術將四格歸於一格。現在又可將四格各式，用一種巧妙的方法，使之歸於一式。歸一的辦法，是將一有效三段式列成「不相容式」（inconsistent triad, antilogism）。不相容式的造成是將任一三段式的結論，改為其反稱。反稱之「反」是 A 與 O，E 與 I 之反。A 的反對 O，O 的反為 A；E 與 I 亦然。不是 AE，IO 之反。A 與 O 為矛盾或不相容（從 A 到 O 為矛盾，從 O 到 A 為不相容），故曰不相容式。任何三段式，其結論不外偏稱或全稱。如為偏稱 I，O，改為其反稱 A，E，即為其不相容式。如為全稱 A，E，改為其反稱 I，O，即為其不相容式。用還原術，吾人將前提分成兩類：㈠兩全，㈡一全一偏。兩全者結論必全，將此全改為其反稱即為偏。一全一偏者結論必偏，將此偏改為其反稱即為全。故不相容式之組織必為兩全一偏。

　　不相容式無前提結論之分。將其中三命題之任一個改為其反稱作結論，即成一有效三段式。如是，每一不相容式可成三個三段式。四格共有十九個三段式。改成不相容式後，可有 19×3＝57 個三段式。此亦足擴展吾人推理之範圍。

　　又在四格中各式，大中小詞俱有一定之位置，而由不相容式推出之各式，則無一定。然皆能成立無誤，此亦一種方便也。茲列於下：

　　　　第一格四式

第一式：

凡 M是 P	凡 M是 P	(1)凡 M是 P	(2)凡 M是 P	(3)凡 S是 M
凡 S是 M	凡 S是 M	凡 S是 M	有 S非 P	有 S非 P
凡 S是 P →	有 S非 P	凡 S是 P；	有 S非 M；	有 M非 P。

第二式：

凡 M非 P	凡 M非 P	(1)凡 M非 P	(2)凡 M非 P	(3)凡 S是 M
凡 S是 M	凡 S是 M	凡 S是 M	有 S是 P	有 S是 P
凡 S非 P →	有 S是 P	凡 S非 P；	有 S非 M；	有 M是 P。

第三式：

凡 M是 P	凡 M是 P	(1)凡 M是 P	(2)凡 M是 P	(3)凡 S是 M
有 S是 M	有 S是 M	有 S是 M	凡 S非 P	凡 S非 P
有 S是 P →	凡 S非 P	有 S是 P；	凡 S非 M；	有 M非 P。

第四式：

凡 M非 P	凡 M非 P	(1)凡 M非 P	(2)凡 M非 P	(3)有 S是 M
有 S是 M	有 S是 M	有 S是 M	凡 S是 P	凡 S是 P
有 S非 P →	凡 S是 P	有 S非 P；	凡 S非 M；	有 M是 P。

由不相容式所推出之三個三段式，每一個兩前提之排列是無關係的。顛倒其次序，而結論仍同。此亦是一種方便。

第二格四式無特殊情形，可照推。

第三格六式

第一式：

凡 M是 P	凡 M是 P	(1)凡 M是 P	(2)凡 M是 P	(3)凡 M是 S
凡 M是 S	凡 M是 S	凡 M是 S	凡 S非 P	凡 S非 P
有 S是 P →	凡 S非 P	有 S是 P；	有 M非 S；	有 M非 P。

　　此式前提雖全，而結論為偏。故其不相容式亦非兩全一偏。因而其所推出之三段式，雖都無誤，然(2)與(3)兩式皆為減弱結論（weakened conclusion）。若用其還原式，則照常。如下：

凡 M是 P	凡 M是 P	凡 M是 P
凡 M是 S →	凡 S是 M	凡 S是 M
有 S是 P	有 S是 P →	凡 S 非 P

由此不相容式所推出之三段式，無減弱者。可照推。

　　第二式：

凡 M非 P	凡 M非 P	(1)凡 M非 P	(2)凡 M非 P	(3)凡 M是 S
有 M是 S	凡 M是 S	有 M是 S	凡 S是 P	凡 S是 P
有 S非 P →	凡 S是 P	有 S非 P；	有 M非 S；	有 M是 P。

(2)與(3)亦為減弱結論。若用還原式，則照常。如下：

凡 M非 P	凡 M非 P	凡 M非 P
有 M是 S →	有 S是 M	有 S是 M
有 S 非 P	有 S 非 P →	凡 S 是 P

由此不相容式推，無減弱者。

　　此格只此兩式特別。餘照常。

　　第四格五式

　　第一式：

凡 P是 M	凡 P是 M	(1)凡 P是 M	(2)凡 P是 M	(3)凡 M是 S
凡 M是 S	凡 M是 S	凡 M是 S	凡 S非 P	凡 S非 P
———	———	———	———	———
有 S是 P	→ 凡 S非 P	有 S是 P；	有 M非 S；	有 P非 M。

(1)與(2)非減弱結論,(3)是。若用還原式,則照常。如下：

凡 P是 M	→ 有 M是 P	→ 任某 M是 P		任某 M是 P
凡 M是 S	→ 有 S是 M	→ 有 S是某 M		有 S是某 M
———		———		———
有 S是 P		有 S是 P	→	凡 S非 P

由此不相容式推出三段式如下：

(1)任某 M是 P	(2)任某 M是 P	(3)有 S是某 M
有 S是某 M	凡 S非 P	凡 S非 P
———	———	———
有 S是 P；	凡 S非某 M；	有某 M非 P。

第四式：

凡 P非 M	凡 P非 M	(1)凡 P非 M	(2)凡 P非 M	(3)凡 M是 S
凡 M是 S	凡 M是 S	凡 M是 S	凡 S是 P	凡 S是 P
———	———	———	———	———
有 S非 P	→ 凡 S是 P	有 S非 P	有 M非 S；	有 P是 M。

(2)式為減弱結論,(1)與(3)則非。用還原式則照常。如下：

凡 P非 M	→ 凡 M非 P		凡 M非 P
有 M是 S	→ 有 S是 M		有 S是 M
———	———		———
有 S非 P	有 S非 P	→	凡 S是 P

由此不相容式推,無減弱者。可照推。

三段式發展至此,極神足而漏盡,可謂圓滿無虧矣。而或有不詳列四格,即以不相容式代替三段式,或以為不相容式優於三段式,

此皆淺人妄語，不可以為法。蓋不相容式只三段式之發展，乃一技巧之歸并。其來也不能離三段式而獨立，又焉能離三段式而稱尊？廢三段式而推尊不相容式，在言者為數典忘祖，在學者為茫無頭緒。而何況不相容式必由正確三段式而造成。蓋一乖謬三段式，其不相容式固亦無效也。然三段式正確否，仍須視其遵守三段式之規則否而定。然則三段式固仍不得不講也。

　　又邏輯所言者為推理。三段式為推理，而不相容式則非一推理。它只是一種技巧，吾人藉之可以推廣推理之範圍。如是，不相容或不能代替三段式。而何況由不相容式所推出之三段式，總而觀之，仍具四格之形式。然則三段式之四格，又如何不先予以講明也？

(六)四格之有機的發展

　　三段式發展到不相容式乃是一技巧的歸并，還不能說是四格本身之有機的發展。它只是一種靜的概念的解析，還不是一種動的實際的理性發展。現在我們換一個觀點，使理性的全幅機能表現為一個有機的發展。茲以第一格第一式為例。我們可以名此第一式的大前提為例（rule），小前提為案（case），結論為斷（result）。如下：

$$A：凡\ M\ 是\ P\ -例$$
$$A：凡\ S\ 是\ M\ -案$$
$$\overline{\qquad\qquad\qquad\qquad\qquad}$$
$$A：凡\ S\ 是\ P\ \ -斷$$

現在如將斷加以否定，置於案之地位，可得一新式如下：

$$A：凡\ M 是\ P\ -例$$
$$O：有\ S 非\ P\quad -斷之否定$$

$$O：有\ S 非\ M\quad -案之否定$$

此式便有似於第二格之 "Baroko"。如再將「斷之否定」置於例之
地位，則又得一新式如下：

$$O：有\ S 非\ P\quad -斷之否定$$
$$A：凡\ S 是\ M\quad -案$$

$$O：有\ M 非\ P\quad -例之否定$$

此式便有似於第三格之 "Bokardo"。如再將原式，例置於案之地
位，則又可得兩新式如下：

$$A：凡\ S 是\ M\ -案\qquad A：凡\ S 是\ M\ -案$$
$$A：凡\ M 是\ P\ -例\qquad A：凡\ M 是\ P\ -例$$

$$A：凡\ S 是\ P\ \ -斷；\quad I：有\ P 是\ S\ \ -斷$$

此第一式即原式 "Barbara" 之變形；第二式則為第四格之 "
Bramantip"。

如是，四格可完全由第一格而演變出。

（一）原式：由例與案到斷，是謂演繹推理。皮耳斯名之為「意
志公式」（the formula of volition）。

（二）第二步：由例與斷而到案，是謂「假設推理」。皮耳斯名
之為「獲得第二感覺之公式」。「案」即第二感覺也。

（三）第三步：由斷與案而至例，是謂「歸納推理」。皮耳斯名
之為「形成慣例或通念之公式」。「例」即通念也。

(四)第四步：由案與例而至斷。此就其中第一式言，則與原式同，為演繹推理；如就第二式言，則吾將名之曰「簡擇推理」（selective inference）。然無論演繹或簡擇，以「意志公式」名之，當無不妥。故此第四步實與第一步同，周而復始之義也。

按四格而言，本純屬演繹推理，無所謂演繹、假設、歸納之分。但因例案斷地位之不同，實有此不同的姿態出現。此種姿態之認識由於皮耳斯（參看他的《邏輯論文集》第二卷，第二分冊，頁 376–377，以及 448–451）。皮耳斯既有此解而有此分，則吾即可就此而明「理性之起用」（the function of reason）。在四格之有機的發展上，吾以第一格為起點。若在理性起用上說，吾將以「假設推理」為起點。理性起用，必基於設準。由設準而微辨異同，由異同而匯歸通念（歸納推理），由通念而推明物性（演繹推理），由推明而簡擇殊別（簡擇推理）。一念之成，罔不由一串推理運行於其中。此一串推理，就其本性言，為理性之起用，為思維之紀綱；就其表現言，則為許多推理之面想或姿態。故四格之有機發展實表明理性起用之全幅姿態。茲舉例明之。設眼前有一色相（感覺所與），吾不知其是青。理性於此作設準曰：

凡有某種色素者名之曰青　　　一例

今此色相名曰青矣　　　　　　一斷

故此色相或有某種事素　　　　一案

此式若配之於第二格及按假言推理之規律，固不成立，但若為一設準推理，如適所推者，自亦無弊。今再從否定方面看，則較妥：

> 凡有某種色素者名之曰青　　　　一例
> 今此色相不名曰青　　　　　　　一斷
> 故此色相無某種色素　　　　　　一案

由此設準微辨異同。再進而作歸納推理曰：

> 此色相名曰青　　　　　　　　　一斷
> 此色相有某種色素　　　　　　　一案
> 故凡有某種色素者或皆可曰青　　一例

或：

> 此色相不名曰青　　　　　　　　一斷
> 此色相有某種色素　　　　　　　一案
> 故凡有某種色素者或不曰青　　　一例

此匯歸通念也。於是再進曰：

> 凡有某種色素者名之曰青　　　　一例
> 此色相有某種色素　　　　　　　一案
> 故此色相可名曰青　　　　　　　一斷

或：

> 凡有某種色素者不曰青　　　　　一例
> 此色相有某種色素　　　　　　　一案
> 故此色相不曰青　　　　　　　　一斷

此推明物性之演繹推理也。於此，吾又可進而再簡擇一推理如下：

> 凡曰青者必有某種色素　　　　　一例
> 凡有某種色素者有某種光波　　　一案
> 故有某種光波者或可曰青　　　　一斷

或續上例曰：

> 此色相有某種色素　　　　　　　一案
> 凡有某種色素者之曰青　　　　　一例
> 故有曰青者乃一色相　　　　　　一斷

　　吾人知識之成，或一念之成，無非一串理性之起用。亦無非各種推理之交織也。外此，不須假設任何事物。若問由此而得之知識為概然，抑為定然，則曰概然。世界有無條理不可得而知；即信其有，亦無救知識之概然。不過只增加吾人追求之信念，予吾人心理以慰藉已耳。故於知識之成立，關於物則，不必問，亦不應問。蓋吾人自有生以來，念念生起，有識有知，皆未曾先假定一因果律，而後吾識吾知始可能也。故就此而言，知識是根本的（ultimate）。此張東蓀先生哲學之出發點也。故於此祇應問知識本身之組織，不須問知識對象之組織。據此而言，知識雖為概然，而理性起用所顯之紀綱性，則必然而普遍。然此非知識，乃知識所以可能之紀綱。此我之所固有，非由外鑠我也。知識之成立賴乎此，非賴乎物則也（即不須先假定因果律）。此義詳論，見下六節。

三、假言推理

（一）意義

　　邏輯家 Mansel（嚴格的亞氏主義者），曾發生過假設推斷與析取推斷是否屬於邏輯的疑問。亞氏沒有給它們以地位。在辯論上，他自然也預定了一種「假設」的成分。但此假設卻非後來邏輯定所意謂的「假設推理」。依 Mansel 的意思，假設的三段式是由 Theophrastus 開始描寫出來。他是亞氏的學生，約在 B. C. 323 年。以後由Eudemus（亦亞氏學生）及 Stoics 作進一步的發展。討論此

種推理的主要權威者乃是中世紀的 Boëthius，約在 A. D. 500 年。
Stoics 且為析取推理的完成者。

　　Mansel 以為這些推斷似乎是破裂了三段推理的形式。他有一
段話如下：

> 從邏輯的觀點看來，最重要的是追問假設的三段式之加入亞
> 氏《工具學》中所承認的推理形式，究竟是否合法。又，如
> 不承認它們，是否就是亞氏《工具學》的缺陷。〔……〕「如
> A 是 B，則 C 是 D」這個判斷主張了一個結論的存在。但是
> 這個結論的出現，是因著「規律」（law）而致出，非因「思
> 想」而致出。因此，結果，它是出了邏輯範圍之外。（伊頓：
> *General Logic*，158 頁引）

Mansel 以為假設的三段式，亞氏並未討論。這點我們不必問。因為
亞氏未討論，後人未必不討論。只是他說：如 A 是 B，則 C 是 D，
在此判斷中所有的結論的因規律而致出，並非因思想而致出。這話
我想很有道理。因為 A 是 B 與 C 是 D，在思想上並沒有邏輯的聯
結。說它因某種規律而成，或許是對的。可是一說因律而成，則即
是經驗的，是要看外物的。所以 Mansel 說它出了邏輯範圍之外。

　　不過於此有一個漏洞，即假設的三段式與假設的判斷不同。假
設的判斷是一個命題，而假設的三段式則是一個推理「如 A 是 B，
則 C 是 D」是一個假設的命題，不是推理。在一個命題上，看不出
思想的連結；在推斷上，卻有必然的思想連結。「如果 ── 則」，雖
表示連帶關係，卻不是推理。它是推理的根據，它只是一種關係，

一個句法。譬如"p⊃q"便是說「如 p 則 q」。但這卻不表示推 q。如要推 q，須是如此："p‧p⊃q‧⊃‧q"。這是一個推斷。亦是思想的連結。單是"p⊃q"，則無思想的連結，它只是一個假設的命題，句法或規律而已。Mansel 的結論如果是「如 p 則 q」中的 q，則此結論是按規律而成，非因思想而生。但是，如果是 p‧p⊃q‧⊃‧q 中的 q，則此結論之出生，是思想的必然連結，不是因規律而成。

　　在此，我們可這樣說：假設的命題祇是一個句法，邏輯不討論它，猶之乎不討論原子命題一樣。

「如 A 是 B，則 C 是 D」，只是一個命題，不是一個推理。它的連結不是邏輯的，而是設定的。茲舉例如下：

　　(一)如 A 是 B，則 C 是 D：如日本打中國，則英商受影響。

　　(二)如 A 是 B，則 A 是 C：如花是紅，則花有色。

　　(三)如 A 是 C，則 B 是 C：如夫樂，則妻樂。

　　(四)如 A 非 B，則 A 非 C：如汝無恆產，則汝無恆心。

　　(五)如 A 非 B，則 C 非 D：如日本打中國，則英商不利。

　　(六)如 A 非 B，則 A 是 C：如日本不打中國，則英商有利。

凡此皆非推理。因只為一假設的命題故。我們用布拉德賴的話說，它們俱無連結點，即俱無界點的同一性。既無界點同一性，故無必然的連結。其成為關係須靠經驗，依事實。在邏輯上，如 A 是 C，則無理由說 B 是 C，或 A 是 B。

　　但是，「如 A 是 B，則 C 是 D；今 A 是 B，故 C 是 D」，這卻是一個推理。此結論之出現，不是靠經驗的。也不是因規律而

成,乃思想的必然連結。

　　所謂「假言推理」即指此而言,非指「如 A 是 B,則 C 是 D」
而言。

(二)原則與規律

　　直接推理與三段法式是根據質量原則與周延原則。假言推理,
則須根據「函蘊原則」（principle of implication）。函蘊是一種關
係,即「如 p 則 q」的關係。p, q 在此關係下,它們的真假可能
是:㈠ p 真 q 真,㈡ p 假 q 假,㈢ p 假 q 也可真。即:㈠如有 p
則有 q,㈡如無p,則可無 q,亦可有 q（不定）。如下表:

pq	p⊃q
＋＋	E
－＋	E
＋－	N
－－	E

根據假言命題所有的假言推理,其能得結論否,情形與此函蘊表同。
因此,根據函蘊表,可得假言推理的四條規律如下:

　　　　(一)肯定前件,即肯定後件;

　　　　(二)否定前件,未必否定後件。

　　　　(三)肯定後件,未必肯定前件;

　　　　(四)否定後件,即否定前件。

此四條規律與函蘊圖表中的真假可能同。

作為假言推理的大前提可有四種：

（一）前件後件，俱為肯定：此為充足條件的假言推理。如：「如 A 是 B，則 C 是 D」。有了前件「A 是 B」，即有後件「C 是 D」。有它即行，故曰充足。

（二）前件後件，俱為肯定：此為充足條件的假言推理。如：「如 A 非 B，則 C 非 D」。如前件無 B，則後件亦無 D。無它不行，故曰必須。

（三）前件肯定，後件否定：此為排斥關係的假言推理。如：「如 A 是 B，則 C 非 D」。前件有 B，而後件即無 D。有此而無彼，故曰排斥。

（四）前件否定，後件肯定：此為盡舉關係的假言推理。如：「如 A 非 B，則 C 是 D」。如前件無 B，則後件即有 D。如不是 B，則即是 D。 B 與 D 之間無漏，故曰盡舉。

此四種關係，其解析見上分六節。至該處還有四種以偏稱命題表示的關係。但因為它們在假言推理上不能得結論，故不採用。由此可知，假言推理的大前提必須是全稱性質的命題方可。譬如：一切 s 是 p，解為假言命題：如是 s 即有 p。此時可推曰：今有 s，故有 p。但「有 s 是 p」，則不能推曰：今有 s，故有 p。因為也許有 s 而不是 p 也。（我們在主謂式 I，O 命題上，亦解為函蘊式，即亦以「如果—則」解之，但此時的「如果—則」只表示假設性，不必定為肯定存在。義止如此。不能據之以作假言推理也。因它已有限制故。如果我寫一篇論文，在實際的思維上，隨此限制，自亦可推。例如：如果有一些是命題是假的，則牛頓的運動律的命題中

之一,故它是假的。此是一種實際的限制。但吾人於邏輯上講假言推理,卻不能有任何限制。故偏稱命題不能用。)

又此四種假言命題,雖代表四種關係,然既名為假言,則即都是「如果—則」的形式。既都是「如果—則」的形式,則其推理,即皆服從函蘊真理表。此種意義上的層次不可混擾也。

普通於假言推理,只講充足必須兩種。今再補入排斥、盡舉兩種。種雖有四,而律則一。此為系統最整齊最圓滿之假言推理式,歷來皆未能臻此。

(三)假言推理之鋪陳

(一)充足條件的假言推理

一、從前件之肯定與否定方面想:

(一) 　如 A 是 B,則 C 是 D。　　如天雨,則地溼;
　　　　今 A 是 B,　　　　　　　　今天雨,
　　　　故 C 是 D。　　　　　　　　故地溼。

(二) 　如 A 是 B,則 C 是 D。　　如天雨則地溼。
　　　　今 A 非 B,　　　　　　　　今天不雨,
　　　　而 A 未必非 D。　　　　　　而地未必不溼。

(一)是肯定前件即肯定後件; (二)是否定前件未必否定後件。(肯定者為建設式,否定者為破壞式。)所以然之故,即在大前提之前件,在「如果—則」的關係上,只是後件之充足條件,而不是它的必須條件。有它即行,謂之充足;無它不行,謂之必須。今在「

如果一則」上，只說有它即行，故肯定前件即肯定後件；而並未說無它不行，故否定前件未必即否定後件也。於無所知者不能有所斷定。此種能與不能，純是邏輯的。以下皆倣此。

　　二、從後件之肯定與否定方面想：

（一）　如 A 是 B，則 C 是 D。　　　　如天雨，則地溼；
　　　　今 C 是 D，　　　　　　　　　今地溼，
　　　　而 A 未必是 B。　　　　　　　而未必因天雨。
　　　　（肯定後件未必即肯定前件）。

（二）　如 A 是 B，則 C 是 D。　　　　如天雨，則地溼；
　　　　今 C 非 D，　　　　　　　　　今地不溼，
　　　　故 A 非 B。　　　　　　　　　故天未雨。
　　　　（否定後件即否定前件）。

　　此亦有故。蓋因「天雨」是「地溼」的充足條件，不是它的必須條件。既不必須，有它固行，無它卻未必不行。故今有「地溼」而未必因「天雨」也。但既是充足的，故地不溼，至少亦可知天未雨也。以下皆倣此。

　　茲尚有幾種說法亦可照推：

　　（一）如 A 是 B，則 A 是 C。如花是紅，則花有色。

　　（二）如 A 是 C，則 B 是 C。如夫樂，則妻樂。

　　（三）如 A 是 B，則 B 是 C。如日本打中國，則中國必興。

　（二）必須條件的假言推理

一、從前件之肯定與否定方面想：

（一）　如 A 非 B，則 A 非 C。　　　如無恆產，則無恆心。

　　　　今 A 非 B，　　　　　　　　今無恆產，

　　　　故 A 非 C。　　　　　　　　故無恆心。

　　　　（肯定前件即肯定後件）。

（二）　如 A 非 B，則 A 非 C。　　　如無恆產，則無恆心。

　　　　今 A 是 B，　　　　　　　　今有恆產，

　　　　而 A 未必是 C。　　　　　　而未必有恆心。

　　　　（否定前件未必否定後件）。

二、從後件之肯定與否定方面想：

（一）　如 A 非 B，則 A 非 C。　　如無恆產，則無恆心。

　　　　今 A 非 C，　　　　　　　今無恆心，

　　　　而 A 未必非 B。　　　　　而未必無恆產。

（二）　如 A 非 B，則 A 非 C。　　如無恆產，則無恆心。

　　　　今 A 是 C，　　　　　　　今有恆心，

　　　　故 A 是 B。　　　　　　　故必有恆產。

　　　　（肯定後件未必肯定前件，否定後件即否定前件）。

茲尚有幾種說法如下：

　　（一）如 A 非 B，則 C 非 D。　如天不雨，則苗不興。

　　（二）如 A 非 C，則 B 非 C。　如夫不樂，則妻不樂。

　　（三）如 A 非 B，則 B 非 C。　如日本不打中國，則中國不

　　　　　　　　　　　　　　　　興。

(三)排斥關係的假言推理

一、從前件之肯定與否定方面想：

(一)　如 A 是 B，則 C 非 D。　　如日本打中國，則英商不利。
　　　今 A 是 B，　　　　　　　今日本打中國，
　　　故 C 非 D。　　　　　　　故英商不利。
(二)　如 A 是 B，則 C 非 D。　　如日本打中國，則英商不利。
　　　今 A 非 B，　　　　　　　今日本未打中國，
　　　而 C 未必是 D。　　　　　而英商未必有利。

二、從後件之肯定與否定方面想：

(一)　如 A 是 B ，則 C 非 D。　　如日本打中國，則英商不利。
　　　今 C 非 D，　　　　　　　今英商不利，
　　　而 A 未必是 B。　　　　　而未必因日本打中國。
(二)　如 A 是 B，則 C 非 D。　　如日本打中國，則英商不利。
　　　今 C 是 D，　　　　　　　今英商利矣，
　　　故 A 非 B。　　　　　　　故日本未打中國

尚有幾種說法如下：

　(一)如 A 是 B，則 A 非 C。　　如日本打中國，則日本不利。
　(二)如 A 是 B，則 C 非 B。　　如楊朱之言是，則墨翟之說
　　　　　　　　　　　　　　　非。
　(三)如 A 是 B，則 B 非 C。　　如日本打中國，則中國不亡。

（四）盡舉關係之假言推理

　一、從前件之肯定與否定方面想：

（一）　如 A 非 B，則 B 是 C。　　如日本不打中國，則中國必興。
　　　　今 A 非 B，　　　　　　　　今日本不打中國；
　　　　故 B 是 C，　　　　　　　　故中國必興。
（二）　如 A 非 B，則 B 是 C。　　如日本不打中國，則中國必興。
　　　　今 A 是 B，　　　　　　　　今日本打中國，
　　　　故 B 非 C [？]　　　　　　　而中國未必不興。

　二、從後件之肯定與否定方面想：

（一）　如 A 非 B，則 B 是 C。　　如日本不打中國，則中國必興。
　　　　今 B 是 C，　　　　　　　　今中國興矣，
　　　　故 A 非 B[？]。　　　　　　故日本未打中國 [？]。
（二）　如 A 非 B，則 B 是 C。　　如日本不打中國，則中國必興。
　　　　今 B 非 C，　　　　　　　　今中國未興，
　　　　故 A 是 B。　　　　　　　　故由日本打中國。

　茲尚有幾種說法而下：

　　（一）如 A 非 B，則 A 是 C。　如不歸於墨，則歸於楊。
　　（二）如 A 非 B，則 C 是 D。　如天不雨，則苗槁矣。
　　（三）如 A 非 B，則 C 是 B。　如天不仁，則聖人立仁。

四、析取推理

　　析取推理與假言推理同為關係的推理，與主謂式中的周延原則或質量原則無關。故假言推理遵守函蘊原則，而析取推理則當據析取關係以作想。

　　析取關係亦名相容關係。站在這個關係的本身上說，析取就是相容，其所表現的意義以「相容」為主。相容者「道並行而不悖」之意。設有 p, q 兩端，從真假關係上說，p, q 不能並假，而可以並真。是謂相容。惟析取推理是一種推理。從推理方面說，則有能得結論與不能得結論之別。從能得結論方面說，則析取之兩端必是不容中而窮盡無漏方可。如是，在此我們觀察析取，有相容的析取，與不相容的析取。相容的析取可以兩種看法：㈠並存不悖之意，此為析取關係本身之看法；㈡容中之意，即容有第三者存在，此為不窮盡有遺漏之看法。在此兩種看法中，第一種從肯定方面想不能得結論，從否定方面想可以得結論。第二種，無論肯定否定，俱不能得結論。能得結論，只有在不相容一情形下。茲將此三方面一一鋪陳如下：

　　一、本排中律：或是或不是：或 p 或「非 p」，非 p 代表 q, r, s, t,……等 p 以外的其他東西。p 與 p̄ 兩端，必居其一。在此種情形下，析取推理能得結論：

（一） A 或是 p 或是 p̄　（二） A 或是 p 或是 p̄

今 A 是 p　　　　　　今 A 非 p̄

∴ A 非 p̄　　　　　　∴ A 是 p

（三） A 或是 p 或是 p̄（四） A 或是 p 或是 p̄

今 A 非 p　　　　　　今 A 是 p̄

∴ A 是 p̄　　　　　　∴ A 非 p

二、據析取關係：p 與 q 相容，並存而不悖：不容中的相容。

在此情形下，析取推理有能得結論，有不能得結論者：

p	q
＋	＋
－	＋
＋	－

（一） A 或是 p 或是 q （二） A 或是 p 或是 q

A 是 p　　　　　　　A 不是 p

而未必不是 p　　　　∴ A 是 q

（三） A 或是 p 或是 q （四） A 或是 p 或是 q

A 是 q　　　　　　　A 不是 q

而未必不是 p　　　　∴ A 是 p

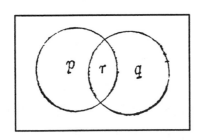

此是：由否定某一端，我們可肯定其他端；但是由肯定某一端，我們不能即否定其他端。此就是可以並真，不能並假的表示。此是根據「析取關係」而成的析取推理。

　　三、容中的相容：不窮盡而有漏。在此情形下，析取推理俱不能得結論：

　　（一）　A或是 p 或是 q　（二）　A或是 p 或是 q
　　　　　　A是 p　　　　　　　　　　A非 p
　　　　　　A未必非 q　　　　　　　　A未必是 q
　　（三）　A或是 p 或是 q　（四）　A或是 p 或是 q
　　　　　　A是 q　　　　　　　　　　A非 q
　　　　　　A未必非 p　　　　　　　　A未必是 p

譬如大家常說：不是唯心論，就是唯物論；不是唯物論，就是唯心論。又如：不是資本主義，就是共產主義；不是共產主義，就是資本主義。不是共產黨，就是漢奸；不是漢奸，就是共產黨。不革命，就是封建；不封建，就是革命。神經敏銳的中國人，最喜發這種論調。其實事前，當該考查這種對待之間是否有遺漏。如是遺漏，這

些話都是瞎鬧。

五、雙支推理

雙支推理（dilemmatic inference）普遍譯為兩難推理。但兩難是屬於辯論或有內容方面的情形，非邏輯所應有。如是，有人以為在純邏輯裏，不應有此種推理。但我以為兩難與否只是一個舉例問題，而此推理形式固無所謂兩難與否也。故今仍譯雙支推理。實則此種推理只是假言推理之變相。不過其大前提為兩個假設命題而已。因為是假言推理之變相，故其推理能得結論否，仍全以函蘊原則為準。今只從能得結論方面想，可有四式如下：

（一）承認前件之簡單式：

式：A如是 B，則 C是 D；如 A不是 B，則 C是 D。

或 A是 B，或 A不是 B，

C總是 D。（承認前件即承認後件）。

例：如日本打中國，則英商有利；如日本不打中國，則英商有利。

日本或打中國，或不打中國，

英商總是有利。

（二）否認後件之簡單式：

式：如 A 是B，則 C是 D 或是 E。

C 既非 D 亦非 E，

故 A 亦非 B。（否認後件即否認前件）。

例：如一物能動，則它或在其所在處動，或在其所不在處動。

今一物既不能在其所在處動，亦不能在其所不在處動，

故一物總不能動。

(三)承認前件之複雜式：

式：如 A 是 B，則 C 是 D；如 A 是 E，則 C 是 F。

A 或是 B 或是 E，

故 C 或是 D 或是 F。

例：如這些書與《可蘭經》的意旨相同，它們是用不著的書；

如這些書與《可蘭經》的意旨不相同，它們是要不得的書。

這些書或與《可蘭經》的意旨相同，或與《可蘭經》的意旨不相同，

故這些書或是用不著的書，或是要不得的書。

(四)否認後件之複雜式：

式：如 A 是 B，則 C 是 D；如 A 是 E，則 C 是 F。

或 C 非 D，或 C 非 E；

故 A 或非 B，或非 E。

例：如一人聰明，他知其錯誤。如一人誠實，他承認其錯誤。

他或不知其錯誤，或不認其錯誤；

故他或不聰明，或不誠實。

以上諸例，有時誠有似於二難。但也可舉無所謂二難之例。故仍可算一推理方式。其所表者亦實是理性中必然之理則。吾人開始以「否定」與「析取」作原始觀念。此為理性開展之起點。三段法式只是真假之定式，尚未見關係性。進而至於假言推理、析取推理，與

雙支推理，則歸證原始觀念，亦豐富原始觀念，且使理性脈絡活潑呈現，而益形具體。所謂始終條理者也。理性的具體內容，不過是這一套始終條理。此是一個大圓滿。至此而可以止矣。如承認二分與析取，假言推理與析取推理，不能不承認雙支推理。固無所謂二難。亦不應因其例有似於二難，遂認其為辯論術，而不認其為推理式也。

　　余既認其為理則之表現，故亦無所謂破除二難。所可破除者只是所舉之例，非能消滅此雙支推理式也。譬如上面第二推理式，反運動一例，固亦可尋理由以駁斥之或贊同之。但無論駁斥或贊同，都是理論之爭論，不是雙支推理式之破除，縱此例破除矣，而其「理則」未破除也。此運動一例，尚有似於二難。若如下例，則無所謂難矣。如：

　　　　若用力於石，則物體或震動或爆炸。

　　　　今物體既不震動，又不爆炸。

　　　　故未用力於石。

又上面第三推理式，《可蘭經》一例，有似於二難。但如下例，則無二難：

　　　　如西施在病，則美在捧心。如西施在顰，則美在顰黛。

　　　　西施或在病或在顰，

　　　　故其美或在捧心，或在顰黛。

故思想與推理式無關。猶如一旦科學發明，能使人不死，則「凡人有死，某某是人，某某有死」，固不成立。但不能因為此例不成立，遂認三段法式亦不成立也。此理性之則也。與例無干。

六、綜論推理

（一）推理之根據

　　推理者理性之流衍而具形於各種推理式者也。推理式或為三段式，或為假言式，為析取式或雙支式，或為函蘊式與不相容式。凡此種種，皆句法之變形，非可當作理性自己也。理性具形於此等句法中而演成種種理則，即謂推理。此等推理固自有理性保障其確實而無可疑，亦自有理性使其可能而為其支柱。除此而外，固無須再為推理求根據。然自亞氏以來，嘗即三段推理式而求其根本根據，名曰「曲全公理」（dictum de omni et nullo）。此公理聲言凡於一類之「全」而有所謂者，於其「曲」亦靡所不謂。能形容「全」者，亦必能形容「分」。亞氏以為舉凡推證，莫不本此以為之。而諸種推理之所以可能嚴若即隱含此公理而為其根據。此理固是。然亦不過理性流衍之所顯。當無若何深義。且究竟三段推理（直云推理亦可）為先，抑此公理為先，實亦不可得而言。為圓滿系統起見，提出而指明之，亦未始不可。只不可離諸理性而言耳。

　　古昔相傳，以為曲全公理，實是本體論上共相與殊相之關係。以全等視共相，以共相為實有存在之物。各殊相皆分享於共相而成。此為一元學問題。是如此，或不如此，皆與邏輯無關。米爾繼承唯名論，極反共相實存之義。因而對於曲全公理極端排斥，視為無意義之複詞。此固如所云。但其所代者，又實足以破裂理性，而追逐外物。破壞推理之必然性，而使其成為事實相連之實然性。米爾以

為有二例足為三段法式之公理。一以言正，一以言負。其所以為正者，曰：二物與第三物恆並著，則二物恆並著。或益審其辭，則曰：第一物與第二物恆並著，而第二物與第三物恆並著，則第一物與第三物恆並著。其所以為負者，曰：第一物與第二物恆並著，而第二物與第三物恆相滅，則第一物與第三物恆相滅。米爾以為凡此二例，皆顯有以自然之物實而為言，非若曲全公理所謂者徒存名義間也。並以為惟用事實物情之公例，然後能定事實物情之是非。

凡此所論即無異謂推理須摹照事實而按排。此則物於物之奴兒婢子（伺候它為竹為鐵），非自行成立而有必然性之邏輯推理也。曲全公理，從本體論而為言，固無與於邏輯；而滅著公理依事實而摹照，亦更無與於推理。若將此向外性而擯棄之，則曲全公理與滅著公理，只是質量公理之變相，同無深義。又，即限於質量公理，亦只對三段推理式而有意義，若對其他推理式，則仍不相應也。故推理自有理性以保證之，外乎此而求推理之根據，俱屬戲論。

（二）理性之起用

米爾論推理本與歸納連講。其言曰：

（一）凡有推理，皆由專推專，非由公推專。

（二）所謂公詞（即公則）乃紀錄所已推者，以為此後更推之條例。

（三）三段式中所用大原（即大前提）即其條例。

（四）結論之所得，實非由此條例而來，但依例而推已耳。

（五）其推證之真原，乃前此散著之實，經歸納而成此公詞。

據此所論，凡屬推理俱成概然。（自不能名為丐辭。伊頓解米爾論推理為丐辭非。）蓋凡與歸納連者，無不為概然也。從認識方面講，固如是。惟推理自有其自行成立之紀綱性在。此則理性之必然的自衍，非與於外物也。吾人論推理應以識此紀綱性為第一義。如是方可言推理。此推理之紀綱性，於認識方面，無論為歸納或演繹，皆無不運行於其中。縱然其所推者為概然，然此紀綱性之推理形式固仍保持其必然性也。此即所謂理性之起用（the function of reason）。

歸納與推籀（即演繹）相互為用。其間之性質，如歸納乃會通非總錄，推籀乃為驗而非為推，自以米爾所說為允稱。然每一歸納之成或一推籀之成，皆由一串推理運行於其中而使然。此串推理即理性之紀綱性。邏輯中之推理自應以此為正宗。至若歸納、推籀乃認識方面之方法學。

米爾以為一切歸納推斷皆可加以原詞演為演繹推斷。由原推原，推而至於其極，其惟一之大原即因果律。如「人類莫不死」，固可由歸納獲得。但此歸納又可加一原詞演為演繹。如云：凡事之信於約翰、彼得、妥馬諸人者，將於人類莫不信。今以約翰、彼得、妥馬諸人之有死也。故人類莫不死。何以知凡信於某某者，將於人類莫不信？曰：無他。以自然常然故耳。故知每一歸納皆可演為數級外籀。雖迂徑不同，而皆起例於自然常然之一語，或發端於天下之物莫不有理。此理即因果律是已。故因果律為一切推籀之大前提，亦即一切歸納之基礎。而此基礎為客觀外在，故此可謂為歸納之客觀基礎。凡歸納推斷皆可演為演繹推斷，此已隱含一念之成皆由一串推理之所流衍。惟因果律乃一無根之假設。故吾今以為不應向因

果律想。而當向理性之紀綱性上想，即概念如何造成方面想。每一概念是一斷定，每一斷定是一內籀（歸納）。吾人當由一概念如何可能或如何形成起，不必事先外求一因果律作根據。如是，凡一歸納之籀成，皆為於認識時，吾人「理性起用」之所致。

由經驗報告色相，由理性運用色相而籀成概念。色相者何？感覺所與是也。感覺所與是「青」或不是青，理性於此而起用曰：某大似某，某既曰青，某亦可曰青。如是，凡類乎此者名之曰青，今某類乎此，故亦為青。或曰：某之似某，某可曰青。某不似某，不可曰青。如是凡不似某者皆不曰青，某不似某，某不曰青。如是，凡類某者皆曰青，今某不類某，故某不曰青。如是一念之成，罔不由一串推理運行於其中。惟在心中不須排列三段法式耳。色相為現量，非由推籀而成，而理性可據之以起用。理性起用之時，必有設準之用以附之。設準者即「如果 —— 則」之謂也。非是一物，故名曰用。其所用者為眼前之色相。譬如兒童初覺為一「痛感」。此痛感或由物觸，或由火灼。在彼不自覺者，由火灼而生痛感，固無所謂推理。然及其自覺，後將見火而感痛，則為一推斷。此推斷，羅素名之曰生理推斷。然自其自覺或認識而言，即此生理推斷亦必有理性運用於其中。設準於理性起用之時而設定曰：吾前因火而痛矣，然則與火連者必有痛矣。如是，如果有火則有痛，今有火矣，將必有痛，可趨而避之也。故設準之用即以此「痛」為所設為根據，而理性即運行於其中以籀成一公理曰：凡與火觸必生痛感。並由此公理而復推曰：今與火觸，亦生痛感。凡此推斷，並未事前假設任何公理如因果律者。是故於講歸納基礎，將捨理性起用與設準之用無

他途焉。惟於此求，始妥當而必然，始簡單而真實。

　　此一串理性起用之推理過程中可顯出三種推理姿態：曰設準，曰歸納，曰演繹。上面二節六段內，吾人已將三段式四格之三種姿態陳述明白。茲再舉一例以明其發展：

$$凡人必有死 \qquad -例$$
$$Enoch\ 與\ Elijah\ 不死 \qquad -斷$$
$$\therefore\ Enoch\ 與\ Elijah\ 不是人 \qquad -案$$

此第二格 Baroco 式。此推理從例與斷到案，根據設準之例，使吾人得有另一種感覺即案（用皮耳斯的話）。故此為設準推理（inference by postulate）。再進則為：

$$Enoch\ 與\ Elijah\ 不死 \qquad -斷$$
$$Enoch\ 與\ Elijah\ 是人 \qquad -案$$
$$\therefore\ 有是人而不是有死的 \qquad -例$$

此第三格 Bokardo 式。此推理從斷與案到例，根據專事而得一習慣或通念或慣例。故此為歸納推理。再進則為：

$$凡人皆不死 \qquad -例$$
$$Enoch\ 與\ Elijah\ 是人 \qquad -案$$
$$\therefore\ Enoch\ 與\ Elijah\ 不死 \qquad -斷$$

此為第一格 Barbara 式。此推理從例與案而到斷，根據公例，推明物性。故此為演繹推理。

　　此推理式為三段式（定言推理）也。如推理式為假言推理，則

亦可有三姿態如下：

> 如 A是真的，則 C是真的。　　－例
>
> 在某種情形下，A是真的。　　－案
>
> ∴　在該種情形下，C是真的。　　－斷

此演繹推理也。再進則為：

> 如 A是真的，則 C是真的。　　－例
>
> 在某種情形下，C不是真的。　　－斷
>
> ∴　在該種情形下，A亦不是真的。　　－案

此為設準推理。再進則為：

> 在某種情形下，A是真的。　　－案
>
> 在該種情形下，C不是真的。　　－斷
>
> ∴　如 A是真的，則 C或不必是真的。　　－例

此則為歸納推理。

如為析取推理，則其三姿態當如下：

> A或是 C或是 B。　－例
>
> 今 A是 C。　　　　－案
>
> ∴　A非 B。　　　　－斷

此為演繹姿態。再進則為：

> A或是 C或是 B。　　　一例
>
> 在某種情形下，A是 B。　　一斷
>
> ∴　在該種情形下，A非 C。　　一案

此為設準姿態。再進則為：

> 在某種情形下，A是 C。　　一案
>
> 在該種情形下，A非 B。　　一斷
>
> ∴　A或是 C或是 B。　　　一例

此為歸納姿態。

推之雙支推理亦可如此作。

可見在理性起用之推理過程中，每種推理式皆可顯出設準、歸納、演繹三姿態。理性起用，於實際思維中，諸種推理式或不必同時俱起，亦不必不起。然欲求一推理過程之完備，欲使一認識圓滿而極成，則必諸種同時俱起。諸種推理式乃吾人理性起用之所自具，而三姿態則起用時之所顯也。此種理性起用所具之推理式即吾人思維或認識所以可能之紀綱。三姿態則是其用也。理性之紀綱性，顯而為邏輯之法成方面的一個標準。此即所謂純邏輯、純理則，亦即本書之所作。至理性起用所顯之歸納姿態，則當屬認識方面或方法方面的一個標準。此即所謂方法學，或概然邏輯是。如何歸納，歸納如何可靠，如何而可以使歸納所證，其概然性為最大：凡此諸問，皆當於方法學中論之。

惟於此所注意者，如單攝歸納而考究之，則知一歸納之成，亦無不由一串推理運行於其中之所致。蓋歸納捨此理性之運用，實無

其他可靠之基礎。向外而求一客觀基礎（如因果律），於講歸納，或作歸納，無多效用。如是，歸納之成惟依「理性運用」即足；然此又不同於康德。康德所作實不過將所信於客觀而無根者置之於主觀已耳。此則既等視主觀為一垃圾堆，亦復雖主觀而實為客觀。凡此，皆吾所不取。吾今主張：理性運行之紀綱性為歸納之所依，為其所以可能之支柱。如此，說歸納為一串聯珠之所演成，實不如說為一串推理運用於其中之所致。推理之運用顯出三姿態。吾於此三姿態中，特將注意「設準」一用。茲特提而論之。

此種理性起用之設準為「方法上之先在」，非由經驗而來。理性運行則紀綱也；設準之用則方法也。此皆屬先驗而非經驗。吾講推理，必以紀綱之理為第一義。蓋此發乎內者始可為一切歸納之紀綱，且為歸納由外篆推理而成之所以可能之根據。紀綱之理為條件，為範疇（知識的或認識的，非其對象的）；設準之用為方法，為公理（axiom）。青之似與不似，無必然也。火觸之痛與不痛，亦無必然。惟理性起用所成之推理步驟，則皆屬必然。此則屬理性、屬邏輯，而非屬事實或經驗也。然認識或概念之所以成，即由此理性起用之進行為支柱為紀綱。不認識此紀綱者，無法講認識，亦無法講內篆或會通。此吾書所以反復致意於此紀綱之理之所以為內在、為先驗，以及其作用之故也。一般人向事情求理，向物項求則。以物則為推理。而一方又假定人為理性動物。不於理性明推理，而於物則明推理，然則理性者果何所用也。求則得之，舍則失之。不反身而求已耳。

或曰：曲全公理乃部分與全體之關係。此客觀事實也。何得云

為主觀之理性？曰：是不然。其為事實固然也。然曲全之分，是理性之起用也。由全推曲亦理性之起用也。外界事實固不能給汝以推理。譬如一桌子在此。自其全而觀之，則為一物；自其分而觀之，則為數物。曲全之觀，皆吾人理性之起用，其本身無所謂曲全。今吾曰：此全者存在矣，其曲者亦自存在。此固事實也。但此推理，則非桌子之所給與，乃理性起用之流衍也。

或又曰：滅著公理乃是青與非青之斷定，亦客觀事實。何得云理性之起用。曰：是不然。夫感覺所與者，只色相耳。對此色相而斷定其是青或不是青，則為理性之起用。外界所與固不能給予以是青或不是青之斷定也。更不能給予以是青或非非青之推理也。故此皆為理性之起用，不得作物想，以之為推理之根據。

吾論紀綱與設準，皆自理性起用言，不混物而著想。乃物物而非物於物者。康德於範疇而外，亦言設準。但其範疇為物矣，故其設準亦混同物實而為言。其設準有四（設準在康德名曰原則）：

（一）直覺公理：言凡直覺所及必有廣袤。此為由量範疇而來。

（二）知覺預想：凡知覺必有強度之或消或息。此由質範疇而來。

（三）經驗類比：凡經驗必因知覺之必然連結之表象而可能。此由關係範疇而來。

（四）一般經驗思維之公準：凡先驗思維必具有可能、實然、必然三態。此由程態範疇而來。（在直覺與概念中，凡與經驗的形式條件一致者為可能。凡與經驗的實際條件即感覺相係者為實然。凡與實然相連而按照經驗底一般條件被決定者為必然。）

此言設準根據範疇而作想，亦即設準基範疇而建立。凡此所論，皆不過謂天下之物莫不有理而已。雖云主觀，實是客觀；雖云屬思，亦實屬有。與米爾之信仰因果律同。

(三)理性起用之步位

歸納演繹，非是有二。乃理性起用之所顯。分而論之，各有義蘊；究實而言，無可區分。

凡推理形式皆理性起用時所顯之步驟。步驟須圓滿周到。不可或缺。即以演繹三段式而論，無論大原小原皆不可缺。蓋大原為一公則，小原則斷當下殊物之為何。若對於孔子之為何無所斷定，則吾固不知其與死有何關係也。此義吾於本分一節已詳言之矣。米爾對此亦甚晰。當時 Thomas Brown 以為大原非能證委（即結論）。如視三段式為由大原以證委，則三段推理將無往而不為丐詞。但米爾以為：

> 雖證委存乎散著之前事，而先會通前事以為公詞（即公例、公則），後從公詞而篆委詞者，所以救外篆之橫軼。惟得此而後外篆乃益精。昧乎此理遂曰大原可廢，有所推證，直取小原及委詞可矣。如曰：孔子人也，故孔子有死。此無異云推當前之事理，不必資前事之不忘也。蓋彼以為思篆云者，不過取吾心所存之公意而抽繹之。孔子有死一言，固從孔子為人一言而出。吾所謂者，繹人之義而知有死為其所已函耳。顧使人名之義常涵有死於其中，則小原為已足。何則？小原

言孔子之為人，直無異言孔子之有死也。獨有時死之新義，為人名所不含，吾不知言孔子之為人者，又何以而決其有死乎？Brown 自知其說不足以概凡聯珠（即三段式）也，則又曰：此必先知人與有死二義相函之理而後可。使其昧之，則不能由孔子之為人，推而得孔子之有死。Brown 之為此言，實無異自駁前言，而謂僅得小原與委，不足以成推證矣。故知獨從小原，必不可以得委。得委者非二原並用不為功。蓋大原非他，不過總所閱歷覩記者，立之公詞，以供他日之抽繹云爾。（從嚴復譯）

此論推理固不同於吾人，但其論大原之不可缺則甚的。

大原不可缺，小原亦不可缺。欲由大原而推孔子有死，「則須曰孔子之為物與吾父，吾大父，某甲、某乙至於無數之人正相似。此即斷孔子之為人也。言其凡人之同德，其函於公名為常義者，彼莫不同也。既同其百矣，則不能不復同於其一。此所以有死之德亦為彼之所莫逃也。故曰：吾知孔子之有死也」（亦從嚴譯）。此言小原之不可缺亦甚的。

由大原小原而得委詞，是謂一推理形式之圓滿步位。此推理形式所表現之真理，固不可得而必。然此推理步驟之圓滿，其由所據而之所至者則必然也。公詞，如與內篆合言，固由會通而成概詞，因概詞而為概然。但理性起用，其設準之置定，固可視公詞為一無漏之通則，因此而成其必然之推理也。故推理形式顯理性起用之必然，此為一事；而在此推理中所表現關於事物之真理性之為或然，

則又為一事。此第一點所應注意者。

　　又推理形式固顯理性進行之必然連結，但因其有所推斷，故常有物凝固於其中，而表現為事物之關係。常人不查，遂以此事物之關係為推理。須知推理者固表現事物之關係，但事物之關係，非即推理。理性起用，是青非非青，一串必然連結，運行於「所與」之中，因而對於事物有所表白。此所表白者，乃理性起用之成果。此則為概然，為學說，為知識，而非即推理也。知識有待於推理而成。但理性起用所現之成果。非是推理。其成果，或有成，或無成，或常真，或暫真，不可得而必。此即所謂事實之連結也。但理性起用之步位，其連結常有必然性，非可因事實之或然而致疑也。此為第二點所應注意者。

　　是故邏輯推理以顯理性自身之步位為第一義。切不可涉外物而著想。又此理性自身之步位即理性於起用時之紀綱性，所以使思維進行為可能者。此為第二義。最後，為思維進行之紀綱，而非為思維對象之紀綱。此為第三義。

　　不但推理如此。邏輯中一切原則皆當作如是觀。譬若同一律、矛盾律、拒中律。吾已論之熟矣。吾所反覆聲明者，即不準以事物律視之而已。同一律，吾嘗令人從肯定上體會，不可從物上想，又不可從一命題之主賓詞上想。當從思之作用上想，系統之一貫上想。凡矛盾、拒中俱當如是觀。

　　矛盾是思想矛盾之禁止，非異德並存之禁止。當以否定上體會。一個肯定的思想與一個否定的思想，必不能同時並許。此是一個普遍原則。其消極方面是禁止，其積極方面是歸證肯定，即所以歸證

同。同者前後須保持同一思維觀點也。此亦為一普遍原則。非應向 a＝a 上想，亦非應向「孔子是聖人」一命題上想。有人以變中之不變解同一，更其妄矣。

拒中者亦非應從物項之區分言，亦非禁止物情不應有異乎二者之德存在。此亦為一思想上之普遍原則。當從肯定與否定上體會。如其矛盾不被允許，如其矛盾律能表意義，則拒中即行成立。蓋拒中者本肯定否定二者之矛盾而來也。

（四）我固有之

吾既明理性起用之紀綱性。茲再明此紀綱性乃我固有，非由外鑠。「固有」一義，東西兩傳統俱有之，而其所指則不同。柏拉圖、笛卡兒，以及康德皆有「固有」。孟子以及宋明理學家，亦皆有「固有」。然孟子而下的「固有」，卻是那個妙應無窮而一歸於至當的心體。其中並沒有個物事存在，而只是一個虛靈瑩徹的心。這個虛靈的心的妙用，發而為仁為義，為是為非，都是從自家裏邊來的。此所謂「固有」，是從證體上講。故為內而非外。其內外之義如此。這是從實踐工夫得來，其中有一段涵養在。但是柏拉圖的固有，卻不如此。其回憶說、收生說、理型說，都是說成有個物事藏在心裏。或者若講得活點，亦可無病。但被他說死了。後人的解析亦說死了。究竟如何，吾人現在亦難得推求。笛卡兒以「自然之光」啟示「公理」，或內在觀念，為固有。此顯然說成有個物事存在。經驗主義者力駁之，而代之以「心如白紙」，此固有其理據。（嚴復以良知良能等視笛氏的內在觀念大謬。）說到康德，其固有的物事更多。

其固有，有三套：一屬直覺，一屬理解，一屬理性。在直覺者為先驗格式，曰時曰空。在理解者為十二範疇，質、量、關係、程態各有三。在理性者為理念，曰意志自由，曰靈魂不滅，曰絕對存在。此三套皆為主觀所固有，由之以組織世界。然此皆是物事。其固有與不固有，並無必然性。其是內或非內，亦無必然性。譬如時空，歷來即有許多異說，不皆認其是內也。其十二範疇，由十二判斷轉來，歷來認其屬形上學，乃本體論上的原則（傳統的本體論）。屬「有」而非屬「思」。此亦大都不認其為內。其理性所給之三理念，由實踐上講，向內而非向外，此固甚對。然除意志自由外，曰靈魂不滅，曰絕對存在，皆解成一個物事，非頑空，即擬物，大非證解。（詳評見下第四卷第三分。）故康德三套固有，實有視主觀為垃圾堆之嫌。心乃一容污納垢之筐子，此如何而可？然則康德之固有，實無必然性；而其所謂內，又果非內也。惟康德之證成固有，乃從判斷上、概念之形成上，或思想之機構作用上起，此則遠勝於笛卡兒之由推而得之獨斷也。康德從「構」上證成，笛卡兒從「推」上引出。「推」固遠不如「構」也。

　　吾人論「固有」，不當認其是物事。然亦不是虛靈不昧之心體。吾所謂「固有」只在理性上顯。思維有它一套進行時所必具之路數。此即所謂理性起用之理則。此理則要不是一個物事。其寂然不動也，則退藏於密。其感而遂通也，則斐然成章。章即理則也。邏輯之所鋪陳也。此則我固有之，非由外鑠我也。然此「固有」之歸宿，則在虛靈不昧之心體，此須證體。（解見第四卷第三分。）至康德之所謂「固有」，幾近於外鑠矣。

　　或有謂形式邏輯中諸理則，或法式，乃乾燥零碎之死物，不相統屬，不見機構。此亦皮相之見。若就書本中，章節而論之，固為乾燥零碎之死物。但其中每一推理形式所顯示者「理」也。若從理而觀之，則亦何嘗是零碎之死物。只一三段法式，便顯理性運用之無窮。此理性之則式，在思維過程中，豈不亦婉轉自如，有機有神，動而不可亂乎？吾人須透過文字之執著，而直觀其血脈。見到血脈，始信形式邏輯之所陳列並非零碎之死物。且直不可以物事觀之，乃婉轉之機構，活潑之理則也。機構與理則，固非七個、八個之物事也。康德不知向血脈處，找純理，而單以屬乎「有」之諸般概念，外鑠而為內，以為純理，竟亦將形式邏輯之所陳列，為乾燥無味之碎物，此何沾染執著之甚也。

　　吾人試思，就思維流而觀其血脈，為知識之範疇，使知識為可能者，捨邏輯中諸理則，尚有誰乎？康德所舉，皆屬「後得」，且亦屬「有」。若將此大流（思維流）動蕩觀之，吾人實不見其踪跡，早已剝落淨盡矣。惟當向外有所執著（扑捉），流成為點，此等物事（即「有」的範疇），始紛然雜起。然當執著之時，即經驗概念成立之時。成此概念之範疇，從剎那執著之間而引出之，固別有在，而決不能為康德之所舉矣。蓋「有」的範疇決不同於「思」的範疇。吾人亦決不能以由執著而成者，復為此執著所以成之範疇也。康德所舉可曰知識，或曰概念。人類思維中，只有「邏輯中心」是免不了的。康德所舉不是一個不可免的「循環中心」。最後的座標是邏輯（對人類知識言）。

第四卷　邏輯數學
與純理

第四卷　邏輯數學與純理　目次

第一分　無窮公理與相乘公理：項數與關係

一、函值，類型，矛盾，還原公理，數

《算理》上，數學與邏輯的分界處是類型說。故本書對於類與關係未加論列。《算理》以命題函值規定「類」，以類規定「數」。何謂命題函值？即可以將其中的變項化為定項而成一特殊命題之架格或形式是。如「一切 s 是 p」是一命題函值，其中 s 與 p 是變項。此函值，用《算理》的方法，可寫為 "(s)‧p(s)"。此即是說，在一切 s 上，s 有特性 p。此與 "(x)‧ϕx" 同。又最簡單的 "s 是 p" 亦是一命題函值，此可寫為 p(s)，或 ϕ(x)。此都是些架格，由之可規定一個類。

故命題函值或架格完全是思想上的產物。只有邏輯的意義，而不能有事實的意義。因為顯然，在邏輯上，這個普遍性的架格，並不由事實上歸納而成。但是《算理》上的「函值」或類卻是常顧及存在，即，有事實上的意義。它固然曾指明「類」是一不全記號，不能有獨自存在的意義，但這是指類為一公名而言。至於類下的分子，

則可獨自存在，此可謂完全記號矣。所以類本身雖無存在的意義，
然其論類之思路卻是涉及存在而為言。它講到函值的層次即類型（
types，或亦曰步位）時，亦是由存在上起。第一層（即第一序）由
個體作目數：$\phi a, \psi b, \phi c, \ldots\ldots\phi x$。第二層以函值作目數：$\phi \cdot f(\phi x)$。第
三層以函值之函值作目數：$(f) \cdot L\{f(\phi x)\}$。依此類推，可至無窮。《
算理》即用此步位說，解決矛盾。矛盾不是邏輯中事。邏輯學雖然
可以講矛盾，但邏輯本身不能有矛盾。矛盾只是一種混擾，而此種
混擾卻是由於經驗上起，即由於向外發生關係時起。一切可以發生
矛盾的命題，如「一切言皆是虛妄」、「一切真理是相對的」、「天
下無真理」、「無命題」等等，皆是由於頭腦不清所引起的一種混
擾。為防止此種混擾起見，《算理》設一種類型說以避免之。此是
向存在方面想所可以有或者亦應有的文章。即是說，此種討論，在
經驗上說是有意義的，因為這個問題本是經驗上的。

※　　　　　　　※　　　　　　　※

　　《算理》為固定類型起見，它警告我們說，凡說一句有「所有」
或「一切」等字樣的命題，必須是在一定的類型上。不可有所橫軼或
漫越。譬如「天下無命題」是指在一定的立場上而否認一種事實，
至於它本身是一命題，乃是另一個立場。「一切言皆是虛妄」亦是
如此。不可隨便橫軼。為表明此種定型，《算理》造出一種「模胎函
值」（matrix-function）或「指謂函值」（predicative function）。以
標誌之。此種函值既模且指，寫為 "$\phi \mid x$"。由此模指作標準，我們
可以引出一些與之相等的函值。此等函值名曰「非指謂函值」，或

曰「引申函值」，寫為"ϕx"，或"$(x)\cdot\phi x$"，"$(\exists x)\cdot\phi x$"。引申函值與模胎函值，在同型或同目數上，有等價（形式的）的關係。形式的等價云者即兩者同真同假之謂。這種等價關係可以這樣說：「設有任何一函值 ϕx，必有一『模胎函值』與之為形式的等價」；或這樣說：「任何目數的函值必等於同樣目數的模胎函值」。如此，類型方可不至橫軼。這種等價關係，《算理》名之曰「還原公理」（axiom of reducibility）。符式如下：

$*12.1 \qquad \vdash: (\exists f): \phi x\cdot =_x\cdot f|x$

$*12.11 \qquad \vdash: (\exists f): \phi(x, y)\cdot =_{x, y}\cdot f|(x, y)$

第一式應用於類，第二式應用於關係。故亦曰類之公理，或關係之公理。

　　此公理有兩方面的用途：(1)它可以使我們免掉循環或矛盾；(2)它可以使我們規定「等」（identity）。我們先說第一方面。茲可就幾個例子而說明之。譬如「一切言皆是虛妄」這個全稱命題，它所說的是指：這一句話是假的，那一句話是假的：各個單舉命題的統稱。所以這個統稱就等於那些單稱之和，它自己並不在內。那些單稱，於被陳述時，自亦各有其類型；那個統稱亦自有其類型。但是在這些不同的類型上，我們可以使它皆合於一模胎函值。所以結果它們可以同屬於一類型；因此，我們可說那個統稱就等於那些單稱之加和，而那個統稱自己並不是其中一分子。所以那個統稱命題究竟是虛妄否，那是屬於另一型，並不在本型之內。但是如果沒有還原公理所述的那種等價關係，則類型的混擾是很可能的事，因而落於循環或矛盾之中而不克自拔。因為一個統稱事實上等於單稱之加

和，所以拿破崙有具有為大將的一切性質，此中的「一切」就是各個性質之列舉的統稱：它是形容拿破崙的，而不形容賓詞。即「一切性質」不是一性質（大將的）。但此處須注意，即所謂「單稱之加和」，此中單稱之數，即加和的分子，必須是無定的，即不限於有窮。若限於有窮，則不須還原公理，因為我們可以一一去試驗。但在此，我們不能限於有窮。所以我們須有一公理以斷其必同等於一模胎函值。即統稱與單稱之加和必同等於一模胎函值。但於此就有問題。加和的分子既通有窮無窮而為言，如果有窮，則無問題，如果無窮，何以知其必個個皆同等於一模胎函值。此實無可證明。故此公理實是一假設，無必然之根據。拉謨塞（Ramsey）於此中分子之無窮上，證明還原公理可以真，但不必真，可以假，但不必假：即總可有一個等於模胎函值，但於無窮上，不能保證其皆等。於此情形下，他說此公理是經驗的，不是套套邏輯。

再說第二方面，《算理》以指謂函值規定「等」如下：

*13.01　　x＝y・＝：φ：φ|x・⊃・φ|y

此是說：所謂「x 等於 y」等於說：在所有的性質上，如 x 有之，則 y 亦有之。這是以函值所表示的類名規定「等」。但是，凡當我們說「所有」或「一切」時，是一定在一特殊類型上的，並非漫無範圍的泛講。今以函值所表示的類名規定「等」，則此種類名，其所屬之型序也必須是固定的。所以，凡當我們說「一切」性質，或「所有」性質時，必是限於一定的型序：第二序或第 n 序。但是如果沒有還原公理，則所謂「一切某某」中的「一切」之所指不一定是在同一型上。我們可以說：如果 x 之某一序上的一切特性 y 具有

之，則 x 之一切特性 y 具有之。因為此所謂「x 之一切特性」就等於「x 之某一序上的一切特性」。但是如果不假定還原公理，則我們卻不能說：如果 x 的一切特性 y 具有之，則 x 的某一序上（如第二序）的一切特性，y 亦必具有之。如此，由一切性質，如 x 有之，則 y 亦有之。我們不能就斷定說：x 等於 y。因為儘可 x 與 y 具有同樣的性質，而不必相等。依此，如果「等」要是可能的，則 x 與 y 所具有的性質必須是同型的。如果 x 等於 y，則 x 所具的性質與 y 所具的性質必是同型的。如果我們要規定 x 等於 y，而說在一切性質上，x 具有之，y 亦具有之，此時所謂「一切性質」，也必是在同一類型上，所以於規定「等」，我們用指謂函值：言指謂函值即模胎函值，即類型之所在也。如果不用指謂函值，而用任何函值（指謂的或非指謂的），則此時所謂「一切」，必須假定還原公理始有意義。因為還原公理是說：設有一任何函值，必有一指謂函值與之為形式地等價。所以有此公理之助，雖不必用指謂函值明標其類型，它已經是屬於一定的類型了。在此情形下，我們始可說：如果 x 之一切特性 y 具有之，則 x 之某一序上的一切特性 y 亦必具有之。藉還原公理，不用指謂函值。而用任何函值的規定法如下：

　　*13.101　　├ : x=y ． ⊃ ． ψx ⊃ ψy

此是說：如果 x 等於 y，則 x 所滿足的任何特性，y 亦必滿足之。依還原公理，我們將有各級的「等」，即「等」可以成一層級。

※　　　　　　　※　　　　　　　※

　　以上的理論是《算理》數論的思路所必有的。它的思路是由函

值、類、數而一往向外。所謂一往向外,就是主觀對付客觀。在這種對付上,矛盾是必須顧及的,也是應有的問題;而還原公理以及類型說也是方法上的必須。普通說還原公理是「經驗的」(empirical),此「經驗的」一詞不妥。照拉謨塞的追討,它可以是「經驗的」;但其本身之成立,卻不是經驗的。自然科學裏的命題是「經驗的」,而此公理則是對付客觀時所定的一個方法上的「設準」:它是「經驗上的」,而不是「經驗的」。如果我們自主觀如何構造客觀起,則此公理是必須的。如果我們自邏輯或純理起,則此公理不但不必須,而且無意義。如果我們自邏輯或純理以規定「等」,則亦無用此公理之必要,而且亦無所謂各級的「等」。因為向外,始有種種限制、種種條件,以及種種不同的情形。如果自純理起,即把「等」看為是純理上的一個格式或原則,則自無此種種顧慮。我們於規定「等值」時,我們並未有此等顧慮。我們為何不可由「等值」以至「等」呢?如:

$$p \equiv q \cdot = \cdot p \supset q \cdot q \supset p : \equiv \cdot p = q$$

此中 p, q 以 x, y 代之亦可。當然,若識得頭腦,則用別法定之,亦無不可。

以上所謂,還是整個過程中的初步階段。若進而再由類以定數論數。則問題繼續發生。

依羅素,類固不以堆聚而成。如以堆聚,則無以界說空類。故渠以命題函值規定之。但所謂函值仍以個體或項數或分子論。其言曰,如 x 之一切值皆無 φ 特性,則 φx 即為妄,此時 φx 所決定的即為空類。由此空類規定零(○)。零是空類之類,此亦無異於以空

類為堆聚矣。又由 x 之一切值為妄決定空類，則「一切值」牽涉到項數，因何法而知其皆為妄？若純屬一邏輯意義，則不成問題。若照《算理》的思路，從存在方面講（從主觀對付客觀），則「一切為妄」這句話就有問題。因為函值的值為數是無定的：通有窮無窮而為言。如屬有窮，則無問題；如屬無窮，則有問題。在這無窮數的分子中，如就「質」而言，則一切為妄似易證實。（其實亦不盡然，見下。）因為「質」的關係，乃按其內容作解，至其所含之項數若何，則與界說無關，可以不問。所視為重要者，在此羣無窮個分子中，每一分子應具有一公共的性質。若 x 之一切值之所以成類以公共性質而成，則證實 φx 總是妄，只須取其類中一、二分子作例即可。如取孔子、孟子，以證人類便是。此一、二分子能證實，則全體分子亦可證實。因為它們同具一公共性質。

　　但若一切值所成的類是「量」的類，此問題即不易決定。此時，若證明 φx 對於 x 之一切值為妄，除用試驗去一一試證外，實無通則以決定之。既無通則以決定之，則雖可證實 φx 對某量數為妄，譬如對 12 為妄，但不能證明其對於任何數皆為妄。如「一切」所指屬「有窮」，可以證實；如屬「無窮」，則無法決定。可見以 φx 之一切值為妄規定零，若從存在方面講，此界說實無根據可以成立。除假定一通則貫穿其中外，實無他法。此種假定即是相乘公理之變相。

　　所以，若不從邏輯意義去看，而從項數之存在方面追求，則無論為質為量，俱無必然。上面說從質方面似易證實，實因已經假定公共性質之存在。有此公共性質作大前提，自然可以從一、二原素

推知其他。這是一個演繹推理。其大前提之設立是一邏輯的意義，與存在無涉。若涉及存在，則其成立類乎由歸納而成，自不能保證其必然也。（Jeffreys 說《算理》的數之界說是靠著一歸納推斷而成，不為無見。參看下面 D 章附註。）在「量」方面亦是如此。若無通則以貫之，則無法知 x 之一切值是否總是妄。但此種通則，在無窮個項數上，實是一種假定。

此在一個數之規定上已是如此。若在乘法上，仍自類、項數出發，則於兩有窮類可以知其「積」為何，若在兩無窮類（即其項數是無窮）之乘，則即無法知其「積」為何，而其乘是否可能亦成問題。為免此不幸之結果，相乘公理即於焉以立。其實相乘公理之設立，不必至乘法始出現；若為妥當起見，在數之界說上，即當出現。

最後，若論到一般數學之何以可能，照類與項數說，又須假定「無窮公理」為最後之保障。故《算理》一切命題，人謂之為依「無窮公理」而成，而羅素則以為說為「無窮公理函蘊一切命題」為較妥。實則此皆不相干也。

如是，照《算理》的主觀對付客觀（即主觀構造法）的數論之思路，則開頭即須還原公理以固定類型，進而論數論乘，論一般數學，則又須相乘公理與無窮公理之假定。此是一線相穿，前後一貫之論。若分開觀之，還原公理可說為方法上之設準，尚屬小疵；相乘、無窮兩公理，則為一元學之獨斷，此為大蔽。然貫通觀之，則小疵正所以養大蔽，乃一根之發展，非可視為殊途也。故《算理》的思想，非徹底承認，即根本取消。不容支節修補也。

二、相乘公理

　　《算理》講到乘法已經預定個體數的無窮了。但於乘法，因數個數有窮，乘法不生問題；若因數個數無窮，乘法的可能便成問題。此所謂可能與否，當然是理論的，非事實的，於其可能與否之成疑問處，遂假定相乘公理以解決之。至於無窮公理之需要，其故當於下各章依次論之。

　　我們可先從乘法之一般界說上著手。設有 α 與 β 兩類，α 含 μ 項，β 含 ν 項，取 α 中一項為前項，取 β 中一項為後項，使其成為一偶。依次掄取，所有這些偶之個數，便可稱為 "$\mu \times \nu$"。此時，α 與 β 也無須不相重疊（overlap），就是完全一致，也未嘗不可。例如 α 為含 x_1, x_2, x_3 三項之類，我們用以界說 "$\mu \times \nu$" 的類即下列各偶之數：

　　(x_1x_1), (x_1x_2), (x_1x_3); (x_2x_1), (x_2x_2), (x_2x_3); (x_3x_1), (x_3x_2), (x_3x_3)。

　　上述界說，當 μ 及 ν 有窮時，可用；且可順次推廣為三個、四個、五個、六個，或任何有窮個因數。總之，因數個數有窮，這個界說，不成問題。但當因數個數無窮，這個界說便有問題。現在我們需要一個界說，無論有窮無窮，皆可通用繞行。

　　設 K 為一類，其中各類員皆為類，並暫且假定各類不相重疊，即若 α 與 β 為 K 中不同類，則 α 與 β 無公共項。若相重疊，則兩類有公共項矣。今於 K 中每類選出一項，組成一類 μ。「此 μ 類之各項皆屬於 K 中各類，且 K 中任何類 α 與 μ 有一公共項，且僅有一公共項。因原假定 K 中各類不相重疊故。」此類 μ 即稱為「K 中之一

選」（a selection from K）。此一選由 K 中各類抽一項而組成，故可稱為一選班。選班即選類。言此一選即是一類。綜和 K 之一切選班稱為「K 之相乘類」（multiplicative clase of K）。K 之相乘類之項數，即 K 之選班總數，謂之 K 中各類之數之乘積（product）。這個界說，不論因數有窮無窮，皆可通用。

惟此界說，尚假定 K 中各類不相重疊。要想此界說十分美滿，須把此限制取消纔行。因為各類中分子有時實相重疊也。譬如一人身兼數職。在每職類上說，此人之為分子即相重疊。他既可代表這一職類，又可代表那一職類。此時，若照上面只是直接從每類中抽一項而成選，當必有所遺漏：抽此而忘關係也。故要取消不相重疊之限制，我們須先不界說一個「選班」，而當先界說一個「選關」（selector）。選關即選取時所根據的那個關係。故選班是一既成之類，而選關則是一個備選之根據。它是一個關鍵。設有一關係 R, K 中每類各遵此關係而選取一項充當該類之代表。換言之，若 α 為 K 中之一類，必恰有一項 x 屬於 α，而對 α 有 R 關係。若 R 之作用止於此，則稱 R 為「K 中之一選關」（a selector from K）。茲嚴格界說如下：

設 K 為類之類，R 為「一對多」的關係，R 之被關係界為 K，且當 X 對 α 有 R 關係時，x 必為 α 之一項，則稱 R 為 K 之一「選關」。

設 R 為 K 之一選關，α 為 K 中之一類，x 為對於 α 有 R 關係之項，則稱 x 為「R 關係上的 α 之代表」。

K 之一選關之「關係場」稱為「K 之一選班」；綜和各選班而

成一類，稱為「K 之相乘類」。

當 K 中各類互相重疊，則選關總數可以比選班總數多。蓋若 x 屬於 K 中 α 與 β 兩類，則 x 可當兩次選：一次代表 α，一次代表 β。此時，選關雖異，選班則同。所以界說乘法，如其用選班，不如用選關。故乘法普遍界說可定如下：

「一類 K 之選關總數，稱為該類 K 中各類之數之乘積」。

依此，更可界說乘冪。例如 μυ 可以界說為各含 μ 項之 ν 個類之選關總數。

※　　　　　※　　　　　※

不過這個界說是假定了相乘公理的。即於因數個數無窮時，已假定選關或選班是存在的。但於無窮時，選關是否存在，實不可得而知。今承認其有，只是一個假定。如果選關不存在，即不可能，那個界說便亦不能成立。今試不用選關，而用偶（couple）。設 α 為一類，內含 μ 項；β 為一類，內含 ν 項。μ 與 ν 有窮無窮皆可。設 y 為 β 中一項，以 y 為第二項，以 α 中任一項為第一項，作成一類之序列偶。因 α 中任一項皆可選為「偶」之第一項，而 α 共有 μ 項，故每指定一 y，則此類中之偶共有 μ 個。今復就 y 而更迭之，則此種序列偶之類共有 ν 個：因 β 中每一項皆可選為 y，而 β 中共有 ν 項也。此 ν 個類中，每類各含 μ 個偶。此等偶之前項為 α 中之各項，而後項為 β 中之一定項。我們現在可界說 μυ 為此等類（即偶之類）之全體之選關總數。即界說為選班總數亦無不可。蓋因諸類中之偶各不相同，故選關數與選班數相等。此等選班各為一串「

序列偶」，其中各有亦僅有一偶以 β 中一指定項為第二項，以 α 中一項為第一項。以此等「各含 μ 個偶之 ν 個類」，界說 $\mu\nu$ 比從前用「各含 μ 個項之 ν 個類」強些。因此等偶之類之組織不同，容易標誌。若以項為先，則須指出其項之選關。選關可能，項之乘積始可能。然選關之可能是一種假定，不可得而必。今以偶為先，則先驗的即可排列。可排列自可成選，而亦無須相乘公理之假定。譬如靴子可以成偶，自然可以得其乘積，縱然其數無窮亦無關。但若不能成偶之襪子，只能以項來論，此時若不假定選關之可能，或設想一個辦法使選關可能，則其乘積簡直不知如何可得到。據此而論，故以「偶」界說，可無須相乘公理；以項之選關界說。則須相乘公理。

但此種差別，實是式微。因此只是說法的不同。由偶而成序列，不過是開頭即承認其有選關罷了。但是偶之成立不是十分普遍的。於無窮時，何以知其有偶，何以知其無偶？在實際的例子上，有時可以成偶，如靴子；有時不能成偶，如襪子。但數學立言，並不單就一特殊情形而說話。如果不可成偶。將如何得到這些項之乘積呢？是故今以偶為起點，實亦不過先假定有「偶」而已。然此與假定「選關」同。故於無窮時，總須假定一個公理，使乘法為可能。此公理即相乘公理，其所假定的即「選關」之存在。

※　　　　　※　　　　　※

若不有此假定，則不能證明：「必因數有等於零時，乘積始等於零」。此命題，當因數的個數有窮時，可以證明。因為我們可以

一個一個去試驗，或試驗若干個，用算學歸納法以類推。藉此可以證明若無等於零者，則乘積必不等於零。但當因數個數無窮，就沒有方法證明。換言之，於無窮時，我們不能證明「設有一羣類」都不是空類，則從該羣類中必有可取的選關「這個命題」，或「設有一羣類不互相重疊，則至少必有一類為從原有各類中每類恰選一項組織而成」，這個命題。若非假定相乘公理，這些話都是不能證明的。但這個公理的假定又是無邏輯或事實的根據的。只是一種對於存在的信仰或願望。這種假定，用普通言語表示，即是：選關與選班，指望其存在，它們便存在。這是數之實在論的一個必有結果。至若因數為何必預定其無窮，這又是「無窮公理」所以假定的理由。下第四章論之。

相乘公理界說如下：

「設有一羣不相重疊之類，其中無一空類，則至少必有一類為從原有諸類中各選一項組織而成。」

其相等的形式如下：

(1)「乘積惟當因數有等於零始為零」。或「若干基數相乘，若無零在內，則乘積不能為零。」

(2)「設有一類 K，一關係 R，若 K 含於 R 之被關係界，則至少必有一個『一對多』的關係包含 R 而以 K 為其被關係界。」

(3)「設有一類 α，除空類以外，其中所有的副類組成一類 K，則 K 必有一選關。」

(4)「任何類必可順列之」。此即蔡曼諾（Zermelo）定理。此定理即假定：設有一類 α，最少必有一個一對多的關係 R 存在，以 α

中一切存在的副類為被關係界；且若 x 對於 ζ 有 R 關係，x 即為 ζ 中之一項。用這種關係 R 可以從 α 之各副類中各選取一代表；不過兩副類也許往往可以有同一代表。蔡曼諾之目的就在用 R 關係及超窮歸納法，將 α 之項一一順次提出而排成序列。此即所謂「每一類必可順列」之意。

⑸「兩基數若不相等，必一大一小」。此亦相乘公理之變相。若無相乘公理，我們不知兩數之間有何大小關係。

此外還有許多陳述法，俱見下面附錄。

我們可以舉幾個有待於相乘公理的例子：

⑴設有兩串類，每串各有 ν 個不相重疊之類，每類各有 μ 項。我們如何證明這兩串類的總共項數彼此相等呢？要想證明這層，非於兩串間立出一個「一對一」的關係不可。因為兩串之類數相同，所以兩串類之間當有一種一對一的關係。但此所謂一對一，不是類與類間的一對一，而是項與項間的一對一。假如類與類間的一對一關係為 S，此等類之串一為 K 串，一為 γ 串。又如果 α 為 K 中一類，則 γ 中必有一類 β 為 α（關係S）之關聯類。又因為 α 與 β 同為 μ 項之類，彼此應當相似。所以 α 與 β 之間應有一組一對一的關係，並且此組中共有許多個關聯法。正因其多，所以就發生困難。我們要想求得 K 與 γ 中各副類的項數間一個一對一的關係 R，先要尋出一個選班，從各組關聯中每組選出一個關聯充當代表，總和諸代表纔能成 R。若 K 與 γ 是無窮類（其時關組之多為無窮），這種選班是否存在，若不憑藉相乘公理是很難決定的。若 K 與 γ 是無窮類而且互相重疊，則我們應先從選關著手。然無相乘公理，則

此選關如何成立，實不可知。既不可知，即不能定 K 與 γ 兩類之項數相等。

⑵在「無窮數」方面，我們知道：

$$S^2{}_0 = S_0 \times S_0 = S_0$$

S_0 為一最小的無窮數。無窮數是加之，減之，倍之而不變的。故有上式。照上式看來，可說若每類含 S_0 項。則合 S_0 個類的項數之總和也是 S。但此話靠不住。因為若無相乘公理，使其有選關而成順列，則 S_0 個類之項數的總和是否為 "$S_0 \times S_0$"。尚不知道，又如何能知其為 S_0 呢？

⑶還有一個說明，使這層可更加明瞭。我們知道：

$$S_0 \times 2 = S_0$$

我們自然想著 S_0 偶的綜和必為 S_0 項。但若不假定相乘公理，這話有時真，但不能證明其總真。譬如有 S_0 雙鞋與 S_0 雙襪。鞋有左右之分，可以成偶。故其隻數就是其雙數之二倍。今有 S_0 雙鞋，因 S_0 這無窮數是倍之而不變的，故以二倍之亦不變，所以結果還是 S_0 隻鞋。但是，襪子無左右之分，其偶即不易成，不易成偶，即無標準可以成序，因而亦無法知其隻數亦為 S_0。此是就實際的例子而言。若一般講起來，若無相乘公理，則我們即不能知 S_0 之倍數亦為 S。

⑷此外憑藉相乘公理的一個重要問題就是反身與非歸納的關係。我們已預定非歸納數就是反身數。但若無相乘公理就不能證明非歸納數一定就是反身數。惟何謂非歸納數，何謂反身數，現在尚未明白。所以這個問題。留待講無窮公理時再說明。

　　現在可總結一句說：《算理》的數規定於類；由類想到項數。由項數想到項數之間的關係。項數間有否關係？若項數有窮，此問題易答；若項數無窮，則不可知。但必須假定其有。否則，順序不可能。此種假定，即為相乘公理。但項數為何必是有窮？此亦有故。此即是無窮公理之所假定。總之，《算理》數論的思想，一肯定項數是無窮的，二肯定其間且須有一定的關係。前一句是無窮公理，後一句是相乘公理。此兩公理皆以「存在原則」貫之。此之謂數之實在論，或實在的數學論。

　　　　附錄：《算理》關係於相乘公理之命題

*88.01	Rel Mult=$\hat{P}${∃|PΔ'$\Box$'P}	Df
*88.02	Cls^2 Mult=$\hat{K}$}∃|$\epsilon\Delta$'K}	Df
*88.03	Mult ax・=:KϵCls ex^2 excl・$\supset_k$:(∃μ):aϵK・$\supset_a$・μ $\cap$aϵ1

Df

*88.1	⊢:Pϵ Rel Mult・$\equiv$・∃|PΔ'$\Box$'P
*88.11	⊢:Pϵ Rel Mult・$\lambda\subset$ $\Box$'P・$\supset$・∃|PΔ'λ
*88.12	⊢:.Pϵ Rel Mult・$\equiv$:$\lambda\subset\Box$'P・$\supset_\lambda$・∃|PΔ'λ
*88.13	⊢:Pϵ Rel Mult・$\equiv$・∃|$\epsilon\Delta$'P$\downarrow$"$\Box$'P
*88.14	⊢:.K$\subset\Box$'P・$\supset$:P$\upharpoonright$KϵRel Mult・・$\equiv$・∃|PΔ'K
*88.15	⊢:.$\Box$'P=∨・$\supset$:P$\upharpoonright$KϵRel Mult・・$\equiv$・∃|PΔ'K
*88.2	⊢:KϵCls^2 Mult・$\equiv$・∃|$\epsilon\Delta$'K
*88.21	⊢:PϵRel Mult・$\equiv$・ P$\downarrow$"$\Box$'Pϵ Cls^2 Mult
*88.22	⊢:KϵCls^2 Mult・$\lambda\subset$K・$\supset$・$\lambda\,\epsilon$ Cls^2 Mult

*88.23　　　⊢:KϵCls^2 Mult・⊃Cl'K⊂Cls^2 Mult

*88.24　　　⊢∴PϵCls→ 1・⊃:PϵRel Mult・≡・$\overrightarrow{P}$"⫣'Pϵ Cls^2 Mult

*88.25　　　⊢:P⎮Kϵ Cls→ 1・K⊂⫣'P・⊃:P⎮KϵRel Mult・≡・$\overrightarrow{P}$ "Kϵ Cls^2 Mult

*88.26　　　⊢∷KϵCls^{2}excl・⊃:・KϵCls^2 Mult・≡:($\exists\mu$):aϵK・⊃$_a$・μ ∩aϵ1

*88.3　　　⊢∷Mult ax・≡∴KϵCls ex^2 exel・⊃$_k$:($\exists\mu$):aϵK・⊃$_a$・μ ∩aϵ1

*88.31　　　⊢:Mult ax・≡・ Cls ex^2 excl ⊂ Cls^2 Mult

*88.32　　　⊢∴Mult ax・≡・ K$^.$ ϵ Cls ex^2 excl・⊃$_k$・$\exists$⎮$\epsilon\Delta$'K

*88.33　　　⊢:Mult ax・≡・ (a)・$\exists$⎮$\epsilon\Delta$ 'Cl ex'a

*88.34　　　⊢:Mult ax・≡・ Cls→ 1 ⊂ Rel Mult

*88.35　　　⊢:Mult ax・≡・(R)・Rϵ Rel Mult

*88.36　　　⊢∴Mult ax・≡ K ⊂ ⫣'R・≡R,K・$\exists$⎮RΔ'K

*88.37　　　⊢∴Mult ax・≡・∧ ⌣ ϵK・⊃$_k$・$\exists$⎮$\epsilon\Delta$'K

*88.371　　　⊢∴Mult ax・≡:∧ ⌣ ϵK・≡ $_k$・$\exists$⎮$\epsilon\Delta$'K

*88.372　　　⊢∴Mult ax・≡:∧ϵK≡ $_k$・$\epsilon\Delta$'K=∧

（《算理》 Part, II, Section D, *s8〈選取關係的存在之條件〉）

三、亞氏論無窮

本文取材亞氏《物理學》第三卷第三節論無窮。

無窮亦稱無限，是思想界一個重要問題。近人羅素繼承坎脫爾（

Cantor）對此問題曾仔細討論過；從前的柏克萊也著實反對過；現在的數學有限論，在數學方面，又否認了它的存在。可見這是一個很有趣的問題了。

在現在，我們可以把無限分成五種意義：

⑴感受上的無限：譬如鑒賞藝術所發生的神祕之感。

⑵事實上的無限：以為事實上可以有個無限體。

⑶個體數的無限：以為無限是在個體的項數上，譬如原子數是無限的。

⑷實踐理性上的無限：這是康德的主張。他以為於理解所對的現象界主張其有限或是無限都是無根據的。絕對成無限都只能在實踐理性上說。

⑸邏輯上的無限：此是說無限是邏輯上的，非事實所能有，亦非有涉於項數（個體數）。

在此五種中，第一種我們可以不管；第二種大都是古人的迷信，第三種是《算理》所代表的見解，於上章亦可見其端倪；第四種雖不可以不管，但其對於在現象界上肯定有限或無的批評，於我們對此問題之得正解亦不是無幫助的；第五種芝諾開其端（於其無底止之分割上，略見端倪），亞氏集其成，此將為無限論之正宗。

在希臘時期，承認無限的，好像都認它是事實上的，無論其論法怎樣不同。畢塔哥拉斯與柏拉圖以無限為一個原則，其意是自己潛存的本體，而不是某種其他東西之屬性。「畢氏把無限放在感覺對象之間，數目亦不外此。並主張凡在天體外者即為無限。但柏拉圖則以為沒有在外者。形式也不是在天體之外。因為所謂在外，便是無

處可在。他主張無限不只存於感覺對象之間，亦存於形式之間。」「畢氏以為無限等於奇數，偶數為有限。柏拉圖則以為可有兩種無限，即大與小是。即可以大到無限，小到無限。」這些話都帶有原始的、神話的意味。我們也不必去追求它。

　　畢氏與柏氏都是理性論、數學論或形式論者。至於當時的物理學家，如第孟克里圖斯，則以為無限乃一本體之屬性。「原子的數目是無限的」，「其結合而成繼續也是無限的」。這種無限論雖不同於畢氏、柏氏，然從事實上著眼，則是同的。其唯一差別是在：一為「無限體」，一為「無限數」。無限數的看法就是上面第三種見解。

※　　　　　　※　　　　　　※

　　亞氏以為相信無限之存在，可有五種說法：

　　(1)從時間之本性上說是無限的，因為時間沒有起始與終結。

　　(2)從量之分割上說是無限的。數學上用此觀念，芝諾反對眾多大小，也是使用這個方法的。

　　(3)事物之來往，終而有始，是無限的。這種無限是自然之轉化，世界之無終止。

　　(4)限制與被限制是無窮的。因為被限制總是成為限制於別的東西中。所以假設每一種東西是被某種不同於其自己的東西所限制，則結果便是無限，無限地連下去。芝諾也嘗使用這個方法反對多少、運動諸概念，而證明其師巴門里第的「凡有」與「不動」的主張。

　　(5)比較有困難的即是天體外者是無限的主張。此已為柏拉圖所

反對。

以上五種意義，第五種不能成立。第一種與第三種是另一種意義，不同於我們所意謂的無限。若照常識上說，我們也可以承認；若照康德的辯證論說，則亦頗難有所肯定。此問題現在可以不管。與我們有關的是第二種與第四種。第二種是數量之無限分割，第四種是限制與被限制間的無窮連續。這兩種都可以證成一種真正的無限之意義。

這個意義實在是由芝諾所用的辯證法引申出的。他用這種方法反對一切眾多、大小、運動等相對的東西，而證明世界是「凡有」。「凡有」一而不動，常而不變，無限而非有限，絕對而非相對。凡主張世界是有限而相對而運動的，他就用他的方法使他陷於矛盾而不克自拔。他這個方法，可以說是無限分割法，也可以說是無底止法。不過這個方法之使用，芝諾有個絕對的混擾。即是以邏輯上的無限分割賦予事實，遂以為事實也可以無限分割。無限之分是理論上的、概念上的，而不是具體事實上的。具體事實是：是其所是，時其所時，而處其所處。它不允許你作無限之分與無限之合。你所分的是那個眾多、大小之概念，不是眾多、大小所代表的事實。如果事實上是多的，它就是多的，你不能使它不多，或使它為無限的分與無限的合。大小亦復如此。所以用這個方法來反對眾多、大小等，其實是一個混擾：事實與概念之混擾。他是把概念上的可以無限分割賦予事實，因而造成矛盾。這是一個混亂。這恰如康德所說理性上從有條件到無條件的追求，只是理性本身有這種向上擴展的要求。它這種向上以至於無條件的要求，只是主觀的紀綱原則（regulative principle），不能作為客觀的構造原則。若把它當作構造原則看，則即有超越理想的矛盾。現在，芝諾所犯的毛病，亦正是把主觀的置於外而作為客觀的。無限的分與無限的合，本是理性進展的權利。它本是主觀的，並無客觀實在性。若使其客觀化，便是錯置。

　　但是，他的應用此法以反對某種理論，或證成某種理論，雖然不對，而其於此法之應用上，卻可顯示出一個無限之真意：無限只在分割上，無限只在概念上。所以吾說，無限之分割說是芝諾開其端，言只能於此看出一個端倪也。

　　我們再看亞氏論無限。他以為「若有一個東西，其本身為無限，且離開感官對象而存在，這是不可能的。」又說：「假設無限既非量度，又非聚合，而是其本身為一本體，而非屬性，則它即為不可分。假使它是不可分，它即不是無限。」這是亞氏表示承認一個「無限體」之存在是不可能的。所以他又說：「無限不能是一個現實的東西，也不能是一個本體或一原則。」「無限不是一個本體，而是主詞之謂詞。」主詞，在亞氏，即本體之意。謂詞即屬性。亞氏不承認無限是本體，但承認它是本體的一個論謂。此所謂「論謂」，即我們的看法或解說。亞氏的謂詞，雖可以說是屬性，但是屬性卻有不同的意義。有是附著於本體之上而存在的；有不是附著於本體，而只為我們對於本體所加的看法、說法或意義。無限為本體之屬性即是後一個意思。無限既是一種論謂，所以亞氏又說：「一個無限的可覺體不是可能的。」「沒有一個東西，它實在地是無限。」「

無限不可以量論。每一量度，或部分，或全體，都必在一定地位與時間，或在上下左右諸關係中。」

無限既不是「看不見的存在」，也不是「可覺的存在」：它不是一個東西在外存在。亞氏在這一方面是對的。

然則無限是什麼東西？它如何存在？它在那裏存在？在積極方面的解析，我覺得亞氏也是對的。

亞氏以為「無限顯示其自己於不同樣法中：於時間，於人類之世傳，於量之分割」。在這三方面，無限之存在有一個共同之意義。亞氏說：「無限之存在式是：某一事物總是在另一其他事物之後，並且每一事物總是有限，且總是互異」。這可以說是無限的一個定義。在這個定義裏，我們也可以說函有《算理》上所列的三個關係：⑴傳遞，⑵連結，⑶互異。但是這個無限的繼續卻不是如《算理》一樣，以此三關係來構造。卻是由無限的繼續顯示三關係。「一尺之棰，日取其半，萬世不竭」，這是一個無限的存在式。

試以這個意義衡量亞氏所舉的三方面，看那一方面最能顯示「無限」。時間若抽象化而加以分割，也可以無窮。因為時間不是一個具體存在的東西。具體存在的東西可以分解至於無，而時間則不能。所以時間可以顯示出無限。所謂顯示無限，並不是說時間是無限的，也不是說時間有「無限」之屬性而附著於時間；乃只是說，若把時間抽象化而加以分割，則時間可以容納「無限」的觀念。時間之顯示無限，只有這個意思是準確的。至於因世界無末日而表示的無始無終之無限，則非在討論之列。

無始無終之無限既不在討論之列，人類世傳之無限，也非我們

所能知。而且世傳也沒有時間那樣容許無限分割之可能。因為它不能無鄰次。父之次為子，父與子中間不能有非父非子者存在。因此它不能無窮分割。它雖然可以繼續，可以不竭，但我們不能說它必繼續，必不竭。這是沒有人知道的。

真正的無限，惟在第三種，即量之分割。此所謂量是數量，不是物量。物量不能無窮分割（除非抽象化），數量可以無窮分割。時間所以有容納無限分割之可能，是因為它被數量化、抽象化、或概念化。

亞氏說：「一個數量並不是實在是無限的。但是在分割上，它是無限的。」又說：「無限有一種潛藏的存在。」所謂潛在是說不分割便沒有，一分割便出現。所以無限惟存在於無窮的分割上。

最後，亞氏又下定義說：

「假使一個數量，它是能夠從所已被取者中總是能取出一部分來，它便是無限。」

亞氏又從反面解說道：

「凡不能取出的，便是完全而整個。」「所謂全體是說無物在其外。全體是圓滿無缺。」「無底止者即非全體，底止是一極限。」一個數量若不分割，便是一全體或整個。一經分割，便是無限，便無底止，便破壞其圓滿性，不復為一全體。

亞氏的無限論可以叫做「無限之劈分說」。這種無限纔真正是思想上的、邏輯上的，故亦可曰：「無限之邏輯說」。吾人以為「無限」只能如此論，只有這樣的無限纔與數學有關。把無限看成是一個體，固然不對；即把無限看成是項數之無限，亦同樣不對。《

算理》的無限就是項數或個體數方面的無限。對著劈分說而言，將名這種無限曰「無限之項數說」（member-theory of infinite）；對著邏輯說而言，將名這種無限曰「無限之實在說」（realistic-theory of infinite）。

　　或以為劈分說，所分出的也是項數。要論無窮，豈能離開項數？曰不然。劈分的項數是由無窮的劈分而來。若不劈分，則無所謂項數。故此項數不是星羅棋布，紛然雜陳。而且劈分說，並沒有承認有無窮個項數。它論無限，只是於分割上顯：日出其半，萬世不竭。但是項數說則以各分子紛然實在為出發點，而無窮公理更假設世界有無窮個個體數存在。此則非由劈分而來，而乃逕挺持體，獨自存在。故此所謂項數實與劈分說之項數迥然不同。劈分說不說項數是無窮，不自項數出發，但於數量上可以有無窮的分割：這是理性的權利。吾人論數，無論有窮無窮，皆不自項數上說話。

　　又布魯維（Brouwer）的直覺論，把「無限」看成是數目之自由創造之前途，不可加以陳述。陳述無限便是無意義。人類的直覺只能於此場中無限地構造自然數，而所構造的又只是有限的。惟有限數始有意義，惟特體及特稱命題始有意義。他證成有限論的思路固無可取，而對於無限的看法，卻甚有理據。布魯維的有限數學論，本亦是「數學實在論」，即把數學看成是實在的、具體的、直覺上的。其來源固是康德的時間直覺觀（見下分），而其立說又與柏克萊的經驗論同（當然他並不是說數學是經驗的）。柏克萊以為這個感覺世界，也就是具體世界，其中一切東西都是具體的、特殊的、有限的。即數學也是可感觸的、具體的。他極力反對抽象，他以為幾

何學中之點也是可觸的，縱不在我的觀念中，也在上帝的觀念中。他以 "minimum sensibilia" 代替幾何中的「點」。他這種現實的世界觀，固有理據（懷悌海極同情之），但不識邏輯為何物，故對於數學亦無法解析。吾人由柏克萊的理論，可以否決了「無限之實在論」，但同時由此也否決了數學與邏輯。這即表示在柏氏手裏，數學與邏輯沒有解脫出來。

　　附註：項數說實由一般數學家教授「數論」時所沿習慣而成。這些數學家大都無哲學的修養，或思想的訓練，只知從常識出發，浮光掠影，泛泛講去。他們的講法，最易發生的就是把「數」看為一個團，或體，或總體，或集合體：最後概括之而名之曰「類」，講到類或體；便想到其中所包含的分子：此則名曰項，或成分，或元素。這好像是最有思想的講法。不明白「數」為何物，以團，以類，以體界說之。相習成風，遂成慣例。寖而久之，不復知數為類，抑類為數矣。再寖而久之，則徑以類論為數論矣。此在基數或自然數上，尚不見其有何不便，但數學是「學」。不只是「數」而已。它有演算，有法則，當到界說 "x×y" 時，項數說便有毛病出現。x 是一類團，y 亦是一類團，此時要求 "x×y" 的乘積，按項數說，必須找出 x 團與 y 團中的項數之關係纔行。但此種關係，於有窮（項數）時，無問題可言；於無窮時，則問題發生矣。如是假定相乘公理以解決之。又循項數說，每類必有項數以實之，於是又須假定無窮公理。否則，我們不能證明 $n \neq n+1$，亦不能證明「無兩數同一繼數」。此一段問題發展史，蓋有自然之勢，無足怪也。讀者於後將見，吾人亦承認「數」是一類名，但數與類究不同，此其一。吾

人亦承認數既然是一類名,自然亦有其成分;但於講成分時,須不可不先注意數之產生。吾人須把「項數」限於「數」上,不可泛泛將其限於「類」上。此其二。如此前進,方可決裁無窮問題,方可說明數學本性。(數學家以「體」論數,讀者可以參看德人 Sperner 及 Schreier 合著之《解析幾何與代數》第三編。)

四、無窮公理:無窮之實在論

無窮公理是假定宇宙間的個體數可以無窮。講數學何以必牽涉到宇宙間的個體數?又何以必假設個體數是無窮?其故即在《算理》之數學實在論。以類規定數,而類必有分子。若到了無分子的類,則便是空類。若許多數都為空類所規定,則空類之間毫無差別,所以這許多數也必彼此相同。據此而論,必假定無窮個體數,數與數之間,始可以彼此有別。

此公理可述之如下:

「若 n 為任一歸納基數,至少必有一含 n 個個體之類存在。」歸納基數即服從算學歸納法之數。算學歸納法是這樣的:一種特性,○具有之,任何具此特性之數之繼數亦具有之,則一切數都具有之。都具有的這個特性叫做「遺傳性」。這種遺傳性可以歷試而得到。如果任一數可以歷試其有此遺傳性,則此數即為歸納數。歸納數亦稱有窮數。因惟「有窮」,始可歷數而試之。或即不必歷數而試之,亦惟於有窮上,始可根據若干個而類推其他。否則,此概稱之命題不必真也。故服從算學歸納法的數即叫做歸納數,亦曰有窮數。(

此自與邏輯上的歸納法之使用不同。我們在對付外界上，並不知其是有窮或無窮也。）n 為任一歸納數，即是說n 為任一有窮數。無窮公理於此斷定說：「至少必有一個含 n 個個體之類存在」。若不假設宇宙個體數之無窮，則有窮的 n 個個體之外便不復有數，亦不復有含此 n 個個體之類存在。含之者必為空類，等於零，亦即等於無含也。今假定可以有無窮個個體，所以始可說：至少必有一個含 n 個個體之類存在。

假定這個公理真，結果含 n 項個體之類，便不但有一個，而且有許多個。於此，宇宙間個體總數，便不是一歸納數，即不是一有窮數。因為設 n 為任一歸納基數，則 n+1 亦為一歸納基數。根據無窮公理，我們可說，至少又有一含 n+1 項的類存在。結果，含n 項個體的類就不只一個，並且 n 不是個體的總數，n+1 亦不是個體的總數。因為 n 是一歸納數，n+1 亦是一歸納數。依次連續，則宇宙間個體的總數必大於任何歸納數，而是一非歸納數，也就是一無窮數。如是，我們可說：含「全體歸納數」之數就是一個非歸納數。若 n 是個歸納數，則從 0 至 n，其歸納數之個數為 n+1。所以無論 n 為什麼歸納數，歸納數之數總比 n 大。若 n+1 為一歸納數，則從 0 至 n+1，其歸納數之個數當為n+2。依此遞推，則「所有的歸納數」之數必大於所有的歸納數。此數為不可歸納，故為無窮。此無窮數始得為宇宙個體之總數。我們若將此數列為一纜，則此纜便沒有末項；否則，將為有窮。但如果 n 為一歸納數，則凡 n 項之纜皆有一末項，因其服從算學歸納法，可以歷數故。所以「所有各歸納數」之數是個新的數。它與各歸納數都不相同，不具一

切歸納性。0 之性質，縱使 n 有之，n+1 亦有之，但這個新數卻未必有。由此新數之產生處，坎脫爾遂建立其「超越原則」（principle of transcendence）。藉此原則，由歸納數可以過渡到非歸納數，而成為無窮數。並與歸納數一樣，亦可將無窮數列為序次。

※　　　　　　※　　　　　　※

　　無窮公理的須要，可說明如下：

　　皮亞諾（Peano）五個原始命題中的第三個說：「無兩數同一繼數」。即兩個基數不能有同一繼數。此照自然數的序次說，本為自明之理。1 之次為 2，2 之次為 3，決無同一繼數者。但羅素則向另一方面想，以為若不假定無窮公理，此命題即不易證明。假定宇宙間個體數為有窮，譬如說 9 個，則由 0 至 9 這十個數自是我們所謂歸納數。但 10（其界說為 9+1）卻是一個空類。"9+1" 為 10 既是一個沒有項的空類，則 "9+2" 也是一個沒有項的空類。推而廣之，只要 n 是個歸納數，不是 0，則 "9+n" 也仍是沒有項的空類。所以從 9 起，以後各歸納數都是空類，彼此全等。既然全等無別，則這些歸納基數便不能成一進級纜；而不同的兩基數之繼數也未必不同。因為 9 與 10 的繼數同是空類：9 的繼數為 10，10 是空類；10 的繼數為 11，而 11 也是空類。9 與 10 雖不同，但其繼數卻是同。這豈不是兩個數又有同一繼數了嗎？要想免除這種算學上的不幸，非用無窮公理不可。若宇宙間個體數無窮，便無空類。任出一數，必有項數以實之。如是，「無兩數同一繼數」方可成立。

　　無窮公理又可從另一方面表示其必要。設有一命題曰：「設 n

為歸納基數，n 必與 n+1 不同。」此命題就是「無兩數同一繼數」之正面表示。但若沒有無窮公理，則「n 必與 n+1 不同」就不能證明。大家必以為這很易證明。其實未必然。「設 a 為歸納類，其項數為 n，則 n 不等於 n+1。」這個命題誠然可以證明。但若不假定無窮，則含 n 項的 a 類也許就不存在。a 既不存在，則 n 及 n+1 同是空類，便是很可能的事。然則，n 為何必不同於 n+1？所以那個命題之所以認為可以證明者，實因它隱含著這個假設即：「若 n 為一歸納基數，並且宇宙間至少有一類其項數為 n，則 n 不等於 n+1。」但這個假設已肯定 n 不為空類，這已類乎無窮公理了。所以「無窮公理」能使我們確認「有許多類其項數為 n」。並且能使我們斷定 "n≠n+1"。即是說，可以使我們證明「同異」和「多寡」這兩個數學上的基本觀念。

　　無窮公理之必要，還有一層，即無窮數之證成處。我們前面說，設 n 為一歸納數，從 0 至 n，其歸納數之個數為 n+1。故無論 n 為什麼歸納數，歸納數之數總比 n 大。再推之又說，所有歸納數之數必是宇宙個體之總數，為非歸納的，為無窮數。在此若沒有無窮公理假定無窮個體數之存在，則「歸納數之數總比 n 大」就未見得能成立；而「所有歸納數」之數也許落在空裏去，無窮數便是虛空，不能成立，宇宙間的個體數還是有窮。如是，坎脫爾的超越原則便無從建立，而其「造形原則」（principle of formation）也無所施其用。

　　由以上各點看來，無窮公理是很有理由成立的。但這卻無邏輯理由證其必真，即不能證明宇宙個體數必是無窮。不過由以上各點

看來，卻又非假定不可。即，無理論的圓足，當假定其無窮。否則，有好多事實不能證明。此即羅素所謂全部《算理》命題是被無窮公理所函蘊。按此而言，假定有無窮個個體數為一個保險的場所，在此場所裏，我們始能言同異，言一多，總之，全部數學始能成立。在無窮數上，實在論的思想尚不見顯明，惟至無窮公理的須要之辨論上，始見實在論的思想是貫通有窮無窮而為一的。

有此假定，再用「超越原則」可以過渡到無窮數，用「造形原則」可以將無窮數列成級系。即無窮數，與有窮數同，同可序列，且可造成不同的系列。其基數系用 S 表之，其序數系用 ω 表之。用超越原則所發見的新基數（即無窮數）之最小者為 S_0，依次順序為 S_1, S_2……。超窮序數之最小者為 ω_0，依次順序為 ω_1, ω_2……。由此進級系列，再用超越原則，可以至 $2S_0$, $2S_1$……，乃至於 $2\omega_0$, $2\omega_1$……。即乘冪如 2^{S_0}……亦可依次法得到。

※　　　　　　　※　　　　　　　※

前述無窮數為非歸納數。即具有「非歸納性」。還有一種特性曰「反身性」（reflexiveness），亦曰「軟圓性」。惟此特性始使無窮數之算法不同於有窮數。

所謂軟圓者，即於無窮數以 1 加之，以 1 減之，或倍之，半之，或以任何演算施之，並不因而加多或減少。譬如大海，勺水之增減皆無礙也。

「一類之數以 1 加之而不變」，與「一類與其外一項 x 合成一新類，原類對於新類有一對一的關係」，這兩句話是一而二，二

而一的。這第二句的意思是：一個類與「該類及另外一項 x 相加之和」相似，即與另函一外項之類相似。譬如，設該類之數為 n，則另函一外項之類之數即為 n+1：n 與 n+1 相似：有一對一的關係。也即是說，以 1 加之而不變。如其如此，我們還可得n=n-1，即是以 1 減之而不變。概括起來說，就是一部分可與全體有一對一的關係。在此種意義上，我們可以說，這個一對一的關係即表示全體反射於部分中。這種全與分的關係，與普通全體部分不同。勿寧說是「卷之」與「放之」的關係。即「縮小」與「放大」的關係。卷之則退藏於密，放之則彌六合。一個照像，放大之是某人，縮小之還是某人：小對大而言名為部分，故「大之全」反射於「小之分」中。這一種大之，小之而不變者，即為「軟圓」。此理蓋甚易明。所謂「一華一法界」，「一葉一如來」者，亦即此意。

　　再舉一例以明之。

　　設有一單位「1」為可劈分。吾人可將 $\frac{1}{n}$ 之除法，無窮地向下推，直至最小量，比 ε 還小。我們於此以 ε 為 0 與非 0 之間的極限。其界說可如下：

$$1, \frac{1}{2}, \frac{1}{3}, \cdots \frac{1}{n}, \frac{1}{n+1}, \cdots > ε > 0$$

如是，ε 並不等於零，因其尚有量，並不就是零。它可以為純粹數的可能之符號。他方面，ε 又不等於 $\frac{1}{n}$，或 $\frac{1}{n+1}$。因 $\frac{1}{n+1}$，甚至 $\frac{1}{n+1}$，之後仍還可分。故 ε 是可能的數與實現的數之間之極限。縱不能賦予以一定的量，但它卻不是零。我們以此量為極限，反過來，即可得下列級數：

$$\varepsilon, 2\varepsilon, 3\varepsilon, \ldots\ldots n\varepsilon, (n+1)\varepsilon, \ldots\ldots \to 1$$

此 1 譬如說是宇宙，有無窮個項數在內。如是我們可以將此 1 分為與其自身相等的各種部分：

$$
\left.
\begin{array}{l}
\varepsilon, 2\varepsilon, 3\varepsilon, \ldots\ldots n\varepsilon, \ldots\ldots \to 1\ldots\ldots \\
2\varepsilon, 4\varepsilon, 6\varepsilon, \ldots\ldots 2n\varepsilon, \ldots\ldots \to 1\ldots\ldots \\
3\varepsilon, 5\varepsilon, 7\varepsilon, \ldots\ldots (2n+1)\varepsilon \ldots\ldots \to 1\ldots\ldots
\end{array}
\right\} \ldots\ldots \to 1
$$

於此三系列中，每一系列都是一個無窮，而向 1 輻輳。三個系列合起來，還是一個無窮，而仍向 1 輻輳。這即表示全體反射於部分，而有軟圓性。此例是根據劈分說而得來，立場或與《算理》不同。但同能表示軟圓之義則無疑。

※   ※   ※

　　無窮數有非歸納性，與軟圓性，俱已說訖。茲復有一問題，即非歸納數是否是反身數或軟圓數？我們已知凡無窮數是反身數，凡反身數也就是非歸納數。但《算理》上，則以為若不假定相乘公理，我們即不能證明非歸納數一定就是反身數。這一問題總攝相乘公理與無窮公理而為一，故論列於此。

　　我們已知一個反身類就是一個「含有 S_0 項的副類之類」，即一類與其另含一項所成之類相似。如果要知道非歸納數即是反身數，只要證明「從任何非歸納類中必可選取一個進級纜來」就足夠了。但是非歸納類就是無窮類。於無窮項數的類，據二章所論，若不假定相乘公理，則即不知一個選班或選關是否可能。如果選關不可能，則一個進級纜不易排成。在一非歸納類中，一個進級纜若無法排成，

則全體將何所反射？既無處可反，又何以知其是反身類？故要證明非歸納數是反身數，須假定相乘公理。即須承認其可以成選，可以成序。

由無窮公理，我們容易證明一個非歸納類所含項數必較任何歸納數大。設 a 為一非歸納數，ν 為一歸納數。則 a 中必有許多副類，其項數各有 ν。因此，我們很能夠從 a 中選出許多「有窮」副類來。譬如：第一，空類；第二，一項類；第三，二項類，等等。這些串副類，排成一個進級纜，每串含盡一切有 ν 項之副類。在此，我們並未憑藉相乘公理。我們即可知這些串副類之組和數是反身數。因為每一串含盡一切有 ν 項之副類，而所有的這些副類串總起來還是 ν 項。所以 a 中所有的副類（有窮的）之總數是反身數。但這還未證明 a 是反身數。要證明 a 是反身數，則須假定相乘公理。因為 a 是無窮類，其項數無窮。在無窮個項數中，若無法加以排列，則亦無法知其是否反身也。

總之，講到數學，既須無窮公理假定個體數是無窮，又須相乘公理假定此無窮個體數之間還有關係。此即為「無窮之實在論」或「原子論」。無窮公理可以證明「無兩數同一繼數」，又可以證明 "n ≒ n+1"。相乘公理則可以證明序次或順列。前者所證明的是一多、同異，兩觀念；後者所證明的是「序次」一觀念。序次與同異是數學上的兩個基本事實。按著相乘與無窮兩公理，則序次與同異不是一種事實，乃是一種假定或信仰。其為假定猶之乎這個世界是否有條理之為假定一樣；其為信仰猶之乎信仰因果律或信仰上帝安排世界之為信仰一樣。但數學上的序列與同異，究竟是否與看世界或看因

果律同樣呢？如照項數說，則同；如同，則《算理》為對；如不同，則《算理》的「數學實在論」為錯。如果序列與同異在數學上是假定的，則數學與邏輯也是假定的，推之，人類的理性也是假定的。這將會成個什麼局面！所以我現在可以斷定它們決不是一回事。我們得換一個觀點來看。

　　附註：美國《科學底哲學》季刊第 5 卷第 4 號（1938 年，10 月份）有 Harold Jeffreys〈數學的性質〉一文。其中有下面三條重要的結論：

　　⑴《算理》中的數之界說是靠著歸納推斷而成。它所要求的數學歸於邏輯，事實上是未作到的。

　　⑵無窮公理甚至亦並不依歸納而成，而實在是假的。

　　⑶我們說數學是按照一組設準而推出的結論是可以合法的。可是用不著主張外界的存在來滿足這些設準。

　　這三條結論大致與本書的意旨不甚相差，不必去追究。惟在該文裏，Jeffreys 又有一個附註說：在 1938 年之夏，亞氏學會有一個集會，當時羅素亦在場，羅素提出一句話使大家注意。他說：所謂《算理》中的命題依於無窮公理，其實不如說：無窮公理函著如此這般。羅素或許以為這個說法有一點便宜。在《算理》中有「假命題函任何命題」這個命題。如是，無窮公理雖可以假，而結論或可以真。Jeffreys 在該文中曾就此點而加以解說曰：如果在科學的應用上，《算理》中的命題都可以是真的。如是，在有限的範圍內都可應用。所以為理論上的圓足，於有限範圍外假設一個東西為其根據，也並非不同。縱然這個假設是假的，而其中的命題不必是假的。這

種情形，在思想上是常有的。但是 Jeffreys 以為縱然此意可以成立，而《算理》的

$$\sim p \cdot \supset \cdot p \supset q$$

這個命題所表示的思想卻未必能證明。由此，他進而論到函蘊問題。他說無論路易士的函蘊或《算理》的函蘊，皆不能證明這個命題。關此，我覺得他們對於函蘊的解法都不可通，而且由無窮公理亦不必牽涉到此。《算理》的數論是基於存在而為言則無疑，而無窮公理無根據亦無疑。無窮公理可以假，而其所函之諸命題可以真，這說法足使數學無妥當基礎亦無疑。我們是講數學本身，並不講其應用；是就其本性而為言，不就其應用而為言。數學是閉門造車，出門自然合轍。

附錄：《算理》關於無窮公理之命題

*125.1 ⊢:.Infin ax $\cdot \equiv :$ a∈ NC induct $\cdot \supset_a \cdot \exists | a$

*125.11 ⊢:.Infin ax $\cdot \equiv :$ a∈ NC induct $\cdot \supset_a \cdot a \nleqslant a +_c 1$

*125.12 ⊢:.Infin ax $\cdot \equiv :$ a∈ NC induct $\cdot \supset_a \cdot \exists | a +_c 1$

*125.13 ⊢:.Infin ax $\cdot \equiv \cdot \wedge \sim \in$ NC induct

*125.14 ⊢:.Infin ax $\cdot \equiv \cdot (+_c 1) \upharpoonright$ NC induct ε 1→ 1

*125.15 ⊢:.Infin ax $\cdot \equiv :$ p∈ Cls induct $\cdot \supset_p \cdot \exists | -p$

*125.16 ⊢:.Infin ax $\cdot \equiv \cdot \exists |$ Cls-Cls induct $\cdot \equiv \cdot \exists |$ N$_0$C-NC

　　　　 induct $\cdot \equiv \vee \sim \in$ Cls induct

*125.2 ⊢:.Infin ax(x) $\cdot \equiv :$ a∈ NC induct $\cdot \supset_a \cdot \exists | a(x)$

*125.21 ⊢:Infin ax(x) $\cdot \equiv$ t'x$\sim \in$ Cls induct

*125.22 $\vdash$:Infin ax(x) $\cdot$ $\equiv$ t^3'x$\in$ Cls refl

*125.23 $\vdash$:Infin ax(x) $\cdot$ $\equiv$ $\cdot$ $\exists$| N$_0$ (t^2'x)

*125.24 $\vdash$:Infin ax(x) $\cdot$ $\equiv$ $\cdot$ Infin ax(t'x) $\cdot$ $\equiv$ $\cdot$ Infin ax(t^2'x) $\cdot$

$\equiv$ $\cdot$ etc

*125.31 $\vdash$:$\exists$| N$_0$(x) $\cdot$ $\equiv$ $\cdot$ t'x$\in$Cls refl

*125.32 $\vdash$:$\exists$| N$_0$(x) $\cdot$ $\equiv$ $\cdot$ $\exists$|(1→1)$\cap$$\overrightarrow{D}$'t'x$-$$\overrightarrow{D}$'t'x

*125.35 $\vdash$.N$_0$ $\in$NC mult $\cdot$ $\supset$: $\exists$| N$_0$(x) $\cdot$ $\equiv$ $\cdot$ Infin ax(x)

*125.36 $\vdash$:Infin ax(cls) $\cdot$ $\equiv$ $\cdot$ $\exists$|N$_0$(Cls)

（《算理》 Part III, Section C, *125〈無窮公理〉）

五、無窮數：無窮之劈分說

　　羅素以為這個無窮公理非假定不可。因為他想不出別的方法來可以證明無窮數之存在。他以為有一種構造法可以造出無窮來。但事實上這有點無中生有的幻術性，所以還是不能成立，這個幻術是如此：設宇宙間個體數為 n，將所有的個體，以及這些個體的類，類之類，等等，全都加和起來貫為一串，這串的項數自然是：

　　n$+2^n+2^{2n}+$……以至無窮

這就是 S$_0$ 了。所以如果將各種東西彙集起來，而不顧及類型之混擾，自然就會得著無窮類，並且無窮公理等於無用。這種說法，他以為是一種幻術，教我們想到幻術家從帽子變出東西來。觀者拿帽子給幻術家時，自信帽內無兔，回頭帽內出一個小兔，遂大為失驚。若我們對於「實在」有健全之感，知道無中不能生有，則對於上面

的構造法雖不明其黑幕之所在，至少也可覺得從有窮個個體數中生出無窮集和來是不可能的事。

他以為這其中的黑幕就是類型之混擾。凡設想此個體之類，其自己是否也是該類中之一分子，都是無意義的。將不屬於同一邏輯層次的原素以符號構為一類，則所使用之符號便不復有意義。設或宇宙間的個體數為 n，其類數為 2^n，我們不能將全體個體數與全體類數，混合起來，成為一類，包含 $n+2^n$ 項。所以要想不用無窮公理終歸失敗。此種批評自是對的。因為設 n 為有窮數，此有窮個個體數是實在的；但若無「無窮」之假定，則自此而後的類之類，等等，全是離開存在的空中之循環，不復有意義。若以此而進於無窮，則便是虛幻與實在兩層之混擾。

無窮公理所假定的「個體」是什麼意思呢？羅素以為凡可以用專名（proper name）名之的就是「個體」（particular, individual）。此處所謂個體，也許不是最後的，即仍可加以分解。表面上是個體，也許一經考查，其實是個體之類，或類之類，或其他複雜的東西。但理論上一定可以分而又分，終究達到最後的主體。所謂個體的意思，就在這些最後的主體上。無窮公理所關之個體，正是這些個體。無窮公理對於這些個體若真，則對於它們的類，類之類，諸層亦無不真。反之，若對於它們假（即無此種個體），則對其類之類諸層亦假。所以在個體上論無窮公理比在別的類型的層次上（如上所謂幻術法）論無窮公理，要強得多。

這個假定，其實就是元學上的一種學說，一種信仰。羅素的「多元實在論」，或「邏輯原子論」就是由此而引出，也就是歸證此公

理。無窮公理與相乘公理，在《算理》系統內，另換一個說法，歸根結底就是原子的運動與運動的座標問題。希臘時期，芝諾反對「運動」與「眾多」，意思就在說明只有「眾多的原子」，而無其他，則眾多不可能，運動也不可能。換言之，運動與眾多得不到理論的或意義的解析。無窮公理所假定的等於說：「原子的數目是無窮的」或「宇宙是多數之原子的」。相乘公理所假定的等於說：「除多數原子而外，還有一個座標」，或「運動必因對著一推度格而始有意義。」

芝諾只消極地否定了變與多，他沒有積極地指示出變與多之不可能是因為缺少了什麼，也沒有肯定地說明參加上什麼始可能。我們現在可以從正面積極地來說。我們以為若只有「宇宙是原子的」及「宇宙是變的」這兩個命題，而無其他，則這兩個命題便是衝突的，且各自都無意義，不能成立。其說如下：運動是由其所在到其所不在；但如果宇宙只有原子而無其他，則即無所謂「其所不在」；既無「其所不在」，則運動自不可能。這個困難也不能因假定「原子是多的」而避免。因為若只有原子而無其他，則即無標準可以區別這個原子所以不同於彼個原子。既無標準可以區別彼此之不同，則即不能言多。「原子是多的」這個命題也不能成立。此困難更也不能因假定「居間空間」（intervening space）而解決。因為居間空間只有在「多」成立以後纔有意義。今「多」既不能成立，故居間空間也不能表意。所以要想「動」與「多」這兩個原則同時成立，即必須於「動」與「多」而外，設定一個「定常原則」（principle of being）。這「定常原則」就是動與多所以有意義與所以可能的座標。

這個座標也叫做「公共推度格」（common referent scheme）。有此推度格，動與多始可能。否則，不可能。原子論者若不假定這個推度格，芝諾的反對是有理由的，縱然其辯法有錯誤。後來的原子論者，如第孟克里圖，假定一個「空的空間」或「絕對空間」為動與多所以可能的根據。此思想直至牛頓而不變。至愛因斯坦出，始把這個假定剔去了。關此問題，下面第三分還要論及。

羅素繼承原子論的主張，假定宇宙個體數是無窮；亦復知若無一個推度格存在，此等無窮個個體數之間便不知有若何關係可言。此問題，以無窮公理與相乘公理出之，其辦法稍不同於以上所云。因為這是講數學，而不講元學，或物界之結構。所以在數學上只須講赤裸的個體即足；於無窮個個體中，不知其有若何關係，亦只須假定其有關係（可以成選）即足，亦不必如元學那樣設想「絕對空間」之類的東西作推度格。但這種不同，只是因其所屬的學問不同，而有不同的看法。實則，根本上，在數學與在元學，照《算理》的說法，是有同一的性質，或極其相似。他的無窮個個體數，與原子論有何不同？他假定這些無窮個個體數紛然實存，這又與原子的元學有何不同？這種一向往外追求，涉及存在，就是我們所謂「數學實在論」。我們的批評就於此下手。我們以為數學，徹頭徹尾，不應涉及客觀存在，不應外向。幻術的無窮論固不如實在的無窮論一貫。但實在的無窮論也只是一個假定，且離開「思」（邏輯）而向往「有」（存在），成為一種元學理論，數學的基礎便完全落在空裏。所以現在我們必須徹頭徹尾換一個路向：一貫地不涉及存在。

以下將根據「無窮的劈分說」而建立「純邏輯的無窮說」。

　　　　　※　　　　　　　　※　　　　　　　　※

　　「數」是思想的一個產物，並不與實物有關。我們說一個數可以無窮分割，並不是指該數所指示的物事數或項數而言。我們論「無窮」並不指無窮個個體數而言。「數」只是一個序，或一個段。而不必有物量與之相應。它也不必依靠物量或附著於物量而始存。它可以離開物量而自有其存在。我們不自計數事物上而言數，但自數本身而言數。所以也不以類或項數界說數，但自邏輯之理上說明數。

　　「無窮」不是一個數。我們說無窮，是指任一單位（數）可以無窮地向下分言，即由無窮地向下分而題無窮。

　　一個思想的產物，有時在某種情形下可以分，有時換一個情形，則不可以分。譬如：自序數觀之，一個數或單位便不可以分；但自基數觀之，則可分。當其為可分，則為一整體，此時只能是有限，而不能是無限。因為亞氏早已說過一個「無限的體」是不能存在的。

　　如為一基數而可分，此時之可分，如當作算術中之除法看，則有時可以分至無窮，有時不能無窮。如 $4 \div 2 = 2$，$3 \div 2 = 1.5$，此則為有窮。但如 $10 \div 3 = 3.333\ldots\ldots$，此則為無窮。數學上有無窮的概念。吾人論無窮卻不必限於除法之可分上，只限於可分即足明無窮之意義。只限於可分，則每一數或單位，皆可分至分窮。此就是「一尺之棰，日取其半，萬世不竭」的意思。吾人論無窮，可以本此意而前進。無窮與無窮數不同。無窮不是一數。天地間沒有無窮數這個東西存在。東西的數也許可以是無窮的，但吾人不能知之。故吾人

決不能自項數上論無窮。無窮只在分割上顯，或在某種關係上顯。如不分割，便不知一數或一單位是否無窮，它只是一單位而已。若不在某種關係上看，也不知 10 是否無窮。但 10 與 3 發生除的關係時，則顯出無窮來，但卻未顯出一個無窮數來。所以無窮只是於分割上所顯的一個無底止的前程。

如果一單位可以劈分，如 $\frac{1}{2}$, $\frac{1}{3}$, $\frac{1}{4}$, ……$\frac{1}{n}$, $\frac{1}{n+1}$……，便有一個無底止的前程。如將此 $\frac{1}{n}$ 式的除法直向下推，將永遠不能至於零，縱然其量為最小。如果我們以 ε 為極限，使其大於零而小於任何小的量，其界說式當如下：

……$\frac{1}{n}$, ……$> \varepsilon > 0$

此極限 ε 即為可能的數與實現的數之間的關鍵，在此關鍵上，吾人可以「無窮」表之，假名為無窮數（實非一數），記為 S（alepha）。此無窮的前進，若自整個觀之，隨便加一，減一，或倍之，半之，而仍不變：不加多，亦不見少。如是：

$S\pm1=S$， $S\pm n=S$， $S^2=S$。

同時，1 這個單位，由 ε 加到無窮，它即可為此無窮之極限：

ε, 2ε, ……$n\varepsilon$, $n+1\varepsilon$ ……$\to$ 1

其極限為 1，但不就是 1，也許永不能到 1。如果可以是 1，則不為無窮，而為有窮矣。設以 1 為既定單位，若再不停的與 ε 相加，其極限即為 2：

$1+\varepsilon$, $1+2\varepsilon$, $1+3\varepsilon$, ……$1+n\varepsilon$, $1+(n+1)\varepsilon$, ……$\to 2$

以 1 為極限的那個無窮，如果記之以 S_0，則以 2 為極限的無窮，便

可記之以 S_1；同理，以 3, 4......為極限的，便可記之以 $S_2, S_3,$......。如是：

$$S_0, \ S_1, \ S_2, ...S_n, \ S_{n+1}, ...$$

便成一個關於無窮的系列。如為序數，則為：

$$\omega_0, \ \omega_1, \ \omega_2, \cdots\cdots \ \omega_r, \ \omega_{r+1}$$

如果以 S 為既定，與另一個無窮的串系相加，即得兩個無窮（兩個無底止的串系），記之以 $2S$；如為序數，則記之以 2ω。由 2 而至 3，由 3 而至 4，……亦可成一系列，與 $S_0, \ S_1,$……同。這即表示說：於一單位，可以無窮的分割，而所分割出的每一單位又可各自無窮的分割：無窮之中又有無窮，一個套一個，如是便成一串：此串亦是無窮。好像黑格爾論正反合一樣：每一「正」本身是一正反合，每一「反」本身亦是一正反合，而每一「合」本身仍是一正反合：層層相套而無底止；步步是圓滿，步步又不圓滿。我們要想使無窮成為系列，只有站在劈分說上始有意義；若在項數說，便無意義。因為在項數說，假定宇宙有無窮個個體數，紛然雜陳，於是而仍然說一個無窮，兩個無窮，便毫無意義。因只有這一堆無窮項數而已。

在劈分說上，無窮的冪數亦可造出。試取一單位 1 為出發點，$1+1=2$，再視 2 為一新單位，使其自身相加即得 4，再將 4 自身相加得 8，如此下去，吾人可得：

$$1, \ 1+1, \ 2+2, \ 4+4, \ 8+8, \ 16+16, ...$$

此一串，用冪數表之，即如下：

$$1, \ 2, \ 2^2, \ 2^3, \ 2^4, ...2^n, \ 2^{n+1}, ...2^k$$

如不將一單位分為 2, 4, 8，而分為 3, 9, 27，或用普遍的形式，分為 m, m², m³，則亦得：

$$3, 3^2, 3^3, \ldots\ldots 3^n, 3^{n+1}, \ldots\ldots 3^k \text{ ；}$$

$$m, m^2, m^3, \ldots\ldots m^n, m^{n+1}, \ldots\ldots m^k \text{ 。}$$

一個無窮的前程，雖加減之而不變，但是兩個無窮，總多於一個無窮，而任一數的無窮冪如 2^k，卻又比 S 大，即 $2^K > S$。不過這些話在劈分說上有意義，在項數說上無意義。（除非假定相乘公理）。

以上是我們對於無窮的描寫（並非演算）。我們並未把無窮放在一個存在的基礎上。即是說，並不須為無窮找一個靠山。無窮只在分割上顯。如不分割，便退藏於密。一步一步地向下分而無底止，由此顯無窮；但不須預先假定無窮個項數存在以明無窮。所以也不是把現成的項數加以排列。《算理》的思想正是將現成的項數加以排列，所以它既須相乘公理以假設項數間有一定的關係，又須無窮公理以假設項數是無窮。這種思想就是「數的原子論」（atomic theory of number）。劈分說是「數的發生論」（genetic theory of number）。發生論限於思想，原子論限於存在。限於思想，故為邏輯的；限於實在，故為元學的。為邏輯的，則分割之無窮理也，勢有不得不然也。為元學的，則數之無窮事也，不可得而必也。《算理》雖說將數學歸於邏輯，其實並未歸於邏輯，只不過歸於一種原子論的元學而已。

又此處所謂發生，亦不是生物的、心理的，或直覺或時間的，乃是純理的、邏輯的。即康德所謂「理性的擴張」，熊十力先生所

謂「獨起籌度，不依官能，動而愈出」者是也。

　　　　　　※　　　　　　　　　※　　　　　　　　　※

　　再論歸納，非歸納，軟圓之於無窮。

　　《算理》中的無窮公理雖可以除消，但是隨著它的無窮觀，它論無窮所具有的特性卻是對的。無窮數是非歸納的，而且是軟圓的。此兩名詞之意義，上章已解析過。非歸納的是對有窮數之可歸納而言。譬如皮亞諾的第五個命題：一種特性，0 具有之，任何具有此特性之數之繼數亦具有之，則一切俱具有之。這個命題便是所謂算學歸納法。凡服從算學歸納法的。數是有窮數。所謂「一切數俱具有之」之「一切」是指有窮而言。即是說，於有窮個數上，我們可以（如果有時間）一一數而試之，看其是否有此種特性。這種一一數而試之的可能卻只能在有窮上說；若在無窮，便是不可能。即使我們有時間，也不能一一數而試之。既不能數而試之，則歸納便不能成立，而「一切云云」也不能成立。這似乎是很易成立的。但有人以為無窮數也是歸納的。他們以為歸納性是與數分不開的。蓋數之觀念，同時是基數的，又是序數的。如 2ω, 3ω......等，若不是指示一原素之位次（序），或一總集之整數（基數），便是毫無意義。無窮數也可以成序數系列與基數系列。若無一通性在其中貫串之，則此系列便不能造成。今既能造成，則自然也可說一數有之，凡一切數皆有具之。既然可說，也就是歸納的。此種解析，固亦成立。但與《算理》之意卻不相同。即，說話的標準不同。所以也仍反對不了《算理》上的主張。主張無窮數亦是歸納的，是站在一個無窮，

兩個無窮等等之成序上說：《算理》所謂「非歸納」，是指無窮本身而言。一個無窮，其項數無窮，不可計數，故一性質，一切自然數具有之，也許這一個無窮項的數不能具有之；或：在無窮項上，即便 n 項已具有之，而 n+1 項未必有之。因此，說無窮不是可歸納的，並非其成序而言。自其成序上言，第一先把無窮看成一整體，為一單位，或數，第二把此等單位列成系列，即一個無窮，兩個無窮。因為它已經成序。與自然數同，故可說它亦是歸納的。故可說數與歸納分不開。但事實上，第一，「無窮」實非一數。照我們的說法，無窮是一個無底止的分割，無窮之中又有無窮，故可以列成一個無窮，兩個無窮，而使其成序。這是我們以「數」的觀點觀之。若在此而說它是歸納的自亦無不可。但此並無若何意義。所以我們不能以此反對算理的「無窮」之為非歸納。《算理》說無窮是非歸納的，是指「無窮本身」而言，是對於無窮本身所加的一種描述。這是有意義的。

　　但是，劈分說上的無窮，我們又當別論。項數說自項數出發，承認有無窮個項數，紛然雜陳。依此而言，無窮當然是非歸納的。但在劈分說上，無窮不是一堆項數，而是一個無底止的前程。其所已劈分出的俱是有限，而其前程則是無限。依此而言，我們不能說無窮是歸納的，或是非歸納的。其所分出的，因為是有限，故是歸納的；將來的所有的分出者亦是歸納的。理性有此本性，可以一直地向下推。但是那個劈分的無底止，歸納與非歸納俱不能說。在項數說上可以說，在劈分說上不能說。若這個劈分的無底止，自整個觀之，則亦可說有通則貫串之，如一線相穿，直隨那個無底止而無

底止。但於此，我們既可以說是歸納的，又可以說是非歸納的。因為一線相穿，決無變種出現，故說是歸納的：由一可以知十知百知千知萬，乃至無窮。因為一線相穿，可至無窮，乃是理性的申展，無限制的普遍性，故又為非歸納的：言不可以歷試而成。說它是歸納的，其前程未必有窮；說它是歸納的，其前程未必不可預知。如是，皮亞諾第五命題可以無條件的成立。因為我們論無窮不自項數上論，故該命題亦可不因無窮而發生變動。

劈分說的無窮雖不可以歸納與非歸納論，但劈分說的無窮仍可說軟圓。自一線相穿的無底止言，無所謂軟圓。但是自整個圓通觀之，則可以是軟圓。例如有一單位 1 可以劈分。但是這種劈分，可以有好幾種樣法或起點。每一樣法可以有一串無窮，此一串無窮中的項數合起來向 1 輻輳，即以 1 為極限。好多種樣法，即成好多種無底止的串，此好多種無底止的串，其項數綜和起來，仍向 1 輻輳，以 1 為極限。這即是一種軟圓性：全體反射於部分中，加之減之而不變者。此即上面極限 ε 的例。讀者取而觀之，即可明瞭。

但在此有須注意者，即我們說一單位 1 可以無窮的劈分，但卻不能說此單位 1 是以無窮的部分組成。此其一。又我們說軟圓是在那無窮的劈分上，但卻不是說那個 1 是軟圓的。有人以為此單位 1 既可以無窮的劈分，而此劈分又是軟圓的，遂以為單位 1 也是軟圓的，更進而斷定說：有窮數也是軟圓的。此則非是。

※　　　　　　※　　　　　　※

以上我們從劈分說論無窮。既不自項數出發，故也不須無窮公

理假定無窮。我們不須無窮個項數之存在，即可證明無兩數同一繼數。因為數是理性之申展，每一步成一數，皆不必有實物與之相應。數學之所論只是數量，而不是物量。數量可以自行滿足，不必有所假藉。其實，數量只是序次，亦無所謂量。只有序次，而卻無什麼東西的次序。只論此次，不論帶物之序。按序次，自然可以知道無兩數同一繼數。此是「理」也。試以羅素所舉之例明之：9 之後為 10，10 之後為 11。10 之序次自然不同於 11 之序次。吾人決不能說如果天地間只有九個物項，則 10 為空類，11 亦為空類，是 9 之繼數 10 同於 10 之繼數 11 也。數學只論此序次足矣，何可踰分論及實物也？只論序次而可以明其意義，即是理也，邏輯也。不以此為準，而以實物（個體）為準，則踰越邏輯之範圍，無理之必然可得也。

既以理之序次為準，不以項數為準，則相乘公理及蔡曼諾公理亦為不必須之廢物。因為我們並不是去安排紛然雜陳之項數，其成序乃理之當然，何可視之為一假定也？又吾人於無窮上，既不自安排項數出發，故於明無窮之軟圓，亦不須相乘公理。蓋吾人按劈分說，一單位 1，既可以 2, 4, 8……分之，又可以 3, 9, 27……分之。每一種分法皆可成一無底止的串，此串中無窮的項數，合起來向 1 輻輳。最後將此各串揉而為一，成為一串：$\frac{1}{2}$, $\frac{1}{3}$, $\frac{1}{4}$, $\frac{1}{5}$,…… $\frac{1}{n}$, $\frac{1}{n+1}$,……，此串的項數綜合起來亦向 1 輻輳。所以一個無窮之為軟圓，須不必藉相乘公理以排列之。只須按發生說，各以羣分，各以類聚，使其自行生發即可。所謂各以羣分，各以類聚，即分法屬於何種是也。譬如以 2, 4, 8 為起點，則即各以類從，隨之而前進；如以 3, 9, 27

為起點,則亦各以類從,隨之而前進。此種以 2 或以 3 為劈分之起點,殊不必相乘公理始可能也。

至在無窮個項數上,如不假定相乘公理,則不能言乘,此為乘法與無窮問題,下章論之。

現在我們可以總結說,關於無窮,大體說來,可有兩個方向:

⑴項數說:此說的「項數」,其意義無論是經驗的或理論的,我們可統名之曰「實在的」。如果「無窮」是在此種實在的項數或個體上,則《算理》相乘公理是對的;如果數學,照《算理》的論法,自項數出發(類,項數),則無窮公理也是對的;隨之《算理》對於無窮數所描述的特性,如非歸納,軟圓也是對的。這一套說法不是無意義的!但第一,這兩公理都是無根據的,都是猜度之辭。其無根據,將因下面第三分之討論而更顯明。第二,按數學本性說,不應如此論。

⑵劈分說:此為本書之所主。此說不自項數出發。故兩公理皆可不顧。此說恰合數學之本性;數學的無窮只應如此論,惟此種無窮始為數學的。

第一說是實在的、元學的;第二說是理性的、邏輯的。

附注:本章須與下分四章〈無窮與連續〉合看。

六、無窮與乘法

前章說過,無窮只是分割過程上一個無底止的前程。它並不是一個數,而且它只能於分割上顯。說它不是一個數,是說我們不能

演算它；說它於分割上顯，是說我們不能從現成的項數上去論它。《算理》從類規定數。每類有其項數。以空類規定「零」，以全類規定"一"。若 2 則為其項數為雙或偶 (=) 之類，3 為三項數之類；推之，任何有限數皆為其項數為有窮之類；再推之，無窮數當為其項數為無窮之類。有限項數類規定有窮數，無限項數類規定無窮數。有限數既為數，無限數當然亦為數。此是《算理》一往如此的數論。我們以為一個數當然是一個類名，但類與數究屬有異。事之本末先後，不可不察。若一往論類，則顯然類論與數論不同。第一，數雖是一個類名，但不由類而成；第二，數是思想或理性的產物，是序次節或段落之表示，它不是一構造體，而是一單一體；第三，我們以類界說數，須知只是以類說明數，而不可直認為以類成數，須是先承認數是已經自行成立，數是不依「它」而可能的。若不知此種本末先後，而直向類上作文章，則所有的言論只是類論，而不是數論。是謂離題。

　　復次，由有限項數之類到無限項數之類，當然是可以的。但因為有限類規定一個數，隨之也推到無限類也是一個數，這卻是習而不察。我們也許可以有個無限類（站在項數的立場上），但卻沒有一個無限數。我們於前章說過，對此無底止的前程，以無窮表之，權且假名為一個無窮，即假名為一個無窮數。假名為數，乃為方便之故，其實他不是一個數。照我們的論法，我們說無窮之中又有無窮，所以可說一個無窮，兩個無窮，而成系列。但此是把「無窮」當作一整體看：無窮變成有窮，它成為一個系列中的一段或節，它在一序次中（基序或序序），它與自然數有同一性質。因為它在序次

中，當然可以演算它。但是無窮本身不在序次中。它只是一個無底
止的前程，且於分割上顯。所分割出的是一個數，它本身不是一個
數。一個類，因為從項數著眼，故如其為無窮，則可以「無窮」形容
之。這時，我們雖說它是一個類，但因為核數其項數故，故實是當
作一個複雜體看。至於數，雖也是一個類名，雖也有項數，但其既
成為數，則數本身即是一個單一體，而非是一類。從類方面看，它
是一個複雜體；從數方面看，它是一個單一體。從類方面看，可以
用無窮形容之，但此形容乃形容它的項數，並非形容類本身。這個
可以「無窮」形容的項數，不能成為一個數，即是說，它不能成一
個單一體。它要成一個單一體，即一個無窮，兩個無窮，而可以名
之為數，它便不是無窮。一個無窮，兩個無窮，與一個東西，兩個
東西同。此時我們並不注意一個兩個所指的東西，而只注意表示數
的一個兩個。同樣，我們說一個無窮加兩個無窮是三個無窮，這也
不是演算無窮（無窮本身不可演算），而是演算的一個、兩個、三
個（此即是數）。我們所謂加之減之而不變的，那是對於無窮本身
的描寫，不是對於無窮的演算。無窮不可演算，數可以演算。無窮
與數似乎是不相容的。其故蓋即在無窮根本不能成為一個數。每一
個數即是一個限定。而無窮不是一個限定。我們根本未曾有過既是
一個數而其項數又是無窮者。一個數所以是一個單一體，有限體，
而不可以無窮形容之者，即在每一個數不是基數，就是序數，不在
基系之中，即在序系之中：若俱不在，便無意義。無窮不在基序之
中。一個無窮，兩個無窮，不是無窮數。無窮數，其項數須是無窮
的；但一個無窮，兩個無窮，其項數為有窮，即一個，兩個是。此

不可混。

　　《算理》既從現成項數上論無窮，又從項數之類上論數。所以有限項數的類（或數）之乘法，又推到無限項數的類之乘法。有限項數的類之乘法可以有積，無限項數的類之乘，第一等於無積，因倍之半之而不變故，第二如不假定相乘公理，則是否可乘，是否知其倍之半之而不變，皆不得定。凡此俱見前論。有窮無窮，俱以項數論，其乘又俱以項數間的關係建立，然則，相乘公理實貫穿有窮無窮而為言。不過只限於有窮，則不須此公理之假定而已。又依此而論，有窮無窮，俱名曰乘。對此有窮無窮，等量齊觀，視為一條線上的同質同色者。不過於有窮，其乘為有積；於無窮，其乘為不變而已。而其論之，固出之以同一態度或思路也。凡此，皆為著者所不能贊同。依本書的立場，不特相乘公理無用，乘法亦不應如此論，而於無窮亦不能名之曰乘。

※　　　　　　　※　　　　　　　※

　　乘法是一種演算的法則。這個法則只能應用到有窮界，不能應用於無窮界。無窮既不是一個數，根本就不能演算，所以也不能乘。乘數與被乘數，既經稱為數；其項數必是有窮。乘法這個法則只能於數上施行，不能於非數上施行。任何演算法則皆然。

　　演算法則是根據兩個基本事實或觀念而成：一是序次，二是多寡。根據此兩觀念，一切演算都可作出。為避免計數上的麻煩，我們可以立出演算的通則（即演算法則），使之普遍有效。

　　序次觀念是基本的，可以說明而不可下定義。因為界說它還得

用它。數只是次序中之各步。有數斯有序，有序斯有數。數之成序
乃是先驗的，數亦是先驗的。要是一個數，它一定是在基系中或序
系中，即是說它一定在序次中：離開序次，便無意義。所以數與序
是一而二，二而一者。

　　多寡觀念也是基本的。所謂多寡就是一多同異兩觀念。有序次
即有一多，有同異。它不須要外面的事物以證明之。序次成立，一
多同異即成立矣。所以也是先驗的。無兩數同一繼數，n≒ n+1，
這是序次上自明之理，亦只能於序次上來表明。若離開序次；而向
類與項數上想，則不自明矣。在序次上，我可以說明多寡觀念如下
法：設有第五序次上的 5 為一整體（基數），又有第三序次的 3 為
一整體。如果於此兩整體，3 可表象於 5 之一部，則即不能將 5 之
全部表象於 3 或 3 之一部。在此情形下，我們說 5 多於或大於 3，
而 3 少於或小於 5。如果有一第五序次上的 5，又有一第五序次上
的 5，此兩整體可互相表象，即此整體與彼整體作一對一的相配，
則此兩整體此時既不此大彼小，亦不此小彼大。如是，我們亦決不
能將此整體之一部分與彼整體之全體，或此整體之全體與彼整體之
一部分，相表象。此即是多寡觀念之決定。同樣，亞幾默得氏公理
所謂在二線段中或兩個量中，大者恆可為小者之適當倍數所超過，
亦係根據序次觀念而成立。

　　我們根據序次與多寡兩觀念，可作一切演算。譬如：2+2=4，
我們可以這樣進行：

　　　2=1+1

　　　3=2+1

$$4=3+1$$

所謂加 1 者即序次中之前進一步或次一步。2 既等於 "1+1"，則所謂 "2+2"，"+2" 云者是先加上 1，再加上 1，即於序次中前進一步，再前進一步，或次一步，再由此次一步再次一步。如是：

$$2+2=(2+1)+1$$
$$=3+1=4$$

又如 a+b 與 b+a 是不相同的，但其值是卻相等的。即

$$a+b=b+a$$

此即所謂加法對調律。其證明如下：試先以 a=1，則

$$(a+b=b+a)=(1+b=b+1)$$

但 "1+b=b+1" 仍不得證明。試再於其中設 b=1，則

$$1+1=1+1$$

為自明的。吾人須再設 b+2，則為：

$$1+2=2+1$$

而 $2+1=(1+1)+1=2+1$。設 b=3，則為：

$$1+3=3+1$$

而 "3+1" 也是可以證明的，即 $3+1=(2+1)+1=3+1$。推之，成為任何數，則即成為 "a+b=b+a" 矣。所以加法演算實可按序次觀念步步作到。作到相當程度，我們可以通則表之，知任何數相加，與其排列次序無關，是即謂加法對調律。推之乘法亦然。「乘」不過是倍數之相加。如：2 之 3 倍，即是 3 個 2 相加；3 之 3 倍，即 3 個3 相加。仍可按計數法而前進。於作到相當程度，也可以通則表之，知任何數相乘亦與其排列序次無關。是謂乘法對調律："a·

b＝b・a"。同樣，減法除法也完全根據其次及多寡兩觀念而成立。

一個律之出現，其效用即在可以免掉步步順次計數之麻煩。有了律，即有了通則的演算，亦即按照通則而施行演算。所以一種算法，或是用序次法步步計數，或是用通則法按規律演算，皆都是在數上運行。倘若一離開了數，這種運行便失其效。所以核算的動作只能施之於數，不能施之於非數；而每一數是一個限定，無窮不是一個數，故核算動作只能施之於有窮界，不能施之於無窮界。無窮是一個無底止的前程，不可以計數窮盡，亦即不可以順列而成序次，即是說，無窮不在序次中，所以也不能用序次計數法核算之。又無窮既不在序次中，所以也無所謂多寡，即不能以大小，多少形容。既不能以多寡形容，故仍不能加以核算。所以任何演算法則，到此皆失其效。如：

$$S_0 \times S_0 = S_0$$

$$S_0 + 1 = S_0$$

$$S_0 - 1 = S_0$$

$$S_0 \times 2 = S_0$$

$$S_0^2 = S_0$$

此即所謂倍之、半之、加之、減之而不變者。亦即表示演算之無結果。

又，此等式子決不可認為是「無窮數」的演算，只可說它們是關於「無窮」的形容或描寫，或說是軟圓性之表現。如果不是「無窮數」之演算，則"$S_0 \times S_0 = S_0$"等便是表示「無窮」之意義，而不是數目之核算。既不是數目之核算，則便不須相乘公理使它們為可

能。因為無窮並不是一個數，只是一個無底止的前程之表示。它不是一堆無窮個個體的紛然雜陳，所以也不須假定相乘公理使其排列為可能。所以 $S_0 \times S_0 = S_0$ 並非因相乘公理始如此，它本性就是如此。就乘法言，它根本不可能，即是說，它根本不是乘法的演算。因為它不是一個數。所以我們不能把它視為與數之乘的演算相同，即不能視之為一條線上的。如此，「無窮」但可形容，不可演算。《算理》的錯處是把那些形容當作算式，是與有窮數的演算等量齊觀。而所以這樣等量齊觀，是因為它俱自類的項數之排列出發。我們論乘法，根本不自項數的排列起，即不以項數的排列來界說乘。我們是把它限於數上或序次上。數與類是不同的。因為數根本是序的，所以不須相乘公理始可成序。我們所謂不須與《算理》之於有窮上說不須，不同。《算理》於有窮上說不須，是說在有窮個項數上，不必有此假定，我們可以試驗而知其是否可順列。惟在無窮個項數上，此假定才是必須的。因為那時，我們沒有法子去試驗。我們所謂不須，並不是說它可以試驗，乃是說它根本是序的。這是我們限於數而不限於類的看法。至於說到無窮，我們既不以項數論之，又不視之為一數，則根本與順列無關，也即是根本與相乘公理無關。《算理》那一套若用之於實在而視為元學問題是有意義的，若用之於數學則是無意義。

※　　　　　　※　　　　　　※

乘是一種演算法則。邏輯、數學根本是理智的、分解的。再進一步說，它是科學的、現界的。所以它離不了序次及同異、一多等

觀念：它所施行的世界即是序次、同異、一多的世界，總之，是有界可分有跡可尋的世界。所以它只能於有窮界有效，不能於無窮界有效。因為無窮是軟圓的，加之不見多，減之不見少，同異，序次，根本失效。所謂根本失效，即是說根本不能演算。於根本不能演算處，而偏假定其可演算，此則何苦！所以乘法決不因無相乘公理而不可能，而無窮之乘亦決不因有相乘公理而可能。何也？性質有所不同故也。據此而論，乘法決不能自項數之排列上通有窮無窮而為言。這並不是說，乘法只應限於有窮，乃是說它根本是有窮的。但這卻不是直覺主義者的立場。其思路亦不同。

　　直覺主義者，如布魯維，從直覺構造自然數起（這或者是可以說得通的，但本書不如此說），以為「無窮」是不能構造的，或說是不能實現的，所以我們對之不能有所陳述，陳述無窮便是無意義，這或者也是可通的。但他還有一個意思，即他似乎以為凡數學中的命題都是特稱的，有限的，即已經實現了（可以構造的或已構造成的）。這個思想，可以藉他反對排中律來說明。據布魯維，排中律在數學中不能普遍的應用，當有條件的限制。他以為排中律不當用 "$p+\bar{p}=1$" 的形式表之，當用 "$p+\bar{p}=x$" 表示之。因為用一命題函值表示排中律，惟在 p 僅論到事物之有限集合體時始真。如在無限的集合體，則 p 與 $\bar{p}$ 之不相容即失其意義。換言之，在無限集合體中，此表示排中律之命題函值，即為無真妄可言。因為無真妄可言，故 "$p=\bar{p}=1$" 一式即不能用，而當用 "$p+\bar{p}=x$" 之未定式以表之。如是，排中律之形式價值，即當加限制，而不能如一般所謂具有普遍價值。即是說，一定在某一特殊情形下，始有意義。如此，排中律

之用，即當以經驗的立場而定，而不能以純邏輯的觀點為據。設有一堆粉筆於此，布魯維以為自可成立一選言或析取命題云：「在此堆粉筆中，無一枝是白的，或至少有一枝是白的。」但依布魯維，此判斷不宜用排中律定之，僅當由一種事實之存在以證之。我們可按顏色選取粉筆一枝，然後據經驗再就此堆粉筆中求之。惟經驗始足保證此析取命題之真確。他以為「至少有一枝粉筆是白的」，此命題實等於一邏輯和云：「有一粉筆是白的，或為這一枝，或為那一枝，或為其他一枝，……。」

又如 $\pi = 3.14159......$，在小數以下繼續發展。現在可問曰：在小數以下繼續求去，可否會有一系列數

0, 1, 2, 3......9

發生？在此似可說：「此自然序列或者決不會發生，或者至少要遇著一次」。但依布魯維，此析取命題是不能成立的。因為 0, 1, 2, 3......9 之系，並未真實的構造成，則「0, 1, 2, 3......9 之系至少有一次出現」一語，即為無意義。故結果「無 0, 1, 2, 3......9 之系可發生」這個全稱否定命題亦不能加以否定或肯定。欲反駁此結論，有人提議作如下之特稱命題云：「0, 1, 2, 3......9 一系，在實際運算至第 n 個小數位時發見之。」此時之析取命題是就運算之數目言。但在此時，布魯維即不否認排中律之成立。不過此問題與上面所述者之意義不同，而為另一事。即是說，此是一特稱命題。

據此而論，則數學命題當是經驗的、特稱的。有限固是有限了，但這是論實際的算術，而不是論普遍的數學。我們不能以實際的特殊情形反對排中律之普遍的有效。從一特殊情形上看，排中律固有

時不能應用，但數學並非論特殊情形的。譬如 "$a+b=b+a$"，並不是指某一定數而言，乃是指任何數而言，即任何數相加皆適用這條通則或規律。此時，此條通則或規律便不是有限制的，即並不在一特殊情形下始真。凡是一個數，它即遵守這個通則。其應用可以無限制的。如果有無窮個數，則此無窮個數也不能有一是例外。凡邏輯或數學中所說的全稱命題都是這種性質。它是一個普遍原則。如照布魯維的意思，此種通則皆不能成立。如是，必沒有普遍的數學，而只有實際的算術。

　　一個通則或普遍原則，在其應用上，是無限的。有窮、無窮是指數目言。我們不能從特稱命題上證明數學有窮論。所核算的「數」只能是有窮，不能是無窮；而一個通則卻是無限制的。至於此通則本身當然是一步構造，當然有它一定的意義。因為它是在一系統中，故可說它是限定。此處所謂「限定」，並不對治「無窮」。布魯維於構造上言特稱命題以反對「無窮」，這是不對的。

　　布魯維的思路是這樣的：由全稱命題、拒中律，到特稱、經驗、直覺、實證，以至構造、有限。這一套思路實無多大價值。看起來似乎很新奇，其實是很幼稚的。至於其根本思想還是康德的。康德的數論見下分。

第二分　數學之純理學的基礎

一、數學之邏輯基礎與直覺基礎

前曾說《算理》論數不以邏輯為基礎，但《算理》歸數學於邏輯，是人所共知之事。羅素宣揚此見，尤不遺餘力。今忽曰不以邏輯為基礎，此何故也？曰：此惑甚久，未易言也。今請論之。數學基礎，大別可分兩類：

Ⅰ.直覺基礎。此又可分為二：

　　1.意識之現象的考察。

　　2.意識之純直覺的考察。

Ⅱ.邏輯基礎。此亦可分為二：

　　1.句法的邏輯觀。

　　2.純理的邏輯觀。

(一)意識之現象學的考察

從意識的表現，用直覺的方法觀察意識流，吾人意識本質確有三性：

(1) 相關滲透性；

(2) 相續創造性；

(3) 異中見同性。

何謂相關滲透性？曰：意識現象息息相關，無可截然分離，亦無可索羣孤生。互相出入，互相函攝。若眾燈之交光，若五色之相煊。綿密交織，是謂滲透。

何謂相續創造性？曰：意識綿延成流，過去攝於現在，現在引生未來。因緣生起，無可間斷，是謂創造。

何謂異中見同性？曰：意識生發，非是獨一；紛然歧出，乃云相關。雖為歧出，並非星散。實諧和而滲透，亦融洽而交關。故謂為異中見同。

此三性乃意識之直覺表現，從現象中而發見其本質者也。黑格爾之心象學如此作成，虎塞爾之現象學從體驗發見理型、形式或法則，亦如此作成。

意識三性即意識之脈絡，亦即意識之理則。這是數學的基礎。數學亦表現此等理則。吾人可先從三性以說明基數與序數，這是抽象的，簡單的。再根據三性以說明分數、負數、有理數、無理數、根數、函數等等關係數，這是具體的、複雜的。從抽象到具體，從簡單到複雜，漸漸表現意識之真象，亦即意識之具體表現。此即為全部數學。

此種論法，數學有其基礎。從直覺以觀心象。心象三性是數學的客觀基礎。惟此客觀基礎乃是「有」的、元學的。即從「有」以觀心，從元學以論心。雖可發見其有理，然此理為元學之理，道學

之理，非邏輯之理也。如此論數學，則數學將無以異於元學。領域不分，界止不明，吾所不取。

復次，如此言理，則為特屬。因元學之理，因系統而異，無普遍之承認。元學無必然，而數學不可疑。元學為一學說，而數學非一學說。如以此為數學之基礎，則數學之基礎即無必然性。

又，如此言理，無以明邏輯之特性。如邏輯之理，即此元學之理，則邏輯無異於元學，亦無異於數學。展轉推求，人類智性之公共標準未能獲得。故「有」的看法，實不足取。

（二）意識之純直覺的考察

此派是從純直覺方面以論數學。康德以時間與空間為純直覺之先驗格式。數學依於時間，幾何依於空間。時間與空間是數學的客觀基礎，「有」的基礎。而直覺則是其主觀基礎。直覺先驗的帶有時、空二形。故數學有其先驗的基礎。康德此論，亦屬「有的」，或元學的（即存在的）。其不同於現象學者，是在其認識論（知識論）的出發點。因為是認識論的，故看來似乎是主觀，然其中帶有空、時，而空、時為知識可能之條件，同時亦即為知識對象可能的條件，故亦是「有」的、存在的、客觀的。現象學不自認識論出發，故其開始即為元學的、客觀的。其「有」的、客觀的基礎，一為時空，一為心象三性；一從純形式言，一從意識流言；一為無內容，一為有內容：此其不同處。然無內容之純形式即內容所以成之格式，有內容之理不過合質形而同觀。前者兩步，後者一步。是其終，無內容之純形式又同於有內容之理也（同一觀點）。故以「有」的、

元學的，名康德的見地，仍不為過。如此，則數學的基礎仍與現象學同，殊無必然性。並不因其為主觀為先驗，即妥當可靠也。其蔽總在康德不以邏輯之理為純理，而以元學之理為純理。詳論見下二章。

近人布魯維則從直覺以構造數。構造即實現。構造一步即實現一步。每一次構造，每一次實現，即是一步直覺。由直覺而實現數或數學命題。此則多偏於直覺活動，或能力，比較更為主觀。如純從「活動」而為言，則數學只有主觀基礎，而無客觀基礎。

邦嘉雷亦常從直覺論數學，然其所注意者亦為動作或能力，即直覺有發見或創造數學真理之能力。此亦偏於主觀活動，但與布魯維又不同。尚不能名之為主觀基礎。

侯爾德（Hölder）在其《數理方法論》（鄭太樸譯本）一書，論數學的基礎，亦只注意智慧的動作。所以特重「綜和概念」。算學只是一種智慧的演算動作。如果此一動作能直接產生另一動作，則此兩動作間即有一種產生或創造的聯繫。根據此種連繫，吾人由前一步動作直接可以知道後一步動作。這種可以直接知道，名之曰「解析判斷」。凡一動作所表現的數學命題或原則，不能從前一步直接知道，即不能從產生的連繫而獲得，但須巧妙的技術以證得，則此種動作即為「綜和判斷」。凡此所論，皆從智慧動作方面立論，數學有主觀基礎，而無客觀基礎。侯爾德於智慧動作而外，固亦知數學之邏輯的基礎。但其所謂邏輯乃不過亞氏主謂式或新近關係式，或只是邏輯的手續，或邏輯的推理形式而已。此仍不得謂為邏輯基礎。觀下自明。

　　公理主義者希爾伯（Hilbert）站在數學與幾何不分的立場上宣稱數學命題不由於經驗，不決於邏輯，而可由一組公理推出。各組公理之設立，似皆無必然性，而亦不能歸於一。其成立或可有賴於直覺。而關於公理之討論或詮解則為數而上學問題，數學本身不必問：數學只是作，而不是論。如此，數學直可謂無基礎。故此派曰遊戲論或曰形式論：

　　凡此種種，皆可說是一種「見」，未能握住數學之精蘊也。凡言不探本，鮮能衷一是。支節滅裂，無當也。

（三）句法的邏輯觀：數學之關係基礎

　　以邏輯為數學基礎，至矣，善矣，無以加矣。由佛勒格起至羅素止，遂集此說之大成，而為世人所注目。然所可惜者，算理的著者未能深入邏輯之本性。其所謂邏輯乃不過邏輯句法或推理的邏輯形式而已。未能透過邏輯句法及此推理形式而觀其所表現的邏輯之理（即純理）。羅素常說邏輯是數學的童年，數學是邏輯的成立。又說試打開《算理》一看，何者為邏輯終點，何者為數學起點，實不可得而言。然則數學與邏輯實打成一片矣，數學誠有邏輯之基礎矣。數學果真有邏輯之基礎乎？未易言也。窺羅素之意，其所謂為數學基礎之邏輯實只不過邏輯句法及邏輯的推理形式。換言之，只用邏輯物事（logical entity）以表示數學而已。何謂邏輯句法？即言語句法之形式論，亦即有常項、變項之格式。如「s 是 p」是亞氏邏輯之邏輯句法，"p⊃q" 是《算理》的邏輯句法，而 "p↦q" 又是路易士的邏輯句法，"p|q" 則為尼構之邏輯句法。推之，如 p∨q，p

‧q，p∧q，皆邏輯句法也。s 是 p，如 p 則 q，或 p 或 q，亦邏輯句法也。如從邏輯句法而論，則《算理》實前後一貫。其論邏輯以此，表示數學亦以此。由此而觀，吾人實不知何者為邏輯之終點，何者為數學之起點。吾人亦實可說邏輯是數學之童年，數學是邏輯之成年。然此邏輯句法實不能為數學之邏輯基礎。用邏輯物事以表示數學，不能謂為數學歸於邏輯。以歸於邏輯物事為歸於邏輯，實早期的皮相之見，乃欺人之鼓吹，非至理也。蓋句法乃吾人表達理則所用之工具，其成也有選擇性，無必然性。故其系統多端，不可一論。此如何可作數學之基礎也？

復次，邏輯的推理形式亦不能就是邏輯，而以邏輯的推理形式出之，不能謂為歸於邏輯。因任何理論皆可以邏輯的推理形式表之，例如幾何。但不能說幾何是邏輯或歸於邏輯。

《算理》的這種邏輯表面觀，遂使今日有加拿普的邏輯句法論出現。渠主張邏輯不過是句法及句法間的關係之研究，無所謂思想的必然或理性的推理（見第一卷第九章）。此見非無因而至。蓋相承羅素及維特根什坦而來也。

《算理》不能透過句法而觀純理，不能以純理為邏輯，故其論數，必推而至於論關係，論類。故《算理》實不是以邏輯為基礎，而實是以「關係論」或「類論」為基礎。表面是邏輯句法，裏面是關係與類。《算理》數學的起點是類型說。類型說以前尚屬邏輯，此以後便是數學（《算理》的數論）。如何可說無起點，無終點？

關係與類是數學的基礎。以類規定基數，以關係規定序數。系列純由關係造成，而數之演算亦由類與關係來界說。吾人當然不能

反對數是一個類名，也不能反對序數是一種關係數。關係的範圍太廣了。凡事無不可以關係盡之。邏輯之理也是關係；思維過程，理性之進行，無不是關係。故關係是一普泛之類名。數學是一種關係，但不能說關係就是數學。吾人若不能把關係限於理性方面，以理性中的關係論數學，而只泛泛論關係，浸假而直以論關係為主題，使之為數學的基礎，則數學即不能算有基礎。《算理》不能認清這點，為關係而論關係，則與現象學之論心象無以異。所不同者，一則為心象，一則為物象：同屬「有」的看法，元學的論法：一則屬於物的「有」，一則屬於心的「有」：同屬向實物方面著眼，同屬不認識人類之理性。

　　關係與類也不是邏輯。當然我們可以用關係或類作工具以表達理則，但此時之關係或類，與 s, p 同，與 p, q, r 亦同。以關係或類作工具，與論關係或類不同。關係論或類論不是邏輯，乃是一種理論（theory），乃是對於實物的一種描寫。從關係或類方面起論，就要涉到項數；涉到項數，就要問此項數間究竟有沒有關係。此則無法作肯定的答覆。任何答覆皆無理論的根據或必然。無已，只好假定其有，是之謂「相乘公理」。論到項數，又可以問此等項數究竟有窮無窮。若屬有窮，則一般數學，在根本上，不能成立（照《算理》的論法），即同異一多等不能成立。然則究竟無窮有窮，此亦無法作肯定的答覆。任何答覆皆無理論的根據或必然。無已，只好假定其為無窮，是之謂「無窮公理」。異同與一多的證明，須靠著兩個假定，然則數學之成立是建基在假定之上。數學之基礎固如是乎？數學之邏輯的基礎固如是乎？必不然矣。吾故曰：《算理》

並未以邏輯為數學的基礎。吾人若識數及數學之本性，為方便計，以類與關係說明之，固未始不可，但以為數論就是類論與關係論，或以為論關係論類就是論數，此則大謬。

以關係與類作基礎，固有其客觀的基礎，然此既與理性（邏輯）及智慧無關，且序次同異無保障，只是信仰或假定，則尚不如現象學之論心象三性為較妥。然則，《算理》對於數學既無客觀基礎，亦無主觀基礎。其弊即在向實物著想，成功了一種原子論，既未參透理性之脈絡，亦未認識智慧之活動。人多以耳為食，不究其實，迷謬相承，一至於今，此如何而可？予今抉其蔽。而實其名，使世人知數學之邏輯基礎，在此而不在彼。

(四)純理的邏輯觀：數學之純理基礎

照本書的主張，邏輯不能有基礎，但數學必有基礎。數學的基礎即在純理的邏輯。茲將此思想分條粗陳如下：

⑴純理：「純」字可取康德的意思，即不雜有經驗或感覺之意。但吾所意謂的「理」卻只稍與他的「理性」相當，至於他所謂直覺格式與理解範疇，則不在內。所謂純理不雜有經驗，並不是說經驗之成立或經驗之活動可無須理性運行於其中，乃只是說吾人於思想時，理性可自行前進，每可與經驗相分離，且可自行成立，看來並無經驗的材料與之同時存在。此即「不倚官能，獨起籌度」之謂。

⑵根據其第一卷〈邏輯意義〉章，此純理可以叫做「理性自己」（reason itself）。即言，它可以獨自成立，屹然獨存。它就是一種客觀的意義。

(3)根據第一卷〈邏輯獨立論〉章，此純理不是智慧的活動、綜和的能力。當然，於思想綜和、智慧活動時，仍有純理於其中。當然也不是說，思想之綜和、智慧之活動不是理性的。但我們卻不可以智慧的活動、思想之綜和，當作純理。因為「純理」是客觀的，而活動或綜和，則是主觀的。又此純理須透過邏輯句法而通觀之，限於句法則不能得。

(4)根據第一卷〈思與有〉章，此純理必不可看為元學之理，亦不可認為科學之理即物理世界之自然律。此即與康德之「純理」不同處。（康德的理性雖與直覺格式理解範疇不同，然到最後的綜和時，這個供給原則以統一範疇的理性，亦變成「有」的，即存在的。因為格式與範疇在下層已經是主客為一的了。）此純理只能從「思」方面顯，不能從「有」方面顯。從思方面顯，即是從思維之進行，智慧之活動方面顯。從這方面顯，「純理」纔是理性的、必然的。從「有」方面顯，則是事實的，不是必然的，除非請出上帝以保證之。從「思」方面顯，因為是理性的，必然的，所以又是一種不可否證的事實。（此事實與從「有」方面看則為事實之事實不同）。從「有」方面顯，因為是事實的，不是必然的，所以是一種信仰或假定。

(5)此純理即是邏輯之理。除邏輯之理外，其他皆不得稱為純理。用命題或邏輯句法將此純理表而出之，則為邏輯學。

(6)根據第一卷〈邏輯意義〉及〈邏輯中之二分法〉兩章，則知此純理之進行是由二分原則作起點。由二分原則引出函蘊關係，以作推斷之根據：這一套便是純理之具體表現。由此純理之具體進行或

具體表現，則序次與異同的事實已藏在內，或許已經表現出來。這種序次與異同之表現，殊不能認為是一種假定或信仰。因為純理之進行根本是序次的、異同的。一切屬於事物的序次或可致疑，純理的序次不能致疑。因為理之所以為理即在序次。自然事實，若從發展方面或時間方面看，自然也是序次的，但此是事實的而非邏輯的或必然的，數學的基礎不能在此。若從分子方面或空間方面看，則是否有序次便是很可疑的。《算理》即從這方面看。所以它必假定其有關係可以成序。但無論實有或假有，皆不能於此講數學。純理的成序是必然的，它無與於自然事實。因為它純是理性的申展或擴張，它有一種邏輯的無底止，即是所謂「動而愈出」。這就是數學的客觀基礎。數學只能從此講，數學的成立亦在此。此種純理的基礎既不同於康德的時空直覺及理解範疇之「有」的基礎，亦不同於由直覺所證明的意識三性之現象學的基礎（此亦是「有」的）。此種純理進行所表現的序次不是以作為直覺之格式的時空作保證而成的序次，也不是由意識全流所表現的元學之理作根據而成的序次。因為它們都是事實的存在的，而不是理性的、邏輯的。所以也沒有必然性。

　　⑺這個純理的序次（與異同）是數學的客觀基礎或邏輯基礎。數學不須假定公理，數學裏沒有公理。它只須根據純理運用「位置符」（sign of position）即數，以求步步前進即可。從根據純理一步一步前進方面言，則數學命題是「辨證的」（discursive），分解的、純理的、邏輯的。數學之不須公理或沒有公理，或即有類似乎公理如 a+b＝b+a，ab＝ba 之類，而亦仍可根據純理用計數法步步

證明之，此即是數學之邏輯的、分解的、辨證的、純理的之意義。又如幾何命題之由用圖形，用軌尺而得者，或由直覺而得者，至今知其皆可用純算術法以表示之、運算之，步步證明之。這也是幾何學之邏輯的、分解的等等之意義。當然幾何學與算術或數學不同。不過它如果可以用純數學法表之，它即有邏輯的、分解的等等之意義。這即表示它是根據純理而作成的。

(8)純理之進行，從其自己本身而言，固有其客觀之存在，但此純理常表現於而且只表現於純智慧之活動或思想之進行中，始得顯示其純粹性、普遍性、與必然性、超越性；反而言之，此純智慧之活動或思想之進行即表示純理自己之進行，數學命題之獲得，不須根據公理，而可步步前進，這也可說為智慧之活動，或一串智慧動作。此種動作根據純理，或由純理以統馭之，故無或爽失，明之而幾微。（明者自明也。）此種無或爽失，明之而幾微的智慧動作，即是數學的主觀基礎。主觀由客觀以保證之，客觀由主觀以實現之。主觀與客觀，其致一也。惟從主觀方面言，智慧之活動常有跳躍性、創造性，不似客觀方面那樣須步步分解，型型籌度，密移以前進。從客觀方面言，數學關係一個跟一個，純按邏輯步驟而推進。但從主觀方面言，則步驟常不如此之密。吾人的智慧可按照其以往的動作之相符處，即以往的相符的（或相同的）產生法或相符的動作法，而斷定某項動作之結果，無論所經過的為幾次的組合或推用，亦必與之相符。此時便是一個「概括法則」之出現：是一步跳躍，一步創造，所以是新的。此個新的東西，雖也是必然的結果，無可懷疑，但卻不是前後相生，故吾人不能直接證得之。於此意上，吾人說它

是一個新的，也可以說是一步綜和。例如吾人由數目之概念及加法之概念，可直接證得：

$$m+2=(m+1)+1$$
$$m+3=(m+2)+1$$
$$m+4=(m+3)+1$$
$$\cdots\cdots\cdots\cdots\cdots$$

但不能由此直接證得：

$$(m+1)+n=(m+n)+1$$

或

$$a+b=b+a$$

同樣，也不能直接證得：

$$a+(b+c)=(a+b)+c$$

凡可直接證得的，我們說它是邏輯的、分解的。凡不能直接證得的，我們說它是一個法則，是一步創造，一步綜和。但此創造卻也毫無可疑，仍為必然的結果。故智慧的活動或綜和，於《數學》之成立，實有大功。從此方面言，吾人說數學是綜和的、直覺的（非康德意）、強度的、創造的。惟此綜和所得的普遍法則；如上所列，雖不能直接證得，但仍可用巧妙的方法，展轉而證之，使其步步實現。此便又是邏輯的、分解的了。所以客觀與主觀終須合一，但必須分論：不論客觀無本，不論主觀不備。是則為數學之純理學的完全基礎。

(9)智慧綜和動作，不僅數學有之，幾何學亦有之，即其他物理概念之構成亦須賴之。然則將何以區別數學的綜和與幾何物理的綜和之不同。侯爾德於此提出兩個名詞，值得介紹之。他說數學的綜

和，為「純粹的綜和」，其綜和概念為純粹的綜和概念。何以謂純粹？即智慧自己順純理而動作，即可造成綜和性的普遍法則，不須任何公其他經驗成分作根據。他名幾何及力學上的綜和為「假設的綜和」，其綜和概念為假設的綜和概念。何以謂假設？即智慧的綜和動作須根據若干公理或其他經驗成分，始可進行。「假設的綜和概念，有一些經驗的事物附於其上。因為構成此項概念的元素，以及其關係，在經驗中均有其意義。即吾人所假設的定律（即自理或公理）亦由經驗或觀念所引起。」（Hölder：《數學方法論》，鄭譯本，§111, 338 頁）。此種綜和的不同亦就是數學與幾何及物理的不同。

二、附錄：康德的數學論

康德於《純理批判・原則的分析》中論到理解上純粹概念的圖型論的時候，有以下幾段話：

> 理解的純粹概念與經驗的直覺，或者甚至與一切感官的直覺比較的時候，是完全異類的。並且它們永遠不能在任何直覺中發見的。然則，直覺將怎樣能隸屬於理解的概念呢？又理解的概念，即範疇，又如何能應用於對象即現象呢？譬如「因果」一概念，我們絕不能說它是由感官直覺而得到，也不能說它本身是由感官直覺而包含在現象中間。這個天然而且重要的問題，即構成判斷能力的越超主義之必然的真實原因。

這種判斷的超越主義之目的，即在表示理解的純粹概念怎樣
可以應用於現象。

現在，最顯然的，是在這個中間，必須有一個第三者存在。這
第三者，一方面它與各範疇，而另一方面，又與各現象為同
種。這樣，它可以使前者即範疇對於後者的應用成為可能。
這個中間者的表象必須是純粹的，即是說，必須除去一切經
驗的內容。而同時又必須在一方面是智力的，在另一方面是
感覺的。這樣的一個「象表」（即表象）就是超越的輪廓（
圖型）。

理解的概念通常包含各種內容的純粹綜和的統一。時間是當
作內界意識各種內容的形態條件。由此，也是一切象表的連
結之形態條件。所以，它先驗的包含純粹直覺中的各種內容。
現在，時間的超越決定，在其普遍的並且根據於先驗的規則
上，是與範疇同種的。而在另一方面，它又是與現象同種的。
因為時間是包含在各種內容的每個象表之中。這樣，由於時間
的超越決定，使範疇對於現象的應用，即成為可能。所以，時
間是理解概念的輪廓，而為現象或直覺隸屬於概念的媒介。

理解概念（即範疇）因著時間作為輪廓而與直覺相連，而應用於對
象（現象）。時間是限制概念只應用於現象而不能擴及於事物自身
（本體）的唯一法門。範疇必須因時間始能應用於對象，而同時，
時間又限制住了它應用的範圍。

數量的純粹輪廓，為一個理解概念的，就是數目。它包含齊

同單位的逐漸增加之象表。這樣，數目不過是一般的各種齊
同直覺之綜和的統一，即由於在直覺的了悟中造成時間本身
的統一。

在質量方面，真實，在理解的純粹概念中，就是這個一般的「
知覺」相當者。因此，它的概念指示一現存的「有」（在時間
中）。「否定」則表示時間中一個不現存的（即非有）。所以
這兩者的相反是在一個單一而且同質的時間中的差別，即或
時間是充實的，或時間是空虛的。現在，凡知覺都有一種可
以使時間充實的程度與數量。即是說，關於一個對於象表的
內界意識，或多或少，可以使它直至完全消滅為止。即，從
正到零到負。這樣，真實與否定中間，有一種關係及連接，
或者寧可說是從前者到後者的一種過程。這個過程使一切真
實可以對我們表現為一種分量即量度。而真實是當做充實時
間的某種事物的數量。它的輪廓就恰是這個在時間中不斷的
均一的真實之造成。我們在時間中，可以從某種程度的知覺
逐漸下降而至於消滅（由＋→0→－），或是由負量逐漸上升
而達於某種程度（由－→0→＋）。

範疇，屬於數量的，是單數、複數及總數；屬於性質，是真實、否定
及限制。這兩套，康德以為是屬於數學的。（關係與程態是屬於力
學的。）而以時間在其中作貫穿，即作它們形成或應用於現象輪廓
或圖型。如是，數學是感覺的、存在的，而非理性的、邏輯的。同
異一名（序次）等概念，費了如許腦力而不易獲得的，現在因感覺

而獲得。感覺有時空格式作其形態要件。凡感覺之所表象必在時空格式中；而理解之質量範疇，因時間而應用於現象，故凡感覺（直覺）之所表象亦必在同異一多序次中。把數學放於感覺上，是對著來本之而言的。感覺因時空格式而清楚與分明，並不就是混亂、低級的，如來本之所說。數學就在對於時間之純粹了悟（直覺）中。凡直覺必有所象表。我們將外來的經驗雜料，概行除去，只剩下對於時間本身的純粹直覺或了悟或象表。這類的直覺之綜和的統一就是數學。所以數目不過是各種一般的齊同直覺之綜和的統一，即由於在直覺的了悟中造成時間本身的統一。如是，數目即表示齊同單位（即各種齊同直覺）之逐漸增加或降低的一種表象。這純是從量方面言。若再從質方面言，則凡知覺必有強度，即有消有息。當其息的時候，時間是真實的；當其消的時候，時間是漸趨於空虛。如是，在時間之或充實或空虛之中，我們有一個從 "＋→0→－" 或從 "－→0→＋" 的過程。這個過程使一切真實可以對我們表現為一種分量即量度，此即是數量或數目。如是，數學雖因直覺格式，即時空，而成為先驗的、綜和的，並得其普遍性、必然性，然而同時卻又是以存在或真實之過程中的階段或量度來看數目，這便是存在的、「有」的數論，而不是「思」的、純理的數論。這亦便是實在的數學論，或經驗的證實論。（這當然不是說數學是經驗的。）須知近人布魯維即從這個立場出發。然而其實數學是只有康德所謂理想性，而並沒有他所謂真實性。數學只是一個邏輯的推演，是純理自身的申展，如康德所謂有自行要求前進之本性，即理想的擴大之本性。它並不是參加構造對象的條件，即不是使對象可能的條件。康德又

說：

> 從上面的一切，我們可以了然，數量範疇的輪廓，在一個對
> 象的繼續了悟中，包含並且表現時間本身的造成（即綜和）。
> 質量的輪廓，包含並且表現關於時間象表或使時間充實知覺
> 之綜和。關係的輪廓，包含並且表現在一切時間上，依照一
> 種「時間決定」的規則，而有的知覺間的相互連結。最後，
> 程態及其所屬的範疇之輪廓，包含並且表現時間自身為一種
> 對象是否屬於時間或怎樣屬於時間的相關之決定。所以這些
> 輪廓並非別的，不過是時間依照規則而有的些先天的決定。
> 這些規則，關於一切可能的對象，隨著各範疇的排列而與時
> 間的次第、時間的內容、時間的秩序，以及最後時間的範圍
> 相關連。

這樣，數學及自然科學全都於此建立起來。數學基於時間的次第及
時間的內容；自然科學，即力學，則基於時間的秩序及時間的範圍。
時間為一切綜和判斷的媒介。它包含我們一切象表的總體，即內界
意識與先驗形態。這個是一切綜和判斷的最高原則。這個原則，是
在概念與直覺以外求得的，即於概念及直覺以外，必有一第三者將
其統攝於一而使它們連合應用於對象成為可能。這即是綜和判斷所
根據的原則。（一切分析判斷的最高原則是矛盾律。）

> 依次，一切綜和判斷的最高原則是：凡對象均必須依照可能
> 經驗中直覺內容的綜和一致的那必要條件而成立（或可能）。

> 先驗的綜和判斷是這樣可能的：就是當我們將先驗直覺的形
> 態條件，想像的綜和，以及超越自覺中綜和的必要一致，關連
> 到一般可能的經驗知識時，綜和判斷始可能。並且還應當這
> 樣說：一般經驗可能的條件同時即是經驗對象可能的條件。
> 並且因為這個原故，這些條件在一個先驗的綜和判斷中始有
> 客觀的真實性。

我們必須牢記著「經驗可能的條件即是經驗對象可能的條件」這個
主張。對象的秩序：數學的序次、力學的律則，即是主觀的範疇。
人心是自然之立法者。服從自然律的現界即是服從立法者所立的法
律的自然界。

　　序次、同異、一多，作為數學的基本觀念的，這樣，由理解上
的先驗範疇而得到證明。並因時間的輪廓作用，這些範疇得與直覺
聯合以應用於現象。因此，一多、真實、否定等理解範疇，也成了
數學的範疇，因而數學便也有了存在的基礎，即對象上的證實。如
是，知識可能的條件即是知識對象可能的條件。這個便是實在的數
學論，即吾所謂屬「有」而非屬「思」，屬存在而非屬純理。這與
羅素的思想殊途同歸，也就是布魯維的直覺主義之真實寫照。對康
德這種數學的思想，吾人可有幾點批評如下。

　　第一，康德問數學如何可能，問數學命題如何可能。照他的思
路論，實則不是問數學如何可能，而是問世界的數性如何可能；他

所謂數學命題如何可能，實則也不是指數學中的命題如何可能，而是指數學式的陳述（判斷）如何可能，即吾人對於現象如何能有數學性的判斷。因為他是從知識出發，知識可能的條件即知識對象可能的條件。固應有此結果也。這樣結果是知識上的，不是數學本身。這種知識上的「數性」或「數學的判斷」固亦可獨立而論為數學本身，即不自其為知識的條件看，亦不自其為知識對象的條件看，它便是獨立自足的。但康德的論法卻是自知識（知覺、直覺）上論則無疑。若質若量等範疇，在論數學上說，只不過是除去其經驗的雜料，而只注意其純形式性而已。即此純形式性亦須自直覺的表象上論。所以它是實在的、知識的（知覺的、直覺的）。

　　第二，這樣論數學，則數學必是限於「理解」範圍內，即必是限於現象界。因為時空是「現界」的條件，而直覺又必有所象表，而象表的可能則須依據時間。如是，數學必在象表中，必在可能經驗範圍內。一方說在理解，一方說在現界。在此範圍內，我們所有數學的動作：數學的判斷，數目的成立，因時空為先驗格式故，自然有其保障，無可疑者。於序次、同異、一多，亦可自然得到證明，不似《算理》那樣從項數出發，既須無窮公理，又須相乘公理。從此而言，康德優於《算理》。但是這必須把數學限於⑴實際的算術，⑵知識上，⑶可能經驗內（即現界）。這是有限論的數學觀。即凡數學的動作都是可直覺，可構作，可實現的。（布魯維的主張即如此，但其論據則不可通，亦不如康德）。如是，可以離開經驗或實際，而一往無阻，毫無拘束，等等形容數學的話，便都不能成立。但是數學本性，卻實在又是這樣一往無阻的。照康德的論法，數學

的驥足，一定大受拘束。照現在的數學界看，數學內容如此繁富，理論如此精密微妙。一套一套，都完全是一種邏輯的發展，我們不能說它是直覺的，或有所限制的。所以康德的論法，不能說明數學本性。他所能說明的，只是數性，數學的判斷，以及實際的算術。這個，在知識上或現界上說，自是夠用的。因為對知識或現界言，則知識或現界外的自不能說，而知識亦只能在知識界或現界有效。但數學實又不是知識的，它實在可以超出現界之外。它是邏輯的。

第三，數學是沒有限制的。數學並不是知識可能或知識對象可能的條件。數學與「數性」不同。照康德的論法，數學一定有所限制：限於知識與現界。在此範圍內，它是有保障的。因為有先驗範疇故。但若限於此，則有些數學上的言語或信念，似乎不易證明。茲以「無兩數同一繼數」為例。這是一個無限制的信念。但若限於知識或現界，則此命題即不能得到保證，或甚至說不能有意義。在康德的思路，如果要保證此命題，或使其有意義，他須證明世界是無窮的。但世界是無窮或是有窮，以及圓滿、絕對，等概念，按康德的辯證論講，在現界或理解上都是不能證明的。這些概念，只能在體界，即實踐理性上，纔有意義。但在體界，又不是理解範疇所能施行的。那就是說，數學不能應用於體界，而體界與數學亦無關。如是，康德的數論，如使其普遍有效，他當假定無窮，但他不能假定（在理解上）。如是，他的數學必是安於限制，而「無兩數同一繼數」便是不能保證，或是無意義的話。於此，康德有優於《算理》者，即在若安於限制，則因有先驗的格式，則無須相乘公理之假定，序次、同異、一多，自然能先驗的成立（在現界）。但是《算理》，

因為自項數出發，故於無窮上，相乘公理自是必須，即在有窮上，為免掉計數的麻煩起見，假定相乘公理亦不是無意義的，只是不必須而已。但於此康德卻是無意義。但康德的數學不是一般的、普遍的數學，而是有限制的，所以於此又不如《算理》。因為《算理》足以應付一般的數學，它並未有所限制。不過它的思路不對罷了。然而康德亦同樣不對。

　　所以數學必須從康德所說的直覺格式與理解範疇中解脫出來，使之毫不關涉存在，而單屬於理性，即邏輯之理。數學，如邏輯，並非一套思想或學說。它只是人類理性，抽去一切實際的認識與內容，所遺留下的一種純理則的普遍表現。它是毫無實際性的，也是無限制的。數學必須是不關涉對象，且亦不能為對象可能的條件；它也必須不涉及知識，它也不是知識可能的條件。我們也不能從理解範疇與直覺格式上論它或顯示它。同異、一多，不是心中的些固有物事，以備應用於對象。它只是純理進行的顯示。數學裏決用不著真實（時間中的）。而否定、零、負、正，也決不能從時間中的真實量之逐漸上升或下降方面解析。因為這些都只是思想上的運用：存在理性中的，而並不存於時間的真實上。因為知覺對象上，並無所謂零、負，與否定。這點是數學所以不能從直覺上講的重要理由。這是一個事實上對否的問題，不是系統的問題。這是精明的康德所未察及的。

　　　　　　※　　　　　　　　※　　　　　　　　※

　　但是，你何以知數學必從時間中的真實量度得其基礎？即是說，

時間何以必是有客觀對象上的實在？康德於〈超越感性論〉中論時間說：

> 時間的無限，不過是表示這樣的意義，就是：必須先有一個唯一的時間限制，為其基礎，然後各個時間的定量方為可能。所以這個時間的原來表象，必須是無限的。但是，因為各部分時間的決定象表，以及一個對象的每種數量，只能由限制得來，所以這個時間的全體象表決不是由概念可以供給的。因為概念只是包含部分的象表。所以，反之，這些概念倒必須設置在一個直接的直覺上。

應用於對象而在真實中象表的，是部分的、限制的時間。但是離開這些部分的、限制的象表，那個時間本身的原來象表，卻是無限的全體。這個全體不能由概念，即範疇，所供給，但可由直接的直覺得來。這種直接的直覺即是純粹的直覺。然則這種由純粹直覺得來的時間本身，即作為一切部分時間所以可能的那個純粹形態，豈不是無限的？數學豈不可以此作基礎？曰不可。因為數及數學命題一定要在綜和中始能成立的。但這時間本身卻無所謂綜和。而且它亦不能由概念供給。可是數及數學命題一定要在直覺象表及理解範疇中的綜和始成立的。所以那個時間本身雖是無限的，卻不是數學的所在。它本身只是一個空無內容的純一。它不過是在部分之先的一個根據而已。說它本身是無限是整全，只是在證明它是先驗的主觀的存在（無客觀的意義或對象的意義），而為直覺所以可能的形式條件。至於數學則一定要在有內容的直覺象表中。所謂數學是直覺

的,此直覺必須是指有內容的直接象表而言,則必須有對象上的意義或存在或真實上的意義。所謂數學是依於時間的,即是說直覺象表必是在時間中。數目是各種齊同直覺的綜和統一,亦即由於直覺了悟中造成時間本身的統一。此時的時間也必須有客觀或對象上的意義。所以數學基礎是在這個「直覺」上,不是在那個由純粹直覺得來的時間本身上。這點由上面康德解析量的範疇之輪廓與質的範疇之輪廓時,已明白表示。讀者必須善會,不可有錯想。

　　以下請用康德的話證明時間必須是經驗的、實在的,即必須是感覺的(但卻不是說它由感覺或經驗得來)。

　　　時間只有關於現象始有客觀的確實性。因為此等現象是我們意識的對象。如果抽去我們直覺的感覺特性,即抽去特屬於我們的象表方式,而普遍的討論各種事物,則時間的客觀有效性立刻消滅。所以時間不過是我們(人類)直覺的主觀條件。這個永遠是官覺的。就是說,它必是當我們為對象所影響時纔存在。若是離開人類主體,單是它本身,時間就不存在。但是,雖然如此,關於一切現象,即一切事物,凡能進入我們經驗範圍之內的,時間卻必須是客觀的。我們不能說:「一切事物是在時間中」。因為若是我們論到普遍的事物(即一般的抽象的事物),我們並沒有牽涉到直覺的形狀。若是把直覺形狀加在內而這樣說:「一切事物,都為現象,即感官直覺的對象,是在時間中」,則這個命題就有它的客觀確實性及先驗的普遍性。

　　　　我們所否認的時間在「絕對真實」上有何要求。即否認把它
　　　　當作事物本身固有的一種條件或性質。因為否則，就是把時
　　　　間屬於事物之本體。這卻永遠不能由意識的媒介向我們表現
　　　　出來的。在此種情形下，就組成時間的超越理想性。

這是說時間只能在現象上表現，即所謂「經驗的現實性」是。本體
不能以時間去象表。即是說，時間不能應用於本體，本體不在時間
中。時間要應用於本體，便是超越的而非感覺的，因而也只有理想
性而無現實性（客觀有效性）。所以時間若離開官覺，便毫無意義。
此即所謂時間之「超越的理想性」。

　　照康德的意義，時間有兩方面不能應用：(1)絕對真實上即「體」
上不能應用；(2)普遍的即抽象的事物上不能應用。後者似易解，而
前者一方亦可通，即於「體」上不能有方分與時分，這即表示時間不
能應用於本體；但另一方照中國的傳統言，體不離用，即用顯體，
則體未可完全超越時間之外。此中問題太複雜，在此不暇詳辨。現
在，照康德的意思，只須知其「理想性」與「現實性」之分即足。（
康德的系統富而大，非可以一二言測其涯岸。然整個觀之，其究極
觀念實不圓成。見下第三分，可窺端倪。）

　　康德又說：

　　　　我們一切直覺不過是現象的表象。我們所看見的事物並非它
　　　　們的本體，其關係表現於我們之前的也不是它們本體中的關
　　　　係。所以如其我們除掉我們的主體，或者去掉我們感官的主
　　　　觀狀態，則非但空間和時間中對象的關係，甚至連空間和時

間本身，也同時消滅。

這即極足以證明時間必附著於感覺中而為其可能的條件，同時亦證明時間必實現於對象中而為其關係所以可能的條件。這也就是時間的實在性，同時也就是數學的實在基礎。我們上面說康德的數論是有所限：限於理解（知識、直覺、感覺），限於現界（象表、存在、真實），現在完全證實。我們說限於「理解」並不是說康德把數學看為一個知識，或看為是經驗的東西（如米爾所想者）乃只是表示：他從理解上論，由理解上顯，故有知識上的意義。同樣，我們說限於「現界」，也不是說康德把數學認為就是對象（存在）間的關係，乃只是表示：他從直覺的象表上論，由時間中的真實上顯，故有「存在上」的意義。此中分寸，切須善會。然而，即便如此，我們仍說它是「有」的，存在的，而非「思」的，純理的。這猶之乎《算理》自項數出發，我們於其所謂項數，亦並不是說它就是物理學中的原子，或其他類似的、實在的東西，於其所謂項數間的關係（相乘公理所假定的），亦不是說它就是物理學中原子的關係。然而我們卻仍說它的數論是「有」的、存在的，而非「思」的、純理的。如是，我們可說《算理》的數論是客觀的實在論，是一種原子論的思想。康德的數論是主觀的實在論，是一種時間孳生的思想。循前者，則須假定相乘公理，循後者根本提不到。循前者數學無限制，循後者數學有限制。此其大較也。然而皆不對。

三、序次與法則

(一) 序次之哲學的討論

序次亦稱序列，即成序的系統（well-ordered series）。凡系列無不成序，凡成序者無不是系列。合而言之，名曰序列或序次。

數學與邏輯不同。數學是邏輯的，但不就是邏輯。數學有特屬的意義，邏輯則無。數學的特屬意義即在它研究數。邏輯無特屬之意義，它本身就是一個意義。此其所以與其他科學不同處。

數學既是以研究數（運算數）為其特有之意義，而凡數必在「序」中。然則「序」之意義如何：它如何可能，如何成立。按照《算理》的系統言，序次之可能是靠著一個相乘公理。如此，序次是一個假定或信仰。隨之，數學的基礎無妥當的保障。《算理》所以有這樣的結論，是因為它從類及類中之項數之論數與序。以類中的項數論數與序，便是一種原子論的元學式的數論。它本不是一種元學，它類似元學，它有元學上的意義。此之謂「序次之哲學的討論」。以往論數學者常與哲學元學論在一起，或因元學以明數學。實則此只是一種哲學上的解析，非數學本身也。故吾名之曰「哲學的討論」（與邏輯之哲學的討論同）。

從元學的見地出發，無論其系統為何，序次的獲得皆無邏輯的必然。因為它牽涉到存在而成種一種學說，固隨人而異也。從類比於原子論的元學系統出發，序次是一種假定（因無公共標準或推度格），辨已見前。若元學系統是直覺主義或神祕主義的，則此世界

根本不可思議，不可構畫，數與序自不易插足其間。如有序次，必虛妄安立，必是理智分割，或思想之抽象。若柏格森，則其顯明者也。懷悌海亦類乎此，而亞里士多德之注重抽象亦幾近之矣。即就懷氏而論，他固承認世界有條理，但於現實世界中蒸發出數學條理，則不能不有待於抽象，即所謂「抽延法」。懷氏的思想實即《算理》之發揮，固由實在或現實以解析數學（幾何亦在內）者也。此種解析即是一種哲學的解析。若以此而明世界有數性則可，若以此而為數論則不可。若以此為元學論則可，若以此為數學論則不可。

　　在古代，拍拉圖從知識上出發，亦為此問題而絞腦．他以為向經驗界或事實界，殊不易找出一個不易的「理」來。如果無「不易之理」，則一切言論或事物無公共標準。標準即理。他稱之為「理型」或「意典」。要比較事物之大小、同異、一多、高下，須先規則定大小、一多、同異、高下之標準：這些便是理型。即，「多」有多的理型作根據，「大」有大的理型作根據，乃至同異，高下皆然。否則，吾人即無法說大小、同異，乃至一多、高下；亦即無法比較事物之大小、同異，乃至一多、高下；再推之，任何關係中的事物即無由以成。此即所謂柏拉圖理型論的理性主義。數學即在這些理型上出現。這也是一種哲學的討論。

　　到了康德，此種態度更其顯明。他把這個標準拉進來成為主觀的先驗範疇。其思路是從認識論出發。他研究認識關係的結果，他斷定吾人於認識時實有一種格式附帶於思維中以組織經驗。如無此種先在的格式，經驗便不可能。這個思路是很清楚的。他名此種格式，一曰時空（屬於直覺），二曰範疇（屬於理解）。此種格式不

但為組織經驗的條件，亦且為組織存在的條件。並且此種格式即為數學與自然科學所以可能的根據。凡此俱見上章，在此可不煩論。

　　由上觀之，凡哲學的討論，無論自知識論起或是自元學起，皆以為如果「存在」的秩序成立了，數學即成立了。以論「存在」為首，以論數學為末。康德不以數學基於其所謂理性，而基於直覺與理解，即可知矣。我們的態度，正恰相反。序次（數學）的根據是在純理上。但此純理只能是邏輯的，不能是元學的（存在的）；只能是「思」的條件，不能是「有」的條件。我們以為數學的序次與世界有無條理不是一回事。世界的條理不是數學上的序次，而數學上的序次亦不是世界條理。此決不可牽涉一起而論之。於是，我們轉而論數學序次之邏輯的討論，即純理觀。

（二）序次之純理觀

　　吾人論數學的序次與論世界的條理無關。世界的條理不能由數學的序次保證之，而數學的序次亦無與於世界條理。這即表示數學的序次不應從存在方面論。若從存在方面論，則一方為假定或信仰，一方為事實而非必然。故論數學上的序次終當與元學或知識論脫離關係。這種脫離關係猶之乎幾何與軌尺實物脫離關係而歸於算術。在古昔，幾何的表現法用軌尺實物，而今可純用算術以表之。數學古昔取實物以示之，即哲學的討論亦必自實在而論之，而今必須歸於邏輯以明之。邏輯古昔必應實，而今返觀為純理。故數學之歸於邏輯實則歸於純理。捨純理無以數學也。數學如歸於純理，則一方可與實在完全無關，一方即無此實在的世界，則純理所保證的數學

世界亦必仍然成立，毫不受其影響。

如果理性之進行也可以叫做是生長的（不同於生物學），則其進行之步位即是一個序次，而每一步位即是一個「數」。故數與序是不可離的。「序」不是物之序，即不是什麼東西之序，乃是空無內容的純理之序；即序即理。序不是物之序，故數也不是物之數，乃只是空無內容之「步位」。此步位以符記之，便是一個數。故數即是空無內容之「步位符」。其本身是無意義的，在「序」中始有意義。其本身亦無內容，即它與實物無關。它用不著實物以解之。如是，以類與項明數著，實即表示類與項可以數表之，即類與項有數性。數與序是自明的、純理的，亦即先驗的。純理即是數與序的普遍而必然的基礎。

純理的生長（步位）無可懷疑，也無須別的假定，它自然就會成立。它所假定的就是理性自己：如果懷疑，便是懷疑了理性：懷疑理性還得用理性，是則理性終於不可懷疑。

有了數與序，即有了同與異，一與多。同異，一多都在理性之生長上顯出來，並不是心中的些固有物事如康德所說的範疇。（康德的疇範固在一方說明知識之可能，一方說明知識對象之可能。但吾人若對於純理（邏輯）有另一種看法，則對於知識之可能便不須如康德那樣說。）

如果數與序是在純理上顯，則「序」即是自明的、先在的，便不須一公理為其基礎。而凡數必在序中，也不自類與項數看之，所以也不問「若項數無窮是否可順列」。所以在我們的數論中，相乘公理直是無用。

　　復次，如果數與序是在純理上顯，則「無兩數同一繼數」亦是自明之理，且可以無限制地說之。同時，n≒n+1亦是自明的。

　　照我們這種論法，數學是最自由的，而亦無不當於理。這樣論法，是把數學提出於「知識」與「存在」之外：使之為邏輯之附庸，而不為知識與存在之附庸。邏輯亦是在「知識」與「存在」之外的。我們對於「人性」可有三問：⑴數學如何可能，⑵經驗知識（自然科學）如何可能，⑶道德（形上學，體界）如何可能。但無人問邏輯如何可能。此已明示吾人邏輯不在三才中。（道德為天，自然為地，數學為人）。此不在三才中者始可為解答三才之標準（關鍵）。吾人現在以數學歸於邏輯，使之為其一助手或隨伴：其性質蓋有類似焉，而主從不可不辨。是則不啻亦將數學提出三才之外矣。如是所餘者唯天地兩儀耳。吾人現在即以三才之外者來解決天地兩儀：其系統不離於康德，而說法（思路）大不同於康德。讀完本書者，當可有悟。

（三）序次不可以關係推求而得

　　《算理》是用關係界說序次的。依次，關係是根本的，由關係以造序。算理以為一種關係之可以名為序次，或一種關係之能產生序次，它一定有三種不同的特性：⑴異，⑵傳遞，⑶連結。由此三種特性所成的序次是真正的序次，其他不必有「異」的序次，或有重複的序次，都是以此真正的序次為根據。譬如：

　　　　a, b, c, a, e, f, b, g, h

亦可以成一序次。但其中卻是有重複的成分，不必盡是「異」。但

即便如此，《算理》以為也必有一種憑藉，足以使某一特定成分之這一次出現不同於另一次出現。在上一個序次裏，位置的不同即是使某一成分出現之不同的根據。如是，我們必有某種序次足以脫離重複而超然存在。這個超然存在的序次便是有異而無重複的真正序次。這個序次與其他有重複的序次之關係為一對多的關係。（有重複的序次名曰準序次。）即以上例而論，那個序次雖有重複的成分，而卻有九個不同的位置：

　　1, 2, 3, 4, 5, 6, 7, 8, 9

此便是無重複的真正序次。那個有重複的準序次中的第一個 a 與此真序次中的 1 相關，而其中之第二個 a 則與此處的 4 相關，因此，一切有重複成分的序次都因與此無重複成分的序次相關成立。如是，真正序次必是函在「異」中。我們可以叫它是「自己潛存的序次」（參看《算理》第五分論序次）。

　　《算理》論序次如此。在此系統裏，關係是根本的。序次也是關係，即成序的關係，故有「關係可以名為序次」云云。又序次是因成序的關係而產生或造成，故有「關係之能產生序次」云云。這是以序次為已定的概念，而用關係以構造之，或推求之。這是從泛關係出發。但是此種關係是「事」的、「有」的，或「存在」的，故於推求或構造過程中亦必有事實上的問題發生。事實本身的關係，若能成序，則是事實本身的序，無問題。但是以事的關係構造序，這個觀點或論法有事實上的問題。在此觀點上，成序的關係之三性，都是假定，即迎合序次之意義而設置之。事實上有否具此三性的關係，未能必也。但當其設置此三性以構造序時，序的觀念已函在內。

否則，吾人何以必取此三性，而此三性又何以必能成序，此皆不可思議。又以事的關係構造序，當元素（成分、關係者）無窮時，又須假定相乘公理。否則，於如許元素間是否有關係尚不可知，又焉知其能有成序之三性也。可是，若假定相乘公理，則又實無異於已假序定。故「序」終不可以關係推求而得：它實是一個先驗的東西：是先成而非後得，可以說明而不可「界說」。如果照我們的看法，把序認為純理進行之步驟，已是先成而自明，然後再用關係三性以闡明之，亦未始不可。因為純理進行亦是一種關係也。但若自泛關係出發，以關係而推求之，則非是。蓋辨族類物，事之本末不可不察也。

　　除關係系統外，德人潘姆（K. Boehm）又想用公理方法以證明序次。「他設想有若干元素，其中每二個中恆有一個為較高者，其他一個則為較低者（自理 II）。於此，較高這一種關係，係視為不對稱者，且所用的言語，雖為比較格，但卻不必與傳遞律相連繫，因而次序與序列等觀念，亦暫不計及。再有一個自理，則假定有一個元素存在，與此元素相較時，任何一個其他元素均較此為高（自理 IV）。於此，由前面的自理，吾人可知此種屬性，不能同時再為其他一個元素所有。如是，自理 IV，可知有一最低的元素存在，此元素可以 e 名之。再則吾人可假定，對於任何一元素 a，有一較 a 為高者存在，但對此而言，亦有較高者存在（自理 V）。這個意思就是說，對於每一元素，有一較此高一步者存在。末後，吾人尚須假定，由任何一個元素 a 出發，可達到任何一個較 a 為高的元素（自理 VI）。末後這一個假設，亦可用另一種陳述表出之，即每一元

素，高於一元素 a 者，屬於 a 之連串。此外，任何一元素，高於自理 IV 中所假定之最低元素 e，故任何一元素必屬於 e 之連串。」（Hölder：《數理方法論》，鄭譯本，頁 396–397）。

Hölder 又說：

> 以上所作的證法，對於假定的不對稱的關係，極有意義及價值。但吾人須注意，在此證法之末，以及自理 VI 中，吾人已用到了步驟所成的序列之證法及其概念構造。從可知在這裏，序列的概念已先假假定，而且構成證法上之主要的工具。」「由此可知，欲用一個系統（為關係所成者），以建立序列本身之基礎，此則為不可能者。因為每一種這樣的建立法中，實已先假定了，先應用了序列之概念，而且倘無此概念，則吾人無法知道，此項關係所成之系統，對於任何多，甚至於無限多的元素，可以構成之而無矛盾。因之，序列預視為一概念，為吾人前進的思想所產生，不能再為之建立基礎。（同書，頁 339）。

Hölder 此說，著者完全同意。序列不能由關係系統產生，且不能以關係系統為其基礎。我們可這樣說：一切證明序次的系統都是關於序次的說明或解析，而非可由之以建立序次。

（四）法則之純理觀

數學的基本事實或基本觀念是序次、同異與一多。同異、一多皆函攝於序次中。故數學中最基本的觀念實則只是序與數。由此基

本觀念,全部數學可以智慧動作遞演而成。最基本的動作是根據序次而產生的加一加二的計數法。由此計數法前進,數學便無須任何不可證明的公理作基礎。數學的基礎是純理(邏輯),其所憑藉是序與數(二而一)而序與數又是純理之所顯,故數學除純理而外,實無基礎可言。此數學之所以不同於幾何處。

最基本的智慧動作(計數法)顯出兩種姿態:

⑴「直接的誘導」:前一步動作直接導引後一步動作。此即所謂「產生的連繫」,或「邏輯的連結」。亦即客觀而獨立的純理之生長。

⑵「相符的推廣」:這一步動作之結果相符於另一步動作之結果。在此種相符情況下,我們可本著數學歸納法,推廣之而得一普遍原則。有此普遍原則作保證,我們可不必一一取試,即可知某項特殊動作亦必與此項動作相符。由此,數學完全成為一種法則的運用。而實則亦即是重重疊疊的邏輯連結。

何謂「直接的誘導」?試就序次之前進以明之。我們已明白所謂「加一」,即是由某一步再前進一步之謂。試以

$$2+2=4$$

之證明為例。我們先有以下諸定義:

1. $2=1+1$

2. $3=2+1$

3. $4=3+1$

「加一」是前進一步,加「加二」是進一步再進一步。如是:

$$2+2=(2+1)+1$$

而"2+1"=3，如是：

　　2+2=3+1=4

我們按照「加一」，「加二」的規律，就可證明 2+2=4。此即是「直接的誘導」，亦即是計數法之證明。

又設有下式：

　　m+(n+1)=(m+n)+1。

此式本不能直接證明，即由 m+(n+1) 不能直接知(m+n)+1。但我們可用計數法一步一步證明之。設於 (m+n)+1 中，以 n=1，即可得「+2」之定義；以 n=2，即可得「+3」之定義，以 n=3，即可得「+4」之定義，等等。如是：

　　m+2=(m+1)+1

　　m+3=(m+2)+1

　　m+4=(m+3)+1

……………………………

所謂「+2」既是於某一數上加一，再加一，我們也可以說於某一數上加上兩個一，即加一又加一。其他皆然。如是：

　　m+2=(m+1)+1=m+(1+1)

　　m+3=(m+2)+1=m+(2+1)

　　m+4=(m+3)+1=m+(3+1)

………………………………………

由此種無窮的動作之相符，我們可以知某一數上加上「任何數加一」，就等於說：「於某一數上加上任何數」再加一。此即下式：

　　m+(n+1)=(m+n)+1

或： $(m+1)+n=(m+n)+1$

此即所謂「加法聯合律」。如果再普遍化之，全用字母表示亦可，如下：

$a+(b+c)=(a+b)+c$

$(a+c)+b=(a+b)+c$

此按序次計數法可步步證明者也。但及其成一「加法聯合律」，我們說它是一個法則。按此法則，我們可知任何數相加，與其次序之顛倒及括弧之轄及皆無關。

　　此種法則之出現，即是一步綜和，或推概作用。於此吾人，名之曰創造。雖然是一步創造，而仍可用計數法證明之。即仍可由邏輯的連結以填充之。如是，它仍有客觀的邏輯的基礎。它能保證那步綜和或創造之為必然。故直覺（綜和即是直覺）與邏輯，表面上，雖似反對，一為綜和，一為解析；一為新奇，一為妥沓。一為創造，一為擴充；但其實卻是相反相成，一而二，二而一者也。如是，綜和與解析，在數學上，亦當是相關的，而非可自成一說統。吾人論直覺只能於相符動作之推廣以成「則」處識之，決不能在感覺上、知識上、時間上，以論之。於邏輯，我們說為「純理」；於直覺，我們說為「純智」。由純理以保證之，由純智以實現之。數學起於序與數，至具體至單純，而展轉推演至於基本法則之成立，此為一步實現。由此再展轉推演而至於較高的法則，此又為一步實現。依此前進，愈出愈雜，愈趨愈奇。故數學實是重重疊疊的邏輯連結而步步趨於至複雜至普遍之綜和。以下六律，即初步綜和也：

(1)　　$a+(b+c)=(a+b)+c$

(2)　　$a+b=b+a$

(3)　　$a \cdot (b+c)=(a \cdot b) \cdot c$

(4)　　$a \cdot (b+c)=a \cdot b+a \cdot c$

(5)　　$(a+b) \cdot c=a \cdot c+b \cdot c$

(6)　　$a \cdot b=b \cdot c$

(五)代替與綜和

　　由相符動作之推廣，可以建立法則或通律，且可以推廣數學之系統。由此我們建立數學之直覺基礎（綜和的）。數學的推演，在此種動作上，顯出動的，發展的，創新的特性。但有些人不識此原則之重要，而以「代入法」視為數學推論之基本原則。實則此只是推斷上的一種手術，並不能算是一個基本原則。在任何系統的推理上皆可有之，非只數學然也。「代入」只是一種引申（推證上的引申），並不是我們建立通則的根據，或反只為於通則已成之時利用通則之消極作用。譬如，

　　　　$a+b=b+a$

如果此式成立，則以任何數代 $a, b,$ 必相等，故知凡任何數相加，其次序之顛倒無關也。然此是由視 "$a+b=b+a$" 為一已成之公理而然，實則它是一個由相符動作而普遍化的法則，它是可以由計數法證明的。

　　有人以為代入法者即以相等者代相等者之謂，其根據是邏輯上的「同一原則」。但是若根據此原則施行代入，則亦必不合事實。因為「同一原則」的寫法，普通是 $a=a$。這是一種「全同」的表示。

但數學推理上的代替實在又不是根據這種「全同」性的。譬如說 a
小於 b，則凡大於b 之量，均可用以代替 b，而說 a 比它小。但代
替 b 者卻未必與 b 全同。又如幾何學上三角形內三角之和等於二直
角，其證法亦不是根據全同。普通是這樣證的：經過 A 點可有一直
線 DE 與BC 平行。按歐氏幾何定理，吾人可知入 ∠EAC=∠ACB，
∠DAB=∠ABC，而 ∠DAB， ∠EAD 與 ∠BAC 三個角合起來等於一
個平角，一個平角等於二直角，故三角形內三角之和等於二直角。
這個證法是將二相等之角代入原有之角處。但是 B, C 處之角要說與
所代入者全同，那是不可能的。所以「相等」的概念，在數學內，
常是不嚴格的。

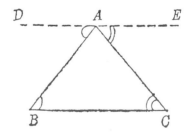

　　然則所代入者與原有者即無相同性嗎？是又不然。蓋數學裏面所
使用的「同」，在邏輯上說，其實是一種「等值」（equivalence）。
等值不限於全同，只要其真假值相同即可。如在幾何學上說，則可
說是一種象表。象表關係即兩者間有一對一的相配關係，固不必限
於同一也。這種表象的相同性可以叫做是「射影的相等性」。試觀

下圖可明：設有一直線 g，其上有兩個不同之點 X 及 Y。AB 及
A′B′ 為直線 g 上之兩線段。為簡單計，我們假定其均在 X 及 Y 之
間。倘此二線段 A′B 及為 A′B′ 可視為同一線段 α β 之射影，其一
由 O′ 射出，其他則由 O 射出，則吾人可云對於消盡點 X 及 Y 而
言，此二線段為「射影的相對者」。如是，這種相等，只是 AB 及
A′B′ 兩線段間的對稱關係。這一類的相等，其實就是相符的動作，
按此相等的動作，推廣之，可得一綜和概念，即通則者是。並不是
根據同一原則以相等者代相等者之謂。所以同同相代，在數學裏並
不是根本的。我們可以說它是推理上的手續。

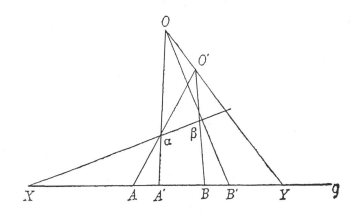

　　數學裏雖無根據「同一原則」的同同相代，但卻不能說邏輯中
的同一律，於數學上，不適用。同一律是一原則或通則，並非局限
於一特定點上，或特殊情形上。它是一個根本前提，運行於整個系

統思維中而貫通之，不可執一以求。故曰通則。當向「則」處求，不當單向一命題處想。當向「思」上看，不當向「事」上看。整個的數學推論須遵守之，並不是每一步特殊的推論須用「全同」。在數學推理中，吾人的邏輯行動須與前後的規律相適合；吾人所定的規律亦須前後不相背：此即所謂遵守同一原則，亦即所謂同一原則運行於整個系統思維中而貫通之。要認識同一原則之不可離，須是向血脈處想，不當狂狗逐塊（陸象山語），向特殊事例上看。如向特殊事例上看，而以為同一原則在數學上不適用，其蔽與布魯維之反對拒中律同。若向「事」上看，豈特數學為然，天下將無一相同之物。是故凡反對「思想律」者，皆未知其為「思」之律，而卻認其為「事」之律。認古人為愚蠢者，實反對者之愚蠢為不可及也。

（六）公理主義之批評

上面四節中六個法則，我們既認其為綜和概念，為相符動作之推廣，故即不認其為不可證明之公理。因而在純粹數學中，即無所謂「公理」其物。不過公理主義者希爾伯（Hilbert），還是以為數學當與幾何一樣，用公理法表示最好。希爾伯對於數學所採用的公理就是上面四節中那六個定律或法則。我們以為幾何須用公理，數學則不必須。因為幾何須要考察事實，有經驗的意義。其系統常是與物理空間相適應的。但數學則無所應和，它純是思的、理的。它只要有了數與序，即可進行其發展。此種發展純是智慧的動作，理性的運作。

希爾伯以為數學的陳述最好用「公理法」，而不用「發生法」。

他心目中的發生法大概認為純是主觀的、直覺的、心理的。所以他以為發生的方法，在教育上及啟發上雖極有價值，但如欲使吾人的知識之內容，有究竟的陳述法及邏輯上的完全保障，則公理法實遠較為妥當。但照以往的討論，則直接的誘導（邏輯的連結）與相符的推廣（直覺的綜和）實不可分離。所以在我們看來，發生法就是邏輯法，它屬於直接的誘導一方面，並非是心理的、主觀的；而希爾伯所謂公理法，也許就不是邏輯法。如純粹是邏輯的，則無須公理。因為凡所已認為公理者，皆可用發生法或計數法以證明之。

　　茲再以

$$md \cdot nd \cdot = nd \cdot md = mnd^2$$

為例。md 即 d 之 m 倍，nd 即 d 之 n 倍，mnd² 即d² 之 mn 倍。現在，d 之 m 倍，可如下寫：

　　$$(d+d+d+\cdots\cdots+d)$$

即是說在此括弧內，有 m 個被加數，即 m 個 d，即 d 之 m 倍。同樣，d 之 n 倍可如下寫：

　　$$[d+d+d+\cdots\cdots+d]$$

即是說，在此括弧內有 n 個被加數，即 n 個 d，即 d 之 n 倍。此兩式相乘如下：

　　$$(d+d+d+\cdots\cdots+d)[d+d+d+\cdots\cdots+d]$$

按計數法，此式就是 mn 項，其每項均為 dd 或 d²。因之，d 之 m 倍乘 d 之n 倍所得之積，即等於 d² 之 mn 倍，即mnd²。我們按計數法又可知 d 之 m 倍乘 d 之 n 倍實等於 d 之 n 倍乘 d 之 m 倍，也就是說：md·nd=nd·md。因之，d² 之 mn 倍就等於 d² 之 nm

倍。如是:

$$md \cdot nd = nd \cdot md = mnd^2 = nmd^2$$

由此而推廣之,我們可知任何數相乘與其次序之顛倒無關。如是,即有以下之法則:

$$a \cdot b = b \cdot a$$

由此可知,此法則實可由證明而得:它是一個綜和概念。其來也有由,不是一個公理。

即照希爾伯之見認其為公理,而其證明過程中也不能不用計數的發生法。他的證明是這樣的:他先假定一個元素,名之曰 e,並規定其能有以下的情形:

$$ae = ea = a$$

此時之 e 實即等於實數 1。再藉分配律即:

$$a \cdot (b+c) = a \cdot b + a \cdot c$$

可得:

$$a(e+e+e+\ldots\ldots+e) = a+a+a+\ldots\ldots+a\ldots\ldots \quad (1)$$

又因分配律即:

$$(a+b) \cdot c = a \cdot c + b \cdot c$$

可得:

$$(e+e+e+\ldots\ldots+e)a = a+a+a+\ldots\ldots+a\ldots\ldots \quad (2)$$

由 (1) 與 (2),可得:

$$a(e+e+\ldots\ldots+e) = (e+e+\ldots\ldots+e)a\ldots\ldots \quad (3)$$

如果由此想證明 $md \cdot nd = mnd^2$,則 $(e+e+\ldots\ldots+e)a$ 即可看為 d 之 m 倍,可如下寫:

{(e+e+e+......+e)d}

同樣，d 之 n 倍則如下：

[(e+e+e+......+e)d]

如是，

$$md \cdot nd = \{(e+e+......+e)d\} \cdot [(e+e+......+e)d]$$
$$= \{(e+e+......+e)(e+e+......+e)\}d^2$$

此即是：

$$md \cdot nd = mnd^2$$

在此證法中，初看來，似不須計數的考慮。但如吾人將上面(1)式與(2)式之產生重加分析，則可知事實上並不如此。譬如由分配律而得 a(e+e+......e) 時，此式實即等於：

$$a\{......[(e+e)+e]+e......\} = [(a+a)+a]+a+......$$

在此式中，最後所得 a 數，其多寡必與括弧內之 e 數相等。因此，吾人對於證法中之步驟，仍不能不用計數的方式設想之。開始時，雖純用公理，而其實計數的發生法亦參加在內。

　　以上的證法俱見之於 Hölder 的《數理方法論》§117。Hölder 於是並說：「由以上的討論，吾人不難知道，有好些探討法，在希爾伯氏看來是所謂產生的方法者，實在無法將其由證法中擯除之。即使吾人採入了所謂運算上之自理後，如欲進一步將理論建立起來，則吾人對於方法之各步驟，仍須採取產生的數目探討法與之相連結。在證法上，吾人亦須構造出數目概念，而且此項概念須用其計數的意義，不能將其視為任意的對象，其間有某種受自理支配之關係者。」（同書 317 頁）

Hölder 又說：「算術方面所與幾何學方面不同者，則在於此，即在算術上，吾人未曾先假定自理。任何一個人，只須知道數目符號之序列，必然的可由計數方法以得數目式。」（403 頁）

又說：「上面所說的綜和考察法，可使吾人直接由概念之構造以得算術之基本的連繫。此種考察法，吾人曾稱之為發生的。與之相對立者，算術上尚有用自理的構造法，在一般人看來，似乎較為優勝，因為其構造似較妥當。如此，有好些公式，如 $a \cdot b = b \cdot a$，或 $a+(b+c)=(a+b)+c$，在著者看來是可以證明的。但在該種方法，則亦被視為自理。」（405 頁）

接著又有一段亦甚好，抄於此以供參考：

「黑姆霍茲對於算術之構造，亦用此處所述的方法表出之。但在他看來，吾人所稱的加法及乘法之能有產生的連繫，恰被視為算術上之自理。」對於此種見解，吾人不能不提出二點如下：

「 1.算術上及解析上之較高的方法，根據簡單的定理時，亦可使吾人重新獲得相似的陳述。但至今無人能將其視為自理者。例如以 n 為一個整的指數，則有定義如下：

$$an = a \cdot a^{n-1}$$

又如 nl 為尋常的書寫法，代表 1 至 n 的整數之乘積，則

$$nl = n \times (n-1)l$$

所代表者為此項數目構造法之定律。吾人不難看到，倘此種陳述須視為自理，則凡用此項有規律性的方法以產生的概念，吾人均須為之作一新的自理。如是自理之多可至於無限，這就成為無目的了。」

「 2.在幾何學上，吾人亦有概念之構造，不過係根據自理，而

自理之數則為有限多者。這樣，幾何學上亦有與算術上相似的考察及陳述，不過大多不用公式而用言語出之。例如一個多角形，吾人常可如是將其擴充之，其法在將二個鄰接的角 A 與 B 之連結線取去之，再添入一個角 F，作一折線 AFB 以代之。（如下圖）吾人倘欲按照上述的見解以立方法，用入一自理，則其內容如下：由一個 n 角形，將其一邊易為上述的一條折線時，即得一 n+1 角形。倘如是，則在幾何學上，亦不知將有多少自理了。但是，事實上，這可說是邏輯上的自明之理，決不會有人將其看為自理的。」

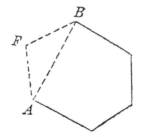

「因之，吾人可以說，全部的算術，及除了一個例外而外，所謂解析學，均可不用自理建設之。」（450, 460 頁）

以上幾段話都很好，惟 Hölder 的思想，在根本點上，尚不妥。譬如他對於「發生的」一詞，曾有一個附注說：「發生的一語，其意義係謂此種方法，與心理學及數學部門之歷史的進展較多關係。其邏輯的意義則為不關重要的。」（405 頁）此便不妥。著者以為「發生」根本是邏輯的。與心理學無關。若解為心理的，則與其自己的主張相衡突。因為 Hölder 實以計數法為發生法也。然而計數法卻決

無所謂心理的。他又把計數法看為「能有產生的連繫」，而「能有產生的連繫」則又解為「解析的」，此則實為邏輯的意義而非心理的意義。數學中所謂「發生」，與生物，心理，事實皆無關。只是一種邏輯的連結，純理的流演。譬如 $a^n = a \cdot a^{n-1}$，$nl = n \times (n-1)l$，以及幾何上由 n 角形變為 n+1 角形，等等，誠如 Hölder 所說只是邏輯的自明之理，即純理之進行，邏輯之連結（直接的），而決無所謂「公理」。數學要除消公理法，則必須歸於「純理」。否則無有妥當之基礎。此點 Hölder 尚未認取。因其對於邏輯無善解也。

（七）數而上學

原夫希爾伯所以主張公理法，實因(1)幾何與數學不分，(2)對於邏輯無認識，(3)邏輯對於數學之關係無善解。幾何須要公理，數學亦然。所謂公理者即不能證明亦不能否證之設準。照公理主義的說統，此種公理組可以是多的。對於此多的公理組，我們不能以邏輯的方法證其有矛盾，但亦不能證其無矛盾。如能證其有矛盾，則按邏輯說，此種公理組必有一是假或全假，如是公理組當不能多。如能證其無矛盾，則須根據若干公理，如是又引出一組公理，公理引公理，可上至無窮，仍不能證。如是，這些公理組在理論上說可以是多的。其間的關係是相容，可以並行而不背。其成立的根據或是由於直覺，或是由於規約，或是由於對於時空之各種看法。它們都可能，亦都無必然。但是既定之後，則由之以推出的卻是必然。好像下棋一樣。下棋的規律並無必然，但既定此規律，則須遵守之以引出行動，此則為必然。數學是根據規律而施行的遊戲，故此派亦

稱數學遊戲論，或形式論。

　　不過此種思想有一嚴重的結果發生，即根據規律而推出的，雖是必然，而規律終無必然，如是，我們當無唯一的數學，數學不是一而是多。事實上，屬於數學的公理組（姑認其為公理）亦不能很多。但照公理說，理論上是可以多的，而同無必然。如是，數學當然不是必然的，而是多的。此是一個壞的結果。我們以為數學基於純理，不能是多。因為邏輯不能多，純理不能多。所以我們在數學上不承認公理法，亦不承認其有公理。普通所認為的公理都是可以證明的。如果在一個可以證明的而同時其中又有許多法則的系統中，認其中的法則為公理而選出之，則選法不同，公理組亦不同，表面上這好像是多的。但同時它們是貫串於一個系統中而可以被證明的。據此，我們不能說有多種的公理組，是假設的，不是必然的，而又可各引出一套數學。如是，數學只是一，而且不能是多。但是，若不認識數學基於純理，以及純理對於數學的關係，而從表面上觀之，則必以為有公理，而且是多種的，又不是必然的。我們以為數學與幾何不同：前者須要公理，而後者則不須，且不能有。此於前已論之矣。

　　公理說既認公理是多，則討論，詮解，及決定此公理則不屬「數學」事，而屬「數而上學」事。數學與數而上學之分，可以說一是「作」，一是「論」：前者是作，後者是論。在數學範圍內，都是已經定了的，故只有作。在數而上學範圍內，都是未定的，故須論。譬如，在一羣內，有一大堆分子，若問這些分子是否能排列，此是數而上學的問題。若問有一排列的動作是否為真，則是數學的問題。

照公理說，數學是一種「作」的遊戲，已無必然（如上所論）；而公理組的最後決定在數而上學，而數而上學既是一種論，自亦無必然可言，如是，數學仍無絕對性。數學只是一種「信仰」，而無「必然」。

公理說必留一個「數而上學」的餘地，而「數而上學」亦不能決定數學之必然性。照我們的論法，數學基於純理，是必然，自亦無數而上學可言。但吾人於此願借用這個名稱以規定數學之界限。吾人以為數學與數而上學的界限即在無窮公理與相乘公理。因為這兩個是公理，已超出數學之外，故吾人可認其為「數而上學」或「非數學」。

吾人以前論凡數必在序中，數與序分不開，而「序」又是先驗的，不能由別的推求而得。這即表示數與序完全是純理的表現。如是，數學完全限於理性。在此理性範圍內，數學只是作，而且是必然，無問題。

我們又說「無窮」不是一個數，我們亦不向項數方面看它。我們說它只是一個無底止的前程：理性有這種擴張的本性。在此無底止的前程上，即表示可以無窮地向下分；但卻不說這有無窮個成分。

在此種無底止的前程上，即有個「連續」的觀念在。此種連續觀念我們須看它(1)與「序」想應，(2)亦是先驗的（不可推求而得）。此種序與續上的「無窮」，我們可以說。因為它是在一種「規則」中表現。（序即是規則。）

如果捨棄序與續的先在性，而單向「羣」方面想，則一個羣中的元素有是有限的，有是無限的。如果是有限的，則可以作可以說；

如果是無限的，則既不能作，不能說。這個便是數而上學的範圍。如果我們假定他可以說，可以作，也是論，而不是「必」，仍屬數而上學。

如果我們以序與續為先驗觀念，於論「羣」時，亦繫屬之，則只能限於有限的羣，而不能至無限的羣，但可以至序與續上的無窮（不是無窮個元素）。即是說，我們可以論為序與續所縛繫的無底止的羣。此時的序與續即是一種規律性，為理性自身的產生（故曰先驗），而非於項數上外求一律安置於其上。此種觀點必須分清。

Hölder說：

> 蔡曼諾（Zermelo）氏對於羣論所發生之矛盾，欲如是解決之，即，所用之羣，使其受自某種自理之支配。此種自理，專與全體與部分間之關係，由羣中取出某項元素等等相關。在一般的意見看來，以為蔡氏確能有是『選擇自理』，使含有矛盾的羣可不再發生。雖然此種方法極可注意，目前大家都重視之，但著者對之則仍不能無疑。即使吾人對於蔡氏之自理，可證明其無有矛盾，然其對於羣之意義，則仍有問題。尤可成為問題者，是所謂「選擇自理」，其內容是說：由無限的一列羣，可選取其中之元素，以得無限的一列元素，其法在由每一羣中取出一個元素。關於此，著者頗同情於 Woyl 氏之批評，以為此種元素所成之無限列，係用無限多的隨意動作得之，故根本上為不能用者。（《數理方法論》，613頁）。

此即對於「相乘公理」之批評。

又說：

> 元素所成之無限羣，倘非為列中全部項本身，或非簡單連續
> 體之全部元素（即幾何上線的連續體），則祇可用一定律以
> 確定之。即使定律之概念，就根本上言之，不能完全滿意的
> 用一定義以盡之，但著者以為此種真理之意義，仍不因此而
> 有所虧損。無論如何，此種定律之特徵，仍可於此見之，即，
> 其中有有限多的規定，吾人可據此推得無限多的元素，其方
> 法為機械者。關於此項無限多的元素，吾人於是（在某種情
> 形下）可說其均有某種屬性或無有某種屬性。倘吾人再以某
> 種屬性為標準，由此種無限的總體中，取出某項元素，則所
> 得之總體，自亦為確定者。（同上）

但此「定律」即無根據。既認於無限元素中而施行選取為隨意動作，
此即表示此種選取之無標準，即無定律。如有定律，則可以選矣。
今於選取公理而反對之，然則定律又如何可能也？故所謂定律亦是
一種假設，與選取公理同。

又說：

> 倘欲由一無限的總體取出無限多的元素，亦須有一新的定律
> 繞行。因之，著者不能承認該項總體之無限的部分羣，其本
> 身已經存在者，或一切無限多元素的部分羣之總體，可成為
> 一明白而確定的總區域。（614 頁）

如無定律管轄之，即為不確定者。但於無限多的元素上，是否能尋

出一個規律來，實不敢必。

又說：

> 倘無限的總體無有定律性，則在數學上說來，即為不能用，
> 不明白以及不確定的概念。在此種事例方面，吾人倘欲對於
> 總體中之一切元素有所陳述，即難免矛盾了。（同上）

此結論甚對。於此，又有一附注曰：

> 但吾人同時須指出，有些總體初看來雖為不確定而不能用者，
> 後來卻可見其能綜和的推得之，但吾人須將連續體視為先天
> 的形式用於數學思想上繞行。（此層著者曾竭力主張之。）
> 如是，吾人即可得 0 與 1 之間之一切實數，以及其中之非
> 有理數。倘將此項非有理數於思想上展開之成為連分，則其
> 部分分母之列，為絕對整數所成之總體，係按照一種定律而
> 構成者。

此就是將無窮縛繫於序與續上。在此，當然可說：將來無窮多的元
素都可有某種屬性，或無有某種屬性。這是可以推得的。但必須視
序與續為理性的先驗的方可。若向散著的項數上看，則即無保證。
Hölder 視連續與序次相當，為先驗的，甚對。但著者於此又進一
步，即必須將無窮縛繫於連續上，方可對之有所陳述。此則屬於數
學範圍內。（見下章）

若向散著的項數方面立論，則為事實的，存在的，個體的，此本
與數學無關，因數學根本不應有此觀點，而同時視為數而上學，則

此數而上學實即是形而上學，根本超出吾人理解理性或理論理性（借用康德語）之外。於是，吾人將轉而至下分，藉康德的批判，從理性方面，當作一形上學問題討論之。

(八)一個系統

基本觀念

1.純理的進行是根本的。

2.推理是根本的。

序次命題

1.序次是理性進行之步驟。

2.序次是先在的或原有的。

基本推理

1.如果在理性進行中，y 步驟由 x 步驟推出，則 y 必與x 相連結。（理性的連結）

2.如果 y 由 x 推出，z 由 y 推出，則 y 必在 x 後，z 在必 y 後，y 必在 x 與 z 之間。由是表示「在前」「在後」關係。

3.如果 y 由 x，z 由 y，則 x, y, z 必互異。（步驟的互異）

4.如果 y 由 x，z 由 y，則 x, y, z 必成一連續線。

5.如果 y 由 x，z 由 y，則 z 亦必間接由 x，x 亦必間接至 z。是謂「傳遞」。

6.如果 y 由 x，z 由 y，則 y, z 直接間接由 x，則 y, z 必繁富於 x，x 必簡單於 y, z。由是建立「多寡」觀念，即 $x \lessgtr yz$，$n \lessgtr n+1$。

7.如果 x, y, z 互異（根據 3），則 x 之繼位 y 必不同於 y 之繼位 z，推之，z 之繼位 u 亦必不同於 u 之繼位 v。依據類推，則「無兩數同一繼數」，亦即是 n 不同於 "n+1"。

8.如果一特性，x 與 y 之間有之，y 與其繼位之間亦有之，繼位與其繼位之間又有之，則為「遺傳性」。

9.如果一特性，x 與 y 之間有之，y 與其繼位之間亦有之，則一切繼位之間亦有之。是謂「數學歸納法」。

解　釋

以上九條即表示「序次」之成立。我們是由推理步驟顯示序。（但卻不是論一個推理中的前提如何排列之序，因為這不是論推理。）所以：

1.不以關係論序。因為「關係」一詞太普泛，而且又是一個元學範疇。同時，關係是屬於存在的，不是屬於邏輯的。且有時是有待於經驗或主觀之態度的。譬如《算理》以互異、連結、傳遞三關係構序次，便是無端而來，毫無必然性。只是因為這三種特性易於達到所期望的目的，故取而用之。實則此三種關係之出現是很隨便的。（即羅素所謂我們不能排列元素，猶如不能排列天上的星一樣，而元素所以能成序，是因我們對之有一種關係的看法。）關係有時是既不互異，亦不連結，亦不傳遞。取而用之，既有待於經驗（即一種關係的看法），亦先假定乎序次。故以關係構序次，有陷於無端之困。

2.不向元素或項數方面以關係構序。因為此種安排亦殊無必然性。何以必有元素？又何以必有最低之元素？又何以必有較高較低

之元素？凡此若不是已假定了序次的概念，都是無端而來，都是極隨便的處擬。又，若從元素或項數出發，則其中又何以必有某項關係（如高低、前後、傳遞等），亦不可知。若屬有窮，則易決定；若屬無窮，則不能知。如是，其間某項關係之存在實是一種假定。此即所謂相乘公理，或選取公理是也。

　　3.不以直覺之綜和或實現（時間上的，如康德所說）論序。因為此是屬於知解的與存在的，即有所限：限於理解與現界。只能說明實際的算術，或存在有數性，或關於存在的數學判斷，而不能說明普遍性法則性的「數學」。

　　所以我們說序是理性進行之步驟，而且說它是先在的或原有的。關此，且藉 Hölder 的話以代我的說明：

> 序列為思想歷程之一種形式，即是一種形式，思想於其中進行。這個見解，在好多人看來是屬於心理的範圍內者，故不當在此處所論之列。但吾人必須指出，這裏所論的序列，並非為主觀者，其中因觀念之連結，可在吾人的意識中發生思想；吾人所論者，係客觀的序列，此即是，邏輯上為必然的序列，其中一個推論須根據其他一個，一個概念須根據其他一個概念說明之。故在這些事例方面，每一個推論，或概念，必以在其前的一個為前提。算術上或幾何的作法上關於動作或運算之次序方面，亦係如此。在這些事例方面，序列所表者為一概念，有純粹論理的意義。故在著者看來，以為邏輯上如無序列之概念，則即鮮有效果可言。計數法以及數目之

式，即係建立在序列及循此序列而進的可能性之上。（《數理方法論》，鄭譯本，387頁）。

基本定義

1.「數」者序次中之「步位」也。

2.基數者序位（即序次中之步位，下仿此）之自「自相」也。（「自相」遮挺持體義不對他之謂。）

3.序數者序位之自「他相」也。（「他相」義對於他。）

4.基數 1 者序次中「太素步位」之自「自相」也。（太素者純而未分，同而無異之謂。）

5.基數 2 者函攝其前之太素步位所成之步位之自「自相」也。

6.其他基數者各函攝其前所有之步位所成之步位之自自相也。

7.序數 1 者序次中「太素步位」之自「他相」也。

8.序數 2 者次於其前之「太素步位」所成之步位之自「他相」也。

9.其他序數者各次於其前所有之步位所成之步位之自「他相」也。（於序數不言函攝，言其本身只是一，望其前而成自己之次第。其本身無兼攝，而有望距。）

10. 0 者序位中由矛盾而抵消所成之無留積之步位也。（譬如進二步退二步，兩相矛盾而抵消，便等於未進未退，是謂「零」。無留積者無成也。無成即無毀，無同亦無異。故只有一零存在。）

11.正者序位中所肯定而有成之步位之自「他相」也。

12.負者序位中所否定而有成之步位之自「他相」也。（否定

而無成則為零。正負皆有所對,故云自「他相」。)

　　13.法則者計數過程之普遍化也。

　　14.數學者以法則運用「步位」之學也。(只有此序,只有此位,無物之序,無物之位。)

四、無窮與連續

(一)連續與連續體

　　連續是與無窮相連的。無窮既已論過,連續亦須解決。惟吾論無窮既與前人不同,故論連續亦不得不隨之而異。茲有可注意者以下三事:

　　(1)連續與「連續體」不同。何謂「連續體」?物理學上有所謂連續與不連續之分。連續是光波振動過程,即羅素所謂因果線或內在因果律所在的地方是。不連續是光子之放射或跳躍,即羅素所謂外在因果律,即從甲過程轉為乙過程所具之律是。又等速直線運動是連續,有力加之於其上的絕對運動是不連續。此種對待中的連續即是「連續體」。即有連續性「體」,或直可名之曰「物理體」或「物理事」,又可名之曰「緣起」。此是一件事實,自有物理律以管轄之。現在我們論數學上的「連續」不當向此著想,或不可與此相混。因數學上的連續,照吾所論,實非一體或事,只是連續而已。如果我們論數學上的連續,必附著於一連續體上而論之,則必大壞。理由見下自明。

(2)幾何學上有所謂「直線」者，亦是一個連續體。可名之曰幾何體。此體雖不同於物理體，而其為「體」則無疑。它代表一種長度，由之可以成形，可以測量。但我們論數學上的連續卻不可即以明此直線之連續為連續。實則此直線的連續與物理上的等速直線運動無以異，同為一種體。如果論數學上的連續必附於直線的連續而論之，則又為何不可附於物理的等速運動上而論之？一個幾何線是一個體。照幾何學的假定，此線可由無窮多的點構成，即以點成線，以線成面，以面成體，此是幾何學家解析上的說明。如果我們因為線由點成，遂將一線分成無限多的點之密集為盡論連續之責，則仍是附著於「體」上，結果只不過說明了一條直線而已（實則究能說明否亦有問題）。運動是物理體，是一件事實；直線是幾何體，是一種假定（設置）。我們不能就此論數學連續，亦不能以數學連續解析之。

(3)數學連續不是直覺所見之綿延。因為此亦是一種事或體。有些人以為「連續」是一個質的整全，不可加以分析，蓋即指此種事或體而言。實則不僅綿延為不可分析，即運動與直線皆不可加以分析。我們不能以分析得的元素構造之或說明之。此固無所謂神祕。因為凡事或體皆有自然律則以管轄之，不容吾人隨便加以分析也。說明之或認識之，皆別有在。羅素以無窮的分析明運動（兼明連續），實則皆不可能者。詳辨見下分。綿延、運動，等固不可以分析論，但以為數學的連續就是這種綿延，亦大謬。因數學的連續固非體或事也。

藉一條線，一段運動，一片時間等之無限分割，固可顯示連續，

但此時的線，運動，或時間實非一件事或一個體，乃是一個概念，純為思想上的一個單位或產物，乃任意的抽象或設置，而實非一物，亦即空洞無物。所以此時的連續，並非一物之續，乃直只是連續。此時它是不著迹的憑空之無底止，我們不能把此連續具體化之使其平鋪於此而成為一條線，一段運動，或一片時間。所以此時的連續，用康德的話說，只是主觀的一個「紀綱原則」（純屬思的、理性的），而非客觀的「構造原則」。成為構造原則，即是事的，存在的，此為不可能者。自第迪金、坎脫爾、羅素以及其他論連續者，大都有看為構造原則之意。或至少紀綱與構造之分是沒有的，其間的不同是未被認識的。他們大都以為一個無窮的連續可以構造一條連續線，或一段運動。此種連續叫做平鋪的或堆集的連續論。我們不如此論。

我們以為連續只是連續，而無什麼東西之連續。它當與「序次」相當。我們說「序」只是序（理性進行之步位），而不說物之序。連續亦是如此。它是一個無底止的連分之表示。此種看法可以叫做發展的或過程的連續論。此是一個根本觀點上的轉變。

（二）數學的連續

根據以上的觀點，可以說明數學的連續如下：

設有一單位，在連分上，可補上一個 0 為下限（lower limit），以 1 為上限（upper limit）。我們可以從 $\frac{1}{2}$ 起無底止的向下分，而以 0 為極限，但永不能至於 0；我們又可以從 $\frac{1}{2}$ 起無底止的向上分，而以 1 為極限，但永不能至於 1。如下圖：向下分為小於 $\frac{1}{2}$

者，使其逐漸縮小而幾近於零，故以 0 為極限。向上分為大於 $\frac{1}{2}$ 者，使其逐漸加大，而幾近於 1，故以 1 為極限。這種繼續的無底止的連分，就是一個連續之表示。但是，同時 $\frac{1}{2}$ 是一個單位，$\frac{1}{3}$ 亦是一個單位，$\frac{1}{2-\frac{1}{2}}$ 亦是一單位，推之無底止的連分所分出的步位皆是一單位。而此等單位又可同樣的無底止的分，且仍可視之以 1 與 0 為其極限。又 $\frac{1}{2}$ 與 $\frac{1}{3}$ 之間仍可有有大於 $\frac{1}{2}$ 而小於 $\frac{1}{3}$ 者，而且其數為無窮之多，即從 $\frac{1}{2}$ 起，逐漸縮小，無底止的向前進，以 $\frac{1}{3}$ 為極限，同時從 $\frac{1}{3}$ 起，逐漸加大，無底止的向後退，以 $\frac{1}{2}$ 為極限。所分出的單位皆可如此觀。如是無窮中有無窮：有無窮個單位，即有無窮個無窮：每一個無窮表示一個連續。所分出的每一個單位，從其自己看，其無窮之連分皆以 0 與 1 為極限。從其與鄰項對待看，則每一單位皆可為極限，如 $\frac{1}{2}$ 與 $\frac{1}{3}$ 之間的無窮是。每一單位皆是極限即表示無窮中有無窮。無窮系雖如此之多，而其實皆如一，此即所謂軟圓性。故凡連續皆如一。

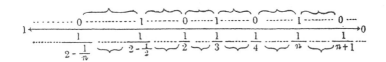

我們只說無窮中有無窮，但不說兩項間有 ∞。項的彌綻類（median class）居於其間。因為這樣說即有平鋪堆集或填充之弊。我們也不說「密集」或「縝密」。我們只說無底止的連分中所分出的

每一點又皆可引出一個無窮系。系系相連還是一個無窮系。相連而成的無窮系不見大,各系自己亦不見小。因為凡連續皆相似,無窮無大小故也。它們只有軟圓性或反身性。

故數學的連續者無窮中有無窮之分割系也。

照我們這種論法,坎脫爾的名詞,如圓滿、封閉、縝密等皆可不用。坎脫爾的意思以為凡在一無窮系中所分出的無限多的點皆可為一副系(進級或退級的)之極限曰「縝密」(condensed in itself)。凡作為進級系或退級系之極限的點皆屬原系內,曰「封閉」(closed)。凡系之既縝密又封閉者曰「圓滿系」(perfect series)。凡圓滿系中兩項間函有 N. 項的彌綻類者曰連續系。此等名詞俱有填充之嫌。實則每一無底止的分割,其中所分出的各項皆可為極限而引出一個無窮,此都是自足的,即都自成一串:無所謂副系,無所謂主系。因此,又何必皆函於主系內,又何必曰封閉?凡此等名詞之引出,無非為的將它們織於一起而構成一個連續體。實則連續既非一體,又不可構造,但可由無底止的分割上以顯示。故吾人只說無窮中有無窮,只說軟圓或反身,而不說封閉與圓滿。

連續與序相當,只是一種序,而且它必須與無窮相連。我們這樣論連續,無窮亦有了著落,即無窮必縛繫於連續上始有意義。因為連續基於序,繫於連續即是繫於律則。在律則上,無窮始可思議。

在此,我們將說連續是數學的「場所」,在其中我們可以法則運用數(步位)而成為數學,但連續與無窮不可運用(即運算)。它只是一個場,為主觀的紀綱性,而無客觀的構造性,數學生息於其中而得一保障,得一絕對保險的活動舞台。

(三)極限，分類，大小

照我們以上所論，每一個無窮的分割都有一個極限。譬如在一個單位上，以 0 與1 為極限是。所謂「極限」就是一種前進或後退所趨向的一個「界限」。普通以系中每項與此界限之差規定之，實則只是一種「序」的觀念，羅素的見解在此是對的。因為如果以 0 為極限，便無所謂差。在一無窮分割中，所分出的「項」既都可為極限，所以在一系中，每一副系都可有界限，即都有一界限點。此即為第迪金氏連續性公理。按此界限點，我們可以將一連續系分成若干類，每一類成一節或一段，而分成節或段之界限點即是一個「切」（cut），因由之而切成各節故也。此亦叫做第迪金切。因第氏之研究而得名。按第氏公理，在一直線上的點之任何一種分類法，恆有一點 X 與之相連，用此點時，可仍獲得此分類法，即此點即為該分類之界限。或者亦可說：在一個此種分類法方面，或是第一類中有一點在該類中一切點之右，或是第二類中有一點在該類中一切點之左。無論怎樣分法，總有一個點適應之，為其區分之界限，決無漏隙。此種無漏隙性即為連續之特徵，故此曰第氏連續。每一節或系皆有界限曰第氏系。

但是有時又可以無界限，即無極限，此可藉無理數（亦稱無盡數）以明之。設有 ABC 一三角形，AC 為弦，AB, BC 為勾股。按勾股弦定理：$\overline{AC}^2 = \overline{AB}^2 + \overline{BC}^2$。設 AC 為 x，AB 為 1，BC 為 1，如是：

$$X^2 = 1^2 + 1^2$$
$$X^2 = 2$$
$$X = \sqrt{2}$$

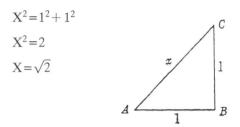

此 $\sqrt{2}$ 即為一無理數，即無一數其平方為 2 者。此即所謂不可通約者。我們可由 $\sqrt{2}$ 之表示以分類：以 2 為標準，凡平方小於 2 者第二類，置於 2 之右；凡平方大於2 者為第一類，置於 2 之左。第二類小於 2 者可列為上升系，漸升以逼近於 2，但永不能至於 2。第一類大於 2 者為下降系，漸漸而逼近於 2，但亦永不能至於 2。如果第二類無最大項，第一類無最小項。我們這樣從兩個方向向裏湊，即向 2 湊，但永未能得著2，即永未得著一數其平方為 2 者。如是 $\sqrt{2}$ 實是沒有的一個數，我們始終未捉得著它。這豈不表示無理數系並無一極限或界限嗎？這即表示一個「漏隙」或「裂縫」（gap）。然則說一系中任何分類法必有一點 X 存在為其界限，在此種情形下，豈不是不能成立嗎？第氏於此假定一個無理數的極限以填充此裂縫。按第氏意，裂縫皆可填充，任何節皆有極限。合乎此公理的為第氏系。但此實是一個假設，我們不能認為滿意。

　　第氏所以有這個假設是因為他就幾何上的直線論連續。一條線是連續的，當無漏隙可言。但恰巧在一個幾何關係所成的無理數上，足以使此直線有一個裂縫，所以必須假設一個點以填滿之，以成其連續。我們如果要表示一條線上有一點為無理數，可如下圖：設以 ABC

為等腰三角形。AB 為弦，並於 AB 間取一點 D，使 AD=AC。則
此 D 點即不能有有理數與之相應。設以 AB 為單位 1，AC, BC 及
AD 的共同量數為 x，又因為 AD=AC，按勾股弦定理，可有：

$$x^2+x^2=1^2$$

$$2x^2=1$$

$$x^2=\frac{1}{2}$$

$$x=\sqrt{\frac{1}{2}}$$

$\sqrt{\frac{1}{2}}$ 即為無理數而與 D 點相配。仿照上面 $\sqrt{2}$ 的論法，我們同樣
捉不足 $\sqrt{\frac{1}{2}}$ 這個數。這豈不是也有一個漏隙？但是 AB 線卻實是
一條充滿的連續線。純站在一條線上說，當然是無漏隙的，即任何
分法皆有極限。但站在一個幾何關係上說，卻又於同一條線上產生
出一個無理數與之相應的漏隙點。為補救此困難，遂假定無理數極
限以充當之。

　　無理數本濫觴於幾何，至第迪金遂發見其為連續性之特徵，由
此以表明無漏隙性。但此卻實有一個漏隙。所以我以為論連續當只
是論連續，不當與別的牽涉於一起，照 D1 節所表示，一條線是一
個體，我們不能由之以論連續，亦不能由無窮的連續以構造線。幾
何關係所成的無理數亦只是一種幾何關係。我們固可由之以表示連

續，但只當看為是純算術的發展，不當認為與直線的連續或構成有何關係。照第氏的論法，仍不免平鋪填充之弊，所以才有分類、界限、上下節，等等理論出現。他們以為從一條直線上論連續，把一條線分為無限個部分，同時此線即由此無限個部分（點）造成。殊不知道是一種極陋之見。康德早已表示過一個單位可以無窮分，但不必就由無窮個部分所構成。因為分割是可以無窮的，而連續也是無窮的；但是一個單位，一個線段，是一個體，它是有限度的。當我們在思想上任取一單位而分割之時，此時的單位即不是一個體，而是一個觀念：我們只由之以表示連續，並不想再由此連續以構成之。因為此時本來無物無體，我們分的也不是一個體，所以我們也不想構造一個體。

照羅素的分析，凡系中任何副系都有界限為第氏系；無裂縫之系為第氏系。系中之項均有後鄰項者必不生裂縫，系之無最大最小而有極限者亦不生裂縫。所以他斷定說：有窮系及順列系是第氏系，實數系也是第氏系。凡系是第氏的而且是密接的，曰連續系。此謂第氏連續。

坎脫爾更進一步，以為不但密接，而且凡系中每一點皆可為一副系之極限，而凡任何兩項間有 N。項的彌綻類者曰連續系。如是，坎脫爾系當為無窮系，即系中之項數為無窮者。故羅素以為第氏連續所有的特性，坎氏連續俱有之，但反之則不能。又以為有坎氏連續性之系皆互為相似，而有第氏連續性之系未必相似。坎氏連續固較第氏為進步，然同為平鋪填充則無疑。

照吾人的說法，則只說無窮中有無窮：我們不說一個系由無窮

個項數構成,我們只說一個無底止的系;我們也可以說凡分出的各項皆可為另一串無窮之極限,但我們卻不說一個無窮系(由無窮個項數構成)中之各項為原系中副系之極限;我們也說在所分出的兩項間仍可向上向下造成另一個分割系,但不說兩項間有 N. 項的「彌綻類」充其中。照我們的說法,連續只是連續,它是不著迹的、純理的、思的、主觀的邏輯上的開展,而不是存在的事體,故只有紀綱性,而無構造性(此兩詞之意義見下分)。

照平鋪或填充的說法,正相反,他們是以項數構造連續,並且是有附著的:附著於體或線上,並還而構造體或線。他們固有時也從序上或分割上表明連續,但不過藉之以成項數而結果乃注目於項數。到了羅素則更顯明的是以項數造連續。這由其以往的數學思想可以知道的,並由其應用連續以解析運動而更可以證實的。這種思路之不可靠,使我們必有下分的批導。

(四)連續為先在的原有的

照以上的論法,吾人的見解顯然是把連續看為與「序」相當,是先在的原有的一個形式:是純理進行之所顯。我們不能由元素以構造之,亦不能由其他系統如關係系統以推求得之。今試就任何一種元素,假定其間有某種關係,可以藉之以構成連續。「吾人今先假定,在二個不同的元素 A 與 B 中有一個為在前者。但在前這一個字,吾人在這裏並不用之於時間上的意義,而指一種不對稱的關係。因之,倘用符號 < 以表在前這種關係,則 A<B,B<A 二種陳述中,只有其一為正確者,亦必有其一為正確者。吾人今可假定

下列諸自理：

1.對於在前一概念，可適用傳遞定律，此即是說，由 A＜B，及 B＜C，可推知亦有 A＜C。

2.按自理 1，倘有 A＜B＜C，或 C＜B＜A，則可說 B 在 A 與 C 中間。（在此意義上，吾人可云：在二個不同的元素間，恆可求得一第三元素。）

3.對於所採用的元素，就其次序而言，可適用第氏連續性自理（即每節皆有界限）。

4.二個不同的元素間，有一個距離在。此即是說：倘有 A 與 B 不相同，C 與 D 亦不相同，則 AD 距離對於 CD 距離而言，或則相等，或則不相等。二個距離倘均與一第三者相等，則彼此之間亦必等。（羅素及郭多拉對於連續體，僅予以序的屬性，不予以距離的概念。此種見解，在這裏並不適用。因為二個僅有序的屬性之連續體，不能將其中之元素一一相關之。而且此項連續體，對於幾何學上及函數論上所用之證法，亦不能充分。）

5.倘 B 在 A 與 C 之間，B′ 在 A′ 與 C′ 之間，AB 距離等於 A′B′ 距離，BC 距離等於 B′C′ 距離，則亦必 A′C′ 距離等於 A′C′ 距離。

6.設 C 與 D 為二個不同的元素，A 為任意的一個元素，則有一個元素 B，亦僅有一個元素 B，在 A 之前，同時 BA 等於 CD。仿此，有一個元素 B′，亦僅有一個元素 B′，A 在其前，於此 AB′ 等於 CD。

由自理 6 吾人可知，有一無限的列存在，為元素

......, A″, A′, A, A$_1$, A$_2$, A$_3$,......

所成。並能：

......A″＜A′＜A＜A$_1$＜A$_2$＜A$_3$......

同時又能：

......A″A′＝A′A＝AA$_1$＝A$_1$A$_2$＝A$_2$A$_3$......

故按以上之自理，連續體係如是者，即，吾人可將其設想為向兩端均可無限申出。……1，2，4，5，6五自理所證明者實即與一直線上點之連繫無稍異。惟此五自理與第氏連續性自理可構成一無有矛盾之系統，則在著者看來，以為無法純邏輯的證明之。」（Hölder書，鄭譯本，§124頁）因為此種向一堆元素方而假定一種關係，一種定律，以安排之，是十分隨意。如在有窮，無問題，如屬無窮，則是否有某種關係實不可知。所假定之公理（定律、關係）以成之連續與第氏連續是否無衝突，亦無邏輯的根據證明之。故構成連續的無限總體是常不確定的，乃為不能用者。

羅素以項數構連續，他或是以一條直線為標準，以平鋪填充成連續。在此，他不過說明連續是無漏隙，無窮而無鄰次的罷了；或是以一堆元素構連續，在此，他須假定相乘公理，否則，那一堆元素是否能成序實得知，既不知其能成序，又何以能知其為連續。但是這兩種態度沒有一種是可通。

茲再從第迪金切方面純算術的構造連續體以觀之。

試設想有無限多的，絕對的，不等於 0 的數目，例如將其作為數列之形式 S$_1$, S$_2$, S$_3$,...... 列出之。但此項數目均小於一

確定數目 M 。這些數目，每一個均為一個。於此，吾人須注意，倘有一個切為已知，則吾人須將其中每一個有理數決定之，以知其屬於在上的數目中或在下數目中。但如果吾人一一決定之，則因數目之多無限，自為不可能之事。故此項分類法，只可用一規律以為之。假使吾人有無限多的切，則即須有一規律中之規律。試將有理數如是分類之，使其一類（一「切」）中之數，其三次方均小於 5，其他類中之數，則其三次方或大於 5，或等於 5。吾人於是可證明，有一個切 x 存在，其形式如下：

$$x^3 = x \cdot x \cdot x = 5$$
$$x = 3\sqrt{5}$$

如是，吾人可將 $S_1, S_2, S_3, \ldots$ 如下陳述之：

$$S_1 = 1$$
$$S_2 = 1 + \frac{1}{3\sqrt{5}}$$
$$S_3 = 1 + \frac{1}{3\sqrt{5}} + \left(\frac{1}{3\sqrt{5}}\right)^2$$
$$S_4 = 1 + \frac{1}{3\sqrt{5}} + \left(\frac{1}{3\sqrt{5}}\right)^2 + \left(\frac{1}{3\sqrt{5}}\right)^3$$
$$\cdots\cdots\cdots\cdots\cdots\cdots\cdots\cdots\cdots$$

對於無限多的切如 $S_1, S_2, S_3, \ldots$ 吾人可用下法以確定其為一個總體（為有理數所成者）：任何一有理數，倘為 $S_1, S_2, S_3, \ldots$ 一串中某一個切之在下的數目，則此數即屬於該總體內。對於此總體中之每一個數目 r，其中必有一個數目大於

r 者。因為在每一個如是之切 S 中，倘 r 為其在下的數目，則必可求得一較此為大的在下數目。蓋任何一個切中，都沒有最大的在下者。但如有理數 r′ 小於 r，則 r′ 亦必屬於該總體內。因為 r′ 既小於 r，則在該切中，r′ 自必同屬於在下的數目中。但在此情況下，不能說一切的有理數均屬於該總體內。例如 M 切之在上的數目即不在其中。今如將一切有理數分成為該總體及其餘的數目，則可得一個切 g。吾人稱此數目 g 為 S_1, S_2, S_3,…… 之上界。關於此上界，吾人不難證明其有如下之屬性：

I.S_1, S_2, S_3,…… 一系中沒有一個數目能超越此上界。

II.任何一數目倘小於上界，則可被 S_1, S_2, S_3,…… 一系中之一個所超過。（Höder 書 §76）

此處所謂上界可稱為上界限點。同樣按照一種定律，仿照上面，亦可造成下界或下界限點。如是，吾人可用一切「切」所成之總體，代替直線上之一切點。並於此總體作一分類，將此項「切」分成為二類，即較大者或在右者與較小者或在左者。如是，吾人即可證明有一新的「切」存在，將上述的二類切相分開。因之，吾人可證明有一有分開作用的「切」存在。此「切」即為較小者之上界，較大者之下界。就此而言，吾人可說用了算術的方法產生出一個幾何連續體，或亦可說用一算術的連續體以代之。同時，此算術的連續體亦有與第氏連續性自理相類的情形。

依上所論，吾人用「切」的辦法，純算術的構造連續體。如此，

似不必假定連續為原有的或先在的。但其實仍不然。因為，在此構造法上，每一個「切」之定義，須靠一特殊的規律而成。而無限多的「切」所成之總體，亦必有無限多的規律貫串之。否則，其總體即為不可設想。但此無限多的切之總體實是一不確定不明白之總體，而其規律亦是一個隨便的假定，並無必然性，與相乘公理同。如是，要想不認連續為原有的或先在的，終不可能。故吾人論連續必在序上起，使其無所依附（不著迹），而由純理的無限擴張或縮小，前進或後退以顯示之，此則為必然者。並且將無窮縛繫於連續上，不必外置定律以可能之。如是，關於無窮的一切言論或想法，始有意義。關此，讀者當重回去參看第一分。

本章所論與下分的關係甚密切，其意義與效用至下分始大顯露。

第三分 超越的辨證與內在的 矛盾

一、超越的辨證論

(一)理性與理解

康德的超越辨證論，在其整個系統上，是居在一個關鍵的地位，所以是很重要的一部分，也是很有價值的一部分。本節將順他的線索作一個簡括的述敘。

理性有向上統一的要求，它可以離開經驗而無限地引申與擴張。但是它這種統一的擴張有兩方面的使用： (1)是邏輯的或理解的；(2) 是純粹的或超越的。

> 一個結論是一個斷定，乃從另外一個已知的斷定而得來的。由於已知的斷定所推出的，當其是一個完全不同的對象的時候，我在理解當中當極力發見是否在這個結論中的斷定是依照一般的規則，立於某種條件之下。如其我尋得這樣一個條件，並且如其在結論中所提及的對象可以歸入於這個已知條件之下，則這個結論就是依從一個規則而來的。這個道理是

> 對於其他認識的對象同時有效的。由於這裏，我們看見理性極
> 力將理解的許多種類的認識歸於可能的最少數的原則當中（
> 一般的條件），並且這樣在他裏面造成最高的一致。

理性以原則來統馭理解範疇，這個便叫做**邏輯的或理解的使用**。「
但是這種邏輯的定理不能成為一個純粹理性的原則。除非我們承認
有條件的是已經給予，並且這個條件的全部連續，彼此互相連屬的，
也是同時給予。」但這種給予，在經驗界是不可能的。

> 可是純粹理性的原則，顯然是非綜和不可的。因為在分析上，
> 有條件的固然是與某種條件相關連，但是不與無條件的相關
> 連。從這個純粹理性的原則，必須生出各種不同的綜和命題。
> 純粹理解，對於此種綜和命題，卻是完全無所知的。因為理
> 解，它單是涉及可能經驗的對象，而此種對象的認識與綜和
> 卻又永遠是有條件的。

理性於統馭理解而外，它還須要向上要求，要求無條件的綜和。從
這個理性的最高原則所生出的原則，在現象的關係上，必須是**外延
的**。這就是純粹或超越的使用。這即是說，這個原則的任何經驗經
應用，都是決不可能的。所以它與一切理解方面的原則不同。後者
的使用全然是內在的，他們的對象及目的只在可能經驗範圍內。

　　「純粹理性概念的超越真實（主觀的），至少是根據於理性的
必然程序而引得的。」可是如果這種無經驗根據的超越概念而予以
客觀的實在，想從現象界以證明它，那便是純理的幻象。這種結果

是由幾種辨論而生出的。「這種辨論的論據，共有三種，與理想的數目相當，這個是由它們的結論所表現出的。在第一類的論據或推測式中，我從主體的超越概念推斷主體自身的絕對一致，可是關於它，我並不能這樣達到一個概念的。這個辨論的論據，我可以稱為超越的謬誤。第二類的詭辨論據是關係於一個已知現象的條件連屬於絕對全體的概念。這個辨論，我可以稱為純粹理性的反背論。最後，依照第三類的詭辨論據，我從一般的思想對象的條件的全體，推斷一般事物可能的一切條件的絕對綜和一致，就是說，從某種事物，我在他們的單純超越概念上所不知道的，推定一個萬能的主宰。這個辨論的論據，我可以稱為純粹理性的空想。」第一種是自我本體的證明，第二種是反背律，第三種是上帝存在的證明。本節將以反背律的述敘為限。

我們必須申明，第一層，純粹而超越的概念的根源，單是**由於理解**。理性實際上**並不產生任何概念**。它不過是常使理解的概念，能解除其可能經驗的不可避免的限制，由是將它升到經驗以上，雖然它必須仍舊與經驗相連接。這個是發生於這樣的事實的：對於一個已經給予的有條件的事物，理性在其條件的一面，要求絕對的全體，並且這樣，將範疇變為一個超越的理想。他這種動作，是要使他可以對於經驗的綜和，由於繼續的前進，達於無條件而給予以絕對的完全。（但這個是不能在經驗中而只能在理想中尋得的。）理性依照原則有這樣的要求：如其有條件的已經給予，則條件的全體，並

且因此，絕對無條件的，也必須同時給予。有條件的只有由於這樣始為可能。所以，第一，超越的理想實際上不過是升到沒有條件的範疇。但是，第二，並非一切的範疇都可適用這個目的。現在只是指綜和在其中可以構成一個連續的，即彼此互相隸屬而非彼此對立的條件的連續而言。理性須要絕對的全體，只限於一個有條件的條件之向上連續，而不涉及於結果的向下連續，亦不涉及這些結果並立的條件的集合問題。因為在一個給予的有條件的關係當中，條件是已經預先假定，並且是認為與它同時給予的。而在另一方面，結果並不使它們的條件成為可能，毋寧說它是預先假定了條件的。在結果繼續的考慮上，或是，在從給予的條件而到有條件的向下進行中，我們可以完全不必過問這個連續是否停止，而且它們的全體也不是理性的必然要求。

我可以稱在條件的一面，這個級數的綜和，從最近的給予現象而達於更遠的，為後退的綜和。稱這種在有條件的一面進行，從直接的結果而達於更遠的，為前進的綜和。前者是在原因當中進行，後者是在結果當中進行。所以宇宙論的理想是關係於退後綜和的全體。並且是在原因當中而非在結果當中進行的。在後者發生的時候，它是一個隨意的，而非純粹理性必要的問題。因為，為完全了解什麼是現象中所給予的起見，我們所須要的，是在先的基礎或原則，而非在後的結果。

我們在此所要注意的是康德所謂**理性本身並不產生任何概念**，而超越理想或概念的來源單是**由於理解而生**。我們可說不是**理性本身**產生超越理想，而是**理性的思想**要求這種最後的綜和產生超越理想。所以康德在此所用的理性，不是指理性本身（reason itself），而是指理性的思想或合理的理解（rational thought）而言。（康德理性一詞含義太混太複。讀者當隨文領取。）在此種意義下，所以他所論的才是宇宙論的理想，而不是理性本身。在這個思路上，他證明理性的思想要求一個絕對的綜和。要求是它的權利，是它的自然本性。但在這種要求的原則下，其對象或概念是超越的。這個超越的概念，在現象界是完全不能應用，亦不能證明的，所以是決對無效，沒有客觀確實性，即無一對象與之相應；這也就是說，這種要求所供給的綜和原則在現象界無效，只是一個空空的概念。這個概念，即這個原則，只有在實踐上或道德上，才有對象與之相應，即才有客觀確實性。這個思路，即從**綜和原則之有效與無效以證本體**，是**不可靠的**。這個思路，詼諧一點說，就是由理性的要求供給一個**空的筐子**，再找**尋本體以填充之**。這是非常戲論的。我們在此只能說，理性於理解中，雖然對於眼前世界步步追問，要求一個最後的存在，但因為是已經限於現象界，而且其方向是向外，其方法是**實測**，所以這個最後的存在於此路上是絕不能求得的。這個只是理性思想的要求，不是理性本身的要求。只是一個不對的思想或學說，無關於理性本身什麼事。同樣，如果在實踐中獲得這種最後的存在，也只是一個對的思想或學說，亦無關於理性本身什麼事。這點是非常重要的。在下面三節尚有詳細的論述。現在我們且把康德的四個宇宙

論的理想,列在下面:

(1)一切現象的已知全體之組織的絕對完全:這個是質與量的範疇相當,屬於時間有限無限的問題。

(2)一個現象中已知全體之分割的絕對完全:這個是質與量的範疇相當,屬於空間上單一的存在問題。

(3)一個現象之創始的絕對完全:這個是與關係範疇相當,屬於自由與必然的問題。

(4)一個現象中可以變化的存在之所依據的絕對完全:這個是與程態範疇相當,屬於絕對存在的問題。

> 這個無條件的,可以推想為:或是只是存在於全體級數中,它的一切部分毫無例外都是有條件的,惟只有這個全體是絕對無條件的,在這個場合,退後的綜和是稱為無限的;或是這個無條件的,只是級數的一部分,此外各項都隸屬於它,而它自己並不服從任何則的條件。在前者的情形,這個級數沒有前面部分的限制,即沒有起點,就是說是無限的,而且依然是完全給予的。但是這種後退是從不會完成的,所以只能說它是一個潛存的無限。在後者的情形,級數中有一個第一項存在。這個第一項,關於過去的時間,是稱為世界的起點;關於空間,稱為世界的限制:關於一個給予的有限全體的部分,稱為單一體;關於原因,稱為絕對的自動(自由);關於可以變化的事物的存在,稱為絕對的天然必要。

但是,這種「有限」或「無限」等等,若從**理解方面向外追求**,永

遠得不到證明，而且主張任何方面都是自相矛盾。這個便叫做超越理想的反背論，但是康德以為有限、無限等等又是理性的思想（不是理性自己）之自然的要求，不是像一個造作的幻想，加以考慮，即可消滅的。而是一種天然的不可避免的幻象。這樣只有對它徹底加以說明與批導，予以適當的位置，並予以合理的說明。超越辨證論就是證明這些理想概念在理解方面不能得到證明，在現象界裏不能尋得對象與之相應。如要想在這方面求，必是矛盾。這個必須轉**而向內，向實踐理性上證得**。在這個轉變上，康德是有大慧的。

（二）反背論

超越理想的第一衝突

正題：世界在時間上有一個起點，在空間上有一個限制。

證明：先假定世界在時間上是沒有起點的。如果是這樣，則到一個現在給予的時刻為止，必須是已經經過一個無窮的時間，並且相連的，經過一個繼續的條件，或是世界中事物狀態的無限級數。但是，現在一個級數的無窮，其性質是由這事實構成，即他永不能由繼續的綜和而達於完全的。所以一個無窮的級數已經經過是不可能的。因此，世界之起點是世界存在的一個必要的條件。

讓我們再假定，這個世界必須是一個無限的而且是一個已經給予的並存物事之總和。現在，我們不能從任何則的方法推想一個不在直覺的限制中給予的數量廣袤，除非由於它各部分的綜和，並且這樣數量的全體，只能由於一個完全的綜和或是對它自己的單位的反復相加而推想。依此，要推想這個充滿一切空間的世界為一個全

體，則一個無限世界各部分的繼續綜和必須認為是完全的。這即是說，在指數一切並存的事物上面必須認為已經經過一個無限的時間。但是這個是不可能的。因此，一個實在事物的無限集和，不能認為是一個給予的全體，因此也不是一個同時給予的全體。所以世界，關於空間上的廣延，不是無限的，而是包括在限制當中。

康德這個證明完全是對的。後人以為如果我們**有無窮的時間**，豈不是即可以經歷這個無窮的級數。但此實是一個**巧辭**。因為你所假設的無窮時間，還是有待證明的。他們又以為並不因為我們歷數不盡即不是無限。但是康德在此**並不固執有限**。否定了無限，並不即肯定了有限。康德的目的是說：在經驗界或現象界，我們並不能肯定地證明這個世界究是無限抑是有限。關此，後面還要詳說。

反題：世界沒有起點，並亦沒有空間上的限制，而在時間及空間兩方面的關係上都是無限的。

證明：讓我們先假定世界是有一個起點。一個起點是一個時間當中的存在。在這個時間以前，它還是沒有存在的。所以按照這個假定，必須有一個時間在其中世界還沒有存在，就是說只是一個空虛的時間。但是在空虛的時間中，一個事物的創始是不可能的。因為在這樣空虛的時間中，沒有那一部分能含有存在與不存在的區別條件的。因此，世界中有許多事物的級數可以有一個起點，而世界自身不能有一個起點。因此，世界在過去時間的關係上當是無限的。

讓我們再假定世界在空間上是有定的而且是有限制的。若如此，則它必須是存在於一個空虛的空間中，這個空虛的空間是無限制的。因此，我們應當不單是透見一種事物在空間中的關係，而且更有一

種對於此空間發生關係的空虛空間。可是，現在因為世界是一個絕
對的全體，離開及在它以外沒有可以直覺的對象，並且因此，也決
沒有一種與它相對待的可以發見。所以，這個世界對於一個空虛空
間的關係，只是對於一個虛無的關係。但是這樣一種關係顯然是空
虛的，並且因此界由於空虛空間而有的限制關係也是虛無的。因此，
世界在空間上沒有限制，就是說，它在廣延的關係上是無限的。

　　這個證明也是對的。正題、反題同時成立，這就叫做自相矛盾，
亦即是二律背反。

　　又，在此我們復當注意，這種證明不一定是康德的主張，他所
否證的，也不一定是他所反對的主張。他只是替兩個學派，經驗論
與理性論，代述而已。

反背論：第二衝突

　　正題：世界中凡組成的物質都包含單一的部分；並且沒有這樣
　　　　　的事物它既存在而其自己卻不是單一的又不是由單一的
　　　　　部分組成的。

　　證明：先假定組成的物質並不包含單一的部分。在這種情形，
如果我使一切的聯合或組合在思想中消滅，則因為既不包有任何單
一的部分，即單一體，所以就沒有組成的部分存在，並且也沒有單
一的部分可以存在。因此，沒有物質；因此，也沒有任何事物可以
存在。所以在此，我們有兩種情形，或是主張組合的消滅是不可能
的，或是主張在這個消滅以後依然有什麼不是組成的事物，就是某
種單一事物的存在。這兩種情形必居其一。但是，在前者的場合，
即如是組合不能消滅，則這個組成全體的分子不能自己再是由物質

構成，因為組合不過是一個偶然的關係。所以離開組和，他們必須依然是獨立自存的事物。這即是說，依然有單一體，但這個是與我們原先的假定相矛盾的。因此，後者的場合必須是真實的，就是世界中物質的組合必包含單一的部分。

這個證明是說：世界**每一事物都有自性**。

反題：世界中沒有既是組成的事物，還包含單一的部分的；並且在世界中決沒有什麼單一的物質存在。

證明：讓我們假定一個組成的事物是包含單一的部分。如果是這樣，因為一切外界的關係，因此一切物質的組合，只有在空間是可能的；所以這個為組成的物質所佔據的空間必須包含與這個作為組織全體的部分相同數目的部分，但是空間並不是由單一的部分構成，而是由多數的空間組成。因此，每一組合的部分必須佔有一空間。但是每一組和的絕對根本的部分必是單一的，所以這個單一的也必佔有一空間。現在，因為凡是佔有空間的真實事物必包含一個部分的內容，這些部分是彼此互外的，並且因此是組成的；又因為凡是真實的組和決不是偶然的，必因真實的物質而組成，所以這個單一的也必須是一個物質的組合，所以世界必沒有所謂不由組合的單一存在。但此與原來假定相矛盾。所以單一部分的主張是不能成立的。

再證明世界中沒有什麼單一的東西存在。這個命題就等於說：絕對單一的存在不能從任何經驗或辨識中證明，不論是內界的或是外界的。並且這個絕對的單一是一個單純的理想，它的客觀真實性不能在任何可能經驗當中證明。並且因此，在現象的解析上，它是

沒有用處及對象的。

　　這個證明是表示**一切事物都無自性**。自性是不能**在經驗中直覺**的，它只是一個理想。

　　反背論：第三衝突

　　正題：原因作用，若依照自然的定律而言，便不是運用於造成世界對象的唯一原因作用。為完滿說明這些現象起見，一個自由的原因作用是必要的。

　　證明：讓我們先假定除掉依照自然的定律而外，更沒有別種原因的作用。因此，凡是發生的事情都預想一個在前的條件，這個，它是依照一種規則所絕對確實遵從的。但是這個在前的條件，它自己也必須是一種什麼發生的事情。所以一個原因的原因作用，某種事情所由以發生的，他自身也是一個發生的事情。現在，這個，依照自然的定律，又須預想一個在前的條件及它的原因作用，而這個後者又須有一個在他以前的，並且由此類推以至無窮。所以，如其凡是發生的事情，單是依照自然的定律，則一切事物不能有任何實在的第一起點，而只有次級的或是比較的起點。因此，在原因的一面，不能有一個繼續的完全。但是，在自然的定律說上，如果沒有充分的先天決定的原因，也就沒有事情可以發生。所以，一切原因作用只有依照自然的定律是可能的，這個命題，在這樣無限的及一般的陳述的時候，是自相矛盾的。「即有原因實等於無原因。」所以這個不能是獨有的一種原因作用。

　　由於上面所述，我們必須承認一種原因作用，有某種事情由它發生，而它自己的原因卻並非依照必然的定律由於某種其他在前的

原因決定的。這即是說，必須有一個原因的絕對自動存在。它自動地創造一個現象的繼續，依照自然的定律而進行。因此，必須有一個超越的自由存在。沒有這個，連自然進程中現象的繼續，在原因的一面，也是永遠不能完全的。

　　反題：決沒有什麼叫做自由，凡世間所有的事物完全是依照自然的定律。

　　證明：假定是有超越意義的自由存在，即為一種特殊種類的原因作用，運用於產生世界中的事情。如果是這樣，不單是由這個自動力所創造的繼續，並且連產生繼續的這個創造力自身的決定，即是說，這個原因作用的自身，都必須有一個絕對的開始。就是說，決沒有什麼事物可以在它以前依照不變的定律而決定這個動作的。但是，因為凡動作的起點，在活動的原因中預想一個不活動的狀態，並且一個力學上動作的原始起點預想一個狀態，關於原因的動作，是與原因的以前狀態不相連絡，就是它決不是後者的一個結果，這是不可能的。所以超越的自由是與因果的自然定律相反背的，並且不能在經驗中透見。因此它是思想的一個虛構。

　　所以我們沒有別的，只有自然，我們必須從它那裏尋求宇宙事變的連絡及秩序。自由，離開自然的定律而獨立，固然是可以解除束縛，但是同時也放棄定律及規則的指導。因為我們不能說：我們可以在自然進程的原因當中，導入自由律以代替自然律。因為如其自由是依照定律決定，它已經不是自由，而不過是自然。所以自然及超越自由，可以從依照定律或不依照定律上加以區別。前者（即自然律），對於理解，在原因的連續當中，加上這個永遠向上尋求事

件根源的困難。因為原因的作用永遠是這樣有條件的。但是同時，他以一個與定律符合的完全一致的保證來補償這個勞力。後者（即自由律）對於理解，指示它在原因的銜接當中有一個停止的希望。但是，這個自命為有自動創造的能力，在自己的完全盲昧之下，使它失去規則的指導。然而只有由於這個規則，一個完全連續的經驗才是可能的。

反背論：第四衝突

正題：在世界當中有一個絕對必要的存在，這個存在或是世界的一部分或是世界的原因，因即與世界相關連。

證明：這個意識的世界，因為是一切現象的綜和，包含一個變化的繼續。因為若沒有這樣一個繼續，則時間自身繼續的心理表象，不能對我們表現為這個意識世界的可能條件。但是，凡變化都是存在於它的條件之下。這個條件是時間上在它以前，並且使它成為必然的。現在，由一個給予的條件的存在，我們可以預想一個條件的完全繼續，直到無條件為止。這個是絕對必要的。所以如其有變化存在而為其結果，則即必須有某種絕對必要的事物存在。但是，這個必要的事物自身是必屬於意識世界的。若假定它是存在於這個意識世界而外，而且同它離開，則宇宙變化的繼續應當從它得來一個起點，而這個必要的原因卻自己並不屬於這個意識的世界。但是，這個是不可能的。因為這個原故，變化的必要原因的原因作用，並且因此原因的自身，必須屬於時間的，而且屬於現象的。因此不能推想它為與意識世界分離的。所以在這個世界當中，包含一個絕對必要的存在，它或是這個全體宇宙繼續的自身，或單是它的一部分。

反題：沒有一個絕對必前要的存在，或是在世界當中或是在世界以外，為它的原因。

證明：承認或是世界自身是這個絕對必要的存在，或是在世界裏面包含一個必要的存在，可有兩種情形發生。第一，或是在宇宙變化的繼續當中必須有一個起點。這個是無條件地必要的，並且所以是沒有原因的。但這與時間中一切現象的決定律不相符合。此外，或是第二，雖然在它的各部分中都是偶然，並且是有條件的，但是這個繼續的自身，沒有起點，認為一個全體，是絕對的必要，而且因此是沒有條件的。但這又是不可能的。因為如其它的任何部分俱沒有必要的存在（俱屬偶然），則這樣一個偶然的具合的存在也不能是必然的。

另一方面，再假定承認有一個絕對必要的原因，離開並且在世界以外存在。這個原因為宇宙變化原因繼續當中的最高部分，它必須產生或是創始後者，及其繼續的存在。在此情形，他必須同時開始動作，並且所以它的原因作用應當屬於時間，並且因此屬於現象的總和，就是說屬於世界。所以這個原因不能在世界以外。但這個是與原來假定相矛盾的。所以無論在世界當中或是在世界以外，都沒有任何絕對必然的存在。

以上四種反背的證明，當然不必認為是健全的。但是這種不必健全，不是康德的思想不健全。在此是與康德自己的哲學無關的。它們只是那兩派獨斷家的戲論，他們互相否認，但他們卻毫沒有理由肯定他所否認的一面的對面。所以如其要肯定的時候，旁人就可以很有理由使你不可能。永遠是在這種爭執中。迷惑的原因是在什

麼地方呢？

(三)衝突的產生與解答

　　這些理想是從什麼根源產生，以至他的解答使你陷於這樣的
困難？讓我們假定：自然的全體都展開在你的面前，絲毫沒
有什麼事物可以瞞著你的意識及自覺的；但你依然不能在任
何經驗中，自己認識這個對象。因為這裏所要求的，不單是
這個完全的直覺，而且還有完全的綜和，以及它的絕對全體
的直覺；並且這個是不能由於任何經驗認識成為可能的。所
以你的問題，你的理想，對於任何現象的說明，完全不是必
要的。並且，你的理想，無論如何，決不能是對象自身所給
予的。這樣一個對象，永遠不能對我們有所表現。因為它是
不能由於任何可能經驗給予的。無論我們達到怎樣的辨識，
我們依然為條件，空間及時間，所環繞，並且我們不能發見
任何無條件的事物。我們也不能決定這個無條件的是應當在
一個綜和的絕對起點上，或是在一個繼續的絕對全體當中而
沒有起點的。全體詞，在其經驗意義上，永遠不過是比較的。
數量的絕對全體（即宇宙），區分的絕對全體，派生的絕對全
體，存在條件所造成的絕對全體，以及問此等全體是由於無
限的綜和或是有限的綜和造成，這些皆沒有可能的經驗能夠
教誨我們的。例如，無論你相信一個物體是由單體構成，還
是由無窮的組和部分構成，可是你對此現象，決不因此就更
有比較圓滿的說明。因為無論一個單一體或是一個無窮的組

和皆永遠不能表現在你的辨識上的。綜和的繼續也是一樣。現象須要及允許說明，只限於在辨識上已經給予了說明的條件的。單一，全體等等的說明是純粹理性超越問題的真正對象。

純粹理性的反背論，據康德的意思，是根據這個辨論論據的：如其有條件的是已經給予，他的條件的全部繼續也是已經給予（大前提）；但是意識的對象是已經給予為有條件的（小前提）；因此，……（結論）。但是這個三段論法是有漏洞的。康德分析如下：

第一層，下面的命題是顯然的，並且是毫無疑義的確實的：如其有條件的是已經給予，則在一切它的條件繼續中的退後綜和，是因此極端的須要的。這個命題是**分析的**，對於超越的批判是毫無所懼的。這是理性的一個**論理準則**。在可能限度內，他以他的條件，追蹤一個概念的連接。這是理性的論理申展。

第二，如其有條件的及條件的都是**事物的自身**，並且如其前者是已經給予，則不單是對於後者的退後綜和是須要的，而且前者與後者是同時已經給予了的。在這個場合，有條件的及他的條件的綜和，單是**一個理解的綜和**，表現**事物自身的實際**，而並不問我們是否或怎樣能認識他們。這也是簡單的。但是，如其我**涉及現象**，則我即不能說：如其有條件的已經給予，一切他的條件（現象的）也是已經給予。因為現象是必須在我們**意識中的**。要是我沒有直覺它，就是沒有給予。

所以我不能從有條件的已經給予這個事實推度**他的條件繼續的全體**。

現在我們可以見出上面那個三段論法中的大前提，所謂有條件的，是用它的**超越意義**，它在純粹範疇中所包含的；同時小前提所說的有條件的是**經驗的意義**，它在範疇應用於現象時所包含的。因此，在這個三段論法當中有一個**辨論的謬誤**，一個**詭辯的推理形式**。但是這個謬誤並不是有意造成，而是人類公共理性的完全自然的幻想。

因為一個事物，當其給予為有條件的時候，我們好像是不知不覺之中，預想他們的條件及他們的繼續；因為這不過是對於一個給予結論我們應有一種**完全滿意的前提的邏輯須要**。在這個場合，在有條件的與條件的連結上，完全拋棄**時間關係**，他們是假定為事物的自身，並且是同時給予的。「而且一方面亦是一個論理的自然申展」。並且，在小前提中，將現象認為事物自身，及對於純粹理解所表現的現象，像在大前提中一樣，在其中一切直覺的條件都已經抽去，這種想法也是極其自然的。但是，對象只有在這些**直覺條件**之下，**始能給予**。現在，我們是忽略概念間極可注意的一個區別。在大前提中，有條件的與他的條件的綜和，以及此綜和的完全繼續，是**不受時間的限制的**，並且不含有相續的（時間的）概念的。但是在小前提中，經驗的綜和，以及現象世界中條件的繼續，則必須是**相續的**，而且只有是在**時間中給予的**。所以我不能在小前提中，像在大前提中一樣，預想綜和的絕

對全體。

「條件的繼續是只有在追溯綜和的自身當中可以發見的,而不是現象認為事物自身當中發見的,因此,我不得不說:在一個**給予現象中**各部分的集和,其自身**不是有限的**,也 **不是無限的**。並且這些部分單是在一個分解的追溯中給予的,一個綜和永遠不能絕對完全給予,無論為有限的或是無限的。關於隸屬原因的繼續,也是同樣的情形。從有條件的到無條件的繼續,以及那絕對必要的存在,永遠不能認為它的自身及它的全體,是有限的或是無限的。因為一個隸屬象表的繼續,單是在力學的追溯當中存在,不能認為存在於這個追溯以前,或是認為一個獨自存在事物的繼續。」這就是說,一個現象,其部分的串系,只是**在邏輯的分解中才存在**,這完全是**主觀的、數學的**,而不能 **在對象上肯定它是有限的或是無限的**。這樣的肯定,就是把超越的對象,事物自身,當做現象;或是把現象當做事物自身看。這個思想與亞氏論無窮同出一轍。

> 如是,純粹理性的反背完全消滅。他不過是一個辯論的及由於虛妄而生的一種衝突。這種虛妄是由於絕對全體理想的誤用而生。這個絕對全體只能容**認為事物自身的條件的,卻應用於現象**。

因此

> 宇宙論全體的原則,在意識世界的條件繼續中,不能給予我們以何種最大數量的確定知識。接近於這個極大數量的唯一

方法，是繼續中的實際追溯。所以純粹理性原則實際上不過
是一種規則，它規定一個給予現象的條件繼續中的追溯之可
能，並且不能使我們在中間有任何的停頓及休息，而永遠向一
個無條件的前進。「但是它永遠達不到這個無條件的絕對。」
所以它不是一個**經驗可能的原則**，即是說，它不是**意識對象
的經驗認識之原則**，因此它也不是一個**理解的原則**。因為凡
經驗都是包括在一定的限制當中，由特定的直覺決定的。它
更其不是理性的**構造原則**，准許我們推廣我們意識世界的概
念，超出於一切可能經驗以外。它不過是使人類的能力，在可
能限度以內，極力擴張及推廣經驗的原則。它禁止我們將凡
有經驗限制的認為是絕對的。因此，它是一個理性的原則，這
個當做一種規則，指導我們應當怎樣在經驗的追溯中進行；
但是在經驗追溯之前，它卻並不能夠預先指示什麼是在對象
自身當中所給予的。我因為這個原故，稱它為**理性的一個紀
綱原則**。同時，這種條件的繼續之絕對全體原則，獨立存在
而在對象中給予的，則是一個**構造的宇宙論原則**。

追求全體（絕對）不能從對象自身的圓滿給予上說，因為這是在一
切可能經驗以外的；我們也沒有**這麼一個經驗**，因為它是不能由**直
覺給予的**。我們只能從經驗中條件繼續的向後追溯中求之。這種向
後的追溯，步步追問而希求一個無條件的，是理性於理解時所必有
的一種**要求**。但是這種追求，因為是經驗的，即因為必須在可能經
驗範圍內，故最後的無條件的又是永遠不能達到的。所以這種追求

永遠不能告訴我以實在是怎樣的。因為它不過是對一個經驗現象作一個**邏輯上的追求**，允許我們無窮地追溯它就是了。這個是一個**邏輯性、數學性的推問**，所以是**主觀的、思想上**的。理性所供給出的這樣的原則，在現象界，只有一種**主觀的紀綱性**，而沒有**客觀的構造性**。所以稱它為**理性的紀綱原則**。言其只能告訴我們一種追溯的可能，而並不能使這種追溯投置於外，以為外界的真實如何之決定。若把它投置於外，從對象上當作一個全體的給予看，那便是一個構造原則，這個是不能在經驗中或直覺或理解中證明的。它是個超越的對象。理性所供給出的這個綜和的原則，若當作**構造的看**，只有在**本體界始可能**。在現象界它便毫無意義，它只能是主觀的一個紀綱原則。在此，若單是認為一種可能經驗的**擴充原則，它是有效的**。若向超越對象上用，即超越的使用，當作**構造原則，它是無效的**。

　　所謂可能經驗，是指雖未實現而可以實現的經驗而言。它仍是在經驗範圍內，仍是屬現象界，仍是受經驗一致自然律支配的。所以它雖未在眼前給予，仍不能認為是超出現象界。理性的追溯只能在此經驗範圍中施行。因為只能在此範圍中施行，所以雖是在邏輯上允許它無停止地向前進行以期達於圓滿，並且雖是它有要求最後統一的這種本性，但是它終不能達於圓滿，因為我們的經驗流，不能說是那一天停止，那一日起始。它被經驗範圍限住了。所以它不能告訴我們這個世界究竟是怎樣的：有限的或是無限的。這種答覆，都是把理性所供給的綜和原則當作構造原則，向超越對象上使用。將超越對象應用於現象界就必有矛盾。純粹理性的辨證批判即在消滅這個矛盾。

因此康德答覆第一衝突說：理性在經驗中的追溯是不定的，既非有限亦非無限：時間上沒有起點，空間上沒有限制。

答覆第二衝突：直覺中一個給予的全體，其中一切部分自身都是可以分割的。這個分割，即這個追溯，是從有條件的向它的條件無限的前進。但這個分割，因為是在已經給予的直覺全體中，所以雖可以無限前進，但不能說是一個不定的。又它雖可以無限分割，但不能說它是由無限部分組成。說它可以無限分割，是說在經驗世界裏不能證明一最後的單一體，故於邏輯上可以允許無限分割，這只是它的一個邏輯的權利。

這兩個解答在現在都是很易理解的道理。凡在經驗界無人能說有最後的本體，有絕對的起始。佛家云自無始以來；巴克萊云世界是特體是有限（凡經驗的都是有限的，與超越理想中的有限意不同）；而羅素云最後的本體是經驗的時間的。這些都是普遍的真理。惟康德以前的傳統，始終是在追求這種絕對的本體，但其路向卻是在理解上即現象上推論。一往向外，搏量構畫。是即佛家所謂戲論。而康德卻費了惹大力氣一步一步辨明這種追求法之不可通。結論雖然平常，但證明的路數卻是古今無兩。他畫清了界限。今日的羅素不過是就著他所指的現象界說話而已；而維也納團所謂形上學的命題都是無意義，也不過是康德思想的引申而已。他們都不應當反對康德。

康德又答覆第三衝突：現象界受自然律支配，本體界受自由律支配。但這個卻不能由理解以辨識。這是實踐理性根據。

答覆第四衝突：現象界沒有絕對的存在，本體界可以有。但此

亦不能由**理解質測**，只能在道德律上證明。

反背論都已解明。因而開頭所列的三種超越辯論中的第一種即自我主體的證明，也是不能於現象界求的。其中的第三種，即上帝的證明，也不能由理解推得。本體論的證明、宇宙論的證明，以及物理神道學的證明，都是不可能的。康德於此建立其**道德的神學**，由實踐理性上證明。

(四)超越辨證論的函義

這個超越辯證論的主要線索集中在以下四點： (1)凡是超越對象都不能以理解求； (2)本體與現象須要畫分； (3)現象以理解明，本體以實踐求； (4)外在元學不可能。由此線索康德的思想有以下幾個函義，當提出加以申明。

(Ⅰ)純理的動而愈出：純理的超越理想之衝突是純理由於理解而產生，即純理由於對外理解上有統一之統一的繼續要求。因為有這種要求，現之於世界的理解上，遂有不同的主張，即對於世界有了不同的肯定。其中的不可能業已證明。惟此處我們所注意的就是這種純理自身的無限申展擴充或推演。這種無限的申展，用熊十力先生的話說，就是「**動而愈出，不倚官能獨起籌度**」。這個就是**邏輯本身**，同時也就是**數學唯一可靠的基礎**。這一套理性既不屬於現象界，亦不關於本體界，就是說，既**不組織現象**，亦**不構造本體**。它只是理性本身的申展，而為吾人思維所以能之紀綱者。至若藉著這種申展，在理解上，對於現象界吾人有向後追溯的要求，以證明這個現象界為如何，那是「理性的思想」問題而不是「純理自身」的

問題。又這種追求所貢獻的綜和原則，無論在現象界時只為紀綱原則，或是在本體界上能為構造原則，**這也是理性的思想問題**，就是說這個是康德的哲學，而不是**純理自身**。最後，由這種綜和原則所供給出的超越概念，在現象界為不可能，在本體界為可能，由此以證明本體界中的諸理念即絕對存在、意志自由、靈魂不滅，我們以為**這個思路是不妥當的**。這樣所求的本體，縱然是智力的對象，而不是經驗的對象，然**既以對象論，總有擬物之失**。這個在最後的真理上是不能允許的。本體不可以**物論**，否則，**不是頑空，即是泥執。向內看，從實踐上求，這是對的。但是說這是理性的綜和要求所供給出的，是不對的。**所以我說超越理想的衝突是理性的思想（對經驗的思想而言）的衝突，不是純理自己的衝突。康德自己也說，這種衝突是由於理解產生，理性實際上並不產生任何概念。可見那三個理念是理性的思想（在理解上）的要求，不是理性自己的要求。既是屬於思想的，則可以有這種要求，也可以沒有這種要求。縱然有這種要求，與本體實相亦無必然的關係。所以本體不能**由理性的綜和要求供給**。否則，就好像**以物填筐**一樣。本體真成戲論矣。這是第一點。

　　第二點，我們於此**理性自身上認識數學的基礎**。但是康德卻不如此。他一定要把數學放在直覺與理解的綜和上。理性的動而愈出，雖也可說是綜和的，但其為綜和，只是根據原則要求邏輯上的圓滿，不涉及對象，康德以為數學的基礎不能在此。他以為必在直覺與範疇的綜和上，數學始可能。這樣，數學必是涉及對象的，必是在經驗的象表中的，即必是在真實的存在上的。這是**屬「有」而非屬「思」**

的。因為所謂綜和者,必須是有經驗的內容的(即由直覺供給)。數學雖是先驗的可能(按照康德),但必是在經驗中。若在**理性上**,則**純粹是分析的**,即康德所謂理性自然地要求退後的綜和,是一個**邏輯準則**,對於**超越的批判是毫無所懼**,因為**它是分析的**。但若限於直覺上,則卻不如此,其綜和必有內容,今人布魯維主張數目或數學命題是在直覺的實現中,所以是有限的。凡涉到無限或全稱都是無意義的。這個思想即是從康德來的。當然他還不及康德圓通周到。因此,我們直可以康德的思想為這派數論的重鎮。這派的思想只能說明實際的算術,不能說明普遍的數學。康德的數論如果站不住,現在的直覺派,也是站不住。

本書論數學基礎時,也提到直覺。但本書的直覺是主觀的**智慧活動**,毫不夾帶著作為「有」的格式的物事。康德的直覺是與感覺、知覺,以及對象混合的。他固然也有純粹直覺,即對於時空本身的認識,但時空本身卻不能成為數學。關此,須參看本卷二分附錄:康德的數學論。

有人說,數學雖不必在時間上,然時間卻不因此即不為主觀的。然康德的目的,其所以把時間認為主觀者,是因為它是數學可能的唯一根據。數學不在時間,固然不能隨之時間就不為主觀,但其主觀之重要性卻是因此而大減。而何況康德的主觀正是客觀,無論為主為客,它是「**存在**」的條件,屬「**有**」而不屬「**思**」,即不屬「**理性**」,這是一個根本的關鍵。

(Ⅱ)可能經驗:《心與世界條理》的著者路易士曾說主觀範疇並不保證未來的經驗。這個意思即是對著康德的可能經驗而發的。

康德的可能經驗而發的。康德的可能經驗是說，凡是現象，縱然目下未出現，或未被辨識，然在過去或未來必仍須落於主觀範疇與格式中。所以叫做可能經驗。這個意思，正恰是懷悌海所謂「識別了的」（discerned）及「可識別的」（discernible）之分。自然現於感覺上，叫做直接呈顯。這種呈顯為感覺場所限制，我們並不能把整個的宇宙都一起在感覺上題露出來。這種顯露於感覺上的自然就是「識別了的」自然，其中的因子與關係都已清楚表露。這個識別了的自然就是一個久延或「久歷」。但是這個久歷以外的，並不因為未識別，就不存在；可是它的存在只因它與這個久歷中的諸因子的關係而存在，至於這種關係究竟如何，因為尚未顯露出來，所以我們還沒有清楚的知識。這個未顯露而只存在於與現在已顯露的關係中者，就叫做可識別的。「識別了的」與「可識別的」之綜和就是我們的自然界。這個正恰是康德所謂的可能經驗，亦即現象界之意。這個世界必須是在**經驗定律的一致中存在著**。

　　路易士的反對是並未了解康德的意思的。其故是在固執主觀、客觀、之分。殊不知康德對此並不十分注意。他主張一切經驗可能的條件就是經驗對象可能的條件。使經驗可能者即是使存在可能者。所以凡是現象必是落在一套**足以規範之的機括中**。無論在過去或是未來，只要它是現象，即必是在經驗一致的機械律中被支配著。這樣，範疇實是可以保證未來經驗，即未來現象的。這恰如康德所說：自然律，對於理解，因為永遠向上尋求事件的根源而無止境，固是一個困難，但是同時它以一個與定律符合的完全一致的保證來補救這個困難。這個實是經驗世界的真相。康德的可能經驗就是以這個

與定律符合的完全一致來說明現象必是落在範疇中。路易士以其自己的範疇（即設準）之意反對康德，當然是不對的。**若限於設準，當然不保證未來**。因為設準與範疇不同：前者為主觀，為軟性，為一時，為常變；後者為主亦為客，為硬性，為永久不變。可是這個卻並不必非是康德的說法不可。如果我們**把範疇**，即知的條件與**對象或存在的條件，不認為是主觀的**，亦仍**可說現象，即自然，必在一機括中**。此須詳辨，現在不能多說。

　　(Ⅲ)物自體：有人這樣解析康德，以為物自體刺激主觀，受主觀格式的影響，才變成現象。這是不對的。這樣的看法是把康德的本體界看為外在的，與經驗主義者的 substance 相同。康德的本體與現象之分是很少有人了解的。或者以為它是 substance（如柏克萊所反對者）；或者以為它究竟是什麼東西，實在是討厭！好多自以為是康德派，尚持這種見解。可說完全沒有得著康德的真精神。這樣看他的本體，正是康德所批駁的傳統的本體。難道他費了那麼大的力氣，竟未能轉移諸位的質測頭腦嗎？所以他的現象並不是本體受了主觀的影響才變成的，乃只是說我們所經驗的世界是一個**現象界，它必遵守經驗律即自然律的**，人類的理解與辯識只能適用於這個現象界。因為他所理解的對象正是遵守他理解所根據的範疇與格式的。**理解必是在封曲執著中，現象亦必是在封曲定著，前後分明的律則中**。此種封曲定著，分明理則，就是知（理解）的條件，同時亦就是知（理解）的對象（存在）的條件。知與對象只有在此條件下始可能。但此條件卻不必是主觀的。

　　至於本體界，它決不是**思議、辨識、理解所行的境界**。因為這

樣去求，永遠求不著。你如果不知他的本體是什麼，你當看他所證明的那些不在經驗中的超越對象是什麼。絕對、圓滿、自存、自動、單一等等，都不是**有封曲有界限的**。即都不是**現象界的**。因為我們沒有關於它們的經驗與直覺。然則，它們是屬本體界了。它們既不是經驗的，所以它是純理智的產物，超越的對象，我們不能用**理解概念去對付它**，它亦 **不為理解概念的對象**。理解在此，可以說完全是空無扑著，是徒勞。所以**此本體界必不是質測思議所行境界**，即不是**理解辨識所行境界**。它必須是**實踐的對象，是實踐理性所行境界**。即本體**不在外，而在內**；**不在理解，而在行動**。到此，康德的本體，對其傳統而言，完全轉了一個方向。但是在中國卻是一個從古如斯的傳統。如是，他的本體決不是柏克萊所反對的 substance。他所謂不可知，是說**在理解範疇的封曲中不可知**，即是說，不能以「知」知之，**並不是一往不可知**。他的本體與現象之分，即是體用之分，是很必須的。若與東方思想合看，是很容易了解，而且亦不至於誤解。且可以有善解。此種善解康德是未能作到的。見下章。若從經驗界看，完全用不著本體，本體亦毫無意義。休謨、羅素就是一個系統。康德亦完全贊同。所以他把超越對象完全驅出於經驗界之外。但是**止於此**，則**不能有形上學與道德學**。所以必須向內，從實踐上，先證明道德律，然後再證明超越對象之必須，然後隨而即建立起形上學，打通了體與用。這種形上學的正面工作，康德沒有作就死了。可是中國人卻在此甚有建樹。形上學必在此講始可能。（在方向的轉變上，康德是對的。但此後的正面工作，康德實乏證解。此不得不求之於中土聖哲。）

（Ⅳ）無窮與實在：絕對，無限，或是有限，既不能由理解而得，即不在可能經驗範圍內，則即不可以物體論。肯定世界有限或無限，皆是從對象上以體論，即康德所謂理性之構造原則是。但此是不可能的。這點，亞里士多德已經見到（參看本卷第一分〈亞氏論無窮〉），由康德的辨論其更顯明。所以《算理》的無窮公理實在是無根據的。它是著者自亦知其無根據，故云假定。他們不知到轉變方向，設法解決這個問題，只是仍舊保持著他的實在論的態度，從項數上（世界有無窮個項數）論數。他們見到康德指出有窮與無窮的矛盾時，他們就覺著不服。羅素的意思是：我們固然不能證明它是無窮，但亦不能證明它必是有窮。所以暫時為便利起見，假定其無窮，也沒有什麼過患。其實過患正大，**它是以使數學落在空裏，這便是大過**。這且不論。你說世界不必是有窮，但康德於此卻可以說個「不定」。康德說：如果我說世界或是無限，或不是無限，這兩個相反的命題可以是矛盾的。如果「是無限的」是錯的，則其相反命題「不是無限的」至少可以是真的。並且，如果我否認一個無限世界的存在，我卻並沒有即肯定一個有限世界的存在。所以只要我能證明我們沒有法肯定世界是無限，則無窮公理即無根據可以成立。那就是說，我否定了無窮。但是如果我說：世界或是無限的，或是有限的，則此兩命題卻可以同時錯。因為這是兩個同質的，即同為肯定的命題。即其中或者是一個不定。在此。康德完全是對的。我以為他的科學態度比羅素還堅強。當康德證明無限不可能時（在現象界），羅素就出來反對說：他是以個人有窮的時間綜和世界無窮的連續，所以不可能。若吾人能有無窮的時間，豈不是就能綜和

了這個無窮的連續？但是「能有無窮的時間」中的「無窮」，**就是一個假設**，尚待證明，何得突然加以肯定？我既不能證明世界是無窮，我又如何能肯定我自己有無窮的時間？這完全**是一個丐辭**。又，這個問題也並不是以有限時間對付無限世界的問題，因為世界究竟是有限無限亦不得而知。羅素既不深察於前，孟太夠（Montague）又從而耳食於後，抑何其不思之甚也？

　　世界既不能肯定是無窮，則**無窮公理不能假定。沒有無窮，實在論的數論沒有根據**。所以，於此，我們必須拋棄《算理》的實在論的數學觀。但是康德不也是實在的數學論嗎？他這個直覺的數學實在論是把數學放於可能經驗範圍內，即直覺中內容一致的綜和，但是，這個看法只能說明應用數學，或**實際的算術**，卻不能**說明普遍的數學**。可是，一方面凡數學總是普遍的、抽象的、法則的，並不限於特殊的直覺。在可能經驗範圍內的數學固不須無限，但數學若限於法則的、普遍的，則又實在**不能以經驗限定的**。它實可以如康德所謂**理性一樣，有無窮的申展**。若數學是在此，則在經驗限定內的數學，康德即無法證明「無兩數同一繼數」這個普遍命題。或者說，他不能使這個普遍命題有意義。數學若在康德，所謂理性上，理性有無窮的申展，則可以保證無兩數同一繼數：因為理性，無論是向上連，或向下分，俱是無底止的。由此而論，且不須《算理》的無窮公理。但是，康德卻偏將數學放於直覺與理解上，在此，數學是不能不受限制的。

　　可見若在經驗存在上論數，只能**說明實際的算術，在此可無須無窮的假定；但到普遍的數學，則非假定世界無窮不可**，但此又已

為康德所否定。所以我們在此當說實在論的數論，無論是《算理》式的，或是康德式的，皆必須擯棄。數學與邏輯是最自由的，它**不受任何限制**，它可以一任 其馳騁，一往無阻。這個只有 在理性上始可能。數學純粹是理性的搬弄。此即所謂**數學之純理學的基礎**。在此可以解決無窮問題。我們必須牢記：凡數學命題統統是**法則性的**，凡法則必不拘於一隅，凡此一切都當參看本卷第二分。

（Ｖ）無窮辨：康德所謂世界不是有限，也不是無限，是指在可能經驗範圍內或現象界而言，即是說，在經驗界裏，不能用理解或辨識的路數得到它。並不是無條件的否認它。若以現象當作物自身，若以無限或有限當作一個對象上給予的整體，或以理性之構造原則視之，則儘可以是無限或是有限。說它是無限，是說它是無條件的、絕對的；說它是有限，是說它有一個自動，一個自主的起點。但此只是超越的對象，不能在經驗中給予。所以在經驗界裏，我完全不能理解這些對象，完全不能確定這世界究竟是怎樣的，雖然我可以用別的方法在本體界裏證得之。「在本體界證得的無限有限，其函義又自不同，那時它們不能以量論，故與數學亦無關」。這個思路，康德時處皆表現得十分清楚。全部辨證論都是表現這個思想。不想讀者究不能了解。孟太夠（Montague）在其《認知之路》上說：

> 無限之所以不能完全達到，乃由於我們只有一種有限的時間去進行此事體。我不能計算無限的數目，是由於我只有有限的時間以供應用。然而假設我有無限的時間，則我即能完成無窮系列的計算。如果一切事體或對象的有限系列，在有限

的時間中能夠計算了，則無限的時間也必有是以計數無限事體或對象的可能性。我們記得芝諾申說阿奇利士永遠不能追及那個賽跑的烏龜，因為要達到此目的，他必須通過無限的空間間隔。然而我們已經說過，如果他有無限的時間間隔來進行此任務，則他也不難達到此目的。換言之，這種外表上的困難，乃由於不知道時間也和空間一樣，是可以無窮地分割的。在一秒鐘內有許多久歷，也正和在一寸空間裏有許多廣延一樣。並且這一個無限性完全足以與別一個無限性相抵消。當康德要我們去想像擺在面前的真實空間的無限性時，我們誠然是覺得無以應付，然而這種感覺並不是由於無限空間的特徵。乃由於我們只能經過有限的步驟以形成我們所要想像的量度。我們不能達到無限，我們就說無限並不存在，這是恰如我們把 2 這個數目看做等於 $1 + \dfrac{1}{2} + \dfrac{1}{4} + \dfrac{1}{8} \cdots\cdots$ 等一個系列之總和，而我們卻未能達到系列的終點，因此隨之，即否認 2 是此系列之總和，甚至否認 2 之存在。其實我們的失敗，很明顯的是由於我們用有限的步驟來計算這個方法之缺憾。

這個反對可以說對於康德的思路完全不了解，而且其理由是十分幼稚的。以無限時間相應無限空間，等於說以無限應無限，看來很聰明，其實很幼稚。至其為丐辭尚不必說。因為時間是否無限，正是康德所要證明的。豈可突然肯定時間和空間一樣可以無窮？康德也並沒有表示我們是在以有限的步驟計數無限；這完全**不是有限與無**

限的不相稱的對比問題。因為空間的無限也在未可知之數。豈可預先假定其已經存在而以我們的有限數之？這是完全未能了解康德的思路的。這誠如康德所云：「危險不在被人反駁，而在被人誤會」。對此，我雖不欲多所指正。因為若明白了康德的思路，這個反對是極易發見其不對題，而且為幼稚可笑的。

又康德的第一背反，即時間有限無限問題，與芝諾的賽跑不及，也不是同一意義。烏龜賽跑倒是與第二背反，即在一個給予直覺中已知全體的分割問題相同。但此康德亦有答覆。在一個給予現象上，其部分當然可以無窮地分割地分割，這是理性的邏輯權利。但不能說這個現象是不定的，如在第一背反似的，因為它是已經給予，所以它是已經定了。它雖可以在理性上允許無窮地分割，但不能說它是由無窮的部分組成。所以芝諾的有限空間之可以無窮地分割，完全是一種事實的概念化，把一個經驗現象殺死了；而孟太夠（Montague）又殺死一個時間以與之相應，以為如此可以解決芝諾不動的困難，以及康德的背反，這實在是未之深察的。關此，詳見下節。

又侯爾得（Hölder）在其《數理方法論》最末一章論矛盾時，以為康德的反背論中的證明，實不能算是證明。他以為一個數學家，**如無某項自理即公理**（axiom）**作根據**，則既不能證明空間是有限，亦不能證明其為無限。這個批評，我以為與康德的意思也不相干。即用不著牽涉到幾何證明的問題。因為反背論是超越理想的衝突，這是哲學思想的問題，並不是如幾何一樣，根據一組公理。如其如幾何一樣，則問題就算已經解決了，有何衝突可言？故侯爾得（Hölder）的反對也是不著癢處。

不過從他的公理法的提示，卻亦可以暗示康德的不定世界觀是對的。因為所謂公理者（在幾何上），一定要**根據經驗而成立**，它是無永久性必然性的。譬如說，現在的物理學描述世界為「有限而無邊」，因此而可造成非歐幾何與之相應。但非歐幾何與「有限而無邊」的世界觀之物理學，**不能永保其必然**；即現在亦無人能證明其必是真理，亦不過是一種近似的推測。此可見這個世界，限於經驗，說它是不定，實在是很有道理的。公理法的思想正足與康德的意思相發明。我們現代人的說法是：**正因為它是根據公理的，所以它才是不定的，非必然的。**這是近人所以認幾何為經驗科學之故。在康德則從超越理想之衝突，指明不能向經驗界求其一定是無限或是有限。他不須根據公理以證明世界是不定，他只須**根據於經驗界不能證明世界究竟是無限抑是有限，以證明世界是不定。**你以為今日幾何已證明世界是如何如何，然而它既不是永久的真理，則即與康德不定的意思相暗合。而其所以不定，正因為它是經驗的。康德所反復重言者也正是表示於**經驗範圍內不能證明超越對象之存在。**所以他的全部辨證論是在指明現象界之性質如何，以及本體界之性質如何，而 Montague 竟以可以有限時間計數無限空間，何淺謬之甚也！

（VI）三理念：所謂三理念就是康德所謂「理性」所提供的意志自由、絕對存在（真宰、上帝）、靈魂不滅（永生、永恆），這三個理念，意志自由是不成問題的。因為，在康德，意志自由是由理性的自動性上顯示，它是直接與理性相連的。它很確實而無虛幻。所以無問題。但是真宰與永生這兩個卻有問題。真宰亦稱絕對存在。

但所謂絕對刻指什麼而言，康德亦未規定清楚，照他的超越辯證論看來，好像仍是從條件的條件的連續之最後綜和而顯示。如果是如此，則此兩理念是極其無實在性的。雖然照他的說法是有意義的。這個絕對綜和就是無條件的。而無條件的，照康德的意思，或是指無窮級數之全體，在此全體中，一切部分都是有條件的，惟此全體自身是無條件的；或是指這一串級數之最後一個，其他都隸屬於他，而他則絕對而自動，無所隸屬。由這兩個意思，無論那一個，來顯示絕對，都是不妥當的。這種論法是極其虛幻的。我常說這好像一個筐子一樣，尋找意義以填充之。這個筐子，在理解上是沒有對象與之相應的，就是說沒有足以填充之者，也就是說是無意義的，而在理性上，實踐理性上，它是有意義的，有對象與之相應，即真宰上帝是。這種論法，這兩個理念，在實踐理性上，雖是有意義的，然卻無實在性。因為他不能直接與理性相連。它只是情感上或行為上的一個要求。它不是實實在在，無有虛幻的東西。因為這種絕對是刻指有綜和性的全體而言，是外範或廣度的講法，而不是內在或深度的講法，須知在體上言絕對，這種廣度的講法，是極不如實或如如的。體上的絕對只是自性，當下便是，毫無假借。自性者自足無待之謂。凡自性即是體，凡有待即是現象。體上的絕對，必如是講，方稱如實，方為如如。這種講法，「絕對」不是綜和的全體；任何東西，在體上講，都是自性，都是絕對，都是整全。眼前即是真體澄然，這一點是本書系統大不同於康德的地方，也就是由康德轉到中學的地方。

這種絕對是刻指什麼而言呢？這固是「體」上的。但我們這須

說明進到這種絕對的一個法門，認識這種絕對的一個關鍵。這個關鍵或法門就是「理」。我使自動、真宰、永恆，都直接與理相連，由理上講，由理上顯。這個思路，讀過下面二、三兩章方可明白。

在這一個思路裏面，主觀是乾乾淨淨的。像康德那些一堆一堆的物事（直覺格式、理解範疇）都被掃除。而「人心是世界的立法者」的思想也被剔去。孟太夠在其《認知之路》論主觀主義時，有一段話很有意思。他說：

> 在主觀主義的發展史中，有一條補償律或不滅律。依照這個定律，在世界主觀化的過程中，客觀世界所受的損失，在心裏的或自我的性質中即有相適應的補償，由是兩相抵消。例如，當客觀世界被剝奪了那些幻象和錯誤的事物時，則在知覺的自我中即有地位來安置他們。同樣的情形，當感覺所與，第二屬性和第一屬性相繼被拉出於客觀世界之外時，它們即必然歸之於心理範圍中。最後，在康德的批評之下，空間和時間以及自然律亦被認為無客觀的存在時，於是它們也必然流入於自我的範圍中。因此，認識的趨勢，其初是認為自我無內容，其後即一轉變而把自我認為是差不多擁有一切經驗內容，並以為獨立的對象幾乎是沒有意義的。

康德之自內講，自然有其必然的理由。因為自休謨而後，站在知識的立場上，我們沒有法知道外界有沒有條理；就是有，它是什麼樣，我們也無法知道；我們所知道的是否合它相同，我們也沒有法對證。康證繼承這個思路；但他以為我們思想的機構作用是無容

置疑的；既有機構作用，必有機構作用所帶之原則，這也是無容置疑的。他因此遂斷定說，思想之機構作用所帶之原則也就是組織自然界的原則：作為知識之條件的也就是知識對象之條件。所以人心是世界之立法者。

但著者於此卻另換一個說法：思之條件不是思之對象的條件；使知識可能者，不是使對象可能者；管轄思者不同於管轄存在（事，有）者。我固然無法知道世界有無條理，也無法知道世界條理真相如何；但如果我所知的是如此就是如此，而所知如此的又是事之理（存在之理），而此事之理又不是組織，我之思維過程（認識過程）者，而我之思維過程又自有組織之者或使其可能者，則康德之精神固已吸收在內，而此世界亦就算被解脫出來。人心不是世界之立法者。人也為世界一分子之一。此整個世界，它是什麼，就是什麼。法自法，無有為之立法。對知識而言，主觀有思，有思之理，有能，有能之用，思之理是紀綱，能之用是設準。此皆組織吾之理解過程而足以使其可能者。理解成即知成。知之條件雖無與於知之對象之條件也。思之理為思本身所自具，亦無有為之立者。思之能，能之用，乃為對境而顯，解境而起，亦無與於物理。

這個系統的詳述是知識論裏面的事。此處不暇詳辨。不過在此我有一句話，就是批判哲學只是評而不立。評只是辨論過程，使著那些錯置迷惑，顛倒，雜亂，個個如理而消，如理而解，使其各如其分，各如其如。外此，於「如如」上一些增益不得，損減不得。最後，就是一無所有，讀者經過之後，亦一無所有。這就是無立。康德既評矣，尚不免有所立。此其批判哲學尚未至於極致也。

二、內在的矛盾論

(一)矛盾的產生及其消滅

由超越的辯證，我們救住了本體界。現在再進一步討論內在的矛盾以救住現象界。

當芝諾要證明世界為一不二時，他就要反對「多」；當他要證明世界為恆如不變時，他就要反對「動」。但是運動是一件事實，它是可以由行動表示出來的；同時「多」也是一種事實，它是可以由紛然雜陳，星羅棋布的各種事物表示出來的。這是我們的現象界，同時也是我們的生活世界。似乎不易把它否認了。但是芝諾也不只是簡單的否認，它有一種理論，證明它們（動與多）皆自相矛盾。如果我們解消不了這個矛盾，我們就無法救住這個現象界。復次，就是我解消了這個矛盾，運動與眾多的意義仍不易找得解析。所以這個問題是十分困難的。現在可以從兩方面來批導： (1)從它們的自相矛盾方面看，這是芝諾的辯證論據（dialectical argument）。我們要想解除這個矛盾。這是消極的。 (2)從它們的如何可能方面看，這是建設的論據（constructive argument）。我們要想給運動與眾多一個所以可能的意義上的解析。這是積極的。我們先從第一方面起。

何以叫做「多」？「多」為有量乎？為無量乎？若為有量，即由部分構成，則此部分可分乎？不可分乎？若可分，有限度乎？無限度乎？芝諾以為既是可分，即無理由說它有限度。因為這是在理

性上所不許可的。如是,我們由這可分的部分,繼續向下分,可至無窮小,而仍無底止。同時,這可分的部分之間必有差別,如是部分之間有部分,又有部分,繼續上連,而仍無底止,這又成了無窮大。所以若一說多,則多這個概念必一方向下為無窮小,同時一方向上又為無窮大。這是一個矛盾。故世界不能是「多」。

何以叫做「動」?動者由此到彼之謂。但彼此之間有別乎?無別乎?若有別,則別與別可分乎?不可分乎?若可分,有限度乎?無限度乎?這與「多」同一情形。若是可分,則別別之間又有別,又有別,向下而至於無窮小的別,仍是有別,而不可停止。同時,別別之間,此與彼連,彼與彼連,又與彼連,繼續向上而至於無窮大的別,仍是有別,而不可停止。這也是一個矛盾。結果一步未動。故世界不能有「動」。

這種辨論,我們更可用布拉得賴(Bradley)的說法以顯明之。說動與多可能,即是說事物的「關係」可以成立。但是,關係同樣不能成立。所謂關係即是 A 與 C 兩元素關聯在一起之謂,即是說,有一個 B 將它們連在一起。但是 B 與 A 與 C 又何以能發生關係?如是,勢必有一 D 使 B 與 A 與 C 能生關係。但是,同樣 D 又如何能與 B 與 A,及與 B 與 C 發生關係?此必又須另外一個以連之。依次遞升,可至無窮,結果關係不成。關係不成,一切性質量度俱不能成。因所謂性質即是關係之所聚。如 A 為一元素,有其自己之特性 a,據此特性 a 以與 B 元素之特性 b 區以別而生關係。但是適才說過 A 與 B 之間要有關係必須另外有一個能使之有關係者。但此勢必至關係須關係而至無窮,結果不可能。復次,同時 A

元素之特性 a 亦必由關係而始成。此亦可同樣將 A 分析其中元素間之關係的關係，無窮地向下分而無底止（同時亦是向上的）。所以每當指定一事物為關係之元素時，則此元素必有一種歧異性，即矛盾性：A 是 a，我們據之以與 B 生關係（無此根據不能言關係）；同時又不是a，即根本不能成此 a，因為要是 a，須由關係之所聚，而關係須關係，結果為不可能者。所以任何東西既是又不是：是，我們可據之以上連而無底止，結果不可能；不是，因我們由此而向下連，可至無窮，而仍無底止，結果不能有是。任何東西其自身皆有此種雙重的歧異性，結果不可能。所以若以關係明性質，或據性質論關係，皆不可能。此中纏繞，細思之，當可自悟。量度亦是如此，推之，時間空間俱不可能，讀者取布氏《現象與真實》一書讀之，即可得其原委。同時，龍樹菩薩的《中論》，亦是用此法破現界的。取而觀之可也。「用此法破現界實不如唯識」。

這個謎惑的解決，可由以下三點認識：

(1)事實與概念須區分。

(2)主觀的理性申展不可變為客觀的構造過程。

(3)「是」與「非是」的辯證過程不可客觀化。

何謂事實與概念須區分？動與多本是事實，且可由行動表示。此行動所表示之事實，非概念也。此乃具體而非抽象。無論為真為幻，然為活現則無疑。吾人以言詮表之，固有須於名詞。但此名詞為一概念，與其所指之事實，不可混同。事實在時空中，有生理物理之交引過程；概念在思想中，乃一抽象而無體質之思維工具。概念可以無窮分，事實不能無窮分。因為不能，所以也就不可。概念何以

可以無窮分？屬理性（或思想）故也。在理上說，既有 $\frac{1}{2}$，為何不能有 $\frac{1}{3},\frac{1}{4},$……？這誠如康德所云是理性自身有這種向上要求之本性。但此只可限於理性（或思想）。若一屬具體事實，便不能如此。因為它也許分化淨盡而至於消滅。故具體事實只遵守物理化學之分化過程，不遵守數學的分割過程。一件事實，只當其概念化而變成一個數學量度時，它才可以允許無窮分，即是說，它才遵守數學分割律。故事實不應概念化。

譬如關係之關係的無底止。布氏的想法，不但是事實概念化，且是一種錯誤。因為關係本是兩事間之用，並非一體。我們以 a, b 代表元素，此是體；以 R 或 C 或 D 代表關係，此是用。在符號上與 a, b 無以異，在意義上則大異。我們不能以體觀之。所以決不能問 R 與 a 與 b 又如何生關係。a 與 b 生關係固可說必有物焉使其然。此物或曰吸引，或曰排斥，總歸於力。但力實是無形之物，在言語上名之曰物，實則並非一物。故不能說此力與 a 與 b 又如何生關係。實則力之問題在此亦不須顧及。我們只說關係並非一體，此其一。亦非有關係一物在此來連結 a 與 b，只是 a 與 b 生關係，此其二。若問 a 與 b 何以生關係，則無意義。此其三。如是，我們根本不能有布氏那樣關係須關係之無底止的說法。a 與 b 生關係，"aRb" 與 "cRd" 生關係，但 R 不能與 a 與 b 生關係。布氏未認識這個事實，他的想法是錯的。因此，我們也不能如其所想者那樣有無底止的連。

a 與 b 生關係而成一 x, a 與 b 各自本身亦是由關係而成。

如此，固可推上去或推下去有無底止之難。但此種無底止只是理性的申展，是一種數學繼續律，它是邏輯的。不能把它客觀化使事實為不可能。我們這個物理世界，其關係系如此其繁，但不能定其是有窮抑是無窮，即假定其為無窮，亦不是理性的申展之無底止之為無窮。所以我們根本不應以數學繼續的無底止推度世界，說它也是無底止的。此理已於上兩分詳言之。故主觀的理性申展不可變為客觀的構造過程。它只有主觀性，而無客觀性，恰如康德所云，只為紀綱原則，不為構造原則。關係之繁而富是事實，是理化律所支配的，不是數學繼續律所支配的。以數學的無底止客觀化，而認事實不為能，乃是一種誤置。

　　但是布氏的謎惑尚不只此。適才所說，不過是一種邏輯的追問而已。而布氏則以為關係根本不可能，其中有一種辯證的矛盾在。無論以關係明性質，或據性質論關係，俱不可能。據 a 以講關係，但關係須關係，為不可能者；同時所據之 a 亦由關係而成，但關係須關係，而無底止，仍不能成。所以如果我們要說關係，則須有一個能是根據，同時它又不能是根據，此是一個矛盾。結果只好不說。實則此只是一種謎惑。辯證過程之所以可能，必須有與「有」相對的「非有」。但是「非有」卻不是存在中的物事。這個世界是充實的，無往而不有的。所謂非有者只是你所期望的一定之物不在此之謂。但這個不在，那個卻在。所以仍是「有」，而非「非有」。「非有」只是思想上的產物，是一個否定作用的表示。但是，否定決不能有什麼存在與之相應。肯定尚可有所指示，否定無所指示。同樣，「有」有所表象，「非有」無所表象。「非有」只是對於事實的同異

齷齪間所插進去的一種主觀作用。任何辯證過程必須由肯定否定組成。但是肯定與否定就是思維中理性上的兩種作用。這決不能客觀化而付之於對象。一個現象之自相矛盾必須有兩步誤化：(1)事實概念化；(2)辯證客觀化。這兩步誤化，遂造成了一個辯證的矛盾。這種情形，在芝諾本屬一種方法，藉以否定某一種現象。尚未成一正面主張。直至黑格爾與布拉得賴纔由方法變為存在，成了一種肯定的主張。因此，世界遂形成了一種辯證的矛盾過程（Hegel），又形成了一個無一可能的全幅矛盾世界（Bradley）。實則世界（事實）無所謂矛盾，只是「是其所是」。矛盾律是管轄思維的，並不能客觀化，以使事實為不可能。「是」與「不是」的辯證是主觀的，思的，並無客觀性，構造性。它只是腦子中的纏繞。布拉得賴先對於關係有誤解，然後再將數學繼續律與辯證過程客觀化，遂認現象為不可能。實則只是一種謎惑。以下三點是解消這個謎惑的鑰匙：

(1)事實不可概念化；

(2)數學繼續律不能客觀化：主觀的理性申展不能變為客觀的構造過程；

(3)辯證過程不能客觀化。

這三點實只是事實界與邏輯界之劃分。恰如康德之解消背反是因體界與現界之劃分。在我，一個是事實世界，一個是邏輯世界。一為事，一為理（邏輯的）。這個區分，實亦函於康德的思想中，即理性的無限申展（向條件的條件上趨）只是主觀的紀綱原則，不是客觀的構造原則。在康德以為若以主為客，則背反論成，此是消極的批導；在積極方面，主不為客，則背反中的問題（有窮、無窮、

自動、絕對）是體界而非現界，不能由理解知之。在我，若以主為客，則內在矛盾成（一切現象不可能），此是消極的批導；在積極方面，主不為客，則事界與理界之分成，數學始有其基。體現是上下之分，事理是思有之分。我們站在這些分別上，講自然，講知識，講數學，指引道德，其綜和則在形上學 —— 道德的形上學。

（二）無窮分割不能解析運動

孟太夠（Montague）說：物質運動所經過的任何空間可分為無數的部分，其結果運動本身即包含無限過程系列之完全。這是不可否認的。我們並不能把運動的完全連續性視為所要橫過的間隔無限性的遞減，即一里是由於半里，$\frac{1}{4}$ 里，$\frac{1}{8}$ 里以及無限等差遞減里之綜和所構成的直線空間。一寸和一里是同樣的情形。事實上，任何距離無論怎樣微小，都是具有這種部分無窮的性質，其中各部分必須為任何人或任何物由此運動時所要經過的。「既具有無窮的部分，如何不許芝諾造成遞減的區分？」如果一個物體是等速的運動，比如說一秒鐘運動一尺，則經過了無窮多的秒數，此物體即運動了同樣無窮多的尺數。「你所謂無窮多是只言其多呢，還是真正指無窮而言？如是無窮，此運動便不可能。」再者，要經過無窮多的尺數之運動，即需要無窮多的秒數。「此皆不可能。」總之，要完成一種運動，有多少空間方面的間隔，即須要有多少時間方面的間隔，換言之，運動是似乎包含空間距離與時間延續之數目的相等或一一相應。由此引申，飛行的阿其利士這個人在有限時間中，如何能橫過他和烏龜之間的距離，無限排列的距離。要解答芝諾的這個問題，

只須表明阿其利士所進行的有限時間，是包含無限的延續部分，其數目相等於他所要橫過的空間間隔。「其實，芝諾仍可同樣地使你有一個時間的矛盾與空間相應。你只知有無窮部分，不知芝諾就在這部分上造成矛盾，使你一步不能進。你以為有一個無窮的時間與之相應，就可追及烏龜，其實芝諾根本是想因可以無窮分的緣故，證明阿其利士未曾動，不能動，即他在否認動。在此意義上，說他不能追及。飛矢不動與此意同。」當這個迷惑表示於這樣的陳述中，則片刻的考察，即使我們獲得他的解答。因為像亞里士多德所指明於其物理學一書中的，所謂有限的時間（這種追趕進行中所馳去的時間），在本體上是可以無限分割的，有如運動所經過的空間同是可以無窮分割一樣。（須知亞氏的無窮分割是在數學，並非在事實上。參看本卷第一分二節〈亞氏論無窮〉。）一世紀，一分鐘，一秒鐘，都可以分為一半，四分之一，八分之一，以至於無窮的遞減。這種時間，無論怎樣微小，都可拿來思考的。如果感覺發見了物質在一分鐘內運動了一里的距離，則我們可以把這一分鐘的時間視為無限區分的排列，恰如把一里的距離化為無限區分的排列一樣。這件事象之所以如此艱澀，由於我們只記住所要通過的無窮小空間距離的無限數量，而忘記了物體所要經過的無窮小時間延續的同樣無限數量。「這個即同時記住，也無用。」

在這裏所陳述的分析中，尚未用相關性來述敘點與瞬。表現於每個空間的無限微點並不構成廣袤。真正適宜於構成距離和延續的，不是無限的微點和無限的剎那，乃是點與點間無限的

相連關係或間隔之開展（side-by-side relations, or extension-intervals），以及剎那與剎那間無限的奔馳或間隔之連續（lapses, or succession-intervals）。再者，運動也是寓於這些間隔的一一相關性，而不是寓於點與瞬的一一相關性。

以間隔為空間時間各相連續的要素，而不以間隔的邊緣（即點瞬）為此要素，其益處見於這樣的事實中：當在無窮的數量上，它們（間隔）是相等於點與瞬時，它們也能擁有後者所缺乏的東西，即是說它們具有對於間隔全體的適當比例。無限的微點之構成一寸比較構成一里，並不見得是更接近的。然而一里的無限數之「無限微量」，其適宜於構成一里，有如一寸的無限數的「無限微量」之適宜於構成一寸的情形相同。一里或一時的無限分割過程所臨到的限度，並不是點與瞬，乃是一里的無限微量或一時的無限微量。一里或一時的極限成分大異於一寸或一秒的極限成分，有如它們各個所組成的具體全象並不同於其成分一樣。再言點瞬。點瞬非但不足以成任何廣袤與延續，且亦無足以別一具體之量於另一具體之量。例如一里中的微點和一寸中的微點，是同種類、同數量的。如果點是唯一的成分，則彼此具體的空間或時間，將沒有什麼差異。

這裏所述的時空要素的關係性（不是點瞬性）這個假說，用俏皮話說，有一彈打三鳥的好處：第一，它供給了一些要素，足以真正適宜於構成具體可覺知的距離和延續之量度。第二點，這一說供給了一些要素，足以適合於區別彼此大小的量

度。第三點，主張成分的開展關係和連續關係是一一相關的，
這種運動的概念可使運動恢復它的由此處到彼處的確實性。

（《知識之路》，鍾兆麟譯本，開明版，頁 163，164，165）。

其實這三點，沒有一點是他所能作得到的。第一，他以為若用間隔
關係代替點瞬，可以構成可覺知的具體距離和延續之量度。本來以
關係解析運動實較勝於以點瞬，理由詳下。惟孟氏認為任何距離或
量度都可無窮地分割，同時任何距離或量度亦就包含這些無窮分割
出的無窮部分系列而構成。毛病就在這裏出現，並且這兩句話也不
能是一而二，二而一的。因為在一個具體的量度裏，因康德的話說，
即是在一個直覺中給予的量度裏，雖然是在理性的要求上可以無窮
地分下去，但是這種分已經是進入邏輯的境界或數學的境界，即康
德所謂理論理性自身的要求，已不是那件具體的量度事實了；已進
入概念範圍內，即概念化抽象化了。這樣的無窮分，只是一個**理性
的進行**，即屬於一個**邏輯歷程**，而非一個**時間歷程**。即在亞氏《物
理學》論無窮時，亦並未承認事實上有個無窮，他只說無窮是潛存
的，無窮不能是一個現實的實體，不能以體論。它只在數學的分割上
顯，不分割它即不顯，所以是潛存。這意思已與康德的評判同。所以
雖是在**理性上可以允許無窮分**，但不能說**事實本身可以無窮分**，更
不能說事實本身是由無窮部分組成。康德對此已有很清楚的指示。
因為這一個具體的量度是已經在經驗中顯露出來，已經成了經驗問
題，事實問題。在經驗事實上，我們**沒有法從對象上肯定一個無窮**
。這種肯定法，一方就是康德所 **反對的超越對象，或理性之構造原**

則，一方也就是我所說的**事實概念化，數量化**（數學上的），或 **邏輯化**，亦可說是**無窮分割之客觀化**。這些都是錯置（mis-placed）。在經驗裏面，我們沒有根據能這樣斷定。因此，我們不能由可以無窮分，即**斷定一個具體量度是由無窮部分組成**。這種以無窮分割法解析運動，本不始於孟太夠。羅素在其《人之外界知識》上即有此主張。他叫這種方法曰數學分析法。他以為只要我們承認無窮而無鄰次的連續，便可解析運動。所以他說**未見得數學分析法就必不能解析運動**。其實 **是決不能解析的**。這種方法只能**殺死運動**，而不能**復活運動**。芝諾已經這樣明白告訴我們，為何還不覺醒。

　　羅素於《算理》上很明白無窮的性質，但是在這種無窮分析上，他又忘了無窮的性質。因為，如果說到無窮，即無窮地分割或由無窮部分組成，則雖然在具體量度上有大小長短之比例，而在無窮上，即不能有此比較。**一寸的無窮與一尺的無窮，同樣是無窮而無底止**。你不能說**這一個無窮大過或多過那一個無窮**。所以一說到無窮，不論是以點瞬為成分，或是以間隔關係為成分，都不能**有具體上的作用**。你以為間隔關係有開展有延續，可以組成量度。但是因為**你分成無窮，它即不復有事實上的開展與延續**。其性質**與點瞬同**。點瞬到無窮時不能構成其適當的大小具體量度，難道間隔關係到無窮時即可以構成其適當的大小量度嗎？以**關係明動，固較利於點瞬**，但**在無窮上**，則**無利可言**，它已經**抽象化、概念化、數量化**了。即是說，它只經僵化了，它再復原不回去。所以一到無窮，大家都是一樣。此即《算理》所謂軟圓性，非歸納性，倍之，加之，減之而不變者。事實上，我們有一寸一尺之差，但在分成無窮時，我們不能

有一尺的無窮與一寸的無窮，我們也不能說**組成一尺的無窮不同於組成一寸的無窮**。所以，若說間隔關係到了無窮時可以組成其適當的量度比例，完全是不了解無窮的意義。因此，第二點，間隔關係可以區別彼此大小的量度，亦不可能。因為，**到無窮時，我們不能說組成一尺的無窮大於一寸的無窮，也不能說一寸的無窮小於一尺的無窮**。在具體事實上，一尺之量當然不同於一寸或一里之量。但及其數量化，而加以無窮分割時，則其為無窮一也，毫無分別。既無分別，**焉能說這一串無窮組成一尺，那一串無窮組成一寸或一里**？譬如我在第一分舉那個數量單位"1"的例。這個"1"，用不同的排列法，可以分成好幾種串系的無窮成分，每一串集和起來，都是以"1"為極限。同時，所有的串總和起來也仍是以此"1"為極限。這即是所謂**軟圓性**。羅素與孟太够都以為一寸的無窮，可以用來填充一寸的量度。無論這種填充法決不可能，即屬可能，這種無窮分割之客觀化，亦屬大過。因此，第三點，**間隔關係可以使運動由此到彼，亦同樣不可能**。你以為空間間隔與時間間隔一一相應，即可使運動可能。其實無窮間隔，無論時間、空間，同是邏輯歷程，而非時間歷程，所以結果還是一步未進。因為它把活現的運動已經殺死了。芝諾的反對運動就在此。你以為有限時間也可以分成無窮間隔與空間間隔相應，則阿其利士即可追及烏龜，運動即可由此到彼。其實，相應固然是相應了。但其如同樣一步未進何？事實上，當然一定的距離過程與時間過程相凝一。但在無窮時，因為你把它殺死了，故空間是不動的，時間亦是不動的，同變成空中樓閣的把戲了。所以，你切不可陷在芝諾的圈套裏，**承認他的無窮分割**。若

一經承認，無論你怎樣使時間與空間相應，同為無效。因為在芝諾這不過是不可能上再加上一個不可能而已。因為，空間無窮分割而自相矛盾，即一方向下至於無窮小而仍無底止，一方向上至於無窮大而仍無底止，難道你再來一個時間的無窮分割與空間相應就會不矛盾了嗎？這不是顯然替芝諾幫了一下忙嗎？（此處的辨論當與上分四章〈無窮與連續〉合看。）

總之，你須知芝諾為什麼引出無窮的分割。他是反對多與動。如果是「多」，他就可以就著你的多而使你自相矛盾。於動亦然。無窮分割就是這樣引出的。你不要以為芝諾是肯定了無窮。**你不在「多」上，設法打住他的無窮分割，而卻就著他的無窮分割去加上一個時間的無窮分割，這完全是掉在芝諾的圈套裏。**你不是解決了他，你是幫助了他。

（三）動與多何以可能

由辯證論據所造成的內在矛盾雖消滅，然運動與眾多仍不能就算有了意義。芝諾的辯論不過是一種消極的攻擊。他還有積極的主張：世界**恆自如如，一而不變。**這是一個「凡有世界」（being-world）。從這方面批評動與多，芝諾是非常有力而且合理的。他的問題到現在還不易得其解決。而對此問題注意特甚的，則為洛滋洛圃（Northrop）。（參看他的《科學與第一原則》，*Science and the First Principle*。）

從世界是如如這方面講，亦可消滅動與多，亦可說明飛矢不動。且不用辨證論據使其矛盾，亦不用無窮分割使其不動。**世界是充實**

的，無虛空處；是如如的，無暫住處：這便是一而不動。沒有一個空地為動之起點或終點，因此，我們不能說此物是「**從此動至彼**」。因為無所謂此，無所謂彼。這個就是**充實的宇宙**，亦就是**發展的宇宙**。所以我以為希拉克里圖與巴門里第兩者雖相反，其實是相成。巴氏說一而不變，此變是指現於感覺者而言，非希氏所意謂的變；而希氏所反對的不變也是現於感覺者。而非巴氏的不變。故二人所指**同是這個充實而發展的宇宙**，互不反對。他們都信認理性，而不信認感覺。巴氏從**充實方面而意謂之**，希氏從**發展方面而意謂之**。**譬若大海，從其動蕩處觀之，便是流轉不息，這是發展方面的；從其圓滿無虧欠處觀之，便是恆自如如，這是充實方面的**。其實一也。這個解析，未必是當時兩派所自覺，然自今日的發展觀之，此解析正是他們兩派固有的函義。這個對於宇宙的充實而發展的指示，在今日惟懷悌海曾有自覺的說明。他說事素按某種意義說，**是發展而卻未曾變的**。即是說，並不是一物之由此變彼（其地位或狀態），乃是前後相續，只有新新而無故故的發展。（參看他的《自然知識之原則》第二分開頭各節。）不過他並未有詳細的發揮，所以大家也並不注意他。但是，在中國則不然了。一千多年前就有僧肇的《物不遷論》來發揮這個道理。在現在，熊十力先生更是繼承此旨，張大其軍。可見這個道理是很易領悟的，且亦函有至理。古今中外，有智者當可同印斯旨。不過從這方面講，便無所謂動與多，飛矢不動亦可由此證明。但這是在「體」上說，在現界仍當是有動與多，這將怎樣予以解析呢？芝諾到此停住了。

芝諾根據他這個充實而發展的宇宙以反對原子論者的動與多。

這方面的反對，用不著辨證論據與無窮分割，他只指出沒有標準可以使我們解說動與多的意義，即它的**可能的根據**不易獲得理論的證明。原子論者有兩個命題：

(1)宇宙是變的：The ultimate fact is change.

(2)宇宙是原子的：The ultimate fact is atomic.

他說如果宇宙只是這兩個命題所指示的，而**沒有其他**，則此兩命題俱不能成立。何以故？他說變或動者，「從其所在到其所不在」之謂。但是，如果宇宙**只是原子，而無別的**，則即無「所不在」**這個空處**。你沒有**標準**來認識這個區別。同時，這個困難，不能因假設「**原子是多的**」而解決，因為如果宇宙只有原子而無別的，則我們即無法證明「多」。「**多**」者彼此區以別之之謂。但是，如果**沒有一個標準**，則即**無法區以別之**。因此，如果宇宙**只是原子而無別的**，則我們倒只能**證明原子是一**（as one），而**不能證明其為多**。同樣這個困難也不能因「**居間空間**」而被解決。因為居間空間者是在「多」已經成立之後，而 **存在於原子與原子間的關係之謂**。但是「多」既不能成立，居間空間又如何能成立？所以，如果宇宙只是原子的，而**並無其他**，則**原子之變不可能，原子之多也不可能，原子之間的關係更也不可能**。因此，隨之，**原子本身也不可能**。從這方面反對，用不著抽象化，亦用不著辨證論據及無窮分割，即照事實而論，亦不易得其意義。事實上，雖已經是有變與多了，但是你如果只承認宇宙的根本原則是原子的，則即無法解析它。既不能解析，所以原子也不能成立。這個反對是很有價值的。這個是不能消滅的，也不是詭辨。它與辨證的矛盾不同。矛盾我可以解消它，但這個辨論我

不能解消它。它是根據一種宇宙實相而來的固有函義。我們在本體上，已經證得這麼一種實性，可是在現行界又確是有多與動這種活現的事實。我們將如何解決呢？這是須要一個巧妙的解答的。即是說，我們不能否認那個證體的至理。同時，原子如何可能的辨論，也確實是對的。我們如果**不能證明動與多，物理學便無根據**。所以這個辨論是建設的。它能引導我們達於至理，就好像康德的背反論引康德達於至理一樣。形而上學就在這裏有其職責，並有其可能的根據。

「原子如何可能」這個問題的答案，就是原子須要一個**公共推度格**（common referent scheme），除去原子與變而外一定須要一個「**定常原則**」（principle of being）作它們**所以可能的根據**。古代原子論者假定一個「空虛空間」（empty space, void space），但此實毫無根據。亞氏已否認之。以後物理學家，則假定絕對空間，或以太。但此亦都是不能證明的。所以站在科學上說，現代的物理學家是最科學的。他們把這些不能證明的東西，一概刪去，只是就事論事而加以解析。愛因士坦只引出一個攝引場，這是事實；羅素則從縕縕講起，這是本著他的事素世界的；就是懷悌海從「緣起」（actual occassion）起，也是不離乎物理學的。所以這些只能是科學家的態度，他們皆只是一些自然哲學。在**明相方面**，自**是很燦爛的**；但**尚不能稱為證體立用的形上學**。所以超越對象，康德已證明其外求不可能，今人就實行他的主張，乾脆把它們除消。洛滋洛圃為解答這個問題。假設了一個「**大宇宙**」原子作為定常原則，以為動與多可能的根據。但此亦正是一個假定，仍無根據。仍是外在元學，超

越對象。他這個假定實是根據「場」一觀念而擴大的。他從各方面證明一個大的原子氛圍的存在，小原子可以在其中發生關係。它組織而調和這些小原子，使其一致，使其有則。所以這個東西當與「空的空間」不同，它是有機構作用的。「場」的觀念是科學的，他這個大宇宙原子都是外在元學的。我們尚不能認為滿意。

此外還有一支，於證體上是不錯的，但是於現行界，他們的解析仍不妥帖。譬如柏格森，極能認識實相之綿延交徧，但把「動」解成智慧的分割，好似活動電影，這便是只能認識那浩蕩大流，而不能曲成那具體的運動了。他太重視了那綿延之化，其餘一切都當做假象。這是太單純太浪漫了。我們可以說這是蔽於天而不知人。又把運動與眾多看為智慧的分割，這又太主觀太隨便的了。我們可以說這又是蔽於人而不知天。

懷悌海變柏格森的時之綿延為「事之流轉」，以此為底而構造時空，詮釋運動，凝聚物相，納數學秩序於流轉中，對於現行界可謂盡刻畫之能事。但他的系統仍不過是一種自然哲學，或說是一種宇宙論，其立言之範圍仍局限於現界，未能超越之而至於立體。即其所謂「事之流轉」，亦屬自然界中事，未可認以為體。如康德所立之體界，及吾人所意想之形上學，彼似皆未接觸及之。至其所謂「流轉」如何出現，彼亦無堅強之辨論，恐亦仍是一種假設。又彼於其系統中而言上帝，亦是隨便安立，並無必然性。這豈不是康德所認為不可能的「宇宙論之證明」嗎？凡不自知識上評判出何者如何講可能，何者如何講不能，而冒冒然偶有論列，皆為無根之戲論，即皆無必然性者。惟懷氏自經驗上，以官覺所顯露者為自然界，而

於其中發見自然之關係與條理，則可不犯「思之條件即思之對象之條件」之弊。又其以關係明現界，則又可開吾人以「律則」明物識物之端。

康德解析現界（眾多與運動）亦自「律則」觀。此較羅素與柏格森自勝一籌。惟其所謂律則，不自事言，而自思言。以思想之範疇作為事物之律則。因此，知的條件即知的對象的條件。知的對象即現界。現界的條件即現界所據以可能者。現界為「知」所行境界。因知只能在律則中施行也。因此，知的對象所據以可能的條件即知所據以可能的條件。此話本未始不可說。在我們的系統中亦可有此種思想，見下。但在康德的系統中，此種說法卻有毛病。康德以為此種範疇雖亦為「存在」（現界）的條件，但卻不能自外發見，必自內而後可。此層著者亦不能贊同，但在此可不深論。康德又以為此種思想上的範疇，即為組織知識的格式或原則，它宿於思想中而有機構的作用。即此思想，足以使他的「知的條件即知的對象的條件」為不可能。我們以為宿於思想中而有機構作用者並非康德所舉之範疇，而乃別有所在（即邏輯之理）。因此，我們說知的條件並非知的對象的條件，組織知者並非組織存在者。我們又說知的條件是思的，不是有的。有的條件是屬於事的存在的，而非屬於思的知識的。我們這種說法都是對康德而言的。因為康德所說的條件是指格式或原則而言。他自知識出發，他很確鑿地說明吾人的思想有機構作用，而作用中所具之格式即其所謂範疇。我們依照這個意思，所以纔說知的條件不是知的對象的條件。凡此，吾已言之屢矣，而其前因後果，亦煩言不鮮，可不重述。總之，康德以律則明現界，

為不可易之真理，而自內界明知與存在所同之條件（格式與原則）
則為不可通者。

以上對諸家學說不願多所評述。本書在此只是消極地評判出一
個路數。即如何解決這個問題，如何說明這種事實。

（四）一個解答

以下幾點當注意：

　　(1)運動不可以無窮分析論；

　　(2)亦不能只是渾淪言變，以動為假象（如柏格森所解者）；

　　(3)亦不能向外求一個絕對物體如諾滋洛圃所稱者以為運動所
以可能之根據。因為這是虛妄安立。

　　(4)要本理學家顯微無間體用如一的心法以觀之；

　　(5)當自律則以識之明之。

這完全是一個體用之學。亦就是形上學之職責。但形上學何以可能？
此問題已有康德替我們解答，即道德的形上學是。這個路子雖是康
德的，同時亦就是中國的。如是，我想「實現之理」與「紀綱之理」
足以解決這個困難。此兩名之引出，詳解見下節。在此不妨略言一
二。

　　我以為組織知識者乃邏輯之理。此理即純理。此理只組織知識，
使理解為可能，並不組織對象（存在）使事物為可能。組織之者即
紀綱之者。於此，吾言紀綱之理。但吾又說：紀綱之理不可強其必
一。此從正面說，即可以是多。如是，紀綱思維（理解、知識）者，
盡可不同於紀綱存在者。孟子曰：「耳目之官不思，而蔽於物。物

交物則引之而已矣」。此種交引過程即是一生理物理之因果過程。吾即於此而證紀綱「存在」之理。此理豈必由思想之範疇而始然？可見紀綱之理不可必一。因屬現界故也。雖屬現界而不必一，然吾證體卻不能由紀綱存在者而用理解（比量）向外推求，只可返觀內證，向紀綱思維之純理之自動性上體證。即於此純理之自動性上，吾言實現之理。此理即體之所在也。此理一出，紀綱之理即有其根據與歸宿。豈有既為現界而尚無理者乎？此不必外求，驗之於自身亦可以例。蓋吾身中之耳目官與心思官無不為現界也。而現界中耳目官之交引過程與心思官之能動純理又皆為不可疑者。然則有物有則，凡屬現界必有其理，又何可疑耶？凡屬現界，雖必有理，然吾於論知識，卻只言思官之理之運乎色相（耳目之官所供給者）以成理解。理解成即知識成。知識成即所知者之為何亦成。至於所知者之理本相為何，則吾不能過問，亦無須為之描述。「述之即成戲論，無根據故。」此又本書立言之吃緊處也。關此，且不詳論。

如是，實現之理者踐履而內生之謂也。紀綱之理者維繫而曲成之謂也。紀綱之理之自動性（非外鑠性）即實現之理之生發處。如非自動，則不足以成紀綱；如為外鑠，則不足以為物主。從理解以量物，則萬物可疑；從踐履以驗物，則無物可疑。踐履之處，即自動之處；自動之處，即座標之處。從理解上求，皆服從困果鍊子；從踐履上證，則有物物而不物於物的自動性。即此自動性便是定常原則，便是動變眾多之根據。所以成己而成物者以此。理為自動為紀綱，依此假說心法，即所以成乎己。理之所現與所繫，為外呈而封畛，依此假說色法，即所以成乎物。是故有動有變，變必有律；有

間有多，多必有則。此理此則即紀綱之理，所以成其動與多者也。實現之理所以可 **能其動與多者也**。踐履而成為事實，則維繫事實之紀綱之理與實現之理即為一而不二，全體大用，顯微無間。無往而不是體，即無往而不是用。「從心所欲不踰矩」即表示這個境界。

　　動與多既不能辨證以否認之，且不能無窮分割以殺死之。蓋數學理則非同於自然定律也。動多由紀綱之理以維繫之曲成之，此則不允許你無窮分割。蓋 **理非同一物，何可分割？以物而觀之，可分；以理而觀之，則不可分**。譬若一所建築，由鐵筋以紀綱之，由泥瓦以充塞之。當其無鐵筋，即無建築。鐵筋所在即是骨格所在。此則一成而不移。物質性之泥瓦，汝可概念化之而加以無窮分割，但此不移之骨格卻無可分割。汝不能把此骨格分為 $\frac{1}{2}, \frac{1}{3}, \frac{1}{4}, \ldots \ldots$。汝可如**照像然，放大之，縮小之**。但**不能分割之**。此理微妙，無人察及。然而 **即此便是維繫動與多者，即 此便是具體化此動與多者**。若自動與多所代表之個個事物而言，則此等事物，雖為事實，而非真實，即其自身並無自性，此無可疑者。故必須遮撥。於地不作地想，於水不作水想。眼前即是真體澄然。但另一方面，自理觀之，則體用實性不可分言，恰如水波實性不可分言。汝不能禁止真體之發見，即不能否認現行之真實。即體即用，即用即體。恆轉動多乃一體之流衍，一理之所繫。無往而非體，即無往而非用。是謂全體大用。此種說法，當更善巧（無所軒輊）。是故吾人只應於**解析**上，以「理」而分，不能於**對象上，以「界」而分**。以界而分，不是難於調和，即是有所倚重。此則尚非從容輕安之論。

　　動多依理成，不依時空成。時空乃是動多之信號。理則不在此

也。時空直是無用之物。懷氏以時空為後起，為擴延關係之邏輯構作，實含至理，無可疑者。現代的思想無須時空。物理學講電磁，講攝引，講理則，講因果，數學講法則，依邏輯；心理學講交替，講制約，講機構，講圖形，講布置；生物學講發展，講反應系；講趨勢，反預造，反遺傳單位，講中和，講組織：此皆有物有則，從紀綱之理以著手。若限於科學，則可止於此為滿足。若進而造微，則須證認實現之理。於是，我畫分一切為「紀綱之理」與「實現之理」（說詳下節）。

以理觀之不可分，以**理觀之且不能矛盾**。蓋既為理矣，何有於矛盾？理可有成，矛盾則無物可成。是則一切**真實惟在理中始可成立，始可認識**。有成即有知，成而不可知未之有也。有成即有實，成而不實亦未之有也。有成即有體，體用未可離也。水中曲木，豈無足以紀綱之者？豈無足以實現之者？芸芸萬有，無一非真體之呈顯，亦無一非理則之維繫。**惟實現之理足以可能此動多，惟紀綱之理足以曲成此動多**。曲成之即所以區別之。動量的大小，非是量的比較，實是律則的比較。以量而論，則動不可識，勢必轉而至於時空。展轉泥執無可解脫。以理（即則）而論，則動之活現不至殺死，而具體之動量遂可識以別焉。我們也並不是以神祕視動。蓋動本非一物，何可空華幻結，強作分割？強不能以為能，便是大過。本是同一事實，我們不由**時空泥執以求**，而**由理則婉轉以識**。

羅素說一個物事即是一串因果線（causal line）。以因果律的不變性持久性代替本體（substance）的不變性持久性。此便是以理則識物，而不以物量識物。他又說，一個過程內的因果線叫做「內在因果

律」；過程的轉變處，即叫做「外在因果律」。外在因果律即是動之起處；內在因果律即是動之終處。終亦非真終，只是等速運動而已，故內在因果律者即等速運動律也。此亦叫做保聚（potentiality）。外在因果律者即加速運動律也。此亦叫做吸闢（attractivity）。任何一物，同時是保聚，又是吸闢。吸闢即表示其動向（vector）。動向所及之周圍，即是其漲量場或勢力區。是即**運動之終始也**。此則有**漲量公式以紀綱之**，吾即於此等律則之紀綱性或自動性上認識「實現之理」。

　　或曰，以定律成運動，以定律識運動，則此充實而發展之宇宙，豈不滿布定律乎？曰然。惟此定律**非有在外者以給予**，乃**此充實而發展者自身所自具**。吾人不能妄想一個空虛空間為運動起點，亦不能從物量析取一個清楚的彼此界限。如流水然，如行雲然。要於其間找一個間隔，實不可能。謂之為極微組成，更是乖謬。然其行也，其流也，必有節奏，必有起伏。此則可得而識也。**此起伏，此節奏，即律則所在**。吾人識此足矣。吾人有此亦足以知物馭物矣，**而物亦即於焉以成**。水誠無分於東西，豈無分於上下乎？使其過顙者激之然也。此則便是律則。吾人藉此以制水。若認識一**組律則，即是認識一段運動**。故**運動不可以物量求，只可以律則識，此律則亦正所以成此物量者**。恰如一所建築，丟去其為屋的樣子，而只就量言，則無所謂大小長短。惟自其鐵筋骨格處方能規定其大小長短之比例。又若機體，若從血脈觀之，則神理宛然，機體活現；若從細胞觀之，則零碎雜聚，不成機體矣。故**具體之運動單在律則以成之，單依律則以識之**。外此別無第二法門。此律則即婉轉自如之脈絡，非由外

鑠，乃所自具。且與物量不同，不可概念化而加以分割：所分割的
是量，不是理。此則必須深切體會，方能認取。

　　吾前說動多由律則以成，由律則以識。由此推之，吾人正亦可
說：知（理解）的條件即知的對象（存在）的條件。但此所謂條件卻
大不同於康德。此處的條件亦只條件意，並無機構意。有組織知識
者，亦有組織存在者。但在此我們只言理，即律則。此律則可以不
必相同。我們說此律則是存在的條件，只是說存在只根據律則成，
即在律則的條件下始可成，但不說組織存在的律則即組織知識的律
則。同理，我們說此律則是知的的條件，只是說知只根據則始能成，
即在律則的條件下始可進行，但不說此組織知識的律則即組織存在
的律則。我們此處所說的律則是一個空名（抽象的言），並不特有
所指。故於言其為知與存在的條件，此條件亦是一個空名（抽象的
言），亦不特有所指。故並不能說為此之條件與為彼之條件是同一
的。彼與此的條件，各不相同，但其為條件則一也。故云知的條件即
知的對象的條件。吾人謂此言，只表明現界是在律則中，理解之知
亦必於此律則所曲成之現界中始可施行。依此，我們也可說知識（
理解的）只能施之於現行界，而不能施之於本體界。因在現行界，
其條件具備故也。此種說法可以把心打掃得很乾淨。這個與康德大
不同的地方。

三、紀綱之理與實現之理之劃分

（一）紀綱之理之自動性

邏輯之理，即純理，乃紀綱思辨或理解之理。此理既是先驗而獨自發展，不雜有任何經驗特性，且又紀綱思辨而為其所以可能之支柱或脈絡，則它不是被動而為能動可知。即於此**能動上，說為原因性**或 **自因性**。此原因與因果相續中有條件的原因不同。於其紀綱辨解而不為辨解所造，故言原因性；於其物物而不物於物處，故言自動性。然此只對辨解而言。吾人尚可進而再問此紀綱辨解之理又如何而然也。吾於此紀綱之理之原因性或自動性上，即推證一足以實現此紀綱之理，這就叫做**實現之理**。亦可名之曰「**體**」。

（二）紀綱之理與實現之理之劃分

此理，即紀綱之理之所以實現之理，是紀綱之理之自性的來源。紀綱之理對辨解而言是自動；但其寓於辨解過程中而與意識思維流一體平鋪，只是一個用的表示。用必有體。然在此一體平鋪之用中，因緣現起，實不見何者為體。故必推進一步，於此一體平鋪之所以然處觀體。但此又不能**向外追尋緣起而觀，必須返觀內證，於此紀綱之理之原因性或自動性上觀體**。此體即是實現之理而非紀綱之理。然與紀綱之理究非截然二也。**紀綱之理維繫現象，實現之理實現現象**。

此理康德名之曰自由意志，或絕對存在；熊十力先生名之曰自

性智;孟子名之曰內在之良知;朱子則名之曰理曰道。吾則名之曰實現之理。即一切現象所以然之本也。此理實現之,紀綱之理則維繫而可能之。實現與可能一而不二。然此理決不能外求而得。康德的超越辨證論即足證此。而孟子的最大貢獻在仁義內在說。

此實現之理,即自性智,發而為辨解之支柱,則為紀綱之理之發乎邏輯;發而為行為之規範,則為紀綱之理之現為道德;發而為辨解與行為之無不當,則為「明」。從其統體而言,則為「心」;從其自動具向而成獨體,則為「意」;從其明照萬物,察之而幾微,無或爽失,則為識或覺。其實皆一也。顯微無間,體用如一。

然從其為實現之理而言,則「意」名獨勝。故論到實現之理(即體)時必是主「意」的。惟意始能顯自動性原因性。康德的自由意志即從此出。道德律即由此而得其基礎;形上學亦於焉建立。若得不出 這個「意」來,則體、自主、存在、圓滿,皆不能講,亦即形上學不能成立。此為康德所已辨明者。

(三)紀綱知識之理不同於紀綱對象之理

此理發而為辨解之紀綱即為知識所以可能之基。然此紀綱決不同於知識對象所以可能之紀綱。問知識如何可能,不是問知識對象如何可能。縱然知識所對為現象,然現象自有紀綱之者,而非此邏輯之理也。從實現之理而言是一;從紀綱之理而言是「多」。純理為思官所特具。只紀綱思辨而為其所以可能之支柱。紀綱思辨之理與紀綱存在(being)或對象或現象之理不同。我們沒有如康德所云的純粹先驗的自然科學。

　　孟子曰：「耳目之官不思，而蔽於物，物交物則引之而已矣」。
此即是生理物理之交引過程。於此交引之中自有足以維繫之者，此
則便是紀綱「存在」之理。於此而羅素與懷悌海則大有慧覺。至於思
官則思，能超脫物感而放大其範圍，熊十力先生所謂「動而愈出，
不依官能，獨起籌度」者是也。此獨起籌度，愈引愈長，即形成邏
輯之純理而為知識所以可能之紀綱。**數學可能的基礎即在這個獨起
籌度，動而愈出的純理上。數學是先驗的（幾何不在其內），但是
在紀綱之理，而不在直覺，不在時空。**如在直覺，則純而不純。

(四)康德論理性

　　康德分直覺、理解與理性三階段。直覺供給材料，理解供給範疇
以整理材料使其一致，理性供給原則以統馭範疇使其一致。我以純
邏輯之理為知識所以可能之紀綱，實即與康德的理性一階段想應。
我以為理解所帶的範疇（如康德所說），實即都是些設準，或說是
些調節原則（principle of cathartic）。它們都無必然性，亦無主觀先
驗性。主觀或者是可以說的，但不是必然的；先驗或者也是可以說
的，但此所謂先驗只是理解上的先在，不能算作主觀的先驗格式。
所以也不能算是範疇，即是說不能**算是構造原則**，只**能算是調節原
則**。因為它隨時可以變動的。同時，它**更不能是對象可能的條件。**
這即是說，**對象自有其條理，自有足以紀綱之者。**亦即是說沒有純
粹的先驗的自然科學。

　　康德以為理解是供給規則的能力，理性是供給原則的能力。理
解以規則去認識即是以範疇去認識；理性以原則去認識即是將理解

認識中所帶的諸般規則或範疇，加以統馭或綜和或貫串。所以原則
的認識即是從概念上認識特殊之在普遍中。這樣，凡三段論法都是
由於一個原則認識而來的演繹形式。諸邏輯之理皆然。在每一三段
論法中，我們第一步由於理解認識推想一個規則作為大前提；第二
步，再由於斷定或判斷，將一個新認識歸在這個規則的條件之下作
為小前提；最後，再由於這個規則即大前提的謂詞，決定我的另一
個認識，這個便是結論。所以每一個斷定或結論的認識，都是由於
理性在那裏貫串著，統馭著。即是說，每一個結論都是按照一般的
條件，依從一個規則（原則）而來的。理性極力將許多理解認識歸入
於可能的最少數的原則當中。並且因此，在其中造成最高的一致。
這種理性的要求一致性，即是理性的機構作用。動而愈出，不依官
能，而為一切思辨之紀綱。

（五）紀綱之理與設準

康德以為原則的認識與理解的認識完全不同。理解是由規則的
效用而造成現象的一致；理性是在原則之下而產生各規則間的一致。
所以理性永遠不直接應用於經驗或任何意識的對象。它的對象乃是
理解。它對於理解的各種認識，由概念的方法給予一個先驗的一致。
理性的一致與理解所產生的一致完全不同。這就是說，理解帶有先
驗範疇直接應用於經驗或直覺，而為一個知識所以可能的條件，同
時亦為對象所以可能的條件，即是所謂現象的一致。但是**理性則只
是主觀方面的**，只是**貫串理解概念的**，不能直接**應用於經驗或對象**
。這個對於理性的看法可以有我們插足的機會。我的紀綱思辨之理

即從此引出。我以為每一個理解,即每一個經驗概念之造成,都是
必有**理性的原則** (即理則),**運用於其中而為其所以可能之紀綱或
支柱**。至於那些理解所帶的範疇(如康德所說),只是一些**主觀的
設準**,附著於對外理解時,理性原則的運用中;即是說, **於理性運
用時,馬上即帶有些設準於其上。所以在此理解不能單成一類,具
有範疇。理解只是覺識作用。紀綱之理運用於此覺識過程中而為理
解所以可能之條件**,亦 **即為知識或一經驗概念可能之條件**。所以此
時**理性與理解不可以類分**。理性原則即是理解時理性所自具的規則
或紀綱,一切由此而成者為概念,故一切**概念皆為後得**。一切**概念
反覆相續皆可為另一概念之設準**。故康德所列的那些**理解範疇**,皆
是**理解作用發起時,理性所帶的設準**,理性原則是先驗的必然的,
而設準不是先驗的必然的。它只是調節原則(即媒介性),不是構
成原則;是**方法上的先在,不是構造上的先在**。關此張東蓀先生解
析的很明白,讀者可以參看他的《多元認識論》。

　　康德於此是非常錯誤的,他只是受了休謨的威脅。對於認識全
體分的太瑣碎,對於主觀看的太硬且太雜,儼若一垃圾筐子,裝滿
了許多物事。由他的思路看來,知他對於心體實在缺乏證解,如熊
十力先生所批駁的護法正犯同病。照我的意思,不是理性不能應用
於經驗,乃實是**理性帶著設準以理解對象**,這個便是**知識可能的條
件**,但不是知識對象可能的條件。所以理性始終是運用於經驗中,
即與實際思維流永不相離。每一個經驗就是一套一套三段法式運用
成的。不過在實際思維中,不須排列三支法式耳。理解就是**理性的
理解**。康德以為把直覺(即感覺)加上時空,把理解加上範疇,就

可以使其可能且不至於混亂,其實沒有純粹孤立的感覺,**理性的思維是無孔不入的**。理性如何不直接應用於經驗?所以離開理性的理則而別求知識所以可能之格式與範疇,實在是捨本逐末。康德是吃了分的虧,泥執於名相而不克自拔。

(六)紀綱之理與實現之理其義蘊不同

康德以為理性的統一要求,只是關於理解內容之適當的整理所提供的一種主觀定律,不是關於對象的定律。它並不容許我們對於對象要求這樣的一種統一,以備可以有益於理解範圍的便利及擴大。就是說,理性原則的統一不能有客觀的效用,即不能有客觀的對象與之相應。

理性有綜和統一的要求,從有條件到無條件,得到一個一致的圓滿。但是這個圓滿性,雖然是理性原則的綜和性,但此種圓滿或綜和只是理性自身的齊一,卻不能應用於對象,除非有條件的能從經驗中給予,而且條件的條件之最後的綜和,也能從經驗上給予。但這種給予,在現象界,是不可能的。所以這個理性的綜和原則,在經驗界不能供給一個對象,因為經驗決不能給予我們一個宇宙的全體。這種對象是超越的對象。所以在此,理性的這種要求,只是表示獨起籌度,動而愈出的擴大性,並不能投之於外成一個構造的原則。如果投之於外,便是超越對象的誤用。所以超越對象永遠不能向外求,理性的綜和亦不能應用於外。凡向外求的,都是以現象當做實體。但實體決不能向外求。因為經驗決不能給予一個圓滿絕對的實體。圓滿、絕對、單一不滅、自主自存,都是不能向外質測

求的。因此，凡外在元學，亦都是不可能的。但是，理性又顯然有
這種最後綜和的要求。然則實體將在何處求呢？康德以為只有向內
轉而從實踐上求。這個方向是非常對的。這樣一轉，理解理性變成
一種實踐理性。在此實踐理性上，理性的綜和要求，不只是一種動
而愈出的擴大，乃有對象，即超越對象，與之相應的，此時它所提
供的原則可以是構造原則。但此已進入本體界，已成了吾所謂實現
之理了。與當**其為理解理性時動而愈出的擴大性，其義蘊完全不同**
。那時的理性完全是**純理，邏輯的，思的**。但是到此，則已變成**有
的，存在的**，即**實現之理**了。康德的思想，於此，將大體是對的。
惟尚未至於盡善：　(1)以對象講體，有擬物之失。縱然實踐理想所供
給的對象，如意志自由、絕對存在、靈魂不滅（此三種雖亦可名之
曰理念，但康德以為亦必有一對象與此理念相應，在現象界則只是
空的理想，沒有對象與之相應，即無客觀確實性，但在此則有客觀
確實性，有對象與之相應，此即所謂上帝真宰是），是超越對象，
智力的所對，非經驗的所對，但**既以對象論即有擬物之失，非是頑
空，即是執物**。此則實非證解。　(2)此理當其為理解理性時。雖只
是動而愈出之主觀定律，無客觀確實性，然至此（即實踐上），則
有了客觀確實性，有了真實作用，以統馭了綜和了那些理解範疇而
形成這個諧和的宇宙，則以前只是主觀的、思的，其實到此已經又
使他變成「存在」的、「有」的了。即是說，其所謂思的，只是於現
象界不得一對象與之相應時始然，既轉而為實踐理性，有了對象與
之相應，則它實在**又是「有」的**。前後固只此一物也。這本是**他的
知識可能的條件即是知識對象可能的條件的主張之應有的結論**。但

此主張實是執心太甚，礙難承認。

在我們以為本體由內證是對的，在實踐上求亦是對的，但既入本體界，則即是**實現之理**，非復以前作為理解理性之**動而愈出之理**也，即與以前**作為思辨之紀綱的理。其義蘊完全不同。**在康德，那個理性的綜和要求，在本體界與現象界是同此一物，只不過在**現象界是空的，無物以填充之，在本體界是實的，有物以填充之罷了。**這個是完全不認識體的。**這只是由理性的綜和作用供給出一個輪廓或筐子，再尋他物以充之而已。**康德批駁外在元學是對的，向內以實踐求體也是對的（在方向上說是對的，「求」字便不對）。但以**為由理性的綜和可得實體與不可得實體，這個思路是不對的。**

意志自由、靈魂不滅、絕對存在，都是不能**從理性的綜和上去求，**「康德以為理性在實踐上供給出這三個理念，並有其客觀性。在理解理性時，只有理想性，而無確實性，即是說，只是一個空空的筐子。當其有客觀性，即變為一構造原則，參加了宇宙系統的組織」。如果從這裏要求，便是空洞的、形式的、單調的、抽象的。從實踐上講是對的，但不能說這是**由理性的綜和要求而提供出。**如果是這樣，則其來源甚為無端，乃是**義襲而取，**非是**自內而生，**與宋人助長無以異。

我們只能說那三個概念。只能從**體認**上講，從**實踐**上證；只能說它是**由理性之自動性原因性上而證得，不可說是由理性的綜和要求當作一物而求得。理性固然要求最後的圓滿，但此圓滿只是思想的圓滿，只能從紀綱之理上講；不是實體的圓滿與絕對，不能從實現之理上講。**於此，我的思路不同於康德。康德於批駁外在元學上，

對其傳統而言，固是偉大，然於證體卻是毫不著癢。

(七)體不可以物擬，亦不可以假設看

有些人向外求實體，但此已不可能。於是轉而向內。但實體總非是可以知識去思議或辨解的。如是，我只能從實踐上或體認上以證之。但證的線索從那裏起呢？曰仍從**理性上起**。理性的原則為知識可能的紀綱。既稱為紀綱，必是主宰乎物，而非物於物，成為被動。於此理性之**紀綱性、主宰性**上，證吾人**心體之自動**。心體之自動即是**意志之自由**。由紀綱之理之主宰性到心體之自動，即是**從紀綱之理轉到實現之理，從思之理轉到有之理**。此「有」之理即是體，圓滿不虧，自主自存，永恆不息。**圓滿不虧即是絕對存在，自主自存即是意志自由，永恆不息即是靈魂不滅**。此三者皆 **體之同出而異名，既不可以物擬，復不可以假設看**。乃是實實在在的自性，只堪返觀內證，自明自了，不可由理解或思議而求。康德的說法有**擬物之失**，他用**它為的是保證人類行為之因果報應**。這是一種**信仰**屬唯識家所謂印持不可轉之 **勝解數**，是亦戲論極矣。

(八)宇宙本體只是自家本分之推證

此實現之理既是從純理之自動性上內證而得，不能外求，然則宇宙萬有的實現之理，即宇宙本體，將如何解說？曰：此理既不能外求，故無所謂特為萬物再找一實現之理；又此理既不可以物論，故無所謂為心找一體，復為物找一體，為此找一體，又為彼找一體，如此追求，如何能成實現之理？是故體者，體萬物而不遺，乃一無窮

之妙用。此既不可外求，復不可質測，只有返觀內證庶可幾近。內證者證 **自家之心也**。於心之虛靈不昧，發為意，發為識，發為理，常物物而不物於物處，見心之妙用。**心之妙用即體之妙用也。心非即是體。見心乃云見體者，藉心以觀體也**。體既不可以物象，以封曲論，故**心體之妙用亦即宇宙實體之妙用也**。於心既發為意，發為理，發為識，而主宰乎吾人之身體、行為、知覺、運動、思想、辨解，不至使其蔽於物而交引日下，其於宇宙亦是如此；**發為意，「則淵然恆有定向，恆順其生生不息之本性以發展而不肯物化」；發為理，則紀綱乎萬變而穩順其動向以曲成此物；發為識，則歷數萬有，而不肯使一物有或爽失，不被其澤而陷於枯喪，淪於昏迷**。故**此實體清清楚楚，實實在在、非空洞，亦非神秘**。只不可以質測求耳。是謂心物不二，體用合一。若羅素所謂中立一元實戲論耳。蓋「一」者只能從體之妙用論，不能從量之質論。「於體上不可以一元、二元、多元等推求。於現行而立一元、二元、多元等皆屬戲論。」

老子曰：「常無，欲以觀其妙；常有，欲以觀其徼〔即要〕。」又曰：「無之以為用，有之以為利。」此體用之相生相成也。又曰：「孰能濁以靜之徐清？孰能安以久，動之徐生？」此證體之法也。

熊十力先生云：「順俗諦故，世間極成。地唯是地，水唯是水。乃至羣有，悉如其自相共相而甄明之，不違世間。入真諦故，決定遮撥世間。故於地不作地想，地性空故，現前即是真體澄然。於水不作水想，水性空故，現前即是真體澄然。乃至於一切相，不作一切相想，一切相無自性故，現前即是真體澄然。此則一理齊平，慮亡詞喪。唯是自性智所證得故。」（《新唯識論》，頁 49，51）。

此亦證體之法也。

孟子曰：「集大成也者，金聲而玉振之也。金聲也者，始條理也；玉振之也者，終條理也。始條理者，智之事也；終條理者，聖之事也。智譬則巧也；聖譬則力也。由射於百步之外也。其至爾力也，其中非爾力也。」

又曰：「觀水有術，必觀其瀾。日月有明，容光必照焉。流水之為物也，不盈科不行；君子之志於道也。不成章不達。」

《論語》孔子曰：「興於詩，立於禮，成於樂。」

《牟宗三先生全集》總目